北京大学历史学系文化传承创新项目经费资助成果

刘晨 著

SOCIAL HISTORY OF
THE TAIPING HEAVENLY
KINGDOM

中国社会科学出版社

图书在版编目（CIP）数据

太平天国社会史/刘晨著. —北京：中国社会科学出版社，2019.12
（2020.4 重印）
ISBN 978-7-5203-4330-5

Ⅰ.①太… Ⅱ.①刘… Ⅲ.①太平天国革命—社会史—研究 Ⅳ.①K254.07

中国版本图书馆 CIP 数据核字（2019）第 074516 号

出 版 人	赵剑英
责任编辑	赵　丽
责任校对	王佳玉
责任印制	王　超

出　　版	中国社会科学出版社
社　　址	北京鼓楼西大街甲 158 号
邮　　编	100720
网　　址	http://www.csspw.cn
发 行 部	010-84083685
门 市 部	010-84029450
经　　销	新华书店及其他书店
印刷装订	北京君升印刷有限公司
版　　次	2019 年 12 月第 1 版
印　　次	2020 年 4 月第 2 次印刷
开　　本	710×1000　1/16
印　　张	33
插　　页	2
字　　数	526 千字
定　　价	99.00 元

凡购买中国社会科学出版社图书，如有质量问题请与本社营销中心联系调换
电话：010-84083683
版权所有　侵权必究

内容提要

　　太平天国定鼎金陵，江南社会剧烈震荡。各阶层群体的政治取向发生分化，民众与太平天国的关系表现为消极避世、合作或对立等多重面貌。其中，民众与太平天国对立关系的形成、发展直接导致太平军对清战争形势的逆转。在太平天国统治区，特别是19世纪60年代太平军奄有苏浙膏腴之地，"如蜩如螗，如沸如羹"的"民变"呈现了一道别样的历史景象。民变所展现的对立内涵具有特殊性和说服力。这些集体行动主要是利益的对抗，事件本身不甚具有明显的政治敌对意识；民变的大部分领导人和参加者是先前在社会分化浪潮中归顺或遵从太平天国统治的群体，他们的呐喊传达了更为真实的历史信息。"天国"民变的时空分布、人员构成、类型区划、动员模式、太平天国政府的调控应对等诸项因素全景式地展现了太平天国与民众对立关系的重要表现、成因及影响。与太平天国据守江南前20年间清朝统治下的同区域民变相比，"天国"民变的各项要素既有前朝传统的延续性，又有战时太平天国自己的特殊性。

　　民变的抗争矛头大多指向太平天国的社会战略，特别是经济政略。虽然文化反感与禁毁偶像、变动婚丧礼法等移风易俗的社会改革是士绅和普通百姓排斥太平天国的重要原因，但切身的经济利益冲突才是引发士绅和普通百姓共同参与民变的根源。19世纪60年代太平天国统治方式转向的误差主要在经济领域，表现为在田赋制度方面承袭清朝旧制旧弊，以及在恢复传统社会经济秩序时自我孤立的政略。从这个层面说，太平天国只是在占领区实现了政权的易手，并未能实现新旧社会的转型交替。于是经济政略的弊病直接促生了江南在太平天国短短三四年统治期内的数十起民变。民变多元复杂的社会效应同样对太平天国统治产生影响。

首先，民心渐失，后期太平天国"人心冷淡"的现实，不仅是在军中、朝内，在民间亦是如此；其次，"高效"镇压的背后，反映了民变耗费政府财力、牵扯行政精力和分散太平军兵力的实质。更重要的是，在某种程度上，统治区风起云涌的民变宣告了太平天国在社会控制层面的失败。民变与团练、盗匪、腐败、内讧等不安定因素愈演愈烈，官、绅、民的关系陷入结构性失衡，社会失控加剧，太平天国的内溃之势已萌生于军事溃败之先。社会战略的失败，预示着"天国"陨落的命运。

太平天国的社会战略展现了太平天国时期国家与社会关系的特殊实态。在太平天国占领下的广大乡村地区，乡村政治实践的主角仍然是"天国"政府官员和太平军。他们通过普及乡官制度将乡村管理纳入国家政权系统运行轨道、不遗余力地干预敏感的业佃关系和倾向动用军队镇压因租佃事务而起的民变、力图取代传统社会组织在社会救济和公共工程等领域的角色，均体现了太平天国政治权力向乡村社会的渗透。广泛而频繁地引发激变四野的民众反抗，也是国家权力不当控制地方社会的直接反映。一般来说，民变与太平天国统治深入基层的程度和干预介入基层的多少成正比例关系：愈是"天国"统治深入基层的地区，民变的数量愈多，规模愈大，烈度愈强。我们并没有充分看到太平军的控制困守于行政城市城墙之内的现象，也没有看到正统乡村名流继续稳固地掌控农村，反而发现太平天国以较为积极的姿态涉足地方事务，士绅的传统权力在"天国"统治区也因乡官制度的束缚、民变的打击、太平军的打压、土地的丧失、生计无着、乡绅数量的流失、社会结构重组等原因遭到限制和削弱。不同于该时期绅权扩大的一般势态，统治区的绅权呈现被压缩的另面镜像。战后，清政府在重整社会秩序工作中有意识地继承江南绅权被压制的趋势，在更广范围内限制和约束绅权，激发了国家权力与地方社会的新一轮角逐，并对晚清政局产生影响。

处动荡时代，民变频发，种类繁多。在面面俱到的一般性叙述和较深入的特定时空特定对象研究的两选之间，应对研究的时段、地区和对象有所侧重，研究区域：偏重于太平天国建立较稳定统治并有效推行各项政策方略的地区——江南；研究时段：瞩目于太平天国的后期；研究对象：框定于带有自发性、突发性，特别是与清政府或清军没有直接组织联系的民变类别。

"天国"民变以及部分平民领导的武装起事，为客观理性认知民众与革命的关系提供了切入点。民众与革命关系的一般状态并非是绝对化的认同、支持或响应，它们之间实是一个对立统一的整体。在评价革命功过是非问题上，不应再像过去那样执着一端，但问题的本真须客观理性地立足史料和史实，绝不能泛泛而谈。对太平天国历史地位的评价也是如此。太平天国既给民众带来了"福音"希望，但其统治政策中的负面因素也给民众留下了创深剧痛，从而引发"天国"治理下的民变，这些都是不争的事实。过去多谈太平天国对清王朝的反抗，少谈（或不谈）民众对太平天国的反抗，这就引出了耐人寻味的"反抗反抗者"的问题，这哪怕是对一个"革命"政权要保持长治久安，也是头等重要的问题——民心的所向和转向。

　　但无论如何，太平天国的起事动机具有正义性，代表了广大民众的诉求，并为之创制了比较完整的社会建设纲领，描绘了较前制更为完美良善的社会前景，空前地打击了腐朽的清政府统治，从而奠定了太平天国作为中国旧式民众运动最高峰的历史地位。因此，太平天国将始终是中国历史上浓墨重彩的一笔，太平天国的历史形象也不能被全盘否定。

目　录

序一 ……………………………………………… 茅家琦(1)
序二 ……………………………………………… 郭卫东(1)
序三 ……………………………………………… 刘　平(1)

绪　论 ……………………………………………………… (1)
　第一节　选题缘起 ………………………………………… (3)
　第二节　概念界说 ………………………………………… (8)
　第三节　学术回顾 ………………………………………… (29)
　第四节　资料梳理 ………………………………………… (51)
　第五节　理论思路 ………………………………………… (61)

小　引 ……………………………………………………… (65)

第一章　时序数量 ………………………………………… (68)
　第一节　19世纪60年代的民变 …………………………… (69)
　第二节　典型年份的剖析 ………………………………… (100)
　小　结 ……………………………………………………… (122)

第二章　地域分布 ………………………………………… (125)
　第一节　民变在苏南和浙江的比较 ……………………… (125)
　第二节　苏州地区民变的地域特色 ……………………… (132)
　第三节　市镇乡村民变居多的现象 ……………………… (163)
　小　结 ……………………………………………………… (166)

第三章　人员构成 (170)
　第一节　领导人和参与者的量化分析 (172)
　第二节　各阶层在民变中的角色 (178)
　小　结 (192)

第四章　变乱肇始 (195)
　第一节　类型区划 (195)
　第二节　对抗争对象的探讨 (208)
　第三节　特殊武装起因比照 (245)
　第四节　动员模式 (265)
　小　结 (286)

第五章　调控应对 (290)
　第一节　调控十策 (290)
　第二节　"天国"应变 (312)
　小　结 (331)

结　语 (333)

主要参考文献 (369)

附　录 (400)
　附录一　太平天国统治区主要民变表(70起) (400)
　附录二　19世纪40—50年代苏南、浙江地区主要民变表(104起) (415)
　附录三　19世纪60年代太平天国主要乡官表(231人) (452)

后　记 (500)

序 一

一

北京大学历史系刘晨同志的博士学位论文《太平天国统治区民变研究》即将改名为《太平天国社会史》，公开出版，我很为他高兴。与当初作为显学相比，太平天国史研究已趋冷落。就在这种形势下，刘晨同志坚持研究，从《李昭寿平议》，到《萧朝贵研究》，再到《太平天国社会史》，十几年间成果频出。这种刻苦钻研、矢志不渝的精神，我是十分赞赏的。

二

读完这本论著，我认为主要有几个地方值得称道：

一是史料新。太平天国史的基本史料多达几千万字，阅读量之大远超一般课题。作者在充分研读基本史料的同时，还利用了一些尚未公布的稀见史料，像记太仓事的《避兵日记》，记吴江事的《黄熙龄日记》，记杭州事的《再生日记》《记事珠：咸丰庚申附辛酉日记》，记绍兴事的《劫难备录》，记苏州事的《胥台麋鹿记》，记常州事的《蒙难琐言》，记桐乡乌镇事的《寇难纪略》等，这些资料大多是作者在全国各地的图书馆、博物馆等机构中查阅文献时发现的。作者还充分利用了北京大学图书馆古籍部的资源。在资料上的另一特色是节选和考释了部分太平天国时期慈善家余治绘的《江南铁泪图》，作为论述的图像反映和史料旁证。一部优秀的史学著作需要作者有深厚的史料功底，不仅需要有发掘史料的敏感、编排史料的技能，还要有对史料和史实的考辨能力。作者重视考辨史料、考据史实，充分发掘利用正反两个方面的史料，在研究中就一个问题旁征博引，反复论证，正如罗尔纲先生提出的，历史学家需要具有一种"打破砂锅璺（问）到底"的精神，这就保障了课题研究的可行性和可靠性。

二是视角新。历史学家应该兼具文献学家的实证功夫和哲学家的思辨精神。作者敏锐地观察到，过去的学者，基本上没有关注"反抗反抗者"的历史，缺少系统阐述民众与太平天国复杂关系的另一面——对立层面的表现、成因和影响。这一问题富有深意且耐人寻味。这对全面、客观评价太平天国也极有必要。作者指出，他立足民间，关注下层社会，试图构建民间视角下的太平天国史。这也是建立在对太平天国研究的学术史充分掌握并深入分析的基础之上得出的结论。过去关于这方面问题的研究，除已有的李文海、刘仰东二位先生的《太平天国社会风情》等论作以外，研究仍然不足。太平天国民变的研究实际上涵盖了太平天国时期江南社会方方面面的问题，作者对这一研究空白，作了初步探讨，深化了太平天国史研究。从全书论述看，作者的旨趣基本达到。

三是方法新。全书在方法论上一个比较显著的特色是对江南地区的民变、田赋、地租、杂税、人口、土地等大量数据进行了系统计量考证，在此基础上对获得的知识做进一步的分析、解释，将感性知识向理论的高度升华。再就是运用了比较研究法，例如将苏南前后期民变、同期太平天国统治区和清政府辖区的民变进行比较，江南民变构成要素的统计比较、具体案例的比较等，视野比较开阔。再就是多角度写作的方法，将总体与个案研究结合、宏观叙事与微观分析结合，全书既有个案的细腻分析，也有宏观的深入研究。作者还对本书的叙事时空进行了延展，以太平天国为研究主体，却不局限在太平天国，将长时段、大历史观同微观时段相结合，按照太平天国历史演变，展现了一幅晚清时期江南地方社会发生危机的全景画，从而避免了写成民变的专史。这些都是该书在方法论上的闪光点。

四是观点新。作者据史直陈，考察细致，所得观点较为新颖且经得起推敲。例如，作者通过比较分析观察到：19世纪60年代"天国"民变迭起可以看作国家权力和乡村社会对立关系的延续，清朝时期日益尖锐和复杂化的社会矛盾在太平天国新政权建立后由于主客观环境、传统和新兴因素的影响，呈现了愈演愈烈之势。所以，"天国"民变各要素既有前朝传统的延续性，又有战时太平天国自己的特殊性。对于太平天国时期国家与社会的关系，作者也提出了自己的见解，他认为："天国"民变诸要素、太平天国社会战略展现了太平天国时期国家与社会关系的特殊形态。广泛而频繁地引发激变四野的民众反抗，是国家权力不当控制地方的直接反映。一般来说，民变与太平天国统治深入基层的程度和干预介入基层的多少成正比例关系：愈是太平天国统治深入基层的地区，民变的数量愈多，规模愈大，烈度愈强。在太平天国统治区，并不完全形同孔飞力先生指出的该时期绅权扩大的一般态势，太平天国时期的绅权可能不同程度不同地域呈现被压缩的"另面镜像"。这很有见地，特别是民变反映的国家权力与地方社会的关系并不像人们认为的那样，越是在国家权力控制薄弱的地区越易滋生民变，而恰恰是在国家权力过度不当控制的区域。另外，像作者归纳的太平天国统治区民变分布的主要地域特点：苏南多于浙江，市镇乡村居多，以及对太平天国"自立自办团练"、"治理土匪"、太平天国时期的"谶"和"巫术"、太平天国时期的"恐慌"、太平天国的社会战略等问题的探讨，都具有相当的新意和深度。

要准确深入地认识历史，还必须具备宽广的知识结构。作者则能注意到历史事件和历史人物相互影响、相互牵制的联系，从更广阔的角度观察太平天国历史，例如作者在研究太平天国时期国家与社会的特殊关系时认为，"战后，清政府在重整社会秩序工作中有意识地继承江南绅权被压制的趋势，在更广范围内限制和约束绅权，激发了国家权力与地方社会的新一轮角逐，并对晚清政局产生影响"；又如他在分析太平天国的历史地位时指出，"从社会变革的角度分析，战争的客观影响具有某种进步意义。太平天国战争对晚清政局、江南社会经济和土地关系的客观影响，极大地改变了近世中国社会的政治和经济形态，为中国社会注入了更多的近代性元素，战后近代化格局也奠基于太平天国"。这可能更接近于历史实际。这些观点的得出说明作者的知识储备足够宽厚，才能洞悉历史事件和历史人物的上下、左右、前后的相互联系和相互影响的关系，才能既了解民变的"前因"，又了解民变的"后果"，做到"究天人之际，通古今之变，成一家之言"。作者能够延展叙事时空，以比较视野观察晚清民变，提出有见地的观点，也说明了这点。

五是立论公允。现在对太平天国的评价出现了全盘肯定和全盘否定的两个极端，人们的看法分歧较多、争议很大。实际上，两个极端都是不科学的。因为，这违背了历史研究最高层次，亦即基本的指导思想，也是历史研究者最基本的原则——实事求是。对太平天国的评价应该辩证地、全面地去看，不能为求所谓"创新"而违背历史研究者的"德性"。难得的是，作者研究太平天国的"负面"现象，却没有得出一味否定太平天国的结论，全书的论说重点是放在分析民变的成因、民变对太平天国的影响，目的是总结经验教训，强调"民心"所向和转向对一个"革命"政权要保持长治久安的重要性。作者以太平天国的民变和部分平民领导的反太平军武装起义为切入点，全面分析了民众与革命辩证统一的整体关系，进一步提出评价革命功过是非，须客观理性立足史料和史实，绝不能泛泛而谈。正是作者依据"实事求是"的原则进行史学研究，才保证全书总体上立论允当，他从太平天国稳定社会秩序的努力、推行社会战略的尝试，以及在地方社会事务中的"变通"原则等方面立论，最终肯定了"太平天国作为中国旧式农民运动最高峰的历史地位"，具有相当强的说服力。

六是具有现实关怀。民变研究本身具有现实意义，作为中国历史上的一场最大规模的"民变"，"革命"政权竟也激发了它治理下的"民变"，对这个问题的研究更具现实关怀。民变研究关系到国家治理，维护社会稳定，防止社会矛盾激化。该书研究的民变，实际主要是乡村民变，它又涉及农村与农民、流民、村霸、黑恶势力、邪教、腐败等基层社会秩序的种种问题。这一研究的推进并成功出版，可为现实社会提供有价值的历史借鉴。这正体现了作者是以入世的情怀"做学问"。当然，在学术研究的道路上想要成就一番事业，还要以出世的情怀做人。我经常讲，要尊重自己的人生价值和人格尊严，也要尊重他人的人生价值和人格尊严，这就是人生哲学的问题。我知道，本书的作者即是这样一位专心致意、心无二用，能够"坐下来、钻进去"的青年学者。回顾以往，我的两位老师陈恭禄先生和罗尔纲先生，他们一辈子读书、写书，专心学术，不计个人是非荣辱的高尚精神境界，对我产生了潜移默化的影响。我也希望刘晨秉承前辈学者的学术风貌，能够将这种入世治学和出世做人相结合的情怀，坚持下去，不断提高自己的人生哲学水平，把自己的科学研究工作，再推向一个更高的层次。

三

人的认识具有相对真理性，有一个多次反复，逐步深化辩证发展的过程。在历史科学研究中同样存在这样一个过程。我个人认为，这本论著也还有一些需要进一步讨论或者深化研究的问题。

其一，作者将研究对象框定为主要由经济肇因，带有自发性、突发性，特别是与清政府或清军没有直接组织联系的民变类别。因为这类民变所展现的太平军与民众的对立关系内涵具有特殊性和说服力，这是正确的。但这并不能将民变与所有"团练"形式的对立武装划清界限。我认为，苏浙地区的团练主要有三种类型，一是清朝政府组织和领导的团练，二是政府督办的地方民团，三是地方人士主动组织的防卫武装。其中第三个类型的"民团"也符合作者框定的民变类别。我认为可以将其加入民众反抗太平军的案例中，在抗争类型上稍作区分即可，这样既可以丰富研究对象，让"天国民变"这一历史现象的形象更加丰富起来，也可以充分说明问题，同时还能避免概念分歧，无须纠结于案例是否具有明显的政治权力意识或诉求，"民变"的部分诉求也可以是政治性的。我认为，陈旭麓先生界定的民变是以下层社会为主体的群众"用直接诉诸行动的方式以表达自己对现存社会的不满和反抗"较好。正是研究对象框定的相对局限，像作者观察到的非常有价值的三起"平民"领导的武装案例——包立身、沈掌大和"盖天王"，本来极能说明"对立"的问题，却只能作为民变的参照简单论述。对于包立身的事，我曾在《太平天国通史》中提到，作者则另有专著专论。作者曾对我提到，要利用清政府镇压太平天国档案深化太平天国时期"民众对立"的另一大类历史现象——太平天国时期团练研究。这很好，可以弥补本书的研究缺憾。

其二，作者突出强调民变的社会背景，即太平天国的社会战略，主要是经济政略，通过太平天国应对民变的政策政略等问题反映太平天国的社会战略，并指出社会战略的失败，预示着太平天国失败的最终结局，这有一定道理。但我认为，作者对太平天国占领区的军事占领的背景的关注还不够。实际上，太平军占有苏南、浙江，一切政略政策的重心均置于征收粮饷军需，满足战争和物质需求。相当数量民变的发生是与太平军穷竭民力、滥征乱收、太平天国政治腐败有直接关系的，这些恐怕不仅是经济问题的范畴了。

其三，将晚清江南民变与太平天国占领区的民变进行比较，其新意上面已经提到。我认为还有两个地区可以与江南民变深化比较研究，那就是湖南和广西，广西是太平天国的策源地，湖南是太平军迅猛发展的地域，这两个地域的民变与太平军兴的关系颇值研究，可以深化对太平天国历史背景的认知，民变在数量上、在程度上在这两个地区也具有代表性。

近期我看到了国家清史工程出版的《太平天国财政经济资料汇编》，对后期太平天国照旧收税，地方经济职官，捐费与役，太平天国境内的抗租、抗粮、抗捐相关条目的资料作了简要编辑，这和这本专著的论说内容有相关性。随着史料的进一步发掘和整理出版，特别是由罗尔纲先生奠基整理的《太平天国史料汇编》工程的推进编纂，我相信，像太平天国统治区的民变这类新的研究领域还可以继续研究，太平天国研究还大有可为。

鉴于历史研究只具有相对的真理性质，因此我认为，无论是对自己的观点还是对他人的观点都应该持有这种态度，应该首先寻找既得成果中存在的错误，这样才能逐步向绝对真理靠近。所以上面罗列的意见也不会影响到这本著作的学术价值。我仍然认为，这本书是太平天国史领域近年来较为少见的优秀研究成果，推动了太平天国史，乃至中国近代史的研究。

四

该书的作者刘晨与我是忘年之交，我们一直保持着密切联系。现在，我个人已92岁。岁月的增加使我领悟到一个值得重视的道理：年长学者热情帮助年轻学者，在这个过程中，能够取得教学相长的结果，加强年长学者的实证功夫和思辨精神。所以，我非常乐于见到并且会帮助他在学术道路上进一步成长。我知道，他痴迷于太平天国史研究，除了这本书，他目前还在效法前辈学者致力于一部"太平天国史"的写作，并且进行着"太平天国史译丛"的编译工作；他还跟我讲，希望利用新发掘的史料在我所撰《郭著〈太平天国史事日志〉校补》的基础上，重新校补《太平天国史事日志》，我都予以鼓励。我当时在该书的"后记"部分就曾写道："甚望若干年后有《郭著太平天国史事日志校补之校补》问世。"现在终于有人勇于承担这项重任。刘晨现今在一个较高的平台上从事教学和科研工作，而且还很年轻，有足够的时间和精力去实现自己的梦想，我期待着他取得更大的成就。

茅家琦

2018年5月于南京大学

序 二

这些年，与文学界、影视界热衷于太平天国的戏说演义形成强烈反差的是，严肃的太平天国的历史研究却步入冷清，本应是"环球同此凉热"的议题，反倒是本史研究的落寞，彼热此凉，现象反常，耐人寻味。面对太平天国"正史"研究的"颓势"（相较于20世纪90年代之前），面对若干令人尊敬的前辈大家的改道易辙，却有异军突起，此"异军"者，既有坚守领地的学术先进，更有极少数年轻学者的参与，而后起者，更加令人欣慰，值得倍加护持。我的弟子刘晨即是年轻学者中令人骄傲的一位，他难得地守成，心无旁骛，常年专注此在中国农民战争史、中国近代史、社会基层史、清史等领域中不容绕越、极其重要、又"大热大冷"、乏人问津的界域，前此曾著有《萧朝贵研究》，辑有相关资料集，发表论文数十篇，并译有重量级译作。目下刊发的这部著作，更是积十年之功的学有素养之作，是"咬定青山不放松"的大著，是孜孜汲汲殚心竭力的精品。

太平天国高擎反清的猎猎大旗，招呼天下义士用血火相搏，在大江南北打下一片天地，就此基址成立了与清廷相抗衡的新天朝，此政权甚至延续十有余年。鉴此，反抗清朝，理所当然地成为研究太平天国的主调。不过，讨论太平天国反清的文著早已是汗牛充栋，目不暇接。刘晨的著作却另辟蹊径，别有洞天，转而探讨太平天国主要占领区的民变，民变是民众对既存制度的暴力反抗，太平天国是清朝的反抗者，太平天国统治区的民变又成反抗"天国"者，书中瞩目"反抗反抗者"的问题，使得研究更深一个层次，更入一个境界，充满了前人极少论及却又特别有价值的故事、人物、言说、新见。

太平天国是中国旧式农民战争的顶峰，其起事动机无疑具有正义性，代表了天下民众的诉求，其在占领区十数年的统治，既沿袭旧制，又推陈出新，创设了一整套独具特色的政治体制，描绘了较前制更为良美的社会愿景，空前地打击了腐朽的清王朝。太平天国在中国历史上书绘的浓墨重彩不容抹杀，其主体的正面形象不能否定。此著本意不在作"翻案"文章，而是以"反抗反抗者"的角度考察太平天国统治区的民意变迁，通过近200起典型案例的研判，透过对胜者为王的农民政权如何应对民众反抗的观察，进而阐释民心向背是决定"革命"政权能否长治久安的关键，对起自"草莽"的当政者为何又遭到百姓反对，对源于民众的政权如何"治国平天下"提供史鉴参考。

太平天国究竟只是一场旧式的农民运动。兵锋所向，引致社会天翻地覆，阶层激烈分化，民众与太平天国的关系表现为合作、躲避或对立等多样面貌。而民众与"天国"的对立关系是此书的论述主题，民变是民众不满情绪达于极点的宣泄，是社会动荡程度的重要衡量表。作者敏锐地观察到民变的发生主要是经济利益的纠葛，民众的抗争矛头大多指向太平天国的经济施政，虽然禁毁偶像、变动婚丧礼法等社会文化层面上的强力改变也是造成民众排斥太平天国的重要原因，但切身的经济利益冲突才是引发民变的主要根源。一般说来，这仅是民众反抗的初步，尚未上升到权力诉求和政治倾覆的层级。但反抗也传达着另面的历史信息，毕竟群众已经忍无可忍对现政权揭竿而起了（当然只是在些许时段的局部范围）。该著对太平天国占领区民变的时序数量、地域分布、人员构成、动员模式以及各种成因进行了研究；对太平天国后期与民众对立关系的规模及影响进行了展现；对太平天国占领区与清朝统治区的民变异同，其中既有传统延续性，又有太平天国特殊性进行了剖析；对如何将社会史融入政治叙事之中，既注重个案的细腻考较，也观照宏观的面上分析进行了探索。

太平天国定鼎金陵，统驭江浙，江南鱼米之乡，历来是中国经济最为富庶、人文最为发达、读书人影响最大的地区；又是太平天国统治较为稳定、较长时间存续、政策治理较为深入贯彻的地区；咸同之际，亦是千年变局、皇朝转衰的关节。该著择此区域为主要考察空间，择此年代为主要考察时间，具有典型的标示意义。本为"民军"的太平军奄有苏浙膏腴之地，殊不知，"如蝌如螗"的群体反抗恰恰寓目于本为富裕之地经济利益的捍卫，"如沸如羹"的民变异常刺目地在"民军"占领地呈现出一道别样景象。该著将此间此地的民变作了整体考察，使人们对其的认识从碎片走向综合。当说，相关论题的资料特别零散，青花残片，拣拾拼接，实属不易；战火焚简，渐成完璧，委实费劲。著作大量利用稀见史料，包括私人日记文稿百余种，地方史志百余种，还搜检百余种刻本刊本，另进行了田野调查。刘晨的勤勉、踏实及治学才能，为诸多前辈大师所赞赏，实为同辈学人中之翘楚。

该著提出了若干饶有意思的问题：在太平天国占领区，民变与政府干预基层的程度成正比关系，愈是"天国"统治插手社会基层厉害的地区，民变的数量愈频密，规模愈扩大，烈度愈加强，显见，太平天国既给民众带来"福音"希望，其施政的负面因素也给民众留下了创深剧痛。而"天国"施政者"高效"镇压民变的背后，反映出政府财力的耗费，行政精力的牵扯，太平军兵力的分散。更重要的是，在某种程度上，统治区风起云涌的民变宣告了太平天国在社会控制层面的种种倒行逆施，民变与团练、盗匪、腐败、内讧等不安定因素愈演愈烈，官、绅、民的关系陷入结构性失调，加剧了社会的失控和民心的违和，得人心者得天下，失民心者失天下，确乎是颠扑不破的真言！太平天国的内溃之势已萌生于兵败之先，"天国"陨落的命运已从日益频密的民变中得到了预示。一个政权，哪怕是兴起于草根民众的政权，要想长久维系，民心的所向和转向适为关键。

刘晨的新著出版在即，嘱我作文，愧不敢当。只因师生之谊非比寻常，冀其早成大业，又对他写作的甘苦心得知之甚多，草成此序。至于书中况味，文章妙处，留待读者品察体味！

郭卫东
2018年夏于北京大学历史学系

序　三

在20世纪后半叶，太平天国史是中国史学界最重要的领域之一，政治因素无疑是其推力，即便是1978年以后二十来年的改革开放时代，这一领域的意识形态浓雾依然弥漫不散。1992年中共十四大提出发展中国特色社会主义市场经济，2001年中国加入世贸组织，在市场经济一路凯歌的灿烂景象中，太平天国史研究迅速没落。盘点这一冰火两重天的现象，有人认为"太史"臻于成熟完善，后人无从入手；有人认为可以从一个极端走向另一个极端（如"拜上帝会邪教说"）；真正的研究者认为，应该拨开那一层浓雾，转换视角，重新审视。但是，在这个时代，漫步故园冷门无疑是在自讨苦吃，而且那些在"高潮"中喷涌出来的巨量资料往往令人望而却步。这时，一个青年学者，刘晨，自诩"小长毛"，从本科、硕士、博士一路跋涉而来，为我们呈现出一部久违的"太史"新篇。

要评说这一新篇，我们不妨先从涉及本书"民变"主题的两个案例说起。

一　异梦：大清帝国版图中的"粤匪之乱"

太平天国由清王朝版图中的一场民变发展而来，前后14年，掀起滔天巨浪。这一切，源于洪秀全的一场"异梦"。

洪秀全，嘉庆十八年十二月初十日（1814年1月1日）出生于广东花县一个普通农家，自幼好学，入村塾读书，13岁便能熟读四书五经，家人都希望他能考取功名，光耀门楣。道光七年（1827），洪秀全参加花县县试过关，稍后在广州府试时落榜。事后，秀全到县城附近一家私塾做伴读。道光十六年（1836），秀全再赴广州应试，再次失利，稍后他在广州龙藏街得到一套基督教传教士赠送的布道书《劝世良言》，粗略一翻，便弃之一旁。

次年，秀全第三次到广州应试，依旧名落孙山。秀全屡试不第，身心俱疲，猝然病倒，只得雇轿返乡。回家后，秀全连续卧床40余日，神志不清，梦魇不断，其中一场大梦的大致情形是：

> 到了一处华丽而光明的地方。秀全进入一大宫殿，有人用刀剖开他的身体，取出心肝五脏，另以鲜红簇新者放入，伤口及时复合，全无疤痕可见。秀全又进入一座大殿，见有一老人，披金发，衣皂袍，巍然坐于宝座上。老人哭诉养育了世间人类，却得不到人类的尊敬和纪念，又授予秀全宝剑一柄，用以斩除鬼魔。（[瑞典]韩山文撰，简又文译：《太平天国起义记》）

秀全一梦醒来，举止异常，常在其室内走动跳跃，间或唱歌，或训斥他人，或如兵士战斗状，村人都认为秀全"疯了"。洪镜扬知道儿子中邪，急忙请法师驱鬼。处于"疯癫"状态中的秀全，竟然超常发挥，写出一首气势恢宏的诗词：

> 手握乾坤杀伐权，斩邪留正解民悬。眼通西北江山外，声震东南日月边。
>
> 展爪似嫌云路小，腾身何怕汉程偏。风雷鼓舞三千浪，易象飞龙定在天。

不久，原本性情开朗的秀全变得性格怪异，严肃寡言。秀全在道光二十三年（1843）又一次踏上赴广州应试的路程，结果仍然是铩羽而归。回家后，他写下"龙潜海角恐惊天，暂且偷闲跃在渊。等待风云齐聚会，飞腾六合定乾坤"的诗句，宣布与大清王朝和科举考试彻底决裂。

偶然中，秀全仔细阅读了那套束之高阁长达7年的《劝世良言》，他在这部书中找到了解释6年前病中梦兆的关键，发觉该书与自己梦中情形极其吻合——那位高坐宝座的老人，就是天父皇上帝；那位曾答应帮助他诛杀妖魔的中年人,就是救世主耶稣;妖魔就是神佛偶像;而兄弟姊妹就是世间人类。

因为一套神奇的小书,一个奇异的梦境,秀全认为自己是受上帝指派下凡,唤醒世人,斩邪留正,让天下重新信奉上帝真神的使者。这部书成为他弹奏"宗教狂想曲"、掀起一波狂飙的动力。

后来,秀全在广西与冯云山一起,成立一个以拜上帝为核心的宗教组织"拜上帝会"。道光三十年(1850)二月,洪秀全在平在山黄袍加身;十一月,拜上帝会众击溃来犯的清军团练,迎洪秀全、冯云山到金田,取得"迎主之战"的重大胜利。十二月初十日(1851 年 1 月 11 日),2 万余教众齐聚金田,庆贺秀全 38 周岁生日,誓师起事。一介落魄书生洪秀全,终于从一位"反抗者"登上"太平王"宝座,开始了他长达 14 年的君王生涯。

金田起义的号角,从贫瘠荒芜的紫荆山,一直传入青山秀水的江南。金戈铁马,气吞万里如虎。在宗教狂想曲的伴奏声中,太平军攻破了中国 600 多个有城墙的地方。一波狂飙,肇始于梁发那套传教小书和洪秀全那场异梦,当然,还有那片充满苦难和危机的土地。

二 邪术:太平天国统治下的"包村民变"

拜上帝会搞的"迎主之战""金田团营",放在当时的大历史中,只是诸多民变中的几朵浪花,但在西来基督教异端思想的灌输下,居然有千百万民众或主动、或被动地卷入其中,直接间接损失人口数千万。好了,太平天国建都江宁,改名天京,洪秀全能够改变苦难土地的面貌吗?

咸同之交,太平军进军浙江,设官驭民,"着佃交粮",压迫繁重,诸暨乡民包立身利用"邪术",以包村为据点,创办"白头军",抗击太平军。

史书中的包立身形象被笼罩上一层神秘的面纱,或称其"精通奇门遁甲",或称为"巫师""妖人"。传说立身在咸丰十年间曾遇一古貌白首老翁传道,若汉之黄石公故事。得道后,立身常焚香踞坐,言休咎颇验,乡人遂称为"包神仙",甚至说他能飞竹刀砍人头。

包立身因抗税杀死太平天国收税官,聚众自保,太平军来犯,被乡民打败，立身一战成名，邻近各县绅民纷纷前来投奔，"举家来投者，不下十余万人"。"白头军"与太平军对峙半年多，大小战役数十次，立身军先获胜利，终被攻灭，死伤惨重，据清廷善后统计，包村被太平军攻破后的死亡者共有"一万四千七十七人"（因迁延半年多，每次打仗，死亡者必须掩埋；立身经常率军出击，死于他乡者甚多，故实际数字远多于此数），太平军也遭受重大损失。后来各种记载中出现包村死亡数万、十万、十数万、二十万、三十万的数字，不在此详加讨论。"包村民变"是当时处于社会剧烈动荡之中的民众在心态与行为上的"应激"反应，是民众在极度恐惧中展开自卫的一场重大民变，是当时"反抗反抗者"的一个典型案例。

三　炼金："反抗反抗者"的研究价值

太平天国之出世，以往一般认为根源在于西人入侵，阶级压迫，吏治腐败，民生凋敝，实则是出于一位领袖（洪秀全）、一种思想（西来基督教异端思想）、一个团体（拜上帝会）融合而成的巨大合力，利用清王朝统治在政治军事外交社会文化方面存在的重大缺陷，穿插挺进，一气呵成。太平天国打着"人间天国"的旗号，最终依然入于严酷的专制统治，在其治下，民不聊生，民变蜂起，并成为天国最终崩塌的原因之一。这一现象颇具讽刺意味，却为往者所忽略。

"反抗反抗者"的现象，实际上历来皆有，前有朱元璋拜弥勒裹红巾、"驱除胡虏，恢复中华"而建立的明王朝，在其治下，"白莲之乱"绵延不绝；后有共和国初创，各地土匪恶霸会道门，多有骚乱。但是，这些现象往往被"宏大历史叙事"所掩盖。刘晨博士以太平天国为平台，以"反抗反抗者"的视角来探索天国统治下的民变问题，别出心裁，有开创之功。

1. 作者通过对天国民变细致入微的研究，在太平天国政治史、军事史等专门研究基础上，建构太平天国社会史（民众反抗史）的重要一面，具有学术创新意义。

2. 作者细致描绘太平天国后期民变发生的时空分布、人员构成、类型划分、动员模式，全面展现了太平天国政权与民众尤其是农民的关系；

作者通过分析民变起因与民变矛头指向，指出了太平天国社会战略的得失，尤其是经济政策的偏差；作者对于太平天国政权向基层渗透过程中的暴力干预、基层乡官制度的弊端与乱象、最终激变良民之事进行客观分析，解释了太平天国由盛而衰、由内溃而崩塌的社会原因。

3. 作者在巨量史料中爬梳剔抉，如同在成吨矿石中冶炼黄金，用功之勤，用心之细，读者诸君一望可知。这是一种值得提倡的"做真学问"的精神。

4. 该书在写作方法上注重将总体与个案研究结合、宏观叙事与微观分析结合，结构合理，论证逻辑清晰，语言规范流畅。逐页阅读，并不乏味。

四 打磨：比肩"老长毛"，登高新起点

民国时期，学术界出现了一批真正意义上的太平天国史学者，最为著名者有简又文（人称"太平迷"）、萧一山、郭廷以、罗尔纲、谢兴尧（自称"老长毛"），前三人后来去了港台，留在大陆的罗、谢成为国内"太史"泰斗，如果忽略这些大家身上政治烙印的话，他们代表了既往"太史"研究的最高水平。

尽管从大学时代即浸淫于"太史"，迄今十余年，刘晨博士最终完成富有新意的《太平天国社会史》一书，我作为一名认真的阅读者，还是要指出一些有待进一步打磨的地方。

1. 概念应用问题。作者对"绅""士""民众""民变"等概念的界定，受"清末民变"研究的影响较大，道光咸丰同治时期的清方情况自有特点，太平天国统治区的情形亦然。进一步而言，发生在太平天国统治区的普通刑民案件是否属于"民变"，存疑；一些非常复杂的民众反抗事件，不能简单归于"经济性诉求"。

2. 天国民变发生之缘由，作者主要着眼于天国统治的负面因素，这些因素在各章均有涉及，有重复之嫌。作者大力搜集排列史料，在写作中有敝帚自珍、堆砌史料之意。观点既然明了，不必太重分量。

3. 至于史料取舍、用词造句、注释标点、插图说明等细枝末叶，也要悉心修订，不致留有遗憾。

4. 在晚清中国已经步入近代化道路的时代，西来基督教异端+旧式农民起义性质的太平天国丧失了推动历史进步的作用，其本身对于中国社会的斫伤、对近代化进程的负面影响是一个不容否认的历史事实。作者站在客观立场，不对天国过度褒贬，貌似公允，但不利于总结历史教训，推动社会进步。

刘晨博士曾在山东大学求学七年，其学士学位论文《李昭寿平议》、硕士学位论文《萧朝贵研究》，均为我所指导，风采已然展现，独领一方风骚。三月前，刘晨嘱我为其博士学位论文修订而成的《太平天国社会史》写序，我因诸事繁忙，迁延至今，已是"最后的日子"。下笔之前，我得以拜读茅家琦先生、郭卫东先生的序言，深感两位长者君子洞察入微，已发我欲言之言，我只好另辟蹊径，以"讲故事"的方式，穿插点评，勉为其"序"。

刘 平
2018年12月17日
于复旦大学光华西主楼

绪　　论

太平天国史研究曾是中国史研究领域内的"显学",甚至一度被作为专学而冠名"太史""太学"。但自20世纪末以来,太平天国史研究日趋冷落,主要与其研究领域之广、研究成果之多造成的研究难度加大有关。[1] 太平天国史研究虽已硕果累累,但并不代表没有耕耘的余地。任何学科的发展创新,都离不开研究视角的转换与开拓。美国学者魏斐德（Frederic Wakeman）、孔飞力（Philip A. Kuhn）"从中国内部事件所引起的社会结构的变化来探究中国近代历史"的方法和史景迁（Jonathan D. Spence）以宗教为主线,以社会史为角度探索太平天国兴亡轨迹的视角为研究太平天国时期中国社会变迁提供了一种新的模式。[2] 国内学界则没有对此给予足够重视,太平天国史研究始终无法从根本上扭转颓势。与之相比,美国学界在近几年形成了一股研究太平天国的小热潮,以梅尔清（Tobie Meyer-Fong）和裴士锋（Stephen R. Platt）的著作为代表。

2013年,美国约翰·霍普金斯大学副教授梅尔清的《浩劫之后:太平天国战争与19世纪中国》（中译名）提供了一个研究太平天国的新视角。[3] 过去学界对太平天国的研究主要集中于重大历史事件和重要历史人

---

[1] 参见夏春涛《近一个世纪的太平天国史研究》,《天国的陨落——太平天国宗教再研究》（增订版）,中国人民大学出版社2016年版,第430—471页;刘晨《关于深化太平天国史研究的思考》,《萧朝贵研究》,九州出版社2014年版,第225—232页。

[2] 参见［美］魏斐德《大门口的陌生人:1839—1861年间华南的社会动乱》,王小荷译,中国社会科学出版社2002年版;［美］孔飞力《中华帝国晚期的叛乱及其敌人:1796—1864年的军事化与社会结构》,谢亮生等译,中国社会科学出版社2002年版;［美］史景迁《太平天国》,朱庆葆、计秋枫等译,广西师范大学出版社2011年版。

[3] Tobie Meyer-Fong, *What Remains: Coming to Terms with Civil War in 19th Century China*, Stanford, CA: Stanford University Press, 2013.

物，侧重于以政治史和革命史的视角观察战争的历史进程。而梅著的主要研究对象是在太平天国战争中死难的民众，她希望建立起战争与日常生活和个人感受的关系，从民族国家和革命史的叙事语境中超越出来，展现平民在战争中及战争后的经历。

梅著的研究主要有四点创新，值得借鉴：一是日常生活史视野下的太平天国，民间话语体系与政治话语体系的剥离；二是突出个案研究，重点介绍了善士余治、乡绅张光烈的事迹；三是叙事时空的延展，例如政府、民间对死难者的悼念活动一直持续到 19 世纪末；四是"内战"的语境，"叛乱""革命"的消失，理解个人情感，描述生活、体验和身体。特别是民间视角下的太平天国史构建，是既往太平天国史研究的一大缺憾。

2012 年，美国阿姆赫斯特马萨诸塞大学助理教授裴士锋的《太平天国之秋》出版，该书将小历史置于大历史中通盘衡量的视角是传统中国史学较为缺少的，将太平天国战争和当时的国际政治经济形势、全球市场等因素结合起来的研究思路非常新颖。2013 年，台湾卫城出版了《太平天国之秋》的繁体中译本；2014 年，社会科学文献出版社出版简体中译本，引起国内学界对太平天国的再次讨论。[1]

两部研究各具特色，又互相弥补。梅著从民间视角观察太平天国，裴著则从宏观的全球化视野解读这场中国内战；一个是社会史、日常生活史的"小"视角；另一个是国际关系、地缘政治的"大"着眼。不同视角下的太平天国应有不尽相同的历史形象。视角的转换和开拓对更加全面地认知太平天国十分必要，也有助于推进太平天国史研究的深入发展。过去学界讨论的政治视角和革命话语体系下的太平天国历史形象已经被充分展现，而对民间视角下太平天国的历史形象缺少理性的建构和评判，这却是关系深化认识"天国"陨落的原因，审视太平天国历史地位、评价历史人物和总结历史教训的重大问题。单一的民间视角可能无

---

[1] 参见 Stephen R. Plat, *Autumn in the Heavenly Kingdom: China, the West, and the Epic Story of the Taiping Civil War*, New York: Knopf, 2012；[美] 史蒂芬·普拉特《太平天国之秋》，黄中宪译，卫城出版 2013 年版；[美] 裴士锋《天国之秋》，黄中宪译，谭伯牛校，社会科学文献出版社 2014 年版。

法完整反映太平天国时代的全貌。社会史研究倡导自下而上与上下互动的研究取向，力图以历史的多重面貌，探讨社会发展原动力的复杂性。① 所以在强调眼光向下的同时，以太平天国历史发展变迁为主线，将民间视角融入宏大的政治叙事语境中，关注太平天国的政治生态和社会生态，以期通过全景式的描绘呈现太平天国政治权力与地方社会（民众）的互动，探讨在太平天国统治区国家与社会的关系是否存在"特殊镜像"，借以总结"天国"陨落社会层面的历史原因和教训。至于重点研究的对象，应该从死难者的身后之事转移回当时幸存者的切身感受，可能对重新评说这段历史更有说服力。

第一节　选题缘起

在太平天国史研究日趋冷落的同时，出现了对太平天国的评价持肯定与否定的两派言论，两派倡言者言各有据，却又各持一端。否定派的代表性著作如冯友兰《中国哲学史新编》第6册相关部分、② 唐德刚的《晚清七十年》第2册《太平天国》、③ 潘旭澜的《太平杂说》、④ 史式的《让太平天国恢复本来面目》和《太平天国不太平》；⑤ 还有一批通俗性读物，如陶短房的《这个天国不太平》、月映长河的《欲望是把双刃剑：太平天国的人性透视》、梅毅的《极乐诱惑：太平天国的兴亡》等。与此相对的是，对太平天国的历史作用和历史地位持基本肯定的言论，代表性文章有夏春涛的《太平天国宗教"邪教"说辨证》，⑥ 方之光的《太平

---

① 赵世瑜：《"自上而下"、"自下而上"与整合的历史观》，《光明日报》2001年7月31日B3版。
② 冯友兰：《中国哲学史新编》第6册，人民出版社1989年版，第56—72页。
③ 唐德刚：《晚清七十年》第2册《太平天国》，远流出版事业股份有限公司1998年版；大陆地区经删节先后出版两个版本，一是岳麓书社1999年版《晚清七十年》，二是中国文史出版社2015年版的《从晚清到民国》。
④ 潘旭澜：《太平杂说》，天地图书有限公司2001年版。
⑤ 史式：《让太平天国恢复本来面目》，《开放时代》2001年第1期；史式：《太平天国不太平》，重庆出版社2004年版。
⑥ 夏春涛：《太平天国宗教"邪教"说辨证》，《山西大学学报》（哲学社会科学版）2002年第2期。

天国要对内战造成的大灾难负主要责任吗？——与凤凰网〈太平天国〉编导商榷》《太平天国引发了中华民族史无前例的大灾难吗？——与潘旭澜教授商榷》等。① 学界由是掀起一场关于太平天国历史评价的论战，这场论战波及中国近代史研究的其他领域，如义和团、辛亥革命、秘密结社等，涉及如何评价中国历史上的农民起义和对以太平天国史为主体的农民战争史研究（曾被誉为国内史学界的"五朵金花"之一）的省思等重大问题。

实际上，否定太平天国的观点早在20世纪四五十年代就有人提出。简又文在1944年出版的《太平军广西首义史》中提出"以破坏性及毁灭力论，太平天国革命运动仅亚于现今日本侵略之一役耳，其前盖无匹也"的"大破坏"论。② 1955年郭廷以在《太平天国的极权政治》一文中认为，太平天国"是一个低级的迷信，绝对的暴力集团，神权，极权，愚蠢的统治。……真是中国历史上的浩劫惨剧"。③ 关于太平天国政权性质问题的讨论直到"文化大革命"前的较长时间内持续进行，持截然对立观点的两个流派也一直存在，直到被突如其来的政治风暴中断；20世纪80年代复生，后又牵扯到"邪教"问题的讨论。其实，学术上的异见、理辨乃至争论当为学界的常态。依后生之见，抛开"非此即彼""非正即邪"的历史窠臼，以史料和史实考辨为基础，走出全面肯定或全盘否定的学术怪圈，理性地审视太平天国的历史地位，极有必要。

探讨太平天国的历史地位，一个核心问题是系统把握和全面评价太平天国与民众的关系——太平天国到底代表了谁？尤其是要关注太平天

---

① 方之光：《太平天国要对内战造成的大灾难负主要责任吗？——与凤凰网〈太平天国〉编导商榷》，《探索与争鸣》2011年第3期；方之光：《太平天国引发了中华民族史无前例的大灾难吗？——与潘旭澜教授商榷》，《探索与争鸣》2009年第9期。

② 简又文：《太平军广西首义史》，商务印书馆，民国三十五年（1946），第5页。但后来简又文在《太平天国全史》中对太平天国运动的影响持肯定论，称赞太平天国"宗旨、理想、典章、制度、政策、军略、与种种实际的政治设施，实于种族革命之外，兼有宗教革命与政治革命的意义，实要改革全国一切传统的旧制度而创造'新天新地'的。这样大志愿、大企图、大计划，不特在吾国二十四史中未尝或见，即在世界的革命史中也找不到几个可与比拟的大运动。虽其因种种原因以致败亡，而流风不绝，典型尚存，自有不灭不朽的本性，将在我国甚至世界历史中永远占着重要而光荣的一章"。（简又文：《太平天国全史》上册，简氏猛进书屋1962年版，绪言第15—16页。）

③ 郭廷以：《太平天国的极权政治》，《大陆杂志》1955年第10卷第2期。

国与农民的关系，因为长期以来太平天国被定性为"农民战争""农民革命""农民运动"。传统上，民众响应和支持太平天国被认定为太平天国与民众关系的主流。① 要与此商榷，必须研究太平天国与民众关系的对立层面。否则便无法全面认知太平天国在瞬间烟消云散，黯然退出历史舞台的根源。但本书并非是对太平天国的批判性研究，而是力图在梳理基本史实的基础上，客观、理性地认知民众反抗太平天国的历史现象。然而对立关系具有复杂性，它涉及政治、经济、文化和社会生活诸多方面，包括民众的（群体或个体）积极对立意识和行为、（群体或个体）消极对立意识和行为。所以需要寻找一个新的切入点，既能从宏观方面，也可从微观方面观察太平天国与民众对立关系的成因、表现和影响。

2010 年暑期笔者随同刘平教授在浙江诸暨包村针对包立身事件的田野调查，搜集到包括 4 块《包村忠义祠碑》《暨阳东安包氏宗谱》《诸暨阮市包氏宗谱》在内的珍贵资料。包村抵抗是民众反抗太平天国的一个发人深省的案例，而民众在极度恐慌中展开的抗争行动不在少数。关于民众群体对立行为，民团的研究相对较多，主要集中于士绅领导的团练；而普通农民抗粮、抗捐税的民变事件和平民领导的民团武装既是群体对立行为的重要表现，又为过去学界较少关注。经阅读资料，在太平天国治下的常熟昭文地区至少就有数十起民变事件发生，这类现象足以构成一个群体研究对象；另外，相对于团练，此类反抗行为因缺乏政治性或政治立场不甚明显而对探讨太平天国与民众关系更有说服力。因此选择以"民变"为中心，兼及比照平民领导的武装反抗事件（如"包立身""沈掌大"等几起特殊"民团"），或可从社会经济史、日常生活史和政治史结合的视角揭示民众反抗太平天国的深层原因。以上便是"反抗反抗者"研究思路确立的大致经过。

太平天国与民众的关系是涉及太平天国社会战略和地方社会秩序的重要问题。梳理民众与太平天国群体对立行为的案例，有助于总结"天国"陨落的社会层面因素和历史教训，有助于加深对太平天国在挫折中发展而又在发展中倾塌的原因的认识；同时可小中见大，管窥民众与社会变革的关系、太平天国时期及战争前后国家与社会的关系。

---

① 代表性经典著作是罗尔纲先生的四卷本《太平天国史》（中华书局 1991 年版）。

首先，太平天国初期的基本态势是在挫折中发展。一方面，太平军在军事上取得重大胜利，基本与清军取得战略平衡。主要原因有：太平天国重视农民的土地问题，构建了极具吸引力的土地政策和营造人间"小天堂"的梦幻，大批挣扎在生死边缘的民众铤而走险，支援和参加太平军；清廷的内外交困、清军的极端腐朽；太平天国特有的统一的宗教、政治、军事制度激发出的战斗精神，即如洪仁玕所说："前此拓土开疆，犹有日辟百里之势"，"良由昔之日，令行禁止，由东王而臂指自如"；①太平天国的政治宣传和动员等。另一方面，太平天国在社会控制方面受挫。1860年前太平天国建立的江西、湖北根据地极不稳固，安徽基地也局缩在安庆、庐州等军事重镇附近，天京始终没有彻底摆脱江南、江北大营的军事扼控。地方社会秩序不稳，像溃军、团练、土匪的不时破坏；在民众对立方面，咸丰三年（天历癸好三年，1853）安徽民众反对太平军政略的动乱是典型案例，甚至迫使杨秀清两次派石达开赴安庆抚民易制。②民众对立的原因主要有：清方的政治宣传攻势与民众的恐慌心态；太平天国地方行政无作为，导致城市像兵营，乡村一片荒芜；强制推行男女之别的社会结构调整、移风易俗的社会改革和不合实际的工商政策，激起民众反感、敌对；太平天国空想的宏伟蓝图表现为现实的零实践，农民幻想破灭，原来支持、响应太平军或是持同情态度的民众逐渐失望。但是由于前期太平天国领导集团尚能采取因时制宜的修正举措，以及军事方面的战略相持等因素（最重要的是粮食得到有效储蓄和补给），民众与太平天国的对立尚未充分展现，支持者在数量上仍占优势，太平天国的总体事态还在发展。

其次，太平天国后期的态势是在发展中倾塌。尽管后期太平天国二破江南、江北大营，开辟苏南、浙江根据地，赢得针对八旗、绿营的军

---

① 《干王洪仁玕立法制諠谕》，太平天国历史博物馆编：《太平天国文书汇编》，中华书局1979年版，第94页。

② 《太平天国野史》记："定都后，复命胡以洸（晃）攻安庆，四月辛卯克之。皖省民情顽悍，以太平宗教法制之不相习也，多抗命。八月，天王命达开赴安庆一带安民。"（凌善清：《太平天国野史》，江苏广陵古籍刻印社1993年版，第324页。）按：引发此次变乱的主要原因是"太平宗教法制"，而非经济因素。由于这里对民变具体情节的描述语焉不详，是对当时民众抗争现象的总体概述，非具体个案，故未列入民变表。

事胜利，这种胜利仅是单纯的军事胜利，并未取得地方社会管理的改善和社会经济生态的稳固。相反，乡官基层组织异化；白头军兴，民众对立；社会经济秩序紊乱（传统社会经济秩序与贡役制社会结构并行），民众反抗剧烈而出现地方社会失控，太平天国在社会下层失去政权的合法性。暂时的军事胜利无法挽救太平天国四面楚歌的败局，特别是关系国计民生的粮食问题愈加窘促。最后，在中外敌对势力联合进攻时，太平天国再也得不到广大农民的支持，只能陷入孤立无援的绝境。苏、浙根据地仅维系三年左右时间，太平天国就在迅猛发展的假象中倾塌。

通过太平天国历史发展态势和太平天国社会战略的分析，也可加深对太平天国盛衰分水岭的认识。咸丰六年（天历丙辰六年，1856）天京事变的标志性意义似不足以完全说明太平天国战略全局的衰败。在军事战略方面，天京事变的确与这一时期太平天国暂时的战略退却有关。但是，事变没有造成太平天国元气大伤。事变后不久，太平天国迅速地再破江北、江南大营和开辟苏南、浙江疆土说明了这点——新的统一的领导核心对太平天国"中兴"发挥了作用。太平军二克江北大营，开创局部战略进攻的新局面，时在咸丰八年（天历戊午八年，1858）八月二十日，上距石达开由安庆出走之咸丰七年（天历丁巳七年，1857）八月十八日仅一年的时间。在社会战略方面，被誉为太平天国史上闪光点的洪仁玕新政、《资政新篇》和李秀成的地方建设新思维恰恰是在天京事变后诞生。而大量数据可能将具有标志性意义的时间指向1860年，这一年太平天国入主江南，社会战略着手执行，太平天国在社会经济制度方面承袭清制的同时，因承旧弊，并在执行方式上存在严重误差，社会失控初露端倪，埋下了太平天国亡于江南的种子。也正是在这一年，孔飞力所说的地方军事化等历史表征开始呈现——曾国藩升任两江总督，以钦差大臣督办江南军务；"借兵助剿"提上议程；江南团练繁兴；地方绅权反弹。[①] 此外，太平天国由战略进攻、战略防御转入战略退却可能并非由某一具体历史事件决定，也不太可能在某一年度内就完成转型，而是经历了一个由量变到质变的演化过程，并且与大的社会背景、国际国内局势

---

① 参见［美］孔飞力《中华帝国晚期的叛乱及其敌人：1796—1864年的军事化与社会结构》，第217—232页。

相关。过去有所忽视的是同时期某些具有密切联系的历史事件的有机结合对历史进程产生的重大影响。从战略全局的高度看，直到1862年上半年太平天国仍然对东线战场的上海保持压力。太平天国的战略全局基本是在1860—1862年一段时间之内发生转变，除上述历史表现，军事方面还有：二次西征失败（1861年6月）、安庆失陷（1861年9月）、清廷借师助剿（1862年2月）、庐州失陷与陈玉成被俘（1862年5月）、天京被围（1862年5月）、上海战役失败（1862年6月）、雨花台战役失败（1862年11月）、苏南和浙江根据地被蚕食（1862年2月左宗棠入浙始）等。

第二节　概念界说

在本书中，"民众""民变""民团""江南""士绅"均是重要考察对象，其中"士绅"的概念讨论将附在辨"民众"中，"江南"的概念将在研究过程中厘定，"民众""民变""民团"分别予以阐释。这些名词均是变动不居的历史概念，在历史研究中常因划分标准不同或史料记载各异而被赋予不同的诠释，其内涵演进至今又有新的变化。所以概念界说难免歧见迭出，言人人殊，本书仅以符合太平天国时代特色和方便研究为根本界定原则，以概念统一、贯穿始终为应用标准。

一　辨"民众"

在古代文献中，有"九职任万民"之说，是指国家以九种不同的社会职业分派于"民"。《周礼·天官冢宰》之《大宰》篇记："以九职任万民：一曰三农，生九谷；二曰园圃，毓草木；三曰虞衡，作山泽之材；四曰薮牧，养蕃鸟兽；五曰百工，饬化八材；六曰商贾，阜通货贿；七曰嫔妇，化治丝枲；八曰臣妾，聚敛疏材；九曰闲民，无常职，转移执事。"[1] "九民"分属于广义的农、工、商三个阶层，唯"闲民"例外，居"九民"之末，无固定职业，四处谋生，类似于"游民"或"流民"等。"九民"的划分概括了"民众"的大多数身份，其中农民、工匠、商

---

[1] 吕友仁译注：《〈周礼〉译注》，中州古籍出版社2004年版，第15页。

贾小贩等组成真正的"平民"阶层,占人口多数,在中国俗称"老百姓"。

萧公权认为,广义"普通百姓"的身份类别应该单列三类特别者——识字的平民、"特别的平民"、(官方用语的)"奸民"。"识字的平民"包括"所有充满雄心壮志但还未参加任何科举考试、以及没有通过科举考试的儒生(所有这些人因此在法律上都还不是绅士),以及所有因职业关系而具有一定读书能力的其他人,其中像是医生、商人和道士这些人"。传统社会拥有广大不识字和识字不多的人,在这些普通百姓中,"可能也有一些具有不寻常的抱负、才能、精明或积极进取的人","这种人的社会地位,虽然看不出来与一般农民有什么不同,但是,他们对所在村庄或乡邻常常具有决定性的影响",萧公权称之为"特别的平民",或可与第一类特别者"识字的平民"合称为"平民精英"。第三种特别者,"他们与没有什么影响、安分守己的乡民不同的地方,不是因为有特别的能力,而是因为习惯性的桀骜不驯、目无法纪和好吃懒做。这些人在平常时期,就是地方上的恶棍、游手好闲者、职业性乞丐——政府常把他们标记为'奸民'或'莠民'的人"。①

在第一类人中,没有功名或学衔的读书人、医生、僧道列入民众范畴自然没有疑义。萧公权的意见又引出另一个重要问题:"士绅"是否为"民"?第二类人尽管被称作"平民精英"或"特别的平民",但按社会职业划分仍可归入农、工、商之列。第三类人在史料中常被称为"莠民""奸民""刁民""刁徒""无赖""地棍""土棍""棍徒"等,其本意与"九民"中的"闲民"相似,这些名称是相对于接受或支持现存统治秩序的"良民"而言,他们在争斗、暴动、盗匪和造反活动中常扮演重要角色。可把他们作为"特殊群体"而与"流民""饥民"等"流民阶层"统称为"无赖流民层",也属于"民"的行列。"莠民""无赖"之词虽然内含贬义,但在别无良词概括这个群体桀骜不驯、游手好闲、不肯安分守己的普遍性格时只好暂用而搁置其本身的贬义色彩。

---

① 参见[美]萧公权《中国乡村:论19世纪的帝国控制》,张皓、张升译,联经出版事业股份有限公司2014年版,第555—557页。

"无赖阶层"是商品经济发展和社会流动性增加造成社会结构变动的产物。完颜绍元《中国古代流氓百态》一书中的"流氓"即"无赖阶层"之别称,与现代语汇中刑事犯罪概念的"流氓行为"者不同,"是对一种社会身份的概括",认定其"特指脱离生产不务正业而在社会上游荡,并以悖离传统道德文化和破坏社会秩序为基本行为特征的不良分子"。晚清以来,他们不仅存在于城市,而且遍及农村。像常操赌行、讼讼、打行、棍骗、帮闲、催头、伴随、泼皮、市虎等行当或角色,道德水准较低,游手好闲、没有正当稳固职业,谋生逐利于市井街巷之辈,他们构成了无赖阶层的主体。[1]

"无赖流民层"本身是一个相对宽泛的概念,它与"士""农""工""商"不是相应区划的分层,传统"四民"是按照社会地位、从事职业和知识层次所划分,无赖流民则主要指存在状态,当然也有谋生方式等因素的考虑,如上述无赖层几种较显著身份类别的归纳。

倘若"士阶层"和其他阶层被官方定性为"莠民""奸民",很难区别这部分人是真正的"无赖阶层",还是被官方有意贴上与其身份地位不相符的政治标签。由于史料记载的主观色彩和各阶层界限本身的模糊,例如无赖阶层的来源主体本就是"破产的农民、手工业者、商贩和城市贫民,以及刑徒罪犯、没落的官绅地主子弟等",[2] 无赖流民阶层和农民层、工商业者,甚至与士阶层之间存在彼此交叠和身份转换的现象。像《鳅闻日记》所记咸丰十一年(天历辛酉十一年,1861)四月常熟鹿苑民变的领导者为"无赖","四月下旬,闻贼众赴鹿苑焚掠。因民间剃头被捉,其守馆贼目,反被无赖诱至江边杀死数十名"。[3] 这里对"无赖"的解释可以多元,既可以是无赖层本意,也可以是农民或士子文人等。同

---

[1] 完颜绍元:《中国古代流氓百态》,东方出版中心1997年版,第1、2—24页。按:徐珂《清稗类钞》对类似"无赖"的"地棍"群体之称谓进行了不完全概括:"社会之于无赖恶少所谓地棍者,辄加以特别之名词,虽各省不同,而皆有讥讽之意。曰地痞、曰痞子、曰青皮、曰泼皮、曰赖皮、曰混混儿、曰混子、曰闯棍、曰打溜、曰搭流、曰打流、曰烂崽、曰泥腿、曰野仙、曰田罗汉脚、曰聊荡、曰滥聊、曰流氓,皆是也。"(徐珂:《清稗类钞》第4册,中华书局2010年版,第1669页。)

[2] 完颜绍元:《中国古代流氓百态》,第1页。

[3] 汤氏:《鳅闻日记》,罗尔纲、王庆成主编:《中国近代史资料丛刊续编·太平天国》(以下简称《太平天国续编》)(六),广西师范大学出版社2004年版,第350页。

月，常熟翁庄和樊庄的粮局相继被乡民捣毁，多名乡官被杀，当地秀才龚又村指其领导者为"土棍""顽民"，"翁庄粮局又被土棍打散"，"顽民之效尤何多也"。① 此类名词一般是政府贴给无赖阶层的标记，以显示他们与安分守己的良民不同。但毁局戕官的抗粮民变主要反映地主和自耕农的经济诉求，如果把"土棍""顽民"解释为粮户中起组织动员作用的地主、自耕农或士子文人也讲得通。

由于"无赖流民层"在社会上代表一个特殊的现实存在的广泛阶层，在区分"民众"的具体身份类别时，只好认为"士阶层"、"农民层"、工商业者等阶层与"无赖流民层"有着相对稳定的界限。传统身份类别在天灾人祸的特殊情况下向"流民层"的转换较易辨识，一旦完成转换，则可认定其失去既有阶层属性；对于"无赖阶层"，如果史料交代了民变人员"莠民"外的另一种身份，自然以另一种身份为其真实的阶层属性，一般情况，对贴上"无赖"标签的士农各阶层，特别是士阶层，官方的记载大多会同时交代他们的真实身份；如果史料仅将民变人员冠以"莠民""奸民"等称谓，则默认其已失去既往的阶层属性而归入"无赖层"。这不会对民变人员构成的量化分析造成绝对影响，因为"无赖阶层"的主体仍是其本意的身份属性，史料对民变人员"无赖"身份的指涉也多以其本意为主，含混不清者是少数。

"士绅"的内涵和构成处在不断变化中。太平天国时期，"绅"和"士"有着严格的区分。冯桂芬所作《均赋说劝绅》和《均赋说劝衿》，"绅"指居乡官宦；"衿"即"士"，指获得学位功名尚未入仕者。"绅"与"士"的社会地位、特权有较大区别，"愚以为漕务中之最可怜悯者惟衿，何也？曰获利最微也，撄祸最易也，贻误之最大也"。② 但在晚清的一些档案文献中，时人对"绅士"的使用表现出绅衿不分、绅士结合的

---

① 龚又村：《自怡日记》，罗尔纲、王庆成主编：《太平天国续编》（六），第67页。按：龚又村原是清朝秀才，他对此次民变的立场与太平天国官方相近，结合《自怡日记》所载其在太平天国统治区所作所为，可知龚是社会分化浪潮中知识分子被迫接受、消极服从太平天国统治的典型。

② 冯桂芬：《均赋说劝绅·癸丑》，《显志堂稿》卷9，光绪二年（1876）冯氏校邻庐刻本，第23页a—24页b，北京大学图书馆古籍部藏；冯桂芬：《均赋说劝衿·癸丑》，《显志堂稿》卷9，第25页a—26页a。

趋势,"绅士"一词往往黏合成一个固定名词,用以尊称、概称那些有官衔、功名抑或具备一定社会声望的人。但如果本着清代文献关于"绅""士"基本区分的原则,"绅"不能列入"民"的行列。雍正时田文镜、李卫奉旨拟定《钦颁州县事宜》,其中"待绅士"一节称:"绅为一邑之望,士为四民之首。"① "士"属于"民"的范畴,与"农""工""商"共同构成"四民社会"。

在古代文献中,《管子·小匡篇》提出"四民"说:"士农工商四者,国之石民也,不可使杂处。"② 这里"士"的主体是聚集在齐国稷下学宫的"处士"和"隐士",有别于当官的"仕士",③ 与清代文献中"士子"的内涵基本相同。所以是否出仕(包括是否即将出仕)成为绅士分类或绅士构成区分的基本原则。

那么可以被列入"民众"行列的"士"阶层具体包括什么身份的人呢?关于"绅士"的构成与分类,中外学者有不同论述。主要存在四种意见:

1. 以"绅士"一词包含"绅"与"衿",分其为"上层绅士"和"下层绅士"。日本学者山根幸夫认为,有进士以上资格而与官界有关的绅士为"上层绅士";举、贡、生、监等与官界无关者为"下层绅士"。④ 张仲礼的观点与之基本相同,他把绅士集团划分为"上层绅士"和"下层绅士",其中上层集团由学衔较高(进士、举人、贡生)以及拥有官职的绅士组成,下层集团包括许多通过初级考试的生员、捐监生以及其他一些较低功名的人。⑤ 瞿同祖将中国的士绅称为"地方精英"(Local Elite),指一种凭借非正式权力控制地方事务的力量集团,分为第一集团"官绅"(官员:包括现职、退休、罢黜官员,其中包括捐买者)和第二

---

① 田文镜:《钦颁州县事宜·待绅士》,同治七年(1868)江苏书局重刊本,第32页a,北京大学图书馆古籍部藏。

② 李远燕、李文娟译注:《管子》,广州出版社2001年版,第143页。

③ 白奚:《稷下学研究——中国古代的思想自由与百家争鸣》,生活·读书·新知三联书店1998年版,第159页。

④ 转引自姜镇庆《战后日本对明代社会经济史的研究》,中国社会科学院历史研究所明史研究室编:《明史研究论丛》第3辑,江苏古籍出版社1985年版,第366页。

⑤ [美]张仲礼:《中国绅士——关于其在19世纪中国社会中作用的研究》,李荣昌译,上海社会科学院出版社1991年版,第4—5页。

集团"学绅"（有功名者：进士、举、贡、生、监——均分文、武）。①此种意见的内部分歧在于上下层绅士的临界点。

2. 把"绅士"分为"绅"和"士"。萧公权指出没有功名的读书人（"文人"）在法律上都还不是绅士阶层，不具备绅士的地位，而"绅士"是"拥有官品或学识头衔的人"，包括"缙绅和士子（即未来的缙绅）"两个层次。②日本学者酒井忠夫《关于乡绅》一文"将明末社会预备官僚士人（举人、贡生、监生、生员）之外的在乡官僚及退职官僚称之乡绅"。③韩国学者吴金成将明清时代的绅士层分为绅层（官职经历者）和士层（未入仕的学位持有者：举人、监生、生员等）。④巫仁恕赞同这一分类，并将绅士层分为绅阶层和士阶层：举人以下，具有功名而未入仕者为"士"；进士以上的官僚为"绅"。⑤常建华的研究基于清人文献的记载，他指出清代文献《官绅约》中乡绅的范围扩大至家居候选者，主要指举人；进士、举人和贡、监、生的社会地位和入仕难易存在差别，"清人文献中，还未发现乡绅包括生员的记载"。⑥此类别实际是第一种上下层分类的一个流派，问题的关键还是在于"绅"和"士"的临界点在哪里。

3. 不分"绅""士"，不划层次，将官员和有功名者合称"乡绅"。日本学者本村正一、重田德、小山正明等持此观点。⑦

4. 以"名流"相称，按其影响范围大小划分为"全国性名流""省区名流"和"地方名流"。美国学者孔飞力持此观点。这与将绅士区分为

---

① ［美］瞿同祖：《清代地方政府》，范忠信、何鹏、晏锋译，法律出版社2011年版，第267、271—273页。
② ［美］萧公权：《中国乡村：论19世纪的帝国控制》，第84、371、529、555页。
③ 刘俊文主编：《日本学者研究中国史论著选译》第2卷《专论》，高明士、邱添生、夏日新等译，中华书局1993年版，第457页。
④ ［韩］吴金成：《明清时代绅士层研究的诸问题》，东洋史学会编：《中国史研究的成果与展望》，中国社会科学出版社1991年版，第183页。
⑤ 巫仁恕：《激变良民：传统中国城市群众集体行动之分析》，北京大学出版社2011年版，第73—74页。
⑥ 常建华：《士大夫与地方社会的结合——清代"乡绅"一词含义的考察》，《南开史学》1989年第1期。
⑦ ［日］本村正一：《关于清代社会绅士的存在》，《史渊》第24号，1940年；刘俊文主编：《日本学者研究中国史论著选译》第2卷《专论》，第212、458页。

城居地主和乡居地主的观点有点相似。① 其中生员、监生（"甚至某些富有的和受过教育的平民"）"不被看作待用的官吏"，"缺乏这种被认定的身份使他们明显地居于较低类别"。② "精英"或"名流"的界定把"绅士"的范围加以扩大，将富民（庶民地主、庶民富户）、没有功名的"文人"（萧公权语）、平民精英纳入"名流"之列，解决了狭义的"绅士"层无法包容的各类在地方社会行使重要权力者的身份认定问题。近年来的许多研究认为地主"绅士"可能不一定享有功名，主要依靠"土地占有、宗族特权以及对地方事务（如义仓、善举、赈灾等）的管理而跻身'名流'之列"。③ 费正清（John King Fairbank）较早地观察到士绅阶层的广义内涵，他认为"这种政治—经济两重性已使许多作家给士绅一词以更广泛的定义，把它视为一群家族，而不仅是个别有功名的人"，"在农民大众眼里，士绅还包括大地主，这是统治阶级的经济基础"。④

虽然存在上述四种不同意见，但关于"绅士"内涵界定的主流观点仍然是"绅"和"士"的分层。两者的临界点应是代表是否出仕或是否即将出仕的学衔，作为家居候选者的举人自然不在"绅"之列。所以进士和离职、退休、罢黜的乡居官宦及其家族成员⑤为具有统治性的"绅阶层"，不属于"民众"；举人、贡生、监生、生员等具有或曾经具有功名而未出仕的知识分子为"士阶层"，属于"民众"的范畴。

从明清时期到晚清、民国，由于社会经济的发展和社会结构的变化，

---

① 参见［韩］田炯权《中国近代社会经济史研究：义田地主和生产关系》，中国社会科学出版社1997年版，第147页。

② ［美］孔飞力：《中华帝国晚期的叛乱及其敌人：1796—1864年的军事化与社会结构》，第4页。

③ 参见徐茂明《江南士绅与江南社会（1368—1911）》，商务印书馆2004年版，第19—20页。

④ ［美］费正清：《美国与中国》（第四版），张理京译，世界知识出版社1999年版，第33页。

⑤ 马敏认为，"明清绅士阶层的特色，恰恰在于其地方性和在野性"。（马敏：《官商之间：社会剧变中的近代绅商》，华中师范大学出版社2003年版，第16页。）因此现职的政府官员，包括通过捐纳、保举等途径获得官职的人都不能列入"绅阶层"；在传统社会中，一人入绅，往往家族被同等视之。

"绅士"对地方社会资源和权力的垄断被新兴群体突破,像庶民地主、庶民富户、没有功名的儒生文人也会在传统社会秩序的稳定和延续方面扮演积极角色,他们可以称作"士"和"平民阶层"之间的"边缘层",属于"民众"。"绅""士"和"边缘层"对传统社会争斗、暴动、造反等群体性事件的态度和实践也可以说明这一划分的合理性。"士"及"边缘层"经常担任这些抗争活动的领导者,他们相比于处境优越的"绅阶层"和既得利益的占有者土豪、势豪、巨商、豪富、大地主——姑且称作"豪强层",更可能在民众集体行动中发挥重要作用,并易于与普通百姓达成协作。

由于研究对象的时空范围不同,学界对"绅士"内涵的争论失去统一的基础,像美国学者对晚近中国的研究倾向于从社会群体的影响辨别绅士,中、日学者对明清时期传统中国社会的研究则侧重于绅士的身份辨别。尽管由晚清到民国时期,"绅士"的内涵逐渐融混,其文化特征和社会角色逐渐取代意识形态成为"绅士"界说的准绳;并且随着新兴知识群体(像新式学校的学生)的出现和加入,使"绅士"一词较纯粹地成为"知识占有者"和"有尊严声望者"的代名词,其与政治千丝万缕的勾连弱化。但太平天国时期仍是一个近代性色彩朦胧的传统时代,"绅""士"之间既延续有区别对待的显著性——冯桂芬的文稿说明了这是主流层面,也渐现内涵上的模糊性——阶层扩大和"边缘层"的利益分沾。而"绅士"内涵的模糊性已不可争辩地成为后世研究使用这类名词的常态和习惯,同时为符合概念本真和时代特征,后文经常提及的"绅士""士绅""乡绅""绅董""绅权"等名词,主要指"士阶层"及"边缘层",而不是"官绅"。

通过上文分析,根据太平天国时代特色,综合社会地位、从事职业、知识层次、存在状态各划分标准,对相关史料记载的人物常见身份类别进行"民众"框架下的归纳和归类,"民众"的身份类别可概括为两大项八大类,列表如下。

表1　　　　　　　　　　　"民众"的身份类别

类别			身份
民众	士阶层	士阶层	举人、贡生、监生、生员、革生、武生、童生等
		边缘层	无功名之儒生文人（正在读书应试的儒生，无功名的塾师、医生等）、庶民地主、庶民富户等
	平民层	农民	佃农、自耕农、渔民、牧民等
		工匠	手工业者、雇工、刻工、石匠、织机工、剃头匠、车夫、船夫水手、店员、脚夫等
		商贩	市贩、铺户、盐贩、船户、牙商等
		特殊群体 无赖层	（多为官方用语，无稳固职业，史料未标明其他身份）莠民、奸民、刁民、刁徒、无赖、流棍、地棍、棍徒、土棍、恶少、地痞、游手、游民、游棍等
		特殊群体 流民层	流民、饥民、灾民、难民等
		特殊群体 其他	僧道、镖师、乞丐、奴仆、江湖郎中、江湖艺人、江湖术士、三姑六婆等

按：1. 本表不是严格的阶层区划，可能存在身份类别重叠，各身份类别之间的界限本来就不决然稳定，有的人可以实现身份转换，有的人兼有多重身份。所以本表所列主要为表明"民众内涵"——史料记载的人物常见身份类别哪些可以归入"民众"，不刻意强调身份类别的"重叠"部分和阶层界限。2. 原则上明确为违法犯罪者不归入"民众"，像娼妓、窃贼、毒贩、劫匪、人贩、骗子的行为既具有社会危害性，又违背道德，他们的行为不应视作"民众行为"；但要具体问题具体分析，像民变、暴动本身具有违法性，某些侠客、土匪、海盗、秘密结社的"非法"活动也有"劫富济贫""官逼民反""饥民起事"等性质，所以是否具备"正义性"成为区分"民众"和衡量"民众行为"的又一标准。3. 所列内容根据研究时段内与民变有关的史料整理，必有未尽者，待进一步探讨和补充。

如果按照居住区域划分，民众还可分为乡村居民、市镇居民和城市居民，各区域内部的民众又可按职业、地位、知识、存在状态等标准细化。后文常提到的"市民"，在当时的史料中，均未把它作为一个特殊阶层，多指居住在市、镇的"市井之民""市肆之民"，是相对于居住在农村的"村民""乡民"和居住在城市的"府民""县民"而言，在本质上与欧洲社会随同资本主义经济发展起来的拥有市民权的"市民阶层"不同。①

---

① 参见俞可平《马克思的市民社会理论及其历史地位》，《中国社会科学》1993年第1期；夏维中《市民社会：中国近期难圆的梦》，《中国社会科学季刊》（香港）1993年总第5期。

二 释"民变"

民变是传统时代长期沿袭的社会现象,是"衡量社会运行状态的一项重要指标",①"它典型不过地传达着社会动荡的信息"。②

学界对民变主体和内涵的认知尚有分歧。关于民变的主体,不少学者强调民变的主体是农民,吴雁南认为民变是"以农民为主体的各阶层劳动群众的反抗斗争";③刘平也认为民变是"占中国人口绝大多数的农民以及从中游离出来的广大游民无产者,不自觉地在全国各地掀起了各种形式的反抗斗争",④"清末民变的主体成分是农民、游民、游勇、会党、匪盗等下层社会中人及一部分士绅也都广泛卷入,其中,地方素有威信者、会党、土匪以及部分士绅在民变中起着领导作用"。⑤但有的学者认为民变的参加主体具有广泛性,所以他们以"下层群众"或"贫苦民众"等词概括,陈旭麓认为民变是"下层群众用直接诉诸行动的方式以表达自己对现存社会的不满和反抗";⑥程歗认为民变是"留在故土的贫苦民众迸发出层出不穷的暴力骚动"。⑦实际上,民变的"农民主体"说主要针对乡村民变。章征科按照民变的地域分布,将民变分为"乡村民变"和"城市民变",⑧城市民变发生在具有行政单位的城市,参加主体则是城市居民。所以,民变的主体要具体类型具体分析,不同类型的民变,主体力量也不相同。结合上文所述"民众"的身份类别,将较长历史时期内民变的主体界定为"社会中下层"群众似更合适。这样既可避免时空局限,又可搁置类型分歧,无论参与主体是农民、士子、无赖流民层还

---

① 樊翠花、王鸿斌:《国外关于清末民初乡村民变问题研究述评》,《民国档案》2009年第4期。
② 郭卫东:《倾覆与再建:明中叶至辛亥革命的政治文明》,北京大学出版社2009年版,第188页。
③ 吴雁南:《清末"民变"研究中的几个问题》,《学术研究辑刊》1980年第2期。
④ 刘平:《清末农村"民变"散论》,《江苏社会科学》1993年第5期。
⑤ 刘平:《关于清末农民运动的几个问题》,《江苏教育学院学报》(社会科学版)1994年第2期。
⑥ 陈旭麓:《近代中国社会的新陈代谢》,上海社会科学院出版社2006年版,第313页。
⑦ 程歗:《晚清乡土意识》,中国人民大学出版社1990年版,第16页。
⑧ 章征科:《辛亥革命时期乡村民变的特点及成因探析》,《华东师范大学学报》(哲学社会科学版)2001年第3期。

是清末民初的新式知识分子、资产阶级（新式商人）均可囊括其中。

关于民变的内涵，学界众说纷纭，存在广义和狭义之争。马自毅把各种反政府、反社会的群体行为都视作民变，但同时指出要辨别某些事件违背公德、目无法纪、分裂祖国的非正义性及其产生的原因。① 陈旭麓将辛亥革命前十年间1300余起"民变"划分为十种类型：抗捐抗税；抢米风潮；为求食有盐而导致的城乡骚乱；会党、农民起义；罢工斗争；兵变；学潮；反对教会与外国侵略者的斗争；反对"新政"；警民冲突、抗诉拆迁民房和征购土地、抗议巡防扰民、反禁止摊贩、反禁止平民开矿、商民打毁"德政碑"、劫狱释囚等其他反对压迫的斗争。② 章开沅、林增平认为辛亥革命前群众自发斗争急剧高涨的表现为抗粮抗租和抢米风潮、抗捐抗税斗争、秘密社会起事、反洋教斗争、各少数民族人民的反抗等。③ 刘平认为，清末乡村民变的表现形式多种多样，"如仇教、抗捐抗粮、盗匪活动、游勇扰乱、民族冲突、家族械斗、贩毒贩盐、灾民暴动、秘密结社起事等"。④ 张振鹤、丁原英在整理《清末民变年表》时也把农民起义、少数民族起义、秘密结社起事、革命党活动等较广范围的民众暴动视作民变。⑤

狭义论者则认为对民变的理解不能过于宽泛，应该恪守民变的基本特征。杜涛指出，"民变通常没有明确的政治目的，主要是对地方统治秩序形成冲击，本质上并非要推翻政府、颠覆政权。由此，秘密社会的活动、农民起义、资产阶级组织的武装斗争、兵变、土匪的活动等就不应纳入清末民变的范畴"，但作者同时强调"民变和上述斗争形式也不是绝然对立的，有些民变可能附属甚至转化为后者，但一旦完成这种转变，

---

① 马自毅：《前所未有的民变高峰——辛亥前十年民变状况分析》，《上海交通大学学报》（哲学社会科学版）2003年第5期。
② 陈旭麓：《近代中国社会的新陈代谢》，上海社会科学院出版社2006年版，第313—319页。
③ 章开沅、林增平主编：《辛亥革命史》中册，东方出版社2010年版，第719—779页。
④ 刘平：《清末农村"民变"散论》，《江苏社会科学》1993年第5期。
⑤ 参见张振鹤、丁原英《清末民变年表（1902—1911）》（上），中国社会科学院近代史研究所《近代史资料》编辑室编：《近代史资料》总第49号，中国社会科学出版社1982年版，第108—181页；张振鹤、丁原英《清末民变年表（1902—1911）》（下），中国社会科学院近代史研究所《近代史资料》编辑室编：《近代史资料》总第50号，中国社会科学出版社1983年版，第77—121页。

其性质便随之转变，也就不在民变的研究范围之内"。① 邵晓芙关于辛亥革命前十年浙江民变的研究限定在以农民为主体的乡村民变，资产阶级革命党人的革命活动、兵变、学潮、商人罢市和"谋乱造反"等均不列入考察对象。② 杨湘容提出民变具有自发性、分散性、斗争行为落后性和正义性四个特点，其斗争内容主要分为抗捐抗税、饥民运动、反帝爱国运动和工人运动四种，会党起义和反新政运动不能一概而论，须具体事件具体辨析，但贩毒、杀人抢劫、拐卖妇女、分裂国家等行为不能列入民变之列。③

在国外，尤其是美国学界对民变的研究往往具体到某一个或某几个具体的事件、某一种或某几种具体类型，他们对事件的定性多使用"Mass Actions"（民众运动）、"Mass Disturbances"（民众骚乱）、"Protest Movements"（抗议运动）等宽泛的模糊性概念，于是逾越了关于民变内涵的争议。在进行一些宏观的研究和统计时，易形成研究对象的扩大化，如杨庆堃（C. K. Yang）以《清实录》为资料来源，对19世纪中国民众运动基本数据的分析即是如此。④

阐释民变内涵，首先应对民变的基本特征进行界定。民变具有自发性、突发性、合理性与违法性兼具、抗争行为落后性、政治权力意识淡薄等基本特征。自发性是指民众为维护自身利益或追求共同权益而产生原始朴素的群体抗争反应，受外力作用的促发和推动不明显；突发性是指事起仓促，事发突然，未经长期准备，若长期酝酿起事则不属于民变，且常旋起旋灭；合理性与违法性兼具是指发生抗争行为的初衷具有正义性，反映了民众求生求安的愿望，但具体行动有的直接表现为集体暴动，有的可能产生由合法抗议向非法暴动的转变；抗争行为落后性主要取决于民变动员模式原始、基础，武装色彩和组织色彩较弱；此外，参与民

---

① 杜涛：《清末十年民变研究述评》，《福建论坛》（人文社会科学版）2004年第7期。
② 邵晓芙：《辛亥革命前十年间浙江民变问题研究》，中国社会科学出版社2011年版，第3—4页。
③ 杨湘容：《晚清民变研究》，湘潭大学出版社2010年版，第5—9页。
④ C. K. Yang, "Some Preliminary Statistical Patterns of Mass Actions in Nineteenth-Century China", in Frederic Wakeman, Jr. and Carolyn Grant eds., *Conflict and Control in Late Imperial China*, Berkeley, CA: University of California Press, 1975, pp. 190 - 191.

变的民众一般不甚具有明显的政治权力诉求，不会有颠覆现有统治秩序的集体心态，即民变展现的诉求属于"民"的诉求而非"贼""匪""寇"，展现的矛盾是"内部矛盾"而非"敌我矛盾"；但这是相对的，规模和程度达到一定高度的民变可能滋长领导者对权力的觊觎，政府的镇压或不当应对也会使民众受到刺激，促发民变事件向政治事件转型。正如杜涛所言，一旦事件成功转型，它的性质便超越了"民变"。

根据以上民变的基本特征界定民变内涵，一方面压缩了广义论者认定的民变范围，像农民起事、秘密结社起事等政治事件，以及一些非正义的违法犯罪行为被排除在外；另一方面扩充了狭义论者对民变内涵的界说，像非暴力形式的合法抗争、抗议、请愿等都可纳入民变范畴。

巫仁恕在研究明清时期城市民变时，认为"民变"一词是官方正统立场之上带有浓厚价值判断的政治概念，如同"邪教"一词，通常多指涉暴力事件，不能概括某些政府或可容忍的合法行动。所以他引用美国学者查尔斯·蒂利（Charles Tilly）提出的"集体行动"（Collective Action）一词泛称"人们为追求共同利益而聚集行动的行为"，"集体行动"则包含"集体抗争"（Collective Protest）和"集体暴动"（Collective Violence）两个层面的内涵。[①]"民变"的本意可能已被部分曲解，[②] 它的字面意思实为"民众变动"，不专指"民众暴动"或"民众变乱"等具有暴力行为的事件；"民众变动"也可作合法形式的民众抗争，不指对官方正统的政治立场而言，是一个中性词。因此"民变"和群众"集体行动"事件在内涵上基本可以划等，而本书在使用"集体行动"一词时一般有强调事件"群体性"的意图。

综上，"民变"是指民众（"社会中下层"）为维护自身利益或追求共同权益而聚集行动的行为；它的表现形式可以是集体抗争，也可以是集

[①] 巫仁恕：《激变良民：传统中国城市群众集体行动之分析》，第 2 页；Charles Tilly and Louise A. Tilly eds. , *Class Conflict and Collective Action*, London: Sage Publications, 1981, p. 17.

[②] 《辞海》释"民变"作"旧指人民聚众反抗"（《辞海》编辑委员会编：《辞海》下，上海辞书出版社 1979 年版，第 4131 页）；章炳麟在《驳康有为论革命书》中讲"既知英、奥、德、意诸国，数经民变，始得自由议政之权。民变者，其徒以口舌变乎？"（上海人民出版社编：《章太炎全集·太炎文录初编》，徐复点校，上海人民出版社 2014 年版，第 182 页。）可见"民变"一词原意亦包含议会争辩与民众抗议等非暴力形式的行为。

体暴动,二者无严格界限;"民变"具有自发性、突发性、合理性与违法性兼具、抗争行为落后性、政治权力意识淡薄等基本特征。

关于"民变"的具体类型,学界研究主要针对辛亥革命前十年间的民变,即1902—1911年;太平天国时期处在一个新旧交替的传统时代,不像辛亥革命前十年间发生的"民变"在地域分布、动员工具、组织力量、参与主体、集体意识等方面具有某些"现代性"特征。太平天国统治区的"民变"仍然延续了传统时代抗粮、抗租、抗税、抗役等基本类型,但也滋生出诸如反对租粮兼收、反对太平军勒派、反对太平军掳掠等民变新形式。为了方便研究以及直观观察太平天国的社会战略,本书将"天国"民变的研究对象框定于带有自发性、突发性,特别是与清政府或清军没有直接和现实组织联系的民变类别。

绝大多数反对太平军掳掠的群体事件不作为研究对象。首先,反掳掠行动包括反对太平军的掳人、奸淫、杀戮、抢劫等多种违纪行为,因其体量颇大,统计困难,无法全面考察。其次,大多数反掳掠事件集中发生在太平军正式安民建政之前,在刚刚据城之时,太平军的军纪往往会因时局混乱或管控松懈而趋于败坏,反掳掠事件大量集中发生,此时新政权与民众之间的"共栖"关系还没有建立,民众尚非"天国"之民,此类民众行动则不属于"天国"民变。第三,充满高涨敌对情绪的反掳掠事件易与"民团"混淆,政治对立或转化为政治对立的可能性大,实际上大多数反掳掠事件不能明确其是否具有政治对立或颠覆政权的意识,也不能明确其与清军、团练是否有直接、现实的组织关系。所以,据目前掌握史料所及,仅将6起性质明确且特殊的反掳掠事件作为"民变"研究对象——5起经太平天国官方温和处理而趋于结束,1起的动员模式具有特色。这6起民变的共同点是均发生于太平天国地方当局(太平天国地方政府分为以太平军军事贵族为主的太平军军政当局——驻城市的地方决策机构,掌控太平军;乡官基层政府——主要负责市镇乡村事务的执行机构)安民建政之后,即民众对太平天国表示政治归顺之后;同时可借以表现太平军军纪在民变成形中占有一定比例。

三 述"民团"

太平天国时期地方社会秩序的一个特色是地方武装力量繁兴,其中地方防卫组织通常称为"团练"。虽然地方武装之多在太平天国时期可谓"村村结寨""处处办团",①像湖北"各州县团练,或数千人,或数万人";②又如仅浙江新城一县"按户抽丁,约得五六万人",当时有"鳏夫锁门,寡妇雇人"之谣。③但不是所有地方都能建立起有效的防卫组织。有的村落太小或太穷,无力承担数额巨大的团费,如曾国藩所说:"团练之事,极不易言。乡里编户,民穷财尽,重以去年枯旱,十室九饥,与之言敛费以举团事,则情不能感,说不能动,威势不能劫。彼诚朝不谋夕,无钱可捐,而又见夫经手者之不免染指,则益含怨而不肯从事";④有的地方百姓主动向太平军贡献或迁避逃亡,如江西部分地区"民情素称懦弱,即绅士等亦不免纷纷迁徙";⑤有的地方巧立团练名目不过敷衍搪塞官府,于地方防卫毫无裨益,南京文人汪士铎深刻地认识到"团练之难,富者不出财,欲均派中户;贫者惜性命,欲藉贼而劫富家;中户皆庸人,安于无事,恐结怨于贼,为官所迫,不得已以布旗一面搪塞。官去则卷而藏之。此今日之情形也"。⑥

关于团练的类型,彭泽益认为团练是"地主武装形式",有"官团""绅团"之分,"绅团"又叫"民团",地方士绅自筹自办,不向官府报销;"官团"系州县官府倡办,士绅主持,"经费间或由本省兵饷中拨给一部分,大部分依靠本地士绅筹款派捐",也不算入奏销。⑦茅家琦则认为苏浙地区的团练主要有三种:一、清朝官员组织或领导的团练。咸丰初年,太平军兴,清廷委任"团练大臣"协助地方官员办团平叛,像咸丰十年(天历庚申十年,1860)五月委派大理寺卿晏端书为江北督办团

---

① 曾国藩:《曾国藩全集》第31册,"书信之十",岳麓书社2011年版,第639页。
② 《湖广总督官文湖北巡抚胡林翼奏为湖北江夏县等历年团练出力各州县请分别加广文武学额事》,咸丰八年正月十五日,军机处录副奏折03—4532—024,中国第一历史档案馆藏。
③ 民国《新登县志》卷19,"武备",第4页b。
④ 曾国藩:《曾国藩全集》第22册,"书信之一",第127页。
⑤ 《寄谕张芾务当会同陈孚恩等力筹守御并与各路援军内外夹击》(咸丰三年六月十一日),中国第一历史档案馆编:《清政府镇压太平天国档案史料》(以下简称《镇压档》)第7册,社会科学文献出版社1993年版,第567页。
⑥ 汪士铎:《汪悔翁乙丙日记》卷3,民国二十五年(1936)铅印本,第11页a,北京大学图书馆古籍部藏。
⑦ 彭泽益:《十九世纪后半期的中国财政与经济》,中国人民大学出版社2010年版,第102页。

练大臣、在籍内阁学士庞钟璐为江南督办团练大臣、前任漕运总督邵灿为浙江督办团练大臣等；地方名团如长洲永昌徐佩瑷、金匮荡口华翼纶、江阴王元昌、南昌刘于浔、湖州赵景贤。这类团练组织主要由政府督办和赞助，直接听命于清政府，成员身份多为农民、无赖流民和清朝革兵溃勇。二、地方士绅主动组织的防卫武装。著名者如诸暨"莲蓬党"何文庆、松江金国钧、绍兴余姚"黄头军"谢敬、四明山大岚吴方临、诸暨古塘陈兆云等。此类团练数量最多，遍及各地，为团练主要类型。虽然他们与清朝官方也保有一定联系，但办团经费基本是士绅自筹或村民摊派，军事行动具有自保性和相对独立性——通常局限在本土作战，主要负责保卫自己的村庄。乡勇身份一般为当地农民、无赖流民层。三、枪船武装。著名者有元和周庄费玉父子、吴江盛泽孙四喜、无锡太湖金玉山、震泽严墓卜小二等。其成员大多为无赖流民、游手好闲之辈。①

第一种团练类型可以称为"官团"。尽管其主要组成是农民和无赖流民，但领导者多为绅宦，团练组织已具备官方的性质（编制、经费、设备、训练、纪律），这类团练的军事行动不能视作民众与太平天国对立的情形。第二种团练类型基本可称为"民团"。领导者多为士阶层及边缘层，组成者一般为当地农民，基本上可以视作民众与太平天国对立的情形。其自身利益未必完全与清政府、"官团"一致。"民团"的组建，可能会受地方官府督促和影响，但组建者的主要初衷是保卫桑梓而非荡平"贼匪"。清政府也发觉了这一点，咸丰皇帝一再强调地方官"将如何团练随同官兵助剿及防守等一切事宜务须统筹全局，尤不可自顾乡间，须与官兵联为一气"，②"又必须选择贤能之地方官督率绅民认真妥办……而权亦不至归诸民间"。③ 时人亦有感观："若团练土人，乃土人自为之以保其村，不能御外村之强者，无论贼矣。"④ 此外，民团还有"抗官"的另一面，安徽巡抚福济奏陈团练"尽属虚声，全无实用，徒供其营私肥己，

---

① 参见茅家琦主编《太平天国通史》中册，南京大学出版社1991年版，第416页。

② 奕䜣、朱学勤等：《钦定剿平粤匪方略》卷237，同治十一年（1872）刊本，第18—19页，国家图书馆藏。

③ 王先谦：《东华续录》，"同治二年十二月乙酉"，第21页a—b［《东华录·东华续录》（十二），上海古籍出版社2008年版，第275页］。

④ 汪士铎：《汪悔翁乙丙日记》卷2，第1页b。

扰害闾阎，且绅士究属部民，目无长官，尚安知有纪纲法度，效尤日众，渐成梗化凶顽，于吏治民风大有关系"，请咸丰帝旨准"安徽凡办团练无论大小，绅士胥归地方官节制差委"。① 而且为保全村落，村民还会修建"寨""堡""砦"之类的防护工事，江苏铜山县的例子较为典型；② 可有的团练"每以有寨可据，辄藐视官长，擅理词讼，或聚众抗粮，或挟仇械斗，甚至谋为不轨，据城戕官"。③

"民团"虽然是太平天国与民众对立的一种情形，但仍然不宜作为太平天国与民众对立关系的主要研究对象。首先，民团与太平天国具有先天政治对立的性质——虽然对立的因由不完全是王朝秩序的衰落，还有地方传统社会秩序被破坏和乡土情结的滋长。民团与清朝官方存在一定的组织关联，民团的成立需要获得政府认可并备案，它们的基本军事目标是击败来犯的太平军。

其次，部分民团成员的参与有强制性和投机性。浙江台州的情况颇为典型，"男子六十以下、十六以上，出兵时有不至者，即焚其居"，"毙一贼，即以贼身上之衣服金银器赏之，他人不敢贪冒，有从此致富者，人人思奋，惟恐长发不来"。④ 关于部分百姓被迫入团的情形，及部分无赖流民为利投身民团的动机，汪士铎也做了形象描述："（士绅）一面勒掯恐喝土人以取钱，托其名为助饷，暗中各受馈献以高下其身，明则挪移借支乾没入己；一面执塗人、市人及惟弱瘦怯之书生，使为乡勇。其初人不愿为，谓其真为乡勇也。继而黠者教之，遂人人乐为，日取青钱三百，既而贼来则皆溃。当其未溃也，此书生与以每人洋银一元以安家，各乡勇佯诺。府尊点名按给，诸人皆貌为武壮，应名排队领银而出，才出城过桥，遂各走归其家。其家皆近在各乡，半日可到，抛其器械，仍

---

① 《安徽巡抚福济奏为安徽办理团练大小绅士请归地方官节制差委事》，咸丰四年十一月初四日，朱批奏折附片4—01—18—0045—041，中国第一历史档案馆藏。
② 同治《徐州府志》记："咸丰初，粤贼北窜，诏令各直省坚壁清野，以断盗粮。八年，徐宿有寇警，砀山义民唐瑞邦、孙广基等始筑砦卫同里。嗣是至同治四年徐民相率增筑守望，强固徐土，用以乂安。"（同治《徐州府志》卷16，"建置考"，第12页a—15页b。）
③ 赵尔巽等：《清史稿》第14册，卷133，志108，"兵四·乡兵"，中华书局2003年版，第3959页。
④ 叶蕉云：《辛壬寇记》，罗尔纲、王庆成主编：《太平天国续编》（五），广西师范大学出版社2004年版，第371—372页。

为乡民，各执其业。而此书生方自以为功，谓召丁壮万余也，不知闻其溃也如之何？"① 加入民团的百姓，相较于"保卫桑梓"，"贪图钱米，混取资材"的意义更加显著，"应募而来"的乡勇有此思想的不在少数。②可见这类抗争并非主要肇因于太平天国的政治压迫或经济剥削。

第三，民团往往为一己之私表现出"害民"的另面特性。民团在地方社会秩序建构中实际扮演了三重角色："自卫""抗官"和"害民"。"害民"的常见表现是以盘查为名劫掠勒索钱财，在浙江金华和兰溪，团丁"藉盘查奸细为名，杀人夺货，行旅视为畏途。……大营兵勇非数十人连樯而行，即不得免。甚至本地差委各官过之，均遭掳掠，示以冠服，曰：'伪也。'验以印文，亦曰：'伪也。'几至无理可喻"。③ 相对于"民团"，太平天国统治区的"民变"则缺少与太平天国对立的先天性和投机性，一般可以原始朴素地反映民众的基本诉求和太平天国社会战略的得失利弊，从而直接、深入地展现和检讨民众与太平天国的真实关系。

在诸多民团事件中，平民出任团练领袖的案例极少，著名的领导者如浙江诸暨包村包立身和浙江海盐沈掌大，他们领导的民团规模均在万人以上。据郑亦芳统计，浙江团练领袖中有姓名、事迹可考者234人，农民和工商阶层的平民领导者仅11人；④ 广东团练领袖79人，工商阶层的平民领导者仅1人，无农民领导者；广西团练领袖89人，无平民领导者；

---

① 汪士铎：《汪悔翁乙丙日记》卷2，第1页b。
② 汤氏：《鰍闻日记》，罗尔纲、王庆成主编：《太平天国续编》（六），第333页。
③ 陈其元：《庸闲斋笔记》，杨璐点校，中华书局1989年版，第234页。
④ 经核查，《浙江忠义录》明确团练领导者为农民的有10人：秀水沈树屏、海盐沈掌大、黄岩孙仁秋、解广桂、李增华、童义显、诸暨包立身、石世传，新昌盛梦奎、潘虎亮；游民1人：归安俞鸢梧。共11人。总数与郑亦芳统计一致。见浙江采访忠义总局编《浙江忠义录》卷5，同治六年（1867）刻本，第7页a、10页a、12页a、21页a；卷6，第13页a、26页a、35页a—b，北京大学图书馆古籍部藏。另，江西省情况据《江西忠义录》卷8"民人传"，记死难平民114人，其中平民团练领导者15人：抚州金溪何义蕃、东乡张对喜父子、葵田黄志盛（佣工）、徐秉鲲、黄德旺；吉安庐陵易广祐兄弟（其兄为团总），安福周震乾、庐陵悟真（僧人）；饶州乐平王殿鼇、乐平张有福、万年饶希龙、饶育班父子（农民）、饶某（屠夫）。见沈葆桢等修、何应祺等纂《江西忠义录》卷8，"民人传"，同治十二年（1873）刻本，第5页a、6页a、6页b—7页a、8页b、9页a、9页a—b、10页a、10页b、11页a，北京师范大学图书馆藏。15位平民团首，只有5人明确身份：2农民、1佣工、1屠夫、1僧人，其他10人具体身份不明。

湖南团练领袖 57 人，无平民领导者。① 足见平民领导的团练武装之少。"民团"事件不宜作为民众与太平天国对立关系主要研究对象的再一个原因就是它的领导者可能是土豪、大地主和大商人之类的"豪强层"（依前界定，不属于"民众"）。此类案例会限制民团武装"民"的性质。"平民武装"则没有这样的局限，其领导者和参加者的主体均是平民，可以直观反映平民的主张和诉求；而且它的政治对立意识在初始阶段一般不显著，甚或具有民变的某些特征，向团练的质变具有特殊的内外因素；又因少见，也将几起平民武装的典型案例作为探索民众与太平天国关系的一个窗口，与民变事件共同列为研究对象。

图 1　义民杀贼奋勇拼身 ②

---

① 按：上述统计身份不详者除外。参见郑亦芳《清代团练的组织与功能——湖南、两江、两广地区之比较研究》，中华文化复兴运动推行委员会编：《中国近现代史论集》第 28 编第 33 集，台北商务印书馆 1986 年版，第 655—659 页。

② 余治（寄云山人）：《江南铁泪图新编》，同治十一年（1872）刻本，第 11 页 b—12 页 a，北京大学图书馆古籍部藏。按：是图强调了太平军与团练对立的一面。

图 2 假托盘查团丁截杀 ①

"枪船"是民间社会自我防御和互助协作的商业活动组织,是苏浙太湖地区团练的一种特殊形式。只不过枪船负责保护的是土豪、恶霸、劣绅、无赖的非法营生,如赌场、花船、贩运私盐鸦片。太平军兴后,清政府渐改漕运为海运,运河两岸大批失业水手加入枪船帮,枪船势力壮大;太平军入主江南前,大部分枪船为清政府招安征募,成为合法团练。相较于"官团"和"民团","枪船"的独特之处在于它是地方社会部分阶层联合自发组建的常设武装,"民团"虽系民间自筹自办,但"各省招募乡勇,多系随时招集,贼至则聚而防守,贼去则散归本业",不是常设组织;"官团"虽"常给口粮,随同官兵,分布要隘,较为得力",主要是官方督促赞助。② 因此把"枪船"武装单

---

① 余治(寄云山人):《江南铁泪图新编》,第 16 页 b—17 页 a。按:是图反映了团练的"害民"性。
② 《清仁宗实录》卷63,"嘉庆五年四月乙酉",中华书局1986年影印本,第28册,第843页。

列作为苏浙地区"团练"的一类特殊类型是符合实际的。但这类武装政治立场游离不定,清政府和太平天国最终均将其定性为"匪";① 又因其严重的社会危害性,"数千亡命,恃众横行,睚眦杀人,戕官拒捕","日则横刀过市,骚扰闾阎,夜则十百成群,四出劫掠,抢媚逼醮,掳人勒赎,恣所欲为",② 普通百姓亦以"枪匪"称之。所以"枪船"成员不能作"民众"。

团练"抗官"不仅指反对清政府,由于太平天国力行对团练的招抚政策;加之在地方上践行"乡兵"制度,自办团练,太平天国占领

---

① 太平军会剿枪船情形,据时人沈梓《避寇日记》记载,同治元年五月底、六月初,忠王李秀成欲率各路兵马救援天京,"恐枪船之蹑其后也,于是发令于六月十三日分兵各路擒获,凡苏、松、嘉、湖无不克期会同";六月十三日,各地太平军驻军统一行动,以秀水情形,"十三日,遂有捉枪船之警,自陡门而吾镇、桐乡、屠甸市、庙牌卡等处无不会齐拿获,庙牌杀十四人,吾镇杀三人,陡门杀二十余人,凡街上见著花青绵绸短衫裤以及黄黑柿漆绸短衫裤无不拿获,各处赌场皆散,赌局中人皆逃匿,民间装枪船逃难者各沉船水中,至十四、五犹有长毛至各处乡间查拿小船者"。[沈梓:《避寇日记》,罗尔纲、王庆成主编:《太平天国续编》(八),广西师范大学出版社2004年版,第137、138页。]桐乡情形亦同,"是年六月,贼首得伪听王令于县属濮镇、屠镇、青镇捉拿枪船,同日举事,枪船几被捉尽,水手死者无数"。(光绪《桐乡县志》卷20,"杂类志·兵事",第9页a。)但太平军的努力终因地方行政腐败受挫,某些枪船头目通过行贿太平天国地方官重整旗鼓,再操旧业。同治元年六月"清匪"行动后,八月初就有赌棍周永元"将于新镇西南栅开花插场,用长毛旗帜部署地方","花船及长毛船相次停泊,旗号大书'奉令'二字","不及一月复罢,然而各镇小赌由此萌芽矣","八月中,各镇有潜行开设小赌者,而枪船亦假保卫局旗号而复出矣"。[沈梓:《避寇日记》,罗尔纲、王庆成主编:《太平天国续编》(八),第143、156页。]此后太平军当局困于战事紧迫,再无力全面回顾这一社会毒瘤。清政府平定太平天国后立即着手剿捕枪船,清廷谕左宗棠、李鸿章等消灭湖州、苏州"划船土匪"(《清穆宗实录》卷112,"同治三年八月癸未",中华书局1987年影印本,第47册,第491页),至同治七年卜小二的枪船势力才彻底被消灭[《浙江巡抚马新贻奏江浙交界处所枪匪歼除殆尽片》(同治七年二月初十日),《马新贻文案集录》,中央民族大学出版社2001年版,第185—186页;《浙江巡抚马新贻奏请奖励拿办枪匪出力各员事》,同治七年四月二十六日,军机处录副奏折03—4639—124,中国第一历史档案馆藏],直至同治十二年清廷还在为枪船滋扰地方大伤脑筋(《浙江巡抚杨昌濬奏为试用知府林祖述等拿获枪匪案内尤为出力请酌量保奖事》,同治十二年六月二十,军机处录副奏折03—4777—129,中国第一历史档案馆藏;《署理江苏巡抚恩锡奏为苏浙之交枪匪驾船伺劫委员分赴会同严拿研讯究办以安商旅事》,同治年间,军机处录副奏折03—7586—115,中国第一历史档案馆藏)。

② 李光霁:《劫余杂识》,中国史学会主编:《中国近代史资料丛刊·太平天国》(以下简称《太平天国》)(五),神州国光社1952年版,第311页。

区的团练也表现出针对太平天国官方的"抗官"性。团练实际是按照旧的保甲原则组建，在此基础上衍生而成的地方基层单位，曾国藩在给文希范和吴文镕的信中都提到"团者，即保甲之法也。清查户口，不许容留匪人，一言尽之矣"；他又在给丁宝桢的信中说："弟意办团与保甲名虽不同，实则一事。近人强为区别，谓操练技艺，出队防剿者即名团练，不操技艺，专清内奸者即名保甲。不知王荆公初立保甲之时，本曰民兵本尚操练，与近世所谓办团者初无二致。"① 太平天国乡官制度的实践也是以旧有保甲体系为基础，所以团练组织与太平天国基层行政组织在组织功能层面存在密集的矛盾和冲突，使团练的"抗官"性凸显；太平天国统治区的民变主要是反对太平天国基层行政组织，且常见动员的组织基础就是保甲、团练，共同的抗争对象和组织基础使两类历史现象殊途同归，在表现形式和斗争手段上具有某些相似性，如部分事件的共同表现形式为"拆毁衙署，殴打官吏"。② 这就模糊了两者间的本质界限，区分太平天国统治区"民变"或"民团"的性质，首先要观察斗争的根本诉求——"民变"的形成原因主要是经济性的，"民团"的宗旨则是政治性的；其次要观察它们与清政府、清军、官团是否存在直接和现实的组织联系；同时"民变"还要符合上述自发性、突发性等基本特征。

第三节　学术回顾

由于太平天国史研究长期受意识形态的束缚，国内学界对太平天国对立面的关注不够。自20世纪80年代以来，这种局面略有改观，部分学术成果开始反思太平天国兴亡的外在因素，主要集中在湘、淮军和外国

---

① 曾国藩：《曾国藩全集》第22册，"书信之一"，第127、194页；曾国藩：《曾国藩全集》第31册，"书信之十"，第84页。
② 如咸丰十年十二月二十五日，枪船头目吴三福鼓噪枪船成员"聚集多人，哄入军帅衙门，毁伤文书器用物件，并抢军帅衣庄，住宅一空"，并"攫长发十余人至渡船桥杀死"。（知非：《吴江庚辛纪事》，中国科学院历史研究所第三所编：《近代史资料》总第4号，科学出版社1955年版，第43页。）

侵略势力的研究,① 对"民众"与太平天国对立层面关系的研究仍然相对薄弱。但正是前期研究的积累和前辈学者的不懈努力,才为本书"太平天国民变"研究领域的推进奠定了基础,某些论断对"反抗反抗者"研究思路的完善有重要启迪。

一 直接提及统治区农民反抗的研究

"天国"民变研究目前尚无专文专著。在众多研究成果中,直接提及统治区"民变"的文章、著作也为数不多。既往研究仅是把它们附庸于某些太平天国政治、经济制度分析之后,作为制度消极影响的历史表现概述,言尤未详。

第一类,作为太平天国经济制度局限的影响被提及。祁龙威关于太平天国后期土地问题的研究提到因"耕者有其田"的原则被破坏和农民生活恶化,导致部分"变节"地区的农民发生抗粮抗租暴动。作为对这一消极影响的反思,祁先生认为"农民革命成败的关键"在于"土地问题能否解决"。② 龙盛运在部分地区探讨太平天国后期土地制度的实施问题时,提及部分地区农民的抗粮抗租斗争,他认为太平军"在具体行动中并没有积极支持农民反对地主、获得土地的要求,相反地……支持了地主对农民的剥削。这样太平军便失去最广泛最可靠的群众支持,甚至使自己与群众对立起来"。③ 杨纪枫认为太平天国以"收租局"形式保障封建土地制度和赋税制度实施,从而激起农民反抗,他提出要敢于正视太平天国镇压农民抗租的事实,"以往,人们总拿'个别将领'、'革

---

① 主要代表成果有茅家琦《太平天国对外关系史》(人民出版社1984年版)和《太平天国与列强》(广西人民出版社1992年版)、贾熟村《太平天国时期的地主阶级》(广西人民出版社1991年版)、龙盛运《湘军史稿》(四川人民出版社1990年版)、朱东安《曾国藩幕府研究》(四川人民出版社1994年版)和《曾国藩集团与晚清政局》(华文出版社2003年版)、董蔡时《曾国藩评传》(苏州大学出版社1996年版)和《左宗棠评传》(中国社会科学出版社1984年版)、樊百川《淮军史》(四川人民出版社1994年版)、谢世诚《李鸿章评传》(南京大学出版社2006年版),等等。相比于国内学界,港台地区太平天国研究则在较长时段内侧重于以湘、淮军为主的太平天国对立面之军制、人物等问题,参见徐永志《港台太平天国史研究概述(1949—1990年)》,《安徽史学》1991年第4期。

② 祁龙威:《太平天国后期的土地问题》,《山西师范学院学报》1957年第2期。

③ 龙盛运:《太平天国后期土地制度的实施问题》,《历史研究》1958年第2期。

命队伍中的变节分子'等因素解释这一问题,总想替太平天国辩解。实际上愈解释愈不通,最终则跌入历史唯心主义之中"。① 这些结论颇值深省。

太平天国后期重要的田赋政策"着佃交粮",是太平天国的创举。关于"着佃交粮"的得失和影响,学界争论不一。郭毅生、赵德馨等认为"着佃交粮"在政治上有利于太平天国,因为它可以解决太平天国征收田赋与佃农抗租的矛盾,有助于动员广大农民支持太平天国事业,是区别于历代封建政权土地政策的重要特色。② 王天奖的观点不同,他认为"着佃交粮"在政治上"失大于得",主要理由是"太平天国治理苏南期间,各州县的农民反抗斗争颇为频繁,光常昭在两年的时间内,大小事件即不下数十次",这种现象出现的一个主要的、直接的原因是"太平天国没有满足他们免除封建剥削的正当愿望,反而维护封建土地所有制;而农民则在纳租交粮之外,还要负担繁重的杂捐和力役。这样就引起农民的失望、不满以至反抗","农民在这种'着佃交粮'制度下承担各种'随田'派征的租、粮和杂捐,在经济上是失大于得,以致起而反抗,经济问题变成了政治问题。……致使太平天国与农民的关系日趋紧张和复杂"。王先生的观察在当时具有前瞻性,有启发意义,而且这篇文章是目前提及太平天国统治区农民反抗行动篇幅最长的(约1500字)。③ 王明前也对"着佃交粮"持否定态度,他指出"着佃交粮"并未改变当时农村社会生产关系,特别是土地所有权关系的现状;也未减轻佃农的经济负担。主要依据是"从佃农普遍高涨的抗租情绪看,他们是不太满意'着佃交粮'的"。④

有学者注意到太平天国税收与农民反抗存在一定关联。曹国祉重点考察了太平天国的杂税,将其分为以田亩计征者八类、以户口计征者三

---

① 杨纪枫:《太平天国到底实行了什么样的土地制度》,《辽宁师范大学学报》(社科版)1999年第3期。
② 参见赵德馨《论太平天国的"着佃交粮"制》,《中国社会科学》1981年第2期;郭毅生《太平天国经济史》,广西人民出版社1991年版,第272页。
③ 参见王天奖《析太平天国的"着佃交粮"制》,北京太平天国历史研究会编:《太平天国学刊》(一),中华书局1983年版,第140—159页。
④ 王明前:《太平天国的权力结构和农村政治》,中国社会科学出版社2012年版,第253—259页。

类、以营业①和财产计征者两类,并就各地征收情况作了简要说明。文章结语部分,作者指出在苛捐杂税"这种情况下的农民,固然得不到什么好处,就是地主阶级亦无利可取,农民不得不铤而走险起来反对已蜕化的太平天国地方政府;和这一政府下所保护的地主阶级。从而农民们的抗粮抗租抗捐的事便不断地发生"。作者引征了《平贼纪略》所载无锡安镇东市稍四图庄顾某领导的抗租行动一则,其他未说明。②有学者对无锡佃农抗租事件产生怀疑,董蔡时认为"青布扎头为记"是无锡金玉山部枪匪的标志,顾某领导的抗租者亦以青布裹头,他们可能是金某的部下。③董蔡时在另一篇文章中就太平天国杂税的类型、影响与曹国祉商榷,他对太平天国杂税体系持肯定观点。④

第二类,作为太平天国地方行政制度局限的影响被提及。吴志根的研究着重分析太平天国地方政权的实际运作及性质转化的表现和原因。他指出太平天国地方政权性质变化的表现有从打击地主变为保护地主;乡官加重对农民的剥削和镇压;乡官的享乐腐化与违法乱纪。这三个表现都会激起"农民反抗地主和乡官的斗争"。⑤王天奖考察了太平天国乡官的阶级成分,指出"无论在太平天国的前期或后期,充任太平天国的乡官的大多数不是劳动人民,而是地主阶级分子"。⑥在另一篇文章中,王先生重申了这一观点,并阐述乡官局的实际作为;关于乡官基层政权为地主阶级掌握的危害,作者指出"特别是后期太平天国在许多州县实行'着佃交粮'制,他们通过乡官局、收租局、租粮局而强派浮收,更给广大农民带来沉重的负担,以致激发了许多起农民群众的反抗斗争"。⑦

---

① 郦纯《太平天国制度初探》未把工商税(营业税、关卡税、船钞)作杂捐,参见郦纯《太平天国制度初探》下册,中华书局1989年版,第479页。

② 曹国祉:《太平天国杂税考》,《历史研究》1958年第3期。

③ 董蔡时:《无锡太平军镇压安镇四图庄佃农抗租质疑》,《江苏师院学报》(社会科学版)1979年第4期。

④ 董蔡时:《关于〈太平天国杂税考〉一文的商榷》,《江苏师院学报》(社会科学版)1979年第1—2期。

⑤ 吴志根:《太平天国地方政权的质变及其原因》,《黄石师院学报》(哲学社会科学版)1981年第2期。

⑥ 王天奖:《太平天国乡官的阶级成份》,《历史研究》1958年第3期。

⑦ 王天奖:《关于太平天国的乡官和基层政权》,北京太平天国历史研究会编:《太平天国学刊》(二),中华书局1985年版,第124—145页。

宓汝成就乡官体制的理想（源流）和实际做了探讨，他指出"某些乡官的劣迹对太平天国事业带来的危害不容忽视，增剧太平天国与民间的矛盾，以致日益失去民心"；作者还指出民间为反对乡官恶行，有暴动事件发生，太平天国政府径作干预，"使自己与广大民间处于尖锐对立的地位"，推其根源则"与最初建设乡官体制，在人选上只顾一时便益，而滥用非人，大有关系"。① 张德顺认为乡官制是士绅与太平天国政治互动的中介，乡官则是士绅在太平天国主体的政治流向，但士绅与太平天国双方均存在互动弱化的消极因素，特别是太平天国欲取欲求，以暴力行径将"催粮压力经由乡官转嫁到农民"，导致百姓殴官毁局，地方政权陷入瘫痪，"太平军——乡官——农民原有的经济政治关系大为松弛"。②

第三类，作为纠正研究偏向的史实被提及。早在 1957 年，祁龙威据当时新发现的《自怡日记》等史料撰文质疑常熟《报恩牌坊碑》所记内容的真实性，指出常熟太平天国政府"支持地主，剥削农民"的诸种史实，列举了几起"随着社会经济破产而来的"农民暴动案例，并批评在太平天国研究工作中"凡是有利于太平天国的资料，不论它是否真实，便一律当做可靠的根据而把它渲染起来；凡是和这个观点相反的，便当做'地主阶级的污蔑'而在排斥之列"的偏向，即主观主义的观点和方法所造成的偏向。祁龙威应是较早观察到农民反抗太平天国历史现象的学者。③ 龙盛运对碑文所记内容的理解不同，就常熟农民暴动问题，作者指出"常熟农民暴动中有许多是农民根本拒绝交租而引起的"，"农民拒绝交租，并且集体行动，甚至武装对抗，正是这种矛盾的激化"，"其起因决不是由于太平军的搜刮，而是深刻揭示了农民和地主的矛盾"。作者同时对太平天国研究工作偏向发表看法："片面美化太平天国的倾向必须反对，因为它不符合客观事实，不能正确地揭示规律，不是科学的态度。但是强调或者只看见缺点，也是不对的"，"有

---

① 宓汝成：《乡官体制的理想和实际》，北京太平天国历史研究会编：《太平天国学刊》（三），中华书局 1987 年版，第 50—69 页。
② 张德顺：《士与太平天国》，南京出版社 2003 年版，第 211 页。
③ 祁龙威：《从〈报恩牌坊序〉问题略论当前研究太平天国史工作中的偏向》，《光明日报》1957 年 5 月 23 日第 3 版。

些不好的现象,也有它的两面性。如常熟的一些农民暴动,太平军没有满足农民土地要求,甚至镇压它,这显然不好;但是看不到农民这种要求和行动,是太平天国革命运动大浪潮下所鼓舞起来的,也是不对的"。龙先生主张"对当时的缺点",应"具体地、有原则地进行分析","实事求是看问题"。① 祁龙威和龙盛运的研究是一个问题的两个方面,旨趣均是矫正学术研究的极端化倾向;同时他们对农民反抗太平天国这类特殊历史现象的观察具有开拓性,反映了前辈学者对学术问题和历史现象敏锐的捕捉力。

上文的概述不可能囊括全部提及太平天国统治区农民抗争行动的研究,但文章类型不外乎以上三种,而且这类历史现象均是作为某一研究对象的附生品被简要提及,没有一篇论作专门进行系统分析。

二 宏观论述民众与太平天国关系的研究

太平天国的核心问题是农民问题,可以说农民向背和农村治乱关系"天国"兴亡。在一些综合性研究(如萧一山《清代通史》,罗尔纲《太平天国史》,简又文《太平天国全史》,茅家琦《太平天国通史》《太平天国兴亡史》等)中,关于太平天国战争影响和太平天国历史地位的总结不可避免地涉及太平天国与农民的关系问题。

马克思关于太平天国"先扬后抑"的评价之变,常常被研究者引征为评判太平天国功过的重要依据。近年来,部分学者对此进行了有意义的探讨。曹志军、袁蓉认为马克思评价转变与他所处的社会环境和历史条件息息相关,其根源是19世纪50—60年代太平天国与西方外交关系的变化,而马克思对太平天国的了解大多源于西方报道。② 李颖则认为马克思是在不同的语义上评价太平天国的,对作为"农民起义""大规模武力战争"和"小农社会理想试验"的太平天国存有不同的结论。③ 过去研究者论马克思对太平天国的态度,一般以《中国革命和欧洲革命》《中国

---

① 龙盛运:《关于太平天国史研究工作中的偏向问题——对祁龙威同志〈从〈报恩牌坊碑序〉问题略论当前研究太平天国史工作中的偏向〉一文的意见》,《光明日报》1958年3月3日第3版。
② 曹志君、袁蓉:《马克思为何对太平天国评价前后迥异》,《世纪》2001年第6期。
③ 李颖:《再论马克思关于太平天国的评价问题》,《广西社会科学》2013年第9期。

记事》两篇文章为基础。① 李颖强调应全面掌握相关经典文本，谨防以偏概全。这对选择评价太平天国历史地位的基点提供了新思路，像太平天国的"拜上帝教"，② 如果研究者站在清政府和其他太平天国对立面的立场，它是"邪教"，是"反动"的；如果站在太平天国的立场上，则是"正统""正义""正宗"，是"革命"的；如选择普通百姓的立场，可能是"异端""洋教"等，不同的基点得出不同的结论。

朱庆葆对太平天国政权兴亡与农民支持与否的关系作了概论。他认为，农民的支持是太平天国政权建立初期取得成功的关键，太平天国政权后来的衰亡则与失去农民的支持有关。至于太平天国为何会失去农民的支持，作者认为："太平天国以一种落后的东西去否定另一种落后的东西；靠农民起家，但又不能真正解决农民问题；从依靠农民到失去农民，最终自身也被农民抛弃。这就是太平天国的悲剧所在，也是所有农民政权的悲剧所在。"③ 方之光也探讨了农民问题与太平天国政权的兴衰，他认为解决农民问题的关键是解决土地问题，"随着土地问题解决的失败和农民政权封建化的加速，太平天国也就不能重视农民的政治地位与作用，也就不可能在最广泛的范围里把广大农民动员起来"。作者虽然指出太平天国没有成功解决农民问题，但肯定它"揭示了近代中国革命的中心问题，昭示着近代中国革命未来的选择道路，从而标志着近代中国革命的

---

① 《马克思恩格斯全集》第9卷，人民出版社1962年版，第109—116页；《马克思恩格斯全集》第15卷，人民出版社1963年版，第545—548页。

② 关于"拜上帝会"之名称，夏春涛先生考证应为"上帝会"，太平天国宗教为"上帝教"。（夏春涛：《"拜上帝会"说辨正》，《近代史研究》2005年第5期。）这一说法已为多数学者认可。路遥先生认为，按照社会和文化人类学认定宗教的三个特征，称太平天国的宗教为"拜上帝"的宗教似乎要比"上帝"的宗教更为确切。称"上帝"教，只象征其信仰的观念形态；称"拜上帝"教则兼具信仰与仪式之形态，而且凸显象征的融合。（路遥：《关于太平天国宗教研究的几点思考》，"中华文史网"，http：//www.historychina.net/sxwh/358252.shtml，2006年9月12日。）现存太平天国官方文献并未出现"拜上帝会""拜上帝教"之名，事实上太平天国官方也没有正式对其宗教命名，太平天国自尊其教为"天教""真教""真道"，无论"上帝会（教）"还是"拜上帝会（教）"都是他称，而"拜上帝会（教）"已成为一种约定俗成、被人们习惯使用的说法，故在书中暂予沿用。

③ 朱庆葆：《农民与太平天国的兴亡》，《光明日报》2005年4月26日第7版。

开端"。①

廖胜将考察重心转至社会基层，主张以社会史的视角自下而上的换位思考。他从社会心理学的角度分析民众的心理需求与太平天国兴亡的关系，"按照心理学需求动因理论，民众的生理需求、安全需求和归属相爱需求无疑直接构成太平天国兴亡的最原始、最强有力的心理动因"。②结合社会心理学的理论和方法研究太平天国比较少见。

美国学者白凯（Kathryn Bernhardt）的博士学位论文《乡村社会与太平天国》重点考察了太平天国及太平天国前后江南农村的社会状况，在此基础上形成了《长江下游地区的地租、赋税与农民的反抗斗争（1840—1945）》一书。书中有专目述及"民众对太平军的抵制与协助"，关于"抵制"，实际是在探讨民众参加团练的活动。③

前面提到美国学者梅尔清的新作实际也是希望通过众多草野小民栩栩如生的形象描绘建构战争亲历者对战争的切身感受，使后人品读和反思"What Remains"（被遗漏了什么）。作者把观察的重点置于"浩劫之后"，她发现战争的影响是多元的，不同群体的感受也是多元的，但这种创伤不仅是个体层面的身体和心理创伤，还包括对国家政治和社会秩序的影响。梅尔清的研究是视角后延的代表；她的结论虽然没有明确得出对太平天国的具体看法，但一切均已通过慈善家余治对社会道德的呼吁、张光烈的丧母之痛、被黥面者的耻辱印象和食人者的心理徘徊等个人情感流露出来，为本书从民众和社会层面研究太平天国提供了有益借鉴。④

国外学者对太平天国时期的民众和太平天国战争的影响等问题在相关论著中常有提及，各自关注的侧重点不同。像美国学者濮友真（Eu-

---

① 方之光、朱庆葆：《太平天国与农民问题》，《安徽师大学报》（哲学社会科学版）1991年第4期。
② 参见廖胜《民众心理需求与太平天国的兴亡》，《史学月刊》2005年第10期。
③ 白凯：《长江下游地区的地租、赋税与农民的反抗斗争（1840—1945）》，林枫译，上海书店出版社2005年版，第124—130页；Kathryn Bernhardt, *Rural Society and the Taiping Rebellion: the Jiangnan from 1820 to 1911*, Ph. D. dissertation, Stanford University, 1984, pp. 117 – 128.
④ Tobie Meyer-Fong, *What Remains: Coming to Terms with Civil War in 19th Century China*, Stanford, CA: Stanford University Press, 2013, pp. 203 – 207.

gene Powers Boardman）、①施友忠（Vincent Y. C. Shih）、②瓦格纳（Rudolf G. Wagner）、③史景迁④均是以宗教和意识形态为主线探究太平天国兴亡的历史轨迹，他们强调的疑难问题是太平天国的宗教是不是基督教，太平天国从基督教中得到了什么启示，当时的百姓是怎么看待和怎样对待这种宗教的，这种宗教又是怎样成功感召、动员以致丧失民众的。孔飞力则侧重于专门阐发团练、团民和太平军之间的关系。⑤裴士锋的研究从宏大的全球化视野考察太平天国，他关注的经济、市场、贸易、棉花、茶叶等要素，均是开启斯时社会生活影像的窗口。⑥费维恺（Albert Feuerwerker）论述了整个19世纪中国的"叛乱"运动，着笔最多的则是太平天国，他认为太平天国没能控制农村是失败的重要原因，太平天国要么在不改变旧制度的前提下同化和取代现存权力机构，要么动员农民消灭旧士绅的地位而彻底颠覆现存政治制度，但它均未做到。⑦威瑟斯（John L. Withers）的《天京：太平天国统治下的南京，1853—1864》是第一部从城市史角度系统研究太平天国城市的著作。⑧柯慎思（James H. Cole）的短篇小册《民众对抗太平军》是对浙江诸暨包村事件的个案叙述。⑨

20世纪70、80年代，日本的一部分学者特别重视中国近代民众运动研

---

① Eugene Powers Boardman, *Christian Influence upon the Ideology of the Taiping Rebellion, 1851–1864*, Madison: University of Wisconsin Press, 1952.

② Vincent Y. C. Shih, *The Taiping Ideology: Its Sources, Interpretation, and Influences*, Seattle: University of Washington Press, 1967.

③ Rudolf G. Wagner, *Reenacting in Heavenly Vision: The Role of Religion in the Taiping Rebellion*, Berkeley: University of California Press, 1982.

④ Jonathan D. Spence, *God's Chinese Son: The Taiping Heavenly Kingdom of Hong Xiuquan*, New York and London: W. W. Norton & Company, 1996.

⑤ Philip A. Kuhn, *Rebellion and Its Enemies in Late Imperial China: Militarization and Social Structure, 1796–1864*, Cambridge, MA: Harvard University Press, 1970.

⑥ Stephen R. Plat, *Autumn in the Heavenly Kingdom: China, the West, and the Epic Story of the Taiping Civil War*, New York: Knopf, 2012.

⑦ Albert Feuerwerker, *Rebellion in Nineteenth Century China*, Ann Arbor: University of Michigan Press, 1975.

⑧ John L. Withers, *The Heavenly Capital: Nanjing under the Taiping, 1853–1864*, New Haven: Yale University Press, 1983.

⑨ James H. Cole, *The People Versus the Taipings: Bao Lisheng's "Righteous Army of Dongan"*, China Research Monographs, 21. Berkeley: Institute of East Asian Studies, University of California, 1981.

究,以小岛晋治教授为代表,成立了"中国民众史研究会",自1983年起编辑刊行《老百姓的世界——中国民众史札记》,侧重探讨和介绍近代中国一般民众问题和与之有关的资料。小岛晋治的《太平天国运动与现代中国》一书强调从民众文化、区域社会和社会经济史的角度分析太平天国及其对近代中国社会的影响;①他的论文集《太平天国革命的历史和思想》收入"农民革命的思想""太平天国史诸问题"和"近代农民运动史研究的观点和方法"三个主题的论文,其中部分文章探讨太平天国时期抗粮抗租各种形式的农民斗争与太平天国的关系,认为太平天国时期农民抗争风潮是以太平天国运动扩大发展为基础,肯定太平天国"农民革命"的性质。②小岛晋治教授较早从"太平天国与世界"的大历史视角关注当时日本人对太平天国的认识;日本人对太平天国感观,其中一个重要问题就是太平军与民众的关系,以及太平军发展和衰亡的"民心得失"问题。③

　　菊池秀明从地域社会结构和客家问题探索太平天国起义的根源,他的研究重点在太平天国前夜南中国的客家民众、"移民社会"和"社会变动"。④菊池教授的新作《从金田到南京:太平天国初期史研究》是继钟文典先生大著后的又一部"太平天国开国史",详细阐述了自太平军兴至定鼎南京期间转战地区的地域社会格局和民众反应。⑤他在另一本著作中认为初期迅猛进军的太平军"得到了底层人民的支持",而在描述19世纪60年代太平军的失败时认为"太平天国未能充分满足底层人民对它的期待";作者也观察到"太平天国占领区还发生了多起农民抗租和少交地

---

①　[日]小岛晋治:《太平天国運動と現代中国》,研文出版1993年版。
②　[日]小岛晋治:《太平天国革命の歴史と思想》,研文出版1978年版。
③　[日]小岛晋治:《日本人的太平天国观》,云鸥、振江译,《扬州大学学报》(社会科学版)1981年第4期;[日]小岛晋治:《幕府末期的日本与太平天国——关于水户藩某村长的〈见闻录〉》,葛尚德译、高兴祖校,南京大学学报编辑部、南京大学太平天国史研究室、江苏省社会科学院历史研究室编:《太平天国史论丛》第2辑,出版情况不明,1990年,第331—345页。按:国内学界关于该问题的拓荒之作是王晓秋的《太平天国革命对日本的影响》(《历史研究》1981年第2期),该文从日本人了解太平天国的途径、日本人对太平天国的看法和太平天国对日本的影响等内容全面系统阐述了"太平天国与日本"这一主题。
④　[日]菊池秀明:《清代中国南部の社会変容と太平天国》,汲古书院2008年版;[日]菊池秀明:《広西移民社会と太平天国》,风响社1998年版。
⑤　[日]菊池秀明:《金田から南京へ:太平天国初期史研究》,汲古书院2013年版;钟文典:《太平天国开国史》,广西人民出版社1992年版。

租的运动",并指出特别是在 1860 年以后,"在太平军出入的江南地区这一倾向尤为明显"。①

夏井春喜以日本各学术机构所藏苏州地主租栈文书为核心资料,根据租栈簿册、鱼鳞册记载的收租情况变动,对太平天国以降近代江南地主制经济和农村社会变迁进行考析,他在《中国近代江南的地主制研究》一书中着重展现太平天国前后江南农村的租佃关系、官民关系和社会经济结构的特点,太平天国政权与苏州农村社会的关系,太平天国政权与苏州土豪徐佩瑗的关系,认为太平天国占领江南与江南农民抗租风潮相辅相成,太平天国占领期间,低田租的客观存在又促生战后的减租政策,加剧了业佃对立。这是日本学界从社会经济史角度宏观分析太平天国与地方关系的重要研究。②

三 其他相关课题研究

一些具体课题与本项研究有关,如太平天国的"政权性质"、"革命性质"、与社会经济相关的太平天国各项制度,士绅与太平天国的关系,团练,太平军军纪,太平天国时期的妇女等。

(一) 太平天国政权性质等问题

太平天国"政权性质""革命性质"问题的实质是太平天国代表了什么人的利益,反映了哪些利益诉求。国内学界关于这些问题的集中讨论主要有三个时段:

1. 20 世纪 30—40 年代

这一时期关于太平天国的革命性质主要有民族革命、农民革命和资产阶级性的农民革命三种说法。其中太平天国是民族革命运动、洪秀全等人是民族革命先驱的观点成为主流,萧一山、简又文力持此说。③ 郭廷

---

① [日] 菊池秀明:《末代王朝与近代中国》,马晓娟译,广西师范大学出版社 2014 年版,第 33 页。

② [日] 夏井春喜:《中国近代江南的地主制研究:租栈関系簿册的分析》,汲古书院 2001 年版;早年还有一部专论近代中国租栈和地主制的著作,见 [日] 村松祐次《近代江南の租栈:中国地主制度の研究》,近代中国研究委员会、东京大学出版会 1970 年版。

③ 萧一山:《清代史》,商务印书馆,民国三十四年 (1945),第 190 页;萧一山:《清代通史》第 3 册,华东师范大学出版社 2006 年版,第 247—258 页;简又文:《太平军广西首义史》,商务印书馆,民国三十五年 (1946),第 1—18 页。

以持综合革命说，认为太平天国革命兼有政治、种族、宗教、经济和社会诸因素。[1] 罗尔纲认为太平天国是"贫农的革命"。[2] 李一尘、张霄鸣、李群杰等则认为太平天国农民革命已经具有了资产阶级革命的性质。[3] 李群杰还提出"市民革命"的概念，他指出，"只有说它是市民性的农民革命或农民性的市民革命，才得齐全"，"太平天国在历史上是介于中古和近代之间的运动。就其中古方面说，太平天国是最后的农民革命；就其近代方面说，太平天国是最早的市民革命"。[4] 这个阶段的争论最终不了了之，未能达成共识。

2. 20 世纪 50—60 年代

中华人民共和国成立后，马克思主义唯物史观逐渐成为大陆学界学术研究的指导思想。这一时期的讨论集中表现为单纯农民革命和兼具资产阶级革命两种观点的分歧。范文澜、胡绳、罗尔纲充分肯定太平天国的农民革命性。[5] 郭毅生则认为太平天国是"资产阶级性的农民革命"，农民的分化与市民等级的兴起密切相关，"由于市民等级是未来资产阶级革命的承担者，也由于分化的农民具有资产阶级民主派的性质，而这两种人都是太平天国的主力军和核心力量"。[6] 章开沅按社会内容和斗争手

---

[1] 郭廷以：《太平天国史事日志》上册，"凡例"，商务印书馆，民国三十五年（1946）。

[2] 罗尔纲：《太平天国史纲》，商务印书馆，民国二十六年（1937），第100、103页。

[3] 李一尘：《太平天国革命运动史》，光华书局，民国十九年（1930），第81—105页；张霄鸣：《太平天国革命史》，神州国光社，民国二十一年（1932），第125—152页。

[4] 李群杰：《太平天国的政治思想》，真理出版社，民国二十六年（1937），序言第2—3页。按：在当时的史料中，"市民"多指"市井之民"，他们与欧洲拥有市民权的特殊阶层在本质上不同；太平天国的主要参加者是农民，从这个层面说，把太平天国定性为"市民运动"是欠妥的。就像夏春涛先生在国家清史《通纪》第6卷中提到的，鸦片战争后新旧矛盾进一步激化，最终导致咸丰年间内外危机的总爆发，全国社会失控，几乎成为一片火海（《通纪》第6卷初稿）。所以太平天国的爆发绝非是由一个阶层主导的产物，而是民众广泛参与抗争的结果；就其核心领导力量而言，太平天国的领导层也符合传统社会民众暴动的一般性，即由失意的小知识分子参与联合领导。这与美国学者濮友真的结论基本一致："太平天国是由科场失意的知识分子、天生具有军事和组织才能的文盲领导的。"（Eugene Powers Boardman, *Christian Influence upon the Ideology of the Taiping Rebellion*, 1851 – 1864, Madison: University of Wisconsin Press, 1952, p. 65.）

[5] 范文澜：《中国近代史》上编第1分册，人民出版社1953年版，第186、191—192页；胡绳：《纪念太平天国革命百周年》，《人民日报》1951年1月11日；罗尔纲：《太平天国史稿》（增订本），中华书局1957年版，第15—18页。

[6] 郭毅生：《略论太平天国革命的性质》，《教学与研究》1957年第2期。

段的双重标准认为太平天国兼具资产积极革命性质和单纯的农民战争性质。① 与前一阶段的研究不同，这一时期学者们的讨论广泛牵涉太平天国政治、经济制度等具体问题，如对太平天国统治区的土地赋税制度、乡官制度的研究，重点是《天朝田亩制度》和《资政新篇》的性质、"照旧交粮纳税"和"着佃交粮"政策的性质、乡官的阶级成分等问题。大陆学界这场关于太平天国革命性质的讨论成为该时期太平天国研究的焦点，争论最终形成较为一致的意见，如太平天国是"单纯农民战争"的性质、《天朝田亩制度》的革命性和空想性并存、后期太平天国承认旧有土地关系、乡官政权成分复杂等，并在 1961 年结集出版《太平天国革命性质问题讨论集》，② 有力地推动了太平天国研究的整体发展。另外，简又文的观点较新颖，他在《太平天国典制通考》中力持宗教革命说，认为太平天国的组织、思想、推动力、各类政策均源于太平基督教，③ 但在 60 年代出版的《太平天国全史》中又倾向于综合革命说，即太平天国兼具宗教、民族、政治革命。④

3. 20 世纪 80—90 年代

"文化大革命"结束后，太平天国研究的许多重要问题得以重新审视。太平天国研究关注的重点从"革命性质"转向"政权性质"的讨论，"文化大革命"期间简单化、脸谱化、教条化的研究倾向得到不同程度的纠正。太平天国的政权性质，大致有三种观点：（1）农民政权。这是对传统的农民革命性质说的延续，董蔡时的研究是典型。⑤（2）封建政权。此立论建立在对太平天国政体、国体和土地政策的考释之上，认为传统的生产关系没有被变更，地主阶级没有被打倒，沈嘉荣、孙祚民持此观点。⑥（3）过渡政权。主要有后期太平天国农民政权的封建化和两重性政

---

① 章开沅：《有关太平天国革命性质的几个问题》，《理论战线》1958 年第 2 期。
② 景珩、林言椒编：《太平天国革命性质问题讨论集》，生活·读书·新知三联书店 1961 年版。
③ 简又文：《太平天国典制通考》下册，简氏猛进书屋 1958 年版，第 2039—2054 页。
④ 简又文：《太平天国全史》上册，简氏猛进书屋 1962 年版，绪言第 15—16 页。
⑤ 董蔡时：《试论太平天国政权的特点和性质》，《江苏师院学报》1980 年第 2 期。
⑥ 沈嘉荣：《太平天国政权性质问题探索》，重庆出版社 1985 年版；孙祚民：《关于太平天国政权性质研究中的几个问题》，《北方论丛》1980 年第 1 期；孙祚民：《判断太平天国政权性质的标准——五论关于"农民政权"问题》，《学术研究》1981 年第 5 期。

权两种意见。王天奖关于太平天国土地、赋税制度和乡官制度的系列研究重在论述政权封建化。① 李锦全的观点是农民和地主的关系在封建社会中具有对立统一的两重性,因此太平天国政权也带有革命性和封建性两重性质。② 但是该阶段关于政权性质问题的讨论仅仅持续两三年的时间便趋于沉寂,众说纷纭,未达成共识。

20世纪90年代以后太平天国研究陷入低谷,关于太平天国社会经济史、土地制度、赋税制度、乡官制度的研究仍然续有进展,主要是对既往成果的总结、增补。经济研究以郭毅生《太平天国经济史》为代表,系据旧著《太平天国经济制度》增订而成,探讨了"圣库制度""《天朝田亩制度》颁行及性质""'照旧交粮纳税'政策的实施""太平天国后期的土地政策""'着佃交粮'制度的实施和性质""田赋税收政策""商业政策与货币"等具体问题,基本上肯定太平天国对传统社会经济秩序的变革意义。③ 典章制度研究的代表是郦纯《太平天国制度初探》,系据1956年、1963年两个版本的修订本,系统地讨论了太平天国的经济理想和具体措施、乡官制度、赋税制度、供给制度、城市组织和生活制度,对与"民众"主题有关的太平天国政略作了概述。④ 梁义群《太平天国政权建设》对太平天国的"政权"——政权雏形、战地草创政权、天京政权、地方政权、国体政体、后期政权,进行了全面探讨,表述贡献,总结教训。⑤ 可见这一时期宏观的概念之争已被搁置。在新时期,受太平天国史研究整体寥落的大环境和史学思想多元化的影响,过去各类学术观点的对立渐趋融合,各种学术著作和文章已基本避谈太平天国的政权性质、革命性质之类的问题。

---

① 王天奖:《太平天国与地主阶级——兼论太平天国政权的性质》,《中州学刊》1981年第1期;王天奖:《析太平天国的"着佃交粮"制》,北京太平天国历史研究会编:《太平天国学刊》(一),第140—159页;王天奖:《关于太平天国的乡官和基层政权》,北京太平天国历史研究会编:《太平天国学刊》(二),第124—145页。
② 李锦全:《试论洪秀全思想及太平天国政权的两重性》,广东省太平天国研究会、广州市社会科学研究所编:《洪秀全思想研究论文集》,广东人民出版社1985年版,第89—110页。
③ 郭毅生:《太平天国经济史》,广西人民出版社1991年版;郭毅生:《太平天国经济制度》,中国社会科学出版社1984年版。
④ 郦纯:《太平天国制度初探》(第二次修订本)(全2册),中华书局1989年版。
⑤ 梁义群:《太平天国政权建设》,广西人民出版社1995年版。

百余年的太平天国研究发展史在一定程度上可以说是整个中国近代史各时段研究思想解放的先声,然尚有不少问题存争议、待深化。通过上述三个时期研究状况的概述,可见关于太平天国政权性质、革命性质问题的讨论主要拘泥于宏观的概念之争,有略简单化的倾向,而太平天国政权是否代表农民的利益,是否维护农民的利益,应该将千差万别的具体问题放在复杂的历史条件下跟进具体的实证研究。研究太平天国统治区的"民"和"民生"问题有助于从一个新角度搁置既往争议,而获得对上述问题更为明晰的诠释。

(二)"士绅"与"民众"

太平天国时期的士绅阶层是当时活跃在历史舞台上的主角之一,也是敌对双方争取和倚赖的重要对象。张德顺系统地阐述士与太平天国的关系,就太平天国据守江南时期江南士人群体的分化背景和流向、士与太平天国政治文化互动的积极层面和消极层面、两种政体下士人群体的素质和角色功能进行分析,得出"人才政策实践中的见首不见尾现象,是天国无以善终的症结之一",并认为走出农民运动怪圈的近代民主革命道路是一条"农民"与"知识阶层"结盟的道路。[①]

杨国安考察了太平军挺进两湖之际地方民众的政治抉择,指出两湖民众的"从贼"与"反贼"行为更多地掺杂有不同阶层群体的对立和利益冲突;而在太平军与清军争夺乡村资源的过程中,传统的社会关系网络是集体行动和社会动员形成的重要纽带之一。最后作者认为,地方精英在广大乡村地区以"卫道"相号召,建立遍布各地州县的团练组织,其最大功用就是阻隔太平军与农民的联系,使太平军在争夺乡村资源的过程中彻底失败。[②] 这项研究实际是在讨论太平天国时期两湖地区地方社会(包括士绅和普通百姓两个群体)的社会分化现象,该文的方法和思路可以借鉴研究太平天国时期全区域全时段的民众分化。

方英重点考察了太平天国时期安徽的士绅群体,指出这一时期安徽士绅阶层在复杂的政治生态与社会环境中,在地域政治方面体现出不同

[①] 参见张德顺《士与太平天国》,南京出版社2003年版。
[②] 杨国安:《"从贼"与"反贼":变乱格局下地方绅民的反应及其关系网络——以咸丰年间太平军挺进两湖之际为中心的考察》,《江汉论坛》2012年第9期。

的价值取向，出现了严重的分化。① 太平天国主战场士绅阶层政治分化的诸种面貌和影响流向的因素大致相同，主要原因无外乎敌对双方的文化政策；社会分化对历史进程产生深远影响，基本可概括为中央政治权力下移、基层社会结构变动和地方社会权力结构重组等。

贾熟村对太平天国时期的地主阶级进行了系统研究，包括太平天国时期地主阶级的中央政权、地主阶级的地方势力、地主阶级的经世派、曾国藩集团、地主阶级的洋务派。作者逐一考察各集团的代表人物和重要成员，认为太平天国促进了地主阶级的大动荡、大分化、大改组，促进了地主阶级的新陈代谢，并指出地主阶级以宗族体系为核心在社会剧变中表现出五类不同的应变姿态，也就是社会分化的类型；关于清政府为何摇而不坠，作者认为太平天国在争取有利社会分化力量的斗争中渐处弱势，最终使地主阶级各派大联合，实现剿平"粤匪"的"同治中兴"。② 张德顺和梁义群的研究都注意到对清朝统治存在离心倾向的中小地主和知识分子在倒向太平天国后所扮演的角色；梁义群重点分析乡官在太平天国地方政权建设中发挥的作用，对出任乡官的群体进行简单区分。③

国外学者关于民众运动的研究思路和观点也可为本书提供借鉴。美国华裔社会学家杨庆堃利用《大清历朝实录》对1796—1911年间社会运动的种类、地理分布、领导者身份、目标、政府应对等方面进行定量分析，探讨政治与社会秩序、社会运动与社会核心价值的关联。杨庆堃的定量分析虽然在研究对象类型上有所扩大，却提供了民变研究的一般途径。④ 王国斌（R. Bin Wong）对17世纪末至20世纪初中国和西欧民众的粮食暴动、抗税活动等社会抗争行为进行了比较研究，他认为造成抗粮、抗税暴动的根源在中国和欧洲不同，但它们均与国家形成、政治和经济变化有关；作者进一步以文化和思想作用分析叛乱与

---

① 方英：《太平天国时期安徽士绅的分化与地方社会》，《安徽史学》2012年第5期。
② 贾熟村：《太平天国时期的地主阶级》，广西人民出版社1991年版。
③ 梁义群：《太平天国政权建设》，广西人民出版社1995年版，第133—160页。
④ C. K. Yang, "Some Preliminary Statistical Patterns of Mass Actions in Nineteen-Century China", in Frederic Wakeman, Jr. and Carolyn Grant eds., *Conflict and Control in Late Imperial China*, pp. 174 – 210.

革命的源流。① 陈兴国（Joseph Hing-Kwok Chan）的博士学位论文用计量史学的方法探讨中华帝制末期民众暴动和抗议的形成模型，指出民众集体行动对动摇国家统治秩序的影响。② 亨利·兰斯伯格（Henry A. Landsberger）关注的是长时段乡村农民运动和社会变迁的关系，对各个历史时期不同国家乡村抗议的目的、方式和思想均进行概括性分析。③ 此外法国学者谢诺（Jean Chesneaux）《中国农民运动（1840—1949）》一书以"农民"为核心分析近代中国各阶段农民运动的特点，指出太平天国并未对历史发展进程产生革命性影响，不足以构成"农民革命"。该书由英国学者柯文南（C. A. Curwen）译为英文。④

（三）"团练"

"民团"是民众与太平军对立的一类形式。学界关于团练的研究较多。⑤

郑亦芳、曹国祉、黄细嘉、夏林根对团练制度的基本情况作了概论。⑥ 团练研究往往会与士绅、国家社会问题联系在一起。牛贯杰从晚清团练组织的发展分析国家政权与基层社会的互动关系，指出团练势力的崛起标志基层社会自身系统发展趋于成熟，导致国家政权与基层社会关系错位。⑦ 吴擎华、柯莉娜通过对皖北苗沛霖团练的观察，探讨19世纪中期皖北基层社会结构的嬗变。⑧ 贺跃夫考察晚清县级以下基层行政官署

---

① ［美］王国斌：《转变的中国：历史变迁与欧洲经验的局限》，李伯重、连玲玲译，江苏人民出版社2008年版。

② Joseph Hing-kwok Chan, *Mass Disturbances and Protest Movements in Late Imperial China, 1796 – 1911: A Time-series Study of Collective Actions*, Ph. D. dissertation, University of Pittsburgh, 1983.

③ Henry A. Landsberger, *Rural Protest: Peasant Movements and Social Change*, London: the Macmillan Press Ltd., 1974.

④ Jean Chesneaux, *Peasant Revolts in China, 1840 – 1949*, New York: W. W. Norton & Company, Inc., 1973.

⑤ 参见宋桂英《清代团练问题研究述评》，《文史哲》2003年第5期。按：本书述评对象主要是学界关于太平天国时期团练的研究。

⑥ 参见曹国祉《论太平天国革命时期团练的组织及其反动性》，《史学月刊》1964年第11期；黄细嘉《近代的团练和团练制度》，《历史教学》1997年第10期；夏林根《近代团练问题研究》，《江西社会科学》1982年第2期。

⑦ 牛贯杰：《从"守望相助"到"吏治应以团练为先"：由团练组织的发展演变看国家政权与基层社会的互动关系》，《中国农史》2004年第1期。

⑧ 吴擎华、柯莉娜：《从苗沛霖团练看19世纪中期皖北基层社会统治结构的变化》，《湖北师范学院学报》（哲学社会科学版）2010年第5期。

的设置及职能，认为县级衙门并非皇权的终点，像巡检司署等基层官署是不少地区位于县级政权和村落社会之间的重要机构，此结论与近期有学者对"皇权不下县"传统观点的质疑相近；而晚清次县级官署官员数量下降或基层政权的缺失反映了皇权与绅权在互存互利的同时，又互相竞争和牵制的复杂关系；太平天国时期团练兴起，在功能上逐渐取代官方机构，使士绅权力在乡村社会膨胀。① 朱淑君认为咸同时期团练话题之兴反映了士绅阶层积极参政的心态，构成士绅阶层政治文化的独特面貌，而团练实践成为后来地方势力扩张的重要资源。②

根据上述总结或可发现，太平天国时期团练的主要研究一般是将重点放在团练与地方社会结构、地方基层组织、基层社会控制的关系；把团练置于大的社会历史背景中分析，以社会史的方法研究各社会要素间的关系动态，早先魏斐德在《大门口的陌生人》一书中已进行过尝试。③ 上述研究所得结论基本与孔飞力的观察相近，即"团练"是地方军事化和绅权扩大的表现，最终导致地方社会结构重组、传统名流解体。④ 本书关于太平天国统治区"民变"的研究旨趣之一也是希望建构"叛乱""革命"或"内战"与地方基层社会之间的特殊关系。

太平天国时期各地方兴办团练的情况，是团练研究的另一项重要内容。杨国安的著作介绍了晚清两湖团练组织的兴起、组织结构、经费来源和功用，以鄂州绅士王家璧为例，说明士绅与团练的关系。⑤ 郑大发也对太平天国时期湖南团练的基本情况做了介绍。⑥ 此外还有郑小春关于徽

---

① 吴擎华、柯莉娜：《晚清县以下基层行政官署与乡村社会控制》，《中山大学学报》（社会科学版）1995年第4期。

② 朱淑君：《晚清咸同时期士绅政治文化考察——以"团练"议论为中心》，《兰州学刊》2011年第6期。

③ 参见［美］魏斐德《大门口的陌生人：1839—1861年间华南的社会动乱》，王小荷译，中国社会科学出版社2002年版。

④ ［美］孔飞力：《中华帝国晚期的叛乱及其敌人：1796—1864年的军事化与社会结构》，第217—232页。

⑤ 杨国安：《明清两湖地区基层组织与乡村社会研究》，武汉大学出版社2004年版，第229—247页。王家璧的资料，详见皮明庥等编《出自敌对营垒的太平天国资料：曾国藩幕僚鄂城王家璧文稿辑录》，湖北人民出版社1986年版。

⑥ 郑大发：《太平天国时期的湖南团练》，《湖南师大社会科学学报》1986年第4期。

州团练、① 吴竞、万心刚关于无锡团练、② 朱谐汉关于江西团练、③ 宋桂英关于山东团练的研究。④

对具体团练事件的研究，学界着笔最多的是苗沛霖团练。日本学者并木赖寿论述了苗沛霖团练的形成、发展和覆灭历史，并提出苗沛霖团练是"清朝中央对地方行政严重失控、广大农村社会秩序遭到破坏，部分地主实力派趁机实行武装割据的一个最具有典型的事例"，"苗练"的武装割据是它有别于大多数团练的特色。这也是从社会史视角解读政治事件的尝试。⑤

"枪船"是团练的一种类型。曹国祉分析了江浙太湖地区枪船的性质，指出枪船是一股反动土匪武装，社会危害性极大。⑥ 吴竞论证了苏南、浙北枪船产生的时间地点，以及枪船势力最终消亡的过程，对1862年夏太平军剿捕枪船的范围、效果、策略进行了评估。⑦ 贾熟村对太平天国时期枪船的一般情况和历史脉络作了概述。⑧ 日本学者针谷美和子关于枪船的三篇专论对太平天国时期太湖地区枪船集团的性质、从发展到衰落再到复活的过程、在乡村社会中的地位、对太平天国产生的影响等问题进行了颇为翔实的考述。⑨ 日本学者小林幸夫通过对周庄乡绅陶煦的政

---

① 郑小春：《太平天国时期的徽州团练》，《安徽史学》2010年第3期；郑小春：《地方志所见太平天国时期的徽州团练》，《广州大学学报》（社会科学版）2011年第3期。
② 吴竞、万心刚：《太平军在无锡地区与团练的斗争》，《苏州大学学报》（哲学社会科学版）1998年第1期。
③ 朱谐汉：《太平天国时期的江西团练》，《江西师范大学学报》（哲学社会科学版）1988年第4期。
④ 宋桂英：《晚清山东团练研究》，博士学位论文，浙江大学，2006年，第12—68页。
⑤ ［日］并木赖寿：《苗沛霖团练事件》，谢俊美译，《学术界》1994年第1期；按：该文也经姚传德、池子华译为中文，发表在《安徽师大学报》（哲学社会科学版）1994年第2期；目前关于苗沛霖的全方位论述，见池子华《晚清枭雄苗沛霖》，安徽人民出版社1999年版。
⑥ 曹国祉：《太平天国革命时期江浙太湖地区"枪船"的性质问题》，《史学月刊》1960年第2期。
⑦ 吴竞：《试论枪船研究中的几个问题》，《苏州大学学报》（哲学社会科学版）1996年第2期。
⑧ 贾熟村：《太平天国时期的"枪船"》，《浙江学刊》2001年第6期。
⑨ ［日］针谷美和子：《太平天国占领区的枪船集团——以太湖一带为中心》，白子明译，周泮池校，中国社会科学院近代史研究所《国外中国近代史研究》编辑部编：《国外中国近代史研究》第10辑，中国社会科学出版社1988年版，第57—92页；［日］针谷美和子：《太平天国革命时期江浙太湖地域の枪船集团》，增渊龙夫先生退官记念论集刊行会：《中国史における社会と民众》，汲古书院1983年版；［日］针谷美和子：《太平天国镇压后的枪船集团》，《一桥论丛》1983年第89卷第1期，第104—121页。

治、社会形象，以及周庄费玉成枪船集团与周庄地方精英复杂关系的研究，阐释费氏集团兴起的原动力和团练在太平天国统治体系中的作用。①

近年来，团练研究趋于停滞。崔岷对"团练"与"官府"对立关系的探讨拓展了该项研究，他从团练"抗官"着手，分析团练与官府之间的利益冲突，指出咸同之际团练之乱的后果是传统社会结构和社会控制的进一步变动，士绅与国家关系明显疏离，并为未来多端冲突埋下伏笔。关于团练和官府的冲突，傅衣凌先生曾做过引论。②

（四）"军纪"

太平军和清军的军纪优劣，直接影响民心向背，关系战争问责。李惠民探讨了太平天国时期的"食人"现象，指出北方战场食人的根源在于饥饿，也有传统迷信、宗教因素的文化背景影响。③"食人"是人类社会发展过程中长期存在的反人性恶俗，太平天国时期不仅在太平军中存在"尽杀妇孺以充食"的现象，清军士兵也有食用太平军俘虏心脏的情况，更多的是存在于杀食同类以求生存的饥民难民群体中。④ 李惠民还考察了北方战场的平民伤害问题，他认为北伐战争殃及百姓的原因复杂，除自杀、清兵和土匪伤害、间接伤亡外，太平军伤害平民的现象不能讳言，所谓"致撄其怒而惹此大劫"，⑤ 不能作为为太平军屠城行为辩护的理由。⑥ 侯竹青、陈志刚观察到太平军中的幼童现象，他们认为太平天国后期，军中幼童数量激增的主要原因是军事环境恶化，这种现象严

---

① ［日］小林幸夫：《太平天国革命时期的"周庄团练"与陶煦》，苏林岗译、孙日明校，南京大学历史系太平天国史研究室编：《太平天国史论考》，江苏古籍出版社 1985 年版，第 460—475 页。

② 参见崔岷《"靖乱适所以致乱"：咸同之际山东的团练之乱》，《近代史研究》2011 年第 3 期；傅衣凌《太平天国时代团练抗官问题引论——太平天国时代社会变革史研究》，《明清社会经济史论文集》，商务印书馆 2010 年版，第 554—566 页。

③ 李惠民：《透视太平天国时期的食人现象》，《河北师范大学学报》（哲学社会科学版）2003 年第 2 期；李惠民：《太平天国北方战场》，中国社会科学出版社 2015 年版，第 283—289 页。

④ 方炳奎：《说梦录》，中国社会科学院近代史研究所《近代史资料》编辑室主编：《太平军北伐资料选编》，知识产权出版社 2013 年版，第 288 页。

⑤ 简又文：《太平天国典制通考》下册，第 1337 页。

⑥ 李惠民：《太平天国北方战场的平民人身伤害问题》，《广播电视大学学报》（哲学社会科学版）2001 年第 4 期。

重影响军民关系以及太平军对广大城乡社会的有效控制。①"食人""民伤"和"幼童"问题,为了解战争期间反人性的恶俗和太平军军纪提供了新颖视角。

李惠民总体分析太平北伐军的宗教、军事、群众纪律,认为"良好的军纪是处理群众关系的润滑剂",但不能决定战争胜负,军纪实态与战争后果存在差异。关于太平军的宗教纪律,李惠民认为宗教军纪的作用弊大于利。②太平军的宗教纪律,是太平军军纪的重要思想基础。宗教热情和虔诚在一定程度上可以约束军事行为,但也存在弊端,如信仰的约束不能恒定维持,宗教具有"盲动力""麻痹力""迷惑力"等。董丛林希望建立军纪教育和拜上帝思想的关系,他认为太平天国的军纪教育在拜上帝思想的影响下始终带有"非人性"的蒙昧落后成分。③还有学者专门对某地域太平军军纪进行研究。王兴福评价浙江太平军军纪基本良好,而清军纪律败坏,但在后期太平军军纪有所松懈,特别是新招抚的天地会、枪船、游民和清朝溃兵。至于社会经济破坏,作者认为内战双方均有责任,不能全部归咎于太平军。④

关于太平军军纪的总体研究,简又文、张一文等先生早有论述。简又文在《太平天国典制通考》中开辟专章讨论太平军与清军军纪,区别时期、地域和各支部队,整合诸家史料,兼顾西人记载;至其结论,观点鲜明,对太平军以"仁义之师"相称,对清军军纪则以"暴行实录"名之。⑤张一文在《太平天国军事史》中专门对太平军的军事纪律做了考察。张著对太平军军纪的执行情况总结如下:(1)太平军纪律众多、全面,执行严格、彻底;(2)太平军的纪律前期好于后期;(3)即使到了后期,太平军由于成分变化,军纪有所败坏,但在陈玉成、李秀成等主力部队中仍然保持了良好的军纪。⑥

---

① 侯竹青、陈志刚:《军中幼童:对太平军战争史的另一种解读》,《求索》2008年第11期。
② 李惠民:《太平天国北方战场》,第241—254页。
③ 董丛林:《拜上帝教与太平天国的军纪教育》,《河北师院学报》(社会科学版)1991年第2期。
④ 王兴福:《太平天国在浙江》,社会科学文献出版社2007年版,第101—111页。
⑤ 简又文:《太平天国典制通考》下册,第1277—1566页。
⑥ 张一文:《太平天国军事史》,广西人民出版社1994年版,第286—305页。

（五）其他

太平天国时期的妇女问题也是探究民众与太平天国关系的一个分项。学界研究较多的是太平天国的女营、女馆制度，李文海、夏春涛、郑春奎均有专论。[①] 廖胜和王晓南对太平天国妇女问题做了较系统的研究。廖胜的《妇女与太平天国社会》一书叙述了洪秀全的妇女思想、太平天国妇女的精神风貌、妇女在太平天国各领域的生活和地位，并通过对"寡妇再嫁""妇女自由""妇女教育""婢女""缠足""娼妓""服饰"等问题的考察论断太平天国在主观上没有任何男女平等和妇女解放的主旨。[②] 王晓南对太平天国妇女参加生产劳动、禁止缠足、寡妇再嫁等问题的民俗背景和文化成因进行分析，同样认为这些形态不构成太平天国妇女解放的依据。[③] 王晓南和廖胜合作的另一篇文章考察了太平军的"掳妇"现象。"掳人"是在太平军行军过程中较常见的军纪败坏行为，其中掳掠妇女的现象尤为严重。作者认为太平军通过各种手段强制"掳妇"，造成妇女恐慌和敌对心态，乃至自杀身亡，这是太平天国占领区妇女大量死难的直接原因。[④] 王晓南又对太平天国占领区妇女死难问题做了深入研究，作者以同治《苏州府志》旌表"烈女"为研究范本，对方志所载死于咸同战事的妇女数量、死难方式和地点进行初步估计，认为妇女死难原因有直接死于战争暴力、强制"掳妇"、恐慌心态、吴越地区妇女浓烈的"名节"观等。[⑤]

像"刺面"问题也关涉太平天国与民众关系。宫明指出"刺面"主要是对逃离太平军者的惩罚，也作为惩罚犯有其他错误者的一种方式；也有

[①] 参见李文海《太平天国女营、女馆制度》，《社会科学辑刊》1981年第1期；夏春涛《太平军中的婚姻状况与两性关系探析》，《近代史研究》2003年第1期；郑春奎《论太平天国时期的女馆制度》，《浙江社会科学》2010年第8期。

[②] 廖胜：《妇女与太平天国社会——太平天国妇女问题研究新论》，光明日报出版社2007年版。

[③] 王晓南、廖胜：《妇女参加生产劳动与太平天国妇女解放问题之辨析》，《天府新论》2000年第3期；王晓南、廖胜：《广西地方婚俗与太平天国寡妇再嫁问题——兼论寡妇再嫁不能作为太平天国解放妇女之论据》，《人文杂志》2004年第1期。

[④] 王晓南、廖胜：《太平天国的"掳妇"问题——兼论太平天国占领区清方妇女死难原因》，《绵阳师范学院学报》2013年第7期。

[⑤] 王晓南、廖胜：《太平天国占领区清方妇女死难情形研究——以同治〈苏州府志〉所旌烈女为研究范本》，《绵阳师范学院学报》2014年第6期。

对部分"新兄弟"先行刺面的例子,是预防逃跑的措施;被刺面者有相当多的数量,说明确有群众被迫加入太平军,这一行为反映了部分民众与太平天国的对立立场,在政治和思想上对太平天国产生了消极影响。①

综上所述,关于太平天国统治区的"民变"目前还缺少系统研究,既有研究虽已提及民众抗争现象,但论作数量较少且仅作为论据附证于太平天国的某些政治、经济问题,而且未有以"民变"视之的先例。"民变"现象涉及太平天国与民众的关系评介,学界对太平天国与民众关系的研究或为零散课题,或为浅说概述,或受时代局限,拘泥于意识形态的束缚。"民变"问题恰可直观了解太平天国与民众关系之要领,又可统筹相关各具体问题;而"自下而上""上下结合"与"反抗反抗者"的视角本身即是突破既往太平天国史研究范式和主流论断的一种尝试。

第四节　资料梳理

太平天国史料浩如烟海,仅基本史料就多达数千万字,有学者断言已经见底。但对既有史料的实际运用情况还远远不够,目前仍有不少资料尚未得到充分研读。另一方面,因太平天国自身文献被清政府毁禁,记太平天国时期史事的文献多为清方档案和时人日记、笔记。相当数量的清方档案已系统刊印,而时人笔记、日记分散广、数量大,查找困难,此类史料有不少因未刊或稀见而湮没无闻,有进一步发掘的可能。再者,相对于某一具体课题,研究者往往面临相关资料量多繁杂和直接资料短缺零散的困扰,无的放矢,研究源流不成体系。现将本研究的核心资料做一梳理和说明,以备系统利用。

一　未刊稀见史料

近年,太平天国历史博物馆陆续整理、校核馆藏文献1200余万字,其中不少为尚未公开问世的珍贵资料。像苏州文士潘钟瑞有详记太平天国时期苏州事的"三部曲":《苏台麋鹿记》《庚申噩梦记》和《胥台麋

---

① 宫明:《太平军中的"刺面"问题》,北京太平天国历史研究会编:《太平天国学刊》(三),第91—103页。

鹿记》。其中《苏台麋鹿记》2卷和《庚申噩梦记》2卷收入作者的《香禅精舍集》,[①]《苏台麋鹿记》因《中国近代史资料丛刊·太平天国》著录多为人知,[②]《庚申噩梦记》流传极少,《胥台麋鹿记》现在太平天国历史博物馆藏抄本,学界对其几无利用。三种资料虽同记苏州,《苏台麋鹿记》记太平军治理苏州情形尤详,《庚申噩梦记》记作者140日民间流亡所得见闻琐事,《胥台麋鹿记》则夹叙夹议,兼顾两类。又如太平天国历史博物馆藏佚名著《避兵日记》抄本,记咸丰十年（1860）至咸丰十一年（1861）太仓事甚详；晦农录《再生日记》抄本,记咸丰十年太平军一破杭州事甚详；归庆枏著《让斋诗稿》据南京图书馆藏稿本抄录,其中咸丰十年诗作涉及太平军事较多。另外,太平天国历史博物馆还保存有大量吴煦档案,1983年陆续出版《吴煦档案选编》7辑,200余万字,[③] 实际只有馆藏档案总数的1/5,剩余档案的主体部分有待整理和利用。太平天国历史博物馆是太平天国研究的重镇,馆藏未刊、稀见史料需进一步发掘和解读,这些资料将是今后拓展和深化研究的重要倚仗。

  本项研究以区域社会为核心,部分珍贵资料典藏于地方院校和图书文化机构。如集中记太平天国时期吴江事的史料,除已出版的《柳兆薰日记》《庚癸纪略》(《吴江庚辛纪事》),在苏州大学图书馆还藏有《吴江黄熙龄日记》稿本一册,在上海图书馆还藏有震泽文士范其骏所撰《庚申禊湖被难日记》稿本一册,详记咸丰十年（1860）太平军破黎里镇事。其他如苏州大学图书馆藏记常州事的张绍良《蒙难琐言》,常熟图书馆藏记常熟事的《贼匪略钞本》,南京图书馆藏记常熟事的陆筠著《海角悲声》,桐乡市图书馆藏记桐乡事的皇甫元塏之《寇难纪略》,这些都是研究太平天国地方区域史的珍贵资料。另手抄有记咸丰十年太平军破杭州事甚详的《记事珠：咸丰庚申年坿辛酉日记》,抄有中国科学院国家科学图书馆藏金长福《癸亥

[①] 潘钟瑞：《香禅精舍集》,光绪十年（1884）长洲潘氏香禅精舍刻本,北京大学图书馆古籍部藏；《清代诗文集汇编》收录苏州振新书社经印本,见《清代诗文集汇编》编辑委员会《清代诗文集汇编》第691册,上海古籍出版社2010年版,第369—770页。

[②] 潘钟瑞：《苏台麋鹿记》,中国史学会主编：《太平天国》（五）,神州国光社1952年版,第269—305页。

[③] 太平天国历史博物馆编：《吴煦档案选编》（1—7）,江苏人民出版社1983年版；静吾、仲丁编：《吴煦档案中的太平天国史料选辑》,生活·读书·新知三联书店1958年版。

日记》一册,该书叙作者逃难见闻,多诗作抒怀纪实。

北京大学图书馆古籍部藏有数种珍贵太平天国文献。金念劬《避兵十日记》记庚申年(1860)四月初一至初十日沿途避难见闻,控诉清朝溃兵、团练军纪之坏,从敌对阵营口中发出的另类声音,有助于后人理性拿捏社会经济破坏的责任认定;彭鸿年《中兴名将传略》收录48名镇压太平军的清军将领画像,并附小传,又有"湘军平定粤匪图"14幅;安徽歙县人许静夫的《断铁集》2卷也有记太平天国时事的诗作。还有一些资料虽曾刻印出版,或被汇编收录,但流行不广、利用率不高,像南京图书馆藏丁日昌编《江南昭忠录》96卷;南京大学图书馆藏《两江忠义录》56卷;北京大学图书馆藏同治十一年(1872)刻印的《江南铁泪图》,是记太平天国时期社会状况的重要图像资料,该书已在1974年为台湾广文书局影印;北京大学图书馆藏同治六年(1867)刻本的《浙江忠义录》,该书在1970年为台湾台联国风出版社影印出版;北京大学图书馆藏民国二十二年(1933)铅印本之《义乌兵事纪略》,记咸丰十一年(1861)太平军据义乌县城事,该书为沈云龙《近代中国史料丛刊续编》收录;[①] 北京大学图书馆藏王德森《岁寒文稿》8卷为民国十七年(1928)王氏市隐庐刻本,其中卷3"先世遗闻"记其父王兆仪被太平军俘虏事,是了解太平天国前后昆山社会状况的重要文献;北京大学图书馆藏光绪六年(1880)钱塘刻本之张光烈著《辛酉记》,痛诉其母遇害事,为国家图书馆分馆编《中华历史人物别传集》收录;[②] 国家图书馆藏包祖清辑《义民包立身事略》之宣统三年(1911)铅印本,该文献也已被国家图书馆分馆编《中华历史人物别传集》收录;[③] 国家图书馆藏同治二年(1863)同善局版《洪杨祁门纪变录》,记战时祁门死难者事迹,该书已为国家图书馆古籍馆所编《中国古代地方人物传记汇编》收入;[④] 谢

[①] 黄侗:《义乌兵事纪略》,沈云龙主编:《近代中国史料丛刊续编》第76辑第755册,文海出版社1980年版,第205—294页。

[②] 张光烈:《辛酉记》,国家图书馆分馆编:《中华历史人物别传集》第54册,线装书局2003年版,第705—723页。

[③] 包祖清编:《义民包立身事略》,国家图书馆分馆编:《中华历史人物别传集》第77册,线装书局2003年版,第473—491页。

[④] 饶恕良、徐永涛辑:《洪杨祁门纪变录》,国家图书馆古籍馆:《中国古代地方人物传记汇编》(安徽卷)第76册,北京燕山出版社2008年版,第145—300页。

国桢先生收藏有苏州文管会潘圣一手抄的陈孚益《余生记略》，1983年由上海古籍出版社作为《瓜蒂庵藏明清掌故丛刊》的一种出版，该书记太平军克苏州前后38日陈孚益亲历之事，对清军军纪败坏和太平军安民建政多有议论，但学界关注不多；符葆森《咸丰三年避寇日记》记扬州一带事，南京大学图书馆藏抄本，《清代稿钞本》据广东省立中山图书馆藏抄本著录；① 北京师范大学图书馆藏同治十二年（1873）刻本《江西忠义录》12卷，由国家图书馆古籍馆所编《中国古代地方人物传记汇编》收入。② 还有一些稀见资料被收入《清代诗文集汇编》等大型资料集成，因这些资料规模庞大，流通不广，所录部分资料仍视作稀见史料。

《上海新报》是太平天国时期（1861年11月）在上海成立的第一家商业中文报纸，其中诸多信息与太平天国有关，上海图书馆保存。《近代中国史料丛刊三编》1990年影印出版。③ 1964年，上海图书馆编写《〈上海新报〉中的太平天国史料》，为利用《上海新报》研究太平天国提供了便利，但该文献是内部参考资料，未正式出版，利用不多。

有两种稀见史料需要提及。一是中华全国图书馆文献缩微复制中心的《太平天国稀见史料三种》上下卷，收录苏州市图书馆珍藏周腾虎的《餐芍花馆日记》和《秣营琐记》、徐僖的《雪烦山房日记》，所记诸事时间跨度长、地域广，于战争进程及胜负多有反映，对清方阵营的情况记载尤详。但系手稿，字迹潦草凌乱，涉及内容庞杂，又不系统，乃断续之作，本书并未对其重点利用，尚待日后校勘辨正。④ 另一种是全国图书馆文献缩微复制中心影印的国家图书馆原藏《稀见清咸丰军事外交谕令秘件》，此书为咸丰谕令集和咸丰年间人物传记，"清咸丰年间人物传记"收录了部分"士绅""烈女""义士"的生平事迹。⑤

---

① 符葆森：《咸丰三年避寇日记》，桑兵主编：《清代稿钞本四编》第151册，广东人民出版社2012年版，第3—131页。

② 沈葆桢等修：《江西忠义录》，国家图书馆古籍馆编：《中国古代地方人物传记汇编》（江西卷）第85册，北京燕山出版社2008年版，第1—482页。

③ [美]林乐知、[英]傅兰雅主编：《上海新报》，沈云龙主编：《近代中国史料丛刊三编》第59辑第581—590册，文海出版社1990年版。

④ 周腾虎、徐僖：《太平天国稀见史料三种》（全2卷），中华全国图书馆文献缩微复制中心，1995年。

⑤ 《稀见清咸丰军事外交谕令秘件》（全2册），全国图书馆文献缩微复制中心，2005年。

历史学的发展与新史料的发现密不可分，太平天国史研究虽是一门成熟学科，但因太平天国对当世和后世影响深远，相关文献记载繁杂，新史料的发现仍有可能。像《钦定制度则例汇编》《钦命记题记》《钦定功劳簿章程》《会议辑略》《天父圣旨》（卷一卷二）等太平天国官书文献仍未发现，还有大量文书散落民间。[①] 再就时人记述来讲，涉及太平天国时事的文献数不胜数，像某些史料索引提及的新阳王晋焘所作《被兵杂咏》、记苏州事的《虎窑谰言》、记镇江事的《润州五日记》、记湖北黄梅事的《醒睡录续集》、记杭州事的《劫余纪事诗》、记遂安事的《遂安历劫记》、姚承舆《杭湖防堵纪略》、三惜道人《伤往杂咏》、王文镕《刀下余生集》、楮圣恩《御寇始末记》等，迄今未能找到。

二　笔记日记

本书立足民间，关注地方社会，所以尤重当时当事人记当世当地事的第一手资料。尽管清方档案对地方社会亦有相当程度的关注，清朝官员奏报亦有提及，但仍不及直接、集中阐述时人见闻琐事的笔记日记等资料丰富全面。集中记太平天国时期事的时人著述，比较系统出版的有：中国史学会主编中国近代史资料丛刊《太平天国》第3—6册，共收录清人笔记、日记资料52种；罗尔纲、王庆成主编中国近代史资料丛刊续编《太平天国》第4—8册，共收录清人专著、自述、记事、日记、文书资料68种；太平天国历史博物馆编《太平天国史料丛编简辑》第1—6册共收录前两书中没有的专著、记事、文书、诗歌资料65种；太平天国历史博物馆编《太平天国资料汇编》第1册收录杜文澜《平定粤寇纪略》，第2册上和下收录李滨的《中兴别记》；金毓黻、田余庆编《太平天国史料》收录清方文书182件、探报12件、笔记资料5种；中国社会科学院近代史研究所《近代史资料》编辑室编《太平天国文献史料集》收录笔记、碑刻资料36种；南京大学历史系太平天国史研究室编《江浙豫皖太平天国史料选编》收录15种笔记史料；四川大学图书馆编《中国野史集

[①] 目前已知确为太平天国佚书、佚文的名称及伪传之太平天国佚书、佚文名目，见王庆成《太平天国的文献和历史——海外新文献刊布和文献史事研究》，社会科学文献出版社1993年版，第125—145页。

成》第41—46册收录与太平天国有关的笔记、野史资料84种;《近代史资料》专刊《太平天国资料》收录一般记载19种。还有部分散见资料附于文章发表,如杭州林颖山据参加太平军亲身经历,在同治十三年(1874)以回忆录的形式著《蒙难纪略》一册,对太平天国在杭州、苏州等地事记述颇详,该书内容由邹身城整理发表;[①] 章型《烟尘纪略》记太平军在江阴事,由董竞整理发表在《太平天国史论考》一书中。[②]

可见这一类型的资料十分庞杂,而实际与"民变"有关的内容分布却颇为零散,所以在研究中重视使用集中记述某地域史事的核心资料,如沈梓《避寇日记》记嘉兴事甚详;龚又村《自怡日记》和佚名《庚申(甲)避难日记》记常熟昭文事甚详;《柳兆薰日记》记吴江事甚详;佚名《平贼纪略》主记无锡金匮事;姚济《小沧桑记》主记松江事;佚名《避兵日记》主记太仓事;皇甫元壝《寇难纪略》记桐乡事;海宁冯氏《花溪日记》记海宁、海盐事;王彝寿《越难志》和吴燮恺《劫难备录》记绍兴事,等等。"民变"属于地方社会现象,在传统时代,时人会有关注和记载,酿成大案或较典型者也会由地方官员奏报朝廷,由是在实录、上谕、奏折和文人笔记、日记中常有反映。但太平天国官方档案文书大部被毁,现存太平官书很少著录地方社会问题,因此太平天国统治区的民变只能在时人著述中管窥一斑。文人笔记、日记,特别是当时当事人记当世当地事的第一手史料,成为本书的核心和基本资料。

三 地方史志

方志是地方社会研究的重要资料。省、府、县、乡镇志几乎均有对太平天国战争的记述,主要集中在"大事记""纪兵""兵事""武备志"等部分,在"人物""风俗""忠孝""烈女"等相关条目中也有记载。而在既往太平天国史研究中,学界对方志的利用明显不足。太平天国主战区为江苏、浙江、安徽、江西、湖北、湖南六省,其中江南地区又是

[①] 武林更生氏述:《蒙难纪略》,张舜徽主编:《中国历史文献研究》(三),华中师范大学出版社1990年版,第277页;邹身城:《林颖山及其〈蒙难纪略〉——杭州新发现的太平天国时期文献》,《杭州师范学院学报》(社会科学版)1987年第3期。

[②] 章型:《烟尘纪略》,南京大学历史系太平天国史研究室编:《太平天国史论考》,江苏古籍出版社1985年版,第378—386页。

太平军活动的中心区域。两套方志丛书——《中国地方志集成》①和《中国方志丛书·华中地方》②收录的清代和民国时期所编苏州、松江、太仓、常州、杭州、嘉兴、湖州、江宁、宁波、绍兴九府一州相关方志，均在国家图书馆方志馆和北京大学图书馆一一翻检。国家图书馆的数字方志电子文献也是本书利用的重要方志阅览工具。

四 官书档案

清朝官书档案对太平天国统治区的民变几无反映，但对太平天国前夕的某些民变大案有所记载，可以作为太平天国统治区民变的比对，并作为太平天国统治区民变发生的背景解读。此外，清方档案对太平天国时期的团练、社会状态均有官方话语体系的描述，需重视。然因官员有虚报、浮报、瞒报之嫌，对此类史料应甄别使用。

中国第一历史档案馆藏太平天国时期的相关档案史料——"朱批奏折""军机处录副奏折""剿捕档"，特别是26册本《清政府镇压太平天国档案史料》，③目前学界利用较少，研究价值较大。但《镇压档》汇编存在一个严重的缺陷是选录档案前后不均，前19册记道光三十年（1850）至咸丰六年（1856）7年事，咸丰七年（1857）至同治四年（1865）9年事却仅汇编为7册档案。因此还须结合其他未刊档案。中国第一历史档案馆编《清代档案史料丛编》，其中第1辑、第5辑与太平天国有关；④中国第一历史档案馆和杭州市档案局合编《杭州太平天国档案史料选编》影印与杭州史事有关的清方档案215件。⑤

《咸丰同治两朝上谕档》（全24册，广西师范大学出版社1998年影印本）、《清文宗实录》（《清实录》第40—44册，中华书局1986—1987

---

① 该书自1991年起，由江苏古籍出版社（凤凰出版社）、上海书店出版社、巴蜀书社三家出版社联合陆续出版，共出版25省《府县志辑》和《乡镇志专辑》，总计1054册2251种。

② 该书自1966年起，由台湾成文出版社影印出版，共5359册，华中地方包括江苏、浙江、安徽、江西、湖南、湖北、四川7省，恰好与太平天国主要战争区吻合。

③ 自1990年该档案前2册由光明日报出版社出版，至2001年《清政府镇压太平天国档案史料》另外24册由社会科学文献出版社陆续出版完成。

④ 全14辑，中华书局1978—1990年；第1辑为1978年出版，第5辑为1980年出版。

⑤ 中国第一历史档案馆、杭州市档案局编：《杭州太平天国档案史料选编》，中国档案出版社2007年版。

年影印本)、《清穆宗实录》(《清实录》第45—51册,中华书局1987年影印本)、《钦定剿平粤匪方略》①《曾国藩全集》(全31册,岳麓书社2011年版)、《李鸿章全集》(全39册,安徽教育出版社2008年版)、《左宗棠全集》(全15册,岳麓书社2009年版)、《吴煦档案》等也是重要档案资料。另外,《两江采访忠义传录》《江南昭忠录》《浙江忠义录》《江西忠义录》等都收录有众多太平天国战争时期死难者的姓名和事迹。

太平天国官书对地方社会问题的记载较少,但可以此研究太平天国典章制度,亦可追溯太平天国社会战略的政策源流。太平天国官书大多收录在中国近代史资料丛刊《太平天国》第1—2册和中国近代史资料丛刊续编《太平天国》第1—2册中。中国近代史资料丛刊续编《太平天国》第3册和太平天国历史博物馆编《太平天国文书汇编》(中华书局1979年版)收录了大量太平天国文书。

在研究太平军与民众关系时,应重视被俘太平军将士的自述、口供。中国近代史资料丛刊续编《太平天国》第3册附录中列有36种口述资料;《清代档案史料丛编》第5辑收有李开芳、林凤祥供词,以及京城巡防处审问太平军供词17件;太平军"兵册""馆簿名册"和"家册"也是研究太平天国基层社会的重要档案,其中记录有民众参加太平军的个人资料。②

五 外人记载

有许多外国人亲见亲闻的记录值得重视,如法国人加勒利(Joseph M. Callery)和伊凡(M. Yvan)所著《中国叛乱史》、密迪乐(Thomas Taylor Meadows)所著《中国人和他们的叛乱》、白伦(Lindesay Brine)著《中国的太平天国叛乱》、布莱基斯顿(Thomas Wright Blakiston)著《江行五月》、珍妮·埃德金斯(Jane R. Edkins)的《中国风土和民情》等。

---

① 《续修四库全书》史部纪事本末类,第403—412册,上海古籍出版社2002年影印本;《中国方略丛书》收录,全10册,台湾成文出版社1968年影印。

② 参见太平天国历史博物馆编《太平天国文书汇编》,第343—406页;罗尔纲、王庆成主编《太平天国续编》(九),广西师范大学出版社2004年版,第191—246页;张德坚《贼情汇纂》,中国史学会主编:《太平天国》(三),神州国光社1952年版,第124—126页。

美国人克拉克（Prescott Clarke）和澳大利亚人格利戈里（J. S. Gregory）合编的《西方关于太平天国的报道》、美国人梅谷（Franz Michael）和张仲礼合编的《太平天国叛乱：历史与文献》、英国人奥迈拉（J. J. O'Meara）等人合编《英国议会文书·中国》第32卷都是研究太平天国的西文资料汇编。[1]

《北华捷报》（North-China Herald，1850—1866）是研究太平天国史的重要英文报刊资料；[2] 上海社会科学院历史研究所编译有《太平军在上海——〈北华捷报〉选译》（上海人民出版社1983年版）。

太平天国时期曾经到达中国的日本人留下了不少有关太平天国见闻的书刊，从19世纪50年代日本船"荣力丸"上的漂流民，到1862年德川幕府派出的官方商船"千岁丸"和1864年"健顺丸"上的乘员们，他们的航行记录均谈到有关太平天国的一些情况。王晓秋利用这些资料撰《太平天国革命对日本的影响》[《历史研究》1981年第2期）一文，同时也介绍了大量研究太平天国的日文史料，像《荣力丸漂流记谈》[新村出编《海表丛书》卷3（京都：更生阁，1928年）]、《游清五录》[收入《高杉晋作史料》（東京：マツノ書店，2002年）]、《黄浦志·见闻书》（新村出编注《元治元年に於ける幕吏の上海視察記》，《商業と經濟》1925年2月）等。《近代日本人中国游记》收录出版了9种"千岁丸"号日本人航行记录的中译本。[3] 这些日方记载可以从一个侧面反映太平军地方政略实行、太平军与地方社会关系的某些情况。

---

[1] Prescott Clarke and J. S. Gregory eds., *Western Reports on the Taiping: A Selection of the Documents*, Canberra: The Australian National University Press, 1982［该书由范德一、许培德、夏春涛译为中文，见罗尔纲、王庆成主编《太平天国续编》（九）］；Franz Michael and Chung-li Chang eds., *The Taiping Rebellion: History and Documents*, 3 Vols, Seattle: University of Washington Press, 1966 – 1971; J. J. O'Meara ed., *British Parliamentary Papers · China*, 42 Vols, Dublin: Irish University Press, 1971 – 1972.［其中第32卷主要记太平天国事，已由章克生译为中文，见罗尔纲、王庆成主编《太平天国续编》（十），广西师范大学出版社2004年版。］

[2] 本书使用的是"晚清期刊全文数据库（1833—1911）"中的"字林洋行中英文报纸全文数据库（1850—1951）"电子资源。

[3]［日］日比野辉宽、［日］高杉晋作等：《1862年上海日记》，陶振孝、阎瑜、陈捷译，中华书局2012年版。

六　田野调查

现有大量太平天国时期的遗迹遗物存世。如常熟碑刻博物馆藏《报恩牌坊碑》实物，此件在北京大学图书馆古籍部存拓本一副；现藏苏州博物馆的3块太平天国时期苏州妇女死难碑石，记录下太平军破苏州前后妇女的悲惨命运；苏州碑刻博物馆保存的一些拓片，如褚成绩《悯烈碑记》、冯桂芬《移建昭忠祠记》，亦载战时死难者事迹。太平天国颁发的田凭、完粮执照、易知由单、凭照等，南京太平天国历史博物馆等单位藏有大量实物。太平天国时期的园林、壁画也是宝贵的艺术文化珍品。

通过歌谣也可透视当时的社会状况。部分歌谣流传至今，现在诸暨包村一带还流传着"一副长毛相，迟早要杀头""吃的油，穿的绸，赶到包村去杀头"的民谣。不少地区的老百姓还常戏谑那些头发太长却不肯理发的人为"长毛贼"。再如常熟图书馆藏《贼匪略钞本》记有"长毛一到，告化（乞丐）手拿元宝，穷人穿皮袄，财主人殓蒲包，谁叫长毛不好"民谣一则；记海宁、海盐事的《花溪日记》也记有"黄（万）金家财殓蒲包，穷人手里捏元宝，长毛哂哂笑"的时谚；① 《避兵日记》记太仓百姓中流传歌谣"贫人着布袄，富人着皮袄，教（叫）花子手里拿元宝"；② 杭州临安县也有"乌鸦叫，长毛到，讨饭佬，穿皮袍，有钱人家活倒灶"的类似歌谣。③ 四则歌谣分别反映了太平天国时期常熟、海宁、太仓、杭州四地民情，经实地调研，现今仍有部分老人知道这一歌谣，虽个别字眼相异，但大致出自一个版本。或可推断这些歌谣同源，在当时苏南、浙西一带广为流传，可见当时老百姓对太平军的到来寄予了很高的期望。

2010年夏秋，笔者随同刘平教授前往浙江诸暨包村实地调研包立身团练事件，考察包村地形地貌，采访包村及周边历史之口述资料，发现了4块《包村忠义祠碑》，复制《包村义团记》《包村纪略》《诸暨民报》

---

① 海宁冯氏：《花溪日记》，中国史学会主编：《太平天国》（六），神州国光社1952年版，第669页。

② 佚名：《避兵日记》，第31页，太平天国历史博物馆藏抄本。

③ 沈雨梧：《太平天国浙江歌谣选》，太平天国侍王府纪念馆内部印发，1982年，第26页。

等多种资料，并收集到包括《暨阳东安包氏宗谱》《诸暨阮市包氏宗谱》《暨阳义安李氏宗谱》《暨阳沙溪王氏宗谱》《暨阳善溪何氏宗谱》在内的 35 种谱牒资料。族谱资料作为社会史研究的一类重要史料，在扩充和深化研究中有待利用。

第五节　理论思路

本书的研究中心——太平天国统治区的民变，立意是将其视作一种社会变动现象，重点分析这类社会现象的生成机制。因此，不仅仅是把"民变"作为政府的一类对立的政治力量去研究，对太平天国而言，其形象未必纯然负面，影响也未必完全消极；民众运动参与主体的思想也不仅仅作为一种政治思想体系，同时还要关注他们本身的观念和意识；对民众运动形态的解读也不完全局限在革命框架下，挖掘深入的历史认知，要结合社会史的视角和方法，在"官方历史的表层之下"，发现"萌发着民众的恐惧、希望和运动"，[1] 需要听到来自民间的声音，理解民众的情感。

在研究中，一方面以传统史学方法为根本，重视史实考辨和史料分析，另一方面也借鉴了社会运动理论（Social Movements Theory）和政治系统理论（Political System Theory）的部分阐释，旨在通过相关理论加深对民变成形和太平天国失败社会因素等具体问题的认识，但重视结合太平天国时期的历史实际和时代特色，不是由理论引出论断或论断比附理论。

社会运动理论的经典著作是西德尼·塔罗（Sidney Tarrow）的《运动中的力量：社会运动与斗争政治》[2] 和道格·麦克亚当（Doug McAdam）、西德尼·塔罗（Sidney Tarrow）、查尔斯·蒂利（Charles Tilly）三人合著的《斗争的动力》。[3] 此外，美国学者莫里斯（Aldon D. Morris）等主编

---

[1] ［美］魏斐德：《大门口的陌生人：1839—1861 年间华南的社会动乱》，导言第 5 页。

[2] Sidney Tarrow, *Power in Movements: Social Movements and Contentious Politics*, New York: Cambridge University Press, 1998.

[3] Doug McAdam, Sidney Tarrow and Charles Tilly eds., *Dynamics of Contention*, New York: Cambridge University Press, 2001.

《社会运动理论的前沿领域》对该理论的研究内容和方向进行了概括总结。[①] 具体到民变的研究方法,美国社会史学家查尔斯·蒂利(Charles Tilly)提出了集体行动理论(Collective Action Theory),主要体现在他的《从动员到革命》和《革命年代》两本论著。[②] 该理论一方面探讨时间纵轴方向的集体行动类型、类型变化、转变原因;另一方面建构全方位的集体暴动立体动员模型(Mobilization Model)。这为研究太平天国统治区的民变,抑或传统中国时期的民变提供了参照。探讨太平天国战争波及地区民众的一般心态和社会生活,以及分析民变参加者的群体心态,社会心理学理论(Social Psychology Theory)可以提供借鉴。但西方学界研究的题材多是工业革命后发生剧烈社会变动的西方世界,在具体研究中不能生搬硬套于中国社会,必须结合传统中国社会的实际。

政治系统理论的代表学者是戴维·伊斯顿(David Easton)和阿尔蒙德(G. A. Almond)。伊斯顿的《政治生活的系统分析》一书被称为政治系统论的经典,他认为政治系统模式包含几个逻辑环节:环境(系统与环境存在边界且相互影响)、输入(要求与支持)、输出(决策和行动)、反馈(沟通系统与环境)、流动(相互关联具有连贯性的政治转换过程)。[③] 可见政治系统的各个环节均与社会环境、社会系统产生沟通和影响,系统与环境之间的信息流直接关系到政治系统在社会剧变中的生命力。借鉴政治系统理论,旨在实现社会史与政治史研究的结合,该理论对研究太平天国与民众关系、太平天国基层政权建制、国家政治权力与地方社会的互动、太平天国失败的社会层面因素不无方法论上的借鉴。

本书主要尝试探讨五个方面的问题:

1. 太平天国与民众对立关系的成因、表现及影响

太平天国统治区的民变无疑是较适合的切入点,很能说明"对立"问题的根源。通过对"天国"民变的时序数量、地域分布、人员构成、

---

① Aldon D. Morris and Carol McClurg Mueller eds., *Frontiers in Social Movements Theory*, New Haven: Yale University Press, 1992.

② Charles Tilly, *From Mobilization to Revolution*, New York: Random House, 1978; Charles Tilly, Louise A. Tilly and Richard H. Tilly eds., *The Rebellious Century, 1830–1930*, Cambridge, Mass.: Harvard University Press, 1975.

③ David Easton, *A Systems Analysis of Political Life*, Chicago: University of Chicago Press, 1979.

类型区划、动员模式、调控应对等要素深入分析，试图全景式展现太平天国与民众关系的历史侧面。

2. 太平天国失败的社会因素

与太平天国标榜"新天新地新世界"[①]的社会变革不同的是，种种迹象表明太平天国部分地恢复了前朝旧制。"新"社会战略的弊端和执行局限，使19世纪60年代的太平天国彰显了内溃之势。

3. 太平天国的历史教训、历史地位

"民变"的研究重在感触昔时人们的伤痛和情感，太平天国统治政策中的负面因素应予正视，但应区分"战争"责任和当事者之一太平天国

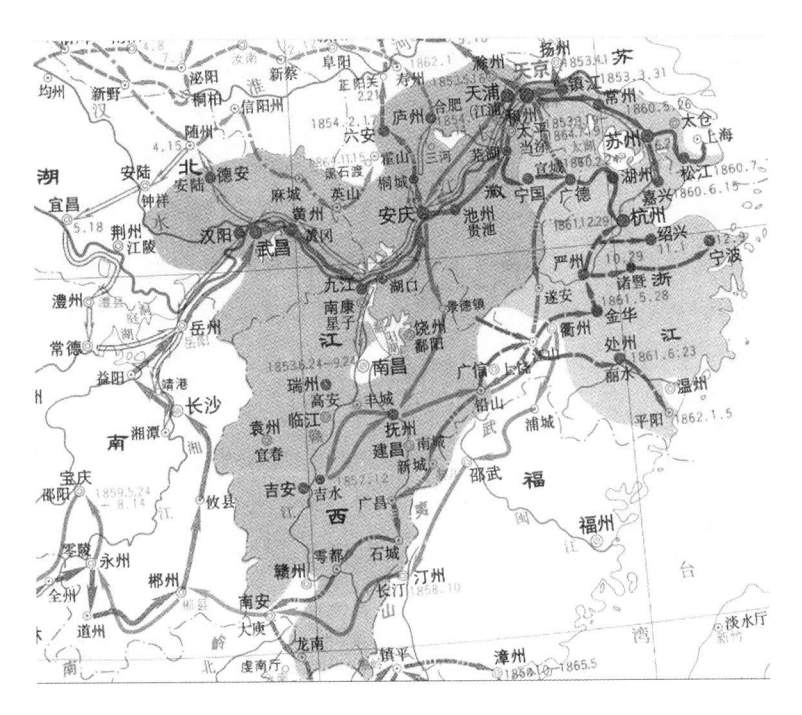

图3 太平天国主要占领区——江南

图片来源：郭毅生主编：《太平天国历史地图集》，中国地图出版社1989年版，第7—8页局部。

[①] 洪仁玕：《资政新篇》，中国史学会主编：《太平天国》（二），神州国光社1952年版，第525页。

的责任。战争的负面影响主要在当时当世,也要看到它对后世产生的影响,像"洋务运动"等近代化格局的奠定就有战争的促发因素,从而形成一个较为全面客观的太平天国的历史形象。从社会变革的角度分析,太平天国战争的客观影响有着某种进步意义。

4. 民众与革命的关系

分析"民变"以及部分平民领导的团练武装的对立行为,有助于全面了解太平天国与民众关系的状态,有助于全面认识"革命"和"民众"之间的关系实质,也能使我们更为理性地评价"革命"的功过是非。

5. 国家与社会的关系

太平天国作为其统治区的政治实体,与地方社会的互动不可避免。通过"民变"探讨太平天国政权所推行的社会战略,了解统治区政治权力与地方社会关系的表现是否与当时国家与社会关系的主流实态一致。

小　引

咸丰三年（1853）春天，太平军金田起义的号角，从贫瘠荒芜的紫荆山，一路传入秀水江南，二月初十日（3月19日）攻克南京。随即，为拱卫京都，保障供给，太平天国决定回师西征，开辟上游基地，"陷一城即守一城，破一镇复收一镇"；① 同时着手建立地方政权，张德坚在《贼情汇纂》中记载："初贼所破州县，皆掳其财物，残其人民而去，未尝设官据守。自窃占江宁，分兵攻陷各府州县，遂即其地分军立军帅以下伪官，而统于监军，镇以总制。"② 这就意味着太平天国开始面临地方社会秩序的恢复和建设问题，而由于太平军对城市的军事化占领，大量人口向乡村地区流动，加之兵燹天灾的影响，农村地区的社会生态和民生问题成为太平天国社会战略成败的重要考验。

据常熟碑刻博物馆所藏太平天国文物《报恩牌坊碑》之序记载，太平天国治下的常昭地区（清时，常熟、昭文二县合城而治，统称"常昭"）的确是一片民殷财阜、年丰人乐的盛世景象："禾苗布帛均出以时，士农工商各安其业；平租佣之额赋，准课税之重轻；春树万家，喧起鱼盐之市；夜灯几点，摇来虾菜之船；信民物之殷阜，皆恩德之栽培。"③ 长期以来，这件实物成为褒赞太平天国社会战略的重要依据，有不少学者据此认定碑序是普通百姓感怀太平天国"轻徭薄赋"政略的真实流露。祁龙威在《从〈报恩牌坊碑序〉问题略论当前研究太平天国史工作中的

---

① 《钦差大臣向荣奏报攻剿上方桥续获胜仗折》（咸丰四年八月十一日），中国第一历史档案馆编：《镇压档》第15册，社会科学文献出版社1994年版，第409页。
② 张德坚：《贼情汇纂》，中国史学会主编：《太平天国》（三），第109页。
③ 太平天国历史博物馆编：《太平天国文物》，江苏人民出版社1992年版，第161页。另参照北京大学图书馆古籍部藏《太平天国报恩牌坊碑序》拓本。

偏向》一文中，首先质疑碑序所记内容的真实性。他认为，"报恩牌坊"是"钱桂仁为首的一群叛徒们别有用心地谀颂忠王的作品"。①

这件实物的确没有忠实地展现普通民众的情感。首先，报恩牌坊不是百姓自发建造的事实已在多种时人日记、笔记中得到确证。龚又村《自怡日记》"同治元年三月初九日"记："舣舟至城……见报恩坊新造在丰乐桥堍，是匪党及乡官为伪忠王而建。"② 陆筠《海角续编》载："（同治元年）二月，贼慷天福钱桂仁将王市严氏节孝坊拆到南门外丰乐桥，改造报恩坊，以媚伪忠王李贼。"③ 曾含章《避难记略》载："贼将王市严姓节孝坊拆去，改造于南门外丰乐桥东堍大街上，曰报恩坊，谓报忠王之伪恩也。"④ 三种史料均系当时人亲见亲闻之记载，可证报恩坊建造的发起者是常熟太平天国政府，其缘起为地方官员诏媚忠王。因此，报恩牌坊虽系民间出资营造，可能摊派金额也不算大，但不是百姓自发而为。

其次，报恩牌坊的建造实际成为百姓的一项经济负担。龚又村《自怡日记》"同治元年三月廿七日"记："定议筑海塘，造牌坊，修塘路及上忙条银每亩征钱七百廿，佃农疲惫不堪。"⑤ 造牌坊的费用系自民间征派捐税而来。据12种记太平天国时期常昭地区情况的主要史料，两年多的太平天国统治期，钱漕正赋外，常熟的苛捐杂税达28种。⑥ 以捐纳各项杂税之总额，"佃农疲惫不堪"的描述符合实际。

再者，在碑序描述的盛世景象背后，同样是在常熟，却发现了另外

---

① 祁龙威：《从〈报恩牌坊碑序〉问题略论当前研究太平天国史工作中的偏向》，《光明日报》1957年5月23日第3版。
② 龚又村：《自怡日记》，罗尔纲、王庆成主编：《太平天国续编》（六），第95页。
③ 陆筠：《海角续编》，中华书局1959年版，第129页。
④ 曾含章：《避难记略》，罗尔纲、王庆成主编：《太平天国续编》（五），广西师范大学出版社2004年版，第353页。
⑤ 龚又村：《自怡日记》，罗尔纲、王庆成主编：《太平天国续编》（六），第98页。
⑥ 12种史料为：《自怡日记》《避难记略》《鳅闻日记》《庚申（甲）避难日记》《海角续编》《漏网喁鱼集》《劫余杂录》《海虞贼乱志》《常熟记变始末》《守虞日记》《庚申江阴东南常熟西北乡日记》《汝南一家言》。28种杂税为：门牌费、役费、田捐、红粉钱、天王捐、支应费、难民捐、万民伞费、盐捐、礼捐、田凭费、海塘捐、免冲钱、学宫捐、派捐、进贡钱、房捐、特捐、局费、上忙公费、执照费、船凭费、造牌坊捐、修塘路捐、经造费、剃头凭费、军需捐、行人通过费。

一种与之形成尖锐对立的历史场景:

> 旬日之间,郭外之北,由西至东,四方农人,闻风相应,各处效尤,打死伪官,拆馆烧屋,昼夜烟火不绝,喊声淆乱。闻长毛来往不绝,市廛罢歇,阛阓阒寂,良民东迁西避。各处坐卡长毛,回城请剿。起事乡村,以致又遭贼兵焚掠。[①]

"民变"遍及太平天国治下江南各地,"如蜩如螗,如沸如羹"。在"激变四野"的复杂态势下,太平天国与民众的关系日趋紧张,甚至形成对立。这种对立关系的产生、发展,值得回顾和省思,或许可以从历史遗存表面获取不一样的、更为真实的信息传达。

---

① 汤氏:《鳅闻日记》,罗尔纲、王庆成主编:《太平天国续编》(六),第355页。

第一章

时序数量

自咸丰三年（天历癸好三年，1853）四月太平军西征开始，至同治三年（天历甲子十四年，1864）六月天京被湘军攻破止，太平天国主要在安徽、江西、湖北、江苏、浙江五个省份建立地方政权，在三百多个郡县设治。19世纪50年代，太平军主要活动在湖北、安徽、江西三个省份，各城市军事占领的色彩浓重，对乡村地区的控制力极为薄弱，处于一种不稳定状态，并且在多数地区与清军进行拉锯战；19世纪60年代，太平军政治军事重心东向，开辟了苏福省和浙江天省两片比较稳定的基地，各占领区之间形成了有机结合，特别是加强了对乡村地区的管理，太平天国也因苏浙清军的暂时溃退和东西两条战线的保守势态获得了一段较稳定的建设时期来推行和实践各项政略。因此，苏南和浙江实际构成了太平天国的主要控制区。

据"太平天国统治区主要民变表"，太平天国统治区的民变主要发生在19世纪60年代的苏南和浙江。所以，以下关于太平天国民变的研究，以19世纪40—50年代清朝统治下的苏南（苏州、常州、松江、太仓）和浙江地区发生的民变事件为参照和比对对象。这样在空间上与19世纪60年代太平天国战争的主要发生区吻合，[①] 在时间上也形成了该地域在鸦

[①] 太平天国改府为郡，实行省、郡、县三级地方政权制。太平天国苏福省包括苏州、常州、松江、太仓四郡。浙江天省包括杭州、嘉兴、宁波、绍兴、湖州、严州、台州、金华、处州九郡，衢州、温州郡城未克。这一区域恰好覆盖了太湖平原的苏州、松江、常州、杭州、嘉兴、湖州、太仓六府一州所构成的明清时期"江南"的地域范围。关于"江南"的历史演变，参见徐茂明《江南士绅与江南社会（1368—1911）》，商务印书馆2004年版，第1—13页。李伯重则把江宁、镇江二府纳入其中，构成八府一州，参见李伯重《简论"江南地区"的界定》，《中国社会经济史研究》1991年第1期。也有学者把浙东的绍兴、宁波二府纳入，构成十府一州，参见余新忠《清代江南的瘟疫与社会：一项医疗社会史的研究》（修订本），北京师范大学出版社2014年版，第9—11页。本书在使用这一概念时，多为涵盖苏南和浙江两块完整地域单元的泛指。

片战争后民变事件的连接和连贯，以便对鸦片战争后至太平天国失败前的近代中国在该区域所发生的民变进行概观和定量分析。

以目前掌握的史料，统计有太平天国辖区 70 起民众自发的以抗粮抗租抗税为主要形式的集体行动。一方面受掌握史料的数量、类型所限，另一方面与战争本身造成的社会影响等因素有关，1860 年之前太平天国统治区的民变在各种史料中基本处于缺载状态。再者，数据的资料来源缺乏统计学要求的完整连贯性，因此这一统计仍然是不完全统计，无法精准地反映太平天国统治区民变的全部情形。但是，已列民变实例，可以构成太平天国民变的主体，勾勒出各类民变的比例、趋势和民变情形的大致轮廓，在一定程度上有助于宏观把握这一历史现象。

第一节　19 世纪 60 年代的民变

从总体数量上看，在太平天国定都建政到天京失陷的 11 年时间里，统计有太平天国统治区发生的 70 起民变。首先，如前述研究对象的界定，绝大多数反掳掠的群体行动未列入其中。为避免对"民变"内涵的争议，因清军、团练的恣意或参与而直接引发的群体性事件（其实民众参与此类事件的初衷也与反对太平天国政略有一定关系），在太平天国基层政权失败前夕民众的报复性行为等，这些均未列入。其次，为方便统计和研究，类型或原因在史料中不明晰的群体事件不列入，如沧浪钓徒《劫余灰录》所记咸丰十年（1860）常熟"四乡之人，烧杀伪军、旅、师帅者不绝"之事，并且特别指出"董浜旅帅之子，素为不法，屋被烧时，人劝勿归，卒不听，为乡人缚置火中烧死"，[1] 事件类型含混不清。

---

[1] 沧浪钓徒：《劫余灰录》，太平天国历史博物馆编：《太平天国史料丛编简辑》（以下简称《简辑》）（二），中华书局 1962 年版，第 160 页。

表1—1　　　　　太平天国统治区民变的数量与时间分布

时间	1853	1854	1855	1856	1857	1858	1859	1860	1861	1862	1863	1864
次数	0	1	0	0	0	0	0	9	44	14	2	0

据表1—1可知，在1860年之前的太平天国统治区，仅统计了1起民变，[①] 其余69起均发生在太平天国领有苏南、浙江的4年时间里，即1860—1863年，平均每年17.25起；以11年为计量段，平均每年6.36起。

比对"19世纪40—50年代苏南、浙江地区主要民变表"，鸦片战争爆发后到太平天国领有江南的21年时间里，苏南和浙江全省共统计有民变案例104起，平均每年约4.95起。当然，与太平天国统治区民变统计相仿，关于清朝民变的统计也属不完全统计，一方面是史料缺载或漏载，另一方面与地方官员欺饰不报有关。民变的发生有碍地方官考成，[②] 所以存在隐匿不报的情况。

从全国范围来看，美国学者杨庆堃（C. K. Yang）以《清实录》为资料来源，以约10年为一计量时段，对19世纪中国的民众运动（Mass Actions）进行了基本的数据统计。作为24种基本类型之一的抗税抗租事件在1856—1865年的10年时间里仅有6起，其次数与频度不算突出，约为《清实录》所载同时期民众运动总数的2.4‰，约为《清实录》所载各时间段抗租抗税事件总数的12%，可见抗租抗税民变不作为太平天国战争时期清朝统治区民众群体性事件的主流。这相对于同时期太平天国统治

[①] 据现有史料，在1860年之前，记载较详细的太平天国民变仅1854年安徽黟县民众的抗粮事件1起，然同时期太平天国统治区必有其他民变发生。据记载，咸丰三年八月，翼王石达开前往安庆安民就是因安徽民变频发，"皖省民情顽悍，以太平宗教法制之不相习也，多抗命"（凌善清：《太平天国野史》卷12，江苏广陵古籍刻印社1993年版，第324页）。这一记载过于笼统，无法列入民变表。还有一些事件无法较准确地判断性质，也未列入，如《江西忠义录》所记咸丰六年抚州金溪监生胡晴波和咸丰七年金溪贡生李铭善的抗粮行为，由于他们在当地的社会影响，其抗粮行动抑或为群体事件，李铭善还是团首，"与乡人谋练团守御，贼侦知之，索之不得"。参见沈葆桢等修、何应祺等纂《江西忠义录》卷6，"绅士传下"，同治十二年（1873）刻本，第3页b，北京师范大学图书馆藏。

[②] 文孚纂修：《钦定六部处分则例》卷15，"营私"，沈云龙主编：《近代中国史料丛刊》第34辑第332册，文海出版社1969年版，第358页。

区以抗租抗税为主要类型的民变频发的状况，要黯淡和沉寂许多。①

尽管三项数据的统计在统计学所要求的资料的一贯性和同构性等方面不可避免地存在缺陷，但仍然可以感触到太平天国统治区民变爆发之频繁，社会冲突之剧烈。

关于太平天国统治区民变数量的时序分布，有两个特色：19世纪60年代多而1860年之前少；1861年发生的民变次数最多。

19世纪60年代太平天国民变高发、频发的现象，与该时期太平天国主要占领区——江南的社会生态密切相关，或者说该时期江南地区的社会生态是19世纪60年代太平天国民变形成的大的社会背景。

一　肇乱之源：统治方式转向误差

（一）自我孤立的经济政略

长期不具和平建设环境是制约太平天国统治方式演进的瓶颈。因此，太平天国在很长一段时间内获得生命补给的方式是通过临时性、无定期的"贡献"制，即向民众"征贡"和太平军"打先锋""派大捐"。这对缺乏社会管理和地方行政经验的朴实造反者来说，无疑是一种简单而行之有效的方式。

定都天京后不久，太平天国中央政权面对"建都天京，兵士日众"的实际，有意识地转变和拓宽经济来源的渠道。所以，早在咸丰三年（1853）六月，太平军在江西南昌附近就实行"计亩征粮"；②同年七月，在安徽太平府近城各乡邀乡老数人，令"每亩交纳粮稻卅斤"。③咸丰四

---

①　C. K. Yang, "Some Preliminary Statistical Patterns of Mass Actions in Nineteenth-Century China", in Frederic Wakeman, Jr. and Carolyn Grant eds., *Conflict and Control in Late Imperial China*, pp. 190 - 191. 杨的统计以《清实录》为资料来源，所以实际发生的民众运动次数不止于此，但由于数据来源的单纯性，且《清实录》所载多为地方官员上报之大案要案，在某种程度上，这些数字可以呈现民众运动的趋势和比例。又，杨的统计共24种基本类型，其中很多类型如土匪海盗的掠夺活动、秘密会党和教门的起义、走私、恐慌和谣言、武装叛乱、官员叛变、部队抢掠等，均不属本书界定的"民变"范畴。

②　邹树荣：《蔼青诗草》，中国社会科学院近代史研究所《近代史资料》编辑室编：《〈近代史资料〉专刊·太平天国资料》，知识产权出版社2013年版，第69页。

③　《忆昭楼时事汇编》，太平天国历史博物馆编：《简辑》（五），中华书局1962年版，第382页。

年（天历甲寅四年，1854）夏，"照旧交粮纳税"政策正式出台，① 并相继在安徽、江西和湖北辖区推行。

但由于军事环境的制约，1860年之前，除安徽部分地区，太平军在湖北和江西并没有获得长期推行此项政策的条件，而粗放粗暴式的获取经济资源的手段因不具常规性恰恰减少了与普通民众特别是农民的接触频度。所以在1860年之前，普通民众反对太平军掳掠的事件常见而鲜见抗粮抗税类型的民变。

太平天国开辟苏南和浙江基地，当务之急，是解决如何最大限度地获取赋税以维持浩繁的军事需求，这也是决定战争胜负的关键因素。现有史料表明，太平天国在江南地区首先推行的仍是"照旧交粮纳税"的老套路，即由农民交租，地主交粮，粮由租出。咸丰十年（1860）九月，太平军在占据常熟的第二个月，即"著乡官整理田亩粮册，欲令业户收租"。这一计划被民变扰乱，"无奈农民贪心正炽，皆思侵吞。业户四散，又无定处，各不齐心。且如东南何村，因议收租，田夫猝起焚拆选事王姓之屋，又打乡官叶姓"。② 吴县的情况相似，也因议收租事激发民变，"是冬凡里人有田者，由乡官劝谕欲稍收租，而佃农悍然不顾，转纠众打田主之家。桃浜村为之倡，事起于南栅方氏。于是西栅金氏，东栅严氏家，什物尽被毁坏，而严氏二舟泊屋后亦被焚。陈某（旅帅）被缚于昆山城隍庙石狮子上，几饱重拳"。③

在业户逃亡、农民抗租、太平天国无法正常收取田赋的情况下，一项新的应急政策出台——"着佃交粮"。同年（1860）十一月十三日，常熟军帅王万出示："查造佃户细册呈送，不得隐瞒，着各旅帅严饬百长司马照佃起征。"十二月二十日，"设局太平庵，着佃起征田赋"。④ 由于相似的社会环境，"着佃交粮"政策相继在苏州、松江、太仓、嘉兴等地推行。太平天国实行"着佃交粮"的根本目的是为快捷有效地获取经济物资，其初衷并非有意推行社会变革以改变传统的土地制度和赋税制度，

---

① 张德坚：《贼情汇纂》，中国史学会主编：《太平天国》（三），第203—204页。
② 汤氏：《鳅闻日记》，罗尔纲、王庆成主编：《太平天国续编》（六），第325页。
③ 杨引传：《野烟录》，太平天国历史博物馆编：《简辑》（二），第175、176页。
④ 柯悟迟：《漏网喁鱼集》，中华书局1959年版，第50页。

所以"着佃交粮"政策的核心和实质仍是"照旧交粮纳税",它是一项非常规化的权宜之计。①

"着佃交粮"政策本身是没有问题的,它是当时社会经济条件下太平天国赋税政策转向的必然。这虽是无奈之举,但取得了实际预期。在常熟,"乡农各佃既免还租,踊跃完纳,速于平时,无敢抗欠","俱备洁净造米、银钱等物,赶限交纳",②"农民之力田者,窃利租不输业,亦依违其间"。③ 在太仓,"长毛设局收粮……乡人均乐为输纳,业田者从此休矣"。④

但农民认为的"既免还租"和"租不输业"仅是一厢情愿。政策的偏差在于太平天国地方政府在农民交粮之后进一步干涉地租问题。而且在该政策执行初始,政府给农民造成了"着佃交粮而不交租"的假象。咸丰十年(1860)十月,常熟政府出示:"着旅帅卒长按田造花名册,以实种作准,业户不得挂名收租。"⑤ 是年冬天,常熟太平军征粮,"花田每亩六七百文,稻田每亩三四斗,业户不得收租"。⑥ 这在事后更易激起佃

---

① 同治元年(1862)三月,吴江监军钟志成突然在同里镇推行田凭政策,"着各乡卒长给田凭,每亩钱三百六十,领凭后概作自产"[倦圃野老:《庚癸纪略》,罗尔纲、王庆成主编:《太平天国续编》(五),第320页]。不少学者据此认为太平天国在"着佃交粮"之后进一步确认佃农的土地所有权,实行"耕者有其田",有学者称之为"土地革命"。这项政策首先不具有普遍性,它仅局限在同里镇,在吴江不少地区仍然推行照旧交粮收租,如地主柳兆薰所在的芦墟镇;其次,它具有临时性,是在地主对田凭政策态度漠然的情况下,太平天国政府为收到田赋而采取的临时性举措,所以同年十一月北观又设收租息局;第三,它的目的在于惩罚,类似常熟当局的"不领凭收租者,其田充公"[佚名:《庚申(甲)避难日记》,罗尔纲、王庆成主编:《太平天国续编》(六),第231页]。这项临时零星地对土地产权转移和确认的现象,昙花一现,仅是使社会上暂时多出了部分有争议的自耕农,根本无法称之为"革命",不具有社会变革的意义;反而从一个侧面反映了太平天国地方政府没有长远的战略眼光,因为这种以行政命令随意转移土地所有权的手段,很容易造成政治稳定后租佃关系和土地关系的混乱,引发社会纠纷,例如在战后的吴江县,业户归乡重新登记田籍时,便滋生出"业佃相混两报"的现象[柳兆薰:《柳兆薰日记》,《太平天国史料专辑》(《中华文史论丛》增刊),上海古籍出版社1979年版,第327页]。
② 汤氏:《鳅闻日记》,罗尔纲、王庆成主编:《太平天国续编》(六),第339、354页。
③ 徐日襄:《庚申江阴东南常熟西北乡日记》,中国史学会主编:《太平天国》(五),第436页。
④ 佚名:《避兵日记》,第29页,太平天国历史博物馆藏抄本。
⑤ 顾汝钰:《海虞贼乱志》,中国史学会主编:《太平天国》(五),第370页。
⑥ 曾含章:《避难记略》,罗尔纲、王庆成主编:《太平天国续编》(五),第341页。

农自认为被欺骗的愤怒。在太平天国无力且无意推行新的社会变革的情况下,按照传统社会管理模式,依靠地方士绅恢复和维系社会秩序,不失为简单有效的方法。常熟守将钱桂仁重用曹和卿和钱伍卿,无锡守将黄和锦重用厉双福,嘉善守将重用顾午花,可以说都大有礼贤下士之风,而这些地方士绅绝大多数是较多土地的占有者。所以,太平天国不可能禁止他们费尽心思邀请出山而倍加倚重的精英阶层获取地租以维持其生存和地位。于是经过深思熟虑,政府对业佃关系及相关的租佃事务作出决策,"着佃交粮"的附生品——"招业收租"和"代业收租"产生。

"招业收租"即招还流亡业户回乡收租。咸丰十一年(1861)正月十三日,太仓陆钦差出示:"业田者依旧收租,收租者依旧完粮。"① 同年,驻嘉兴桐乡的符天燕钟良相发布了一个13款布告,其中有"住租房、种租田者,虽其产主他徙,总有归来之日,该租户仍将钱米缴还原主,不得抗欠"的规定。② 同治元年(天历壬戌十二年,1862)九月,主持苏州长洲县军民事务的玭天安黄某颁布告示:"姑着各佃户代完地粮,俟业户归来,照租额算找。其在乡业户,仍自行完纳,照旧收租,不准抗霸。尚年又经招业收租,并饬抚天侯徐饬令各乡官设局照料,毋使归来业户,徒指望梅各在案。"③ 三份布告均以法令的形式明确保留和保护业主回乡后收讨地租的权利,长洲县布告还表明"着佃交粮"乃"姑着"之例,粮赋政策仍以"照旧"为根本。为鼓励业户回乡收租,常熟政府在咸丰十一年八九月间推行田凭政策,以实据形式确保"招业收租"政策,有告示称:"着师旅帅重造田册,注明自租名目,招业主认田,开呈佃户田亩细数,每亩先缴米一斗,即给田凭,准其收租。"④ 乡民们原本对太平天国寄予很高的期望,"愚民、贫民亦望贼来既可不纳佃租,不完官粮,并可从中渔利,则有望风依附者",⑤ 此令一出,正所谓"被惑乡民方如

---

① 佚名:《避兵日记》,第32页,太平天国历史博物馆藏抄本。
② 沈梓:《避寇日记》,罗尔纲、王庆成主编:《太平天国续编》(八),第56页。
③ 《玭天安办理长洲军民事务黄酌定还租以抒佃力告示》,太平天国历史博物馆编:《太平天国文书汇编》,第145—146页。
④ 柯悟迟:《漏网喁鱼集》,第55页。
⑤ 《安徽巡抚福济奏陈通筹皖省全局请旨迅速饬拨皖省军饷折》(咸丰四年二月初四日),中国第一历史档案馆编:《镇压档》第12册,社会科学文献出版社1994年版,第425页。

梦觉"。参加反租粮兼收政策民变的佃农大多存在此类心理落差。于是乡民们把对"饮恨业户收租之苛"的敌意转嫁至太平天国政府身上，并把对政府允许业户收租的声讨和"着佃交粮"联系在一起，以抗粮抗租的实际行动表达被政府愚弄的怒火。① 所以在咸丰十一年九十月间形成了一个太平天国统治区民变风波的高峰。有的农民在捉住收粮收租的乡官后，甚至以"支解破膛"②或"绑缚剖腹，抽肠挂树"③的血腥手段泄恨，可以想见农民对政府出尔反尔的愤恨情绪，于是上演了一幕引言部分描述的太平天国与民众对立的场景。

"代业收租"即乡官局或收租局代替业户收租。收租局与收粮局的性质不同，收粮局完全是由乡官掌握，属政府性质的机构，负责地丁漕粮事务；而收租局则属半官方性质的机构，发起人多为当地士绅，推举董事，并由官方承认和保护。乡官兼收租粮或董事设局收租的行为都遭到农民的反对，引发民变。在常熟，咸丰十一年（1861）九十月间，"乡官局欲兼收租粮，农民不服，汹汹欲结党打局"；④ 在吴江同里镇，同治元年（1862）十一月二十七日，"北观设收租息局。……十二月二十一日忽有栋花塘农民百余哄入局，将襄理者十余人擒去，欧（殴）打窘辱"。⑤ 在无锡、金匮，咸丰十一年（1861）十月，无锡太平天国政府"招书吏循旧章按户完粮收租。于是城业议设总仓厅于四城门外，以便各佃户就近还租，公举薛某总董其事。出传单招各业主，将租册送总仓厅者代完粮收租，因照足额，以致各佃户聚众拆毁而废"。⑥

太平天国地方政府之所以推行这两项有利于业户（地主）的政策，不是因为其政权是站在哪个阶级的立场或代表哪个阶级的利益才去采取有利于哪个阶级的政策，而是由太平天国倚重地方士绅恢复社会秩序和维护社会稳定的政策重心决定的，这一重心更有利于满足太平天国战争

---

① 张德坚：《贼情汇纂》，中国史学会主编：《太平天国》（三），第 275 页。
② 汤氏：《鳅闻日记》，罗尔纲、王庆成主编：《太平天国续编》（六），第 355 页。
③ 顾汝钰：《海虞贼乱志》，中国史学会主编：《太平天国》（五），第 371 页。
④ 汤氏：《鳅闻日记》，罗尔纲、王庆成主编：《太平天国续编》（六），第 354 页。
⑤ 倦圃野老：《庚癸纪略》，罗尔纲、王庆成主编：《太平天国续编》（五），第 322 页。
⑥ 佚名：《平贼纪略》，太平天国历史博物馆：《简辑》（一），中华书局 1961 年版，第 278—279 页。"总仓厅"也叫"赋租总局"，见《济天义委办锡金在城赋租总局经董薛知照》，罗尔纲、王庆成主编：《太平天国续编》（三），广西师范大学出版社 2004 年版，第 111 页。

所需要的战略物资和其他方面的财政开支。毕竟与农民相比，从地主身上可以获取更多财富。

然而太平天国三管齐下，不以实际，不分主次地间杂施行三大政策，造成传统业佃关系的混乱，成为农民和太平天国政府矛盾的焦点。"着佃交粮"的结果是佃农交粮又交租，"代业收租"的结果是业户的地租被政府征用或只能拿到很少的租额，"招业收租"的结果是业未来而民先变。三种政策并行的混乱状态，伤害了业、佃双方对新政权的好感，孤立了太平天国，损害了太平天国在乡村社会的政治形象。

太平天国不遗余力地干预辖区敏感的业佃关系和租佃事务，其实是地方行政经验缺乏的表现。① 这一统治方式转向过程中的误差，激化了本已极端复杂的社会矛盾，而参看"19世纪40—50年代苏南、浙江地区主要民变表"发现，清政府相对于太平天国，它虽然也保守着维系社会秩序的基本原则，但同时在尽量避免陷入复杂的基层关系，甚至对社会性冲突类的民变表现得相对冷漠。"着佃交粮"确是太平天国的创举，但政府在统治转向过程中走入了自我孤立的误区，政策执行的偏差导致统治区"人情大变"。"江南必反于漕"的预言，② 竟在太平天国治下上演。③

（二）社会不公和行政腐败

以经济形态为表征的社会不公正和地方行政腐败现象滋长，是太平天国承袭清朝旧制且本身缺少足够监管的结果，是太平天国统治方式转向的另一个误差。

---

① 传教士艾约瑟在他亲身访问南京的经历中也观察到了这一点，他指出：太平天国中的许多人的确希望建立一个公平高效的政府体系，并且表达出了强烈的渴望，但是他们甚至连一个省内的秩序也无法维持，他们没有技巧来执行它。见 Joseph Edkins, "Narrative of a Visit to Nanking", in Jane R. Edkins, *Chinese Scenes and People: With Notices of Christian Missions and Missionary Life in a Series of Letters from Various Parts of China*, London: James Nisbet and Co., 1863, p. 305.

② 冯桂芬：《均赋说劝绅·癸丑》，《显志堂稿》卷9，第23页a。

③ 作为"贼匪办法"，"着佃交粮"政策在战后的苏南部分地方却被保留下来，"采用暂时变通之法"，试行到同治四年（1865）宣告失败。李鸿章奏称："惟素来抗欠漕粮之绅户非其所愿，毁谤之兴，或由于此。"（《署理两江总督李鸿章陈明租捐丈田清理民房情形片》，同治四年六月初一日，军机处录副奏折03—4872—048，中国第一历史档案馆藏。）亦可见政策本身在当时的社会条件下进行实践确有困难。

清代浮收勒折之重，往往高出漕粮正额之三四倍；大、小户之分，更是体现了社会不公正。每值征漕，"州县仍如饿虎出林，绅衿如毒蛇发动，差役如恶犬吠村"，① "吏役四出，昼夜追比，鞭朴满堂，血肉狼藉"，② 民不堪命。统治阶层也清醒地认识到漕弊的危害，在陶煦、曾国藩、冯桂芬、左宗棠、胡林翼、陈岱霖的文件中均有反映，③ 但已积重难返，闹漕之案迭起不穷。据统计，在19世纪40—50年代苏南和浙江发生的104起民变中，与漕弊有关的民变在50起以上，其中数起还由民变发展为武装暴动。

鉴于漕弊带来的社会危机，1860年太平军东征苏、常后，太平天国在新占领区征收田赋的执行过程中，力图摒除漕政旧弊。首先，太平天国地方政府仿行清例，先向粮户发放易（预）知由单或便民由单（田赋催缴通知书），但是清朝由单内容庞杂，头绪纷繁，其总数与细数往往不合，"大而无当"；④ 与之相比，太平天国的易知由单简单明晰，就目前所存实物看，太平天国易知由单明确填载业户姓名、田亩数及应缴钱粮数目，不易舞弊。⑤ 其次，太平天国军政当局严禁收税人浮收勒折，在咸丰十一年（1861）海盐政府所发《朗天义户司员佐理嘉海民务章发颜令占祭粮户易知由单》和《朗天义户司员佐理嘉海民务章发颜一善粮户

---

① 柯悟迟：《漏网喁鱼集》，第95页。

② 《礼部右侍郎曾国藩奏为备陈民间疾苦仰副圣主爱民之怀事》，咸丰元年十二月十八日，军机处录副奏折03—4185—009，中国第一历史档案馆藏。

③ 参见陶煦《租核》，赵靖、易梦虹主编：《中国近代经济思想资料选辑》上册，中华书局1982年版，第382—402页；冯桂芬《与许抚部书·癸丑》，《显志堂稿》卷5，第36页a—38页a；《署理浙江巡抚左宗棠奏为核减绍兴府属浮收钱粮事》，同治三年三月二十七日，朱批奏折04—01—35—0086—014，中国第一历史档案馆藏；《闽浙总督左宗棠奏为议减杭嘉湖三属漕粮事》，同治三年十月二十六日，朱批奏折04—01—35—0288—052，中国第一历史档案馆藏；《湖北巡抚胡林翼奏为密陈湖北漕务积弊并拟清理等事》，咸丰七年十月十四日，军机处录副奏折03—4370—074，中国第一历史档案馆藏；《河南道监察御史陈岱霖奏请饬下有漕省督抚剔厘征漕积弊事》，道光二十四年九月二十日，军机处录副奏折03—3142—029，中国第一历史档案馆藏。

④ 关于清代易知由单的研究，参见梁方仲《明清赋税与社会经济》，中华书局2008年版，第151—175页。

⑤ 《太平天国革命文物图录》收录有9件由单，见太平天国起义百年纪念展览会编《太平天国革命文物图录》，上海出版公司1952年版，第68—75页；《浙江太平天国革命文物图录选编》收录有石门守将邓光明所发"预知由单"17件，见浙江省博物馆、浙江省社会科学研究所历史研究室编《浙江太平天国革命文物图录》，浙江人民出版社1984年版，第62—78页。

易知由单》上印有"仰监军、军帅、旅帅,照依该粮户完纳额征数目,公平斛收,库吏官登收册籍,给发完纳粮串,粮户执照存据。该监军等如敢浮收粒米,揩串遛难阻截,许该粮户据实具禀,即行按照天法",① 即以法令形式取缔浮收弊政。第三,太平天国照清朝旧制,有遇灾蠲缓之例,但少见清时"卖荒""送灾""吃灾""急公"等弊,如海盐漕粮正额1斗,在易知由单上盖有"免灾每年实完四升正"的朱色条戳;② 桐乡政府所发粮米执照上印有"除灾荒扣免外"字样,③ 皆以查核实情作准。

然而由于太平天国军政当局缺乏地方社会管理经验,又无法在短期内培养和组建一支高素质的行政管理队伍,在地方精英合作态度不明朗的情况下,只得过多依靠地保、胥吏之类充当乡官,维持社会秩序和包收赋税,因此在具体执行过程中,浮收舞弊现象实际上仍在不断滋生。

在太平天国治下的常昭地区,昭文军帅夏晓堂、严逸耕等,"俱用两县衙门前房科吏役,素办钱粮等辈为书记,惯于办事,一概规例,皆其指教",征收粮赋,"所开田数中,多蔽逆私收肥己。乡官侵吞余利,犹得美产,托言垫赔经费,抵补亏欠"。又如龚又村记咸丰十一年(1861)十二月常熟南乡征粮,"粮居二斗二升,每斗二十五斤,加作三斗七升",浮收高出原额70%。又记师帅朱又村粮局收粮所用量器有"兑斛""收斛"大小之别;同治元年(1862)收粮时"官斗加五","斛身加三",遂至原本"上田每亩粮收二斗",连租粮在内,"竟收至七斗";根据咸丰十一年(1861)冬常熟南乡"代业收租"的租额,"业主约归一斗","租米只一斗",因此粮米约作六斗(同年九月常熟漕粮,头限"亩收五斗四升","三限六斗"),浮收至原额三倍。④ 这一数字已经接近或超过

---

① 太平天国历史博物馆编:《太平天国文物》,第3、4页。
② 同上。
③ 郭若愚编:《太平天国革命文物图录续编》,上海出版公司1953年版,第73页。
④ 龚又村:《自怡日记》,罗尔纲、王庆成主编:《太平天国续编》(六),第82、83、117、120、338页。

清政府在该地区的漕粮正额浮收之数。[①] 因此在时人日记、笔记中多有常昭太平天国乡官"收银浮数""收漕过倍"的记载，[②] 恐怕不完全是蓄意诬蔑之词。而在常熟、昭文，因乡官浮收引发的民变不在少数，这是无可争辩的事实。

在嘉兴桐乡，符天福钟良相于咸丰十一年（1861）十一月二十九日开征冬漕，任用旧胥吏李凤主办粮务，"故桐乡人李凤者素办衙门公事，为长毛局主，因引用故衙门吏胥，一切皆仍旧章，每亩粮额一斗五升六合，仍用零尖、插替、跌斛诸浮收陋规，合计每石米须完二石之数，外又收解运费二百文，名曰茶费。其向来不完半而折以银洋者，亦仍折色条，每石完钱七千文之数，限期于（同治元年）正月初十日封廒，为伪历十二月三十日也。过此以后，亦仍南□□，每石完钱十千文之数"。[③] 1.56 斗之数，较同期桐乡青镇太平军所征漕粮 2 斗之数要低，[④] 但因任用前清胥吏李凤经收，有浮收陋规之弊，如"零尖""跌斛"等，[⑤] "每石米须完二石之数"，所以 1.56 斗应浮收至 3 斗以上；桐乡县清朝田赋额"每亩原征米一斗一合六勺"[⑥]，按两倍浮收计，[⑦] 正供当在 2 斗左右，太

---

① 曾国藩奏报："苏、松、常、镇、太钱粮之重，甲于天下。每田一亩，产米自一石五六斗至二石不等。除去佃户平分之数与抗欠之数，计业主所收，牵算不过八斗。而额征之粮，已在二斗内外。兑之以漕斛，加之以帮费，又须（各）去米二斗。计每亩所收之八斗，正供已输其六，业主只获其二耳。"（《礼部右侍郎曾国藩奏为备陈民间疾苦仰副圣主爱民之怀事》，咸丰元年十二月十八日，军机处录副奏折03—4185—009，中国第一历史档案馆藏。）所以，这一地区额征之粮经过三倍浮收，一般情况约为正供六斗。《常昭合志稿》记清代常熟田赋额为三斗二升，战后李鸿章等请减苏松太钱粮，议定"实征米一斗六升五合"。（光绪《常昭合志稿》卷10，"田赋志"，第20页 a。）以3倍浮收计，战前约 1 石，战后约 5 斗。
② 顾汝钰：《海虞贼乱志》，中国史学会主编：《太平天国》（五），第371页。
③ 沈梓：《避寇日记》，罗尔纲、王庆成主编：《太平天国续编》（八），第164页。按：同治元年正月初十日，实为太平天国辛酉十一年十二月廿九日，《避寇日记》误。
④ 光绪《桐乡县志》卷20，"杂类志·兵事"，第8页 b。
⑤ "零尖"，即"淋尖"，粮差以斛量粮，淋倒高出斗面直至顶尖而算一斗；"跌斛"，即"踢斛"，征粮时，粮差以脚踢斛或使之震动，以装取更多粮食。
⑥ 光绪《桐乡县志》卷7，"食货志下·减赋"，第26页 a。
⑦ 左宗棠奏称："向年开征，杭、湖各属皆先本后折，嘉兴七属皆先折后本。其交折色者，初岁每石已在六千余文，嗣后逐渐加增，折收一石，照时价约合两金有奇；其交本色者，每石有加六七斗至八九斗不等。"（《署理浙江巡抚左宗棠奏为复查杭嘉湖三属漕粮及核减浙东各属地丁事》，同治二年十二月初四日，朱批奏折04—01—35—0086—004，中国第一历史档案馆藏。）可见清官府在嘉兴征粮折色，浮收两倍余。

平天国桐乡县田赋正额已超过清朝。① 同治元年（1862）太平天国在桐乡县的征粮情况，据《寇难纪略》载："是岁，伪粮无折，概行完米。……桐邑（青镇）仍归钟逆收，伪军帅吴某司之，每亩糙米二斗，并加耗钱每亩二百。"军帅吴某即"差役吴坤"，还有一位军帅"盐捕周华"，"皆故枪匪"，他们都是旧衙吏胥，共同被委任负责此次征粮，通过"加耗"的方式浮收，中饱私囊。②

同样是在嘉兴府，嘉善县浮收陋规之弊与桐乡县相仿。咸丰十年（1860）十二月，嘉善监军顾午花"漕米收一斗六升半"，这个数额尚属正常，但是他"仍用故衙门吏胥，仍贪酷旧规，以零尖插替浮收三石、四石不等"。顾午花，"己亥举人"，在清时即"包漕米，主词诉"；③ 太平军占领嘉善后，顾"受逼不过，于是始出"，倡言"进贡事小，办粮事大。加（嘉）善风俗，取租办赋"，即请太平军在三日内连发二十区告示，"着乡民赶紧奢米还租，然后业户取租办赋"，④ 他自己则乘机把昔日浮收陋规的手段全套照搬，大肆敛财。上行下效，他的同窗兼下属陶庄举人袁某"承伪命于陶庄收漕"，也极尽浮收之能事。⑤ 最终激生民变，顾、袁二人死于非命。

在海宁，同治元年（1862）十月，海宁太平天国政府开仓征漕，倚靠者是"奸书俞湖"，俞湖清时为衙门书吏，太平军至，他"以咸丰十年冬漕花户册献诸贼首逆蔡元隆，因其诚信任之，令佐伪监军按户收银米，倍其数"，⑥ "漕赋倍加，需索尤意外"，⑦ 可见不乏浮收之情。在花溪，

---

① 同治元年和同治二年桐乡太平天国政府征收地丁银的数目不明，但咸丰十一年三月太平军征"钱七百"（光绪《桐乡县志》卷20，"杂类志·兵事"，第8页b），当系上忙地丁银，按咸丰十一年江南银钱比价1506文的估算（参见彭凯祥《清代以来的粮价——历史学的解释与再解释》，上海人民出版社2006年版，第173页），约合银0.465两；清朝在桐乡征地丁银，每亩约7分6厘（0.076两）（光绪《嘉兴府志》卷22，"田赋二"，第19页a），若以6倍勒折，约0.456两，尚不及太平天国所征银额。可见太平天国在桐乡田赋之重。
② 皇甫元塏：《寇难纪略》，第7页，桐乡市图书馆藏排印本。
③ 沈梓：《避寇日记》，罗尔纲、王庆成主编：《太平天国续编》（八），第45页。
④ 赵氏：《赵氏洪杨日记》，罗尔纲、王庆成主编：《太平天国续编》（八），第272、273页。
⑤ 沈梓：《避寇日记》，罗尔纲、王庆成主编：《太平天国续编》（八），第45页。
⑥ 民国《海宁州志稿》卷40，"杂志·兵寇"，第27页a。
⑦ 陈锡麟：《粤逆陷宁始末记》，中国史学会主编：《太平天国》（六），第651页。

"花溪所管廿五图，限于十月十一日开解，赴海宁城，米以秤作数。如不送秤手钱，强折米无算"，"秤手钱"即给粮差之贿赂，如无则少报粮米重量。此外，征收漕粮，如遇灾歉，按例应有减免，海宁政府却"勒钱许报荒"。种种浮收舞弊，加以天灾，致使民情大困，人心思乱，当年海宁百姓"除完漕种子外，皆无过岁粮耳"。①

通过常熟、桐乡、嘉善、海宁的例子发现，太平天国统治区的漕弊滋长现象不只是在个别地区。漕弊故态复萌，与太平天国基层政权结构不合理有着密切关联，太平天国地方军政当局倚靠前清胥吏为主要力量维持和恢复社会经济秩序，并以此为核心重建基层政权架构，必然伴有对前朝社会经济弊端的移植、滋长。只要新政权对旧制度及旧秩序参与者劣行的纵容存在，太平天国治下地区的社会经济弊端就会继续蔓延。这一方面是太平天国行政管理经验不足所致，另一方面也是太平天国以"照旧"为原则的社会政略执行的必然结果，因为缺乏理性创举和革新精神的社会政略无法从根本上抗拒旧秩序框架的干扰，只能循前例陷入一个新的恶性轮回。

据所统计之太平天国统治区 70 起民变，明确说明起因为浮收、苛粮、乡官贪墨或侵吞漕粮的就有 18 起。民众对贪墨者的痛恨，集中体现在他们的报复手段上，例如在常熟，乡民对"多取不为虐""抽取暗补"的旅帅马全"支解破膛"；将"重征厚敛，勒索十万浮余"的军帅归二"同手下人烧死屋内，房屋尽灭"；② 把"载宝在船"的旅帅王和尚"砍死投尸华荡"。③ 在湖州，师帅金三"专令贫民资贼粟"，"于六都苛求无状"，"居民俟贼去，乃拘而沉诸湖"，将其淹死。④ 在嘉善，举人顾午花早在咸丰三年（1853）就因"帮官逼勒完银"引起公愤，乡民"趁四月初四赛会之日，群起拆屋"；⑤ 至太平军据城，顾午花故伎重演，即便身居监军高位，仍难逃厄运，"死尤酷，裂其尸为四五块"。⑥ 面对这些激烈

---

① 海宁冯氏：《花溪日记》，中国史学会主编：《太平天国》（六），第 707 页。
② 汤氏：《鳅闻日记》，罗尔纲、王庆成主编：《太平天国续编》（六），第 355 页。
③ 龚又村：《自怡日记》，罗尔纲、王庆成主编：《太平天国续编》（六），第 69 页。
④ 光绪《乌程县志》卷 36，"杂识四"，第 23 页 a。
⑤ 鹤湖意意生：《癸丑纪闻录》，《太平天国史料专辑》，第 501 页。
⑥ 沈梓：《避寇日记》，罗尔纲、王庆成主编：《太平天国续编》（八），第 45 页。

的对立行为，太平天国深陷其中，自食苦果。

二 恐慌致变：社会经济危机高峰

太平天国战争时期，特别是1860年太平军挺进江南之后，长期以来延续积聚的社会经济危机达到一个高峰。战争的破坏性在锦绣江南、鱼米之乡得到淋漓尽致的彰显，与此相伴的是战争对民众日常生活的剧烈震荡和倾覆，民众在夹缝中求生，无所适从，对待生存危机的心理承受能力下降，对现实社会的恐慌和叛逆心理增强，产生对立行为的可能性和力度也愈大。社会、经济危机主要表现在社会恐怖、灾荒瘟疫、物价飞涨等几个方面。它们是19世纪60年代太平天国统治区民变、民团、盗匪等对立行为发生的共同的社会背景。虽然上述社会生态表现不同程度地受人为主观参与的影响，但基本上仍属于民变等群体对立行为客观方面的促发因素。

（一）社会恐怖

民众对太平军的恐慌心态，在太平军未到之前就已蔓延。如嘉兴、常熟、吴江、海宁、绍兴等地均见有百姓称太平军为"瘟毛"的记载。①此类恐慌心态在一定程度上又影响了太平军到来时民众的行为选择。

1. 迁避风潮

民众在恐慌中的行为表现主要有三类：一是办团自卫，二是举家迁避，三是自杀殉难。在太平军到来前的江南地区，可谓"无地不团"，亦可谓"无家不迁"。因恐慌而迁避的例子不胜枚举，民众或避居郊野，或逃于深山，或棹舟湖海，扶老携幼，争先逃难，以致有万巷皆空之地，秀水濮院即"邻里左右有家室者皆避乡，无家室者朝出暮归，日间无一在者"，"镇上居民亦无几人"，甚至有海宁人"避难坐舟中一月余"者，颠沛流离之苦可以想见。② 寓杭徽商程秉钊在日记中详细记录下杭城民众在太平军未到时争相逃命、流离失所的惨景："方城未闭时，城中民仓皇

---

① 分别见沈梓《避寇日记》，罗尔纲、王庆成主编：《太平天国续编》（八），第11页；陆筠《劫余杂录》，中国社会科学院近代史研究所《近代史资料》编辑室编：《近代史资料》总第105号，中国社会科学出版社2003年版，第270页；柳兆薰《柳兆薰日记》，《太平天国史料专辑》，第121、127、128、141、146页；海宁冯氏《花溪日记》，中国史学会主编：《太平天国》（六），第668、702页。

② 沈梓：《避寇日记》，罗尔纲、王庆成主编：《太平天国续编》（八），第47、50、75页。

奔走，出凤山、候潮两门者，趾相接也。……时江之涘则百舟争渡，雨逾大，风逾狂，舟小人多，覆于水者不可胜计，男妇老幼，悲啼宛转于洪涛巨浪中，旁观者伤心惨目，然俱自顾不遑，莫能救也。其幸而未溺者，率先扬帆去；岸上之人，千百倍于舟，舟既不能遍渡，严城已锢，且不得归，雨打风摇，衣裙尽湿，僵立江岸，色如死灰，哀呼之声，若猿啼狖啸，骇人心魂。……是役也，事起仓卒，故惊惶之状倍越寻常。计死于践踏者半，死于江涛者十之二，死于困顿者十之一，而安稳渡江者则仅十之四耳（按：此处引文数字疑误，应为'十之二'）。"① 杭城民众的此次大迁徙持续两月余不止，程秉钊亦避泊靖江港外江面，随时准备驾舟逃命。无锡绅士余治在战争爆发后，离乡避难，感江南难民流离之苦，将沿途见闻绘图辑成《江南铁泪图》，并赴江北劝赈募捐；其中有多幅图形象反映太平天国战争时期民众的迁避风潮，以及在流徙途中的悲惨命运，见图1—1、图1—2。②

在战争亲历者的笔下，通常会发现这些幸存者在逃亡途中近乎绝望的哀伤。杭州张尔嘉在逃亡途中求生无路，悲观欲绝，他自述："满天烽火，生离膝下，其何以堪？……月明星稀，搔首问天，天亦不答。"③ 常熟柯悟迟途中遇到太平军，被刀伤十余处，血流如注，几近命绝，最终死里逃生，与家人团聚，"抵家遍视，竟难以言语形容"。④《避兵日记》的作者全家十人遭遇追兵，或被伤或被沉诸河或落水，最终奇迹般"刀头上避过，仍然团聚，真如天之福也"。⑤ 所谓"四面皆贼，无生路矣"，⑥ 应是当时逃难者们的普遍心境。

---

① 程秉钊：《记事珠：咸丰庚申年坿辛酉日记》，庚申二月十九日记事，本人藏抄本，无页码。
② 《江南铁泪图》始著于同治三年（1864），同治十一年（1872）苏州宝文斋刻字铺重刊，下文所录相关各图均出自北京大学图书馆古籍部藏重刻本。《江南铁泪图》是当时人据当时事绘当时景，为现存鲜见系统的战时图像资料。该书收录的42幅图形象系统地反映了太平天国在江南地区的政治、经济、文化和社会政策，以及战时江南社会和民众生活的一般状况。但由于作者立场敌视太平天国及著书目的是"劝济江南难民"，所绘场景必有丑化太平军和过分渲染以博取世人同情之处，尚需观者甄别。
③ 张尔嘉：《难中记》，中国史学会主编：《太平天国》（六），第635页。
④ 柯悟迟：《漏网喁鱼集》，第68页。
⑤ 佚名：《避兵日记》，第14页，太平天国历史博物馆藏抄本。
⑥ 皇甫元塏：《寇难纪略》，第10页，桐乡市图书馆藏排印本。

图1—1 四野流离转填沟壑①

2. 自杀殉难

社会恐慌多致民众自杀，苏州百姓"因已事前闻知：凡不从贼者，俱先凌辱而后杀害"，"故于贼尚未至之前即悬梁、投水，以全节自尽者甚夥"。② 或许由于江南地区浓厚的儒家传统文化和民众根深蒂固的正统观念、忠贞观念，19世纪60年代太平军席卷苏浙，该区域的民众在战争中自杀殉难的情形明显要比战争波及的其他地区严重得多。据传教士艾约瑟（Joseph Edkins）等人观察，在太平天国占领区，"自杀的事情远较屠杀居多"。③ 太平军破金陵，"士民自尽者，或全家或数口，不下十数万人，悉能义不苟屈。惟妇女之死，无铮铮特异者：缘贼禁奸淫甚严，其党皆不敢犯，故妇女无逼迫难已之情，因无激烈可传之行；不过女随

---

① 余治（寄云山人）：《江南铁泪图新编》，第7页b—8页a。
② 程稼棠：《避难纪略》，中国社会科学院近代史研究所《近代史资料》编辑室编：《太平天国文献史料集》，中国社会科学出版社1982年版，第45页。
③ 《北华捷报》第519期，1860年7月7日。

图1—2 江头争渡灭没洪涛①

父，妻随夫，同时殉难而已"。② 这些都是因恐慌导致的自杀行为。妇女自杀情形尤为惨烈，陈懋森的《台州咸同寇难纪略》至少记载了123位女性死难情形，其中自杀者有投井、投潭、自缢、服毒、服卤而死者，还有抱女牵子赴水而死者，有夫妇同时赴水而死者；实际上，自杀殉难情形部分也是诸多女性被杀被污真实事例的信息传播造成的恐慌所致。《台州咸同寇难纪略》所记被杀者多为不甘受太平军侮辱而死，死亡场面令人发指，有"以刀穿其鼻而死"，"以钉枪穿其喉死"，"用竹钉横橛其阴而去"，"剖其腹以死"，"以树桩插其下阴死"。更加悲壮的两个例子

---

① 余治（寄云山人）：《江南铁泪图新编》，第8页b—9页a。按：以上二图形象地表现了民众迁避时的狼狈、艰辛和悲惨命运，与书中所列史料记载情形基本相符。但二图旨趣稍有不同，图1—1表现的迁避原因是心理恐慌；图1—2表现的迁避原因是太平军驱赶民众的实际行动，在图的右上方是来势汹汹的太平军，行动迟缓的人已被捕获，一名士兵向他挥起屠刀。那些匆匆争渡和仓皇回顾者脸上恐惧的表情留给人们特别深刻的印象。

② 张汝南：《金陵省难纪略》，中国史学会主编：《太平天国》（四），神州国光社1952年版，第698页。

是沈时华妻王氏和俞忠偎女俞秀姑。一名太平军士兵欲与王氏争幼子，王氏拼死予护，继则又有数名太平军至，杀王氏"无完肤"，而"犹手抱幼子饮乳，乳终而卒"；俞秀姑则因拒不受辱，被太平军"怒削其两乳，血痕遍体，死犹怒目，口内若有所含状"。① 正是由于部分太平军目无军纪，对女性蹂躏和残害的事实，更加激发了江南女子自杀殉难以保全贞洁的决心。

张荫榘、吴淦的《杭城辛酉纪事诗》在记述咸丰十一年（1861）杭州民众殉难情形时写道："城陷，有阖门殉难者，有投缳投井投河吞金吞鸦片殉难者，有绝粒殉难者，有骂贼击贼被戕者，殉难者数万人。"② 这里记载了民众四种自杀情形：上吊（投缳）、赴水（投井、投河）、服毒（吞金、吞鸦片）、绝食。还有其他几种类型：一是自焚，如苏州李姓某"阖门自焚死"，③ 吴县惠姓之母年老，"视听懵然，焚死。邻人返拨之，皮焦肉烂，骨嶙嶙如枯炭"；④ 另一种是坠楼，苏州"某家两人死于阶下，一头裂一腰折，疑坠楼者"。⑤ 也有相约共死者，苏州收尸局某人言"某家夫妇二人盛服严妆，同死于床，疑服毒者"。⑥ 我们在为同生共死者强烈的人伦情结感慨的同时，不由触及案发现场弥漫着的恐怖气息。

在苏浙民众自杀的几种情形中，赴水自杀比较常见。赵烈文之友金瑞庭在常州"城初陷时，金投水已气绝，为贼救苏"，"夜中妇女投缳溺井者三日夜无虑数万人"；⑦ 杭州"晦农"的妻、妹同投池内，太平军在岸上"喝令捞救"，"并取其无数纱衣来，令将湿衣更换"，"船上妇女大半投水，闻有被长毛救起者"。⑧ 上述事例均系恐慌自杀，非但太平军无

---

① 陈懋森：《台州咸同寇难纪略》，罗尔纲、王庆成主编：《太平天国续编》（五），第178—206 页。王与俞的两个例子，见第 183、185 页。
② 丁丙辑：《庚辛泣杭录》卷 15，"杭城辛酉纪事诗"，第 20 页 b，北京大学图书馆古籍部藏。
③ 光绪《苏州府志》卷 90，"人物十七"，第 25 页 a。
④ 蓼村遁客：《虎窟纪略》，《太平天国史料专辑》，第 18 页。
⑤ 潘钟瑞：《庚申噩梦记》上，"庚申记上"，第 20 页 b，北京大学图书馆古籍部藏。按：这种情形不排除他杀的可能。
⑥ 潘钟瑞：《庚申噩梦记》上，"庚申记上"，第 20 页 b。
⑦ 赵烈文：《庚申避乱实录》，第 5 页 b，谢兴尧编：《太平天国丛书十三种》，民国二十七年（1938）铅印本，河南大学图书馆藏。
⑧ 晦农：《再生日记》，咸丰十年二月二十九日、三月十九日记事，太平天国历史博物馆藏抄本。

迫使之行为，反施以援手，据闻太平军还明确立有"不许民赴水投缳"之令。长洲的潘钟瑞记录下苏州民众在城破后争相投井投河以致河井堵塞的场面："某家眷口同死一井，井为之塞，不能捞取，乃盖一被而加石其上"；①"至于骈首接踵，相与枕藉而亡，河为之不流，井为之堙塞，实皆自尽以殉，而妇女尤为多，于此见苏人之抵死不受辱，具有同心"。②总之，种种情状惨不堪言。众多的民众自杀现象反而加剧了社会恐怖。

迁避和自杀均属民众的消极对立行为，组织参加民团和民变则属积极对立行为。迁避、自杀、办团、与团，是社会恐慌与其他因素共同作用下的结果，同时自杀、迁避等行为也是社会恐怖气氛的重要表现。虽然民变的形成不是社会恐怖所直接引发的，但作为另一类性质不同的积极对立行为，民变仍然是在社会恐慌的氛围中发生、发展的，民变参与者的抗争心态也会受到自杀、迁避等社会恐慌现象的影响。

3. 恐慌致变的个案探析

19世纪60年代，随时可能降临的死亡，给江南民众的心理蒙上了阴影。然而物极必反，过分紧张和高度敏感的神经，以及极度脆弱的心理承受能力，特别容易使民众将对死亡的恐惧转化为对生命威胁者的无所畏惧，从而引发民众的对立行为——求生求安的群体行动。比较典型的例子是海宁花溪冯家抵制"拔人"的系列事件。

冯家为花溪富户。自太平军在花溪等地设立乡官后，冯家就面临被"局匪""拔人"（花溪方言，抓富人）的威胁。③咸丰十一年（1861）二月廿二日，冯家也和其他家庭一样，采取迁避他乡的方法躲避太平军，但终因忍受不了流亡途中的艰辛，"不堪风雨"，仅在半个月之后的三月初六日就返回家乡。④回家后的第二天，"及明，族议如果局匪来拔，鸣

---

① 潘钟瑞：《庚申噩梦记》上，第20页b。
② 潘钟瑞：《苏台麋鹿记》卷上，中国史学会主编：《太平天国》（五），第276、300页。
③ 海宁冯氏：《花溪日记》，中国史学会主编：《太平天国》（六），第664页。
④ 昔日生活优越者不堪颠沛流离之苦的例子较多。有避难江北乡间之常熟富户"不愿在乡吃苦"，买舟船归家，上岸后大发感慨："又见快活景象矣，今后死不下乡矣！"［顾汝钰：《海虞贼乱志》，中国史学会主编：《太平天国》（五），第354页］。沈梓之母宁死不肯离家避乡，称："乡间房屋罅漏多风，而地凹凸，雨湿泥滑，余老矣，惧有颠越之患。……候贼不来，朝晚两餐，风雨不及，初无冻馁之虞。……我宁死守先人敝庐，为汝他日子孙地步耳。"［沈梓：《避寇日记》，罗尔纲、王庆成主编：《太平天国续编》（八），第47页］

锣集众以击之，俱踊跃"。① 这仅是一次短暂的战前动员，族中各房达成口头协议，于是便有了未来一年时间里的七次抵制"拔人"事件，列表如表1—2所示：

表1—2　　　　　海宁花溪冯家抵制"拔人"事件大略

时间	事情起因	结局	出处
咸丰十一年三月十八日	"花溪局匪朱云泉、顾厚生等十余人领二枪船因贡来拔我家人"	"我昆辈遂集村人助声势出与会"，"朱乃语塞而去"	页675
咸丰十一年十一月初一日	"花溪局欲我加帮费，来二枪船拔人，打破我老宅门而进，大言男人不见必拔女人"	"侄辈出会，先邀邻人聚门外，匪等果不敢动而去"	页694
同治元年二月十八日	"花溪四局匪执伪票来拔我家人，欲借洋一百元，出言不逊"	"余以正言攖其锋，匪等含怒去"	页701
同治元年二月二十九日	"族品山领五局匪来拔我家人""品山讨好局中，为再进身计耳，且其罚款未缴清，故帮局勒我，以偿彼款"	"我家闭门不出，匪等大敲门而去"	页701
同治元年三月十三日	"十余局匪偕同地保欲借洋二百元，又来拔人，连松房祥房俱打门而入，进房搜寻"	"我家大小先已奔走尽，我与八哥皆上屋脱逃，后各迁避外亲家，至廿九日，因育蚕而归"	页701
同治元年三月十六日	"局匪又来拔人，我二侄竟被捉去"	"幸其妻及弟追夺而回，匪等吓称借长毛来"	页702
同治元年四月二十八日	"局匪二十余、枪船四只来拔我家人。匪因蚕茧在山，不敢进，惟以刀枪恐吓"	"兄弟辈尽出大骂之，匪等含怒去，后拘水某和解，出洋四十元始息"	页703—704

资料来源：《花溪日记》。

冯氏一家返回故里，是对太平天国统治秩序被动接受的表现。"族

---

① 海宁冯氏：《花溪日记》，中国史学会主编：《太平天国》（六），第673页。

议"的抗争内容仅是指对基层官员和士兵"掳人"的违纪行为,并没有表明反对太平天国和太平军的立场,也没有充足迹象证明冯家拒绝承担向太平天国缴纳常规赋税的法定义务。在整个事件过程中,太平天国军政当局自始至终都缺少对事件的关注,事件的领导者冯某一再强调抗争起因是"畏局匪拔人","花溪局恐吓拔人",①说明抗争对象为"局匪"而非"长毛",这便大大减弱了针对太平天国政治权力的色彩。而且事件的预设计划也未付诸实施,"鸣锣集众以击之"的宣言仅停留于口头表达。最终,事件以和平方式解决,冯家交出"四十元"罚捐了事,与乡官局达成谅解,针对基层政府官员的对立情绪也趋于缓和。

  冯家在与当地乡官局的对立事件中,很幸运地没有遭遇流血冲突,而且几乎每一次都能化险为夷。整起事件的性质看起来富有社会冲突性——冯氏亲族大义凛然慷慨陈词以退局差的行为使人们联想到乡村社会中的邻里纠纷;又因事件以发生于一年时间内的七次冲突构成,为了使矛盾全面连贯地呈现,冯家抵制"拔人"的事件并未列入70起民变研究对象中,而实际上只有第一次和第二次冲突可以称为"民变",其他五次的参与者都仅局限在冯家家族群体内部。

  该事件的直接起因是太平天国基层官员和士兵"掳人"的行为,然而贯穿事件始终的重要因素是冯家对太平军的恐惧。在事件过程中,冯家有两次迁避行为,均缘起于恐惧心理。第一次因花溪乡官局"恐吓拔人",在外逃期间,冯某还亲眼看见了太平军行军的浩大场面:"白河港有贼船数百,并东望海盐又火光冲天,日间又枪船来往甚多,俱疑贼哨,竟有尽焉倾覆无所控告之势。"为此,冯某战战兢兢地写道:"数千里远近皆废眠食,奔逃无地。此时我家并畏局匪拔人,俱潜身藏躲,不敢定一处住。"②第二次因乡官前来"借洋拔人",冯家又是举家而逃,"我家大小先已奔走尽","后各迁避外亲家"。在同治元年(1862)三月十六日的争执中,局差处以下风后,竟以"偕长毛来"为恐吓,亦知民众对太平军的畏惧心态。

  另一个因乡民对太平军恐惧引发民变的典型个案是咸丰十年(1860)

---

① 海宁冯氏:《花溪日记》,中国史学会主编:《太平天国》(六),第674页。
② 同上。

十二月发生在常熟西北乡的一起民变。此时已是太平军完全控制常熟后的第五个月,或许由于部分村民目睹了其他各乡遭受蹂躏的惨象,也可能是出于对前几天在邻近村子发生的掳人事件的忧虑,各乡、各图通过发传帖的形式,在关帝社吃面集会,号召大家"倘有长毛穿人(常熟方言,掳人)等情,鸣锣为号,齐集击杀,同心协力"。事情进展顺利,"西乡处处皆然"。① 对于事情的结局,囿于史料,只能暂付阙如。但常熟的反"穿人"民变与冯家抵制"拔人"的事件在性质上稍有不同,常熟民变走向了"集体暴动",它的预谋已经包含了"击杀"等血腥行为,并且明确把抗争对象指向"长毛",再加上这起事件的社会反应已经造成了较严重的影响,太平天国出动军队干涉的可能性较大。

同治二年(1863)三月昭文县发生的民众反抗是民众恐惧到达极致而被迫转变的应激行为。当太平军在张市、老吴市和东周市一带"打先锋"时,大批因恐慌而迁移的避难者群聚于海滨,祈盼得船渡江求生。随着太平军的逼近,"尔时欲渡江而无船,欲趋避而无路",在千钧一发之际,有三个勇敢者——夏正荣、薛梅屏和周桂(贵)德,出面组织避难者"死地求生,背水一战",结果太平军败归,乡民活命,"四散避去"。② 从事情结束后参加者四散避去的情况分析,这起事件民众的初始动机仍然仅是求生反应,而未有明显的政治诉求。至于周某接下来领导的"打毛"事件则属于另外一种模式的政治动员。③ 实际上,在太平天国统治区发生的民众反掳掠事件中——部分事件为民变性质,社会恐慌大都是其发生的一种因素。

(二)灾荒瘟疫

根据《近代中国灾荒纪年》的记载,自道光二十年(1840)起,至

---

① 佚名:《庚申(甲)避难日记》,罗尔纲、王庆成主编:《太平天国续编》(六),第211页。按:该书同页记载了民变前夕发生的一起"穿人"事件,"有长毛二十余人,自福山直至马嘶桥到黄莺沙陈宅家,烧其门枢炕火,穿陈益芳去",根据描述,陈益芳至少是有一定经济地位的人,所以这起事件有可能引起各乡各图的骚动,尤其是富户和乡绅的恐惧,再通过对民变动员模式和社会效应的观察,可以推测民变的领导者或也是一位有名望的人。

② 曾含章:《避难记略》,罗尔纲、王庆成主编:《太平天国续编》(五),第349页。

③ 周贵德通过此次动员民众反抗积累了威信和资本,他继而组织公开反抗太平天国的武装,并给予太平军重大打击,在被擒战死后得到清方的追恤。参见顾汝钰《海虞贼乱志》,中国史学会主编:《太平天国》(五),第390、391、394页。

太平天国进军江南前，20年的时间里，苏南和浙江地区几乎无年不灾，水、旱、蝗和地震等灾害频发，甚至在一年之内多次交替发作。太平天国据守江南后，正值该区域水旱灾害的高发期。咸丰十年（1860）夏，苏南和浙江部分地区连遭大雨；咸丰十一年（1861），自春至冬，苏南地区连遭水、旱、冰雹和雪灾，浙江沿海夏间遇旱，海宁风灾、旱灾、雪灾交织，兼有海潮冲击；同治元年（1862）夏，水旱灾害高潮，苏南亢旱，浙江嘉兴、诸暨大旱，绍兴被水；同治二年（天历癸开十三年，1863），除是夏海宁、衢州等地旱，苏南、浙江大部分地区水旱灾害稍缓；同治三年（1864），灾害又达到一个相对高度，苏南地震、风灾，海宁旱荒，浙东水灾、风灾。[1] 水旱灾害频仍，严重影响民众的生命安全，促发太平天国统治区的粮食危机，在一定程度上关系战争进程，有些学者甚至把灾荒作为太平天国失败的重要原因。[2]

祸不单行。19世纪60年代的太平天国统治区不仅饱受水旱雨雪雹震风虫各类灾害的蹂躏，一场波及数省、造成数百万人罹难的大瘟疫同时降临。这场瘟疫在咸丰十年（1860）悄然登场，同治元年（1862）夏天疫情严重程度达到高潮，同治三年（1864）渐趋平息，波及范围遍布苏、浙、皖三省，主要疫区则覆盖了太平天国统治区的大部；就疫死率而言，余新忠估计，"太平天国战争前，江南十府一州的人口大约为4000万，若按8%—15%的疫死率计，疫死人口多达320万—600万"。[3]

农民是受此类危害影响最深的群体之一。灾荒、病疫与农业生产息息相关，容易引发饥荒，形成流民，增加社会的不安定因素。传统社会闹灾闹赈和要求报荒减赋的民变屡见不鲜，在所统计的19世纪40—50年代百余起民变案件中，几乎每一起都与当时的自然灾害有关。而在太平天国战争时期"既遭兵劫，复遘天灾"，灾荒与病疫同时大规模、强破坏力地发作，民众对社会危机的心理承受力降至冰点，不仅要随时面临因战争、灾害和瘟疫导致的死亡威胁，在各类因素共同作用下形成的普遍

---

[1] 参见李文海等《近代中国灾荒纪年》，湖南教育出版社1990年版，第210—212、218—221、230—232、237—238、242—245页。
[2] 参见康沛竹《灾荒与太平天国革命的失败》，《北方论丛》1995年第6期。
[3] 参见余新忠《清代江南的瘟疫与社会：一项医疗社会史的研究》（修订本），第284—288页。

饥荒，又构成了一幕幕人间悲剧。在时人笔下，常见因饥荒普遍致死的记载，湖州南浔"逃难返乡之人饿死无算"；杭州"饿死者几半"，①"树皮草根居民争取以充饥，犹有苦其难得者"；更有甚者，"饿夫行道上每仆而死，气未绝而两股肉已为人割去"，居民争相咀嚼，乡间百姓斫卖饿尸肉趁机发财。② 这类人吃人的反人性现象在19世纪60年代比较普遍，"到处食人，人肉始卖三十文一斤，近闻增至百二十文一斤，句容、二溧八十文一斤"；③ 南京等地亦有"食其所亲之肉"者。④ "食人"现象极大地增加了社会恐怖，在此情形下发生大规模的民众哗变便不出人意料。

图1—3 罗雀掘鼠人肉争售⑤

---

① 沈梓：《避寇日记》，罗尔纲、王庆成主编：《太平天国续编》（八），第67、84页。
② 张光烈：《辛酉记》，光绪六年（1880）钱塘刻本，第3页a—b，北京大学图书馆古籍部藏。
③ 曾国藩：《曾国藩全集》第17册，"日记之二"，第421页。
④ 曾国藩：《曾国藩全集》第6册，"奏稿"，第44页；《北华捷报》第649期，1863年1月3日。
⑤ 余治（寄云山人）：《江南铁泪图新编》，第30页b—31页a。

图1—4　草根挑尽树皮劚光①

"盖天王"的平民武装是太平天国统治区民众因灾荒、饥馑起身反抗的典型案例。② 同治元年（1862）八月在海宁，盐枭陈三丫头"称盖天王，公然旗帜"，③他们的队伍有"亡命者数千人日常行劫"，而这支队伍的主要参加者是盐贩子和饥民，"海塘圮后，禾田斥卤不能种植，居民不复粒食，因相从行劫，附之者日众"。④ 在太平天国统治海宁两年多的时间里，海宁百姓一直为旱灾和海塘坍塌致海水倒灌所困扰。"盖天王"集团的崛起惊动了嘉兴和海宁太平天国军政当局，太平军随即对他们展开抓捕行动，但成效不大，是年十月，饥民越聚越多，"招集饥民，投者

---

① 余治（寄云山人）:《江南铁泪图新编》，第24页b—25页a。
② "盖天王"事件不属于民变范畴，但仍是民众反抗太平天国的群体性事件。尽管这支队伍的部分头目后来投降清军，从现有史料看，无论是清政府还是太平天国均以"盗匪""土匪"视之。
③ 海宁冯氏:《花溪日记》，中国史学会主编:《太平天国》（六），第711页。
④ 沈梓:《避寇日记》，罗尔纲、王庆成主编:《太平天国续编》（八），第213、227页。

无算,共万余",太平军"亦畏势不敢动"。① 直到太平天国统治结束,这支主要由饥民组成的武装集团仍然没有被彻底解散。

同治二年(1863)十二月,桐乡太平天国政府捕获了三名"盖党",经军帅姚福堂审讯,录有如下供词:"我等本良民,饥寒所迫,故为行劫之计。……我等奉义而行,故所劫皆至公无私,本系饥民,不劫则死,死固分内事,子欲杀,则竟杀之可也;若根究主使,则天神也,不可得也;若诛党与,则随地皆在,不啻数万人,不可胜诛也。"② 这篇"民不畏死奈何以死惧之"的慷慨陈词很难想象是出自被太平天国政府定性为"叛逆"的"盗匪"之口,但他们饥民的背景和为生存起身反抗的动机,又不得不为之增添一些正义性。"盖天王"事件更加直观地反映了天灾人祸带给民众的苦难,以及太平天国统治区由灾荒等因素引发社会动荡的状态。

对大多数闹漕事件,灾荒瘟疫形成的社会生态和生活危机,与政府因素的合力成为民变发生的关键;部分抗粮抗租事件表达的减赋减租的诉求也有灾荒病疫的社会背景,因为灾疫对农业生产的直接影响是造成粮食减产,给正常赋租事宜的开展增加了阻力。如果从灾疫引发社会恐慌这个层面讲,对民变参与者抗争心态的影响则是间接的。尽管记载太平天国统治区民变的史料对民变成因的阐述很少述及灾疫,比照清朝统治下的民变情形,仍然无法否定两者之间存在的关联,因为"天国"民变毕竟成形于19世纪60年代天灾病疫交相肆虐的社会生态之下。

(三) 物价上涨

19世纪60年代物价飞涨是太平天国统治区民变频发的一个社会经济背景。经济危机在太平天国进军江南前已经相当明显,主要表现为银贵钱贱和物价上涨,由此促发的民变以道光二十六年(1846)苏州昭文县的闹漕暴动和咸丰二年(天历壬子二年,1852)至咸丰五年(天历乙荣五年,1855)吴江黎里镇的抗租运动为高潮。

19世纪60年代太平天国据守江南,物价持续走高。物价是通货膨胀的一面镜子,其中作为江南地区主要粮食作物稻米的价格,可以在一定

---

① 海宁冯氏:《花溪日记》,中国史学会主编:《太平天国》(六),第712、711页。
② 沈梓:《避寇日记》,罗尔纲、王庆成主编:《太平天国续编》(八),第228页。

程度上反映那个时代的物价水平。当然粮食价格的波动是否会对民众日常生活造成影响，还要考虑家庭收入、银钱比价和当地其他物价水平等因素。民众收入的情况鲜见史料记载，但在一般情况下，战争期间的收入水平很难有可观的增加，而清代中叶以来银贵钱贱的趋势已经被诸家学者证实，①"百物咸贵"的描述常常见诸史料，太平天国战争时期也是这样。例如在太平天国治下的常昭地区，"客商来往亦断绝"，"诸货昂贵甚，而缺物最多"；②猪肉价格也在上涨，同治元年（1862）闰八月，猪肉每斤约123文，③不久即涨至"每斤二百文"，④当时苏州一带有"百文之狐裘勿穿，千文之肉必食"之谣。⑤苏州吴江，"货物较前腾贵数倍"，⑥"百货腾贵"，"食物昂贵，从来未有"。⑦湖州青果八鲜、鱼虾蔬菜、油盐酱醋"百物腾贵"，同治二年（1863）"豕肉斤四百钱"，比同治元年常熟猪肉每斤二百文的价格还高出一倍。⑧绍兴土著人王彝寿亦慨叹"市场物价腾贵，较平时倍蓰"。⑨那么粮食价格的高低则直接关系民

---

① 参见彭信威《中国货币史》，上海人民出版社2007年版，第613—622页；彭泽益《十九世纪后半期的中国财政与经济》，第17—52、78—82页；严中平等编《中国近代经济史统计资料选辑》，中国社会科学出版社2012年版，第25—35页；宓汝成《嘉道年间（1796—1850年）的中国——太平天国革命历史背景浅析》，北京太平天国历史研究会编：《太平天国学刊》（五），中华书局1987年版，第331—339页；Jerome Chen，"The Hsien-Feng Inflation"，*Bulletin of the School of Oriental and African Studies*，Vol. 21，No. 3，1958，pp. 578-586.

② 佚名：《庚申（甲）避难日记》，罗尔纲、王庆成主编：《太平天国续编》（六），第211页。

③ 周鉴在同治元年闰八月给胞弟的信中讲："猪肉每斤百六十，系十三两之秤。"约每两12.3文，所以猪肉的实际价格是123文每斤。见周鉴《与胞弟子仁小崔书》，罗尔纲、王庆成主编：《太平天国续编》（八），第343页。

④ 陆筠：《劫余杂录》，中国社会科学院近代史研究所《近代史资料》编辑室编：《近代史资料》总第105号，第273页。

⑤ 沧浪钓徒：《劫余灰录》，太平天国历史博物馆编：《简辑》（二），第159页。

⑥ 知非：《吴江庚辛纪事》，中国科学院历史研究所第三所编：《近代史资料》总第4号，第35页。按：《吴江庚辛纪事》为《庚癸纪略》初稿，前者所记庚申、辛酉两年事较详，而后者记事至甲子年（1864），比前者多记三年事。此处引文后者作"货物腾贵"四字。两书作者据考证为同里人王元榜，见朱子爽《〈吴江庚辛纪事〉与〈庚癸纪略〉作者考》，《历史研究》1955年第6期。

⑦ 倦圃野老：《庚癸纪略》，罗尔纲、王庆成主编：《太平天国续编》（五），第314、315、319页。

⑧ 民国《双林镇志》卷32，"纪略·杂记"，第13页a。

⑨ 王彝寿：《越难志》，罗尔纲、王庆成主编：《太平天国续编》（五），第144页。

众的生活质量。

清代形成有系统的粮价奏报制度，大部分数据因此得以保存，而太平天国战争期间的粮价却多数因战乱缺失。在《清代道光至宣统间粮价表》中，江苏省苏州、松江、常州、镇江四府和太仓直隶州在咸丰十年（1860）三月至同治四年（1865）六月无数据；浙江全省自咸丰十一年（1861）八月至同治三年（1864）八月无数据。兹以咸丰五年（1855）至同治八年（1869）的15年为时间量，对苏南苏州、松江、常州、太仓三府一州中米的最高价和最低价进行统计；对浙江杭州、嘉兴、湖州三府籼米的最高价和最低价进行统计。列表如下：

表1—3　　1855—1869年清官方奏报江南六府一州粮价

时间	苏州 高	苏州 低	松江 高	松江 低	常州 高	常州 低	太仓 高	太仓 低	杭州 高	杭州 低	嘉兴 高	嘉兴 低	湖州 高	湖州 低
1855	1.85	1.10	1.80	1.30	1.65	1.30	2.20	1.50	2.05	1.59	1.95	1.44	1.84	1.43
1856	2.95	1.10	3.20	1.30	3.20	1.30	2.90	1.50	2.05	1.69	2.45	1.44	2.34	1.43
1857	3.20	2.00	4.00	1.80	3.60	2.30	3.70	2.13	2.65	2.19	2.45	1.94	2.34	1.93
1858	3.10	2.30	3.80	1.80	3.50	2.10	4.00	2.35	2.85	2.29	2.55	1.94	2.44	1.93
1859	2.75	1.50	3.00	1.40	2.80	1.40	3.15	1.60	2.45	1.51	2.55	1.47	2.34	1.40
1860									1.78	1.02	2.10	1.29	2.21	1.20
1861									2.38	1.42	2.10	1.59	3.11	1.80
1862														
1863														
1864									4.00	2.62	3.90	2.60	4.90	3.22
1865	3.50	2.60	4.35	3.20	3.30	1.99	3.90	2.82	4.30	2.20	3.40	2.22	4.90	2.53
1866	3.46	2.90	4.35	2.65	2.90	1.90	3.60	2.20	4.00	1.70	2.95	1.67	4.50	1.80
1867	3.26	1.40	4.35	2.10	2.90	1.36	3.00	2.20	4.00	1.40	2.40	1.32	4.35	1.22
1868	2.10	1.40	2.80	1.80	2.10	1.30	2.60	2.00	3.20	1.40	2.00	1.09	3.05	1.22
1869	2.30	1.40	2.50	1.80	2.50	1.30	2.70	1.30	3.40	1.30	2.40	1.09	2.40	1.53

注：单位：每仓石以两计；空白部分表示数据缺失。参见中国社会科学院经济研究所编《清代道光至宣统间粮价表》第10、13册，广西师范大学出版社2009年版。

经统计发现，江南的米价在太平军到来前的五年间基本呈现平缓的动态增长趋势，而在太平天国战争刚刚结束或者结束前夕米价达到或接近该时段同地区的最高值（缺失部分不计），战后米价逐渐回落。

太平天国统治区的米价情况较多地在时人记述中保留下来，可以在一定程度上弥补官方档案缺载的遗憾。据时人记载、地方史志整理而成表1—4：

表1—4　　　　　　太平天国治下江南七郡粮食均价

地名	战前	战时均价	战后	幅度1	幅度2
苏州	2.00	3.98—5.31（6000—8000文）	3.50	99.00%—165.50%	13.71%—51.71%
常州	2.05	6.64（10000文）	3.30	223.90%	101.21%
松江	1.90	6.64—7.97（10000—12000文）	4.35	249.47%—319.47%	52.64%—83.22%
杭州	2.38	6.64—7.97（10000—12000文）	4.00	178.99%—234.87%	66.00%—99.25%
嘉兴	2.10	6.64（10000文）	3.90	216.19%	70.26%
湖州	3.11	6.64—7.97（10000—12000文）	4.90	113.50%—156.27%	35.51%—62.65%
绍兴	3.64	9.96（15000文）	3.92	173.63%	154.08%

注：战前和战后数据以《清代道光至宣统间粮价表》中数据缺失前后的清方奏报之中米/籼米最高价为准；幅度1代表战时较战前涨落幅度，幅度2代表战时较战后高低幅度；银钱比价为1506；单位：每仓石以两计。战时均价数据所依资料如下，版本情况与书中其他各处相同，兹省略：

苏州常熟：《鳅闻日记》页339、350；《漏网喁鱼集》页42；《与胞弟子仁小崔书》页343；《自怡日记》页103、120、123；《庚申（甲）避难日记》页239

苏州吴江：《庚癸纪略》页321

苏州吴县：《虎窟纪略》页41—42；《野烟录》页178

常州宜兴：光绪《宜兴荆溪县新志》卷5，"武事·咸丰同治年间粤寇记"，页14a—b

松江青浦：光绪《青浦县志》卷29，"杂记·祥异"，页14a

松江奉贤：光绪《奉贤县志》卷20，"杂志·灾祥"，页26a

松江上海：同治《上海县志》卷30，"杂记一·祥异"，页21a；《自怡日记》页123

杭州：《避寇日记》页75、76、86、193；《自怡日记》页92、123

杭州海宁：《花溪日记》页698、703、704、706、708、714、717

嘉兴桐乡：光绪《桐乡县志》卷20，"杂类志·兵事"，页8b、9a

嘉兴秀水：《避寇日记》页59、164、121、126、141、142、145、139、160、175、205

湖州：《自怡日记》页70；《避寇日记》页76；《俭德斋随笔》页760—761；《劫余杂识》页321；民国《双林镇志》卷32，"纪略·杂记"，页13a；民国《南浔志》卷45，"大事记四"，页5b

绍兴：《避寇日记》页126、174；《越州纪略》页770

表1—4所列战时粮食均价大部分超越表1—3所列数据，比对战争前后的粮价水准和趋势，可据此推断太平天国据守江南时期各地米价达到相对时间量内的峰值，并认为太平天国战争前后物价指数的变化曲线与米价趋势呈正相关。[1]

以物价飞涨为表现形式的社会经济危机给百姓带来极大的恐慌，当时人以"人心惶惶"四字形容。[2] 社会经济危机对民众生活造成的影响，很难完全依靠一组枯燥的数字深入了解，而战争亲历者的切身感受，却是对当时经济危机最直白的控诉。常熟地主周鉴在同治元年（1862）闰八月十三日给胞弟的信中写道："两年来日非一日，两餐一点改为一粥一饭，米六麦四，所谓饧糒饭也，虽长夏亦然。所恨者米贵总在天长时也。……早饭烹素菜一箦，晚间天暖，只烧开水以泡冷饭，天寒泡饭合粥，即以早间所剩之菜，不另烹菜也。……今春以来非遇祭先不买荤，平日小荤亦不买。"最后，周鉴以"非独我无钱，无物不贵也"，总结造成自己凄惨生活的原因。[3] 差不多是在同时期，乌程李光霁家也已"绝米三日，磨麦作饼饵啖之"。[4] 常熟龚又村和他的妻子到处奔波，只为了向比他境况稍好的地主邢湘舟和陈霭亭"籴麦""办豆"，"杂入饭中御

---

[1] 传统上有"谷贱伤农，谷贵伤民"的说法（《乾隆朝钦定大清会典》卷19，"户部·蠲恤"，《影印文渊阁四库全书》第619册，台北商务印书馆1986年版，第163页），米价的上涨确实使农民可以在市场上换取更多的货币，用以支付地租和购买其他消费品以满足生活需求，但这只是相对的概念，米价的上涨对农民生活同时存在负面影响。首先，市场上米价上涨现象很可能与当年粮食供不应求有关，粮食短缺的原因如自然灾害、战争等因素导致产量下降，粮商富户囤积居奇等，而传统时期政府平抑物价的体制本不健全，也就是说农民手中持有的可用于市场交易的粮食相对减少；其次，政府征收业主田赋，缴纳折色者会因米价上涨而增加勒折，这部分负担业主自然也会转嫁在地租上；第三，米价是物价的重要反映，米价上涨，可能意味着百物皆贵，农民换取货币用于其他消费，同样承受物价上涨的压力。所以米价的波动对农民可能造成双面影响，即"贵贱皆伤"[吴嘉宾：《求自得之室文钞》卷7，同治五年（1866）刻本，第22页a，北京大学图书馆古籍部藏]，这也是长期以来农民经济问题得不到有效解决的重要原因。问题的关键还是在于如何有效地保持米价短期平稳和长期温和上涨。米价在长时段的温和上涨不会引发民众对社会经济危机的恐慌，历史证明在常规经济环境下，这是经济发展的一般趋势；只有短期内的陡然涨落会触动传统国家的敏感神经，通常是社会动荡的重要预兆。太平天国统治区的米价上涨现象属于后者。

[2] 沈梓：《避寇日记》，罗尔纲、王庆成主编：《太平天国续编》（八），第139页。

[3] 周鉴：《与胞弟子仁小崔书》，罗尔纲、王庆成主编：《太平天国续编》（八），第343页。

[4] 李光霁：《劫余杂识》，中国史学会主编：《太平天国》（五），第321页。

穷",而他却"不惯粗食",只好"食豆吐壳,食面去肤",勉为其难。昔日锦衣玉食的富家大户,如今也只能无助地发出"谁能堪此"的抱怨,[①] 而穷困百姓的生活,在时人著述中,随处可见"饿莩盈野"的记载。

民变形成与社会经济环境的变化密切关联。在太平天国统治区社会经济危机背景下形成的群体性事件,一方面民众对经济问题的感触尤为敏感;另一方面维护正常生活和基本物质需求的动机明显,主要表现为在综合性民变中不同利益诉求者的联合,以及广泛普遍的反对太平军掳掠的群体事件。

综合前文分析,太平天国统治方式转向的误差,以及以社会恐怖、灾荒瘟疫和物价飞涨为主要表现的社会经济危机构成了太平天国统治区的主流社会生态。对太平天国统治方式的分析是立足于太平天国主观方面,也是肇乱之源;而对社会经济危机的探讨则基于客观环境,是促发因素。但两者之间相互影响和作用,并无严格的界限区分,如太平天国统治方式转向是指从贡役制社会结构向致力于恢复传统社会经济秩序转向,统治方式转向的误差和地方行政腐败主要以经济形态为表征,社会恐慌、物价飞涨等社会经济危机表现的生成,也内含地方行政无能的政治因素;至于灾荒、瘟疫这样看似不为人的意志所左右的客观现象,其实与战争有着密不可分的联系,[②] 如太平天国统治区米价的变动情况存在一个共同规律,即在同治元年(1862)夏间米价达到一个相对峰值,而此时正值江南灾荒、瘟疫同期肆虐之际。

江南太平天国统治区的主流社会生态是19世纪60年代"天国"民变频发的时代背景,也是宏观方面"天国"民变集中于19世纪60年代的重要原因。首先,统治方式转向的误差直接侵犯民众利益,引起敌对情绪,滋生社会变乱;其次,社会经济危机致使咸同之交江南民众的心理承受濒临崩溃,叛逆心理增生。不同于过去学界专注以政治结构分析

[①] 龚又村:《自怡日记》,罗尔纲、王庆成主编:《太平天国续编》(六),第106、103页。
[②] 关于战争与瘟疫、灾荒的关系,参见余新忠《咸同之际江南瘟疫探略——兼论战争与瘟疫之关系》,《近代史研究》2002年第5期;康沛竹《战争与晚清灾荒》,《北京社会科学》1997年第2期。

"革命"成败的视角,从社会心理学的角度讲,民众的心理需求、心理状态与太平天国战争进程息息相关。风起云涌的民变充分说明尽管农民对太平天国寄有很高的希望,但事实则是"太平天国未能充分满足底层人民对它的期待"。[①]

第二节 典型年份的剖析

咸丰十一年农历辛酉年(1861)是19世纪60年代太平天国民变的一个典型年份。这一年共统计有44起民变,占民变总数的62.86%,是太平天国统治区民变发生次数最多的年份。据"太平天国统治区主要民变表"统计,咸丰十一年的民变遍布太平军东征后开辟的江南各郡统治区——当时太平天国在苏南和浙江所据主要是苏州、常州、太仓、嘉兴4郡,以及零星地占有杭州、湖州的部分市镇;太平军对苏、浙其他地区的征伐是在是年秋冬间全面展开的。

苏福省和浙江嘉兴郡主要为忠王李秀成所部开辟,受李秀成的控制和影响较大,李秀成本人立意在上述地区推行"依古制而惠四方"的地方建设,[②] 通过恢复传统社会秩序,寻求稳定的社会环境和争取广泛的社会合作,此即在政治层面表现为统治方式的转型。传统社会经济秩序主要有三方面内容:土地赋税、地方行政、社会关系。因此问题的关键在于太平天国政府能否解决传统社会经济秩序下的漕弊(地方行政腐败)、社会不公正、官业佃三方矛盾等危害社会稳定的诸多问题。所以分析该年度民变频发的特色,必须全面了解太平天国统治区社会经济秩序的一般状况,总结太平天国统治区社会经济秩序推行、恢复和发展的时间规律,即太平天国统治方式转型的重要时间点;又可根据各地实际,具体分析民变案例的特殊原因,客观展现太平天国社会战略。下面分地域介绍咸丰十一年(1861)太平天国统治区社会经济秩序的一般情况。

---

① [日]菊池秀明:《末代王朝与近代中国》,第33页。
② 罗尔纲:《增补本〈李秀成自述原稿注〉》,中国社会科学出版社1995年版,第160页。

一　1861年苏州的租赋政策和实践

在常熟、昭文，业户"私设租局"的行为在咸丰十一年（1861）二月已存在，不过为太平军当局所禁，守将钱桂仁"饬役捆解，杀首犯汤姓一人，其余杖责"。① 从"私设"的性质看，当局出面干涉的原因很可能是这些业户未向政府备案，而当局并不反对公立性质的租局。二三月间，乡绅钱伍卿、曹和卿等就创议设收租局代业收租，令业户到局自取，② 这却得到当局认可，钱桂仁"悯城士流落于各乡者度日艰难，每亩酌收三斗"，旋因四月民变，吴塔、下塘、查家浜等局被毁，其事遂止，可见所设租局具有半官方的性质，并在相当范围内存在。③ 根据这些情况，常熟太平天国政府在咸丰十年（1860）秋冬颁布的几份"业户不得收租"的布告，很有可能是针对业户私设租局收租或个人私自收租的行为，立意本不是强调佃户自此可不再交租。"业户不得收租"的初衷可能被误解。在咸丰十年九月下旬，太平军占领常熟后的第二个月，政府即有"著乡官整理田亩粮册，欲令业户收租，商议条陈"之举。④ 同年十一月，西北乡的黄家桥镇出现了详细的造册收租告示，说明了具体操作流程："谕各业户、各粮户，不论庙田、公田、学田等俱要造册，收租、完粮。倘有移家在外，远出他方，即行回家收租、完粮，如不回来，其田著乡官收租、完粮充公，佃户亦不准隐匿分毫。"⑤ 后来田凭政策的颁布，实际也是针对业户不经报官私自收租的行为。

咸丰十一年（1861）常熟太平天国政府基本执行"着佃交粮"和"代业收租"的政策，佃农在交粮之后，仍要交租。咸丰十一年八月，政府出示"业户呈田数给凭，方准收租"，业户不应，又有"各

---

① 龚又村：《自怡日记》，罗尔纲、王庆成主编：《太平天国续编》（六），第59页。
② 曾含章：《避难记略》，罗尔纲、王庆成主编：《太平天国续编》（五），第352页。
③ 龚又村：《自怡日记》，罗尔纲、王庆成主编：《太平天国续编》（六），第116页。
④ 汤氏：《鳅闻日记》，罗尔纲、王庆成主编：《太平天国续编》（六），第325页。
⑤ 佚名：《庚申（甲）避难日记》，罗尔纲、王庆成主编：《太平天国续编》（六），第208页。

乡租米归粮局代收"之议。① 同月，常熟军政当局定策，既不立租局，也不归粮局，亦不等业户自收，"著乡官局包收"，每亩八斗，业户得租二三斗，但此议"佃户亦不服，故久无呈报之人"，"自八月初至九月中，终未议定。……到后竟成子虚画饼"。② 十月，南乡各处征收田赋，有乡官局代收租粮，申参军监收、洪军政监收者；有设租局代收者，但均是要佃户交租的。十一月，南乡"五师合租粮为一局"，设"租粮总局"，租粮兼收，代业收租，租粮总局有政府性质。同月，因南乡莘庄师帅朱又村浮收粮米，被从天京参加"天试"归来的36名常熟士子联名投禀控诉，引发"士变"，"朱局纷嚣"，"几岌岌其殆"，钱桂仁亲自出面定租粮之额，均含"租款"；十二月，莘庄局出示减租，"租米只一斗"。③ 经咸丰十一年民变高潮，农民反复抗争的结果是租额减少，如史料所载，咸丰十一年十一月，常熟各地"民情大变……慷天安到东乡安民，各处收租减轻，或一斗，或二斗，各有不同"，确无不用交租的实例。④

过去学界常以龚又村在《自怡日记》中所讲"（常熟）南乡粮租并收，其三乡但有粮局，业户几不聊生"之语引证常熟东、北、西三乡有粮局而无租局，着佃交粮而不交租。首先，粮局可针对业户，未必仅是"着佃交粮"。其次，无租局亦可收租，前述常熟有"各乡租米归粮局代收"之议；乡官局也可代收，才有军政当局派申监军监收租米和朱又村师帅局收租之事，咸丰十一年（1861）九十月间王市一起民变的起因即"乡官局欲兼收租粮"；⑤ 业户也可领凭收租，尽管

---

① 龚又村：《自怡日记》，罗尔纲、王庆成主编：《太平天国续编》（六），第73页。
② 汤氏：《鳅闻日记》，罗尔纲、王庆成主编：《太平天国续编》（六），第353页。
③ 龚又村：《自怡日记》，罗尔纲、王庆成主编：《太平天国续编》（六），第80、81、82、117、83—84页。
④ 佚名：《庚申（甲）避难日记》，罗尔纲、王庆成主编：《太平天国续编》（六），第227页。按：常昭太平天国政府没有制定统一的征收条例和租粮数额，各处往往结合实际，采取不同办法，"一方有两价"的现象比较普遍［龚又村：《自怡日记》，罗尔纲、王庆成主编：《太平天国续编》（六），第81页］。
⑤ 汤氏：《鳅闻日记》，罗尔纲、王庆成主编：《太平天国续编》（六），第354页。

反应不甚强烈。① 在西北乡，曾有八名太平军来黄家桥镇宣读武军政司告示，其中有"农佃抗租，田亩充公"之款，② 若西北乡佃农不交租，何谈抗租？在东乡，因为收租是普遍现象，才激发大规模民变，还迫使钱桂仁亲自前往安民减租。"业户几不聊生"，"业主几难糊口"，甚至"业户二年无租（实际是少租），饿死不少"的现实主要是因三种情况造成的：代业收租者，租额较少，且"费大于租"；领凭收租者常遭佃户抵拒，所获租额亦不多；不领凭收租者，政府不许私自收租，其田充公。南乡龚又村的窘困似是由于租粮局的克扣和压榨。

长洲县因为受当地土豪徐佩瑗的控制，社会经济秩序恢复较快。咸丰十一年（1861）开始推行"招业收租"，"令各乡官设局照料，毋使归来业户，徒指望梅"。长洲当局希望由业户收租，尽快恢复"各业户均有租收，各佃户均无亏耗"的传统经济秩序。但是年业户收租的效果不佳，"在城业户星散寄居，尚年归来收租，多半向隅空转"，办理长洲军务珽天安黄某认为原因之一"盖由佃户畏强欺弱"，意即佃户抗租。③

咸丰十一年（1861）业户收租状况不佳还有一个原因是地方社会势

---

① 陆筠作《给田凭》诗曰："田地抛荒心地宽，不愁银米未清完。租凭催领何人领，愿吸西风饿与看。"（陆筠：《海角悲声》，第12页，南京图书馆藏抄本。）太平天国规定"报满二百亩者，载入大户"，"将来作大户勒捐"[汤氏：《鳅闻日记》，罗尔纲、王庆成主编：《太平天国续编》（六），第353页]，所以大地主不肯出面领凭。但史料所载"各业户俱不领凭"[佚名：《庚申（甲）避难日记》，罗尔纲、王庆成主编：《太平天国续编》（六），第227页]、"无一应者"（柯悟迟：《漏网喁鱼集》，第55页）、"卒无人应之"[曾含章：《避难记略》，罗尔纲、王庆成主编：《太平天国续编》（五），第352页] 不完全属实。根据《太平天国文物》《浙江太平天国革命文物图录选编》及南京太平天国历史博物馆所藏田凭、完粮执照、预知由单等实物公据，其中大多数田数较少（10亩以下），发放对象可能为自耕农（不排除一家有数张田凭），但仍有一些田数在几十亩以上的公据，说明有中小地主承认了新政权的统治秩序。《太平天国文物》所收"壬戌十二年忠王李秀成发常熟县陈金荣田凭"（太平天国历史博物馆编：《太平天国文物》，第14页）标明"自置田四亩四分八厘"，已经编号至"常字"几万开外（数字不清），可见小土地数额的田凭在常熟发放之多。这几万份田凭不可能均被自耕农和中小地主领取，必有佃户冒领或代领的情况；而太平天国各地几乎都允许佃户"代缴""代完"田凭费，那么"代领"田凭的现象亦应不少。

② 《常熟贺天侯洪布告十款》，罗尔纲、罗文起辑录：《太平天国散佚文献勾沉录》，贵州人民出版社1993年版，第68页。

③ 《珽天安办理长洲军民事务黄酌定还租以抒佃力告示》《珽天安办理长洲军民事务黄为委照酌定租额设局照料收租事给前中叁军帅张等札》，罗尔纲、王庆成主编：《太平天国续编》（三），第155—156、156—157页。

力的垄断。针对在乡业户，咸丰十一年秋冬，长洲当局"勒谕长邑城乡业主，每亩收租二成"，要求业户自己收租。但因受徐佩瑗垄断，大部分地区执行"代业收租"，着佃户代完，"徐设局五，逼业主将租簿送到局中，局反造田单，仍着原催发出二成租米，徐与业两分之，计数奚啻万万，而业主所收开销局费，每亩不及四五升矣"。① 同年十月，长洲北桥镇即分设粮局、租局，粮局在觉林寺，"每亩纳二斗"；租局设尤宅，"每石收三成"，实行的即是代业收租。

在长洲，太平天国政治权力与地方社会势力在恢复社会经济秩序的途径上存在异议。太平军当局希望执行的是田凭政策，由业户收租；而以徐佩瑗为首的地方势力，凭借充足的地方行政经验和所控制的相当数量的团练——徐本人为"七军总局局首"，② 实际执行设公局代业收租的政策，以便他们参与和干涉地方经济事务，垄断财源，从中渔利。

吴县、元和的史料相对较少。在吴县，咸丰十年（1860）十二月，"长洲、元和、吴县……业田者俱设局收租息米，每亩四五斗不等"。③ 咸丰十一年（1861），吴县、元和不再设租局代业收租，④ 可能改由乡官代收地租，据李鸿章调查奏报："凡长、元各乡已经克复者，秋禾可望丰收。因苏城沦陷后，各佃租籽或由土豪代收，或由伪职征取。"⑤ 长洲确为土豪征收，元和似即归乡官征取。

昆山、新阳地处苏州、上海、松江三战略要地的中间地带，清军、团练与太平军在这一地区军事活动频繁，传统经济秩序开始恢复较晚。《让斋诗稿》记咸丰十年（1860）太平军打先锋情形，"长毛数千自昆山

---

① 佚名：《蠡湖乐府》，中国科学院近代史研究所《近代史资料》编辑室编：《近代史资料》总第34号，中华书局1964年版，第172页。

② 佚名：《蠡湖乐府》，中国科学院近代史研究所《近代史资料》编辑室编：《近代史资料》总第34号，第169页。按：苏州向有"帝出三江口"之谶，徐局群称佩瑗为"徐家小天子"，可见徐在永昌地位之高，势力之大。见顾某《蠡湖异响序》，中国科学院近代史研究所《近代史资料》编辑室编：《近代史资料》总第34号，第165页。

③ 倦圃野老：《庚癸纪略》，罗尔纲、王庆成主编：《太平天国续编》（五），第316页。

④ 龚又村：《自怡日记》，罗尔纲、王庆成主编：《太平天国续编》（六），第81页。

⑤ 《署理两江总督李鸿章陈明捐丈田清理民房情形片》，同治四年六月初一日，军机处录副奏折03—4872—048，中国第一历史档案馆藏。

而下，焚掠各大户及典当大户，烧毁二三家，小户开门者不打，闭户者立即打破"。① 咸丰十一年（1861）社会秩序仍未稳定，青浦守将郐天福张某就可以到昆山跨界征粮，无须征得昆山当局的同意，由此引发珠溪镇金区二图张德勤、徐秀玉领导的民变。这次民变的导火线是"粮重"，类似于"贡粮"。② 但至晚到同治元年（1862）闰八月，昆山、新阳等地有"准业主收租"之例。③

在吴江、震泽活跃着多股政治势力，有隶属于苏州军政当局的吴江监军钟志成、隶属于嘉兴当局的耕天福汪心耕、周庄枪船首领费玉成父子、盛泽土豪王永义家族、卜小二和孙四喜等枪船各帮，所以该地区的社会政略因在推行过程中夹杂着各派别之间的矛盾和斗争而愈显错综复杂。

吴江各地于咸丰十年（1860）十一月开征漕粮，但方式有所不同。黎里镇执行"着佃交粮"并设公局"代业收租"，④《黎里续志》也记是年冬黎里镇"设局收田租"。⑤ 仅一个多月后的咸丰十一年（1861）正月，黎里乡官局政策变动，"只管粮米，租米不管"，要求业户报田领凭收租，这主要是抗租所致，上年底柳兆薰在日记中称黎里"租风不佳"。但年底收租的工作仍由乡官局负责，只是因佃农普遍抗租，"黎局租收不过一二成"，前述"租米不管"的政策似未执行。⑥

柳兆薰在日记中详细记载了家乡芦墟镇的情况。咸丰十年（1860）十一月二十日芦墟乡官局的政策出台，业户领凭领旗收租、完粮，"给凭每亩十文"，此系收租的租凭，不是土地产权的证明田凭。柳随即"开船催租"，各佃户"还租纷纷"，仅五日即收得"折米钱洋一百八十余千文"，柳兴奋地称"在目前世界已为极盛矣"。十二月十四日，即有业户到芦墟乡官局完粮，柳亲见"长毛催督光景，别有世界，局中人如蚁

---

① 归庆柟：《让斋诗稿·八月杂咏》，第32页，太平天国历史博物馆藏抄本。
② 光绪《昆新两县续修合志》卷51，"纪兵"，第30页a—b；光绪《昆新两县续修合志》卷28，"忠节下"，第11页a—b。"郐天福"为张姓，见《李恒嵩上吴煦禀》（1861年8月21日），太平天国历史博物馆编：《吴煦档案选编》（二），江苏人民出版社1983年版，第85页。
③ 龚又村：《自怡日记》，罗尔纲、王庆成主编：《太平天国续编》（六），第114页。
④ 柳兆薰：《柳兆薰日记》，《太平天国史料专辑》，第152页。
⑤ 光绪《黎里续志》卷12，"杂录"，第18页a。
⑥ 柳兆薰：《柳兆薰日记》，《太平天国史料专辑》，第166、223、224页。

聚"。咸丰十一年（1861）十月，芦墟收租政策变化，董事匡某出示，"谕设三局，要镇上各家统办，不得私自下乡收取"，但遭业户反对，"芦局业办章程难出"，柳兆薰是年仍自收租，而佃户"佃心未变"，"尚属佃风驯良"，"纷纷来还租"。①

盛泽镇本为吴江县属，但"盛泽因王永义先赴邓光明贼营迎降，王籍浙江秀水县，故盛泽为嘉兴贼所踞，改为秀水县地"，盛泽主要为嘉兴太平军汪心耕部和盛泽土豪王氏共同掌控。②盛泽土豪（多兼乡官）出于自身利益考虑，一直执行代业收租，咸丰十年（1860）十一月出章程，"每亩每月收钱一百十文，闻收十个月，除完粮、局费外，给还业主"；③《盛湖志》亦载"至冬设局收田租，尽伪官为之"。④

周庄为枪船首领费玉成、费金绶父子势力范围，⑤周庄大小事务"悉听费氏主持"。⑥咸丰十一年（1861）二月柳兆薰在周庄的田租是自收的，周庄政府此时还允许业户收租；但到十一月廿七日即改由费氏设局代收，柳在日记中写道："周庄领租，由梦书去，（租凭）每张廿文。"⑦不仅如此，费玉成还插手同里镇事务，咸丰十一年十一月初一日，他在周庄与同里镇交界处的北观设收租局，"每亩收租息米照额二成折钱，局费每千扣二成"，"业主齐集，自备桌、凳、笔、砚、租簿收租"。此事影响颇大，至十二月初旬，"各乡佃户颇有还者"，"各乡俱通，一日有千余户还数"。此举不仅针对周庄，也影响到包括北观在内的同里镇的业户。但北观为吴江监军钟志成直辖，"监军见嫉"——设局收租有利于地方势力垄断社会事务，再者又有北观局董因欠粮被捕问罪，北观收租息局暂时瓦

---

① 柳兆薰：《柳兆薰日记》，《太平天国史料专辑》，第156、157、159、161、216、217、221、222、224、225页。

② 鹤樵居士：《盛川稗乘》，太平天国历史博物馆编：《简辑》（二），第184页。

③ 柳兆薰：《柳兆薰日记》，《太平天国史料专辑》，第152页。

④ 民国《盛湖志》卷末，"旧事"，第3页a。

⑤ 清代周庄镇大部分属于元和县，小部分属于吴江县，但费氏父子为吴江南町村（一说计巷村）人，故与吴江各属联系密切，且对吴江影响较大，兹列入吴江县讨论。参见《关于费秀元父子的资料》，《太平天国史料专辑》，第87页；光绪《周庄镇志》卷4，"人物"，第45页b。

⑥ 光绪《周庄镇志》附《贞丰里庚申见闻录》卷上，第6页b—7页a。

⑦ 柳兆薰：《柳兆薰日记》，《太平天国史料专辑》，第170、224页。

解，但不久复现。①

同里镇为吴江监军钟志成的故乡，吴江太平军当局的政令直接体现和作用于同里。② 咸丰十年（1860）十二月，同里镇欲设局收租，钟志成出面阻挠，遂不行。③ 设局收租之事未行，业户或可各自收租。据同里北观收租息局"业主齐集"等记载，同里等处业户逃亡较少，而又据"一日有千余户还数"，同里、周庄等处佃户还租尚属积极。同里有短时间内恢复传统经济秩序的基本条件和可能。

事实也是凡是向政府报明田数，领取田凭的业户，便可取得收租的权利，据太平天国历史博物馆藏《癸开十三年水师天军主将冀天义程发吴江县荡户潘叙奎荡凭》实物，潘叙奎在北原圩有湖荡14亩，可知他至少是一位小地主。吴江政府发其荡凭，确认所有权，"仰该业户永远收执，取租办赋"。水师天军主将冀天义程的地位远高于钟监军，影响力和影响范围大于钟。在同治元年（1862）六月程守将到任之时至同治二年（1863）六月吴江陷落之前，吴江政府已经确认业户收租的权利。《潘叙奎荡凭》的编号至第375号，其上又印有"所有各邑田亩，业经我忠王

---

① 倦圃野老：《庚癸纪略》，罗尔纲、王庆成主编：《太平天国续编》（五），第319页；知非：《吴江庚辛纪事》，中国科学院历史研究所第三所编：《近代史资料》总第4号，第49页。按：《吴江庚辛纪事》作北观设局日期为十一月十一日，此处从定稿《庚癸纪略》。

② 钟志成为同里镇人，《柳兆薰日记》记"同里有不肖生员钟志成，九月中长毛考取伪举人"（柳兆薰：《柳兆薰日记》，《太平天国史料专辑》，第148页）；《庚癸纪略》记"（庚申八月十五日）镇上中式三人，称伪博士：钟志成、计姓、任姓"[倦圃野老：《庚癸纪略》，罗尔纲、王庆成主编：《太平天国续编》（五），第315页]。

③ 《庚癸纪略》与《吴江庚辛纪事》关于此事的记载不尽相同。《庚癸纪略》记：（庚申十二月初七日）"闻长洲、元和、吴县及本县芦墟、盛泽、莘塔、北库等镇业田者俱设局收租息米，每亩四五斗不等。同里欲举行，旋为伪监军阻挠，遂不果"[倦圃野老：《庚癸纪略》，罗尔纲、王庆成主编：《太平天国续编》（五），第316页]；《吴江庚辛纪事》载：（庚申十二月初七日）"闻上三县及本县芦墟、盛泽、莘塔等处业户，各自收租，每亩四五斗。同里业户公议，令各茔长发追租单，由局取租，旋伪钟监军文书，必先报明田数、圩名、花户存案，然后施行，各业因有或报或不报者，因循观望，事不果行"（知非：《吴江庚辛纪事》，中国科学院历史研究所第三所编：《近代史资料》总第4号，第44页）。《庚癸纪略》所记"芦墟、盛泽、莘塔、北库等镇业田者俱设局收租息米"与《吴江庚辛纪事》所记"本县芦墟、盛泽、莘塔等处业户，各自收租"均不完全属实，根据上下文的分析，庚申年，芦墟系业户自行收租、完粮；盛泽为"着佃交粮"并设局代业收租；莘塔、北库为"着佃交粮"并业户各自领凭收租。但同里镇业户要求乡官局推行"设局收租"，两处记载一致。

操劳瑞心，颁发田凭"之语，这是普遍颁发的明证。①

北库（北舍）、莘塔因与同里镇邻近，受吴江军政当局影响较大，监军钟志成曾亲到北库安民，所以北库、莘塔与同里镇实行的经济政略相近。咸丰十年（1860）冬，北库、莘塔实行"着佃交粮"，佃户仍需交租。咸丰十一年冬的情形与上年相近，"莘塔佃户皆肯还租，只须领凭，每亩六十二（文）"，北库以北则因佃户抗租而"难以开收"，但无政策性变动。②

吴江政治势力交织，所行政略无定制，反映了太平天国政治势力与江南地方社会势力之间、太平天国各政治势力之间的矛盾和斗争。总体来看，吴江经济政略的核心是恢复传统社会经济秩序，在推行"着佃交粮"的同时，矛盾的焦点在于是由业户收租还是设公局代收。

东山县迟至咸丰十一年（1861）二月开辟，有乡老十余人赴苏州太平军将领熊万荃处进贡，熊乃令山人席耀明、石品三、朱新甫、叶惠凡等为乡官，为太平军征贡。四月，有答天豫俞某在大厦设馆，征钱粮捐税，正常社会秩序似有恢复迹象。③ 因东山濒临太湖，战略地位显要，为兵家必争之地，据《太湖备考续编》载，苏州与溧阳太平军即曾为争夺东山多次交火，两年间内耗不断。所以东山传统社会经济秩序的恢复水平不高，《上海新报》同治元年七月十九日（1862年8月14日）报道，有英国商人经过东山，目睹太湖监军叶惠凡"率领长毛八百余名挨户逼

---

① 太平天国历史博物馆编：《太平天国文物》，第15页。按：吴江守将庚申年（1860）五月至六月为颛某［倦圃野老：《庚癸纪略》，罗尔纲、王庆成主编：《太平天国续编》（五），第311页］；庚申六月为宁天安赖世就［《王瀚呈〈贼情略论〉》（1860年7月）、《王瀚上书吴煦略陈管见》（1860年7月），太平天国历史博物馆编：《吴煦档案选编》（一），江苏人民出版社1983年版，第306、307页］；庚申八月"易贼酋萧姓据守"，即懋天福萧朝兴，赖世就调青浦［倦圃野老：《庚癸纪略》，罗尔纲、王庆成主编：《太平天国续编》（五），第315页］；壬戌年（1862）六月，"吴江易贼酋程姓据守"，程对同里有管辖权，六月二十七日，"吴江贼酋程姓来镇，令贼伙李姓住财神堂假山楼"［倦圃野老：《庚癸纪略》，罗尔纲、王庆成主编：《太平天国续编》（五），第321页］；癸亥年（1863）六月，"吴江贼酋程姓并部下尽行调去，易贼酋伪扬王"，即李明成，但吴江随即于六月十四日失守，"扬王出南门逃去"［倦圃野老：《庚癸纪略》，罗尔纲、王庆成主编：《太平天国续编》（五），第325页；《扬王李明成劝清营官兵谆谕》，太平天国历史博物馆编：《太平天国文书汇编》，第162—163页］。

② 柳兆薰：《柳兆薰日记》，《太平天国史料专辑》，第152、156、160、163、169、170、171、225页。

③ 光绪《太湖备考续编》卷1，"记兵"，第21页a—b。

掠"，"洞庭东山居民乏米已久，杂粮为食"。太平军在东山建政一年半后，还是基本维持着贡役制和传统经济制度并存的局面。①

除个别县份，苏州地区的传统社会经济秩序基本在咸丰十一年（1861）得到初步恢复，田赋政策主要以"着佃交粮"和"业户完粮"并存执行，地租征收则有"公局代收""乡官局代收"和"业户自收"等途径。佃户无论是否完粮，都须继续负担地租，这是太平天国治下苏州佃农继续掀起抗争风潮的根源。

二 常州的"赋租总局"及秩序变动

咸丰十一年（1861）正月，无锡、金匮（合称"锡金"）守将济天福黄和锦示招募书吏，"循旧章按户完粮收租"，设钱粮局于东门亭子桥唐宅，即以业户收租完粮为基本途径；又根据部分土地业主缺失的实际，"分业田收租完粮，令民自行投柜，随给伪串"，即执行"业户完粮"和"着佃交粮"并行的政策。政府同时给予业户收租保护，"或顽佃抗租，诉贼押追"，于是是年春"城乡业田者俱得收租糊口"。② 尽管地方政府一再示谕"佃农照常输租""各佃赶早还租"，并要求完粮业户"定限五日内汇造菁册开呈，准其陆续完纳"，但"锡金住城各业户完赋无力"，这是佃户抗租造成的。所以黄和锦又委派绅董成立政府性质的"赋租总局"，"总理在城银漕租务"。③ 于是"城业议设总仓厅于四城门外，以便各佃户就近还租，公举薛某总董其事"。④ 同年十月，赋租总局照足额代业户向佃农收租，并于租额中代完粮赋，结果激发民变，赋租总局遭"各佃户聚众拆毁而废"。十二月，又有安镇东市稍四图庄顾姓聚众抗租，锡金当局派兵镇压，旋经乡官调停，佃农答应"一律还租"，事件平

---

① 上海图书馆编：《〈上海新报〉中的太平天国史料》，内部参考资料，1964年，第16页。
② 佚名：《平贼纪略》，太平天国历史博物馆编：《简辑》（一），第276页。
③ 《济天义委办锡金在城赋租总局经董薛知照》，罗尔纲、王庆成主编：《太平天国续编》（三），第111页。按：租粮总局不仅出现在无锡、金匮，在吴县、昆山等地也存在，可见此类性质的基层政府机构之普遍。如昆山士绅王德森的父亲曾被太平军招至甪直总局办事，旋又令至昆山张浦总局办事，王父托"粮长"张笠帆等"托病求免，遂远避之"〔王德森：《岁寒文稿》卷3，"先世遗闻"，民国十七年（1928）王氏市隐庐刻本，第21页b，北京大学图书馆古籍部藏〕。
④ 佚名：《平贼纪略》，太平天国历史博物馆编：《简辑》（一），第279页。

息。然而佃农通过民变，迫使锡金当局再次调整政策，取消赋租总局垄断租粮事务的特权，重新归由"各业自行到乡收租"，结果"大抵半租而已"。① 此后，"着佃交粮"政策是否继续存在，史料缺载，但直到同治元年（1862）八九月间，锡金业户仍然保有"照旧收租"的权利。② 又据现存《壬戌十二年忠王李秀成发金匮县黄祠墓祭田凭》，锡金第二任守将乾天义李恺运确认黄姓祠墓祭田18亩的所有权，并要求黄某照旧收租完粮；李本人在这一年所发金匮县□公祠下忙钱粮执照亦保留至今。③ 可见在无锡、金匮，以"业户收租完粮"为核心的传统社会经济秩序得到较好恢复。

武进、阳湖二县同城而治，为清代常州府治所。目前未见史料详述常州太平天国政府的经济政策，只能从一些零星材料中管窥一二。咸丰十年（1860）四月初六日，太平军东征大军破常，李秀成张贴诰谕安民，据从常州逃难出城的私塾先生张绍良目睹，常州四乡未经大的波动，"抵（阳湖县）焦垫镇（焦溪镇），市中极形热闹。……饮茗后即赴（武进县）新安，至镇，其热闹十倍于从前，茶酒点心店俱形济济"。传统的租佃关系也没有被改变，张绍良逃至新安镇，其佃户刘五留其居住良久，张甚为感激，于是议定"从今后刘五在日，租钱减半，以报其德，渠死作为废纸"。④ 可见太平军破城数月后，常州府城近郊的土地制度和租佃关系仍然照旧维持。至咸丰十一年（1861）五月间，江苏巡抚薛焕会七邑绅士设团练局于江北之靖江，"遣勇密约乡官输贼赋为练费，武、阳乡官皆应"，⑤ 这从侧面说明武、阳地区太平天国政府已经启征田赋。庄善孙的《寇变纪略》记载常州太平军在咸丰十一年春夏间派官员和士兵赴武、阳各乡镇设卡，⑥ 这可能是常州太平军在武、阳各地普遍设卡的时间。它和上则史料均反映了常州府城附近地区的传统经济秩序至咸丰十一年春夏间渐有恢复。

---

① 佚名：《平贼纪略》，太平天国历史博物馆编：《简辑》（一），第279、281页。
② 龚又村：《自怡日记》，罗尔纲、王庆成主编：《太平天国续编》（六），第114、120页。
③ 太平天国历史博物馆编：《太平天国文物》，第12、23页。
④ 张绍良：《蒙难琐言》，苏州大学图书馆藏稿本，无页码。
⑤ 光绪《武阳志余》卷5，"兵事·王铭西寇变纪略"，第23页a。
⑥ 光绪《武阳志余》卷5，"兵事·庄善孙寇变纪略"，第12页a。

经过与都司王元昌等部团练的反复争夺，太平军在江阴县的统治迟至咸丰十年（1860）冬方才稳定。① 据现有史料，江阴政府没有禁止业主收租。江阴士绅章型身罹战乱，咸丰十年冬，太平军三克江阴，正逢征收下忙钱粮时节，他"闻各镇议收租复业，逆贼亦伪示安民"，安民告示的内容当与收租完粮事有关。"各镇议收租"的记载说明江阴有恢复业主收租完粮的传统秩序的可能。章型又记，"延至同治元年，流寓江北者憔悴日甚，或回南将田亩售与农佃，价愈贱而售愈难"。这则史料从另一个角度说明，至同治元年（1862）江阴政府也没有没收避兵江北、拒不返乡诸业户的土地，所有权仍在原业主手中，那么收租的权利也相应地被保留下来。江阴地区各类势力集聚，团练活动频繁，无论太平天国的主观意图如何，政治形势和客观条件均限制新政府的作为，所以江阴地区传统社会经济秩序的恢复水平是有限的。咸丰十一年（1861）江阴太平军在各镇设局，"逼索钱米"，甚至有的地方"因伪官勒索而全村被焚"，农民生活越加穷困，"穷乡僻壤，无不琐尾流离，转死沟壑"。② 征贡勒派和打先锋的统治模式，在江阴是常态。同年十月顾山镇发生的"百姓杀旅帅、司马、长毛等数人"的民变很有可能与太平军过度勒派有关，最终事件发展为"各图结约，倘有长毛来打，各要相斗"的武力对抗。③

咸丰十年（1860）八月，宜兴、荆溪太平军将领汤惟攸出示安民，促令贡献，设乡官，发门牌。后汤为刘佐清代，"约束部下不令出城，但令乡间纳粮，索粮册，莫冒出。或得志书一，献之，悉其田额。遂令各区献册，按户征搜，莫得遁隐"，宜荆政府以清朝旧粮册为标准，循旧章完粮，可见致力于推行"业户收租完粮"的传统经济秩序。然而宜、荆"为皖浙要地，互万岭于西南，绕五湖于东北，水陆冲隘，势所必争"，各路太平军往来必经，时时侵扰，尤其是溧阳太平军曾长驻宜荆境内，大肆勒索，督民充役，"凡贼有取求，多下乡官局，资应之费皆按亩苛派"；过路太平军四出掳掠，"取民田麦为粮"；此外还不断受到团练攻

---

① 光绪《江阴县志》卷29，"寇变纪略"，第8页b—9页b。
② 章型：《烟尘纪略》，南京大学历史系太平天国史研究室编：《太平天国史论考》，第383页。
③ 佚名：《庚申（甲）避难日记》，罗尔纲、王庆成主编：《太平天国续编》（六），第227页。

扰，如刘星臣的兴义军、潘家坝的乡团，这使宜兴、荆溪地区的社会经济状况出现多次反复。①

太平军占据常州长达4年，然受政治局势影响，特别是团练问题一直没能有效解决，"团练拒贼，时时有之"，②原属清朝常州府辖的靖江县成为江南团练势力的重要基地。各太平军部队之间又为争夺地盘互相侵扰，波及无辜。这些因素导致常州地区太平天国政府的施政水平和传统经济秩序的恢复情况在总体上不如李秀成直接管控和影响的苏州地区。受史料所限，很多地区的社会经济政策及状况不能全面展现，文献记载较多的无锡、金匮，成为了解常州地区社会经济状况的窗口，它的情况表明常州地区传统社会经济秩序的恢复和太平天国社会政略的执行同样经历了复杂的演变。太平天国政治权力、地方社会势力和普通民众之间为寻求利益平衡进行了不断斗争，最终在咸丰十一年（1861），即太平军建政后的第二年，传统社会经济秩序初步启动。这主要也是太平天国政治权力和地方社会势力之间达成的妥协，没有较多地满足农民的经济利益，锡金地区在这一年仅见的两起民变均是农民为突破既成社会经济秩序和利益体系束缚做出的抗争。

三 松江社会经济秩序的局部恢复

清松江府原属7县1厅，太平军曾克6县1厅，唯上海屡攻不下。但松江大部分地区属于拉锯区，太平军在华亭、娄县、奉贤、南汇、金山、川沙6县进出数次，前后占据时间之和最长者不过4个月，处于单纯的军事占领状态，根本谈不上社会经济秩序的恢复。而且19世纪60年代太平天国最大规模的战争即为三次攻伐上海之役（1860年7月—1862年7月），松江府属各县承担前线军需补给，太平军习惯性地以征贡勒派的方式获取经济资源。

但唯青浦一县，太平军设治长达两年，社会经济秩序得到一定恢复。在黄渡镇，咸丰十年（1860）十月，荷天安麦冬良以陈连周为师帅，于北镇罗汉寺立乡官局，十一月，"复使差役下乡，按田造册，居然征赋"；

---

① 光绪《宜兴荆溪县新志》卷5，"武事·咸丰同治年间粤寇记"，第11页b—14页b。
② 薛绍元：《武阳团练纪实》卷2，光绪十二年（1886）刻本，第28页a，南京图书馆藏。

咸丰十一年（1861）正月又以叶佩为南镇师帅，于是青浦县全面建政，南北两镇均立乡官局。① 结合中国第一历史档案馆藏《荷天安麦冬良发菁浦县空白下忙粮票》，② 可知青浦政府已将恢复传统经济秩序付诸实践。松江府各县业户或迁上海，或避江北，逃亡较多，赋无所出，在这种情况下，青浦政府只能采取"着佃交粮"。元和医家陆懋修曾议及太平天国时期苏、松地区土地田赋情况："今即吾苏松间之势观之，彼所据者各郡县残破之城，而所以通贸易，招工作，资接济，便往来者一皆取给于乡镇。且贼既得各县地粮征收之册，得以按亩计数，着佃追完，而又逼贡勒献，设卡摆关，多其方以取之。其所以能据各残破之城者，所恃正在完善之乡镇耳，由是论之，是城与乡皆贼有矣"；③ 李鸿章在战后因松江华亭、娄县、青浦三县同治二年（1863）冬漕"清粮尚未竣事，在官册籍不全"，"暂时变通"，"仿照贼匪办法"，"著佃完粮"。④ 可见在松江，特别是在青浦县，太平天国政府执行的是"着佃交粮"。同样因"着佃交粮"滋生了佃农的抗争心态，当时有位自号"夫斋旧主人"的松江人称："有平日严于课租者，避地时诸佃不纳。"⑤ 业户租籽不收的现状主要是由佃户抗租所致，但有的业户仍能收到三四成租籽。⑥

四　1860—1861年太仓民变风波

太仓直隶州与镇洋县合城而治，太平军曾两度破城。咸丰十年（1860）八月十四日破城后婴城固守，出示安民，于各镇设乡官，"计亩造册，着佃收粮"。太仓政府"着佃收粮"，也是因业户逃亡较多，"居民迁徙一空"。⑦ 太平天国历史博物馆藏太仓某书生《避兵日记》，首页有

---

① 民国《黄渡续志》卷7，"兵事·纪粤匪事"，第41页a。
② 太平天国历史博物馆编：《太平天国文物》，第11页。
③ 陆懋修：《窊翁文钞》卷2，"收复苏松间乡镇私议"，光绪二十三年（1897）刻本，第6页b—7页a，北京大学图书馆古籍部藏。
④ 《署理两江总督李鸿章陈明租捐支田清理民房情形片》，同治四年六月初一日，军机处录副奏折03—4872—048，中国第一历史档案馆藏。
⑤ 夫斋旧主人：《庚申纪事》，中国科学院历史研究所第三所：《近代史资料》总第6号，科学出版社1955年版，第50页。
⑥ 姚济：《小沧桑记》上，中国史学会主编：《太平天国》（六），第464页。
⑦ 光绪《太仓直隶州志》卷22，"兵防中·纪兵"，无页码。

罗尔纲先生手书题注三款，记咸丰十年至咸丰十一年初太仓事甚详。其中，咸丰十年十一月二十日记，太仓政府正式收粮，"每亩收钱一千，米一斗"。① 然而，太仓启征粮赋，引发了民变风波。《避兵日记》十一月二十五日记，"浮桥一带合同十七图分追杀长毛，为师帅者已杀去四人"；二十六日又记，"六湖时思庵一带杀去乡官不知凡几，有投之于火者，有牵之于厕者"；二十九日又记，"沙溪镇有公馆，蹂躏不堪，由此一闹，反为不美"。沙溪镇公馆应为沙溪镇军帅韩岌（后升镇洋县监军）的乡官局。② 最终太平军出动千余兵力镇压民变。此次民变发生于太仓政府开征冬漕的第五天，显然与收粮有关，但民变的根本原因在于地租问题。据《避兵日记》十二月十七日记，"伪太仓县姓余，伪镇洋县姓丁，余其姓者因租价太贵，激成浮桥之变，被丁其姓者参禀"，可见"浮桥之变"肇因于"租价太贵"，即太仓政府在征粮的同时，亦兼代业户收租，导致佃农将矛头纷纷指向政府。《避兵日记》的作者称丁某参禀余某之案"亦奇事也"，令人奇怪的是，这起参奏案的结局却是原告丁监军落败，他和在应对民变事件中优柔寡断的沙溪军帅韩岌"同收内禁"，韩岌缴纳罚银后议代丁某为镇洋县监军，丁某却不知所终。③ 丁某在弹劾同僚的案件中，所持立场可能是反对政府"兼收租粮"，从丁某落败的结局看，"兼收租粮"及定租价过高，恰是太平天国太仓佐将斐天侯④等人的主张。

经过一番波折，太仓地区咸丰十年（1860）冬漕征收政策落定，十二月初二日，"长毛设局收粮"，征收方式仍为"着佃交粮"，但政府不再兼收地租。于是"乡人均乐为输纳，业田者从此休矣"，"沙溪、横泾等镇设局收粮，甚多完纳"。⑤ 咸丰十一年（1861）正月，苏州方面派钦差陆姓赴太城理事，《避兵日记》的作者称其"六桓伯"，表现得"殊出意外"，陆姓可能是熟悉太仓行政事务并致力于维护传统经济秩序的人。正

---

① 佚名：《避兵日记》，第27、28页，太平天国历史博物馆藏抄本。
② 光绪《太仓直隶州志》卷22，"兵防中·纪兵"，无页码；佚名：《避兵日记》，第28页，太平天国历史博物馆藏抄本；曾含章：《避难记略》，罗尔纲、王庆成主编：《太平天国续编》（五），第341页。
③ 佚名：《避兵日记》，第29、30、31页，太平天国历史博物馆藏抄本。
④ 沧浪钓徒：《劫余灰录》，太平天国历史博物馆编：《简辑》（二），第141页。
⑤ 佚名：《避兵日记》，第29、30页，太平天国历史博物馆藏抄本。

月十三日，他在上任伊始出示规定咸丰十一年春"业田者依旧收租，收租者依旧完粮"，以法令形式确认原业主的土地所有权，宣布以"业主收租完粮"为是年征收田赋的基本途径。① 传统社会经济秩序已趋恢复。而咸丰十一年四月发生的民变，规模丝毫不亚于上年，"环集乡民，拆毁旅帅房屋数处"，"声锣四起，聚议抗拒，又延烧县境旅帅房屋"，民变则起因于基层政府"征收上忙银，兼收下忙银，追清漕尾，田捐红粉税，一并严催，乡里日夜不宁"，② 主要抗争起因可能与传统经济秩序弊病有关。

五　嘉兴"阶梯式"社会经济秩序

浙江省嘉兴府（附郭县为嘉兴县和秀水县）也是太平军东征后攻占的第一批城市，所属嘉善、海盐、石门、平湖、桐乡五县均为东征扩大化的战果。

咸丰十一年（1861）嘉兴太平天国政府拉开恢复传统社会经济秩序的序幕。是年夏，"有征银之令，其秋又分上下芒之期，始令民间编田还粮之举"。③ 编田造册与征收辛酉年田赋的工作是同时启动的，具体执行则存在多轨制并存的情况：一是由乡官局代业户向佃户收租，从地租中扣除正赋杂税，这在盛泽镇普遍实行。如秀水县中营一军军帅陈晋甫"征收各业田租，设立田捐局，以济贼饷"，陈是盛泽土豪王永义的亲信，"向王姓夤缘派充是职，藉王之势"，④ 陈的辖区可能也在盛泽。二是"着佃交粮"，正是因为执行"着佃交粮"，嘉兴地区的佃户也像常熟、吴江、无锡的佃户一样，被激发了获得土地所有权的欲望。嘉兴人吴仰贤在《新乐府·粮归佃》中作："小民私计吾代纳赋，官必余喜不问租也，于是反客为主，抗租之风炽而田主坐困矣"，又注"禾中向有租田当自产之谚"，⑤ 这是推行"着佃交粮"后佃农群体的普遍心态，也是太平天国统治区佃农参与民变的重要动机。但嘉兴政府保留了业主追完地租、追

---

① 佚名：《避兵日记》，第31、32页，太平天国历史博物馆藏抄本。
② 柯悟迟：《漏网喁鱼集》，第53页。
③ 沈梓：《避寇日记》，罗尔纲、王庆成主编：《太平天国续编》（八），第152页。
④ 鹤樵居士：《盛川稗乘》，太平天国历史博物馆编：《简辑》（二），第198页。
⑤ 吴仰贤：《小匏庵诗存》卷5，光绪四年（1878）刻本，第17页a—b，北京大学图书馆古籍部藏。

认田产的权利，如咸丰十一年七月濮院镇关帝庙、观前等处贴出"规条十三则"，其中之一为"住租房、种租田者，虽其产主他徙，总有归来之日，该租户仍将该还钱米缴还原主，不得抗欠"；另一条为"被难之后倘有房屋、货物、田产，准归原主识认收管，□□侵占者立究"。① 在产权确认后，业主理应负担完粮，所以咸丰十一年嘉兴、秀水二县的佃户仍有交租义务。

嘉兴为浙西重镇，太平天国在此投入大量兵力，统治较为稳固，建政长达三年零九个月。总体来看，嘉兴的社会经济秩序，较苏南地区特别是苏州所属各县水平低，而比浙江其他地区稳定。考虑到嘉兴位于江苏与浙江两省的过渡地带，同时受苏南李秀成和浙江李世贤两大军事集团的影响和管控，这一地区在传统社会经济秩序的恢复过程中不时出现倒退现象，如咸丰十一年（1861）五月，施天燕刘某在秀水县新塍镇强索金子350两，商民无力供应，遂有罢市之变；次年（1862）发生在秀水县的几起群体性事件，也与太平军的掳掠行为有一定关系。② 嘉兴的情况结合其他地区的民变事例说明，在太平天国统治区，农民（自耕农、佃农）参与抗粮抗租民变并非是单纯地试图规避国家规定的法定义务，社会经济政策的执行方式（如兼收租粮、代业收租或浮收舞弊）对农民履行完粮纳税义务造成的反感和抵拒要强于赋税率的影响；而非正常的社会经济秩序对民众抗争心态的形成所产生的作用大于社会经济政策的执行方式和赋税率，因为非正常的社会秩序直接危害民众的生命安全。所以在太平天国占据地区，特别是太平军刚刚进入或即将撤出的时期，民众针对非正常社会秩序产生的个体或群体对立行为特别显著，"骂贼""杀贼"行为屡见不鲜。

石门守将为归王邓光明，他长驻此地，社会经济政策具有连贯性。现存在石门发现的338件、240户太平天国政府发花户漕粮预知由单，发放时间自辛酉年（1861）至癸亥年（1863）均有。其上记土地情况，20亩及20亩以上者有18户，约占总数的5.32%。其中田数最多的是朱皆

---

① 沈梓：《避寇日记》，罗尔纲、王庆成主编：《太平天国续编》（八），第56页。
② 同上书，第51—52、107、147—148、150页。

备，田、地合计71.88亩；① 其次为曹文昌，田、地合计41.42亩。② 又据在石门发现的100多件田凭，拥有20亩田地以上的有5户，其中最多的是汤奇高，两张田凭合计37.6亩。③ 而在浙江，因人多地少，占有20亩土地以上者多为地主。这里不能忽视一户拥有多张预知由单或田凭的情况，如汤奇高、范士达、李长春各户均有两张田凭存世。④ 石门太平天国政府发给地主田凭和漕粮预知由单的比例实际要高于上述统计数字。此外，在现存众多"完纳漕粮执照"和"完银串票"上，均墨刷有"右给（准）业户收执存查遗漏等弊"的字迹，颁发时间自辛酉至癸亥年均有。⑤ 咸丰十一年（1861）石门某师帅明确要求地保胡士毫征收钱漕"仍照旧章所办"。⑥ 所以石门太平天国政府是确认业户的土地所有权及收租权的，推行以业主收租完粮为基本途径的传统经济政策。

咸丰十一年（1861）二月嘉兴太平军克桐乡，同年六月苏州方面调原守平望、严墓之符天福钟良相往镇桐乡，兼管乌镇、濮院、屠甸及石门镇东北乡。⑦ 钟在上任伊始，即于所辖各地颁行旨在恢复传统地方行政的规条十三则及招贤布告，其中有招业回乡之条："避难迁徙，流离失所者，速即迁回，各安其所"，并有"租户仍将该还钱米缴还原主"等条，即"招业收租"。⑧ 咸丰十一年十一月二十九日，桐乡启征田赋，同时存在严重的浮收舞弊现象，"合计每石米须完二石之数，外又收解运费八百文，名曰茶费"。⑨ 此次征漕，因继续使用旧胥吏负责，一切仍沿旧章，

---

① 郭若愚编：《太平天国革命文物图录补编》，上海群联出版社1955年版，第66页。
② 浙江省博物馆、浙江省社会科学研究所历史研究室编：《浙江太平天国革命文物图录》，第65页。
③ 同上书，第50、51页。
④ 同上书，第50—55页。
⑤ 同上书，第79—89页。
⑥ 《僚天福统下正北乡左营师帅给东一图地保胡士毫旅帅胡作舟勘醒》，罗尔纲、王庆成主编：《太平天国续编》（三），第109页。
⑦ 沈梓：《避寇日记》，罗尔纲、王庆成主编：《太平天国续编》（八），第55页；佚名：《寇难琐记》，南京大学历史系太平天国史研究室：《江浙豫皖太平天国史料选编》，江苏人民出版社1983年版，第154、155页。
⑧ 沈梓：《避寇日记》，罗尔纲、王庆成主编：《太平天国续编》（八），第56页。
⑨ 同上书，第164页。

又有"陈、张两胥吏献册于贼,故得按籍而稽,无敢匿者",① 遂以业户收租完粮为主要方式,全面推行传统经济秩序。在青镇,"有田亩者,不赴桐邑纳粮,即赴修真观局折算",② 可知是由有田亩的业主收租后完粮。同时因桐乡政府早已注意"产主他徙"后现"种租田"者的实际,桐乡地区也存在"着佃交粮"的情形。③

太平军三次攻占嘉善,咸丰十年(1860)八月据城固守,至同治二年(1863)十一月二十八日守将陈占榜、余嘉鳌降清,时长三年零四个月。咸丰十年九月,嘉善军政当局即因本地举人顾午花有在前朝"帮官逼勒完银"的经验,④ 慕名请其出山相助,顾"受逼不过",进见嘉善守将陶金会,谏曰:"进贡事小,办粮事大。加(嘉)善风俗,取租办赋,即请长毛三日内发二十区告示,着乡民赶紧砻米还租,然后业户取租办赋。"陶表示赞同。⑤ 至咸丰十一年(1861)春,传统社会经济秩序基本恢复,同时再现官员贪酷浮收的漕弊,"横征地漕,民不堪命",⑥ 激发了以反浮收、反贪腐为表现形式的民变,结果顾午花和陶庄举人袁某均死于非命。而政府又采取极端的手段平息变乱,"复焚劫民间为顾复仇",⑦ 最终酿成政治对立性质的民团之乱,"东南诸乡鸣金聚集数万人,号白头兵,驱主事者,乘势谋复城池。……然贼每出掠必为民兵所困,贼怒邀郡中贼举倾城之众下乡,民不能敌,遭害者不可胜数",⑧ 社会矛盾激化。

太平军在海盐县衙差役章义群的指引下,于咸丰十一年(1861)三月初八日克海盐。据咸丰十一年海盐政府所发《朗天义户司员佐理嘉海民务章发颜令占祭粮户易知由单》和《朗天义户司员佐理嘉海民务章发

---

① 光绪《桐乡县志》卷20,"杂类志·兵事",第8页b。按:《寇难纪略》有类似记载,"县故吏陈某张某以户册献贼,即按册额收,以旧典肆为仓局"(皇甫元煋:《寇难纪略》,第6页);《避寇日记》对此亦有提及,"盖桐邑田账册籍具(俱)在民间,全无分毫可免"[沈梓:《避寇日记》,罗尔纲、王庆成主编:《太平天国续编》(八),第187—188页]。
② 皇甫元煋:《寇难纪略》,第6页,桐乡市图书馆藏排印本。
③ 沈梓:《避寇日记》,罗尔纲、王庆成主编:《太平天国续编》(八),第56页。
④ 鹤湖意意生:《癸丑纪闻录》,《太平天国史料专辑》,第501页。
⑤ 赵氏:《赵氏洪杨日记》,罗尔纲、王庆成主编:《太平天国续编》(八),第272—273页。
⑥ 光绪《嘉善县志》卷35,"外纪",第30页a。
⑦ 沈梓:《避寇日记》,罗尔纲、王庆成主编:《太平天国续编》(八),第45页。
⑧ 光绪《嘉善县志》卷35,"外纪",第30页a。

颜一善粮户易知由单》，海盐是年漕粮赋额为"每亩一斗正"，中盖"免灾外每年实完四升正"朱色条戳，即因灾蠲免六成。颜令占祭易知由单注明完纳粮米"二石八斗七升"，颜一善金记易知由单注明完纳"五斗四升五合"，他们拥有的田亩数分别为71.75亩和13.625亩，"颜令占祭"应是指颜姓祭田，太平天国承认这71.75亩祭田为颜姓私产，允许颜姓收租、完粮。颜一善的田产既称为"金记"，则颜一善似也是业主。① 所以海盐政府在咸丰十一年执行的是业主收租完粮的传统经济政策，据《花溪日记》记载，当地甚至存在业主"趁势收租，亦借枪船恐吓，追取甚紧"的现象。② 但乡官政治的腐败贪酷和太平天国贡役制统治模式的残留限制了海盐地区传统社会经济秩序的恢复水平，并激发了菜农沈掌大领导的暴动风波，万余民众卷入其中，付出血的代价，传统社会经济秩序没有完全建立起来。

平湖县经济秩序恢复水平不高，与清军、团练和太平军在这一地区的频繁战事有关，各类势力对海滨重镇乍浦的争夺尤为激烈。同治元年（1862）四月"白头贼数万自浦东窜回，踞平湖之东境，时贼无见粮，觅食村落，居民不能堪，乃流离四散，自徐埭以东数十里无人烟"，③ 平湖东境无稳定社会秩序可言。

嘉兴地区普遍在咸丰十一年（1861）初步恢复传统社会经济秩序，但所属各县的恢复水平存在地域差异，其中石门、桐乡二县恢复水平最高，嘉兴、秀水、嘉善次之，平湖、海盐恢复水平较差，呈现自西向东三级阶梯式的降低趋势。

苏福省和嘉兴所属各县为太平军东征后第一批攻占的疆土，是19世纪60年代太平天国社会战略的重要表现区，也是太平天国施政水平最高的主要地区。根据上述史实，太平天国统治区传统社会经济秩序的恢复主要有两个特征：

1. 从总体情况看，在太平天国统治区，以业主收租完粮为基本征赋途径的传统社会经济秩序在太平军设治后的第二年即咸丰十一年（1861）

---

① 太平天国历史博物馆编：《太平天国文物》，第3、4页。
② 海宁冯氏：《花溪日记》，中国史学会主编：《太平天国》（六），第679页。
③ 光绪《平湖县志》卷5，"武备·粤匪之变"，第42页b。

得到初步恢复，传统形式的抗粮抗税抗租民变随之而生。

在某种程度上，太平天国的田赋政策承袭清朝旧制。按清制，地丁银的征收一年两次，分上、下忙，上忙自二月至四月，下忙自八月至十一月，五月至七月为停忙，也有个别地区不同；漕粮的征收，十月开始，通常在十二月兑完，依次起运。① 太平天国仿行清制，分上、下忙或春纳、秋纳（1860年前多有此称），漕粮启征一般在十月。太平天国通常也在十二月前后将征收到的钱粮启运京城或地方政治中心，如咸丰十年（1860）冬，句容太平军"筑坚大石垒于宝堰，运苏州之粮屯储垒中以济上江之贼"；② 同治元年（1862）十二月，"听王运粮至南京，船百余号"。③ 太平天国对社会经济秩序的创建基本以传统社会经济关系为模板进行改良，美国学者孔飞力通过对太平天国统治特征的观察认为太平天国在农村的经济制度"除了税额稍轻以外，田赋制度经过系统化，与清制区别不大"。④

2. 传统社会经济秩序在咸丰十一年（1861）的恢复存在局限，即前述太平天国统治方式转向的误差。首先是传统社会经济秩序的旧弊一并恢复，政权的易手未能实现新旧社会的转型。由于太平天国军政当局缺乏地方社会管理经验，又无法在短期内培养一支高素质的行政管理队伍，太平天国的乡官政治也以改良前朝保甲、里甲的基层组织为基础，过多地倚仗地保、富户、地主、团首、绅衿、胥吏、衙役之类地方旧势力充当乡官。部分乡官在旧政权时"包税人"的角色，因被纳入常规政权机制而强化，又因不少乡官的投机心态和较低素质，以及太平天国缺少系统完善的监管、教育和奖惩机制，昔日漕务之浮收舞弊、苛征厚敛、请托贿求种种邪风歪气也在新政权基层赋税事务中延续甚至恶化。因此不少民变的发生直接起因于该地区严重的浮收舞弊恶习。据统计，咸丰十一年（1861）有11起反对官员浮收和贪腐的民变，占该年度民变总数的

---

① 《光绪朝清会典》卷18，中华书局1991年影印本，第152页；《钦定六部处分则例》卷25，沈云龙主编：《近代中国史料丛刊》第34辑第332册，第541页。
② 光绪《续纂句容县志》卷19下，"兵事月日表"，第27页b。
③ 沈梓：《避寇日记》，罗尔纲、王庆成主编：《太平天国续编》（八），第160页。
④ ［美］孔飞力：《太平军叛乱》，［美］费正清、［美］刘广京编：《剑桥中国晚清史（1800—1911）》上卷，中国社会科学出版社1985年版，第318—319页。

25%，为是年民变形成的首要诱因。

传统社会经济秩序恢复局限的另一个表现是自我孤立的经济政略："着佃交粮""招业收租""代业收租"多轨并行的方式符合太平天国军政当局竭取经济资源、以自我为中心的行政意识，却无法兼顾业佃双方的利益。佃户的心态很明确，完粮则不交租，这几乎形成思维定式。着佃交粮的佃农仍被政府强制要求缴纳地租，导致咸丰十一年发生了7起农民反对兼收租粮的民变，约占咸丰十一年（1861）民变总数的16%。限制和规范租额的政府行为也很自然地被佃农当作多余之举，因为通过自己的努力——抗租，他们实际可以迫使业主采取更多的让步。业主则认为政府削弱了他们收租的权利，甚至怀疑官方有侵吞租籽的动机，而租粮是他们的衣食之源，政府有意识地对租务进行束缚，使业主产生逆反心理。所以太平天国良善的初衷不仅未能获得业佃两个阶层的理解，反而激发了他们在反租粮兼收民变中的联合行动。可见在咸丰十一年，太平天国政治权力在农村建政伊始，传统社会经济秩序下土地赋税、基层行政和社会关系等诸多方面的矛盾均未予以成功解决。因此在整个太平天国时期，咸丰十一年"天国"民变数量最多的特色主要成因于该年度传统社会经济秩序初步恢复的局限。

表1—5　　　　　1861年太平天国统治区民变的月份分布

时间	正月	二月	三月	四月	五月	六月	七月	八月	九月	十月	十一月	十二月	不详
次数	2	5	2	10	3	5	1	0	2	8	4	1	1

注：咸丰十一年春列入二月，夏秋间列入七月，九十月间列入九月，十月/十一月列入十月。

由于沿袭前制，政策偏差，复生旧弊，民众对新政权革除传统社会痼疾和获取更多经济权益的期望破灭，滋生了起身抗争的逆反心理；传统中国农村社会的常见现象——民变，甚至民变发生的具体时间分布，也基本依照清朝模样复制在太平天国。结合咸丰十一年（1861）太平天国统治区民变数量的月份分布，咸丰十一年四月和十月出现了该年度民变的两个高峰，也是太平天国统治区民变的两个高峰，分别为10次和8次，这显然与太平天国于四月和十月的征赋工作有关。柯悟迟关于太仓地区四月民变风波原因的概括，形象地说明了这种关系："四月初一日，各处征收上忙银，兼收下忙银，追清漕尾，田捐红粉税，一并严催，乡里日夜不宁，白苧水旱关税又加一倍，尚不能出境照票，远出必得再税，真所谓十里三关，一年八课。"① 参照"天国"民变其他年度的月份分布和19世纪40—50年代苏南、浙江地区主要民变发生的时间，说明田赋征收的关键时期也是传统社会经济秩序痼弊的高发期，易生民变。

咸丰十一年（1861）四月民变高潮的产生与太平天国政府着手干预租佃事务有关。四月的10起民变，有6起涉及租粮事务，它们的导火线是太平天国在执行"着佃交粮"的同时，允许和保护业主取租。所以无论是针对租局的抗租，还是针对乡官局和粮局的抗粮，都可以作为太平天国统治方式转向出现误差的表现。在太平天国统治区，咸丰十一年四月是太平天国政府尝试与地方势力合作恢复社会经济秩序的一个蜜月期，以常熟为例，半官方性质的公局在政府的支持和保护下迅速发展；四月民变高潮过后，这种合作关系渐趋淡化，政府开始考虑推行田凭制度以取代对地方社会势力的依赖。

小　结

本章的立意在于分析19世纪60年代太平天国统治区民变高发、频发和1861年太平天国民变数量最多的历史现象与太平天国时期江南地区的社会生态、传统社会经济秩序之间的关系，从而全面展现"天国"民变时序数量的分布特色及形成根源。

由于太平天国统治方式转向的误差，特别是太平天国政府在同期交替执行"着佃交粮""代业收租"和"招业收租"的政策，再加上中央政府立政无章，地方军政当局各自为政，无法建立和推行统一有效的政治机制，导致经济政策运行无序，使得原本即有排斥情绪或正在观望的士绅阶层、中小地主对太平天国政权愈加抵触，也伤害了普通百姓（特别是农民阶层）的利益。于是太平天国同时开罪业佃双方，自我孤立，疏远了民众。此外，由于太平天国统治区的社会危机和经济危机，包括

---

① 柯悟迟：《漏网喁鱼集》，第53页。

社会大恐慌、银贵钱贱和物价飞涨、灾荒瘟疫等现象，致使咸同之际江南地区民众的心态濒临崩溃。19世纪60年代的"天国"民变风潮即是在这一大的社会背景下形成和发展的。

咸丰十一年（1861）是太平天国民变的一个典型年份，在民变数量上出现了高峰，主要是该年度传统社会经济秩序初步恢复的局限性造成的。根据对咸丰十一年太平天国主要占领区苏州、松江、常州、嘉兴、太仓5郡33县农村经济秩序具体情况的探讨，咸丰十一年作为太平天国正式建政（咸丰十年基本上是设治而未建政）的第一年，传统社会经济秩序得到初步恢复，但是恢复的水平存在局限：太平天国没有成功解决传统社会经济秩序的弊端，初步建立起来的社会经济秩序未能获得民众完全认同，损害了民众利益；由于客观现实的影响和太平天国自我孤立的主观政略，传统经济秩序的执行手段出现了过度干涉租佃事务和业佃关系的误差。在旧政权结束，新的统治秩序刚刚确立的情况下，民众对维系基本生活需求和物质条件等经济问题十分敏感，对革除传统社会旧弊痼疾和获取更多经济权益抱有过高期望，不少民众或积极或消极地留守故乡接受太平天国政权统治，像"种租田之顽劣者，饮恨业户收租之苛，以为贼来可免"，[①]都是此类情形；民众抱有希望，现实又与民众期望有较大差距，甚至落空，对传统社会问题的过快滋长和特殊政略的执行缺少适应，相对剥削感强烈，于是发生群体性攻击行为。所以，咸丰十一年的民变高潮是太平天国统治方式转向，特别是经济政略转型出现误差的直接反映，是民众对初步恢复的社会经济秩序不满的集中申诉。

针对赋税地租问题的传统形式民变，在高潮过后仍有不同程度的体现，但在规模、数量和频率上均有所下降，这主要是经过利益调整，各阶层暂时接受现实的结果：部分业户从避难地归乡，领凭收租，参与社会事务，如吴江芦墟地主柳兆薰的情况；业主依托租局"代业收租"，如常熟南乡地主龚又村的情况；佃户在民变后获得切实利益，如迫使太平天国"乃出伪示，只收粮饷"；[②]或民变受挫，佃户被迫承认现状，如

[①] 曾含章：《避难记略》，罗尔纲、王庆成主编：《太平天国续编》（五），第341页。
[②] 汤氏：《鳅闻日记》，罗尔纲、王庆成主编：《太平天国续编》（六），第354页。

"各佃凑钱赔赃","土人乃不敢逞凶";① 或者佃户直接受益于太平天国的田赋政策，成为自耕农，实现角色转变，如吴江监军钟志成的田凭政策。民众对现状的暂时接受，削弱了高潮过后再起反抗的力度。

最后需要补充的是，不能割裂太平天国统治区的民变与清统治时期民变的天然联系，因为在清朝统治下的苏南和浙江，民变的规模已经达到一定程度，并有相当的烈度和影响，② 时人惊呼："佃户之变，一至于此！"③ 江南民性素称温和，也部分趋于反抗，说明处此社会环境下的某些群体已经到了难以忍受不得不反的地步。19世纪60年代太平天国统治区民变迭起又可以看作是国家权力和乡村社会对立关系的一种天然延续，是复辟前朝旧制旧弊的附生产物。原本在清朝体制下日益复杂化的租佃关系、土地关系等一系列社会问题，在国家权力的争夺者和新占有者那里因为"着佃交粮"等系列创举而呈现愈演愈烈之势。

---

① 龚又村：《自怡日记》，罗尔纲、王庆成主编：《太平天国续编》（六），第65页。
② 清统治时期的民变除可参照本书"19世纪40—50年代苏南、浙江地区主要民变表"外，还可参见傅衣凌《太平天国时代的全国抗粮潮》《太平天国时代团练抗官问题引论——太平天国时代社会变革史研究》，《明清社会经济史论文集》，第498—520、554—566页；傅衣凌《太平天国时期江南地区农民的抗租》，《厦门大学学报》（哲学社会科学版）1986年第4期。
③ 佚名：《癸甲日记》，太平天国历史博物馆编：《简辑》（二），第382页。

第 二 章

地域分布

统计所得太平天国统治区的民变,在地域分布上主要有三个特点:一、苏南多而浙江少;二、苏州地区最多;三、大多数为市镇和乡村民变。这项统计虽为不完全统计,但表2—1呈现的民变地域分布的大致趋势具有代表性,如苏南地区的民变多于浙江地区的民变,在苏州的常熟昭文二县民变发生最为频繁等。

表2—1　　　　　　　　太平天国统治区民变的地域分布

省	安徽省		苏福省								浙江天省						
郡	徽州	池州	苏州				太仓		常州		嘉兴			宁波	绍兴	湖州	台州	温州	杭州
县	黟县	贵池	常昭	吴县	吴江	昆山	镇洋	嘉定	江阴	锡金	桐乡	秀水	嘉善	慈溪	奉化	诸暨	乌程	太平	玉环	海宁
县数	1	1	41	3	2	1	2	1	1	2	2	4	2	1	1	1	2	1	1	1
郡数	1	1	47				3		3		8			2	1	2	1	1
省数	2		53									15						

第一节　民变在苏南和浙江的比较

太平天国统治区的民变在苏南多而在浙江少,这是"天国"民变分布的一个地域特征。

首先与太平军在浙江大部分地区设治建政的时间有关。太平军对浙江的全面经略始于咸丰十一年（1861）八月，忠王李秀成联合其弟侍王李世贤倾全力"下取浙江"。①

根据《太平天国地理志》，太平军进出浙江各府县的大致时间如下：

金华所属各县在咸丰十一年春夏攻占，同治二年正月失守，历时一年半左右。

严州于咸丰十一年九月十七日攻克，同治元年十一月十三日撤出，历时一年零二月，所属建德与府城进出时间相同，淳安、遂安、寿昌均在同治元年春夏失守，桐庐、分水在同治二年春失守。

绍兴于咸丰十一年九月二十九日攻克，同治二年正月二十六日撤出，占据绍兴府城一年零四个月，所属山阴、会稽、萧山、诸暨进出时间与府城略同，所属余姚、上虞、新昌、嵊县早于同治元年夏秋间失守，建政均不及一年。

宁波于咸丰十一年十一月初八日攻克，次年四月十二日撤出，占据宁波府城五个月，所属各县进出日期与府城大略相同。

杭州于咸丰十一年十一月二十八日攻克，同治三年二月二十四日撤出，历时二年零四个月，所属钱塘、仁和、余杭进出时间与省城同，富阳、临安、于潜、新城、昌化在同治二年夏秋前失守，海宁于同治二年十二月失守。

处州所属大都在咸丰十一年秋冬攻取，次年春失守。

台州及所属各县大都于咸丰十一年冬占，次年春退出，历时四五个月。

湖州府城于同治元年五月初三日攻克，同治三年七月二十七日撤出，历时二年零二个月，所属乌程、归安进出时间与府城同，长兴、德清、武康、安吉、孝丰在咸丰十一年夏秋攻占，同治三年春夏撤出。

温州府城未克，占乐清、平阳、玉环各县或数日或一月。

衢州府城未克，所属各县在咸丰十一年春夏攻占，守数月即退，唯龙游于咸丰十一年六月占，同治二年正月撤，历时一年零七个月。②

---

① 《干王洪仁玕自述》，罗尔纲、王庆成主编：《太平天国续编》（二），广西师范大学出版社2004年版，第411页。

② 华强：《太平天国地理志》，广西人民出版社1991年版，第376—429页。

太平军攻占浙江大部分府县，多数在咸丰十一年（1861）秋冬。此时正值该年度冬漕征收，因战乱而告停。一般情况下，太平军当局很难在设治的第一年即迅速地着手恢复传统社会经济秩序，这主要与地方经济关系的保存实际、政治局势、当局的社会政策和主政者的施政素质有关。浙江大部分地区没有做到这一点，连施政水平较高的嘉兴所属各县也是在"辛酉夏有征银之令"，已是嘉兴设治的第二年；[①] 杭州府海宁州在同治元年（1862）十月"开仓征漕，因无田册，以所得我十年分收漕总数做田单"，[②] 此田册是书吏俞湖所献"咸丰十年冬漕花户册"，[③] 可知正常经济秩序也是在设治后的第二年开始推行的。杭州、嘉兴尚且如此，政治局势不如杭、嘉稳定的其他各地社会经济秩序恢复更为迟滞。

若以收赋取代征贡为标志，金华和绍兴部分地区在同治元年（1862）秋冬有一次推行传统经济秩序的时机，但在次年（1863）正月二府相继失守，同治元年的征漕工作很有可能无法完成，而绍兴的余姚、上虞、新昌、嵊县四县根本没有恢复时机。严州、宁波、处州、台州四府大部分地区在同治元年征收冬漕前就已失守，没有恢复时机。温州、衢州府城未克，大部分地区处于拉锯状态，没有恢复时机。杭州省城及所属钱塘、仁和、余杭三县在同治元年和同治二年（1863）有两个完整年度实践传统经济秩序，所属富阳、临安、于潜、新城、昌化、海宁六县只有同治元年一个完整年度的时机。湖州所属长兴、德清、武康、安吉、孝丰五县早于府城近一年攻克，它们有两年的稳定施政期，但府城未克，战乱不已，恢复水平必受影响；湖州府城及附郭县乌程、归安只有同治二年一个完整年度的施政时机。综上所述，清浙江省辖 11 府、77 州县，太平天国浙江天省所属 9 郡、70 州县，唯温州、衢州未克；太平天国占据的金华、绍兴、严州、宁波、处州、台州六郡或是基本没有恢复社会经济秩序，或是恢复时机短暂；杭州、湖州及所属各县有 1—2 年的传统社会经济秩序恢复时机。没有恢复传统社会经济秩序的时机，或是恢复时间短暂，传统类型的抗粮抗租抗税民变则不易形成。

[①] 沈梓：《避寇日记》，罗尔纲、王庆成主编：《太平天国续编》（八），第 152 页。
[②] 海宁冯氏：《花溪日记》，中国史学会主编：《太平天国》（六），第 707 页。
[③] 陈锡麟：《粤逆陷宁始末记》，中国史学会主编：《太平天国》（六），第 652 页。

其次，对恢复传统社会经济秩序时机的把握主要取决于各地区施政者的主观作为，从根本上说就是太平天国政权对基层社会秩序的干预介入程度。除嘉兴外，浙江主要为侍王李世贤部下所据，各地守将多为惯于征贡的中小新贵，缺少良性施政的主观倾向，李秀成的社会战略思想影响薄弱，李世贤本人也因戎马倥偬对浙江各地的政略施行缺少必要的关注和监督。尽管各地传统社会秩序有不同程度恢复，但与苏南地区相比恢复水平整体较差，浙江地方政府基本维持贡役制和传统秩序交杂的统治模式。嘉兴部分地区也有不同程度的体现，典型的例子是浙江乌青镇。清时乌镇属湖州府乌程县，青镇属嘉兴府桐乡县，二处连为一镇，夹河而对。乌镇主将武军政司魏永和"最贪酷"，大肆杀戮，因其无日不打先锋，诨号"魏倒担"（吴地方言，意为"精光"），最终酿成庚申（1860）七月太平军屠戮乌镇的惨案和辛酉（1861）四月各村乡民烧馆杀官的民变；①而青镇隶属嘉兴桐乡守将钟良相管辖，钟为李秀成干将陈炳文部下，传统社会经济秩序得到初步恢复。

绍兴设治的第二年（1862）九月在朝将周文嘉的主持下曾有恢复传统经济政策之议，"约以三分归佃者，以三分作兵粮，以四分归田主"，这仅是简单的赋额划定，植入政府强制克剥的色彩，未见有规范的执行程序。绍兴太平军随后又有打贡之举，"出城肆杀，百姓奔窜，号哭之声，累日不绝"。次年（1863）正月来王陆顺德又率万余人"大掠于乡"，"自东而西，周历各村镇，虽海中亦不得免，而山阴下方桥尤惨"，"至村纵兵恣杀，烧民居至尽。掠二旬余，民皆乱窜"。②可见绍兴地区传统经济政策的出现无碍于贡役制政治行为的泛滥，也未影响贡役制统治模式的主导地位。

金华建有奢华的侍王府，本是李世贤预设的浙江省统治中枢，但他常年出征在外，地方政务悉委佐将，社会建设政绩不佳。从现存17件东阳县太平军公文底稿分析，有搬公粮挑夫被掳未释，有新兄弟"挟嫌嫁祸扰害地方""至公局抢白"，有新兵为买牛肉"吼吓索诈"乡民，有旧

---

① 皇甫元堃：《寇难纪略》，第4、6页，桐乡市图书馆藏排印本；佚名：《寇难琐记》，南京大学历史系太平天国史研究室编：《江浙豫皖太平天国史料选编》，第150、162页。

② 王彝寿：《越难志》，罗尔纲、王庆成主编：《太平天国续编》（五），第153、154、155页。

年抢犯手提利刃抢掳衣皿，有乡民殴毙搬粮士兵，有新兵到家勒索迫卒长吴明谨辞官，有将兵严刑勒商民写捐致其破家，有地方官包庇士兵掳人勒洋索烟，有恶霸倚势拿人私刑诈财，有义乌卡内士兵越境滋扰，有契天福梁某严限派夫运粮，有将兵越境设卡采办米粮征发夫役，有地恶"哄骗空契"强占土地，种种事端证明东阳良性社会经济秩序未立，致使地方匪恶乘机滋事。① 李世贤在同治元年（1862）九月给东阳守将陈恩的密札中讲：浙江地区"各处土匪四起，嵊邑周某禀单前来，言西者极多土匪，非十万精兵不足以平之"。所谓"土匪"当指民团。李自思屡剿民团不灭的原因是"皆因兄弟杀人放火，势逼使然，非尽关百姓之无良"，他还嘱咐东阳陈恩"从今以后，宜加爱民，使民不以我为仇"。② 这份密函和上述事例均表现出东阳地区军民关系紧张及社会秩序失控的一般状况。

湖州所属各县虽较早被太平军攻克，但因府城未克，战乱不止，各地遭受破坏较大。归安县南浔镇是丝业重镇，太平军甫至即行屠戮，"逢屋即焚，逢人便□，无幸免者，是日被杀被掳及自尽者几数百人，而房屋亦焚毁无遗，繁盛之区竟成焦土，北栅仅存园通庵、北圣堂及唐家兜蒋三松堂、后河头桂承庆堂、余家肄雅堂老厅而已"，"南浔大塘为往来要道，逆匪陆续不绝，见有从别处打先锋过浔之船，所掳难民用绳穿发辫，或三四人，或五六人"，"浔镇自遭八月十六大劫之后，死伤甚多，房屋亦十不一存"，至次年（1861）始有开小店者，不过搭盖芦棚贸易而已。③ 湖属长兴县则被划界而治："西南一带属陆段，城中伪襄王领之；东北一带归水段，夹浦伪天将领之"，各索门牌、厘捐、杂税，百姓畏避，"往往数十里不见人烟"，传统社会经济秩序没有恢复的条件。④

太平军在攻占杭州省城的第二年（1862）"开仓收漕，按亩苛敛"，⑤ 至同治二年（1863）九月仍是实行传统的田赋政策，⑥ 坐镇主将陈炳文曾

---

① 罗尔纲、王庆成主编：《太平天国续编》（三），第134—142页。
② 《报告截获侍王李世贤密札》，王崇武、黎世清编译：《太平天国史料译丛》第1辑，神州国光社1954年版，第33—34页。
③ 吴焦生：《杂忆》，罗尔纲、王庆成主编：《太平天国续编》（五），第359—361页。
④ 胡长龄：《俭德斋随笔》，中国史学会主编：《太平天国》（六），第760—761页。
⑤ 张尔嘉：《难中记》，中国史学会主编：《太平天国》（六），第641页。
⑥ 《仁和县前军后营师帅陆发冯嘉龙便民由单》，太平天国历史博物馆编：《太平天国文物》，第5页。

守嘉兴，钱塘监军袁忠清、仁和监军李作梅曾为清朝县令，可以推测杭州地区传统社会经济秩序初步恢复，但具体实践情况未能见诸史料，不便妄下定论。杭州府属海宁州则确系没有建立起正常稳定的秩序。根据《花溪日记》的记载，海宁虽在同治元年（1862）十月开仓征漕，但随即就有"关住水栅，捉船掳人"之举。此外，海宁政局动荡，既有都司王辅清的团练威胁，又有"盖天王"匪军、枪船肆扰，饥民啸聚万余，菜农沈掌大起事也波及海宁。基层政权不稳，除乡官横征暴敛，逼死人命外，还多次发生官员携巨款潜逃的事。太平天国的政治权威在这一地区基本没有树立起来，海宁城破，"城西百姓纠众将军帅旅帅等家放火烧屋以报仇，势渐日甚"，清朝官府"杀纠众百姓一人"，混乱方止。可见"天国"治下的海宁地区没有步入良性发展的轨道，社会失控成为常态。①

结合上述对太平军在绍兴、金华、湖州、杭州部分地区统治状况的介绍，与苏福省（大部分辖区拥有两个完整年度的和平建设时机）相比，浙江的战争局势和政治环境明显不利，新统治者很难把握短暂的施政时机，太平天国政权对基层社会的干预较少，致使浙江地区的统治模式基本维持在贡役制和打先锋的水平。贡役制的社会结构不利于传统社会经济秩序的恢复，也就无所谓统治方式转向局限和误差的问题，于是传统形式的民变减少，但大为便利了漠视社会建设的统治者们横征暴敛，从而容易激发民众反掳掠的对立行为和具有政治敌对性质的民团事件。

浙江地区（嘉兴除外）发生的民变，也大多与太平军横征暴敛有直接关系，像同治元年（1862）二月慈溪姚北烛溪湖等处乡民推富户刘祝三为首，共谋反抗，乃因太平军"需索无厌"；② 同年三月台州太平县居民与太平军附天侯李小亨部起衅，杀其数十人，事缘于李部滥行"索饭费"，后竟引发万余乡民抵拒，李部复扰玉环，玉环百姓因业已纳贡归顺，"不意贼兵复肆扰玉环，人怨监军，监军诉贼酋，不敢回家"；③ 同年

---

① 海宁冯氏：《花溪日记》，中国史学会主编：《太平天国》（六），第706、708、711、717页。

② 柯超：《辛壬琐记》，中国社会科学院近代史研究所《近代史资料》编辑室编：《太平天国资料》，第184页。

③ 叶蒸云：《辛壬寇记》，罗尔纲、王庆成主编：《太平天国续编》（五），第374页；光绪《玉环厅志》卷14，"杂记"，第15页b。

十月，湖州乌程乡民杀师帅金三，系因金某在六都"苛求无度"，① 很可能是指税重。针对太平军暴政的抗争往往容易因政府的拿捏失策或为谣言、敌对势力利用而发展为更大规模的民众哗变。海盐菜农沈掌大领导的反抗武装导火索之一为太平军的征贡和强买行为，海宁盐贩"盖天王"的"土匪"起事源于饥民暴动和水手失业，诸暨乡农包立身领导的"东安义军"在檄文中痛斥太平军"假安民、为号，遍打先锋，籍设卡作奸，恣为劫掠"。② 这些事件均在内外因素的诱发下演变为政治对立性质，抗争规模达万人以上，对太平天国基层政权造成较大危害。

苏南地区的大型民团和枪船为太平军当局或剿或抚，基本安定，而浙江始终为民团势力困扰，不少地区政权亦被民团倾覆，如"台郡之克，全藉民团"；③ 宁波的"白头军"亦使太平军付出惨重代价；④ 温州所属乐清县是太平军在温州的唯一据点，设治未及二月便被团练驱逐；⑤ 宁波象山、绍兴新昌、处州遂昌和缙云等地亦由民团攻克。⑥ 可见浙江团练的影响大于苏南。民众参加团练的一个重要动机是求钱财，"毙一贼，即以贼身上之衣服金银器赏之，他人不敢贪冒，有从此致富者，人人思奋，惟恐长发不来"，⑦ 但太平军的征贡、掳掠或屠戮也强化了民众的对立和复仇心态，这是民众加入团练反抗太平军的另一个原因。如宁波镇海志天燕何文庆部屠小港，太平军插旗为界，自小港至王瓦根境尽屠之，百姓不及避被杀者49人，民居被焚百余间；⑧ 次年清军攻镇海，利用民众的对立情绪，号召大批乡勇助阵，其中最著名的是附贡生李渭起兵于璎

---

① 光绪《乌程县志》卷36，"杂识四"，第23页a。
② 海宁冯氏：《花溪日记》，中国史学会主编：《太平天国》（六），第702页。
③ 《浙江巡抚左宗棠奏报台州宁波温郡渐就肃清现筹办理情形折》（同治元年六月二十六日），中国第一历史档案馆编：《镇压档》第24册，社会科学文献出版社1999年版，第447页。
④ Arthur E. Moule, *Half a Century in China: Recollections and Observations*, London, New York and Toronto: Hodder and Stoughton, 1911, p. 55.
⑤ 光绪《乐清县志》卷14，"寇警"，第9页b—11页b。
⑥ 郭廷以：《太平天国史事日志》下册，上海书店1986年版，第895、870、892、946页。
⑦ 叶蒸云：《辛壬寇记》，罗尔纲、王庆成主编：《太平天国续编》（五），第372页。
⑧ 光绪《镇海县志》卷37，"杂识"，第24页a—b；民国《镇海志》卷15，"大事纪"，第18页b。

珞河，有灵岩、泰邱、海晏三乡同时响应，聚众数万，镇海终克。① 在绍兴，《微虫世界》的作者张大野亲眼看见了乡团与太平军约战的场面，一乡兵大声喊："好兄弟杀呀！要小心呀！打败了我们就没命了呀！""其声极长而哀惨，若裂石，鼓益厉，于是群呼而进"。② 这段鼓动词对民众的挑动很大，意在告诫乡勇战败即死，折射出民众对太平军军纪的恐惧，也反映了民众为保命求生铤而走险加入民团的一类心态。

综上，浙江地区声势高涨的民团，部分取代了传统形式的民变抗争，使民众与太平军的对立表现走向更加暴力和大规模的武装斗争。民众反抗的形式因太平天国社会战略的实践状况不同，出现了比较明显的地域分布：在苏南和嘉兴等传统社会经济秩序得到初步恢复的地区，群体性事件主要表现为传统形式的民变，浙江大部分地区则因太平军当局以贡役制统治而较普遍地激发政治敌对性质的民团事件。说到底，这与太平天国政权对基层社会的干预介入程度有关。

第二节　苏州地区民变的地域特色

以统计数据参看，苏州府属的常熟、昭文（合称"常昭"）二县民变数量为太平天国各辖地之最，这是"天国"民变地域分布的显著特色。据前述19世纪60年代太平天国统治区民变频发的社会生态，常昭地区是传统社会经济秩序初步恢复较早的地区，太平天国地方政府对基层社会的干预介入也比较广泛深入，特别是统治方式转向的偏差（租粮兼收、代业收租、行政腐败等）表现得尤为充分。这是常昭民变地域分布特色突出的根源，是比较宽泛的综合性因素。在同等社会背景条件下，尚需进行量的细化，充分考虑该地区在太平天国治下的田赋、地租、税收、

---

① 《署江苏巡抚李鸿章奏请敕闽浙督抚速派并拨水陆兵勇驻防宁波片》（同治元年四月十八日），中国第一历史档案馆编：《镇压档》第24册，第285页。

② 张大野：《微虫世界》，中国科学院历史研究所第三所编：《近代史资料》总第6号，第88—89页。按：《近代史资料》据中国社会科学院近代史研究所藏本节选。田晓菲将《清代稿本百种丛刊》第55册（文海出版社1974年版）影印收录的3卷本《微虫世界》翻译为英文并作导言，于2014年在美国出版。参见 Zhang Daye, Translated by Xiaofei Tian, *The World of a Tiny Insect: A Memoir of the Taiping Rebellion and Its Aftermath*, Seattle and London: University of Washington Press, 2014.

人口、耕地、瘟疫、灾荒等社会经济因素，乡官群体和施政者的政治作为、太平军的军事纪律等政治因素。从常昭地区 41 起民变的抗争内容分析，民变指向主要是经济问题，与田赋、地租、杂税各项直接相关的民变［抗粮、抗租、抗税、反对租粮兼收（抗租抗粮的另一种形式）］有 24 起，而疫荒和太平天国的乡村政治、太平军的军事纪律本无法进行地域间量的细化和比较。因此从田赋、地租、杂税、人口和耕地等方面着手比对常昭与其他史料记载相对丰富的地区，或可深入观察太平天国统治区民变地域分布特色形成的具体原因。

为避免因史料选择局限造成研究误差，现列表分析记载常熟、昭文民变的主要史料来源之基本信息：

表 2—2　　　　太平天国治下常昭民变史料来源的基本信息

书名	作者	籍贯	作者身份	成书时间	所记民变数	备注
《鳅闻日记》	汤氏	常熟西北虞山	地主	1860—1861 年日记	15	避居村野见闻
《庚申（甲）避难日记》	佚名	常熟西北乡黄家桥镇	蒙馆老师	1860—1864 年日记	8	当时当地人记当时当地事
《漏网喁鱼集》	柯悟迟	常熟东乡横泾	小地主小商人	1867 年后	2	记 1836—1867 年阅见之事
《自怡日记》	龚又村	常熟	秀才在南乡吴塔教书	卷 11—24 记太平天国时日记	12	当时当地人记当时当地事
《避难记略》	曾含章	常熟	秀才，后任知州、知府	1863 年后	1	亲见亲闻
《海虞贼乱志》	顾汝钰	常熟	读书人	1864 年	6	记 1860—1864 年见闻

续表

书名	作者	籍贯	作者身份	成书时间	所记民变数	备注
《庚申江阴东南常熟西北乡日记》	徐日襄	常熟	参加团练抵抗太平军	1865年前	1	1860—1861年记事，后附作者镇压太平军进策
《劫余杂录》	陆筠	常熟	秀才教书为业	1868年初秋	1	另著《海角续编》《劫余杂录》记常熟事

注：有6起民变在两种或两种以上史料中记载。

据目前掌握的史料，记太平天国时期常熟、昭文事的主要有12种，而以上8种均对太平天国治下常昭民变做有记载。8位不同作者同时记录下此类历史现象，而且在其他4种史料中也有提及民变事，只是未详言，如陆筠的另一部著作《海角续编》提到太平军当局对民变的政策，"如遇乡民杀伪乡官，必出令打先锋，奸淫杀掠，无所不至，俟抢掠一空，然后插旗收令，再遣伪乡官下乡讲道理安民"。① 这说明民变在常昭地区为当时人共同关注的焦点。

8种史料有如下特点：1. 均为当时当地人记当时当地事，为亲历者亲见亲闻之笔录，史料价值高：（1）史料成文日期基本与太平天国战争同时期；（2）作者多为小知识分子，立场虽反对太平天国，但尚不至于蓄意歪曲和过度丑化；（3）其中4种史料为私人日记，作者刻意篡改事实的可能性不大。2. 所记内容互相补正。如咸丰十一年（1861）五月栏杆桥、鹿苑民变为《庚申（甲）避难日记》和《庚申江阴东南常熟西北乡日记》共同记录；同年六月东乡医士王春园聚众拆馆打官之事，为

---

① 陆筠：《海角续编》，第124页。

《鳅闻日记》和《海虞贼乱志》共同记录；同年冬，归军帅乡官局被烧、归姓被杀之事在《鳅闻日记》《自怡日记》和《庚申（甲）避难日记》中均有反映。另外，有的作者还记录下其他地区的民变情况，说明他们的视野并不局限在常昭一地，关注面较广，如《漏网喁鱼集》有记太仓民变，《庚申（甲）避难日记》有记江阴民变等。3. 所记内容涉及政治、军事、经济、社会文化多方面，作者立意不是专门观察和偏重记载民变事件，对有的民变事件仅一笔带过。4. 有35起民变为各资料独载，不见于其他史料，说明常昭民变有高发、频发、普遍的特点，符合史料记载的"各处民情大变"，[①]"四方农人，闻风响应""昼夜烟火不绝"的社会现实。[②]

那会不会因记载常昭史事的资料多而使研究对象增加呢？首先不排除这方面因素的影响，目前掌握的记常昭事的资料确实相对集中且记事翔实。但如论记事之详均不及沈梓的《避寇日记》，集中记述咸丰十年（1860）至同治三年（1864）嘉兴事，又及苏州、湖州、宁波、杭州等地事，凡6卷25万字，作者不遗巨细，并以"补遗"的形式补充拾遗，有的地方甚至不免烦琐重复。同时，尽管嘉兴地区的赋税、地租及物价均为太平天国统治区较高水平，且乡官浮收舞弊、贪墨枉法及太平军勒贡、打先锋的现象常见，《避寇日记》所记民变事却远不及枪船、团练、盗匪事多，由此推断嘉兴地区的民变确实不及常昭频发。再如《柳兆薰日记》现存稿本，自咸丰九年（天历己未九年，1859）直至光绪年间，《太平天国史料专辑》采录咸丰十年三月初一日至同治五年（1866）闰五月的日记，详记柳姓在吴江家乡收租及逃亡上海后的情形，凡6年22万字。作者为吴江大地主，对土地、田赋、地租事非常敏感，日记所载吴江民变的激烈程度明显不如常昭。详记同时期吴江事的资料还有倦圃野老的《庚癸纪略（定稿）》和《吴江庚辛纪事（初稿）》、黄熙龄的《黄熙龄日记》，可补正《柳兆薰日记》，但鲜记民变事。《避寇日记》和《柳兆薰日记》均对民变有所记载可证明太平天国激变良民的历史事实，但记载

[①] 佚名：《庚申（甲）避难日记》，罗尔纲、王庆成主编：《太平天国续编》（六），第227页。

[②] 汤氏：《鳅闻日记》，罗尔纲、王庆成主编：《太平天国续编》（六），第355页。

各区域民变事不及常昭频多，也证明嘉兴和吴江地区实际发生的民变数量少于常昭。

虽然这项统计是不完全统计，不可避免地与历史事实存在出入，但它仍可反映太平天国统治区民变地域分布的大致情况。常昭地区民变频发是一个事实，仍需进行历史学的解释。

一 常昭农民的常规经济负担

表2—3　　　　太平天国治下常昭地区每亩稻田的田赋与地租

年度 (公历)	月份 (公历)	漕粮 (斗)	地丁银 (文)	附征 杂费	每石折价 (文)	合计 (斗/文)	田租 (斗)	备注	资料来源
1860	12下	糙米3	下忙200	外役费70文	2400	4.13/990	不明	乡农各佃既免还租，踊跃完纳	《鰍闻日记》页339
1860	1861.4	4	下忙160	局费　解费200文	3000	5.20/1560	3	补征1860赋租局补1860租	《自怡日记》页63、116
1861	12下	3.7	上忙300 下忙300	田凭1斗 局费0.5斗 经造费0.1斗 各乡官费0.2斗 其他110文	2400	8.46/2030	1	乡官局兼收租粮 东乡租或一斗或二斗	《自怡日记》页65、81—84 《庚申（甲）避难日记》页227
1862	10下	5.4	上忙720 下忙300	盐捐2升 解费140文 田凭50文	2700	10.08/2722	不明	以头限数据为准，乡官局不收租米	《自怡日记》页98、117、120

注：田租不明的情况即业主实际获得田租数额不明，包括私自收租或租局代收的情况；此表数据以实际执行情况为准，拟定、议定未行及乱收现象不计入内。

表2—4　　太平天国战争前清制常昭地区每亩稻田的田赋与地租

县名	田类	漕粮（斗）	地丁银（两）	每石折价（文）	市场每石粮价（文）	银钱比价（文）	合计（斗/文）	折价合米（斗）	田租（斗）
常熟	上田	3.2	0.104	6340	2400	1556	3.46/2191	9.13	10—15
	中田	2.5/2.3	0.084/0.078	6340	2400	1556	2.71/1715 2.49/1580	7.15 6.58	
	下田	1.9	0.066	6340	2400	1556	2.06/1307	5.45	
昭文	上田	3.2	0.103	6340	2400	1556	3.45/2189	9.12	10—15
	中田	2.5/2.3	0.083/0.078	6340	2400	1556	2.70/1714 2.49/1580	7.14 6.58	
	下田	1.9	0.067	6340	2400	1556	2.06/1309	5.45	

注：每石折价6340文按《漏网喁鱼集》页36记咸丰九年常熟事；市场粮价每石2400文按上述咸丰十年、咸丰十一年粮价，又《漏网喁鱼集》页35、36记咸丰九年米价"平平"，咸丰十年正月"米平"；银钱比价以彭凯翔《清代以来的粮价》页173对江南地区咸丰九年银钱比价的估计；折价合米即土地所有者为获取交赋所需铜钱须在市场上销售的米量；地租各不一致，按陶煦《重租论》和金文榜《减租辨》的估计，约每亩1—1.5石。清制常熟、昭文县田赋分四则三等，具体数额参见光绪《苏州府志》卷14，"田赋三"，页58b、60b；光绪《常昭合志稿》卷10，"田赋志"，页20a、21a—b、22a—b。

分析表2—3和表2—4可知：

1. 仅从漕粮和地丁银分别规定的数额看，太平天国治下常昭的漕粮和地丁银已基本超过清时期。

2. 考虑到清时勒折之弊，太平天国则以市场实际粮价折算，不计清朝附征杂费份额（不明），以折色交赋，太平天国与清时期常昭地区每亩稻田的田赋总负担大略相当，或略高于清时期，为1500—2000文。

3. 如以本色缴纳，清时浮收为原额的2—3倍，[①] 以浮收3倍计，赋

---

① 《礼部右侍郎曾国藩奏为备陈民间疾苦仰副圣主爱民之忱事》，咸丰元年十二月十八日，军机处录副奏折03—4185—009，中国第一历史档案馆藏；冯桂芬在咸丰三年《与许乃钊论苏松漕弊书》中说："总须二石五六斗当一石"，可见浮收为2.5—2.6倍。（冯桂芬：《与许抚部书·癸丑》，《显志堂稿》卷5，第36页b。）

粮总额6—10斗，在不考虑太平天国浮收，不算入清朝附征杂费份额的前提下，与太平天国治下常昭的田赋总额5—10斗相当，而实际上太平天国常昭政府也存在"恣意浮收"的现象。①

4. "清时田赋表"的"折价合米"一栏数字，表明土地所有者为缴纳折色铜钱1300—2000文，须在市场上销售5.5—9斗米不等，这个数字恰与"合计"一栏中缴纳本色漕粮总额2—3.5斗浮收3倍后的6—10斗接近。所以无论是缴纳本色还是折色，田赋负担大致相同。"折价合米"的米量与太平天国治下常昭田赋总额5—10斗相近。上述四点均说明太平天国治下和清朝统治下常昭地区的田赋负担大致相当。

5. 清代田赋由土地所有者承担，佃农须向业主缴纳地租，一般为每亩田产量的半数以上，有的地方甚至更多，如苏州"上农不过任十亩，亩入不过二石余……乃多者二十而取十五，少亦二十而取十二三"，② 浙江余姚"每年业六佃四分租"，③ 所以真正关系佃农利益的是地租。常熟昭文是太平天国统治区"着佃交粮"推行比较普遍的地区，起初虽有业户不得私自收租之令，但三年来一直存在租局收租、乡官局兼收、业主领凭收租等情况，如咸丰十一年（1861）春佃户除补交咸丰十年（1860）漕粮5.2斗外，尚须交租局3斗租米，两者合计8.2斗；咸丰十一年冬南乡征粮，合租米1斗，佃户实际交粮9.46斗；东乡民变高潮过后，钱桂仁亲往安民减租，各处仍要交租，或一斗，或二斗。由此看来，租粮合计，佃农实际已承担每亩近1石的负担，接近清时地租。

因执行"着佃交粮"，随田派征的杂税亦着佃缴纳，按户、按日征收的杂费，佃农也多有负担。据壬戌十二年（1862）昭文县后营左师帅发汪添发上忙公费收照公据，汪添发有"承种田"4.95亩，不是"自置田"，但他被昭文太平天国政府称作"粮户"，可见是"着佃交粮"的佃户。④ 汪需缴纳上忙公费17964文，每亩3629文，而这仅是上忙半年的

---

① 汤氏：《鳅闻日记》，罗尔纲、王庆成主编：《太平天国续编》（六），第354页。
② 陶煦：《租核》，"重租论·推原"，赵靖、易梦虹主编：《中国近代经济思想资料选辑》上册，第386页。
③ 李文治编：《中国近代农业史资料》第1辑，生活·读书·新知三联书店1957年版，第72页。
④ 郭若愚编：《太平天国革命文物图录续编》，第74页。

公费，已经超过当年每亩田正赋总额折钱2722文之数近千文。① 此外常昭地区还有数十种或固定或临时的杂税名目，所以太平天国治下常昭地区佃农的经济负担并没有过多减轻。

尚不能完全论断太平天国治下常昭民众的经济负担重于清时期，因为清朝在正赋之外也有众多苛捐杂税。《咸同广陵史稿》记：咸丰五年（1855）十二月，"捐事纷纷。计一年来指捐、捐厘、捐亩、捐夫、捐赈米、捐艇炮、捐碾坊、捐军需、捐钞钱、捐树共十大捐，民不聊生"；② 咸丰十一年（1861）四月十六日，咸丰皇帝在上谕中切责地方官员苛政，"据称：江北粮台既有指捐、借捐、炮船捐、亩捐，而江南粮台又有米捐、饷捐、亩捐，漕河有炮船捐、堤工捐、饷捐，袁甲三军营有米捐。此外有船捐、房捐、盐捐、卡捐、板厘捐、活厘捐，所征甚巨，报解寥寥"。③ 但这些捐费主要为厘金和军需捐，多数应由土地所有者承担或殷户富商摊派，田捐等社会性杂税较少，具体明细已难考证。

如不考虑未明因素，太平天国治下常昭农民的负担总额已接近或超过清时期。所以论断常昭统治区农民的经济负担相对繁重并不为过。从这个角度讲，咸同之际常昭地区以数十起集体行动构成的民变高潮可以看作道光二十二年（1842）和道光二十六年（1846）常昭两次大规模民变风潮的延续和发展。

表2—5　　　　　太平天国统治区每亩稻田的田赋与地租

地名	时间（公历）	漕粮（斗）	地丁（文）	附征杂费	每石折价（文）	合计（斗/文）	田租（斗）	清制 粮（斗）	清制 丁（两）	资料来源
长洲	1860.11	0.6	96		2400	1/240	5—7.5（五成）I	3.75	0.141	《自怡日记》页50

---

① 同治元年太平天国常熟南乡田赋总额折钱2722文，据《庚申（甲）避难日记》，同治元年十一月二十五日，常熟西北乡"刻下每亩粮折钱加各项要三千之数"［佚名：《庚申（甲）避难日记》，罗尔纲、王庆成主编：《太平天国续编》（六），第247页］，可见该年常熟各乡田赋总额大致相当。

② 佚名：《咸同广陵史稿》，罗尔纲、王庆成主编：《太平天国续编》（五），第124页。

③ 《清文宗实录》卷349，"咸丰十一年四月甲戌"，中华书局1987年影印本，第44册，第1155页。

续表

地名	时间（公历）	漕粮（斗）	地丁（文）	附征杂费	每石折价（文）	合计（斗/文）	田租（斗）	清制 粮（斗）	清制 丁（两）	资料来源
长洲	1861.11	2					6—9（每石三成）Ⅲ	3.75	0.141	《自怡日记》页81
长洲	1862.10	3.4		局费1.2斗	2700		3.3（业自完田凭）Ⅱ 2.5（佃代完田凭）Ⅱ 7 Ⅰ	3.75	0.141	《自怡日记》页120 《玘天安告示》页155
吴县	1860.10	3					4—5 Ⅲ	3.44	0.166	《虎窟纪略》页26
吴县	1861.5（补1860）	1.75	250		3000	2.58/775	4—5 Ⅲ	3.44	0.166	《能静居日记》页79 《庚癸纪略》页316
吴县	1861	2.3						3.44	0.166	《虎窟纪略》页38
吴江	1860.12（黎里）	1.3	(300文)		2300		4.5 Ⅳ	3.61	0.111	《柳兆薰日记》页156、160
吴江	1860.12（同里）	1.5	500		2300	3.67/845	5—6 Ⅳ	3.61	0.111	《庚癸纪略》页316 《柳兆薰日记》页154
吴江	1861.11（芦墟）	1.54	上忙270 下忙400		6000	2.67/1594	7—8.4 Ⅰ	3.61	0.111	《柳兆薰日记》页195、216、220
吴江	1861.10（同里）	1.8	上忙350 下忙200	秤见折0.8斗（5升）	4000	3.975/1590	2—3（二成）Ⅴ	3.61	0.111	《庚癸纪略》页317、319

第二章　地域分布 / 141

续表

地名	时间（公历）	漕粮（斗）	地丁（文）	附征杂费	每石折价（文）	合计（斗/文）	田租（斗）	清制粮（斗）	清制丁（两）	资料来源
太仓	1860.12	1	1000		2400	5.17/1240		2.94	0.216	《避兵日记》页28
	1861.1（续1860）	2斗（480文）			2400	2/480				《避兵日记》页29
嘉兴	1861	2.6	上忙200 下忙200		7000	3.17/2220		1.41	0.089	《避寇日记》页164
	1862	4.8	3000	田捐365文	6000	10.41/6245				《避寇日记》页187、160
	1862（秀水）	4	640	田捐240文 零费50文	6000	5.57/3340		1.68	0.106	《避寇日记》页187、160
桐乡	1861.12	1.56	上忙约200 下忙700	茶费800文	7000	3.99/2792				《避寇日记》页164 《桐乡县志》卷20 《寇难琐记》页154
	1862（青镇）	2		加耗200文	6000			1.02	0.076	《寇难纪略》页7
	1864.1（续1863）	2		田捐365文 局费400文						《避寇日记》页227
	1863.11（青镇）	2	520（2钱）	饷捐520文（2钱）	10000	3.04/3040				《寇难纪略》页8 《避寇日记》页205

续表

地名	时间（公历）	漕粮（斗）	地丁（文）	附征杂费	每石折价（文）	合计（斗/文）	田租（斗）	清制 粮（斗）	清制 丁（两）	资料来源
嘉善	1861.1（续1860）	1.65						1.93	0.111	《避寇日记》页45
海盐	1861	1						1.07	0.081	《海盐县易知由单》
海盐	1863.1（续1862）	3.5						1.07	0.081	《花溪日记》页708—709
平湖	1861	3						1.12	0.101	《避寇日记》页187
平湖	1862	7	750	田捐50文	10000	7.8/7800		1.12	0.101	《避寇日记》页187
石门	1861	1.63	150（1钱）		13000	1.75/2269	I	1.23	0.089	本书研究及《石门县志》卷11
石门	1862	1.63	150（1钱）		13000	1.75/2269	I	1.23	0.089	本书研究及《石门县志》卷11
石门	1863	1.63	150（1钱）		13000	1.75/2269	I	1.23	0.089	本书研究及《石门县志》卷11
诸暨	1861.12	上田0.25 中田0.15 下田0.1	上田0.025两 中田0.015两 下田0.005两		10000	上田0.29/288 中田0.17/173 下田0.11/108	4.5（三分）I	0.07	0.056	《恋天福董顺泰为令完粮以济军饷劝谕》 何桂笙《劫火纪焚》（光绪十九年刻本）
奉化	1861.12	2						0.12	0.065	光绪《剡源乡志》卷24，"大事记"，页8a—b
乌程	1862	1.81						1.81	0.147	《乌程花户沈德擎漕粮执照》

续表

地名	时间（公历）	漕粮（斗）	地丁（文）	附征杂费	每石折价（文）	合计（斗/文）	田租（斗）	清制 粮（斗）	清制 丁（两）	资料来源
乌程	1862（乌镇）	2		加耗200文				1.81	0.147	《寇难纪略》页7、8
	1863.11（乌镇）	2	520（2钱）	饷捐520文（2钱）	10000	3.04/3040				
海宁	1862.11（花溪）	0.53（75折）	115（0.076两）		7000	0.69/486		0.71	0.087	《花溪日记》页707、708
太平	1861.11	0.2	自田20/租田60		7000	0.23/160 0.29/200		0.20	0.053	《辛壬寇记》页369
浦江	1862.5	10	3012（2两）		10000	13.01/13012	米麦合约0.3		0.022	光绪《浦江县志稿》卷5，"兵防·民团剿贼纪略"，页7a

注：以多数田类型作准，清制田赋出处见下：
1. 光绪《苏州府志》卷14，"田赋三"，页47a—b、40a—b。
2. 民国《吴县志》卷45，"田赋二"，页2a、19b。
3. 乾隆《吴江县志》卷13，"田赋"，页27a。
4. 光绪《太仓直隶州志》卷20，"赋役下·田赋"，无页码。
5. 光绪《嘉兴府志》卷21，"田赋一"，页15a—b、25a—b。
6. 光绪《嘉兴府志》卷22，"田赋二"，页19a。
7. 光绪《嘉兴府志》卷21，"田赋一"，页35a—b。
8. 光绪《嘉兴府志》卷21，"田赋一"，页44b。
9. 光绪《嘉兴府志》卷22，"田赋二"，页1a。
10. 光绪《石门县志》卷3，"田赋"，页46b。
11. 宣统《诸暨县志》卷16，"田赋"，页25b。
12. 光绪《奉化县志》卷7，"户赋"，页14b。
13. 光绪《乌程县志》卷25，"田赋"，页3b。
14. 民国《海宁州志稿》卷9，"田赋"，页20b。
15. 光绪《太平续志》卷2，"赋役"，页15b—16a。
16. 光绪《浦江县志》卷11，"赋税"，页21a—24a。

地租类型如下：
Ⅰ 业户完粮，所收田租总数
Ⅱ 佃户交粮，业户补收租数
Ⅲ 租局代业收租，业户完粮
Ⅳ 官局代业收租，粮从内扣
Ⅴ 着佃交粮，租局代业收租

关于太平天国统治区的田赋与地租，由于地方史志与私乘笔记记载不全，无法反映其全貌，只能对部分地区部分年代的情况进行概览。

以地域为主线，在太平天国统治区之间进行漕粮和田赋总额的比较，可见常昭地区各年度的漕粮指标均处高水平。1862 年次于金华浦江县和嘉兴平湖县，但浦江县的情形似为异常，且为当局"创议"，具体实行情况不明；1860 年和 1861 年居首位。田赋总额除 1862 年略低于浦江县和嘉兴县，浦江情形已说明，嘉兴本色总额仅高常熟三升三合米；1860 年和 1861 年居首位。常熟、昭文在三年间以着佃交粮为重要征收方式，同时地租或由业主自收，或由租局代收，或由乡官局兼收，加上这部分数额，佃农的常规负担在每亩 1 石米左右。长洲、吴江佃农的负担（局收或业收总额）高时可达七八斗；嘉兴、平湖存在多种完粮纳租方式，且多变化，但从田赋总额分析，个别年份的个别地区（如 1862 年）佃农的常规负担已恢复到清时水准，每亩 1—1.5 石。以上数据的比较是在不考虑各地区粮米折价、银钱比价及物价水平不同的基础上进行的。

常熟昭文的米价在太平天国战败前夕仍然没有过万文每石，结合常昭地区三年间征收漕粮的折价每石保持在 2400—3000 文之间，常昭农民的常规负担额（田赋和地租）与其他地区相比波动较小。吴江、嘉兴、秀水、平湖的粮米折价一直在高水平浮动，米价时常突破万文；漕粮和地丁银的浮动也比较大，如平湖漕粮在 1861 年为 3 斗，1862 年猛增为 7 斗。也就是说，常昭地区农民的常规负担一直较为稳定地保持在高水平上。所以，总体上看，常昭地区农民的常规负担是最高的，或者说是最高的地区之一。

针对田赋额增加或过高的民变，其直接表现类型是"抗粮"。在常昭地区发生的民变案例中，咸丰十一年（1861）二月梅塘医士王春园领导的抗粮民变，直接起因就是"东乡伪旅帅暗嘱长毛增加钱粮"；[1] 同年四月，翁庄乡民捣毁粮局，殴杀须旅帅，樊庄乡民毁粮局杀旅帅，[2] 六月南乡乡民"抗粮滋事"，[3] 均与征收赋额增加有关。直接因田赋额而起的民

---

[1] 汤氏：《鳅闻日记》，罗尔纲、王庆成主编：《太平天国续编》（六），第 345 页。
[2] 龚又村：《自怡日记》，罗尔纲、王庆成主编：《太平天国续编》（六），第 67 页。
[3] 汤氏：《鳅闻日记》，罗尔纲、王庆成主编：《太平天国续编》（六），第 352 页。

变也可能表现为包含抗粮内容的综合类型,如咸丰十一年十一月恬庄百姓"杀旅帅李木狗,烧抢其屋","各处人情大变,为因粮米太重,南路近日停收",粮米重显然是指赋额高。但通过常熟太平天国政府应变的方式——"慷天安到东乡安民,各处收租减轻,或一斗,或二斗,各有不同,本镇又减平田三斗,花地二斗加费一百文",[①] 其中既有减粮的实践,也有减租的承诺,所以这起民变是抗粮抗租结合的综合性民变,在民变中实现了业佃的联合。一般情况下,主要因赋额变动引发事端的案例很少,常昭41起民变,也只有3起为抗粮类型,而且抗粮民变的抗争内容除民众不满于赋额外,还有收税人或基层政府征收田赋的方式方法,更可能的情形是赋额和征收方式共同刺激了民众参加抗粮民变。所以粮户对田赋数额的不满也可以反映在综合性或其他类型的民变中,太平天国特殊的社会背景和经济政策促生了诸如反对租粮兼收之类的特殊类型民变,其实质仍是变相抗租抗粮的综合性民变。常昭地区9起反对租粮兼收的案例,在抗争田赋地租征收方式方法的同时,均能体现民变参加者减赋减租的诉求——民众对常规经济负担过重的反应;另一类数量较多的反浮收民变,所谓"浮收"虽不是指国家规定的田赋数额增加,却表明民众须承担的经济负担的量已超越了心理上可接受的范围。

二 一户自耕农家庭的杂税项

除常规支出外,还有按户、按亩征派的数十种杂税(捐费)。在太平天国治下有的地方,这部分开支甚至超过每亩田的正赋和地租,如前述昭文县佃农汪添发须交上忙公费(可能为各杂费合计)多达三千余文。由于业户大量逃亡,在"着佃交粮"的地区,佃农成为按田起捐的主要征收对象;在照旧由业户完粮的地区,业主仍然负担大部分杂税;自耕农家庭则不受政策影响,均须自己承担田赋和杂税。现分地区对史料中详细言明的杂费名目及数额进行统计。

---

① 佚名:《庚申(甲)避难日记》,罗尔纲、王庆成主编:《太平天国续编》(六),第227页。

表 2—6　　太平天国统治区的杂税

地区	地点	时间（公历）	名目	数额	资料出处
常熟	东乡王市	1860.9	门牌费	每户 2600 文（11 月涨至每张 4 两）	《鳅闻日记》页 317、321、323、339
	东乡横泾	1861.4	田捐	每亩 50 文	《漏网喁鱼集》页 52
	西北乡黄家桥	1861.4	红粉钱	每户 1 斤（折钱不明）	《庚申（甲）避难日记》页 218
	东乡王市	1861.4	红粉钱	每亩 100 文	《鳅闻日记》页 347
	东乡白茆	1861.5	红粉钱	每亩 70 文	《海虞贼乱志》页 371
	东乡支塘	1861.7	供应费	每亩 100 文	《鳅闻日记》页 352
	南乡吴塔	1861.7	军需捐	约每亩 300 文（每图派三百千、四百千不等）	《自怡日记》页 68（每图 100 户 1000 亩计）
	常熟各地	1861.6	难民捐	约每户 1000 文（每图 300 元，每元 360 文）	《海角续编》页 128（每图 100 户计）
	西北乡黄家桥	1861.7	难民捐	约每户 5000 文	《庚申（甲）避难日记》页 223
	西北乡黄家桥	1861.8	万民伞捐	约每亩 1 文	《庚申（甲）避难日记》页 225
	西北乡黄家桥	1861.9	盐捐	约每户每日 2 文	《庚申（甲）避难日记》页 227
	南乡吴塔	1861.9	盐捐	每斤 2 文	《自怡日记》页 73
	南乡吴塔	1861.9	礼捐（升职）筵所费	约每户 18 文	《自怡日记》页 74
	东乡王市东乡横泾	1861.10	补领门牌更换门牌	每户 600 文	《鳅闻日记》页 323《漏网喁鱼集》页 55
	西北乡黄家桥	1862.1	田凭费（耕种自田）	每亩 125 文	《庚申（甲）避难日记》页 229
	南乡吴塔	1862.2	海塘捐	每日亩捐 4 文	《自怡日记》页 91
	南乡吴塔	1862.4	供应费	每亩 3 厘	《自怡日记》页 98

续表

地区	地点	时间（公历）	名目	数额	资料出处
常熟	南乡吴塔	1862.4	免冲钱	每亩645文	《自怡日记》页98
	西北乡黄家桥	1862.4	礼捐（忠王生日）	约每户0.6两	《庚申（甲）避难日记》页233
	东乡横泾、六河	1862.4	房捐（太仓设）	每间屋每日7文	《漏网喁鱼集》页57
	西北乡黄家桥 东乡横泾	1862.5	田捐	每亩720文（每亩每日捐钱2文）	《庚申（甲）避难日记》页235 《漏网喁鱼集》页58
	西北乡黄家桥	1862.6	补领门牌	每户1200文	《庚申（甲）避难日记》页237
	东乡横泾	1862.7	海塘费 学宫费	约每亩0.4两（每师8000两，有田2万余亩）	《漏网喁鱼集》页71 《自怡日记》页92
	南乡吴塔	1862.11	红粉钱	每亩60文	《自怡日记》页124
	东乡横泾	1862.12	硝磺费	每亩700文	《漏网喁鱼集》页74
	东乡横泾	1863.1	贡费	每亩100文	《漏网喁鱼集》页78 此系被清军占后太平军再围城时
	西北乡黄家桥	1863.2	贡洋	每亩50文	《庚申（甲）避难日记》页252 此系被清军占后太平军再围城时
潜山		1857.4	田捐	每亩375文	《皖樵纪实》页39
		1854.8	报效米	约每户400文（每户30斤）	《皖樵纪实》页37 又记187斤为1石
庐江		1860	田捐	每亩每月100文	《见闻录》页125
吴江		1860.9	丁口捐	每人每日35文	《能静居日记》页68
		1860.9	路凭	每张250文	《能静居日记》页68
	同里镇	1860.10	门牌费	每户或300文或500文或1000文不等	《庚癸纪略》页315

续表

地区	地点	时间（公历）	名目	数额	资料出处
吴江	同里镇	1861.6	红粉钱	每亩米1斗	《庚癸纪略》页317
	同里镇	1861.6	看稻钱	每亩每日1文	《庚癸纪略》页317
	同里镇	1861.6	房捐	按太仓每间每日7文（合镇屋租3月，每月600千）	《庚癸纪略》页317、318
	同里镇	1861.10	红粉钱	每亩米1斗（折价每石4000文）	《庚癸纪略》页319
	同里镇	1862.4	田凭费	每亩360文	《庚癸纪略》页320
嘉兴		1861.10	红粉钱	每亩50文	《避寇日记》页69
		1862	房捐	每日每间3文	《避寇日记》页187
		1862	柴捐解费	每亩每日0.5斤，每斤折3文，解费每斤1文	《避寇日记》页187
		1862	海塘费	每亩150文（每田20亩派费3000文）	《避寇日记》页187
	嘉兴府属7县	1862	听王殿捐	每亩150文（每田20亩派费3000文）	《避寇日记》页187《谈浙》页578
	王店镇	1862.10	礼捐（听王娘生日）	约每户3500文（派3000金）	《避寇日记》页151
秀水	濮院镇	1861.1	门牌费	每张200文	《避寇日记》页45
	新塍镇	1861.12	门牌费	约每张200文（索门牌费6000两）	《避寇日记》页80
	盛泽镇	1861.12	门牌费	约每张200文（合盛泽等处万余两）	《避寇日记》页80
	秀水	1862	柴捐解费	每亩每日0.05斤，每斤折3文，解费每斤1文	《避寇日记》页187
	濮院镇	1862.4	礼捐（忠王生日）	约每户50文（派费600两）	《避寇日记》页115

续表

地区	地点	时间（公历）	名目	数额	资料出处
秀水	濮院镇	1862.4	供应费	约每日每户0.5文（每日供给费6000文）	《避寇日记》页115
	新塍镇	1862.4	礼捐（忠王生日）	约每户20文（人参、燕窝、蜡烛等派费300000文）	《避寇日记》页115
	濮院镇	1862.7	供应费	约每户50文（索濮院供程仪300元）	《避寇日记》页177
	秀水	1862.10	听王殿捐	约每亩150文（濮镇派洋200元）	《避寇日记》页149《谈浙》页578
桐乡	桐乡	1862	田捐	每亩每日1文（先行酌提6个月计183日）	《桐乡左营军帅汪发黄仁安田捐支照》
	桐乡	1862	田捐	每亩每月200文（冬底特办3个月）	《避寇日记》页187，与上栏不一致，存疑
	桐乡	1863.8	田捐	每亩每日1文	《避寇日记》页211《桐乡后营军帅吴发胡加菲田亩捐票》
	桐乡	1863	军需捐	每亩2钱8分	《何信义发倪鼎魁倪士魁捐缴军需由单》
	桐乡	1863	柴捐	每亩银1分	《何培章发秀文田捐柴捐执照》
湖州	桐乡青镇湖州乌镇	1863	柴捐	每亩银2分	《寇难纪略》页8
	长兴	1862.6	门牌费	500—2000文不等	《俭德斋随笔》页760
	乌程	1862	门牌费	米数斗至一二石不等	光绪《乌程县志》卷36，"杂识四·湖滨寇灭纪略"，页21b
吴县		1861.4	红粉钱	约每亩50文（3军帅银1万两）	《虎窟纪略》页33

续表

地区	地点	时间（公历）	名目	数额	资料出处
吴县		1862.6	海塘费	每亩200文	《虎窟纪略》页42
		1862.6	田凭费	每亩200文	《虎窟纪略》页42
		1862.6	灶捐	每灶100文	《虎窟纪略》页42
长洲		1862.10	田凭费	每亩8升	《玢天安告示》页157
海盐		1861.6	门牌费	约每张2000文（1元4角）	《花溪日记》页679
		1861.6	丁口捐	每人每日20文	《花溪日记》页679
		1861.6	灶捐	坐灶每灶每日100文 行灶（船）每灶每日50文	《花溪日记》页679
海宁	花溪镇	1861.9	房捐	按嘉兴每间每日3文（收房租1月，有600余千文）	《花溪日记》页690
	花溪镇	1862.2	进市费（买卖东西）	每人5文	《花溪日记》页700
	花溪镇	1862.5	门牌费	约每张3500文 每张2元5角	《花溪日记》页703
	花溪镇	1863.1	红粉钱	约每亩50文（全州火药捐5000余两）	《花溪日记》页708
	花溪镇	1863.4	门牌费	约每张200文（每二百廿五，合每张1角2分5厘）	《花溪日记》页709
		1863.4	剃头凭	每张26文	《避寇日记》页193
诸暨		1861.11	门牌费	约每张1500文（索番银1元）	宣统《诸暨县志》卷15，"兵备志"，页17a《恋天福董顺泰给军帅徐宗瑁谕》
		1862.7	礼捐（开印）	约每户50文（每师各派费洋80元）	《前营前二军帅许给师帅徐君连札》2件

续表

地区	地点	时间（公历）	名目	数额	资料出处
诸暨		1862.7	令箭印凭费	约每户10文（每师各派费洋15元）	《前营前二军帅许给师帅徐君连札》2件
		1862.7	买办货物费	约每户15文（每师各派费30千文）	《前营前二军帅许给师帅徐君连札》2件
上虞		1861.12	田捐	每亩每年200文或400文	《旅帅杜发朱荣文亩捐收执》《旅帅杜发杜斌扬亩捐收执》
		1862.8	灶捐	每亩200文，经川辛工钱20文（半年）	《前营前旅帅兼管灶务事杜发赵阿昂灶课业户执照》
		1862.10	礼拜钱	约每亩50文（按户田亩酌派）	《上虞县袁公安局发严美堂严如松缴纳礼拜钱收照》
		1862	门牌费	约每张3600文（洋2元5角，钱100文）	《右二军帅季发乡民金翰飞门牌费执照》
常州	阳湖	1860.10	灶捐	每灶每日14文	《能静居日记》页69
	阳湖	1860.10	门牌费	约1500—6000文（大户三四元，小户一元）	《能静居日记》页69
	无锡	1860.6	门牌费	数百至数千文不等	《平贼纪略》页267
	无锡	1861.11	田捐	每亩每日1文	《平贼纪略》页279
	无锡	1861.12	路凭	每张约3000—4500文（番银饼2枚或3枚）	《平贼纪略》页280
溧阳		1860.4	田捐	每亩每日1文	光绪《溧阳县续志》卷16，"杂类志·纪闻"，页13b
		1860.4	门牌费	每张1元	光绪《溧阳县续志》卷16，"杂类志·纪闻"，页13b

续表

地区	地点	时间（公历）	名目	数额	资料出处
太仓		1862.4	房捐	每间每日7文	《漏网喁鱼集》页69
杭州	仁和	1862.7	出灰钱	每人每担折钱200文	《难中记》页638
石门		1861.8	田捐	每亩450文	《寇难琐记》页175
太平	温岭镇	1861.11	门牌费	每张600文	《辛壬寇记》页369
太平	温岭镇	1862.3	门牌费	约每张600文（门牌数万张，办银2万两）	《辛壬寇记》页374
太平	温岭镇	1862.4	门牌费	约每张600文（5000元）	《辛壬寇记》页375
太平	温岭镇	1862.4	供应费	约每户150文（1200元）	《辛壬寇记》页375

注：数额不明的杂税不列入其中；前述随田派征的部分杂费已计入各地田赋总额，相同者不再列入。

需要说明的是，像供应费、军需捐等随意征、随时征、反复征的项目无法完全列入；以实物形式征收的税种无法估值；厘金（卡税）、商业税（店铺捐、日捐）、特捐（大捐）、行人通过税（路凭、船凭、剃头凭）等针对性较强的税种没有列为计算杂税总额的项目。另外，姑且忽略表2—6所列杂费因不具普遍性和平均性造成的统计误差。那么以一户仅拥有5亩田的小自耕农家庭统计，杂税负担总额虽无法精确，对它的估算仍具可行性和代表性。

在常熟昭文，一户拥有5亩田的小自耕农，1860年的杂税负担为2600文，1861年为4953文，1862年为23763文，其中门牌费以补领一次计，房捐以三间计，同时期同类别的杂税仅计一次且以低额计，田凭费已纳入田赋总额，不再列入，银钱比价为1506。在常昭，房捐、海塘费、田捐、免冲钱、门牌费数额居前五位，是杂税大项，

1862年因房捐、海塘费、免冲钱这三类临时性大项的征收使该年度的杂费总额暴涨。以常昭太平天国政府三年间征漕的稻米折价折算杂税合粮，1860年为1.08石，1861年为2.06石，1862年为8.81石。依前述，三年的每亩田赋合粮分别为4.13斗、8.46斗、10.08斗，5亩田的田赋总额合粮分别为2.065石、4.23石、5.04石。这户自耕农人家三年来为支付田赋和杂税，需在市场上每年支出的粮米分别为3.15石、6.29石、13.85石。

在嘉兴县，门牌费和1861年田捐数额不明，未列入表中，门牌费暂以秀水县数值计算，每张200文；田捐以嘉兴1862年数值计算，每日每亩1文，1862年田捐已列入田赋表，不计。1861年的杂税合计2275文，1862年的杂税合计11935文，1861年稻米折价7000文，1862年折价6000文，所以嘉兴杂税合粮1861年为0.33石、1862年为1.99石，加上1861年和1862年每亩田赋合粮3.17斗、10.41斗，这户自耕农人家为完赋交税，1861年需支出稻米1.92石，1862年需支出7.20石。

在秀水县，1861年田捐数额不明，以每亩每日1文计，1862年海塘费不明，按嘉兴每亩150文计。1861年的杂税折钱为2025文，1862年合钱2148文，1861年合粮0.29石，1862年合粮0.36石。1861年秀水每亩田赋总额合粮以嘉兴数3.17斗计，1862年秀水每亩田赋合粮为5.57斗，所以1861年这户自耕农需支出粮1.88石，1862年为3.15石。

在桐乡县青镇，1862年加上海塘费（以150文每亩计）和听王殿捐（以150文每亩计）这两项普捐，合田捐共计3325文；1863年合计4084文。1862年粮价6000文，1863年粮价10000文。所以1862年杂税折粮0.55石，1863年杂税折粮0.41石。桐乡青镇1862年地丁银不明，以该地1863年520文计，田赋总额合粮约为3.2斗，1863年田赋合粮3.04斗，所以这户自耕农完纳赋税，在1862年需支出粮约2.15石，1863年为1.93石。

在吴江县同里镇，丁口税每人每日35文，在有关湖州和海宁、海盐的史料中也有"丁口捐"和"欲写人丁""又欲逼写三图人丁"的记载，但均不记具体情况，很可能仅是拟定而未实行。①据《中国近代手工业史资料》对17类手工业工人工资水平的整理，清代中期苏浙地区的部分行业工人日工资只有五六十文。②所以如此重额的丁口税绝不会长期广泛执行，很可能是在田赋清册无存的情况下采取的临时性举措。仅以该户5口人征收1月计，合钱5250文，门牌费以500文计，路票钱不计，所以1860年吴江县的杂税合为5750文；1861年吴江县田捐数额缺记，按每亩每日1文，1861年的杂税额为9540文。1860年稻米折价2300文，1861年折价4000文，所以1860年杂税合粮2.5石，1861年杂税合粮2.39石，加上每亩田赋分别为3.67斗和3.975斗，1860年该户自耕农的经济负担总额为4.34石，1861年的负担总额为4.38石。

通过杂税表所列数据，可见其他地区无论是杂费种类还是数额，均不及上列五地，不再赘述。而五地之中，以常昭杂税种类最多，数额最重。以田赋和杂税两项合计民众经济负担，在常昭地区，一户仅有5亩田的小自耕农家庭为完成政府规定的赋税，各年度需要在市场上售出的稻米分别为3.15石、6.29石和13.85石，除1860年度低于吴江，其他年度均高出各地不少。而据时人记载，当时农家"上等田可出糙米三石，下等半之"，中等田"每田可收粗米二石，舂出白米一石六斗，敷一人半年之食"，也就是说每个成人每日须食1升米，"磨粉为馍以代饭"。③有5亩上等田，可产糙米15石。1860年缴去3.15石，剩11.85石，可供3—4人一年之食，以全家3成人2幼孩共5口计，尚可度日；1861年售去6.29石，仅剩8.71石米，最多能供3人之食；1862年则几乎入不敷出，无法正常缴赋，但常昭太平天国政权在同治元年十一月二十八日（1863年1月17日）倾覆，此时正值是年冬漕征收期间。这些情况还完全没有涉及旱涝等自然灾害因

---

① 李光霁：《劫余杂识》，中国史学会主编：《太平天国》（五），第320页；海宁冯氏：《花溪日记》，中国史学会主编：《太平天国》（六），第679、700页。

② 彭泽益编：《中国近代手工业史资料（1840—1949）》第1卷，中华书局1962年版，第396—414页。

③ 赵烈文：《能静居日记》，罗尔纲、王庆成主编：《太平天国续编》（七），广西师范大学出版社2004年版，第121页。

素的影响。①

针对杂税问题，民变的直接表现类型是"抗税"。统计的常昭地区41起民变，有10起民变为抗税民变或内含抗税意图的综合性民变，说明"杂税"确是频繁引发常昭民变的一个因素。其中部分抗税民变的指向是杂税名目的增加，如咸丰十一年（1861）四月常昭东乡"因每亩办折红粉钱（火药捐）七十文"，激发民变，"民众骇异攒骂"是因地方政府新增"红粉钱"；②同年六月南乡陶柳村和东乡的两起抗税民变，"因劝捐事"，"皆缘派捐起衅"，这均可能指新增税目。③也有抗税民变指向税额

---

① 因为杂税，不少家庭破家勉应，所以在时人日记中多有常昭百姓"农力不支""佃农疲惫不堪"［龚又村：《自怡日记》，罗尔纲、王庆成主编：《太平天国续编》（六），第95、98页］"五谷俱贵，饿莩遍野""催征急迫，民不聊生""虽遇丰稔，民生不堪克剥"的记载［汤氏：《鳅闻日记》，罗尔纲、王庆成主编：《太平天国续编》（六），第350、353、355页］，吴江柳兆薰在日记中评说："日上徭役重兴，苛派骚扰，即不来打先锋，民亦不能有生计"，并有"惟吁天求免，且缓大劫为幸"的感慨（柳兆薰：《柳兆薰日记》，《太平天国史料专辑》，第108、181页）。但也不能置时人笔下完全对立的情形描述于不顾，杨引传记吴县事："贼既设乡官以收粮，又立卡以收税，而民尚不甚病者，五谷丰而百货லய。"［杨引传：《野烟录》，太平天国历史博物馆编：《简辑》（二），第177页］民国《南浔志》记："斯时石米贵至十二千以外，客米绝迹，农民上年粮租均免，尚不困乏。"（民国《南浔志》卷45，"大事记四·庚申粤匪扰浔纪略"，第5页b。）同样是《鳅闻日记》的作者，他曾记太平天国治下的常昭地区"至于乡农田家，市侩负贩，获稻纺织，服贾获利，尽可度日"［汤氏：《鳅闻日记》，罗尔纲、王庆成主编：《太平天国续编》（六），第330页］。龚又村、《鳅闻日记》作者汤氏和柳兆薰所记太平天国统治区"民生艰难"的具体时间分别是同治元年三月、咸丰十一年夏秋间和咸丰十一年四月。结合上述研究，咸丰十一年和同治元年的赋税总额已经逐渐超出农民的承受力。而杨引传和《鳅闻日记》的作者关于统治区农民尚能度日的记载均是指咸丰十年太平军初占时期，咸丰十年的赋税总额基本还在农民的可承受范围之内。《南浔志》所记农民"尚不困乏"的阶段应是同治元年三月至五月间，但因太平军占据南浔晚至咸丰十一年十二月，所以此时还在太平天国占领该地区的初期，又因上年战事中断征收冬漕，"粮租均免"，太平天国的赋税也不算重。通过对太平天国各统治区田赋和杂税的统计，同常昭一样，其他地区农民的经济负担总额也呈现逐年上涨的趋势。因为粮米折价高低的影响，桐乡地区的赋税折粮在1863年略低于1862年，似为反常，可能与1862年地丁银数据估值不确有关；但如果参照杂税折钱，各地区的赋税总额则全部保持上涨趋势。也就是说，在太平天国据守初期，赋税较轻，普通农家衣食尚足，故时人有言："长毛初到苏即修贡完粮，颇称盛美。"［沈梓：《避寇日记》，罗尔纲、王庆成主编：《太平天国续编》（八），第158页］但随着战局恶化，任意苛派、加征重征的现象愈加凸显，农民的境遇也愈加险恶。如果不通过这些数据全面掌握历史信息，很难理解为什么时人笔下对太平天国统治区普通百姓的生活状况会有两种完全对立情形的描绘，甚至在同一作者笔下也存在两极化的叙述。

② 顾汝钰：《海虞贼乱志》，中国史学会主编：《太平天国》（五），第371页。

③ 龚又村：《自怡日记》，罗尔纲、王庆成主编：《太平天国续编》（六），第95页。

过高及征收方式不当，如同治元年（1862）四月"东乡因收捐钱每亩七百太紧，杀去旅帅等数人，放火烧屋"，这起民变既起因于捐钱七百数额过高，也或与收税"太紧"的方式有关。[①] 一般来说，抗税民变的形成是与杂税有关的多种因素共同作用和影响的结果，可能同时带有参加者对税额和征收手段不满的情绪。

三　人地矛盾尖锐化的延续

太平天国战争前，江南地区社会生态的一个重要特点是人地矛盾尖锐，即清代中叶以来人口的迅速增长与耕地面积的相对稳定之间的矛盾。该问题不仅表现在人多地少，还表现为土地集中和土地兼并。人地矛盾加剧，个体拥有的粮食不敷支配，生活水平下降，很可能以针对赋税问题的民变形式表现出来。在太平天国前相当长的一段时间内"土地/人口"的比例不断降低，而19世纪民变数量的时序变化呈持续增长的趋势。[②] 这一现象说明19世纪中叶全国范围内的民变高潮可能与人地关系的恶化有关。所以分析民变的地域分布特色，需要考虑土地和人口比例这一可能促发民变的因素。

因太平天国战争期间江南地区的人口和土地数据缺失，可着重统计苏州、常州、嘉兴、杭州、绍兴、宁波六府在太平天国战争前的人口和土地数据，这六府分别代表了苏南、浙西和浙东三个地理单元的概况，其中苏、嘉、杭三府又是19世纪60年代除都城天京外太平天国统治的核心区域，常州作为苏州的主要参照，绍兴、宁波作为浙东地区的代表，一并分析，或可较全面地推论太平天国统治区的人地关系。

根据对咸丰十年（1860）江南6府48县人口和人均田数的统计，常熟、昭文二县人均田数在48县排名中分别为第20位和第11位，尚处中前列。可见民变数量与人地矛盾在地域分布上未有特别直接的关联。但因苏

[①] 佚名：《庚申（甲）避难日记》，罗尔纲、王庆成主编：《太平天国续编》（六），第235页。

[②] 参见 C. K. Yang, "Some Preliminary Statistical Patterns of Mass Actions in Nineteenth-Century China", in Frederic Wakeman, Jr. and Carolyn Grant eds., *Conflict and Control in Late Imperial China*, pp. 182–185.

表 2—7　　　　　　1860 年江南地区人口与土地数据的估计

府名	县名	人丁基数（万）	人口基数（万）	基点年份	年均增长率	1860年人丁（万）	1860年人口（万）	战前田数（顷）	丁均田数（亩）	人均田数（亩）	资料出处
苏州	新阳	14	26	1820	6.5‰	18	34	5220	2.90	1.54	光绪《苏州府志》卷13，页9a-b；卷14，页43b-64b
	元和	22	39	1820	3.2‰	25	44	5617	2.25	1.28	
	昭文	**26**	**46**	**1820**	**4.2‰**	**31**	**54**	**6352**	**2.05**	**1.18**	
	昆山	20	41	1820	3.4‰	23	47	5332	2.32	1.13	
	长洲	29	48	1820	5.2‰	36	59	6527	1.81	1.11	
	常熟	**38**	**65**	**1820**	**3.7‰**	**44**	**75**	**8015**	**1.82**	**1.07**	
	震泽	31	58	1820	1.1‰	32	61	6310	1.97	1.03	
	吴江	31	57	1820	2.5‰	34	63	5848	1.72	0.93	
	吴县	128	211	1820	10.5‰	194	320	4080	0.21	0.13	
	东山	—	—			—	—	129	—	—	
	全府	339	591	1820	6.2‰	437	757	53301	1.22	0.70	
常州	武进	—	—	—	5.1‰	39	67	4761	3.10	1.80	光绪《武进阳湖县志》卷2，页1、7
	阳湖	—	—	—	5.1‰			7317			
	金匮	26	46	1830	2.0‰	28	49	6466	2.31	1.32	光绪《无锡金匮县志》卷8，页6、16
	靖江（清占）	22	38	1838	5.1‰	25	43	5479	2.19	1.27	光绪《靖江县志》卷4，页12、22
	荆溪	11	20	1882	5.1‰	32	56	6141	1.92	1.10	光绪《宜兴荆溪县新志》卷3，页3、7、9
	江阴	56	98	1839	5.1‰	63	109	11225	1.79	1.03	光绪《江阴县志》卷4，页6、22
	无锡	34	60	1830	1.3‰	36	62	6137	1.70	0.99	同金匮县
	宜兴	18	32	1882	5.1‰	53	92	8020	1.51	0.87	同荆溪县
	全府	248	430	1839	5.1‰	276	478	55546	2.01	1.16	《嘉庆一统志》

续表

府名	县名	人丁基数（万）	人口基数（万）	基点年份	年均增长率	1860年人丁（万）	1860年人口（万）	战前田数（顷）	丁均田数（亩）	人均田数（亩）	资料出处
嘉兴	嘉善	16	28	1838	7.3‰	19	33	5670	2.98	1.72	光绪《嘉兴府志》卷20，页8a－28a；卷21，页6a－44b；卷22，页1a－19a
	平湖	19	30	1838	1.8‰	20	31	4431	2.22	1.23	
	桐乡	19	33	1838	4.4‰	21	36	4310	2.05	1.20	
	嘉兴	32	62	1838	5.9‰	36	71	8046	2.24	1.13	
	秀水	28	50	1838	7.7‰	33	59	5252	1.53	0.89	
	海盐	32	52	1838	6.7‰	37	60	5249	1.43	0.88	
	石门	21	38	1838	1.3‰	22	39	2929	1.33	0.75	
	全府	167	293	1838	5.3‰	188	329	35887	1.91	1.09	
杭州	余杭	—	13	1784	3.5‰	—	17	2283	—	1.34	民国《杭州府志》卷57，页5b－28b；卷59、卷60各页
	海宁	—	57	1784	4.5‰	—	80	6800	—	0.85	
	仁和	—	56	1784	2.6‰	—	68	4970	—	0.73	
	富阳	—	14(38)	1784	2.1‰	—	45	1832	—	0.46	
	临安	—	8(11)	1784	8.6‰	—	22	982	—	0.45	
	钱塘	—	31(55)	1784	1.4‰	—	61	2520	—	0.41	
	新城	—	11	1784	2.7‰	—	14	550	—	0.39	
	于潜	—	9(11)	1784	4.5‰	—	16	523	—	0.33	
	昌化	—	10(14)	1784	5.8‰	—	22	452	—	0.21	
	全府	—	266	1784	3.4‰	—	345	20912	—	0.61	
绍兴	新昌	—	13	1791	5.3‰	—	19	1974	—	1.04	乾隆《绍兴府志》卷13，页33b－34b；卷9，页8a－11b；各邑县志
	嵊县	—	33	1791	5.3‰	—	48	4461	—	0.93	
	上虞	—	18(34)	1791	5.3‰	—	49	3981	—	0.81	
	余姚	—	47(61)	1791	5.3‰	—	88	5959	—	0.68	

续表

府名	县名	人丁基数（万）	人口基数（万）	基点年份	年均增长率	1860年人丁（万）	1860年人口（万）	战前田数（顷）	丁均田数（亩）	人均田数（亩）	资料出处
绍兴	会稽	—	27(52)	1791	5.3‰	—	75	4390	—	0.59	
	诸暨	—	96	1791	5.3‰	—	138	8088	—	0.59	
	山阴	—	100	1791	5.3‰	—	144	6253	—	0.43	
	萧山	—	69	1791	5.3‰	—	99	3866	—	0.39	
	全府	—	458	1791	5.3‰	—	660	38972	—	0.59	
宁波	慈溪	—	25	1870	4.0‰	—	38	4808	—	1.27	光绪《慈溪县志》卷12，页3、20
	镇海	—	28	1910	4.0‰	—	37	4192	—	1.13	民国《镇海县志》卷6，页2、7
	奉化	—	27	1901	4.0‰	—	37	4188	—	1.13	光绪《奉化县志》卷7，页3、14
	鄞县	—	61	1786	5.4‰	—	91	8480	—	0.93	光绪《鄞县志》卷8，页3、10
	象山	9	17	1816	5.3‰	12	21	1599	1.33	0.76	民国《象山县志》卷11，页7、10
	定海（清占）	—	36	1900	4.0‰	—	31	727	—	0.24	光绪《定海厅志》卷16，页3；民国《定海县志》"舆地"，页18
	全府	—	—	—	5.4‰	146	255	23994	1.64	0.94	

注：1. 在清官方人口的统计数据中，多计丁的具体数目。关于"丁"的实质，何炳棣的研究认为清初"人丁"并非"人口"，仅是赋税单位，但从乾隆后期开始，人口调查的"丁"具备了人口统计的内涵。参见何炳棣《明初以降人口及其相关问题研究（1368—1953）》，生活·读书·新知三联书店2000年版，第28—41页。所以丁的增减幅度大致可反映人口趋势。该表的主要人口计算方法为：在同府各县中寻找两个共同的时间基点，并以此阶段人丁年均增长率推测基点年份到19世纪60年代前年均增长率；存在人口数据的地区以人口数据为准。计算公式：b=a(1+c)^t，其中b为阶段终点的人数，a为阶段起点的人数，t为由阶段a到b的年数，即b-a，c为人口或人丁年均增长率。

2. 有的地区无法在各县区间找到共同的时间基点，只能根据各自的具体情况计算，并结合曹树基《中国人口史》对清代中期苏、浙各府的年均增长率的估计，参见曹树基《中国人口史》第5卷，复旦大学出版社

2001年版,第69—112页;有的地区没有其他时间作参照基点,只能以曹树基对各府年均增长率的估计为据,如绍兴全府、宁波的部分地区。

3. 有的县份,基础时间基点在19世纪60年代后,如宁波部分县区。对1860年人口数的估计结合太平天国战争期间人口的损失率和曹树基对年均增长率的估计上溯,公式为 b = a (1 - d) (1 + c) ^ (t - 1864),其中 b 为时间基点年份的人口数,a 为1860年人口数,d 为太平天国战争期间的人口损失率,c 为战后年均增长率的估计,t 为时间基点。1864年人口损失率参见《中国人口史》各章节及王树槐《中国现代化的区域研究:江苏省,1860—1916》,"中央研究院"近代史研究所,1984年,第35—44、411—469页;李国祁《中国现代化的区域研究:闽浙台地区,1860—1916》,"中央研究院"近代史研究所,1982年,第145—158页;Wang Yeh-chien, "The Impact of the Taiping Rebellion on Population in Southern Kiangsu", *Harvard Papers on China*, Vol. 19 (1965), pp. 120 - 158.

4. 有的县份,府志、县志均无有用人口数据,如常州府武进、阳湖二县,根据《嘉庆一统志》所载嘉庆二十五年(1820)全府人口总数和年均增长率推得1860年全府人口数,再减去其他各县人口总数,推补该县1860年的人口数。

5. 方志所载有的县份的人口数和每户人口均数过低,如杭州、绍兴部分县区,根据邻近县同期的户、口比例和各县户、口比例均数,对方志所载数据进行修正,在括号()中标出,并以修正数据进行增长率、均田数等的计算。

6. 表中战前田数仅指"田",不是田地山荡各类型土地的面积总和;有的田数方志不存,以各田则相加所得。

7. 官方的土地数据,是缴纳土地税的单位数目,折亩、长期漏编和新垦辟田不起科等因素导致实际耕地数与官方数字存在差距,珀金斯(Dwight H. Perkins)认为官方的数据仅是实际田亩数的七八成。参见[美]珀金斯《中国农业的发展(1368—1968)》,宋海文等译,上海译文出版社1984年版,第310—315页。尽管如此,官方的数据却是目前掌握的最为系统的土地数据,不需要就清中期田亩的数额作出准确判断,也无须确切观察清中期人均可耕地面积的变化曲线,而是要通过人均税亩的数目明确纳税人的实际承担,且各地区人均税亩的横向比较在反映人地关系的区域差异方面仍具参考价值。

8. 所有县份数据除参照府志外,均参照该地区不同年代的县志,但为篇幅计,不再列入"资料出处"栏。

浙地区人均田数的普遍低水准和所属各县数据相差不大,[①] 以及该统计未

[①] 据表2—7,1860年,在不考虑逃亡、自杀、死于战乱等非正常人口流失和因此造成的田地荒芜等因素的前提下,该区域的人均税亩均在2亩以下,其中人均1亩以下的县份居总县数的55%以上,人均1.5亩以上的仅3个县域。据梁方仲对清代顺治朝到嘉庆朝人均田地数的统计,江浙地区的人均田地数基本都在全国平均水平之下,且与全国平均水平的差距逐渐增大。参见梁方仲《中国历代户口、田地、田赋统计》,中华书局2008年版,第543—554页。所以人地矛盾可能是引发社会动乱的一项重要因素,大多数民变都与粮食问题有直接关联,无论在农村还是城镇,聚众闹赈、开仓平粜、抢粮坐食和阻米遏粜等形式的粮食暴动都是民变的重要类型。太平天国占据前夕的江南延续了清中叶以来人地矛盾紧张的趋势。

能考虑其他类型土地的数量、质量和具体分布，仍然不能否定这种关系的存在。

　　常昭地区人地关系的实际情况可能较整个太平天国统治区更为糟糕。常昭是太平军东征较晚攻占的地区，苏州被陷后，"东南数百里内，遍地贼踪，仅有常熟、昭文二县，通江北一线之路"，① 该地成为民众避难江北的中转站，人口大量涌入。而常昭又是太平天国统治区最早安民建政、招集流亡和恢复传统经济秩序的地区之一，太平军据守期间人口流入的重要事实是钱伍卿主持难民局收养难民。难民局后来扩大至六门皆立，因难民愈多，改拨每旅名下难民十名，② 咸丰十一年（1861）三月钱伍卿在劝谕中称"现各局将及二千人"，不仅"两邑城中难民贫苦者接踵而至"，还"有他州别县漂流来者"，③ 以致"自去年立局以来，费用浩繁"。④ 难民流入的具体数目不明，但规模应相当可观，秀才龚又村曾亲见其状："路逢无数难妇，知赴南城总局点名，每日一粥一两饭，无屋常住姚局，有屋者由家就食。"⑤

　　常昭也是清军复城最早的地区，"其失陷独后，其返正独先"，⑥ 同治元年（1862）十一月二十八日常昭守将骆国忠降清，后慕王谭绍光率部围城，同治二年（1863）三月城围解，流亡在外者又启归乡之程。据同治四年（1865）清官方统计，战后常熟县成年男丁 213532 人，昭文县成年男丁 185571 人，人口不明，仅以人丁数参看，常熟、昭文二县的数据已经接近或超过同时期同属苏州府的吴县、长洲、元和、吴江等县人口，分别超过 10 年后嘉兴各县人口的半数，分别超过 20 年后杭州各县人口 3 倍。⑦ 据表 2—7，常熟、昭文二县在咸丰十年（1860）人丁数分别为 44 万、31 万，人丁损失率分别为 52% 和 39%，人口损失

---

① 佚名：《东南纪略》，中国史学会主编：《太平天国》（五），第 237 页。
② 柯悟迟：《漏网喁鱼集》，第 51 页。
③ 汤氏：《鳅闻日记》，罗尔纲、王庆成主编：《太平天国续编》（六），第 330 页。
④ 佚名：《庚申（甲）避难日记》，罗尔纲、王庆成主编：《太平天国续编》（六），第 217 页。
⑤ 龚又村：《自怡日记》，罗尔纲、王庆成主编：《太平天国续编》（六），61 页。
⑥ 谭嘘云：《常熟记变始末》，中国史学会主编：《太平天国》（五），第 404 页。
⑦ 光绪《苏州府志》卷 13，"田赋二"，第 12 页 a—b、10 页 a—13 页 a；光绪《嘉兴府志》卷 20，"户口"，第 12 页 a—28 页 b；民国《杭州府志》卷 57，"户口"，第 5 页 b—28 页 b。

率大致与人丁损失率相当，低于曹树基关于战后苏州府平均人口损失率65%的估计，即低于苏州府的平均人口损失量。① 而常昭人口主要是在太平军二次围城的百日相持战中遭到削减，也就是说太平军据守常昭期间，留存人口保持了相对多数，这在土地大量抛荒的情形下，对人地关系的缓解是不利的。因此过去可能过高地估计了战时常昭人口的流失程度。

此外，常昭地区自清初时的土地状况就是"豪强兼并之家，膏腴满野"，"业田多者或一家而占数甲田，少者或数家而占一甲"；② 到太平天国时，太平军当局致力于恢复传统社会经济秩序，很难对土地兼并和集中的现状作出有效改良。首先是地主土地所有权被确认和保护，甚至出现土地的新集中、再集中。常昭当局一再要求业主报田、领凭、收租，传统社会经济秩序仅存在实践途径方面的反复。常熟士绅曹和卿、钱伍卿均与太平军当局密切合作，像"里中巨擘"毛蓉江、"巨富"邹庆和、"腴田千顷"归二、"市中富户"严逸耕、"同知门第"朱又村、"父子监生，中产之人"徐裕田、"家道小康"朱正域等，及颇有"店业家财"的鱼涵泉都成为乡官，家业得以保存。出身"织席粗民"的监军汪胜明，出身"书伙"的文军政司汪可斋等得权后便积极兼并土地，聚拢财富。其次是政府继承和垄断了被没收土地的所有权。如"翁、庞、杨、王诸宦注明原籍田尽入公，伪官目为妖产，设局收租"，翁是大学士翁心存，庞是江南督办团练大臣庞钟璐，其在常熟故居田产阡陌，均被查抄。③ 太平天国将没收的大量土地收归国有，主要用途是收租补需，未见重新分配土地的例子。此类土地的所有权实际只是发生了由前朝官绅、富户向新政权的转移。

常昭地区人地关系长期维系的紧张状态在战争期间仍然无法得到舒缓，这便与重赋、苛税和兼收田租等因素一样，成为频频促发该地区民变的一副重性催化剂。

---

① 参见曹树基《太平天国战争对苏南人口的影响》，《历史研究》1998 年第 2 期。
② 光绪《常昭合志稿》卷 7，"户口·附历代徭役"，第 11 页 a。
③ 龚又村：《自怡日记》，罗尔纲、王庆成主编：《太平天国续编》（六），第 82 页。

第三节　市镇乡村民变居多的现象

太平天国战争对城市生活和商品经济的影响是巨大的。首先是战时人口流动，大批逃难队伍下乡，城市为之一空。古语言"小乱避城，大乱避乡"，① 太平军一至，"城民避乡，乡民又避远乡"，② "殷富之家十室九空"，③ "城中不论贫富，仍望各乡迁避，舟载肩挑，连络不绝，城门几不可闭"，④ 乡村地区成为各阶层和各类社会势力聚居的避难地。土豪富绅、世家大族、商贾村氓、团练枪船、土匪流民、贫农雇工，三教九流，齐集于此，为市镇和乡村经济的繁荣提供了前提条件。

其次是太平天国在城市实行男女分营的社会组织和限制自由经营工商业的政策，以及为了优先驻军迫使居民离开城市的行政命令，这些都违反经济发展的客观规律，使城市功能单一，商业萧条。都城天京废除私人手工业，改行"诸匠营""百工衙"制，缺乏经营活力，织营、木营、瓦匠营成员哗变，甚至谋通江南大营，成员逃亡出城的现象普遍。织营由初时的一万四千余人，自夏徂冬，锐减至三千；土营泥水匠、木匠、油漆匠"日夜催工，逃亡已过半"，⑤ "一片死寂弥漫全城"，⑥ 像一座大军营。⑦ 苏州太平军"踞城后，陆续驱民出城，散居各乡，故乡镇之买卖转盛。……又有由上海贩物至乡镇者，利亦如之"，⑧ 城外"自江浙以达上海，帆樯林立，来去自如。……居民稠密，皆自外迁来，及各寓栈中置货客商，往来如梭织"，很多市镇乡村"流民雨集，百货云屯，盛

---

① 李渔：《十二楼》，"闻过楼"，中华书局2004年版，第182页。
② 光绪《镇海县志》卷37，"杂识"，第24页b。
③ 光绪《石门县志》卷11，"丛谈"，第89页a。
④ 汤氏：《鳅闻日记》，罗尔纲、王庆成主编：《太平天国续编》（六），第296页。
⑤ 涤浮道人：《金陵杂记》，中国史学会主编：《太平天国》（四），第617、618页；张继庚：《张继庚遗稿》，中国史学会主编：《太平天国》（四），第765页。
⑥ 《戈登在中国》，王崇武、黎世清译：《太平天国史料译丛》第1辑，第244页。
⑦ 《北华捷报》第178期，1853年12月24日；《北华捷报》第204期，1854年6月24日。
⑧ 杨引传：《野烟录》，太平天国历史博物馆编：《简辑》（二），第175—176页。

于未乱时倍蓰",①"繁荣兴旺,贸易发达";② 太平军当局还鼓励居民出城经商,"招民做生意",苏州商人陈孚益在苏州城破后偕家眷逃往西北乡,沿途多次遇太平军盘查,均以"奉令招商"的安民旗和"忠王令作生意""奉忠王的令出去做买卖"为辞化险为夷。③

第三,可能与太平天国对地主、富户经济打压的特殊政策以及土地价格的下降有关,"此时田亦无人要买,好田只值三四十千,真有钱者不敢买,怕捐富户"。④ 江南地主、富户、商贾自不敢再将大量资金投入土地买卖,而是利用近郊上海的物资之便在太平天国占据地区从事商品转卖的贸易扩展活动,"苏属乡镇未遭烽火者十之七八,且迁徙者多,人烟转盛,城市富民往来贸易,货财充斥,增设市廛,贼但抽租增税而已,初不知其为乱世也"。⑤

上述主客观条件促成太平天国战争时期部分乡村市镇商品经济的繁荣。在无锡,"各镇口热闹如城市",⑥ 东亭镇"贼与民贸易之所,商贾往来如织,小市遂为雄镇",⑦ 荡口镇"商贾繁盛,百货堆积,似有升平景象";⑧ 在盛泽镇,"这里似乎是一个巨大的商务中心……这是一个很大的村庄,居民达五千户以上,商品鳞次栉比。……中国人的各项消费品都极为充斥";⑨ 绍兴斗门小镇"直与苏杭相仿";⑩ 杭州城郊西溪小镇"贾贩西溪市集兴";⑪ 大浦镇尤为繁盛,"商贾云集,交易日数十万金",

---

① 王韬:《弢园文新编》,中西书局2012年版,第198—199页。
② [英]呤唎:《太平天国革命亲历记》上册,王维周译,上海古籍出版社1985年版,第49页。
③ 陈孚益:《余生纪略》,第8—9页,苏州图书馆藏稿本。
④ 吴燮恺:《劫难备录》,绍兴图书馆藏抄本,无页码。
⑤ 沈梓:《避寇日记》,罗尔纲、王庆成主编:《太平天国续编》(八),第151页。
⑥ 张乃修:《如梦录》,罗尔纲、王庆成主编:《太平天国续编》(四),广西师范大学出版社2004年版,第389页。
⑦ 华翼纶:《锡金团练始末记》,中国社会科学院近代史研究所《近代史资料》编辑室编:《太平天国资料》,第128页。
⑧ 佚名:《平贼纪略》,太平天国历史博物馆编:《简辑》(一),第273页。
⑨ [英]呤唎:《太平天国革命亲历记》上册,第49—50页。
⑩ 吴燮恺:《劫难备录》,绍兴图书馆藏抄本,无页码。
⑪ 丁葆和:《归里杂诗》,太平天国历史博物馆编:《简辑》(六),中华书局1963年版,第462页。

"难民依大浦者化居皆得厚利,一人在市,余悉坐食"。① 但正因乡村市镇商品经济的繁荣,各色人等云集,五方杂处,才使太平天国时期市镇乡村的社会关系复杂化,地狭人稠的社会现实,加剧了乡村地区的社会矛盾。像荡口、盛泽、周庄、永昌这些传统社会关系和社会经济秩序保存比较完整的地区,商品经济较为繁荣,政治环境较为稳定,同时也因太平天国政治权力、地方社会势力的积极介入和垄断使得社会矛盾更加突出。所以,相对于城市而言,太平天国时期市镇和乡村地区经济的畸形发展,滋生了民变的场所。

咸丰十年(1860)九十月间发生在常熟县王市镇的暴动,是太平天国据守常熟后各类社会势力重新活跃的呈现,王市基层政府在九月三十日和十月十七日两次被倾覆。这次暴动,充分展示了乡官群体的贪墨庸碌,盗匪集团的嚣张残暴,官军团练的投机腐朽,农民阶层的淳朴无知,以及太平军当局的果断强力。事情的起因主要有两个:一是王市镇中"典铺存留之物,约于出月照票放赎,取本让利",乡官师帅金云台"自恃有势欲分肥,失券之余,尼阻放赎日期";二是金与当地乡老严朗三私议"叫租收米",未及执行,乡农不满,"积怨已久,暗暗聚众,歃血祀神,四下相邀,誓甘心焉"。原本仅是为纠正政府决策偏差的民众集体行动,却因土匪、团练、无赖流民的参与和煽动迅速转变为针对政治权力的暴乱。在两次颠覆基层政权的活动中,土匪充当了主力军的角色,他们的首领何年年、沈大茂均是旧衙门的催头,"本充地方经造,素为田房中保之蠹",因"妒局中津润,且欲图赖门牌二百千"。而在暴乱中,土匪、清军、团练和农民四股力量的行动能协同一致,缘于他们获取经济利益的共同目的。农民组成的临时队伍约五百人,"无勇敢斗志,惟贪图钱米,混取资财"。官军、团练以"此来保护百姓"为名,"借此抢夺","竟将民众被逼所借棉被百条取去,局内诸物一扫而空。又逞势打开邻近内室,局外良家,一并搜刮靡遗,将船载去。又欺压市民,擅取店货"。土匪则直奔典当,"四乡远近闻抢典当,男女老幼数千余人,飞速奔来,自朝至暮,搬去典物"。官军和土匪无意久留,仅觊觎王市财富,太平军轻而易举地将他们驱逐。

---

① 光绪《宜兴荆溪县新志》卷5,"武事·咸丰同治年间粤寇记",第12页a。

事件反映出常熟太平军当局在设治伊始对基层政府缺少必要和有效的监管，变乱过后常熟方面则加强了对王市镇的控制，派军长驻，颁示安民，追拿土匪，征缴田赋。从常熟当局在较短时间内派遣有效力量并联络地方势力反正，迅速扑灭暴动的实际行动观察，新政权有足够的应变能力处理社会突发事件。整个事情的来龙去脉所围绕的核心问题都与经济有关，涉及各类社会势力的利益；事情的结局也以王市的经济衰败而告终，"市中街巷依然冷落，店铺闭歇，买物交易，多在村野"。可以说昔日富裕的王市镇成为滋生此次重大变故的沃土。①

小 结

民变在太平天国苏南统治区多而在浙江统治区少，是其地域分布的一个特点。太平军在浙江大部分地区设治建政的时间为咸丰十一年（1861）深秋和严冬，错过了是年征收漕粮的关键时期；受主客观因素制约，建政伊始的浙江太平军当局很难迅速有效地恢复传统社会经济秩序。而浙江部分地区，像严州、宁波、处州、台州，在据守第二年（1862）征收冬漕之前就已失守，根本没有践行传统社会经济秩序的时机，太平天国政权对基层社会的干预较少。苏南大部分地区则拥有两个完整年度的和平建设期，传统社会经济秩序初步恢复，因在田赋政策和基层行政领域承袭清朝旧制，传统社会经济秩序的痼弊也相应滋生，政权的易手并未能实现新旧社会的转型；又因恢复传统社会经济秩序时执行自我孤立的经济政略，导致统治方式转向出现损害业佃双方利益、加剧官业佃三方矛盾的偏差。因此传统社会经济秩序恢复水平和执行手段的局限促成苏南地区民变频发高发的状态。而浙江绍兴、金华、杭州、湖州的部分地区虽有1—2个完整年度推行传统社会经济秩序，但与苏福省各地佐将致力贯彻李秀成地方建设新思维不同，②浙江地区的新统治者基本上习

---

① 两次颠覆王市太平天国基层政府的暴力事件，参见汤氏《鰍闻日记》，罗尔纲、王庆成主编：《太平天国续编》（六），第325—337页。
② 李秀成地方建设的新思维，参见王明前《太平天国的权力结构和农村政治》，第95—104页。

惯于践行贡役制施政方式，太平天国政权对基层社会的干预较少，致使浙江太平天国的统治模式没有完全超越贡役制水平。贡役制社会结构不易引发传统形式的民变，却易滋生民众针对太平军掳掠行为的反抗行动和具有政治敌对性质的民团事件。说到底，这与太平天国政权对浙江基层社会的干预介入较少较浅有关。

记载太平天国时期常熟昭文地区史事的资料是丰富的，综合分析史料来源的基本要素，一方面，各类资料对常昭民变具体情节的记载比较可靠；另一方面，太平天国治下常昭民变"频多"的社会现象是一个事实。

经过比对分析，太平天国治下常昭地区农民的常规经济负担（田赋和地租）已接近或可能超过清时期；与太平天国控制下的其他地区相比，常昭地区各年度的漕粮指标均处高水平，农民的常规经济负担也一直较为稳定地保持在高水准上；而且常昭地区杂税的种类最多，数额最重。以田赋和杂税两项合计民众经济负担，常熟昭文地区的农民在咸丰十年（1860）尚可度日，到咸丰十一年（1861）已无法维持温饱，可旁证咸丰十一年发生的民变高潮。这些情况还完全没有顾及旱涝、瘟疫等灾害，战事各方的军事破坏，以及统治者非良性执政等因素。可见赋税总额过重无疑是常熟昭文民变"频多"的重要原因。这说明尽管洪秀全、李秀成等重视与民休息，推行轻徭薄赋的政策，但在太平天国占领的某些地区，仍存在"赋费（捐）均重"的现象。所以学界长期认定的太平天国的赋额轻于清政府，或太平军治下农民的经济负担轻于清时期的论断还需作进一步的讨论。

大多数乡村民变的发生都与粮食有关，所以太平天国治下江南地区的人地矛盾（"土地/人口"比例）可能与民变形成存在某种程度的关联。太平天国占据前夕的江南延续了清中叶以来人地矛盾的紧张趋势，江南各地的数据虽略有高低，但相差无几，均为全国较低水平。这不能否定人地矛盾对民变高发频发的影响。常熟昭文地区人地关系的整体状况可能较太平天国治下其他地区更为糟糕：一是常昭地区人地关系紧张的现实在太平天国据守前已达到相当严重的程度，太平天国致力于恢复传统社会经济秩序，很难对土地兼并和集中的现状作出有效调整，甚至是确认和保护地主土地所有权，纵容和参与土地的新集中、再集中。另一方面可能过高估计了太平天国战争期间常昭人口的流失数量。所以，常昭地区人地关系恶化的势态未能因新统治者的到来有所改观，人地关系长期维系的紧张状态在战争期间也无法得到舒缓，这方面因素与重赋、苛税和兼收田租，以及19世纪60年代太平天国统治方式转向产生的经济政略弊病等因素共同成为频频促发该地区民变的一剂猛药。

太平天国统治区的民变大多为市镇和乡村民变，这一地域分布特点与太平天国时期市镇和乡村经济的畸形发展有关。太平天国战争引发的社会恐慌导致城市人口迁移；太平天国在城市地区执行的社会组织和经济政策也造成城市人口的流失。人口迁移最重要的方向是乡村地区。被迫离开故土的民众多是举家迁徙，当时在上海南翔镇的外国人观察："难民的人数不会少于一万或一万一千名，其中主要为老人与妇孺，他们从自己的家宅被赶出后，带着少量的粮食、少数煮饭的什物与一点点铺盖，一家一家人聚在一起。在这里，老祖母由她的女儿搀扶住，小孩则放在扁担一头的篮子里，另一头装着锅碗壶罐等物，由孩子的父亲挑在肩膀上。"[①] 人口的大量聚集既为乡村社会经济繁荣提供生产者和消费者，也加剧乡村地区的社会矛盾，使江南乡村原本地狭人稠的社会生态引发的社会问题愈加突出。所以太平天国治下部分市镇商品经济的突兀繁荣不全是太平天国保护和扶植工商业发展的结果，在很大程度上是人口迁移的客观效应，像荡口、盛泽、周庄、永昌这些为地方旧势力控制下的地区，社会经济秩序较少受到冲击、政治局势相对稳定，尤易出现市镇经济繁荣的情况。同时由于各类势力的介入，社会矛盾复杂化，太平天国统治区的乡村社会相较于其他时期，更易成为培育和滋养民变的温床。

广泛而频繁地引发激变四野的民变，实际是国家权力不当控制地方社会的直接反映；团练等政治敌对武装在乡村社会的大量形成，则说明政治权力基本没有在乡村控制方面得到展现，遑论控制不当。苏南民变多于浙江、市镇乡村民变居多的现象和常熟昭文民变数量最多的特色，从一个侧面反映了太平天国政治权力向苏南乡村社会，特别是在常熟昭文地区的渗透和展现相对充分，这说明民变的数量、规模与太平天国统治的深入可能成正比例关系，即越是太平天国统治深入基层的地区，民

[①]《北华捷报》第631期，1862年8月30日。

变数量愈多，规模愈大，一般程度也越激烈。关于民变的规模，在已知的70起民变中，只有9起事件较明确地记载了参与人数，千人以上（包括万人以上）大型民变为5起，有4起发生在苏南。这一比例关系并非否定太平天国统治深入基层的可行性，仍是在强调统治方式转型的问题，即政府权力如何才能以合适、合理、适度、适当的方式管理乡村社会。

第 三 章

人员构成

民变事件领导人和参与者的身份背景，可以部分反映当时的社会结构状态，以及民变成员的动机。一般情况下，传统时代民变领导人和参与者的身份属性与事件类型密切相关，特别是乡村民变成员的身份属性具有高度的同构型。① 抗粮类型的民变一般会由经济优越、社会地位较高的士阶层和边缘层成员领导，因为传统国家征收田赋主要以之为"粮户"，田赋政策直接、较大地触动他们的经济利益，当然不能排除小户出身的平民精英领导此类抗争的事件存在；抗租类型的民变往往会由佃农出身的平民精英领导，但也不排除无赖阶层的鼓动。乡村民变的参与主体一般包括自耕农和佃农在内的农民，一方面农业政策的变动关涉农民利益，而农民所处的经济环境较其他阶层更易遭受波折；再者，他们在集体行动动员方面缺少先天的领导魄力——文化水平低；但作为农村社会结构的主体成员——人口数量多且体格健壮，他们又为集体事件的动员和发生提供不可或缺的体力支持。②

但记载民变的历史文献对事件领导人和参与者身份背景的描述存在局限：一是大部分史料都未明确记载领导人的身份。19世纪40—50年代20年间江南地区的104起民变有42起事件的领导人身份不明；太平天国统治区70起民变有41起并不清楚事件领导人的身份。对于参与者，文献多使用笼统的名称概括，但通过事件类型的把握可以弥补参与者身份记

---

① 这是由传统乡村社会阶级结构的相对稳定性决定的，参见姜涛《近代乡村人口阶级结构稳定性初探》，《近代史研究》1994年第3期。

② 所以有文人认为"四民之中，最易作乱者农"（汪士铎：《汪悔翁乙丙日记》卷2，第18页b）。

载的缺憾。二是限于史料本身主观价值判断的局限。作者本人对事件所持立场和观点不同，对事件领导者和参与者的身份属性会存在不同的认知。像史料中常见"莠民""奸民""刁民""无赖""地棍""土棍"等词，很明显地说明作者持有的是官方立场的话语体系，[1] 而对在史料中没有其他身份说明的人之角色进行认定时只好笼统地将其归入"无赖层"，但这不能硬性割离"无赖层"与其他"平民层""士阶层""边缘层"之间相对交叠的界限。三是对主要领导人和主要参加者事件比例的分析只能建立在不完全统计的基础上，缺少统计学要求的史料和史实的"一贯性"。大量不明领导者身份的事件存在和官方奏报、文人记载对报道大案特案的偏重决定了这点，民变事件总数的变化可能引起成员身份比例的变动。四是与理论预想不同，实际操作的结果表明民变的领导人和参与者身份并不单一，事件常由两类或两类以上身份背景的成员主要领导或参与。尽管如此，初步统计结果呈现的趋势和比例在符合太平天国时期主要史料反映的社会发展基本走势的情况下，仍有助于加深对该时期民变行动宏观状况的了解。

---

[1] 官方、士绅和百姓对民变领导人可能有不同定位。如对抗领门牌事件，《鳅闻日记》的作者汤氏出身地位不高，他对参与者的身份描述比较中性，称之为"民人"［汤氏：《鳅闻日记》，罗尔纲、王庆成主编：《太平天国续编》（六），第325页］，这种看法应与普通百姓接近。同样是抗领门牌事件，太平天国官方将"叠次抗违不缴"的姚黄等庄十余户人家称为"玩户"（太平天国历史博物馆编：《太平天国文书汇编》，第204页）。地方史志站在敌对太平天国的立场上编纂，应该符合地方士绅的认知，光绪《奉化县志》和光绪《忠义乡志》对村民沈国章抗缴门牌费的行为表示赞同（光绪《奉化县志》卷11，"大事纪"，第19页a—b；光绪《忠义乡志》卷16，"大事纪"，第16页a—b）。即使是同一位作者对同一事件在不同时期也有不同评价，《自怡日记》的作者龚又村是个秀才，以教书为业，他在日记中对常熟士子联名投票控诉师帅朱又村一案有所记载。咸丰十一年十一月初十日的日记写道："闻新进士文者官统制，武者官□□，防后来试士裹足。不令留京，回籍包揽词讼，阴阳局规怂人捏浮收之弊，诬告乡官，朱局遂至被控。"朱又村是"同知衔西村之子"，为"绅富"，龚对朱显然抱有支持和同情心态，将非正途出身的士子之举视作"诽谤"。但在同治元年闰八月十二的日记中又改变语调说："虽官斗加五而上不过三斗，乃五师合租粮为一局，竟收至七斗，至有三十六人之投票；而朱又村之局几岌岌其殆，上赂下馈，费及几千，向所剥削，惜亦无多留也。"此时龚又村可能对朱的为官为人有了更深了解，士子投票之事又被他视作正义之举。［龚又村：《自怡日记》，罗尔纲、王庆成主编：《太平天国续编》（六），第82、116、117页。］

第一节　领导人和参与者的量化分析

根据统计数据，太平天国统治区的民变有明确或比较明确领导人身份类别的事件数为 29 起，其中由没有功名的儒生文人等构成的边缘层作为事件主要领导者的比重最高（占 14.29%），其次为士阶层（占 10%）。但因边缘层作为士阶层的延伸和扩展，两者间的界限存在交替；实际上，史料记述对此也很少区分，如咸丰四年（1854）五月安徽黟县抗粮民变的领导者为"各乡绅董"，史料没有说明"绅董"是否具有功名。[①] 鉴于晚清以来"士绅"内涵的模糊性，较可靠的方法是暂时认定这起民变是由士阶层和边缘层共同领导。再如发生在咸丰十年（1860）十二月常昭西北乡民众反太平军掳掠的民变，史料虽然没有记载领导者身份，但事件明显由前一日（十二月二十日）太平军"穿陈益芳去"而起。陈益芳的身份是富户或是有声望者，《庚申（甲）避难日记》的作者（蒙馆老师，边缘层）称其家为"黄莺沙陈家宅"，太平军"烧其门枨烘火"，[②] 陈姓起码应在"边缘层"中。陈某被掳之事刺激到同等身份地位的人，他们感到生命财产受到太平军威胁，因此可能也是边缘层成员首先倡议行动。至于领导者有无功名，是否为士子，史料没有提及。又如同治元年（1862）二月浙江秀水民众上书抗争的例子，乡人联名上禀军帅 30 余次，请求严惩掳掠士卒。[③] "集体上书"是传统时代"士变"的主要形式之一。当然边缘层因具备文字书写能力，也可以领导"上书"；且事件本身波及范围较广，无法排除边缘层成员的领导。所以不妨把民变事件的士阶层领导者和边缘层领导者合而为一，作为知识分子领导人群体看待，那么太平天国统治区知识分子领导民变事件的比例为 21.42%（去除两起由士阶层和边缘层共同领导的事件），远远高于"无赖层"（8.57%）、农民（8.57%）、商贩（2.86%）领导民变事件的比例。

[①] 佚名：《徽难全志》，南京大学历史系太平天国史研究室编：《江浙豫皖太平天国史料选编》，第 295 页。
[②] 佚名：《庚申（甲）避难日记》，罗尔纲、王庆成主编：《太平天国续编》（六），第 211 页。
[③] 沈梓：《避寇日记》，罗尔纲、王庆成主编：《太平天国续编》（八），第 107 页。

"平民层"领导民变事件的比例合计为20%，低于知识分子群体领导事件的比例。这证实太平天国统治区民变领导者的主体是由士阶层及边缘层文人构成的知识分子群。一方面，这符合传统时代地方社会关系网络的基本特征，知识分子群体比平民阶层更适宜、更有责任担负维护地方利益的职责；另一方面作为纳税人和土地拥有者，他们的利益在战争中首当其冲地遭受冲击；第三，作为刚刚从旧社会结构中分化出的群体，他们的反抗行动说明现有社会结构不稳定，至少在共同经济利益方面他们还未完全认同新政权，并对新政权保有一定警惕性。

表3—1　太平天国统治区民变之主要领导人与参与者的身份类别

类别		身份	主要领导者事件数	比例（%）	主要参与者事件数	比例（%）
知识分子群体	士阶层	举人、贡生、监生、生员、武生、童生等	7	10	1	1.43
	边缘层	没有功名的儒生文人等	10	14.29	6	8.57
平民层	农民	佃农、自耕农、渔牧民等	6	8.57	64	91.43
	工匠	雇工、石匠、脚夫、水手等			1	1.43
	商贩	市贩、铺户、盐贩等	2	2.86	2	2.86
	无赖层	（无稳固职业，史料未标其他身份）莠民、奸民、地棍、土棍等	6	8.57	7	10
单列项	市民	市、镇居民			18	25.71
		不明	41	58.57	1	1.43

注：本表不是严格的阶层区划，存在身份类别重叠，无碍于量化分析，主要为反映史料记载的相对同类角色领导和参与民变之比例；"比例"为主要领导者或主要参与者事件数占民变总数的比例，因主要领导人或参与者身份可能同时存在两种或两种以上，各比例之和不为100%；"无赖层"的身份认定依前述"民众"概念界定之原则；"市民"群体如有史料记载的其他身份认定，可同时分别归入知识分子群或平民层。

太平天国据守江南前20年同区域民变的领导者身份比例略有不同。"无赖层"作为主要领导者的民变比例占35.58%，居首位，远高于知识分子群体和农民、工商业者（不包括以此发家成为富户者）领导的事件比例。

如去除 10 起无赖层与其他阶层共同领导的事件，无赖层单独领导事件的比例为 25.96%；士阶层去除 3 起与无赖层共同领导的事件，比例为 2.88%；边缘层去除 4 起与其他阶层共同领导的事件，比例为 7.69%。可见无赖层单独领导事件的比例仍然远高于知识分子单独领导事件的比例。

相较于"天国"民变，该时期民变领导者的主体是无赖层，可能是因为鸦片战争后 20 年间无赖层数量激增，这些人绝大多数依附于城乡经济寻求生存，他们逐渐成为社会不安定因素；而太平天国战争对江南社会经济破坏巨大，同时增加了社会流动，在各阶层中无赖层流动性较强。清时民变无赖层领导者比例高的另外一个原因可能与统计对象差异有关，19 世纪 40—50 年代江南地区的民变包括城市、市镇和乡村民变三大类，无赖集团特别依附于城市经济的投机行业生存，尽管无赖层成员蔓延农村，但仍以城市生存居多；而太平天国时期江南地区的民变主要类型是乡村民变，地域局限在乡村，无赖层投机领导的比例会有所下降。同时由于太平天国实行对城市军事管制的政策，限制了这部分群体的生存空间，乡村地区社会经济条件不及城市，且亦饱经战乱，不是无赖阶层首选的依附渠道，迁避外出和流动是他们战时的优选；太平天国乡村基层政权对无赖阶层的吸收和利用也可能造成无赖层领导"天国"民变事件比例的下降，没有离开故土的无赖层成员选择投入或依附太平天国牟取利益不失为上善之道。①

---

① 无赖层与太平天国合作主要有三个渠道：一、加入枪船或团练；二、加入太平军；三、加入乡官基层组织（出任乡官或服务基层）。合作方式分为主动投靠和被动应招。被动应招如《贼情汇纂》载："贼数十百人住于村内，一半日尚无举动，觅得此村此庄无赖之民，饮食而抚慰之，转令沟通富户奸细劣仆，访问窖藏所在，许掘得分给"；"如医卜星相江湖技艺者流，漂泊无定，迁变不常，且无室家系恋，一入贼中，语言合拍，计划同心，未有不亲之信之，优礼以待之者"。[张德坚：《贼情汇纂》，中国史学会主编：《太平天国》（三），第 272、295 页。]主动投靠如《漏网喁鱼集》载："是时各处有不守分之匪类，投入贼中，作为乡官，指点谁富谁贵"；"如有品节之人，悉皆隐避，而无赖之徒皆甘心从贼也"（柯悟迟：《漏网喁鱼集》，第 48—49、52 页）；《虎口日记》载："充乡官多市井无赖"[鲁叔容：《虎口日记》，中国史学会主编：《太平天国》（六），第 802 页]；光绪《桐乡县志》载："设立军帅、师帅等名目，招邑之无赖者充之"；"于是四乡博徒土棍及地保皆作伪乡官"（光绪《桐乡县志》卷 20，"杂志类·兵事"，第 8 页 b、10 页 b）；光绪《嘉定县志》载："各图保长除现年夫束承充外，半皆游民顶充，武断乡曲，遇事生风"（光绪《嘉定县志》卷 8，"风俗"，第 6 页 a）。无赖层出任乡官的记述很多，不一一列举。

19世纪40—50年代江南地区知识分子群体领导民变的比例为17.31%（不考虑两个阶层共同领导的情形）、单独领导事件比例为10.57%，高于农民和工商业者领导事件的比例或两者比例之和。可见知识分子群体在民变领导和动员过程中仍发挥重要作用，并保有较高的主动性和积极性；与太平天国统治时期相比比例有所下降，说明太平天国统治区知识分子参与民变的积极性增高，与太平天国社会战略对该阶层利益的侵犯有关。但是绅士在民变中的领导地位和他们领导民变的"量"不能作为绅权扩张的表现，一方面他们本来在传统地方社会事务中掌握主动权，领导民众运动是由他们的客观条件决定的；另一方面正是因为权力被压缩或形成利益冲突，绅士才被迫出面抗争，绅士抗争的目的是维护既得利益或要求合理权益，权力展现和扩张不是第一位的；但绅士主动领导地方军事武装，造成地方军事化，影响政治权力对地方的控制，则属另一类情况。

两个时期农民和工商业者领导民变的比例均较低，特别是工商业者在两个时期领导事件的比例均不及5%，显示出这一群体在民变中的积极性不高或相对保守。通常情况下，只有在其自身利益遭受最直接的损害时，如捐税、非常规勒派等情形，工商业者才会挺身而出，典型的案例是咸丰十一年（1861）五月十二日嘉兴新塍商人反太平军勒派的集体罢市行动，"因长毛施天燕索金子三百五十两，新塍不能供故也"，直接激起商人们前所未有的愤怒。[①] 与三四十年后辛亥革命前夜商人群体自觉抗争意识的增强明显不同，[②] 传统时代真正由商贩铺户主动独立领导民变罢市的例子鲜见。商人罢市，一是他们害怕受战乱波及而歇业闭店，《花溪日记》中常见"罢市"之词，如"长安、海宁二月廿六日罢市，嘉兴三月初一日罢市，俱迁逃一空""湖州、长安等处复罢市""当门紧闭罢市""花溪闻风亦逃亡罢市""因捉船闹事……罢市皆走""掳人罢市，渐掠乡里"。[③] 这些均非民变，实是商人的紧急应对。二是有偕同卷入民

---

① 沈梓：《避寇日记》，罗尔纲、王庆成主编：《太平天国续编》（八），第51—52页。
② 桑兵：《论清末城镇社会结构的变化与商民罢市》，《近代史研究》1990年第5期。
③ 海宁冯氏：《花溪日记》，中国史学会主编：《太平天国》（六），第659、661、662、678、721、723页。

变的情形，体现在商人阶层与其他阶层对民变的联合领导和参与，如咸丰十年（1860）宁波鄞县抗税罢市行动波及千人以上，"一日街上喧哄，市民焚香，候考棚（团练公馆）外者不下千人。市民跪禀为巡夜索费，坊保带同乡勇向市中铺户强取巡费，街民不服，相率闭市"，① 商人的行动比较明显地附从于市民。

表3—2　19世纪40—50年代江南民变之主要领导人与参与者的身份类别

类别		身份	主要领导者事件数	比例（%）	主要参与者事件数	比例（%）
知识分子群体	士阶层	举人、贡生、监生、生员、武生、童生等	6	5.77		
	边缘层	没有功名的儒生文人等	12	11.54	36	34.62
平民层	农民	佃农、自耕农、渔牧民等	4	3.85	90	86.54
	工匠	雇工、石匠、脚夫、水手等	2	1.92	2	1.92
	商贩	市贩、铺户、盐贩等	2	1.92	2	1.92
	无赖层	（无稳固职业，史料未标其他身份）莠民、奸民、地棍、土棍等	37	35.58	25	24.04
单列项	市民	市、镇居民			10	9.62
	其他	妇女、僧道、会党、土匪等	10	9.62	7	6.73
	不明		42	40.38		

注：本表不是严格的阶层区划，存在身份类别重叠，无碍于量化分析，主要为反映史料记载的相对同类角色领导和参与民变之比例；"比例"为主要领导者或主要参与者事件数占民变总数的比例，因主要领导人或参与者身份可能同时存在两种或两种以上，各比例之和不为100%；"无赖层"的身份认定依前述"民众"概念界定之原则；"市民"群体如有史料记载的其他身份认定，可同时分别归入知识分子群或平民层。

工匠与商人一样，在传统时代领导民变的事例不多见，他们在民变群体中所体现的参与积极性也不高，仅统计有"天国"境内1起工匠参与的民变。除非直接关涉生计问题，工匠才会被迫出来维护自身利益，

---

① 段光清：《镜湖自撰年谱》，中华书局1960年版，第180页。

领导民变的类型也仅限于罢工。工匠和商人的自觉抗争意识薄弱是长期以来传统社会结构模式以及由此形成的集体意识心态造成的。毕竟在两千余年的小农经济社会中，他们不是统治阶层关注的重点对象。传统社会结构在近世经历"千年未有之大变局"后，社会经济的发展、工商阶层比重的扩大、思想的解放、新式行业组织的形成，促生20世纪初联合罢工、联合罢市、全国串联式的工商运动，这种现代的特殊性在仅仅30多年前的太平天国时期却没有丝毫映现。

19世纪40—50年代江南民变领导者身份类别比例的显著变化是无赖层领导事件的比例超过知识分子群体而跃居首位，这可能是鸦片战争后江南地区社会结构变动造成的，也与民变研究对象的区域性有关。而至太平天国战争，太平天国统治区民变领导者身份类别的比例重新回归传统时期的民变常态，即士绅阶层为领导主体，平民阶层次之，无赖阶层又次之，反映了"天国"民变领导形式、领导背景具有传统的延续性，但这一"常态"也仅是针对太平天国统治时期和江南区域而言，不具全国范围的代表性。

就主要参与者事件数分析，从两个时期民变的总体情况看，农民阶层成为民变的参与主体，构成民变成员的基础身份，两个时期农民阶层作为主要参与者的民变数比例均在85%以上（不考虑两个以上阶层的联合参与）。以农民为主体的平民层在参与者事件数比例中占绝对优势，他们在民众运动中单独提供士阶层、无赖层均无法提供的人力资源和体力支持，可以说在整个运动发展过程中，农民的付出是最多的。尽管如此，农民在民变中的地位并不高，他们所能做的主要是通过提供广泛的人力换取别人许诺并不核心的利益诉求。两个时期各阶层作为主要参与者事件的比例分布大致相同，农民作为事件参与者的主体，其次依次为知识分子群体、无赖层、工商业者。唯一存在明显差别的地方是在"天国"民变参与者中，"市民"群体异军突起，其作为主要参与者的事件比例为25.71%，超过知识分子和无赖层（均为10%）。"天国"民变人员中的"市民"，是相对于居住在农村的"村民""乡民"而言，史料记载主要指居住在市、镇的"镇民""里民"，不是现代意义的"市民阶层"。

另外，在19世纪40—50年代江南民变之主要领导人与参与者的身份类别中，妇女、僧道、会党等构成的"其他"类别比例不小，作为主要参与者占 6.73%，作为主要领导者占 9.62%，可见该时期民变事件领导者和参与者身份之复杂。妇女作为事件主要领导者的案例很少，往往被官方视作男性的怂恿而不予追究，在咸丰六年（1856）嘉兴桐乡饥民攫食的集体行动中，还能看到妇女领导者的身影，"妇女幼孩千百成群，以为殷户莫可如何，长官亦难禁止"，最后官方"择为首之妇女惩办一人以警大众而此风遂息"。① 在"天国"民变中，几乎未发现类似群体作为事件的主要领导者或参与者：僧道有悖于太平天国宗教而被明令禁止；会党被同化收编，或自行其是，或与太平军敌对；妇女人口大量流失。但余治的《江南铁泪图》绘有一幅"携孤觅食节妇呼天"图，妇女可能还在太平天国时期难民、饥民、流民抢米坐食等群体性事件中扮演一定角色。②

第二节　各阶层在民变中的角色

在多数民变案例中，知识分子群体作为民变的主要领导人，农民阶层作为民变参与者的主体，两者组成相对稳定的联盟格局是保障民变有效动员并取得良好预期的前提。

一　士子文人的"领导"角色

知识分子群体对经济生活的感知较为敏锐，因为他们可能受到的压力和攻击是双向的。其一，更有可能作为有产者，特别是粮食的直接拥有者，因之常在文献中被记作"产户"，他们会在抢米暴动、饥民攫食、流民闹赈和佃农抗租运动中成为直接被攻击的对象，凡以业户、富户为抗争对象的民变案例均说明了这点；其次，更有可能作为土地拥有者和法定纳税人，在政府试图增加财政收入的时候，他们又往往表现出积极的抗官性。类似在夹缝中求安的处境在战争时期显著，使太平天国统治区的士绅阶层表现出较强的攻击性。这也是太平天国统治区知识分子群体作为主要领导者的事件比例较太平军据守江南前 20 年间有较大回升并

---

① 同治《桐溪记略》，"保卫乡里记"，第 8 页 b。
② 余治（寄云山人）：《江南铁泪图新编》，第 22 页 b—23 页 a。

跃居首位的一个重要原因。知识分子群体在民变中的双重角色使他们通过长期实践积累了丰富的处理地方社会事务的领导能力、应变经验。一般情况下知识分子群体在民变中拥有的关键性地位绝不仅是由于他们具有动员或指挥运动的文化知识，还有赖于他们对官场情况的熟识以及在长期斗争实践中形成的斗争技巧。正如萧公权认为的，对抗现存政权体系的"叛乱"取得不同程度的成功所具备的条件之一是"运动得到绅士和文人提供的有力领导，他们为运动带来组织和技术"。[①] 太平天国战争时期也常见知识分子领导民众运动反抗清政府的案例，像咸丰三年（1853）太平军进军安庆，皖北各地"土匪蜂起，肆行抢掠，千百成群……其中兼有生监武举为首，拒捕杀人，良民惊扰";[②] 战争时期的粤西湘南一带，"有一阶半级者，即怙势与官抗，官不敢言催科事"。[③]

失意的士子和文人，由于在科场和官场的抱负未得到全部满足，对政治和社会现实的不满情绪高涨，与处境相对较好的绅阶层、士阶层和边缘层文人相比，他们在民众运动中更可能挺身而出担负领导角色。一是因为他们同样具备领导民众运动所必需的文化知识——尽管知识技巧可能不够成熟，社会位阶还不够高；另外则因其感于前途黯淡、进身无望的苦闷与愤慨，较易转化为对现实政治的敌视。当时英国驻上海领事密迪乐对19世纪50年代失意士子和文人的观察很具代表性："所有在省试落败的人均是无官阶的平民，他们与从未取得生员身份的数以万计的功名候选者，所拥有的可付诸实践的文化能力与当政官员无异。其中许多人冒着失去功名和遭受制裁的风险，扮演职业性煽动游说者的角色。这些人常为私利威胁和牵制地方官府。"[④] 一旦这些人在民变中发挥作用，预期成功的可能性便会增大。太平天国统治区由士阶层和边缘层文人领导的15起民变案例均获得不同程度的有效动员或得到令人满意的结果。

---

① ［美］萧公权:《中国乡村：论19世纪的帝国控制》，第608页。
② 《工部左侍郎吕贤基奏报皖省股众蜂起拟暂驻宿州剿办折》（咸丰三年二月十八日），中国第一历史档案馆编:《镇压档》第5册，社会科学文献出版社1992年版，第264页。
③ 李慈铭:《越缦堂日记》第6册,《息荼庵日记》，广陵书社2004年版，第4472页。
④ Thomas Taylor Meadows, *The Chinese and Their Rebellions*, *Viewed in Connection with Their National Philosophy*, *Ethics*, *Legislation*, *and Administration*, Stanford, CA: Stanford University Press, 1953, pp. 27–28.

常熟东乡王春园领导的抗粮民变"从者千人","四乡闻风来聚,二万余人",规模异常庞大。王春园的身份是"医士",但他有"百亩田产",①又与监生绅董钱伍卿有交,绝非普通医生。②事后王姓虽向常熟当局请罪罚银,但"一图竟霸不完粮,乡官亦无奈何,终寝其事"。③同治元年(1862)正月台州太平县有"新河匪徒王玉兰聚众千余,将赴乐清,先经县城肆掠,城中大惊",乡绅林振扬率乡民阻抑,监军林少筠同时飞禀黄岩,台州守将李尚扬将王玉兰部调走。林振扬的身份是清朝武生。④

传统时代士子和文人的失意,主要是由政治系统的输入和输出失衡导致。清政府有效地限制生员名额,减少士子支持的输入。随着清代人口数量猛增,平民上升或士子晋升的渠道被进一步窒息,出现知识分子群体恶性壅塞的现象,"宿学硕儒,砥行立名,蹉跎而不得进,终于褴衫席帽,赍恨入棺"。⑤有学者统计19世纪50年代经过县试到会试的最终录取率仅为1/6000。⑥有限的名额及地域配额不公加剧科考竞争,严重限制原本基数庞大的士子队伍垂直流动的政治空间,这在人文锦绣的江南地区特别突出。再者,科场舞弊腐败"相习成风,恬不为怪","以故虽素负文名之廉官,取中亦鲜有佳卷,其精神全注条子故耳";⑦清代中叶以后政府为筹备军饷,广开捐纳,"凡贡、廪、增、附捐银五千者,赏给军功举人,一体会试。监生曾经录科已取者自必文理通顺,亦应准其报效。其平人捐银三百两者,赏给军功附生,归入学册,准与科、岁等考"。⑧时人评说:"目今仕途壅塞,捐班捷径,小人拥挤,贤人屏退,其故何也?盖士人多贫,益发无力趋附。"⑨"异途"入仕之门广开,对安

---

① 汤氏:《鳅闻日记》,罗尔纲、王庆成主编:《太平天国续编》(六),第345页。
② 顾汝钰:《海虞贼乱志》,中国史学会主编:《太平天国》(五),第372页。
③ 汤氏:《鳅闻日记》,罗尔纲、王庆成主编:《太平天国续编》(六),第345页。
④ 叶蕉云:《辛壬寇记》,罗尔纲、王庆成主编:《太平天国续编》(五),第369、373、374页。
⑤ 陆以湉:《冷庐杂识》,中华书局1984年版,第137页。
⑥ [美] B. A. 埃尔曼著,卫灵译:《明清时期科举制度下的政治、社会与文化更新》,《国外社会科学》1992年第8期。
⑦ 欧阳兆熊、金安清:《水窗春呓》,中华书局1984年版,第24页。
⑧ 赵烈文:《落花春雨巢日记》,太平天国历史博物馆编:《简辑》(三),中华书局1962年版,第23页。
⑨ 柯悟迟:《漏网喁鱼集》,第27页。

命于科举功名之路、寒窗苦读终生无悔的士阶层特别是贫寒子弟尤其不利。从这两个层面说，人们通常认为的科举制度的"平等精神"确实值得质疑。科举式微、科场腐败必然加剧士子仕途困厄；取得功名或跻身仕途的希望渺茫又进一步促使他们利用自己的优势牟取私利，最常见的形式是包揽钱粮词讼，或与官互斗，或与官同流。19世纪中叶江南地区领导和参与民变的士子文人的文化背景基本符合这一类型。

　　造成士子文人失意的另一种情形不是生员名额过少而是过于冗滥。生员名额过少堵塞知识分子晋升渠道，生员名额过多则会直接产生生员入仕瓶颈，如宋代重文抑武格局下的士子泛滥。两种情形束缚的对象层次不一，范围不一，但都是在遏制纵向的政治流动。太平天国推行低门槛的科举实践，天京会试"准举、贡、生、监、布衣一齐入场，不拘新举子，亦借求才之意，诱进群儒"，[①]"无论何色人，上至丞相，下至听使，均准与考"，[②]"无虑布衣、绅士、倡优、隶卒，取中即状元、翰林诸科"。[③]不仅选录标准宽泛，录取率也极高，像甲寅年（1854）湖北乡试"入场未及千人，取中者八百余名"；[④]同年安徽乡试"应试者二十七县，中举人七百八十五名"；乙卯年（1855）江西湖口一带县试，"十人取九，其不取者，贼谓有妖气"；[⑤]丁巳年（1857）安徽乡试，仅潜山一县即"中伪文举人八十四名，伪武举人七十三名"；[⑥]辛酉年（1861）钱塘、仁和县试"一榜尽取无遗"；[⑦]同年庐州全府考中翰林一百四十余名；[⑧]同年常熟、昭文县试，"试士多贡、监生员，共一百四人"，"常熟取进谭可大等廿五人，昭文取进吴载尧等廿五人"，录取比例约占半数；[⑨]壬戌

[①] 龚又村：《自怡日记》，罗尔纲、王庆成主编：《太平天国续编》（六），第68页。
[②] 张汝南：《金陵省难纪略》，中国史学会主编：《太平天国》（四），第721页。
[③] 张德坚：《贼情汇纂》，中国史学会主编：《太平天国》（三），第111页。
[④] 同上书，第112页。
[⑤] 张宿煌：《备志纪年》，罗尔纲、王庆成主编：《太平天国续编》（五），第135页。
[⑥] 储枝芙：《皖樵纪实》，罗尔纲、王庆成主编：《太平天国续编》（五），第37、40页。
[⑦] 张尔嘉：《难中记》，中国史学会主编：《太平天国》（六），第641页。
[⑧] 刀口余生：《被掳纪略》，中国社会科学院近代史研究所《近代史资料》编辑室编：《太平天国资料》，第202页。
[⑨] 龚又村：《自怡日记》，罗尔纲、王庆成主编：《太平天国续编》（六），第62、63页。

年（1862）桐乡县试，乌镇、罗头等处共有考生二十余人，"取进十九人"；① 同年常熟、昭文竟然录取范围扩大到"除不完卷者皆取进"。② 与清代科举制对应试者的残酷淘汰相比，太平天国"宽进"的人才选拔实践体现出文化关怀和平等精神的异质，反映了太平天国求贤若渴的心态，这是值得赞许的，但却难合实际，因为保持政权有效运作的官员数量毕竟是相对稳定的，太平天国在广施恩惠的同时，还面临着数量如此庞大的新兴士阶层的政治安置和经济开销问题。

太平天国前期通过科举取士获得的文人几乎全部进入政权系统为新政权服务，具体职务多为虚衔。《贼情汇纂·伪科目》记："会试元甲三人，取中者为状元、榜眼、探花，封伪指挥职。次甲无定数，取中者为翰林，封伪将军职。三甲亦无定数，取中者为进士，封伪总制职。"③ 所封官职尚属中等，但冠以"职同"字样则是天壤之别。具体工作基本是从事文书制度、宗教生活和教育事业的建设。《贼情汇纂》记甲寅年（1854）新士子派充教育官，"安徽乡试掌考官为伪天试状元武立勋，无副。湖北乡试正掌考官为伪翼试状元杨启福，副掌考官为翼试榜眼张友勋"；也有"先生"专司军中宗教教育和生活，"及充先生者令新掳之人诵习赞美天条书及一切伪书"；④《金陵癸甲纪事略》记新科士子派充文书官，"杨在田，伪翼殿尚书，湖北人，伪天试翰林"，"傅少阶。伪殿前诏书，湖北人，伪天试会元"，"胡仁魁，伪殿前诏书，湖北人，伪天试翰林"；⑤ 还有的士子干脆在天京担任高级教师，"令通文理者教习读该逆所撰妖书"。⑥ 虽然他们中也有人做到某殿尚书、簿书这类中等官职，但所在部门绝大多数是无实权的文职机构。当然也有部分文士因得上司宠信参与地方民政事务，如《贼情汇纂》记"胡万智者，以伪育才官分踞湖北兴国州，自称天试进士，在伪东殿训读，授是职，大概如教习而位

---

① 沈梓：《避寇日记》，罗尔纲、王庆成主编：《太平天国续编》（八），第117页。
② 龚又村：《自怡日记》，罗尔纲、王庆成主编：《太平天国续编》（六），第96页。
③ 张德坚：《贼情汇纂》，中国史学会主编：《太平天国》（三），第111页。
④ 同上书，第111、112、105、302页。
⑤ 张汝南：《金陵省难纪略》，中国史学会主编：《太平天国》（四），第677页。
⑥ 涤浮道人：《金陵杂记》，中国史学会主编：《太平天国》（四），第621页。

较尊，间亦任事"；"池州、黄州两郡，有天试翰林亦在于该处持印理民务"，① 这种情况少之又少；而且太平天国战事倥偬，地方政务悉委军方，民务官如乡官一样，多数扮演服务者和执行者的角色，实权难以衡量。

在太平天国前期，太平天国政权系统中士子一般在基层充当"书手""先生"性质的掌书、书理职务；稍有才具者可能会进入天京诏书衙、诏命衙、删书衙等文职机构，有向诸王上书谏事的权责，如癸丑年（1853）八月安徽望江军帅保举有安邦定国之才的生员龙凤骧，龙氏父子"至江宁上书洪逆，不下数万言，内引周武、汉高为比，狂悖已极"，"大约劝其勿浪战，婴城固守，以老我师，分股出掠，以牵我势，用安庆为门户，以窥江西"。谏书颇合兵法，然洪秀全不以为意，批寥寥数字曰："周武、刘邦是朕前步先锋，卿知否？"龙某不解所谓，"授伪承宣职"，"送入诏书衙学习"。从此销声匿迹。龙凤骧的命运或许代表了当时进入太平天国政权系统的士子们的命运，就像张德坚所记，"既至江宁，皆使入诏书衙，任以佣书之役，或徒困辱之，终不得美职"。② 即使是政权文书制度建设的核心，在前期也都局限在陈承瑢、何震川、卢贤拔、曾钊扬、李寿春这些"老兄弟"中，新科士子难有染指的阅历和身份。这是由太平天国政权特权贵族的社会结构决定的。

太平天国后期由于政权建制冗叠，以及领导层处理外交、宗教文化和社会事务增多的需求，大量读书人作为专职"书手""先生""秘书"的角色被强化，充斥在政权系统的边缘，与政治晋升基本无缘。虽然在辛酉年（1861）太平天国中央政权颁布改革科举的《钦定士阶条例》，其中明确规定"京试元甲职同指挥；二甲首名传胪，职同将军，国士、威士职同总制；三甲首名会元，职同监军，达士、壮士职同军帅。省试约士、猛士及各郡提学拔取之杰士均职同师帅。至提学每年所取之俊士、毅士俱职同旅帅。郡试贤士、能士职同卒长。县试秀士、英士职同两司马。乡试信士、艺士职同伍长。俱免差役"。③ 但"职同""恩赏"之类

---

① 张德坚：《贼情汇纂》，中国史学会主编：《太平天国》（三），第112、105、211页。
② 同上书，第328、114页；佚名：《粤逆纪略》，太平天国历史博物馆编：《简辑》（二），第39页。
③ 《钦定士阶条例》，中国史学会主编：《太平天国》（二），第559—560页。

的前缀使官职地位大打折扣，基本没有实质性权责；另外太平天国后期吏治腐败，滥施爵赏，文武官员"动以升迁为荣"，寒窗苦读名列三甲所得监军官衔却早已由守土官沦落为乡官一级，根本无法满足新兴士阶层的政治需求，而"俱免差役"的特权却为士子干预和包揽地方社会事务提供了机遇。不但政治无所依归，到后来太平天国甚至直接取消天京会试考中达士（进士）留京的特权，辛酉年天京会试，常熟考中文进士三人，武进士六人，"防后来试士裹足，不令留京"，[①] 他们只能返回故里，命运未因高中皇榜而有较大改观。

在前后期都存在的现象是部分军中或地方当局的"先生"因服务于文化素质低劣的将领或官员，他们"为之设策献谋"，"撰拟机密禀奏"而"与知军事"，"渐至柄用"，"似可渐操其柄"，甚至部分将官"悉任掌书裁处"。[②] 像安徽桐城秀才鄞谟甲寅年（1854）考中安徽乡试举人，命为西里军帅，"占民田、毁庙宇"，权倾一域。[③] 嘉兴陡门守卡太平军将领鲁某常出师于外，"其先生姚姓握重权"。[④] 新阳廪生孙启梫考中解元，"立解元公馆，引进其弟正斋名启楘者，为贼招致本地人为伪官，如军帅师帅旅帅之类，乐于从事者不少"，获得部分地方人事权。[⑤] 常熟曹敬原为廪贡生，虽未受职，但"把持贼事"，[⑥] 后考中太平天国博士（举人），[⑦] 民间称为"长毛绅士"，[⑧] 能"片言使狂寇回心，一乡德之"。[⑨] 汤氏记常熟文弱书生俱作"先生"，"饶有权柄"。[⑩] 但地方军中或官府中部分士子弄权的现象不能代表知识分子群体在太平天国的政治地位，士人在太平天国中政治垂直流动的壁垒仍然存在；他们在个别地方、个别

[①] 龚又村：《自怡日记》，罗尔纲、王庆成主编：《太平天国续编》（六），第82页。
[②] 张德坚：《贼情汇纂》，中国史学会主编：《太平天国》（三），第172、294、295页。
[③] 胡潜甫：《凤鹤实录》，中国史学会主编：《太平天国》（五），第21页。
[④] 沈梓：《避寇日记》，罗尔纲、王庆成主编：《太平天国续编》（八），第192页。
[⑤] 王德森：《岁寒文稿》卷3，第21页a—b。
[⑥] 曾含章：《避难记略》，罗尔纲、王庆成主编：《太平天国续编》（五），第350页。
[⑦] 龚又村：《粤匪陷虞实录》，咸丰十一年六月初六日记事，江苏师范大学历史系资料室藏抄本。
[⑧] 华翼纶：《锡金团练始末记》，中国社会科学院近代史研究所《近代史资料》编辑室编：《太平天国资料》，第120页。
[⑨] 龚又村：《自怡日记》，罗尔纲、王庆成主编：《太平天国续编》（六），第69页。
[⑩] 汤氏：《鳅闻日记》，罗尔纲、王庆成主编：《太平天国续编》（六），第309页。

队伍中受尊重、握实权、逐私利,仍然不能获得相应的官职和法定权力,他们的权力只是其服务对象的临时性委托。

总体来看,尽管由于战争规模的扩大和元勋阶层的削减,常规用人需求日益增加,部分知识分子间接参与军机不可避免;但在太平天国覆灭前的政权系统中,士子文人的从属者和执行者的一般性角色仍在强化,仕途晋升渠道的壅塞并未因功名量额的增加而缓解。所以过去高度评价的太平军中读书人优厚的物质待遇和人格尊重不足以说明知识分子群体在太平天国拥有较高的政治地位。于是便可理解对太平天国抱有强烈好感并冒险亲赴天京建言献策的容闳为何不肯接受太平天国"义"的高等爵位,在改革建议未被接纳,以及认定太平天国无法革新复兴中国甚或不能成功的根本原因中,也包含了他知道"待遇"和"权力"在太平天国是两个完全不同概念的意识形态因素。同样出身草根的书生黄畹(有学者考证为王韬)在致逄天义刘肇钧洋洋数千言后的悻悻离去说明他也认识到太平天国难以赋予一介儒生施展才华的权力,当时的太平天国中央政府尚且事权不一,又怎能寄希望于一个管理苏州民务的地方军事贵族呢?

在社会分化中倒向太平天国的士子文人不但没有因太平天国相对优厚的物质关怀完全打消诸如政治偏见、文化隔阂的戒备心态,浓厚的社会失落感又使他们在新政权建设中消极怠工或极尽敷衍。有史料记载称获得功名或散职的文人无所事事,常吟诗作赋以消遣时光,"江宁、扬州才士被掳者最多,逆党肆虐,目击心伤,不敢明言,往往托诸吟咏,甚至以香奁诗为寓意者",其中有"文章岂为科名设,气节都因衣食移"之句寓指文人对参加太平天国科考表示悔意。还有"文弱之士苟且偷生者暂图目前温饱,亦断不肯为设一谋,且有故意写字讹别者";① 亦有借诗讥讽而不惜性命者,有上元附生为洪秀全撰写寿联"一统江山七十二里半;满朝文武三百六行全",遂被杀。②

---

① 张德坚:《贼情汇纂》,中国史学会主编:《太平天国》(三),第316页。
② 蒋恩:《兵灾纪略》卷下,同治三年五月二十六日记事,民国十四年(1925)"三公难记"铅印本,山西大学图书馆藏。《金陵被难记》亦有类似记载:"天朝一统四十二里半;文武各官三百六十行"[《时闻丛录》,太平天国历史博物馆编:《简辑》(五),第80页];《海角续编》录曰:"一统江山,五十七里又半;满朝文武,三百六行俱全"(陆筠:《海角续编》,第126页)。

对于考中进士仍不给官职、不令留京的文人士子，他们的失落失望可想而知。咸丰十一年（1861）十一月，36名常熟士子联名投禀控诉乡官师帅朱又村贪赃浮收的事件是太平天国知识分子政策弊端的集中体现。这36人中有3名为天京"天试"考取的新进士，其他33人为未中进士的举子，所以此次民变的领导人是太平天国士绅层中较高等级者，他们在地方上影响力较大，以致"城帅过听谤辞，定粮三等"，"朱又村之局几岌岌其殆，上赂下馈，费及几千，向所剥削，惜亦无多"，不但常熟军政当局出面办理，朱又村也得到应有惩罚。此次"士变"一方面确由乡官浮收贪腐所激化，另一方面也隐含了地方社会士绅间的矛盾和摩擦。这些新举人在赴天京会试前即已表现出追名逐利和牵制地方的心态。辛酉（1861）六月，钱桂仁邀新举子作"鹿鸣宴"，"共四筵，人浮于座，而举子以登第之荣起抽丰之见，乡官虽送贺仪，心犹未足，动欲强索陋规，不知办公之苦"；九月"天试"归来，他们"回籍包揽词讼，阴图局规怂人捏浮收之弊"，遂有十一月之"士变"。① 其中内含士子之"私利"，及其与太平天国基层政府的"私怨"，但这不影响此次民变在"公利"方面的正义性。咸丰十一年二月，常熟、昭文同样是反对浮收勒捐的民变，迫使昭文监军钱姓"下乡宣讲道理，压服人心"，王市"自旅帅以下，率领耆老乡民数百人，绕立台下听讲。贼心欢悦，以为向化，奖誉伪官，以诱士民。自后民渐肯完粮，四乡亦稍静息"。常熟太平天国政府宣讲道理的主要对象是"士民"，那自然是由"士民"领导这场"拆毁馆局，捉打乡官，各处效尤，纷纷起事"的民变。② 同年六月常昭陈塘坝的民变也是反对乡官浮收，文生唐清如及其侄被关锁黑牢，罚银百两始得释放。③ 同治元年（1862）四月嘉定、太仓绅民领导的"烧乡馆、杀士官、戕卡主"的民变也是因"苛粮起衅"。④ 据上述案例，士阶层在地方上扰乱社会秩序大多由于经济利益被地方政府侵害，他们对官府浮收特别敏感，而问题可能也与他们政治地位和经济权益的不匹配有关。

---

① 龚又村：《自怡日记》，罗尔纲、王庆成主编：《太平天国续编》（六），第69、82、117页。
② 汤氏：《鳅闻日记》，罗尔纲、王庆成主编：《太平天国续编》（六），第345—346页。
③ 顾汝钰：《海虞贼乱志》，中国史学会主编：《太平天国》（五），第371页。
④ 龚又村：《自怡日记》，罗尔纲、王庆成主编：《太平天国续编》（六），第100页。

失意的士子文人回到地方参与地方行政，他们虽然没有直接成为太平天国政府官员，实际已进入太平天国政权系统或身处系统边缘；又因太平天国人才机制难使人尽其才，士子、文人与太平天国之间的政治壁垒严重限制着士阶层垂直流动的政治空间，逐渐减少士阶层支持的输入，双方互动削弱，影响政权系统运作。还有一方面是在太平天国统治区缺少类似私塾、书院性质的知识分子自修素养和约束道德的文化场所，人才培养无后续举措，而当时的知识分子在思想上又很难认同耶儒杂糅的异端教义，这就进一步限制了太平天国与系统内部士阶层的文化对话空间，也增加了士阶层引发不安定因素的可能。这里的情形还仅是就消极敷衍者而言；还有一些士子文人变消极心态为积极行动，编造口传（歌谣、诗词、谚语）或文字作品丑化太平天国，把自己的亲身见闻抑或道听途说渲染加工后传播给大众，不自觉地成为太平天国政治对手的宣传工具。地方社会对太平军先天恐慌的心理一定程度上与知识分子的信息传播有关。像咸丰三四年间"诸匠营""百工衙"工人的集体逃亡与士阶层的鼓噪动员不无关系，这些机构原本"士绅富人多来隐于此"；[①] 咸丰四年（1854）天京张继庚间谍案，有大量士子文人、太平军将领、士兵和普通民众被张继庚及其同谋说降叛逃。由此可见失意士子文人的消极作用极大，也说明士阶层与太平天国貌合神离的关系给"天国"潜伏有严重隐患。

二 作为"参与主体"的农民阶层

农民阶层因为人数众多且多数身强体壮，又由于其较低的社会地位、文化水准和身处较恶劣的经济环境，他们习惯性地接受其他社会地位、文化和经济背景比其优越的阶层领导，为集体行动提供最基础的人力和体力支持，所以农民阶层几乎成为每一次民众运动不可或缺的参与者。但是农民阶层在民众运动中的重要性不能因其不占据主流领导地位而被低估。在农民阶层中，也有一些具有特殊抱负、才干并且积极进取的人，萧公权称之为"特别的平民"，也可叫作"平民精英"；还存在一些目无法纪、游手好闲、善于寻衅滋事、极具煽动能力的"奸民"或"莠民"，这些人可称为"平民无赖"。他们有时会主动在民众运动中担负积极的领

[①] 张汝南：《金陵省难纪略》，中国史学会主编：《太平天国》（四），第699页。

导角色。特别是无赖层的领导常会使民变规模蔓延，性质变异，很可能将整个运动由集体抗争导入集体暴动。19 世纪 40—50 年代江南 104 起民变和太平天国治下 70 起民变，凡是由无赖层直接或参与领导的事件，势态几乎全部扩大，且结局大多殃及无辜百姓。

太平天国统治区的民变由农民领导的典型案例是咸丰十一年（1861）昆山县珠溪镇乡民张德勤、徐秀玉领导的抗粮。张德勤的身份类别，记载事件始末的光绪《昆新两县续修合志》仅称其为"义民"，未明确说明。但他肯定不具士绅地位，光绪《昆新两县续修合志》载："德勤慷慨负气，闻人谈古今忠孝辄悲感呜咽，及奸邪害正则目眦尽裂，两颧发赤，击案大叫，人以是笑而侮之。"可见其文化水平不高，常为人欺侮，社会地位亦不高；而乡官师帅程某"素无赖"，早先"与德勤不相能"，为青浦郐天福"搜粮"至德勤家，以之为"粮户"，德勤更像是小自耕农出身，拥有少量土地。徐秀玉与德勤比邻而居，身份类别也可能是自耕农。① 两位可能出身"自耕农"的平民在这场民变中表现勇敢，组织人众，将乡官程某及其党羽尽数殴毙，被俘后二人死不肯跪，被处以火烧酷刑，"絮裹其身，灌油焚之珠溪城隍庙中，足焦灼，骂益厉，及胸腹爆裂，始绝，观者无不涕泣"，极其惨烈。② 张德勤、徐秀玉的事迹充分展现了农民领导者勇敢无畏的精神，也说明农民阶层一旦转换角色成为领导者，他们也会有高度的责任心、进取心，甚至以牺牲自我的献身精神去实现运动的价值。但不得不指出这起民变并没有取得预期抗粮不纳的效果，以惨烈的结局草草告终；事件的规模充其量不过数十人，根本没有良好的社会动员及反应，在尽毙程某及其党羽后，"乡人虑后患咎德勤曰：'贼再至，吾属无噍类'"，张德勤只好以"公等且避，贼至吾自当之"的话宽慰乡民。③ 民变的失败只能从农民领导者的自身素养和领导技巧寻找根由。

当然这仅是一般情况，也有农民单独领导民变获得成功的案例，咸丰十一年（1861）十月无锡设总仓厅于四城门外，代业收租，"因照足

---

① 光绪《昆新两县续修合志》卷 28，"忠节下"，第 11 页 a—b。
② 光绪《昆新两县续修合志》卷 51，"纪兵"，第 30 页 b。
③ 光绪《昆新两县续修合志》卷 28，"忠节下"，第 11 页 b。

额，以致各佃户聚众拆毁而废。后归各业自行到乡收租，大抵半租而已"。① 足额收租显然无损于业户利益，事件很可能主要是由佃农领导和参加的行为。

普通农民参加民变的心态无外乎自愿参加或被迫参加。自愿参加的情形也分为两类：一是迫于生活环境的变化。特别是自然环境和经济环境的显著变化，都可能会对农民的生活产生震动。农民"靠天吃饭"，同时也是经济系统中的被剥削层（来自业户地租、政府捐税和市场变动的三重压力）。即便如此，由于农民阶层逆来顺受的温顺个性，如果没有具备一定学识和动员技巧的士绅阶层、平民精英、无赖阶层成员的号召或说服，农民很难采取实质性的行动。

农民自愿参加民变的第二类情形是利益诱导。在大多数民众运动动员和发展过程中，事件的领导人总会标榜代表农民利益，正如很多民众起事提出"均田免粮""薄赋税均贫富""普免三年钱粮"等诱导性口号。② 实际历史上几乎没有一起群体行动是由一个阶层独立完成的，农民群体也不是这些运动中的唯一成员，因此获得成功动员和发展的民众运动必然超越某一阶层的利益，实现各阶层利益的联合。又因农民阶层在民众运动中不具主流领导地位或习惯性地接受其他阶层的领导，民众运动所诉求的核心利益很少是农民的切身利益。太平天国也一样，他们的领导者并未真正深入持续地关注农民，因此没有得到全体农民的支持，造成农民阶层在政治取向上的分化。③ 而民众运动的明智领导者会主动诉

---

① 佚名：《平贼纪略》，太平天国历史博物馆编：《简辑》（一），第279页。
② 姜涛先生认为"免粮三年"与"薄赋税均贫富"不是太平天国的口号（姜涛：《"免粮三年"与"薄赋税、均贫富"不是太平天国的口号》，中国社会科学院历史研究所明清史研究室编：《清史论丛》2001年号，中国广播电视出版社2001年版，第178—185页）。太平天国在定都天京前可能有类似意识，如首战安徽时发布"将均田以赈贫穷，开科以举贤俊"的布告（李召棠：《乱后记所记》，中国科学院近代史研究所《近代史资料》编辑室编：《近代史资料》总第34号，第180页），但没有形成政策纲领。此类口号的宣传几乎为历史上民众起事的通例，尤其是在进军途中辗转流离，太平天国未必会设想到宣传口号的兑现问题，它们的提出及宣传具有很大的随意性和功利性。
③ 《天朝田亩制度》初刻于癸好三年（1853），但太平天国对解决农民问题的酝酿必然在此之前，定都天京后不久即颁行《待百姓条例》。甲寅年（1854）夏"照旧交粮纳税"政策出台，标志着农民"均田免粮"梦想破灭。但太平天国中央政府于庚申年（1860）后又重刻《天朝田亩制度》，说明最高当局仍然关注农民问题，再次刻印很可能是为收拢民心，但不会有如初期那般的吸引力和号召力。

求农民的愿望,将农民利益视作运动目标的重要组成,许诺豁免钱粮或重新分配土地,这些对贫困的农民群体产生极大吸引和号召,从而确保支持运动农民数量及其广泛性。

利益诱导可以对运动发展产生积极效应。太平军在开辟稳定的战略后方前,常以"打先锋""派大捐"等手段获取的钱财购买农民的粮食。一位关注中国局势的外交官写道:"叛军从农民处购集粮食,并坚持给付高价,许多好利的乡民带着粮食和蔬菜不断地寻找时机溜进南京与他们交易"。① 清朝官员的日记可以印证外人记载:"贼兵打粮直至济源、孟县境内,小民无可倚仗,初以米果等给贼,贼以厚价诱之,愚民贪利,源源不绝,竟至成市"。② 曾国藩认为前期太平天国屡挫不败的原因是:"粤匪初兴,粗有条理。颇能禁止奸淫,以安裹胁之众;听民耕种,以安占据之县。民间耕获,与贼各分其半。故……贼匪仍擅长江之利,扼不绝之源。傍江人民,亦且安之若素。"③ "安之若素"的情景很容易被后人误读为农民自发地积极支持"革命",而忽略"利益诱导"的关键性因素。

民众运动的动员几乎不可避免地包含诱导性色彩。"天国"部分民变动员存在显著的利益诱导情节。咸丰十年(1860)十月初一日,常昭王市催头何年年、沈大茂以收租激变乡农,诱使土匪、无赖、农民入典当抢财,"所邀乡民聊备白布一条,竹枝木杆,到市应聚。实贪抢掠资财,非真有义愤斗志。故四乡远近闻抢典当,男女老幼数千余人,飞速齐来,自朝至暮,搬取典物,并朗三〔宅〕中余剩。四路往返如蚁,且半途互相争夺,喧哗震地。所抢只昨夜留落粗布铜锡杂物而已。日晡,已纤细靡遗矣",可见此次事件规模虽在千人以上,其参加成员却有相当数量是为财而来。同样,农民分化至敌对阵营参加保卫旧政权的战斗,其目的也不排除利益诱导,咸丰十年十月十七日江北团练颠覆太平天国王市基层政权的行动有众多农民参加,"南乡周行桥一路农民,蠢陋无能,五百余人大半疲弱贫老……又无勇敢斗志,惟图贪钱米,混取赀财,故应募

---

① Thomas Taylor Meadows, *The Chinese and Their Rebellions, Viewed in Connection with Their National Philosophy, Ethics, Legislation, and Administration*, p. 291.
② 李棠阶:《李文清公日记》,中国社会科学院近代史研究所《近代史资料》编辑室主编:《太平军北伐资料选编》,第 205 页。
③ 曾国藩:《曾国藩全集》第 6 册,"奏稿之六",第 44—45 页。

而来"。① 团练的组建基本符合农民自愿参加的利益诱导情形。当然也有团练裹胁农民的情形,如咸丰十一年(1861)五月昭文、太仓等地百姓"误传江内官兵将至,好事者聚众乡民,各处裹胁,声言迎助官兵,自号白头"。②

通常是上述自愿参加民变的两种情形的结合促使农民广泛参与,无论是迫于环境压力还是受外界利诱,农民自愿参加民变的集体心态具有共同点,即获得一份满意份额的土地维持生计及继续活下去的意志。看似非常保守的物质需求,几乎是人生存的底线,在传统时代的不少时期却是一种奢望。所以一旦出现合理的组织者,他们可以通过物质许诺煽动农民参加民变,而农民为表达对反抗事业的忠诚,会在提供民变不可或缺的体力支持时展现充分的大无畏精神和献身精神。这或许可以理解为什么在各类民众运动中(特别是"造反"),会有如此之多的农民奋不顾身,毅然赴死。其中根源不能简单地归于农民天生的"革命性"。

一般参与者在民变成功后得到的经济利益很少,或是领导人根本没有兑现承诺;然而一旦事败,他们承受的风险却远比事件的领导者要高,其中的一部分人很可能代替真正的"罪魁"而接受政府的惩罚。像咸丰十年(1860)十月太仓民变,浮桥镇"有老人保得日前杀乡人之辈,当以首级奉献";③咸丰十一年(1861)十一月常昭民变,"捉获顾阿大等首事者三人,解入城内。钱逆批回,待乡老保释,亦无人肯救,金、姜二人必欲杀之,乃斩于市西"。④ 依行文描述,这些被处死的民变领导者背后很可能还有漏网之鱼。

所以,向现存秩序发起挑战对身处社会底层的农民而言并不轻松;如果维持生计的底线没有被上层或官方彻底击垮,他们很难鼓起勇气把自己塑造为社会运动的"革命者"。当说服、煽动和利益诱导无法成功动员民众时,运动的领导者及其忠实的追随者会诉诸武力裹胁恐吓以获得人力资源。在这种情况下,农民阶层并非心甘情愿地参加运动。咸丰十

---

① 汤氏:《鳅闻日记》,罗尔纲、王庆成主编:《太平天国续编》(六),第327、333页。
② 同上书,第350页。
③ 佚名:《避兵日记》,第29页,太平天国历史博物馆藏抄本。
④ 汤氏:《鳅闻日记》,罗尔纲、王庆成主编:《太平天国续编》(六),第355—356页。

年（1860）八月香堂浜竹作司陈坤领导反太平军掳掠的暴动，"浒浦桥各处来者约有千人"，其中有人"被鸣锣者胁去打毛"。[①] 咸丰十一年（1861）五月海盐沈掌大的平民民团有相当的比例是胁从者：先是"沿路亦捉人帮打，共聚万余人"，随后"分众捉人，四散十余路，有不肯去者，吓称回来拆屋，于是每村每家出一人，约有二万余"，唯"南路人皆踊跃前进，余尽胁从"。[②]

无论是自愿还是被迫参加，农民在民变中的主要角色均是传统的，他们很少能为集体行动输入比体力和人力支持更有益的能量。农民阶层参加民变的积极主动性较低，参与民变的初衷往往单纯朴素，抗争的内容基本是经济型且很难作为民变的核心利益，在民变中的地位也不作为主流的领导者，由民变结局获得的利益远不如所承受的风险大。农民在民变中的集体心态政治意识淡薄，对抗的对象基本是乡绅、业主，以及政绩人品低劣的基层官员。农民的上述表现，说明集体行动的性质走向不是由成员数量的主体决定，而取决于少数操控实权的领导者是否具有强烈的政治权力意识和足够力量的认同。农民基本无法主导民变性质的走向，但他们的付出是民变取得良好预期的基础条件。

农民在民变中的角色有如在其他民众运动中的角色。如果承认那些被视作"革命"的民众运动确实具有变革性意义，重新衡量"民众"（主要是农民）与"革命"的关系是必要的。仅以参加者的数量决定事件的性质，"革命"的"农民"性可以肯定；但根据农民阶层在"革命"中的角色，很难夸大农民在政治变革中的决定性意义，所以农民的参加并不一定能使"暴动"走向"农民运动"。另外，农民与革命的关系还要考虑农民阶层的主观愿望，两者之间的利益未必完全协同一致，应辩证地看待被裹挟进革命浪潮的农民的命运。

小　结

据有较明确的领导人身份类别的"天国"民变，由士阶层和边缘层

[①] 顾汝钰：《海虞贼乱志》，中国史学会主编：《太平天国》（五），第364、365页。
[②] 海宁冯氏：《花溪日记》，中国史学会主编：《太平天国》（六），第680、681页。

组成的知识分子群体领导事件的比例远高于无赖层、农民和商人领导事件的比例。太平天国据守江南前20年间同区域民变中有明确领导人身份记载的事件之领导主体是无赖层。这一变化可能与鸦片战争后江南地区无赖层数量激增、太平天国战争时期社会流动加剧造成无赖层数量最先减少或消匿、太平天国对城市军事管制压缩了无赖层生存空间，以及太平天国乡村基层政权对他们的吸收和利用等因素有关。太平天国统治区知识分子群体领导民变的比例较据守江南前20年间上升，主要缘于太平天国社会战略对该阶层经济利益的侵犯。通过比对19世纪40—50年代同区域民变的领导人身份类别，太平天国统治区民变的领导形式、领导背景仍然具有传统的延续性，各身份类别领导事件的比例也基本符合传统时代民变事件领导者身份类别的比例分布。就主要参与者分析，农民阶层毋庸置疑地成为两个时期民变事件的参与主体，构成该时期民变成员的基础身份。在"天国"民变中，市民群体异军突起，反映了太平天国统治区市镇经济的畸形发展，这里的"市民"不是像欧洲社会那样随同资本主义经济发展起来的拥有市民权的"市民阶层"，仅是相对于乡村居民而言的"市肆之民"。

一般情况下，知识分子群体在民变中拥有的关键性地位绝不仅是由于他们具有动员或指挥运动的文化知识，还有赖于他们对官场情况的熟识，以及在长期实践中积累的丰富的处理地方社会事务的领导能力、斗争技巧和应变经验。失意的士子文人，由于在科场和官场的抱负未得到全部满足，对政治和社会现实的不满情绪高涨，他们在民众运动中更可能挺身而出担负领导职责。造成士子、文人失意有两类重要情形：一是政府对生员名额的过分限制，出现知识群体恶性壅塞；另一类情形则是生员名额过多产生的入仕瓶颈。先前在社会分化中倒向太平天国的士子文人转向"失意"，除固有的政治偏见、文化隔阂未完全打消这一原因外，主要是后一类情形所致。太平天国的铨选机制具有宽取宽进的特点，但保持政权基本运作的官职较数量庞大的新兴士阶层明显不足。在太平天国政权系统中，士子文人之从属者和执行者的一般性角色被不断强化，仕途晋升渠道的壅塞未因功名量额的增加而缓解。失意士子、文人参与地方行政有较大的消极作用，这为"天国"前景潜伏有严重的隐患。

农民阶层为民变提供最基础的人力和体力支持，习惯性地接受其他社会阶层的领导，但偶见"平民精英"和"平民无赖"在民众运动中担负积极的领导角色。普通农民参加民变主要有自愿和被迫两种心态，通常是迫于环境和生存压力以及接受外界利益诱导两种情形的结合促使农民广泛自愿参与抗争。在民变中也会存在民变领导者及其追随者诉诸武力裹胁或恐吓农民提供人力资源的现象。农民的角色在其他民众运动中亦同，不宜夸大农民在社会变革中的决定作用，应辩证地看待"农民"与"革命"的关系。

第 四 章

变乱肇始

民变类型可以按照抗争内容和抗争对象进行区划。民变的抗争内容反映了引发民变的直接因素，前面涉及太平天国统治区民变背景、特点成因的相关阐释主要是以抗争内容为基础，同时特殊历史条件下特殊类型的民变有着各自具体不同的成因。民变斗争相对集中的指向也为解读国家政策、品评社会关系提供了一类坐标。太平天国统治区几起平民领导的武装反抗力量，既不同于一般的团练，也相异于普通民变的表征，它们的形成可以作为"天国"民变成因的比照，全面展现太平天国与民众的关系。民变的不同类型使民变形象渐趋清晰地展现于历史舞台，而只有在系统、完整、有效的动员模式下才能完成其最终的形塑过程。民变动员的组织、工具、场所和仪式为民变成形提供了最直接的外部因素，它们均可能对民变的烈度、规模产生影响。关于民变成因的集中探讨，就是从类型区划、抗争对象、特殊变乱和动员模式四个方面展开的。

第一节 类型区划

一 民变类型的划分标准

传统社会乡村民变的主要类型，如果按照民众抗争的内容或目的划分，主要有抗粮、抗租、抗税、抗役四种基本类型，这四种类型的民变在所统计的太平天国统治区 70 起民变中有 50 起，约占民变总数的 71.43%。50 起"天国"民变包括抗粮、抗租、抗税、抗役、反租粮兼收、反浮收等类型和抗粮抗税的综合性类型。反租粮兼收的民变根本上还是抗租抗粮的综合类型；反对官员浮收舞弊的民变也可列入广义的抗粮民变范畴。由此可论断"天国"民变基本上还是传统类型的乡村民变。

四种基本类型不能完全囊括某些民变的特殊类型，如反对太平军的掳掠、反对太平军的社会改革、反对乡官的贪腐和暴虐等，民变类型的复杂化问题没有解决。所以，如果在横向上以民众抗争对象为标准，在纵向上以民众抗争内容为标准，以此划分民变类型更为妥善。

在"天国"民变中，佃户针对业主的阶层对抗大部分被佃户反对政府租粮兼收政令的行动所取代；即使是主要针对业主的抗租行动，也可能与反对政府政令联系起来，如咸丰十年（1860）冬吴县甫里镇愤怒的村民不仅捣毁了方氏、金氏和严氏等地主富户的房屋，还将旅帅陈某捆缚于城隍庙石狮子上殴打；[1] 又如咸丰十一年（1861）十月无锡、金匮村民的抗租行动将斗争矛头指向半官方性质的总仓厅，以致"聚众拆毁而废"。[2] 上述两起群体事件虽然主要是阶层对抗，但因抗争对象的部分指向牵涉官方，事件的性质发展为"民变"，而那些完全不以官方为斗争指向的纯粹的刑事案件、治安事件或民事纠纷，则不属于"民变"的讨论范畴。

表4—1　　　　　　　太平天国统治区主要民变类型

类型	事件数	比例（%）
一、针对太平天国政府	65	92.80
（一）反对政府政令	35	50.00
1. 抗粮	6	8.60
2. 抗税	8	11.45
3. 抗役	1	1.40
4. 反租粮兼收	12	17.10
5. 综合性	8	11.45
（二）反对官员作风与军队军纪	30	42.80
1. 反对官员贪腐	6	8.60
2. 反对官员浮收	12	17.10

---

[1] 杨引传：《野烟录》，太平天国历史博物馆编：《简辑》（二），第176页。
[2] 佚名：《平贼纪略》，太平天国历史博物馆编：《简辑》（一），第279页。

续表

类型	事件数	比例（%）
3. 反太平军掳掠	6	8.60
4. 反太平军勒派	4	5.70
5. 综合性	2	2.80
二、指涉官方的社会对抗	5	7.20
1. 抗租	4	5.80
2. 盐界争斗	1	1.40

事件总数：70　比例：100%

注：类型划分方法部分参照巫仁恕《激变良民》一书中"明清城市群众之集体行动类型表"的区划方法，并结合本时间段民变实际予以修补和改动。

表4—2　19世纪40—50年代苏南、浙江地区主要民变类型

类型	事件数	比例（%）
一、针对清政府	51	49.05
（一）反对政府政令	20	19.25
1. 抗粮	16	15.39
2. 抗税	3	2.90
3. 抗"军租"	1	0.96
（二）反对官员作风与滥权	13	12.50
1. 闹漕滋事（不抗粮不抗租）	3	2.90
2. 反对漕弊/官府搜刮	10	9.60
（三）要求政府改进政治举措	18	17.30
1. 闹赈/闹灾，要求平粜/报荒/报灾	14	13.44
2. 要求减赋/平抑米价	4	3.86
二、指涉官方的社会对抗	51	49.05
（一）阶层对抗	41	39.45
1. 抗租/索费	31	29.80
2. 抢米暴动/饥民暴动	6	5.85
3. 雇工罢工	2	1.90
4. 反对乡绅	2	1.90
（二）社群对抗	10	9.60
1. 行业竞争（盐界争斗）	1	0.96

续表

类型	事件数	比例（%）
2. 地域对抗	1	0.96
3. 会党滋事	2	1.90
4. 种族冲突（教案）	1	0.96
5. 兵民冲突	5	4.82
三、综合性	2	1.90

事件总数：104　比例：100%

注：类型划分方法部分参照巫仁恕《激变良民》一书中"明清城市群众之集体行动类型表"的区划方法，并结合本时间段民变实际予以修补和改动。

二　民变各具体类型

（一）粮食暴动

在统计所得太平天国统治区民变中，粮食暴动的事件数为42起，约占民变总数的60%，包括抗粮民变6起、反租粮兼收民变12起、反官员浮收民变12起、抗租民变4起、与粮食有关的综合性民变8起；反对政府政令的民变在各类型民变中的比例居首位，基本是反对政府田赋地租财经政令，主要矛盾在于粮食，粮食问题的根本是土地问题。可见引发粮食暴动的土地矛盾是太平天国治下农村地区社会生态的一个重要特征。反对官员作风与军队军纪的民变为30起，约占民变总数的42.86%，在各类型民变比例中居第二位；在反对官员作风民变中，尤以反对官员浮收舞弊的民变居多，这说明地方行政腐败导致的经济不公（经济剥削）加剧了官民矛盾；反太平军掳掠和勒派的民变实际是反对地方行政贪酷。所以，由地方行政问题（腐败和贪酷）引发的社会不公正（政治压迫和经济剥削）是太平天国治下农村地区社会生态的另一个重要特征。

19世纪40—50年代苏南、浙江民变的类型，粮食暴动（抗粮，抗军租，闹漕滋事，反对漕弊，闹赈，要求平粜报灾等，要求减赋或平抑米价，抗租，抢米暴动，反对乡绅，抗粮抗租综合性民变）有92起，约占民变总数的88.46%；反对地方行政腐败或不公的民变（反对官员作风与滥权）13起，占民变总数的12.5%。所以在19世纪40—50年代清朝治下的江南地区，土地矛盾和地方行政不公同样是农村地区的两大社会生态。

太平天国承继了清王朝的社会遗弊，并引发诸多民变，太平天国没有成功寻找到解决问题的突破口，只是在占领区实现了政权易手，并未能实现新旧社会的转型交替。从 19 世纪 40 年代到 60 年代，江南民变类型发生了部分变化，粮食暴动的比例虽然仍居民变首位，但却有所减少；地方行政不公引发民变的比例反较清时期大幅度提高，说明太平天国统治区地方行政腐败和贪酷导致的社会不公正越加成为引发社会矛盾的根源性问题之一。

（二）抗役民变

抗役类型的民变在太平天国统治区目前仅见有 1 起，即咸丰十一年（1861）正月常熟民众反对移筑福山城的抗争。福山是常熟江防重镇，屡受江北清军、团练的袭扰，为加强此地防御，常熟太平军当局将福山城堡移建至港口的龙王庙栅桥以当水路，"开一路塘岸，较旧岸阔倍之"。①同月，当局着旅帅派拨民夫，各处役情不同，或"要每图小役夫五十人"，或"要各图役夫二三十人"，② 或"饬伪职每师办水作司二十五人，役夫五十人，押到福山"，③ "乡里惶惶"，白茆守卡士兵强拿民夫解工。十三日，群情愤慨，"各束柴草，毁烧龙王庙及左右官厅税房闸屋，延及顾旅帅宅，顷刻灰烬，守卡贼即亡命而逃"。

此次民变由征派役夫而起，却引发各乡民众对太平天国财经政令不满的共鸣。西路乡民奋起焚烧业主房屋财物，意在抗租；东乡乡民焚烧官厅税房导致地方"收粮势松"，以及民变的结局是"各军帅兜率耆民，情愿赔偿庙宇求免，仍勒限解款"，④ 可知民变在动员过程中被扩大化，包含了抗粮、抗租和抗税的活动内容，演变为一场综合类型的民变；但因其抗役动机典型，在民变表中仍以"抗役"类型标注。尽管受到抗役民变的阻挠，福山城的修筑工程在正月十六日即"工已半就"，正月二十

---

① 陆筠：《海角续编》，第 125 页。
② 佚名：《庚申（甲）避难日记》，罗尔纲、王庆成主编：《太平天国续编》（六），第 212 页。
③ 顾汝钰：《海虞贼乱志》，中国史学会主编：《太平天国》（五），第 372 页。
④ 柯悟迟：《漏网喁鱼集》，第 52 页。

一日迅速完工，现役民夫改派常熟北门外挑壕沟。① 也就是说民众的抗役诉求没有得到完全满足，而其主要斗争结果却是迫使政府"收粮势松"。

（三）反移风易俗民变

统计案例中仅有3起与"头发"有关。咸丰十一年（1861）四月常熟鹿苑百姓因剃头被太平军捉去，当地乡民为复仇将守馆太平军数十名诱至江边杀死，乡官入城禀报，钱桂仁令福山守将黄某到彼处理，黄四下杀掠焚烧，致数百人横尸田野。② 这起事件包含了"反掳人"行为，所谓"复仇"可能是因百姓被掳后下场悲惨，或是受到太平军的勒索。咸丰十一年夏，常昭福山有太平军搜寻"短发秃顶之人，指为犯禁，捉打讹诈"，乡民"共掳乡官几次，转诉钱逆，即遣钱伍卿赴乡捉拿，发伪示，令乡官协同百姓捆解。于是田夫聚众，打退三十余贼，捉住三名送城究治"，乡民未蓄发，却没有明显的政治对立意识。③ 同治元年（1862）二月，太平军头目张老五等在奉化栖凤村编查门牌，见有剃发者不悦，被乡民沈国章等聚众击杀。没有任何理由可以认为沈国章领导的是具有政治敌对性质的团练武装，这起事件具有突发性。允许太平军进入村子编查门牌，说明村民已在政治上表示归顺，太平军头目可能对剃发者的过激言行或恐吓只是导致乡民防卫失当的直接原因，而收门牌税才是引发抗争的根源。张老五虽对剃发者"不悦"，却未采取制裁措施。④

对太平天国来说，留发易服是民众政治归顺的重要象征之一；但对百姓来说，变易衣冠发式却给他们的日常生活带来不便，因为太平天国并未推翻清王朝，仅是实现了政权对峙，面对变幻莫测的战局，江南民众往往左右为难：出境须剃发，回乡须蓄发；否则出则"通贼"，入则"通妖"，稍不留意即因"发"丧生。

民间剃发的习俗被双方政权强制赋予政治内涵，但民众剃发的心态未必有明显的政治对立意识。一则剃发已成为民俗，林大椿《禁剃发诗》

---

① 佚名：《庚申（甲）避难日记》，罗尔纲、王庆成主编：《太平天国续编》（六），第213、215页。
② 汤氏：《鳅闻日记》，罗尔纲、王庆成主编：《太平天国续编》（六），第350页。
③ 同上书，第352—353页。
④ 光绪《奉化县志》卷11，"大事纪"，第19页a—b；光绪《忠义乡志》卷16，"大事纪"，第16页a—b。

讲"人人摩顶复伐毛，二百余年久归顺";① 一是剃发成为生理习惯，剃发之风"相习已久，暑天留发，尤蓬蓬腾热，势有难堪";② 再者民众保持剃发可能也有经济方面的考虑，人们离开太平天国辖境贸易或游历，必须剃发，而剃发则需缴纳"剃头凭"，常熟周鉴在给胞弟的信中写道："尤奇者，人有剃头凭。以过江贸易为词，钱之多寡在日期之远近。"③ 此因素在各地显著不一，该项捐款多寡有异，海宁的剃头凭仅二十六文，"剃者甚众"。最关键的还是发式变动可能带来的杀身之祸使民众望而生畏，同治二年（1863）正月嘉兴陡门先是传言清军破绍兴，"百姓长发用铗箸绞拔"，后又传言绍兴清军已退，太平军复出城掳新剃头者，百姓"闻者皆股栗"，可见民众两难处境。④"蓄发"令虽然在民间反响不同，民众基本上还是在太平天国的严刑峻法面前妥协，像乌程、桐乡"附近各镇，俱已依令，勉强从之"。⑤

其他移风易俗的政令，像易服、禁偶像、禁烟酒娼赌、禁戏曲娱乐、禁婚丧习俗、禁传统节庆等，也与民俗习惯强烈冲突。最终，多数禁令或为传统习俗同化，或在地方社会抵制下弛禁。在部分地区，太平天国社会改革的政令基本失效，如江西湖口的乡村地区，"贼禁民间不许饮酒，不许吃烟，不许戴帽笠，不许带衣领，不许妇人穿红着绿，但乡下尚未大变"。⑥ 太平军当局对民间习俗的妥协、默认和被同化，是民众对太平天国的社会改革采取集体对立行动较少的重要原因；拜上帝信仰与传统民俗的碰撞往往表现为个体情绪的发泄，也就缺少有效联络和形成群体性事件的纽带。

（四）反"军租"民变

"军租"并非"军饷"，原是清政府奖励和资助给漕运旗丁的经济特

---

① 林大椿：《粤寇纪事诗》，太平天国历史博物馆编：《简辑》（六），第448页。
② 佚名：《寇难琐记》，南京大学历史系太平天国史研究室编：《江浙豫皖太平天国史料选编》，第155页。
③ 周鉴：《与胞弟子仁小崔书》，罗尔纲、王庆成主编：《太平天国续编》（八），第344页。
④ 沈梓：《避寇日记》，罗尔纲、王庆成主编：《太平天国续编》（八），第193、186页。
⑤ 佚名：《寇难琐记》，南京大学历史系太平天国史研究室编：《江浙豫皖太平天国史料选编》，第155页。
⑥ 张宿煌：《备志纪年》，罗尔纲、王庆成主编：《太平天国续编》（五），第135页。

权,军租土地承种给佃户,旗丁收租而不交粮。郑兴祖《一斑录》载:"粮船每船一旗丁(军籍)掌管,各给屯田二三百亩,免赋以资运力,其田散处各乡(名军租)。余张市一带屯田属太仓卫,岁收佃租亩不过钱七八百至一千一二百,佃力易偿。陆市、小吴市等处属苏州卫,租有增无减,亩至钱一千六七百者,犹与当地佃租相垺,其有至二千三四百,则高乡沙土种棉息薄,不能堪此而负欠矣。"①

反"军租"民变曾在清统治时的常昭地区发生,《一斑录》记载:

> 有佃王长明、王长元家小裕……至二十二年(道光二十二年,1842)闻有恩蠲,众方冀宽减。乃向年索租必至十月,是岁先请县示,要追陈欠,佃怨益增。十月二十二日,旗丁到乡收租已过半矣,而不许锱铢拖欠,王佃逞怨,一呼竟群起四应。烧旗丁收租一船,打毁二船。次日又烧九船,要抢巡司所枷承催不力之地方。……后定案于二十三年正月二十七日……推原其故,皆军租之取盈所致也。②

太平天国统治区也发生过一起反"军租"类型的民变,这里的"军租"内涵已经变异,可能仅是时人对"军租"旧称的沿用。顾汝钰《海虞贼乱志》记载:

> (咸丰十一年,1861)五月时,有苏州卫十余人到陆家市来收军租,夜宿篁多庙,传军催按额清还,各佃以完办银米无力再还租籽,坚执不肯,吵闹一日,各佃情竭,夜持农具进庙暗扑,仅活一人逃城声报,二逆发城毛到地,令伪职领吵,皇甫贼奴骑马执刀,手刃有隙三人,盖假公济私也。乡民各自逃避,而陆市地处连累无辜大半。③

---

① 郑兴祖:《一斑录》,罗尔纲、王庆成主编:《太平天国续编》(五),第421页。
② 同上书,第421—423页。
③ 顾汝钰:《海虞贼乱志》,中国史学会主编:《太平天国》(五),第371页。

道光二十二年（1842）的民变发展为烧抢巨案，佃农遍打七八个市镇二十余家"收凶租"的大户。① 祁龙威曾就军租问题在家乡常熟调查，他认为"太平天国常昭政府准许和支持这项特殊封建剥削"。② 实际上，太平天国政府并没有保留清代这一特殊制度。据《海虞贼乱志》记载，来常熟陆家市索租的是苏州的太平军，系代表政府取租，不是一般业主收租。按照《一斑录》的记载，常熟陆市的屯田原属苏州卫旗丁，太平天国入主江南后理所当然地视之为"妖产"，苏州太平天国当局会认为陆市屯田应由苏州方面收归公有，地租也应由苏州方面收取，类似于常熟当局把当地翁、庞、杨、王四大家族田产充公，设局收租。这反映了苏州太平天国当局废止了"军租"制，并将原有特权土地收归国有。常昭当局对原属旗丁屯田的态度与苏州当局不同，根据当地佃户"完办银米无力再还租籽"的争辩，常昭当局已对此类土地实行"着佃交粮"，未将田亩充公，也就不再承认屯田原属，即是说常昭当局认定此类土地所有权仍归原主或是认可佃户对承种土地的所有权。因原系"妖产"，后者更为可能。常昭当局的举动也属废止军租特权。至于常昭方面出兵镇压民变的原因乃是佃农擅自持械杀害十余名官兵，不是因其拒交"军租"；另外有碍于苏州省城方面的要求，也不得不出面干涉；其中还有不法乡官挟嫌报复、公报私仇的因素激化事端。这起民众反军租集体行动的类型实际上是一起特殊形式的反对政府租粮兼收的粮食暴动，与其他反租粮兼收民变不同的是，收粮和允许取租来自不同地区的太平天国当局。③

---

① 《两江总督壁昌江苏巡抚李星沅奏为审拟昭文县金德顺等县民肇衅生事拒捕致死眼线案等事》，道光二十六年九月初六日，军机处录副奏折03—4072—049，中国第一历史档案馆藏。
② 祁龙威：《关于太平天国时期常昭地区的"军租"》，中国社会科学院近代史研究所《近代史资料》编辑室编：《太平天国资料》，第18页。
③ 这一案例似可表明常熟当局与苏州当局在社会资源分配上存在矛盾，常熟仅是名义上的苏州属县，常熟守将拥有对该地区相对独立的管理权。类似情况在太平天国辖区很多，曾国藩和李鸿章都观察到"各贼不能相统，此贼所踞，难免彼贼劫掠"（《曾国藩李鸿章奏为苏松太岁征浮额积弊太深请比较近年完数酌中定额等事》，同治二年五月十一日，军机处录副奏折03—4846—045，中国第一历史档案馆藏），可见地方分裂和内斗是太平天国地方行政的风潮。美国学者蒲乐安（Roxann Prazniak）将太平天国社会运动失败的原因归于"在常年战争条件下协作进行社会运动埋下的隐患"——"叛乱领导人之间的分裂削弱了叛乱者实现其革命目标的努力，这些目标包括平均分配土地和废除官方把持、维护统治的中国传统经典"。参见［美］蒲乐安《骆驼王的故事：清末民变研究》，刘平等译，商务印书馆2014年版，第28页。

（五）反掳掠民变

反掳掠民变是"天国"民变类型的一个特色。反掳掠民变的合法抗争途径基本有两种形式：一种是首先以暴抑暴，然后再请求太平天国处理，这仍属合法抗争，如咸丰十一年（1861）夏秋常昭福山田夫聚众，打退三十余违纪太平军，捉住三名送城究治；① 同治元年（1862）九月浙江秀水百姓捉住六名违纪太平军，解至嘉兴，请求问罪。② 另一种是通过乡官上诉于太平天国当局，等候和完全倚仗于政府作为，如同治元年二月，秀水乡民因太平军掳掠，向新塍军帅告急，局中差师帅前往驱逐未果，乡民又联名上书军帅三十余次，新塍军帅才禀告于嘉兴嶍天安张世发。③ 而太平天国当局更侧重于先由民间主动自行解决事端，再诉诸政府定夺的办法。在现存大量太平军安民文告中，有准许百姓将违纪士兵、乡员"捆缚来辕"之类的话。当然也有一些勤政官员乐于百姓赴衙门控告，像石门守将邓光明在劝谕中说"或有官兵往来，打馆滋扰"，"即赴监军衙门控告"，他还在四门仿设天京之"登闻鼓"，亲自接受民间诉讼；④ 嘉兴桐乡守将钟良相也设"登闻鼓"，"听治狱讼，凡民间有冤抑不伸者，于三、八日期至辕门击鼓，审断曲直，平反冤狱"。⑤ 从数起通过合法形式反对掳掠的民变实例看，民间社会似乎更倾向于政府直接介入和干涉的途径，这在一定程度上表明民众与新政府之间共栖关系的初步构建。

（六）集体合法抗争

不仅反掳掠民变可以通过合法抗争的手段维护自身权益，其他类型的民变也有合法抗争的例子。如咸丰十一年（1861）十一月常熟南乡师帅朱又村浮收，从天京参加"天试"归来的36名常熟士子联名投禀控诉于常昭军政当局；⑥ 同治元年（1862）八月，秀水塘南百姓仇视百长朱不登贪腐虐民、随从掳掠，乡民"抗诉新塍军帅不一而足"，朱最终被"械

---

① 汤氏：《鳅闻日记》，罗尔纲、王庆成主编：《太平天国续编》（六），第353页。
② 沈梓：《避寇日记》，罗尔纲、王庆成主编：《太平天国续编》（八），第150页。
③ 同上书，第107页。
④ 《殿前又副掌率邓光明发给石门沈庆余劝谕》，罗尔纲、王庆成主编：《太平天国续编》（三），第153页。
⑤ 沈梓：《避寇日记》，罗尔纲、王庆成主编：《太平天国续编》（八），第57页。
⑥ 龚又村：《自怡日记》，罗尔纲、王庆成主编：《太平天国续编》（六），第82、117页。

系累月"。① 不仅集体行动可以通过合法途径达到抗争要求，个体的合法控诉有时也能得到太平天国的回应，现存十余篇金华东阳县乡官、士绅、百姓为整肃军纪、严禁滋扰上太平军将领的禀文，体现了民间社会与太平天国的互动。

　　集体抗争和集体暴动的本质不同在于集体抗争的形式一般是非暴力的，斗争手段是合法的；集体暴动的斗争途径往往是激烈的违法行为。在"天国"民变中，合法抗争的实例较少，并非斗争形式的主流，而大多数民变在动员伊始就带有暴力色彩。尽管如此，合法抗争途径的存在，特别是在民众反对太平军掳掠这种可能带有政治敌对意识的群体事件中部分运用，更直接地体现了民间社会对太平天国的政治归顺——不同于政治认同，一旦地方上实现进贡安民和乡官政权建立，即意味着民间社会对太平天国政治顺服，也意味着新政权和民众之间新"共栖"机制的初步确立。② 这也是民众维护自身利益的斗争形式向更高层次和更高级别发展的反映。

（七）部分疑难类型案例

　　太平天国统治区部分民众抗争的事例在动员过程中可能有清军、团练或土匪影响的色彩，故使民变类型区划，以及民变、民团区分增加了困难。如咸丰十年（1860）九月在常熟东乡民众抗领门牌、殴打乡官的行动中，"民间有官兵将到之谣"，这一谣言可能是太平天国的敌对分子故意散播以离间军民关系；也可能是居心不良者为增加民众参与抗税行动的勇气而作祟。但清方在事实上对民众抗税无实质性影响，其政治行

―――――――

① 沈梓：《避寇日记》，罗尔纲、王庆成主编：《太平天国续编》（八），第147—148页。
② 在部分地区，太平军进据前夕，"伪历传来伪诏张，公然顺字贴门墙"［海虞学钓翁：《粤氛纪事诗》，太平天国历史博物馆编：《简辑》（六），第378页］；湖州乌镇百姓纷纷贴黄纸于门，写"恭顺太平天国字样"（皇甫元瞠：《寇难纪略》，第2页）；太仓百姓"门首都贴顺字，悬烟户牌"（佚名：《避兵日记》，第26页）；江西丰城县"城中各户首俱用黄纸墨书顺字贴之。铺家招牌有顺字者，俱改去中一直，传闻贼匪令贴此字者可免也"（毛隆保：《见闻杂记》，杜德风选编：《太平军在江西史料》，江西人民出版社1988年版，第485页）；湖北崇阳、通城"居民畏贼，多已蓄发，乐为贼用。……官兵到境，无土人为之向导，无米盐可供买办，人心之坏，实堪痛恨"（曾国藩：《曾国藩全集》第1册，"奏稿之一"，第151页）；江西铅山、弋阳百姓"贼未至则往迎之"（汪士铎：《汪悔翁乙丙日记》卷3，第23页a）；甚至战争暂未波及的苏北，"自高邮至淮安，望风瓦解，颇有先行输物投诚者，处处效尤"（符葆森：《咸丰三年避寇日记》卷上，第10页a，南京大学图书馆藏抄本）。这些记载均说明民众对太平天国的政治顺服，但政治认同的程度很难拿捏。

为仅限于一个谣言。结局是常熟、昭文两县监军与代理军帅邵憩堂同赴梅里宣讲道理，劝民纳税完粮，巡查门牌，可知此次行动为太平天国政府和平解决，乡民接受纳税完粮，其抗争行动尚属太平天国内部矛盾，故此事件的性质仍可认定为"民变"。又如咸丰十一年（1861）二月常熟各乡又有"官兵即日临境，通州已踏海船数十号，封禁港门，择日祭旗"的谣言，"农民闻信，皆延迟不肯完粮"，谣言对此次民众抗粮产生切实的鼓动作用；但民众抗争的主要原因是"东西两路人民恨浮收勒捐"，乃由经济肇因，抗争过程不带有颠覆现行太平天国政权的要求，其结局是太平天国官员下乡遍处劝谕，和平解决争端，"自后民渐肯完粮，四乡亦稍静息"，这一集体暴动仍属民变性质。

咸丰十一年（1861）五月昭文、太仓等地百姓暴动，"误传江内官兵将至，好事者聚众乡民，各处裹胁，声言迎助官兵，自号白头。先拆乡官馆子住屋，打死百长并守卡长毛，乘势焚掠。又约枪船相助。其实为开赌，与长毛相争起衅"。此次暴动因"开赌"起衅，以"白头"（太平天国时期团练外装的重要标志）相聚，又约枪船相助，"声言迎助官兵"，带有政治敌对色彩，显系民团性质，《鳅闻日记》的作者也以"起事"相称；但事件具有突发性、自发性等民变特征，与清方未有实际联络，"拆乡官馆子住屋"的行为也是太平天国统治区常见的民变行为，所以这起"民团"事件带有"民变"的部分特征，是太平天国辖区地方精英组织民团的特殊类型，不能妄作"民变"。①

咸丰十一年（1861）五月鹿苑有海盗掳掠，杀守卡太平军二人，"土人误信盗为官兵"，与太平军对垒，守将侯裕田率军下乡，大肆焚杀，"海盗已去，而土人遭殃"。② 这起"土人"（当地乡民）反抗太平军的行动只是一起被利用和被误会的暴动，以团练视之却无团练之组织，以民变视之则有碍于事件可能带有的政治敌对性质（"误信官兵""与太平军对垒"），无法为其定性。

同治元年（1862）四月常熟白茆塘东居民"讹传上海官兵已进浏阳

---

① 以上三起事件的经过，参见汤氏《鳅闻日记》，罗尔纲、王庆成主编：《太平天国续编》（六），第325、345—346、350页。
② 龚又村：《自怡日记》，罗尔纲、王庆成主编：《太平天国续编》（六），第67页。

河、白茆二口","群焉四起,自太仓界沙头、浮桥、横泾、穿山、时思庵及昭文界横塘市、张市、归市、老吴市、东周市等处,团成数万,斩木为兵,揭竿为旗,将各处伪乡官房屋烧毁,什物打坏。至四月初八日晚间,共聚老徐市"。虽然斗争手段有类似于"天国"民变"打官毁局"的特征,但"讹传清军进界""团成数万""共聚老徐市",充分展现了这次行动是有计划、有组织的团练活动,不能将其定性为"民变"。①

同治元年(1862)四月,吴县、常熟、太仓部分市镇均有乡民集聚,传言"永昌徐亦已汇集枪船数千号",民众队伍也"悬大纛写永昌徐义团",各处拆烧房屋,殴杀乡官,而实际上"各路官兵信反觉模糊",太平军大队下乡,各处以耆民欲出迎议和,"告以太境土匪滋事,蔓延沿海连壤之区,又嘱旗锣藏匿",却为土匪阻挠,有土匪叫嚣:"我今拒敌,汝等甘心从贼,又欲勾引长毛乎?"此议遂废。可见此次暴动实际上是土匪滋事,假以官军、团练旗号利用百姓,事件既非"民团"也非"民变",是一起被土匪利用的具有政治敌对性的暴动。②

通过上述事例分析可以得出如下认识:1. 民众集体对立行动的动员和发生可能受敌对势力的蛊惑,很多动机是经济因素的民众抗争也因谣言的传播或敌对分子的鼓动而增加了政治色彩,但实际可能与清军或团练没有直接的组织联系,体现了在太平天国统治区民众对新政权的政治认同感不强,这是民众心态在两个政治实体对峙时期的正常反应。2. 部分反抗事例的性质既非"民团",也非"民变",其政治性因有清方、团练的鼓动而类似民团,但初始动机和斗争手段又类似民变,规模和激烈程度因政治因素的刺激而大于民变。多数民众参加此类抗争虽有被利用的情形,却各怀私利,意在争取被太平天国政权侵犯的自身利益,期望有和平解决的契机,从一定程度上反映了太平天国与民众对立关系的复杂性。3. 太平天国占据地区众多对立行动受团练干扰,也表明该时期民众集体行动以团练组织为组织基础进行动员的可能性。4. 正是由于民众集体行动动员可能以团练组织为组织基础,也可能受到清方、团练、土匪等敌对势力的鼓动,对于特殊类型的抗争事件不能妄作"民变"或"民团",要具体事例具体分析,

---

① 曾含章:《避难记略》,罗尔纲、王庆成主编:《太平天国续编》(五),第338页。
② 柯悟迟:《漏网喁鱼集》,第58—59页。

上述讨论的案例除两起仍为民变性质外，其他数起对立行动仅附于此，以特殊类型的民众反抗实例作为民变事件之比照。

第二节　对抗争对象的探讨

　　传统民变抗争手段的基本框式是"拆衙署，打漕书"，斗争更为激烈者发展为殴打甚至戕害兵役和地方官员。在统计的19世纪40—50年代苏南和浙江的案例中，有60起民变的抗争手段符合基本框式，占民变总数的57.69%。其中多数针对主持漕粮事宜的胥吏绅衿，少数案例对知县的身体造成伤害，如咸丰二年（1852）松江青浦保正周立春邀集乡民报荒不准，"曳龙光（青浦知县余龙光）下堂，啮其左耳，血淋漓"，[①] 又"将知县抢出，倒拖里许，竟欲粉身，得救幸免"；[②] 咸丰八年（1858）十二月二十三日，余姚十八局抗租民众入城"焚绅富巨宅三所，旋侵县署，劫狱脱犯"，"知县贾树勋跃投荷花池"而死。[③] 但此类血腥场面可能已是民众大规模哗变的前奏。"天国"民变的抗争框式既是对传统的延续，又有所提升，抗争对象主要是地方基层官员——乡官，"拆毁官局，殴杀乡官"几乎成为各处民变斗争形式的通式，符合这一框式的民变计有51起，占统计所得民变总数的72.86%。"天国"民变的另一个主要抗争对象是太平军，以太平军为单独抗争对象的民变有11起，占统计民变数的15.71%，因绝大多数反掳掠的群体性事件未被列入研究对象，实际比例可能还会增加，这是战争时代赋予"天国"民变抗争对象的特性。现分别介绍民变两类主要抗争对象的具体情况。

一　乡官群体

　　乡官制度的蓝本为《天朝田亩制度》，主旨在建立县级以下基层行政组织，按太平军制改传统乡村社会乡、都、图三级社会组织单位为军、

[①] 章圭瑑等纂：《黄渡续志》，上海社会科学院历史研究所编：《上海小刀会起义史料汇编》，上海人民出版社1980年版，第1086页。
[②] 柯悟迟：《漏网喁鱼集》，第14页。
[③] 光绪《余姚县志》卷12，"兵制"，第22页a。

师、旅、卒、两、伍六级基层行政组织,[①] 将乡村社会管理纳入国家政权系统运行轨道,是太平天国政治权力向乡村社会渗透的一种尝试。定都天京后,所据日广,乡官制度逐渐推行;19 世纪 60 年代太平天国开辟苏南和浙江基地,乡官制度在基层社会普遍建立。1860 年前后太平天国乡官制度在设置上的显著不同是前期作为郡县政权守土官的总制、监军在后期被自然纳入乡官政权系统,由本土人充任。原因是 1860 年后太平天国地方政府分离为以军事贵族掌控的地方军政当局和以乡官为主要构成的地方基层政府并存的格局。由于后期滥施恩赏,各郡县坐镇、佐将多为高级爵位,甚至一个乡镇的守将即为王爵,如湖州南浔镇守将为庆王秦日庆,[②] 又如吴江平望镇守将为仅次于王爵的义爵——英天义万国安。[③] 军政府凌驾于基层政府之上,取代原总制、监军总理地方民政事务的权力,迫使郡县行政组织在太平天国政治权力系统中边缘化为乡官基层组织,明显的表现是后期总制、监军不再驻城办公,而是在城外或市镇另辟官局,如杭州朱春的监军衙门设在艮山门外,[④] 无锡监军华二设局堰桥镇,金匮监军黄顺元设局东亭镇。[⑤]

(一) 两极化的乡村政治实践

乡官政治的实践成效主要表现为两极:一类情形是乡官行政致力于地方社会稳定。如同治元年(1862)二月乾天义李恺运代济天安黄和锦守无锡,黄闭城不纳,李众鸣锣开枪,黄众派队出城,双方几起内讧,此时恰有"锡监军华二、金监军黄顺元各带局勇至城,彼此缓颊,得无害。并求李逆拨众暗防黄逆动身掳掠,一面招乡民数百人,执香至东门,送黄逆之行。而黄逆禁众掳掠,仅烧伪串而走,两监军当允李逆造还,

---

① 《天朝田亩制度》,中国史学会主编:《太平天国》(一),神州国光社 1952 年版,第 325—326 页。
② 光绪《乌程县志》卷 36,"杂识四·湖滨寇灭纪略",第 20 页 b。按:陈根培《湖滨寇灭纪略》误作"庆王秦日宝"。庆王姓名、爵衔,见王定安《求阙斋弟子记》卷 10,"贼酋名号谱",光绪二年(1876)北京龙文斋刻本,第 30 页 a,北京大学图书馆古籍部藏。
③ 《吴江黄熙龄日记》,咸丰十一年七月初二日记事,苏州大学图书馆藏稿本,无页码。
④ 张尔嘉:《难中记》,中国史学会主编:《太平天国》(六),第 641 页。
⑤ 施建烈、刘继曾:《纪(无锡)县城失守克复本末》,中国史学会主编:《太平天国》(五),第 254 页。

遂寝其事",① 一场干戈化于无形；无锡有无赖冷阿听，"适黄塘不靖，遂黑衣窄袖持刀装野长毛状，入邻女家奸污"，被邻家女告至监军华二处，华二立即拘捕并处死冷阿听，大快民心。② 又如苏州太平军一次途径湖州乌镇，军帅董沧洲"虑兵□扰害"，请示献天豫何培章、髣天侯魏永和，他自己与魏亲自"执旗立于北栅太师桥"，何培章"立于西栅通济桥"，"大□扬□促令飞骑而过，无一上岸者，此董之力也"；③ 董因立政严明，"主长毛局事，贼甚信任，凡地方小船、地棍鏖诈及盗贼劫掠诸事，只须董一言，无不立决枭示，四境肃然"，太平军尊称其为"董老班"。④ 又一次苏州太平军攻打杭州返回，途经乌镇劫掠，舟中乘载掳掠女子，军帅吴诚溥"颇知痛恤民瘼，将舟中所获少女一一查察。……凡属投诚之地，尽行解缚释放，一时男女得返原籍者四五百人"，时人称此举"差快人情"。⑤ 湖州练市军帅沈国桢为阻止过境太平军杀戮，"麾旗禁止"，"沈大呼贼逆横，竟刃伤其左股，创甚，医不效，逾月死"。⑥ 同治元年（1862）十二月常熟城陷后，有乡团集众"打长毛"，慕王谭绍光欲大开杀戒，常熟乡官徐蓉舟出面力劝其"依旧出队，秋毫无犯"；后慕王部掳得少壮二三千人，徐又出面谏曰："掳得多是地着农民。乡官想城中虽属如是，乡民尚未改变，大王何不离城多扎守营，使民依旧耕田，大王仍收钱粮。若广掳农民，何人耕种，容日收复城池，钱粮何着？"慕王曰："乡官所见不差，授你一令，明日在紧要地处，拣所掳百姓尽行释回。"⑦ 吴县军帅许玉庭"初意尚为保护民生起见，民无怨訾"，"贼至香山，所过已贡地方，仍行掳掠。许玉庭以贼藩令旗出，喝退之"。⑧ 正是有的乡官力行维护地方稳定的政治职能，才使部分太平天国辖区呈现"设乡官

---

① 佚名：《平贼纪略》，太平天国历史博物馆编：《简辑》（一），第282页。
② 张乃修：《如梦录》，罗尔纲、王庆成主编：《太平天国续编》（四），第391页。
③ 佚名：《寇难琐记》，南京大学历史系太平天国史研究室编：《江浙豫皖太平天国史料选编》，第151页。
④ 沈梓：《避寇日记》，罗尔纲、王庆成主编：《太平天国续编》（八），第154页。
⑤ 佚名：《寇难琐记》，南京大学历史系太平天国史研究室编：《江浙豫皖太平天国史料选编》，第160页。
⑥ 同上书，第158页。
⑦ 顾汝钰：《海虞贼乱志》，中国史学会主编：《太平天国》（五），第381—382页。
⑧ 蓼村遁客：《虎窟纪略》，《太平天国史料专辑》，第25页。

理民务，贼兵有不法者，乡官得而治之，地方粗安"的良性政局。①

但太平天国统治区更多的情形是另一个极端：乡官政治激化了社会矛盾，造成社会失控。51起指对乡官的民变充分说明了这点。造成民变的直接原因如从乡官身上分析，基本可概括为"苛粮""苛税""苛政"，即浮收粮米、苛敛税款、为政暴虐。反对乡官苛粮的典型案例如咸丰十一年（1861）春，浙江嘉善乡民因监军顾午花"贪酷旧规，以零尖插替浮收"，"裂其尸为四五块"。② 反对乡官苛税的典型案例如咸丰十年（1860）十二月，安徽贵池龙舒河等处百姓痛恨旅帅吴彩屏"作威苛费，执而投诸深洞之中"；③ 又如咸丰十一年（1861）四月，吴江莘塔陈思村有乡官陆岳亭"勒派红粉，众人持械斩死"。④ 反对乡官苛政的典型案例如同治元年（1862）十二月十五日夜，苏州吴县师帅许一亭因"傲慢虐民，民皆恶之"，被不明男子十余人剖腹挖心而死，时人评之"暴慢致死"，可见死因实系"苛政"。⑤

有相当数量的乡官在任期内中饱私囊，借以肥家，基层官场贪墨成风；也由于太平军当局过度强调乡官征收赋税的经济职能，在满足太平军物资需求的同时，肆无忌惮地吞噬民脂民膏成为乡官们的顺手之举，"此等人又以贼所科派者更加敛之，中饱乾没，仍以乡民为鱼肉者也"，⑥ "各伪职既得贼势，衣锦食肉，横行乡曲，昔日之饥寒苦况，均不知矣"，⑦ "伪乡官以钱为命，平日胁取民间，盈千累万，尽充囊橐，不知为后日计"。⑧

海宁、海盐是乡官政治黑暗的重灾区。在海盐沈掌大领导的武装起事中，乡民一连捣毁焚烧胡四老、王冒冒、陈雨春、陈七老、黄八十、五老、庆老、沈柳庄、沈朱桂、应玉轩、许正明、许高生、殳□□等十余家乡官住宅；⑨ 海宁"盖天王"领导的平民武装起事亦与该地区乡政

---

① 沈梓：《避寇日记》，罗尔纲、王庆成主编：《太平天国续编》（八），第195页。
② 同上书，第45页。
③ 李召棠：《乱后记所记》，中国科学院近代史研究所《近代史资料》编辑室编：《近代史资料》总第34号，第186页。
④ 柳兆薰：《柳兆薰日记》，《太平天国史料专辑》，第182页。
⑤ 蓼村遁客：《虎窟纪略》，《太平天国史料专辑》，第46—47页。
⑥ 张德坚：《贼情汇纂》，中国史学会主编：《太平天国》（三），第275页。
⑦ 佚名：《平贼纪略》，太平天国历史博物馆编：《简辑》（一），第267页。
⑧ 倦圃野老：《庚癸纪略》，罗尔纲、王庆成主编：《太平天国续编》（五），第325页。
⑨ 海宁冯氏：《花溪日记》，中国史学会主编：《太平天国》（六），第679—680、684页。

治的残酷有直接关系，他们所行劫者大部分为乡官赀财。① 战后民间社会对乡官群体的报复也反映了百姓对乡官劣政的痛恨。如同治二年（1863）自十二月廿五日起，海宁城西百姓"纠众将军师旅帅等家放火烧屋以报仇，势渐日甚"；同治三年（1864）正月初三日起，海盐百姓"亦集聚拿捉帮办贼事人，有放火烧屋者"；② 同治三年三月石门被清军克复，"乡民蓄怨既久，蜂拥蚁聚，或毙其人（乡官），或毁其宅，或罄其所有，而向之骤拥厚赀者至是不堪回首矣"。③

乡官群体是太平天国地方政略在乡村社会的代言人和直接执行者，乡官劣政势必影响基层政局稳定，降低太平天国在民间社会的政治权威，甚或激变四野，引发民众对立，削弱统治基石。

造成两种截然不同的农村政治实践的主要原因在于乡官群体和太平军守将的主观意志——政策偏差是引发乡村民变和造成乡村政治失败的根源，政策执行者的偏差则是问题形成的又一关键。当时奉命采集"贼情"的张德坚即有类似观察，他认为乡村秩序如何，"此则视乡官为何如人耳"。④ 简又文在"太平天国乡治考"中对此观点有所补充，他认为"乡治之善恶之关键，完全视乎各郡邑守将之仁暴及乡官之好歹以为断"。⑤ 之所以加入"郡邑守将"的因素，是因为乡官的主观意志虽是良性政治的必要条件，但能否实现良性政治运作，尚受坐镇佐将意志及能力的影响。所以应从乡官群体和太平军当局两个方面分析太平天国乡村政治实践的失败，而乡官和太平军恰是太平天国统治区民变抗争的主要对象，风起云涌的民变也是太平天国乡村政治实践失败的重要标志。因此，太平天国乡村政治实践失败之因某种程度上可作为民变形成的原因。

（二）乡村政治实践的失败

1. 乡官群体的身份背景

随着政权本土化趋势的加强，乡官群体的身份背景基本可以反映太平天国时期地方社会分化的一般状况，因为乡官是包括士阶层、平民层

---

① 沈梓：《避寇日记》，罗尔纲、王庆成主编：《太平天国续编》（八），第227页。
② 海宁冯氏：《花溪日记》，中国史学会主编：《太平天国》（六），第717页。
③ 光绪《石门县志》卷11，"丛谈"，第89页a。
④ 张德坚：《贼情汇纂》，中国史学会主编：《太平天国》（三），第275页。
⑤ 简又文：《太平天国典制通考》上册，简氏猛进书屋1958年版，第483页。

和其他群体在内的"民众"在太平天国政权系统中的主要政治流向。由于太平天国乡官数量大、地域分布广，无法进行完全统计；又因史料记载缺失或叙述笼统、模糊、不一，增加了精确量化分析的难度。附录三选录的19世纪60年代太平天国乡官231人，是文献中乡官身份和事迹记载较详者，以此为样本进行分析，同时结合史料对各地乡官身份的宏观综述，或可较准确地把握乡官群体的主要来源，以及各身份类别在乡官等级体系中的分布。因乡官制度的普及是在1860年后，太平天国农村政治的广泛实践也是开始于1860年，所以集中分析19世纪60年代的乡官身份是探寻太平天国乡村政治实践失败之因即民变成因的有效途径。①

表4—3　　　　19世纪60年代太平天国231位乡官的身份

身份		职务							加入政权的方式		
		总制以上	监军	军帅	师帅	旅帅	卒长	两司马	其他不明	主动	被动	不明
地方包税人的可能性身份	清朝官员	5	6	3	2					4	8	4
	团首	4	1	7		1			3	5	11	
	士子 绅衿	6	14	12	9	4			11	28	20	8
	地主 富户	2	2	11	6	4			7	15	6	11
	地保 里正 乡董 图董 吏役 圩甲	3	9	12	8	6			5	19	4	20
	游民 无赖			4	5	3			4	15	1	

---

① 乡官之名，张德坚《贼情汇纂》释曰："乡官者，以其乡人为之也。"［张德坚：《贼情汇纂》，中国史学会主编：《太平天国》（三），第109页。］所以乡官的选任首先要符合本土化标准；依《天朝田亩制度》理想化的规定，选任乡官的主要标准是"遵条命及力农者"，选任方式是自下而上的保举法，"每岁一举，以补诸官之缺"。［《天朝田亩制度》，中国史学会主编：《太平天国》（一），第323页。］这个标准说明太平天国的初衷可能是准备向包括农民在内的较广范围社会阶层开放基层政权。根据后期太平天国乡官仍有大量"编户穷民"充任的事实［龚又村：《自怡日记》，罗尔纲、王庆成主编：《太平天国续编》（六），第116页］，此初衷在乡政实践中未曾改变，发生变异的是乡官的选任标准，于是造成乡官身份背景复杂化。

续表

身份	职务							加入政权的方式		
	总制以上	监军	军帅	师帅	旅帅	卒长	两司马	其他不明	主动	被动	不明
杂业	4	1	4	9	2	3		4	18	2	7
贫民 农民					1			3	4		
商人（贩）	3	5	5	4		1		3	12		9
总计	27	38	58	43	21	3	1	40	120	52	59
	231								231		

注：单位：个人。本表不是严格的阶层区划，仅据史料归纳相对集中的身份。部分地方人士虽未担任乡官名目，或拥有总制以上官衔，但由于其出于本土，又任职于本土，实际具有乡官的职责和性质，仍视作乡官；有的人可能在前朝拥有多重身份，以其主要的经常性角色认定；有的人在太平天国供职，后有升迁，以其始任职务为准；身份类型中的"杂业"如伙计、道士、木工、拳教师、阴阳先生、水手、挑夫、郎中、船工、家奴、胥僧、佣工、乡勇、栅夫等；"商人/商贩"如屠户、织席、米商、药商、酒商、业织机、丝商、绸缎商、业豆腐、渔商等；表4—3统计的乡官职务，旅帅以上的中上级乡官187名，约占统计对象总数的81%，因此根据表4—3得出的统计分析结果主要针对乡官政权的中上层。

根据表4—3，太平天国中上层乡官（旅帅及旅帅以上）[①] 的身份背景主要为拥有地方行政经验的旧社会势力，包括地方精英、旧政府县级以下公务人员。表4—3中统计有此类人士137人，占所统计中上层乡官总数的73.26%。他们在旧政权时积累了较充分的地方行政经验，像士子绅衿、地主富户、地保里正、乡图董事等经常在地方社会管理中扮演政府"包税人"的角色，作为政府联络民间的纽带和桥梁。担任太平天国

---

① 理论上，乡官"自师帅至两司马，悉设公堂刑具"［张德坚：《贼情汇纂》，中国史学会主编：《太平天国》（三），第109页］；现实中，一般仅军、师帅各设立办事机构，旅帅并入师帅局办公，不单独立局；但也有旅帅立局的记载，如咸丰四年四月安徽潜山县"伪军、师、旅帅建馆理词讼，用听使，出文札"［储枝芙：《皖樵纪实》，罗尔纲、王庆成主编：《太平天国续编》（五），第37页］；咸丰十一年浙江象山县"监军于都会处开立总局，军帅、旅帅等亦俱有分局，如官厅然，堂上设有签筒、笔架、枷杖等器。专办粮饷，如期量给，使不出城攘扰。如系民事，非关军旅者，就此判决，贼不与闻也"（佚名：《辛壬脞录》，中国科学院近代史研究所《近代史资料》编辑室编：《近代史资料》总第34号，第196—197页）。所以据此以旅帅以上为中高级乡官，百长至伍长为低级乡官。

中上层乡官的主要是从旧社会结构中分化出来的这部分人,他们在旧政权坍塌,政无所归的时局下倒向新政权,利用新政权对加强社会合作、稳定社会秩序的急切需求,以较丰富的地方行政经验,成功恢复地方社会身份并获得新政权给予的政治权益。太平天国因缺乏地方行政经验,只好与原地方社会势力维系合作,照搬旧模式以供应庞大开支。乡官征收赋税、分派贡役的经济职能被强化,"凡贼所需,乡官率奔走恐后,为贼筹",①"营中日用一切,均乡官供之,不自取求",乡官局成为太平军往来过境"接待供应之所",②"凡贼有取求,多下乡官局,资应之费,皆按亩苛派"。③ 这些人在旧政权时"包税人"的角色随之加强,昔日"包税"工作中的浮收舞弊、苛征厚敛、请托贿求④种种歪风邪气在新政权基层赋税事务中延续乃至恶化,甚至激发民变,造成社会动荡。

表4—4　　太平天国统治区民变抗争对象之乡官代表名录

姓名	职务	涉及民变	身份属性	心态类型	资料来源
叶某	不明	1860年常昭何村	不明	不明	《鳅闻日记》页325
严朗三	帮局	1860年常昭王市	富户	谋私投机	《鳅闻日记》页325、326、340
钱春	军帅	1860年常昭恬庄	米商	谋私投机	《庚申(甲)避难日记》页209
王某	参赞	1860年太仓	秀才	谋私投机	《劫余灰录》页160
吴彩屏	旅帅	1860年贵池	不明	谋私投机	《乱后记所记》页186
陈某	旅帅	1860年吴县甫里	不明	不明	《野烟录》页176
程某	师帅	1860年昆山	无赖	谋私投机	光绪《昆新两县续修合志》
顾午花	监军	1861年嘉善	举人	委曲求全	《避寇日记》页45
袁某	不明	1861年嘉善	举人	委曲求全	《避寇日记》页45
顾某	旅帅	1861年常昭	不明	不明	《漏网喁鱼集》页52
郁秀	不明	1861年吴县	差役	谋私投机	《虎窟纪略》页30
俞儒卿	不明	1861年常昭	局董	委曲求全	《自怡日记》页65

---

① 古越隐名氏:《越州纪略》,中国史学会主编:《太平天国》(六),第769页。
② 民国《双林镇志》卷32,"纪略·杂记·兵燹记",第13页a—b。
③ 光绪《宜兴荆溪县新志》卷5,"武事·咸丰同治年间粤寇记",第11页b。
④ 常熟南乡周行桥旅帅马全,为政腐朽贪酷,"一时他人请托,自己贪婪,每田亩收五六斗。又派捐银一两,贴费又太多,虽遇丰稔,民生不堪克剥。冤怨日炎,无不切齿,皆欲杀之而甘心也"。参见汤氏《鳅闻日记》,罗尔纲、王庆成主编:《太平天国续编》(六),第355页。

续表

姓名	职务	涉及民变	身份属性	心态类型	资料来源
须某	旅帅	1861年常昭翁庄	不明	不明	《自怡日记》页67
陆岳亭	不明	1861年吴江莘塔	吏胥	谋私投机	《柳兆薰日记》页182
董沧洲	军帅	1861年湖州乌镇	富商	谋私投机	《寇难琐记》页153、156
皇甫某	师帅	1861年常昭陆家市	不明	谋私投机	《海虞贼乱志》页371、383
陶柳村	将军	1861年常昭	地保	谋私投机	《自怡日记》页41、69
王某	旅帅	1861年常昭	僧人	谋私投机	《自怡日记》页69
高某	军帅	1861年常昭	不明	不明	《自怡日记》页69
周富荣	军帅	1861年常昭陈塘坝	帮工	谋私投机	《海虞贼乱志》页371
徐某	师帅	1861年常昭梅塘	不明	不明	《鳅闻日记》页355
潘竹斋	师帅	1861年常昭汤家桥	不明	谋私投机	《鳅闻日记》页324、355
金云台	师帅	1861年常昭王市	酒商	谋私投机	《鳅闻日记》页341、355
马全	旅帅	1861年常昭周行桥	吏胥	谋私投机	《鳅闻日记》页355
归二	军帅	1861年常昭谢家桥	富户	谋私投机	《鳅闻日记》页355
李木狗	旅帅	1861年常昭	无赖	不明	《庚申(甲)避难日记》页227
徐茂林	师帅	1861年常昭	土棍	谋私投机	《鳅闻日记》页316、356
朱又村	师帅	1861年常昭南乡	官绅	委曲求全	《自怡日记》页116、117
江某	师帅	1862年常昭小市桥	不明	不明	《自怡日记》页94
某	监军	1862年浙江玉环	不明	不明	《辛壬寇记》页374
徐孝治	旅帅	1862年诸暨	不明	不明	《太平天国文书汇编》页204
朱不登	百长	1862年浙江秀水	不明	谋私投机	《避寇日记》页147、148
许一亭	师帅	1862年苏州吴县	不明	谋私投机	《虎窟纪略》页46、47
金三	师帅	1863年湖州乌程	博徒	谋私投机	光绪《乌程县志》卷36

注：部分内容参考附录三《19世纪60年代太平天国主要乡官表》。

在统计的"天国"民变中，有34起民变的抗争对象具体明确到乡官个人，且他们中的大多数在史料中留有姓名和较详的事迹，见表4—4。在20位身份较明确的乡官代表中，有12人出身士子绅衿、地主富户、吏胥差役、地保里正、乡图董事之类拥有地方行政经验的旧社会势力。他们均引发了民变，这与其"包税人"角色在新政权中的恢复和强化，以及"包税"事务的旧弊沿袭相关。最典型的是嘉善举人顾应榴（字午花）的例子，顾午花曾在清朝统治时期"帮官逼勒完银"，"平时包漕米，主词诉，豪横乡里"，百姓愤恨，"群起拆屋"；① 太平军据嘉善后，顾午花出任监军，"其收漕也，仍用故衙门吏胥，仍贪酷旧规，以零尖插替，浮收三石、四石不等"，"包税人"的角色和权力被强化，结果"百姓大怨"，聚众抗争，咸丰十一年（1861）春将顾杀死。② 像常熟南乡旅帅马全"素充地方"，南乡前营左师帅朱又村"同知衔西村之子"，"奉派为师帅，复以功加将军"的陶柳村出身地保，吴江莘塔乡官陆岳亭出身"吏胥"，他们均曾为旧政权服务，拥有地方行政经验，熟识地方行政营私舞弊的伎俩，并且经太平天国政权强化了"包税人"的权益，肆无忌惮地腐败苛敛，最终酿成暴动，或惨死事端，或遭到严惩。

　　史料对乡官身份的概述或详记大多是指稍有权柄或声名素著的中上层乡官，高级乡官习惯上倾向于由精英分子和熟识地方事务的旧势力出任；低级乡官的身份、所扮演的社会角色、承担的社会职责、产生的社会影响及个人能力、事迹均不足以引起当时人的充分关注而成为笔录的重点对象。然而，乡官基数庞大是客观事实，不能以中上层乡官的主要身份背景判断整个乡官群体的成分。按照《天朝田亩制度》的规定，基层一军（行政单位）共乡官3156人，旅帅以上中高级乡官仅31人，百长、两司马和伍长组成的低级乡官共3125人。③ 如果从理论上进行地方编制，考虑到各县人口多寡不一，"每一州县分三军五军不等"，④ 以三军计，一县乡官至少在万人上下。即便实际编制不能以理想户数整齐划一，乡官基数仍然可观，如绍兴"设乡官二百余处"，⑤ 常熟、昭文"两邑大小乡官，约共二千有零"，⑥ 海宁、海盐一带乡官局遍布。可见乡官群体人员庞大，特别是低级乡官职位众多，不可能像中高级乡官那样主要由地方精英和旧政府公务人员出任。传统社会具有一定读书写字能力的人是少数，而在市镇、农村，士子文人所占比例较城市为少。所以低级乡官主要由下层社会人士出任的论断当是客观事实——太平天国基层政府

---

① 鹤湖意意生：《癸丑纪闻录》，《太平天国史料专辑》，第501页。
② 沈梓：《避寇日记》，罗尔纲、王庆成主编：《太平天国续编》（八），第45页。
③ 《天朝田亩制度》，中国史学会主编：《太平天国》（一），第325页。
④ 张德坚：《贼情汇纂》，中国史学会主编：《太平天国》（三），第94页。
⑤ 鲁叔容：《虎口日记》，中国史学会主编：《太平天国》（六），第802页。
⑥ 汤氏：《鳅闻日记》，罗尔纲、王庆成主编：《太平天国续编》（六），第338页。

官员具有中上级乡官主要由地方精英和旧政府公务人员出任，低级乡官主要由社会下层人士出任的分布形态。下层社会身份背景的乡官在乡官总体比例上占优势，显示了太平天国基层政府的相对开放性，有利于加强与下层社会群体的合作。表4—3中所列无赖游民、贫民农民、商贩、杂业人员表现出加入太平天国基层政权较高的积极性。

乡官身份的主要分布形态具有相对性。中上级乡官职位并非下层社会身份人士的禁区。据附录三乡官表，获总制以上（相当于清知府以上）官衔的下层百姓就有7例：常熟文军政司汪可斋（"书伙"），耕天福听殿刑部尚书汪心耕（药铺帮工），吴江军政司陶云亭、庄东甫、徐绩卿（小商人），无锡城天福樊玉田（"驾船为业"），奉化文军政司萧湘湣（船工）；获监军（相当于清知县）官衔的下层百姓有6例：常熟监军汪胜明（"织席粗民"）、金匮监军黄顺元（猪贩）、无锡监军华二（米贩）、山阴监军马某（"家奴"）、奉化监军戴明学（小店主）、镇洋监军韩吉（"业豆腐"）。这是他们在清朝社会根本无法获取的政治身份。地方精英和原政府旧势力也有可能出任中低级乡官，如常熟某些地区乡官的身份格局是"军帅请当地有声价者充当，师帅以书役及土豪充当，旅帅卒长以地保正身伙计分当。惟两司马、伍长硬派地着中殷实者承值"。[①] 地保正身也可能充当卒长，家境殷实的有产者则只能任低级职位的两司马或伍长。在嘉兴，"取四乡之刁黠者授以师帅，而取乡间之殷实者逼令受旅帅之职"。[②] 在江西安福，"择邑之举人生监，皆以军、师、旅帅、司马各职污之"，[③] 士人也会任卑微的两司马之职。像秀水县王聘夫"曾考童生"，是小知识分子，任"右营副总理"，"兼管伪百长军务"；沈健夫"邑庠生"，任"右营副总理"，"兼管伪百长军务"，均是低级乡官。[④]

乡官基层政权的相对开放是太平天国政权建设的创新和进步，也是

[①] 顾汝钰：《海虞贼乱志》，中国史学会主编：《太平天国》（五），第370页。
[②] 沈梓：《避寇日记》，罗尔纲、王庆成主编：《太平天国续编》（八），第152页。
[③] 邹钟：《志远堂文集》卷6，"段登云议恤记"，光绪十二年（1886）济南德华堂刻本，第3页a，北京大学图书馆古籍部藏。
[④] 鹤樵居士：《盛川稗乘》，太平天国历史博物馆编：《简辑》（二），第200页。按：像某营总理、某营协理等官职仅在吴江土豪王永义、沈枝山控制的盛泽镇出现，像"总巡""总督""小董"仅在徐佩瑗控制的永昌地区存在，这些职位当是地方垄断势力自立名目，性质等同于中低级乡官。

太平天国可以得到相当数量的下层社会群体（尤其是无赖层）响应的重要原因。太平天国基层权力结构的显著变化，大量非精英出身的社会下层普遍加入，使传统绅权对乡村社会的控制力有不同程度的削弱，这既是太平天国政治权力试图对乡村社会加强统治的表现，也反映出太平天国统治区绅权相对压缩的"另面镜像"。战后"伪官""其情可原者准其捐赀赎罪"，[①] 而地方士绅却对下层社会出身的"伪官"本着除恶务尽的原则非杀不可，像茶室伙计出身的常熟军帅周富荣、"驾舟为业"做过乡导官的樊玉田、小店主出身的奉化监军戴明学、"业豆腐"的镇洋监军韩吉都是在战后欲交罚捐不成，终遭枭首之祸，这或是士绅阶层的报复行为，也是"绅权"试图反弹的表现。

需要补充的是，低级乡官主要由社会下层出任，并非特指低级乡官主要是劳动人民。在常熟，"受伪职者惟朱、毛为绅富，余皆编户穷民耳"；[②] 在慈溪，"若今之伪职军帅、旅帅者，半皆市井无藉之徒。……其半又悉履丰席厚作养铨选者"；[③] 在湖口，"诸受伪职者，或铁匠，或经纪人"。[④] "编户穷民""市井无藉"和"铁匠"或可作普通百姓，但更多的记载证实无赖层参加乡官政权的数量较多；据表4—3，无赖、游民在中上层乡官群体中所占比例较小，且没有一人出任监军、总制等高级乡官，他们应是低级乡官群的重要组成。如在建德，乡官"悉令土匪充之"；[⑤] 在太仓，"各乡无赖子敛民间财物以献……即以为伪官"；[⑥] 在桐乡，"设立军帅、师帅等名目，招邑之无赖者充之"；[⑦] 在嘉善，"邑之黠滑者多膺伪职"；[⑧] 在义乌，"乡官之属以地方无赖充之"；[⑨] 在海宁，"里中无赖，

[①] 陆筠：《海角续编》，第137页。

[②] 龚又村：《自怡日记》，罗尔纲、王庆成主编：《太平天国续编》（六），第68页。

[③] 柯超：《辛壬琐记》，中国社会科学院近代史研究所《近代史资料》编辑室编：《太平天国资料》，第187页。

[④] 张宿煌：《备志纪年》，罗尔纲、王庆成主编：《太平天国续编》（五），第134页。

[⑤] 夏燮：《粤氛纪事》，中华书局2008年版，第227页。

[⑥] 民国《太仓州志》卷14，"兵防中·纪兵"，第19页b。

[⑦] 光绪《桐乡县志》卷20，"杂类志·兵事"，第8页b。

[⑧] 光绪《嘉善县志》卷13，"武备志·兵防·粤匪之变"，第9页a。

[⑨] 黄侗：《义乌兵事纪略》，民国二十二年（1933）铅印本，第21页a，北京大学图书馆古籍部藏。

从贼为乡官";① 在汤溪，"诸伪乡官多系乡里无赖为虎作伥"。② 地方史志、时人笔记所载"土匪""无赖""黠滑者"等词确有贬义，这里有士子文人鄙视粗鄙无识者的心态，但不能因地主士绅的反感排斥就将其妄作"穷苦的劳动人民"。如《桐乡县志》记乡官招"无赖"者充之，接着县志又释"四乡博徒、土棍及地保皆作伪乡官"，前后对应，"无赖"即"博徒""土棍"之流；③《义乌兵事纪略》在记乡官身份后进一步述其行径："诸无赖平时为乡党所不齿者，至是皆趾高气扬，恃势报复，残害良善，折辱缙绅，无所不至。"④ "无赖"与"良善""缙绅"均不同。徐日襄记太平军兵至江阴前，"其豪富及稍有财产者，早已空室远徙。所剩力田农民与市井无赖恋土难迁"。⑤ 在时人眼里，"市井无赖"与"力田农民"身份有别。

无赖层成员在太平天国乡官群体，特别是数量庞大的低级乡官群体中占有较大比例。这与无赖层相应的政治、经济地位相符，一方面他们在社会下层对获取新的政治流动机会和实现经济地位的改善抱有较高期望；一方面他们在改朝换代的动荡时期具有较强的社会适应力，可以迅速地像地方精英那样"谙练公事"⑥"熟习地方"；⑦ 另一方面他们的个性善投机，易结交攀附新贵以示合作诚意。这三个特性都是太平军当局在无法吸纳充足知识分子为己所用的困境中欲图继续社会合作所特别需要的。

所以无赖游民层的部分成员也有可能获得新"包税人"身份，像乌程师帅金三，本"蒋溇博徒"；⑧ 山阴柯桥镇军帅赵某，"本一游民"，"即华舍司进贡者"；⑨ 昆山陈墓镇乡官王文竹，"市侩奸徒，目不识

---

① 陈锡麟：《粤逆陷宁始末记》，中国史学会主编：《太平天国》（六），第649页。
② 民国《汤溪县志》卷1，"编年"，第10页b。
③ 光绪《桐乡县志》卷20，"杂类志·兵事"，第10页b。
④ 黄侗：《义乌兵事纪略》，第21页a。
⑤ 徐日襄：《庚申江阴东南常熟西北乡日记》，中国史学会主编：《太平天国》（五），第436页。
⑥ 太平天国历史博物馆编：《太平天国文书汇编》，第127页。
⑦ 余一鳌：《见闻录》，太平天国历史博物馆编：《简辑》（二），第125页。
⑧ 光绪《乌程县志》卷36，"杂识四·湖滨寇灭纪略"，第20页a、23页a。
⑨ 杨德荣：《夏虫自语》，中国史学会主编：《太平天国》（六），第782页。

丁"。① 于是在太平天国乡官系统中，拥有"包税人"可能性身份的乡官比重又有增加。他们在旧政权时形成的不端品行陋习，很有可能在新政权延续下来。据表4—4，在引发民变的乡官群体中，史料记载涉事乡官较明确为"无赖层"成员的，如上述乌程师帅"博徒"金三，引发同治二年（1863）十月乡民反贪腐民变，愤怒的乡民将其拘禁，沉入湖中淹死。② 昆山师帅程某"素无赖"，帮助太平军征粮贪酷，引发咸丰十一年（1861）乡民张德勤、徐秀玉领导的抗粮民变，程某亦被殴毙。③ 常昭王市师帅徐茂林（徐兆康），"曾犯盗案，积恶土棍"，"平日为势家催租奴，吞霸讹诈，贩田唆讼，父兄弟侄朋比众多，恃势欺良，邻里侧目"，是典型的"无赖层"成员；他也是引发和镇压常昭多起民变的涉事者，咸丰十年（1860）九月下旬常昭塘坊桥、何村等处发生民变，"汪胜明同严士奇、叶念劭、姚锦山、徐兆康等磨拳擦掌，连夜入城见伪主将钱，请兵下乡剿灭乱民"；同年十月，催头何年年、沈大茂以收租激变乡农，徐茂林等率先引领太平军镇压变乱；咸丰十一年十一月，常昭抗粮抗税民变再起，常熟太平军当局派姜参军下乡宣讲道理，劝诫安民，结果"被困几死"，徐茂林联同师帅金云台等将姜某解救，并捉获首事者顾阿大等三人，斩杀于市，徐又领乡勇随太平军打先锋，掳掠杀戮。④ 咸丰十一年十一月常昭恬庄等处抗粮抗税民变，乡民在杀死军帅归某和师帅潘某之后，又至恬庄欲杀旅帅李木狗，原因是他"收粮太多"，结果"烧抢其屋"，李下落不明，李木狗似出身下层社会，也有可能是无赖层成员。⑤

很难从意识形态层面缜密地构建乡官成分与民变之间的直接联系。附录三所列常熟、昭文二县师帅以上高级乡官27名，其中杂业、商贩、无赖游民之类社会下层出身的有15名；中低级乡官大多为"乡间无赖及狡猾之人"⑥和"编户穷民"。常熟首任监军汪胜明"卖席出身"，被时

---

① 陆云标：《庚申年陈墓镇记略》，罗尔纲、王庆成主编：《太平天国续编》（五），第357页。
② 光绪《乌程县志》卷36，"杂识四·湖滨寇灭纪略"，第20页a、23页a。
③ 光绪《昆新两县续修合志》卷28，"忠节下"，第11页a—b。
④ 汤氏：《鳅闻日记》，罗尔纲、王庆成主编：《太平天国续编》（六），第316、325、328、356页。
⑤ 佚名：《庚申（甲）避难日记》，罗尔纲、王庆成主编：《太平天国续编》（六），第227页。
⑥ 陆筠：《海角续编》，第124页。

人视作"城中最有权者","各军解粮须经其手",于咸丰十一年(1861)十月高升;汪可斋本"书伙"出身,①"逃难至吴塔",为曹和卿推荐至局任事,官至参军、文军政使司。②可见在常昭基层政府中社会下层成员较有优势。按照阶级分析论,社会下层成员应代表下层民众的阶级利益,而常昭地区的民变多达41起。相反,像永昌、盛泽、周庄、乌镇、平望、严墓这些地区,地方社会旧势力无论是数量还是权力均在基层政府中占有绝对优势,却鲜见民变发生。这说明针对基层政府官员的民变形成并非主要出于意识形态和阶级立场分歧的殊死拼杀,更可能是源自不同等级群体间的利益之争。

从现实利益角度观察,乡官群体的身份形态确会对民变形成产生影响。首先,身份形态代表新政府基层公务人员的客观素质。加入太平天国基层政权的地方精英、旧政府公务人员和无赖层作为传统社会"包税人"的角色在新政权中得到沿袭,并可能被强化。传统社会经济秩序难以克服的痼弊和基层施政者的不良行政作风可能在新政权统治区复现,从而引发针对秩序局限的民变。据表4—4,34位"天国"民变抗争对象之乡官代表,有20人可以较明确其身份属性,结合表4—3的身份分类,有16位乡官拥有地方包税人的可能性身份,出身富户、士绅、旧政府公务人员和无赖游民层,在相对统计范围内占统计对象的半数或半数以上。作为民变抗争对象代表的乡官身份归纳,比较直观地反映了乡官成分与民变形成之间的可能性关联。但这一联系不具必然性,在20名身份较明确的民变对象代表中,有4人出身"杂业"(帮工、僧道)或"商贩"(酒商、米商),没有"包税人"的可能性身份,激变良民则是其个人道德品行恶劣所致。

其次,基层政府组织构成的复杂性可能导致基层社会内部的矛盾愈演愈烈。海宁、海盐地区乡官的行政实践就是典型,乡官与士绅之间以及乡官之间尔虞我诈的权、利之争几成常态,海宁师帅高来来因财逼死

---

① 龚又村:《自怡日记》,罗尔纲、王庆成主编:《太平天国续编》(六),第116、73、80、115页。

② 佚名:《蠡湖乐府》,中国科学院近代史研究所《近代史资料》编辑室编:《近代史资料》总第34号,第168页。

乡绅朱佳老和附生许琴凡；海盐军帅黄八十因嫉恨归应山家世财富，以莫须有的罪名杀之。① 在绍兴，"乡官既得贼势，乡官者又仇于乡官，由是各报私仇，横行乡曲"。② 乡官之间、乡官与民众之间、乡官与太平天国之间错综复杂的矛盾关系必然影响地方政权运作的良性互动机制，而引发诸如地方行政腐败、残酷，乃至基层组织紊乱之类的问题，是民变抗争的重要内容。矛盾的公开化以及政权互动机制的削弱，因乡官成分的复杂性而加剧。

第三，乡官的身份背景与乡官加入基层政权的心态类型有密切关系。身份背景不同，利益诉求和政治抱负也不尽一致。一般而言，地方精英加入乡官政权的主流心态是委曲求全以保身家，此种心态易致惰政；旧政权势力及无赖层加入乡官政权的主流心态是投机谋私，此类心态易致行政腐败。两种农村政治实践的结果均可能诱发民变。

2. 乡官群体的心态类型

各阶层成员参与社会分化的心态不同。就加入基层政权的乡官群体来说，心态类型（动机）以积极性划分主要有两类：主动投靠和被迫胁入。

游民无赖、手工业者、小商贩、杂业人员等社会下层成员，他们既不似农民层那样封闭保守，又富有社会经验，多广识，善投机，社会适应能力强，在某种程度上符合与太平天国合作的条件，部分人也表现出主动投靠的积极性。他们虽系主动投靠，但加入乡官政权的动机多不纯正，往往为求富贵或进身之阶曲意逢迎，费尽心机谋取职务，"夤缘入卡甘为贼用"，③ 浒浦水手吴士良"以白金二百两属周富荣谋为师帅"；④ 常熟拳教师陆炳南"夤缘土奸受伪职之钱伍卿"做师帅；⑤ 常熟"无业者欲做伪官，争谋不易到手，盖患其亏空无偿，获财逃去"。⑥ 这些人客观素质不高，更无远大政治抱负，从政后易成劣政。在酿成民变的34名乡

---

① 海宁冯氏：《花溪日记》，中国史学会主编：《太平天国》（六），第679、701页。
② 古越隐名氏：《越州纪略》，中国史学会主编：《太平天国》（六），第769页。
③ 林大椿：《粤寇纪事诗》，太平天国历史博物馆编：《简辑》（六），第444页。
④ 沧浪钓徒：《劫余灰录》，太平天国历史博物馆编：《简辑》（二），第145页。
⑤ 龚又村：《自怡日记》，罗尔纲、王庆成主编：《太平天国续编》（六），第116页。
⑥ 汤氏：《鳅闻日记》，罗尔纲、王庆成主编：《太平天国续编》（六），第338页。

官中，有 8 人属于无赖游民和杂业人员，据表 4—4，他们加入太平天国基层政权的心态均为"谋私投机"型，像引发咸丰十一年（1861）十一月常昭恬庄百姓反贪腐民变的军帅钱春，"米业"出身，上任未久便在"市桥索取民钱"，"被众姓缚住"；① 常熟和尚王某出任旅帅，咸丰十一年六月"载宝在船，被南乡人砍死投尸华荡"；② 激发咸丰十一年六月常昭陈塘坝乡民反官员浮收民变的西周市军帅周富荣，"向在茶室内作帮伙"，"穿着衣服与贼无异"，"真心从贼"，"常同贼中抢掠奸淫"，③ 被清军拿住后，"助饷米百石以赎罪"，④ 可见其在乡官任内贪赃；昭文多起民变的涉事者，"卖酒营生"的金云台"挺身而出"，充任师帅，"得以图谋肥己，公报私怨"；"积恶土棍"徐茂林为师帅，"素已翘企世乱，乘隙为非"。⑤

　　从旧社会结构中分化出来的一部分中小地主、士子文人和低级公务人员因在前朝遭受冷遇而被边缘化，与旧政府存在离心倾向。太平军至，他们以饱满的政治热情加入太平天国，欲借新平台施展抱负。就像袁甲三在奏报中所说："现任职官甘为贼用，自属法无可贷，至本地绅民，固多被逼胁从，亦难保必无甘为贼用之人。"⑥ 江西官员李恒记道："绅庶士民……甘心从逆，屈身献媚，或躬为乡导，引贼入境，或代贼守御，抗拒官兵，或搜刮民财，为贼敛费，或逼勒民人为贼助势，或探刺官军消息，来往贼营，或阻挠地方团练，横施凶狠，此等刁顽之徒亦复不少。"⑦ 这类人中有为新政权事业献身者，如江西龙泉举人张谦任太平天国乡官，至死不渝，时人有诗为证："张角居然不再来，黄巾白发更刁懻，可怜临

---

① 佚名：《贼匪略钞本》，常熟图书馆藏抄本；佚名：《庚申（甲）避难日记》，罗尔纲、王庆成主编：《太平天国续编》（六），第 208、209、221 页。
② 龚又村：《自怡日记》，罗尔纲、王庆成主编：《太平天国续编》（六），第 69 页。
③ 曾含章：《避难记略》，罗尔纲、王庆成主编：《太平天国续编》（五），第 351 页。
④ 沧浪钓徒：《劫余灰录》，太平天国历史博物馆编：《简辑》（二），第 145 页。
⑤ 汤氏：《鳅闻日记》，罗尔纲、王庆成主编：《太平天国续编》（六），第 338、316 页。
⑥ 《都察院左副都御史袁甲三奏陈皖省北路喫重请旨迅赐筹划折》（咸丰四年十月十六日），中国第一历史档案馆编：《镇压档》第 16 册，社会科学文献出版社 1994 年版，第 92 页。
⑦ 李恒：《宝韦斋类稿》卷 5，《议复吴守禀准奉靖义三县绅士污名立案不究详》，光绪六年（1880）武林赵宝墨斋刻本，第 10 页 b，北京大学图书馆古籍部藏。

死犹强项，遗臭千秋首不回（张谦临死之语）。"① 吴江监军钟志成被俘不屈，"在唯亭大营正法号令"。② 又如咸丰八年（1858）十月，太平天国翰林郝学英、翰林陈绍平、举人程胜元、军帅程福堂、师帅储雁才等分别投入湘军李续宾营中"暗通消息"，行迹败露全部被杀。③ "天试进士"育才官胡万智派守兴国，城陷时，"身受数刃，犹呼天父东王洪恩，当以死报"。④ 温州玉环厅生员王玑在清时曾"纠众假闹盐为名"动员民变；太平军至台州，"引台匪朱子文等数百人直抵厅城"，踞城二日战死。⑤ 但仍要看到此类群体在前朝社会多处利益和权力的边缘，或仅有低级功名，或仅家境温饱，原有的社会道德评价一般不高。他们虽主动加入太平天国，内心却也可能存在借"天国"之政扬自己之志的抱负情结，而且"甘心从逆"的饱满政治热情背后也不排除"讹索其乡人，掳掠郡县村镇，以各肥其私囊"的心态，⑥ 这也可能引发民变或社会动荡。如咸丰四年（1854）考中太平天国举人的士子鄧谟在西里军帅任上为所欲为，民多怨之，但他最终仍为太平天国献身，"营勇以乱箭射毙"。⑦ 所以不能以政治忠诚作为政治实践评判的唯一标准。

毕竟对太平天国事业满怀忠诚的献身型士子文人是少数。多数主动投向太平天国的地方社会旧势力怀有谋私之心，或为资财，或为权势，"恐受制于人"，⑧ "从中取利藉贼凌人"。⑨ 盛泽土豪王永义、沈枝山主动投诚纳贡，以赢得太平天国的好感，其目的既是为维系既有权、财，又希望正式获得官方任命的地方控制权，"恐贼众诛求科派，后难为继，若

---

① 刘绎：《存吾春斋诗钞》卷9，《听周镇军谈龙泉杀贼》，同治年间刻本，第21页a，北京大学图书馆古籍部藏。
② 倦圃野老：《庚癸纪略》，罗尔纲、王庆成主编：《太平天国续编》（五），第315、320、327页。
③ 《官文致李续宜》（咸丰八年十月二十六日），劳柏林整理：《三河之役——致李续宾兄弟函札》，岳麓书社1988年版，第20页。
④ 张德坚：《贼情汇纂》，中国史学会主编：《太平天国》（三），第73、105页。
⑤ 光绪《玉环厅志》卷14，"杂记"，第14页b—15页a。
⑥ 曾国藩：《曾国藩全集》第20册，"家书之一"，第288页。
⑦ 胡潜甫：《凤鹤实录》，中国史学会主编：《太平天国》（五），第21页。
⑧ 光绪《乌程县志》卷36，"杂识四·湖滨寇灭纪略"，第21页a。
⑨ 方宗诚：《柏堂集续编》卷21，《应诏陈言书》，《清代诗文集汇编》编辑委员会：《清代诗文集汇编》第672册，上海古籍出版社2010年版，第394页。

不出面，又恐无权失势，不能号令一乡"；① 桐乡秀才曹霭山主动入局办事，"盖欲免于局人之收括而将以收括人也"；湖州举人严蘧卿"夤缘求入新塍长毛局为局主"。② 有很多穷困失意的士子和旧家子弟竭力钻营，力求一职，如绍兴立乡官，"庠序之士亦争出恐后，绛帻黄袍，意气傲睨自得，及下令试士，奔赴者数百人，语秽逆不忍闻；而某涕泣行贿于其党以求官，父死祭告以为荣"；③ 在石门，乡官"有夤缘贼酋幸而得之，以快其搏噬者"；④ 在盛泽，"贼初到时，除王永义首先远迎降贼外，其余旧家子弟俱不肯为伪官，后见伪官多得利，且势耀，乃谋之"。⑤ 还有人为得不到一官半职大为恼火，在黄岩，"河头武童林崇有随至黄岩共议，议定设乡官，崇有不得与，愤甚，禀贼酋侍王，给以恩赏将军，令头裹黄帕，袍褂皆用大红，得意而归"。⑥

在激发民变的乡官代表中，有12人属于拥有地方行政经验的社会旧势力群体，其中8人出任乡官怀谋私投机心态。常熟王市严朗三是昭文县后营军帅严逸耕的兄长，"市中富户"。严逸耕之任乡官，本不情愿，乃贪财起意：太平军当局令王市推荐乡官，其兄严采茹，其叔严志云、严邵桂等"议定四人出银一千六百两，一人得银，身充其任"，严逸耕"愿充"，而"四人图赖食言，彼已无可逃避矣"。严逸耕"阴险且吝，究是柔弱无用，惟贪心鄙诈耳"，"干办诸事不妥"，其兄严朗三父子遂"入局帮铺，联以混过"，严朗三父子"素梗善讼，游其门者皆染恶习。今又借贼势欺人，四远闻名"，成为王市乡官局的实际操控者。咸丰十年（1860）九月严朗三因倡议"叫租收米"，"乡农积怨已久"，发生民变，严氏成为主要攻击对象，"（乡农）约聚千余人，……各持兵器攒击严朗三父子对面两宅。打门声如爆竹，喊声雷动，欲将伊家灭门血刃，以快私仇。前后户围绕拦截，伊男女于床中惊起，老幼俱登屋逃匿邻右，五

---

① 鹤樵居士：《盛川稗乘》，太平天国历史博物馆编：《简辑》（二），第190页。
② 沈梓：《避寇日记》，罗尔纲、王庆成主编：《太平天国续编》（八），第101、109页。
③ 贾树诚：《贾比部遗集》卷2，光绪元年（1880）季烁安越堂刻本，第16页a，北京大学图书馆古籍部藏。
④ 光绪《石门县志》卷11，"丛谈"，第89页a。
⑤ 鹤樵居士：《盛川稗乘》，太平天国历史博物馆编：《简辑》（二），第198页。
⑥ 叶蒸云：《辛壬寇记》，罗尔纲、王庆成主编：《太平天国续编》（五），第369页。

更始去"。严朗三父子属典型的"谋私投机"型。①

常熟富户归二,"家本殷实,腴田千顷,而性甚贪酷,悭鄙成痼",出任军帅后,"于当年收粮议额之前,召属下重征厚敛,勒索十万浮余,自谓无枉乡官之名","无枉乡官"足见其意在谋私,结果咸丰十一年(1861)冬,"百姓怨毒已深,群起攻之。数千农民,黎明骤至,围其住宅,纵火烧完。放出伊兄一家。归二逃不出门,同手下人烧死屋内,房屋尽灭,只存妻子"。② 常熟吏胥马全,"素充地方",任周行桥旅帅,"城陷之时,报怨市恩,人命儿戏,逞私任欲,无敢忤怨",显系谋私,"一时他人请托,自己贪婪,每田亩收五六斗。又派捐银一两,贴费又太多,虽遇丰稔,民生不堪克剥。冤忿日炎,无不切齿,皆欲杀之而甘心也",咸丰十一年十月民变发生,"邀聚乡人,共往击之。马兄弟子侄,膂力技捷,孤身相斗,人众不敌,泅水欲逃,仍被攒戈拿住,杀死其惨,支解破膛。弟侄同罹其难。馆局住屋,皆成灰烬"。③ 太仓秀才王某也是同样心态,他"自诣贼中参赞,黄巾裹首,跨马而归",以为荣耀之至,孰料其妻见之竟"愤恚自经而死",④ 王某在咸丰十年(1860)十一月太仓民变风波中"出入贼中,为耳目","至浮桥镇乡民杀之,裂其尸,投其首于海"。⑤ 湖州乌镇绅董董沧洲,"颇有资财,向来交通官吏,武断乡曲,特创献纳之计,勒派殷户市肆",⑥"机变多智,家计既裕,受其牢笼,乐为奔走","晨夕供奉,内外事赖以调停","苛派大小店铺","必取盈倍利,而百姓之困愈甚","时大小人家无不残破,惟董氏油车豆饼柏子、丝、米各种经理利市三倍,两年来生息以数万计矣。桐城未陷时,奔走县庭,勒捐饷银,因而肥己,今又供亿长毛,身任其事,老当益壮,家业愈饶",遂致引发咸丰十一年四月抗粮抗税民变,可见董姓加入太平天国基层政权有谋私心态。但同时他也有委曲求全保全乡里的心态因素,

---

① 汤氏:《鳅闻日记》,罗尔纲、王庆成主编:《太平天国续编》(六),第338、340、325、326页。
② 同上书,第355页。
③ 同上。
④ 沧浪钓徒:《劫余灰录》,太平天国历史博物馆编:《简辑》(二),第160页。
⑤ 民国《太仓州志》卷28,"杂记下",第18页b。
⑥ 光绪《桐乡县志》卷20,"杂类志·兵事",第10页a。

在进贡后董被授予军帅职务，但"屡欲封为军帅，董不允"，后被迫受之；四月民变过后，太平军大打先锋，乌镇遭残毁，董"无词以对，万口强为之说曰：'不有此举，五月初已早及难矣，岂能迟至今日哉'"。①当时不少地主富户、士子文人加入太平天国基层政权的心态类型是综合性的。

部分地方精英和旧政府公务人员主动加入太平天国基层政权还有一种心态是破坏型，意在窥伺时机，蓄谋内应。在象山，"凡充乡官者，多端人正士"，"诸君亦思以身保民，再图后效"；②常熟"野塘苏军帅惠嘉局通图团练，每户五日给三百钱，暗为他时接应；莫城王局亦铸军器，藏以待时"；③秀水濮院乡绅"首倡团练，原为保安一镇而设……团练无功，转而为纳贡之举，原欲迁延以待官兵之至，岂真有归心于贼哉"；④安徽桐城东乡团首周如海任军帅，"假贼权镇乡邻，威土寇，则寇不我疑，乃得阴行其志"，"假伪命建旆周家潭，出公羡三万金，备器械，分壁马鞍山、黄蘖岭，寇思不敢入"；⑤慈溪乡官顾宏庆以为太平天国"募夫一万名"为由，"阴结乡中各社庙按户照丁戮力击贼"。⑥"附录三"即列有章义群、黄顺元、夏月帆、王花大、姚福堂、何南山、方砥圭等诸多反正降清的乡官。持此类心态的乡官首鼠两端，无心顾及良性政治，对民众极尽压榨，多在战局不利时反戈一击，使太平天国基层政权内伏随时倾覆的危机。

被迫胁入的乡官主要是士绅阶层及地主富户等有家财名望者。他们慑于太平军的压力，怕"辞则招害"，⑦不得已委曲求全，"有出资求免

---

① 佚名：《寇难琐记》，南京大学历史系太平天国史研究室编：《江浙豫皖太平天国史料选编》，第143、144、151、153、156、161页。
② 王蒔蕙：《咸丰象山粤氛纪实》，罗尔纲、王庆成主编：《太平天国续编》（五），第209页。
③ 龚又村：《自怡日记》，罗尔纲、王庆成主编：《太平天国续编》（六），第71页。
④ 沈梓：《避寇日记》，罗尔纲、王庆成主编：《太平天国续编》（八），第44页。
⑤ 陈澹然：《江表忠略》卷16，光绪二十六年（1900）长沙刻本，第13页a，北京大学图书馆古籍部藏。
⑥ 柯超：《辛壬琐记》，中国社会科学院近代史研究所《近代史资料》编辑室编：《太平天国资料》，第183页。
⑦ 龚又村：《自怡日记》，罗尔纲、王庆成主编：《太平天国续编》（六），第50页。

再三，力竭而为之者"，① 多是持"欲保全身家受其伪职"②"因留恋家产佯为应承"③"设策以保乡党"④ 之类的消极心态，政治立场并不坚定，"保家之念益亟，遂与贼通，转而念贼万一败，将不免事后之祸，乃营首鼠之计，往来于官与贼之间"。⑤ 据表4—4，作为民变抗争对象的乡官代表，嘉善举人顾午花的心态类型即委曲求全，太平军当局先后派出西塘师帅朱子安、窑上师帅沈云岩、叶霍卿、枫泾师帅金佑泉等邀请其出山相助，"逼之再三，午花终不出去"，"受逼不过，于是始出"，"因被迫不过，曾进城许取租办赋"。⑥ 常熟"同知衔西村之子"朱又村亦是如此，"始畏贼，不入城，后因其女被掠，使弟诚斋同婿长洲中五军帅张紫卿恃检点徐少蓬之力入城索回，至辛酉二月始入城受伪职"，出任"前营左师帅"。⑦ 当然有一部分人正因此种心态，才形成积极行为表现，如纳贡迎降。还有的士子为谋生入局帮办，如杭州士子张尔嘉自陈托叔父举荐他至军帅局帮办的目的，"一为糊口计，一免野长毛之掳"。⑧ 这类"积极"行为与前述主动投靠型不同，是为维系正常生活，而求生存求安定的心态根本上还是一种消极应对。被迫胁入者加入基层政权行政，可能出现贪污中饱或左右逢源、消极怠工的现象，同样是仁和张尔嘉的例子，他在馆中充当"先生"，被要求修改联句，并不认真，"忖度颂贼不甘，且易招嫉忌，因谢曰：'只惯涂鸦，未谙绣虎。'然自此常以笔墨相属，贺联用黄纸为图，砵书图心贴黄绫上，状若挽联"。⑨

存在心态类型转化的问题。有人初始表现出的积极性可能随着时局的变化、时间推移而逐渐消磨，像秀水乡绅董春圃初为乡官时非常积极，

---

① 光绪《石门县志》卷11，"丛谈"，第89页a。
② 方宗诚：《柏堂集续编》卷21，《应诏陈言书》，《清代诗文集汇编》编辑委员会：《清代诗文集汇编》第672册，第394页。
③ 涤浮道人：《金陵杂记》，中国史学会主编：《太平天国》（四），第642页。
④ 张德坚：《贼情汇纂》，中国史学会主编：《太平天国》（三），第275页。
⑤ 潘遵祁：《西圃集·文集》卷4，"许绳武传"，光绪年间刻本，第12页a，北京大学图书馆古籍部藏。
⑥ 赵氏：《赵氏洪杨日记》，罗尔纲、王庆成主编：《太平天国续编》（八），第272、286页。
⑦ 龚又村：《自怡日记》，罗尔纲、王庆成主编：《太平天国续编》（六），第116页。
⑧ 张尔嘉：《难中记》，中国史学会主编：《太平天国》（六），第641页。
⑨ 同上书，第640页。

"尚未开印，因书红笺帖于十五日请各店家饮开印酒"，后却因不堪索派，"累遭拷掠"，"乃告退"，辞去师帅之职。① 也有乡官从消极被动转变思想为积极主动，"不知不觉遂甘为贼用而不辞"，② "乡官有投附者，有胁从者，有始胁从终附者"。③ 激发民变的乡官，如嘉善举人顾午花和陶庄举人袁某初始亦不肯轻易就范，百般推辞，但最终均接受高级乡官的任命，且死于太平天国收漕事务中，太平军当局"以顾为忠，复焚劫民间为顾复仇"；④ 咸丰十一年（1861）十一月常昭南乡师帅朱又村因浮收激发"士变"，他初亦不肯就职，后勉为之。⑤ 顾、袁、朱的心态类型可能存在由委曲求全向谋私投机的转化，浮收粮米终究还是在为乡官自身谋私取利。

谋私投机和委曲求全是太平天国乡官群体的主流心态，这种心态形成的根本原因还在于基层社会缺少对太平天国的政治、文化认同，当然此非朝夕之功可成。但乡官消极的主流心态危害极大，一方面容易形成基层官员的惰政和劣政，诱发民变，加剧民众与太平天国的离心倾向，表4—4所列34位民变对象之乡官代表，心态类型不明者除外，其他24人的心态均可归入委曲求全和谋私投机两类，这项统计说明乡官心态与民变形成之间存在可能性关联；另一方面削弱了太平天国政权，基层政权不稳固，加速"天国"颓势。嘉兴秀才江梦兰投附太平天国后由乡官属史升任豫爵，他在同治元年（1862）五月对时局的阐述是当时太平天国政权系统中士绅群体心态的生动写照："去年看来，长毛正在上锋，尽可做得；今年看来，长毛日衰，做不得也。"⑥ 所以他随时准备携家眷迁避下乡。一位获得高等爵位的地方士子在形势恶化时的表现尚且如此，那些人数众多，一心想谋私投机的基层乡官，恐怕早就打算各顾身家了。

---

① 沈梓：《避寇日记》，罗尔纲、王庆成主编：《太平天国续编》（八），第184、227页。
② 张德坚：《贼情汇纂》，中国史学会主编：《太平天国》（三），第302页。
③ 吴仰贤：《小匏庵诗存》卷5，光绪四年（1878）刻本，第16页a，北京大学图书馆古籍部藏。
④ 沈梓：《避寇日记》，罗尔纲、王庆成主编：《太平天国续编》（八），第45页。
⑤ 龚又村：《自怡日记》，罗尔纲、王庆成主编：《太平天国续编》（六），第82、117、116页。
⑥ 沈梓：《避寇日记》，罗尔纲、王庆成主编：《太平天国续编》（八），第124页。

3. 太平军当局的主观作为

基层组织队伍建设的重点是教育和培养，其次是有效健全的监督和奖惩机制。缺乏政治监督的确给基层行政运作造成很大困难，"惟是以伙伴每相吞噬，贼首闻之亦不究焉"，①"长毛无甚法令，其为伪官及到某处设馆子者皆可用钱捐而得之，与咸丰末造仕途升转之情仿佛，而更容易翻变者如是"，② 但不能苛求太平天国在战时就具有高效的行政效率，因为教育、监督机制的建设和完善绝非朝夕之功。然而，保证官员素质首先应严控铨选标准，这是可以做到的。

据目前所见资料，中高级乡官的产生主要由太平天国军政当局直接委任。"附录三"所列231人，具有旅帅以上"明确"乡官名目的155人，其中由太平军当局或上级官员直接委任的129人，公举或保举者6人，不明20人。当局或上级委任乡官的情况占绝大多数。在史料中常见"勒令""札传""逼迫""逼勒""逼受""派授""招募""奉派""受派""强派""令为""授为""改派"等字眼，可见太平天国当局对乡官拥有绝对的人事任免权。太平军当局直接委任乡官的标准有二：或"须熟习地方者为之"；③ 或是拥有一定财富，"胁田亩多者充伪官"，"择所贡多者给予乡官执照"。④ 太平天国以此两条为乡官的基本铨选标准，有着现实目的。择有行政经验者，或在地方略有威望者，或敢于做事者负责征收赋税的工作，有助于满足太平军当局持续大量的物资需求；而更乐于以富者出任乡官，暗含一旦征收不足，可通过对富户、地主的经济剥夺弥补亏空的盘算，时人对此亦有洞察，"某处富户可充乡官，倘遇差徭，有财应抵，亏缺粮饷，可使赔偿，故长毛乐从其请"；⑤ "硬派地着中殷实者承值，凡有役赋不完结者，都责任他身上"。⑥ 当时有人就认为乡官选拔"不论贤，不论能，但呼富人强趋承"，⑦ 其他诸如品行道德、行

---

① 柯超：《辛壬琐记》，中国社会科学院近代史研究所《近代史资料》编辑室编：《太平天国资料》，第184页。
② 沈梓：《避寇日记》，罗尔纲、王庆成主编：《太平天国续编》（八），第88页。
③ 余一鳌：《见闻录》，太平天国历史博物馆编：《简辑》（二），第125页。
④ 张德坚：《贼情汇纂》，中国史学会主编：《太平天国》（三），第267、273页。
⑤ 汤氏：《鳅闻日记》，罗尔纲、王庆成主编：《太平天国续编》（六），第337页。
⑥ 顾汝钰：《海虞贼乱志》，中国史学会主编：《太平天国》（五），第370页。
⑦ 林大椿：《粤寇纪事诗》，太平天国历史博物馆编：《简辑》（六），第444页。

政能力等均不列入重点考察内容，唯富有程度及对地方事务的了解程度成为太平军当局量人的首要指标。

"唯财是举"的选拔标准严重降低了太平天国基层官员队伍的整体素质，许多人以追敛财富为目的流毒于官场，甚至激起反对官员贪腐和反对浮收勒派的民变。太平军当局直接任命严朗三、董沧洲、归二等富户出任乡官，除乡官本人曾主动表示政治归顺外，与其家业财富有很大关系；像对顾午花、袁举人、王秀才、俞儒卿、朱又村等士子绅衿的任命，主要意图在于借助其地方行政能力和社会地位恢复传统社会经济秩序，帮助太平天国征收赋税、军饷，也可能考虑到这些人同时也是一定财富的占有者。其次，刻意强调乡官的经济背景，也造成地方精英、士绅阶层的恐慌，他们时刻担忧自己经济地位被剥夺，这就限制了与太平天国的合作关系，对立的心理防线被强化，还有可能激发乡官额外苛敛以备不时之需的心态。再者，太平天国基层官场腐败是后期太平天国政治腐败的映像。太平天国奉行功名"宽取"的录取原则，又执行基层官职"宽用"的铨选标准，因"滥"而造成基层官员队伍鱼龙混杂，贪污腐化之风盛行；加之太平天国缺乏有效的监督机制，以及太平军当局对农村政治建设的盲目，[1] 助长了乡官的腐败行为。太平天国基层官僚体系整体素质不高，特别是因乡官不良行政引发众多民变，从太平天国主观方面

---

[1] 尽管太平军当局囿于战事在这方面难有太大进展，仍不无作为。部分地区太平天国当局已经在优化基层官员监察和铨选方面作出努力，实际效果不明。《避寇日记》的作者沈梓于同治元年八月廿三日在嘉兴新塍乡官局见到"伪官军师帅履历册"，"其所填三代脚色，一代父母，一代弟兄及妻，一代子媳，其母妻媳皆不曰某氏而曰某妹"[沈梓：《避寇日记》，罗尔纲、王庆成主编：《太平天国续编》（八），第147页]。对乡官违法行为，部分地区的军政当局亦能进行制裁。如吴县博士（举人）周兆奎"往穷薤山说贡……受之而不与贼目言"，太平军当局知道后立即将其禁锢（蓼村遁客：《虎窟纪略》，《太平天国史料专辑》，第29页）；嘉兴师帅沈五弟锁仲兰庄至局中逼取捐款，是夜即为文军政司张镇邦闻之，"吊师帅打二十板，以其锁拿绅士也，释放仲氏昆季"[沈梓：《避寇日记》，罗尔纲、王庆成主编：《太平天国续编》（八），第149页]；桐乡师帅沈友巢"写捐擅索民财"，"局中差役等滋事"，"不少民受害者，咸到钟处告状，案牍不一"，守将钟良相大怒，"以大签吊沈友巢师帅至桐"，"执沈而械系之"[沈梓：《避寇日记》，罗尔纲、王庆成主编：《太平天国续编》（八），第57—58页]；海宁师帅朱芸泉"欲求升阶，强以某妇及许氏女载送宁贼首蔡"，蔡元隆询之"儿女一系有夫，一士人家，俱非心愿，赠金遣还，将朱芸泉斩示，并出伪示辞甚慷慨"[海宁冯氏：《花溪日记》，中国史学会主编：《太平天国》（六），第712页]。可惜这些现象均暂而不常，有的执法过轻；太平天国政治监督的强度具有地域和时间差异，主要与当地守将及上级官员的主观作为有关。

进行责任认定，铨选机制的宽取与滥用是责任的主要方面。

太平天国对农村建设盲目的另一个表现为"竭取强求"。在战时，农村政治和经济建设的中心围绕战略物资获取本无可厚非，但太平军当局不懂得开源节流的道理，既不投入相当精力致力恢复、保障和促进农业生产以广开财富之源，又不精兵简政、缩减财政以节省开销，一味依靠乡官的中介作用榨取乡村经济资源。太平军当局无节制的需求和有限的农村资源之间的矛盾只能强迫乡官周转缓解，"伪文一下，咄嗟立办，民不堪命"，①"菜麦勃然兴起，贼忽而要米数百石，忽而要金数百两，忽而要水木工作衣匠，忽而要油盐柴烛，忽而要封船数十，忽而要小工数百，时时变，局局新，其横征暴敛，莫可名状，师旅帅亦无可奈何，虽鸡犬亦不宁也"。②

由于太平天国频仍浩繁的物质需求，太平军当局几乎将所有地方行政工作纳入为获取经济资源服务的轨道，甚或以暴力迫使乡官，"伪乡官中有征粮不清，或遇他事而为贼监禁者，其监禁之处曰黑牢";③"征比司马、百长、粮户甚严，横行鞭挞，日夜不停";④"责令办粮及军中需用各物，伪文一下，迫不可待，少不如意，则执乡官杀之"。⑤ 此类动辄鞭笞、监禁、无端杀害乡官的情形在太平天国败亡前已司空见惯。政治恐怖犹如阴霾笼罩乡官心头，他们不堪重负便会采取相应对策。有的选择逃离太平天国统治区，"里中又挨户逼迫，虽罄其所有，仍不敷其欲，乡官有挈家而逃者"，于是影响到太平天国对乡村资源的占有，"贼愈乱窜，乡官逃避，钱粮愈无济解"。⑥ 还有的乡官绝望自尽，如常熟黄家桥镇旅帅黄德方"自食生洋烟寻死"，⑦ 常熟周行桥旅帅程某，"忠厚懦夫，畏胁自缢"。⑧ 大多数乡官则虚与委蛇，以待时变，他们把太平军征粮收税的

---

① 张德坚:《贼情汇纂》，中国史学会主编:《太平天国》(三)，第275页。
② 柯悟迟:《漏网喁鱼集》，第56页。
③ 曾含章:《避难记略》，罗尔纲、王庆成主编:《太平天国续编》(五)，第350页。
④ 佚名:《庚申(甲)避难日记》，罗尔纲、王庆成主编:《太平天国续编》(六)，第247页。
⑤ 张德坚:《贼情汇纂》，中国史学会主编:《太平天国》(三)，第273页。
⑥ 柯悟迟:《漏网喁鱼集》，第54、90页。
⑦ 佚名:《庚申(甲)避难日记》，罗尔纲、王庆成主编:《太平天国续编》(六)，第233页。
⑧ 汤氏:《鳅闻日记》，罗尔纲、王庆成主编:《太平天国续编》(六)，第351页。

压力转嫁到平民百姓身上，致使民怨沸腾。一旦有合适的时机和有力的领导，以农民为主体的民变队伍就会被组织起来。因此乡官成为民变抗争的直接对象，而以乡官为直接抗争对象的民变发生，在根本上有太平军当局"竭取强求"的责任。

二 太平军

太平天国占据地区发生过许多民众反对太平军掳掠的事件。在未安民的地方，尤其是太平军刚刚据城之时，太平军的军纪往往会因时局混乱或管控松懈而趋于败坏，反掳掠事件大量集中发生。仅以常熟昭文地区为例，自咸丰十年（1860）八月初二日太平军破城，至当月月底，士兵掳掠奸淫的行为一直没有得到有效遏制。《鳅闻日记》就记有大小民众反抗十余次，如八月初四日，"有长毛二三人，潜至乡村奸淫妇女，被民打死。或僻静道途，逢力壮农夫，悄然杀之，沉尸灭迹。又闻沿江民妇，被贼路逼宣淫。诈使脱裤，窃夺小刀，乘势刺死逃脱。昨午东门外五里石前，有温饱田户浦姓，见贼毛六七人到彼掳掠，土人群起斗搏，一共杀死"；"又有一日，市西田村流到二匪，入农家搜物，捉妇女宣淫。乡民乞饶不理，随手掳人。被田夫袁姓父子三人执农器与斗，夺其长枪。两贼逃去，捉住其一，缚之"。① 由于克城后社会秩序未能平复，终于在八月二十一日激发了陈坤领导的较大规模的反掳掠行动："香堂浜竹作司陈坤也，年老无子，入赘一婿，日间长毛到宅，辱其女，掳其婿，坤夜外归，鸣锣聚众，欲夺婿回"，"到浒浦桥各处来者约有千人，而长毛已经冲到，排枪齐发，前列陈坤等皆打死，后面骇走"。②

太平军违纪不只是零散太平军的个人行为，也有大股部队集体"打先锋"，如咸丰十年（1860）八月二十一日常熟太平军三四万人出城，"所过市镇乡村，抢掠宣淫，杀死人民不可计数。壮男掳去数千人，不择贵贱强弱，俱逼使挑担。凡衣服、钱财、鱼肉、油盐、食物重负随行，颈锁绳练（链），无不足穿力疲。刀砍枪刺，毙于道路者，连担弃之。数

---

① 汤氏：《鳅闻日记》，罗尔纲、王庆成主编：《太平天国续编》（六），第314—315、321页。

② 顾汝钰：《海虞贼乱志》，中国史学会主编：《太平天国》（五），第364、365页。

十里内，尸骸遍地，秋阳蒸晒，臭气难闻"；此次行动"往返三四昼夜"，二十三日分股而去，大掠，"各以棉絮缚长竹，渍油点火，执擎照路，亮如白昼，势若长蛇。被掳百姓，绳穿缠发，肩负重物。又有所掳妇女，亦令抬轿，故较去时更多三倍。直到次日午后，才得过尽"。① 又如陈坤一案，太平军当场击毙陈坤，夜晚回营又"将日间所掳数百人大半杀死"，犹不泄恨，次日早上"四面铺出大队，由文村吵彭家桥一路，凶势更甚"，再欲报复。② 大量反掳掠事件的存在，说明太平军军纪问题确是引发民众对立行为的一个因素，反对太平军勒派的民变既是抗争太平天国的贡役制政治，实际斗争矛头也是指向太平军的军纪。这是太平天国军政当局处理、改善与民众关系亟待解决的问题。

太平军的军事纪律有明确的文本规定，如前期颁行的《行营规矩》《行军总要》，现存太平天国安民布告几乎均包含宣明军纪的内容。严明军纪的原则是始终如一的；太平军军纪实态则表现为两类截然不同的军事实践：一是军纪严明，深得民众拥戴；二是军纪败坏，引起民众敌视，引发反掳掠民变乃至民团等政治敌对事件。简又文在《太平天国典制通考》"军纪考"中分阶段、地域和部队对褒赞太平军军纪的史料进行了系统分类；③ 而关于太平军军纪败坏的记载，如"打先锋""掳人"等行为，在文人笔记、时人著述中保留较多。实际上很难辨清哪类军纪实态才是太平军军纪的主流形态。比较容易观察到的是，太平军军纪实态具有明显的时间差异、地域差异和主政将领的个体差异。决定军纪实态差异性的根源在于后期太平天国立政无章、各自为政的涣散政局，而将领的主观能动性直接影响太平军军纪实态的表现形式。如果一支军队的军纪单纯倚靠统军将领的宽严之策维系，缺乏完善系统的教育、训练和奖惩规制，那它表现的差异性并不意外。

所以必须正视太平军军纪的三类不良表现：

（一）正视"打先锋"的普遍现象

前期"打先锋"主要是获取经济资源的手段，"照旧交粮纳税"政策

---

① 汤氏：《鳅闻日记》，罗尔纲、王庆成主编：《太平天国续编》（六），第319—320页。
② 顾汝钰：《海虞贼乱志》，中国史学会主编：《太平天国》（五），第365页。
③ 简又文：《太平天国典制通考》下册，第1277—1410页。

颁行后,"打先锋"的经济意义下降,威慑和惩罚民众的政治内涵凸显。而且在安民建政的地区,"打先锋"行为有被遏制的趋势,如咸丰五年(1855)春检点范某在安徽某处发布《整饬军纪谕》,宣布严惩"妄杀短发以及掳掠四民"的士兵,要求"各军新收兄弟,仰尔同衙人等善为教导,修好炼正"。① 但在安民建政之前单纯的军事占领阶段,几乎在太平天国辖区的所有地方都有"打先锋"的现象,这似乎成为一个区域正式归属太平天国前的必要程序。即使在已经纳贡归顺的地区,"打太平先锋"的现象亦有之,"打过先锋地方复至劫掠,贼谓打太平先锋",咸丰十一年(1861)二月"贼犯杭州,并往石门、桐乡掳掠。贼犯松江败回,其逃回之船俱泊莘门外宝带桥,骚扰民间,凡已纳贡地方,亦被掳掠奸淫,乡官莫之能禁";初七日,"松江败贼要打粮,洪贼目至扬子荡内打太平先锋,掳掠三十余个村庄",引发吴县乡民的反掳掠民变,"乡人围之,伤其足","村民聚众欲殴乡官,乡官进城诉贼藩",最终以太平军当局杀乡官差役郁秀平息民变。②

咸丰十一年(1861)九月,常昭先生桥镇鲍姓将领率众"抢卡","居民助卡毛动手,鲍毛怒……先生桥镇大遭毒螫",后经乡官到城声诉,钱桂仁"乃以鲍毛手下之宣姓小毛斩首服众",抚慰民情。③ 同治元年(1862)九月,太平军在嘉兴附近的江兴、北塘、金桥附近打先锋,"百姓怨愤,捉四人解至嘉兴,王江泾下塘捉二人亦解至嘉兴",嘉兴守将"以其私扰民间,皆枭首示众"。④ 不作为"民变"研究对象的大多数反掳掠事件实际也多发生于太平军下乡打先锋的过程中。在应对民变的原则和实践上,太平军当局也常以"打先锋"的军事行动终结民变,可见"打先锋"现象在民众抗争太平天国事件的成形过程中较为普遍。

---

① 《殿右二十六检点范整饬军纪谕》,罗尔纲、王庆成主编:《太平天国续编》(三),第47页。
② 蓼村遁客:《虎窟纪略》,《太平天国史料专辑》,第30页。按:"太平先锋"的另一种解释是只征集军用物资而不打仗,《避难记略》载:"贼之焚杀掳掠曰打先锋。不杀人放火,而但掳物,曰太平先锋。每以此胁人,谓钱粮不清,将打先锋也"[曾含章:《避难记略》,罗尔纲、王庆成主编:《太平天国续编》(五),第342页]。
③ 顾汝钰:《海虞贼乱志》,中国史学会主编:《太平天国》(五),第371页。
④ 沈梓:《避寇日记》,罗尔纲、王庆成主编:《太平天国续编》(八),第150页。

（二）正视"屠灭"现象

《辛壬琐记》载"不与其抵牾不杀也"，[①] 一般情况下进贡归顺的地区虽偶有掳掠，仍能与太平军相安无事，不至于遭屠灭惨剧。与太平军对抗自在屠灭之列，如诸暨包村包立身民团反对太平天国的事件，浙江巡抚蒋益澧奏包村之战"阵亡殉难官绅男女统计一万四千七十七名"，[②] 也有资料记"本村居民及附居者合六七万人，得脱者不满十之二"，[③] "包村死者盖十余万人"。[④] 田野调查所见民国"包村忠义祠碑"称"士卒妇孺随殉者十九万人"，十月间"主客死者至三十万"。蒋奏所记仅指包村破时死亡之数，战事历时九个月，每次战斗的死亡者都会被随时随地掩埋，包村实际死亡人数不止万余；考虑到包村的环境承载力，以及当时村子的水源唯一依靠自东北山麓流出的小河（现已修成水库），包村可容纳的最大人数为2万—3万。因系"屠灭"，全部死难者也为2万—3万人。包村陷落一年后，二三十名幸存者方敢进村收拾尸骸，"建'忠义祠'于村中，掩其骨为五大坟，题曰：'十万人墓'"，"十万人"当是概数。[⑤]

团练对太平军的激烈抵抗往往会引发太平军泄恨式的报复，如咸丰十一年（1861）十一月十七日，太平军攻破被苏镜蓉占据的黄岩县城，"杀戮甚惨，死者几二万，尸横通衢，行止履其上。城中屋大半被烧，所存空屋，中积尸几满"。[⑥] 有时不与之抵牾也难免厄运，咸丰七年（1857）太平军在江西抚州金溪县，"独北乡犴坪村，以索夫役不应，贼一呼麋至，四面围之，男女狂奔，被杀无算，纵掠三日乃去"。[⑦] 咸丰十年（1860）七月二十九日夜，太平军突然洗劫乌镇，"万众星奔，惨呼之声震天，多逃避不及者"，次日黎明，"逢人便斫，起火烈中掠人，动以千

[①] 柯超：《辛壬琐记》，中国社会科学院近代史研究所《近代史资料》编辑室编：《太平天国资料》，第174页。
[②] 包祖清辑：《义民包立身事略》，宣统三年（1911）铅印本，第1页b。
[③] 王彝寿：《越难志》，罗尔纲、王庆成主编：《太平天国续编》（五），第151页。
[④] 包祖清辑：《义民包立身事略》，第3页a。
[⑤] 诸暨民报社：《诸暨民报五周纪念册·诸暨六十年掌故》，杭州崇文馆，民国十四年（1925），第16页。按："十万人墓""文化大革命"时期改建公房，现为老年活动中心，见图4—1。
[⑥] 叶蕙云：《辛壬寇记》，罗尔纲、王庆成主编：《太平天国续编》（五），第368页。
[⑦] 同治《金溪县志》卷14，杜德风选编：《太平军在江西史料》，第152页。

图4—1 包村"十万人墓"遗址

计","白果树桥起至西高桥及桥下无一存者";此次屠掠持续至八月初三,"统计三昼夜焚去庐舍数千余家,掠去民人,乡镇约三千余,自死投河被戕者不下千人",时人哀号"实千年未有之奇殃"。① 咸丰十年八月十六日,太平军复至南浔掳掠,大肆屠杀,"逃避者不及其半","逢屋即焚,逢人便杀,逢人便□,无幸免者,是日被杀被掳及自尽者几数百人,而房屋亦焚毁无遗,繁盛之区竟成焦土"。②

也有一些屠杀是因误会所致,如同治二年(1863)四月太平军在昆山作战,失利后退回,因必经浮桥被枪船拆毁,谭绍光、邓光明等将领仅以身免,士卒战死十之六七,而"贼以百姓通妖拆去浮桥,遂将昆山塘以西百姓无有老幼诛杀无疑"。③ 咸丰十一年(1861)十二月,有士兵奸杀小港村妇女,被当地太平军头目处死,有同党不服,进城诬告"奸民擅杀",志天燕何文庆被蒙蔽,下令屠村,插旗为界,自小港至王瓦根境尽屠之,百姓不及避被杀者49人,民居被焚百余间。④

---

① 佚名:《寇难琐记》,南京大学历史系太平天国史研究室编:《江浙豫皖太平天国史料选编》,第162—163页。
② 吴焦生:《杂忆》,罗尔纲、王庆成主编:《太平天国续编》(五),第359页。
③ 沈梓:《避寇日记》,罗尔纲、王庆成主编:《太平天国续编》(八),第203页。
④ 光绪《镇海县志》卷37,"杂识",第24页a—b;民国《镇海县志》卷15,"大事纪",第18页b。

"屠灭"现象在太平军镇压民变时偶见发生，如同治元年（1862）二月浙江慈溪姚北烛溪湖等处，乡人恨乡官"需索无厌，推方桥富室刘大璜之孙刘祝三为首"，共谋抗争，结果乡官借太平军之势，"撄锋辄杀，两相痛击，周回二十里几无孑遗。刘屋被焚，血流倾亩，河水尽赤"。① 咸丰十一年（1861）冬，常昭周行桥一带发生抗粮抗税民变，"民以伪职收漕过倍，将收者绑缚剖腹，抽肠挂树，城毛大怒，令统下盖往吵掠，四面波及数里，横塘一带民宅都空"。②

（三）正视"掳人"现象

"掳人"包括掳兵、掳"先生"、掳妇女儿童等，尽管太平天国较早地启动了军队人员补充机制由普遍强制入伍向募兵制的转型，但强制入伍补充兵源的现象仍较普遍。还偶见有掳人行动不顾及地方是否已进贡安民的现象，咸丰十年（1860）六月十八日，太平军至周庄，"周庄人前已纳贡，自恃无妨……是夜四更时，仓卒而来，意欲虏人。周庄人自以为无害，家家安卧，猝时之际，男被掳去，女被奸淫，竟有被奸而不能行走，伤坏数日者"。③ 被掳者中如有文人，常被用作"先生"，像《虎穴生还记》的作者顾深、《劫余杂识》的作者李光霁、《思痛记》的作者李圭、《蒙难述钞》的作者周邦福等。被掳幼童和被掳妇女的数量在后期军中激增，均有专文论述。④

统计所得多起民变事件是由太平军"掳人"引发的。咸丰十年（1860）十二月常熟西北乡发生了一起反对太平军掳掠的民变，民变领导者号召大家"倘有长毛穿人（掳人）等情，鸣锣为号，齐集击杀，同心协力"，可见民变起因于"掳人"。⑤ 咸丰十一年（1861）夏，常昭福山民变，起因为太平军掳人讹诈："惟福山附近两塘居民，每被长毛滋扰诈害。乡农炎暑田中工作胡能留发，贼搜寻短发秃顶之人，指为犯禁，捉

---

① 柯超：《辛壬琐记》，中国社会科学院近代史研究所《近代史资料》编辑室编：《太平天国资料》，第184—185页。

② 顾汝钰：《海虞贼乱志》，中国史学会主编：《太平天国》（五），第371—372页。

③ 佚名：《庚申（甲）避难日记》，罗尔纲、王庆成主编：《太平天国续编》（六），第202页。

④ 参见侯竹青、陈志刚《军中幼童：对太平军战争史的另一种解读》，《求索》2008年第11期；王晓南、廖胜《太平天国的"掳妇"问题——兼论太平天国占领区清方妇女死难原因》，《绵阳师范学院学报》2013年第7期。

⑤ 佚名：《庚申（甲）避难日记》，罗尔纲、王庆成主编：《太平天国续编》（六），第211页。

图 4—2　掳人入伙密布天锣①

打讹诈。又滥受民词,诈人财物。"② 同治元年(1862)二月浙江秀水太平军至乡掳掠,十六日,"乡人被掳,都至新塍军帅处告急,局中差师帅前往驱逐",未果;十八日,"乡人被戕死者三人,被掳者数十人",遂有士子乡民联名上书三十余次的集体抗争之举。③ 太平军当局镇压民变时也常伴有"掳人"现象,如咸丰十一年太平军镇压湖州乌镇民变,"禾郡之来援者方数千人,各据民房,东南栅尤践踏无遗,恣意淫掠,大小户无

---

①　余治(寄云山人):《江南铁泪图新编》,第4页b—5页a。按:该图注:"贼拥众自卫,到处掳人,以麻绳穿辫发,如鱼贯然,牵连以走,逃逸无从;不能走及不肯走者均遭惨死,而更甚者乘黑夜睡梦中来,谓之'摸黑',一一捉去,更无可逃。""摸黑"一说确有其事,客家俗语,孙鼎烈记无锡事:"逾年,贼途径渐习,每昏黑四出掩袭,谓之摸黑。"〔孙鼎烈:《纪粤寇难》,太平天国历史博物馆编:《简辑》(二),第170页。〕"以麻绳穿辫发"亦有类似记载:"贼房人不论多少,或五六人,或七八人,必以各人之辫发为一束,使前行,不走则杀却。"(范其骏:《庚申禊湖被难日记》,上海图书馆藏稿本。)

②　汤氏:《鳅闻日记》,罗尔纲、王庆成主编:《太平天国续编》(六),第352页。

③　沈梓:《避寇日记》,罗尔纲、王庆成主编:《太平天国续编》(八),第107页。

图 4—3　逼勒贡献丑类诛求 ①

不搜刮，掳去男女数百人"。② 民众反对太平军"掳掠"的群体行动大多包含反对太平军"掳人"的斗争内容。

太平军军纪下滑有很明显的阶段性，即1860年前军纪优于1860年后的军纪，19世纪60年代太平军军纪实态可分两个阶段，以同治元年（1862）春夏为界，沈梓《避寇日记》记同治元年七月有自太平军营中逃出的"士兵"自述："贼号令故严，有不如令者率枭首示众，故兵符发兵

---

① 余治（寄云山人）：《江南铁泪图新编》，第15页b—16页a。按：是图反映了太平天国的农村政治。从图绘内容可以看出，船上进贡乡民尚有喜悦心情，乡官局门口有太平军打拱出迎（实际不合太平天国礼制），形容和蔼，并非剑拔弩张。归庆榴《让斋诗稿》"诗注"也记："出视伪示，虽云士农工商各安其业，名为安民，其实在每都每图有献，即不抄扰也。前日入城进物，一概全收……留吃饭而出。"（归庆榴：《让斋诗稿·九月杂咏》，第39页，太平天国历史博物馆藏抄本。）这是民众对太平天国贡役政治主动响应的一面——过去多被史家视作民众积极支持太平军。实际上，主动响应和积极支持存在区别，主动响应者也可能心怀不满却迫于无奈，就像图注所说"无识小民，买静求安"。

② 佚名：《寇难琐记》，南京大学历史系太平天国史研究室编：《江浙豫皖太平天国史料选编》，第153页。

者，克期辰刻，则寅刻必至。余在贼所二年所见皆然，今则不尔矣。调兵失期者，或一日二日三日不等，甚有屡调不至者，营门斩首累累，而逃亡失期如故。以是知贼势已去，大约无厌之矣。"结合同年五月嘉兴秀才江梦兰对时局的阐述："去年看来，长毛正在上锋，尽可做得；今年看来，长毛日衰，做不得也"，① 可发现太平军军纪优劣与战局顺逆密切相关，当时形势急转直下，军队违纪现象也愈加突出。

太平军军纪实态的阶段差异与太平军的扩招有关。大量散兵游勇、枪船民团、无赖游民加入，后期太平天国仅李秀成、李世贤兄弟手下就有百万之众，《避寇日记》称"盖贼兵甚众，伪天王兵调齐共八百万，即嘉兴伪听王兵亦有百万，与官军实众寡不敌也"，② 数字可能言过其实，但后期太平军数量激增是事实。另外，太平军还直接收编了部分天地会队伍为"花旗军"，以及台州"十八党"、诸暨"莲蓬党"、余姚"十八局"等会党队伍，这些新兵纪律松懈，不服管束，常有烧杀掳掠之事，文人方芬以诗歌的形式记录下因两广花旗军在浙江金华自相攻杀而殃及无辜百姓的凄惨场景："雀鼠争雄未肯降，五花旗帜舞猖狂。频驱士女充军数，尽废田园作战场。两广锋交黄石岭，八方火起白沙庄。村墟寥落成乌有，一望无垠百里长。"③

这么多的兵员，一是掳兵所得，二是招兵所得，掳得士兵军纪自难保证，招募而得的士兵心态也具有投机性，"其志在子女、玉帛、酒食、鸦片者无论矣"。台州6县投太平军者多达13万人，其中太平县先后有万余人加入太平军，他们加入太平军的一个重要动机是维系生活，"非真乐为贼用也，惟欲掠取财物，乘间逃回耳"。④ 在嘉兴，"汪长毛竖'奉令招兵'旗号，二十边，有沈渔池朱氏子投入汪馆，有安家费一元与其母，于是镇上无赖子无从糊口者往往投之"；"闻贼兵从江西来共有二十余万，窜至徽州，不能觅，故遂窜至湖滨，沿途分散，至此不过二三万人，然十之六七皆饥民也，手中并无军器，但藉长毛名目割稻掳抢糊口

---

① 沈梓：《避寇日记》，罗尔纲、王庆成主编：《太平天国续编》（八），第124、140页。
② 同上书，第141页。
③ 方芬：《书诗志恨六十首》，中国社会科学院近代史研究所《近代史资料》编辑室编：《近代史资料》总第75号，中国社会科学出版社1989年版，第87页。
④ 叶蒸云：《辛壬寇记》，罗尔纲、王庆成主编：《太平天国续编》（五），第372、373页。

耳";在陡门有一太平军士兵在饭馆中谈论太平军衣食不足:"长毛做不得,不如行乞。我从头子在杭打仗一月矣,不曾吃得一顿饱饭,至今日方得果腹,且又生死不测。"① 主动投入太平军的人大多抱着"当兵吃粮"的心态,而技能、纪律极差,"是以贼迹所临,蜂屯蚁集,其实皆乌合之众。未尝习技射,未尝分队伍,未尝知战斗……其势涣散,且又甚胆怯,往往闻官兵信息即有逃奔之意",加之太平军将领疏于管教,"新兄弟"的作风几乎不可能依靠自觉来优化。

应正视太平军军纪的三类不良表现。只有客观认识太平军的军纪并勇于正视太平军军纪不良的事实,才能得出公允的结论区分兵燹之责。在明确太平军给民众造成战争伤痛的同时,也应看到交战主体的其他方面。总体来看,太平军的军纪较清军为优,简又文以"清军暴行实录"为题系统列举了诸多史料。② 曾国藩认为"大抵受害于贼者十之七八,受害于兵者亦有二三",曾氏显然心存包庇,却难得地承认了清军"行军之害民"同样应为战争灾难负责。③ 据留美归国的容闳在太平军中之访察,丹阳的一位太平军秦姓官员自认为"自苏至此,运河两旁荒凉之况"的责任方有三:"一为张玉良军队退败时所焚烧,一为土匪所抢掠,一则太平军之自毁。"④ 此说相对公允。时任刑部主事王柏心在咸丰十年(1860)正月初四给曾国藩的信中客观指出因清军军纪败坏驱使民众投"贼"的现象。⑤

北京大学图书馆古籍部所藏金念劬《避兵十日记》主要记录了太平军到来前夕,苏州、昆山等地清朝败兵溃勇的劣迹,金氏自苏州逃难昆山途中没有见到一个太平军士兵,却几乎无日不受溃兵骚扰,他在书稿的最后评述:

> 国初扬州有十日记,备载屠戮之惨,令人不忍寓目,予不特未遭戕害,并未亲见逆匪,徒以败兵溃勇为贼前驱,遂至琐尾流离,

---

① 沈梓:《避寇日记》,罗尔纲、王庆成主编:《太平天国续编》(八),第79、51、220、73页。
② 简又文:《太平天国典制通考》下册,第1411—1566页。
③ 曾国藩:《曾国藩全集》第23册,"书信之二",第725页。
④ 容闳:《西学东渐记》,徐凤石等译,生活·读书·新知三联书店2011年版,第49页。
⑤ 江世荣编注:《曾国藩未刊信稿》,中华书局1959年版,第314页。

不堪言状。癸丑在甘泉，乙卯在丰县，皆曾逼近贼氛，然彼时但知贼匪为害，其次则土寇乘机窃发，初不意败兵贻患一至于此，乃不数年而时局一变，以积年豢养御暴之人，一旦尽反而为暴人，皆有急不能避之势。

行李非舟不行，败兵见有舟楫掠取无遗，舟子闻风远遁，近城无一苇可避者，居多财物尽济盗粮，积尸城河为满。我朝二百年深仁厚泽，所为休养生息者悉遭糜烂于其中，是则败兵之罪实浮于贼。予此记不曰避寇而曰避兵纪实也。①

金氏"败兵之罪实浮于贼"的观点是结合自身长期观察和切身体验所得，符合实际。当时在皖北、豫西的百姓中流传着"贼过如篦，兵过如洗"的歌谣，② 是谓"官兵卒不肯歼灭长毛，其作为与长毛大略相等，所至奸淫劫掠，大为民害，且与长毛表里相比合"，③ 太平军与清军均给百姓留下了难以释怀的伤痛。

战争本身即意味着灾难和伤痛。战争的破坏性不能完全归罪于太平军一身，内战双方均有责任。此外还有团练乡勇和土匪的"害民"之举，他们造成的破坏也不比清军和太平军少，像桐城百姓对当地的团练局恨之入骨，"皆欲食其肉而寝处其皮"。④ 至于土匪，他们常冒用太平军之名为害四方。在常熟，"乱世土匪之恶，不可胜言。每有聚众恃强，口造谣言，身冒长毛，哄到巨宅，假势骇人，叫哗雷动"，⑤ "盖贼掳过后，尚有烬余，又经土匪取后，虽至贱之物亦无不尽也。土人恨之，每呼曰短毛"；⑥ 在海宁，"土匪扮长毛，夜劫花溪大坟头迁避家"；⑦ 在嘉兴，"皆土匪私立关卡，并非长毛令也"，"有无赖子伪设长毛卡勒索客船税……盖狐假虎威往往而然也"；⑧ 乌青镇有"不逞之徒，乘间窃发，土棍枪匪

---

① 金念劬：《避兵十日记》，"琐言"，北京大学图书馆古籍部藏稿本，无页码。
② 曾国藩：《曾国藩全集》第 8 册，"奏稿之八"，第 449 页。
③ 沈梓：《避寇日记》，罗尔纲、王庆成主编：《太平天国续编》（八），第 60 页。
④ 方江：《家园记》，"咸丰三年九月十七日记事"，《安徽史学》1986 年第 5 期，第 73 页。
⑤ 汤氏：《鳅闻日记》，罗尔纲、王庆成主编：《太平天国续编》（六），第 311 页。
⑥ 曾含章：《避难记略》，罗尔纲、王庆成主编：《太平天国续编》（五），第 352 页。
⑦ 海宁冯氏：《花溪日记》，中国史学会主编：《太平天国》（六），第 672 页。
⑧ 沈梓：《避寇日记》，罗尔纲、王庆成主编：《太平天国续编》（八），第 42、134 页。

皆冒长毛名目，持械吓逐"，结果造成居民惊恐逃避，"溺死、跌死、践踏死、劫杀死者，盈千盈百"；① 在扬州，"贼既退，乱民冒贼者焚掠尤甚"；② 在吴县，"新郭乱民牛皮糖阿增等共十余人，伪扮长毛，昏夜入人家劫掠"；③ 在太仓，"贼至乡不过十余人，黄旗，红绸扎额，并非的真长发"。④ 可见在社会失控时期，土匪、盗贼的破坏性极大，浙江黄岩民间流传着"长毛如篦，土匪如剃"的歌谣。⑤

如果把清军、团练、土匪对社会经济的破坏和人口的杀伤全部加罪于太平军，是不公正的。单就太平军一方来讲，它的破坏性不及清军，其军纪实态的一般状况也较清军、团练为良；但这仅是相对而言，太平军军纪的总体实态不能称为"秋毫无犯""严明整饬"。太平军"打先锋""屠灭""掳人"的三类不良表现，或是以太平军为抗争对象的"民变"之直接起因，或对民变形成发展过程产生了重要影响，这类与太平军抗争的"民变"，实际主要针对太平军军纪败坏，究其根源，盲目扩招是造成太平军军纪松弛的罪魁祸首。

第三节　特殊武装起因比照

士绅阶层通常是地方武装的发起人或领导者，而平民层一般在武装活动中提供体力支持，类似的合作模式基本成为太平天国战时团练动员的一贯形式。但平民并没有被排斥在地方武装力量的领导层之外。安徽合肥解先亮和褚开泰的例子比较典型，解"少务农，为人佣工，以勇敢著名"，属于社会下层出身。咸丰三年（1853）太平军兵至庐州，"先亮乃倡首练团筑圩以庇乡人，一时号召云集，响应不下千人，屡与相持，贼不得逞，知县英翰常倚其众以办贼"，民团遂改官军，以后数年先亮凭借卓越的军功，"晋总兵衔副将"。解的同乡褚开泰"幼业耕，兼精货殖"，也是平民出身，后以办团起家，被官军吸纳，剿土匪、抗捻军，"先后保花翎参将及从二品

---

① 皇甫元塏：《寇难纪略》，第11—12页，桐乡市图书馆藏排印本。
② 程畹：《避寇纪略》，罗尔纲、王庆成主编：《太平天国续编》（四），第367页。
③ 蓼村遁客：《虎窟纪略》，《太平天国史料专辑》，第24页。
④ 佚名：《避兵日记》，第14页，太平天国历史博物馆藏抄本。
⑤ 光绪《黄岩县志》卷38，"杂志·变异·土寇始末"，第27页b。

封典"。① 平民跻身精英阶层的例子不多见，领导地方武装的例子也比较特殊，而在太平天国统治区，同样有数起平民领导地方武装的案例，最著名的是包立身事件和沈掌大事件。按照阶级分析论的定性，两起事件均为"反动地主团练"，虽然事件的类型可以被认作"民团"，② 但它们又与一般团练不同，是一类特殊类型的社会变乱现象。事实上，两位领导者的平民身份应该予以正视，暴动的具体细节也有类似民变的某些特征，当然还要考量两起事件的肇因。太平天国与辖区平民领导武装对立的历史现象，或可更全面地展现太平天国与民众的复杂关系；通过比照平民武装起事原因，也可加深对太平天国统治区民变成因的认识。

一 包立身事件

包立身，史料又作"立生""立胜"，年二十余，③ 普通农家子，世居包村，识字无多。关于包立身的出身，在当时和后来的文人笔记、野史中，多有立身"世业农"④"农家子"⑤"本村甿"⑥"村氓"⑦"家

---

① 光绪《续修庐州府志》卷49，"武功传四"，第 16 页 a—17 页 a。

② 当时人认为包氏的武装是民团，包氏后人在重修宗谱时也自认为"乡团"，见《立胜先生传》，《暨阳东安包氏宗谱》卷1，宣统二年（1910），第 76 页。

③ 关于包立身之年龄，史料记载其起事前后年二十余，但据采访调查所得包立身画像（光绪二十八年包村后人寻得于九里洲余庆庵，《诸暨民报》据之影印）系一老者形象。包村至今流传太平军破包村后包立身未死而是出游四方的传说，传说与画像之长者相像或是体现了包村民众的愿望而已。

④ 赵尔巽等：《清史稿》第 45 册，卷 493，列传 280，"包立身"，第 13653 页；包祖清辑：《义民包立身事略》，第 3 页 b、16 页 b；马新贻：《包立身传》，浙江采访忠义总局编：《浙江忠义录》卷 6，第 13 页 a。

⑤ 半窝居士：《粤寇起事记实》，太平天国历史博物馆编：《简辑》（一），第 16 页；俞樾：《春在堂随笔》，江苏古籍出版社 2000 年版，第 90 页；柯超：《辛壬琐记》，中国社会科学院近代史研究所《近代史资料》编辑室编：《太平天国资料》，第 190 页；沈蕙风：《眉庐丛话》，沈云龙主编：《近代中国史料丛刊续编》第 64 辑第 635 册，文海出版社 1979 年版，第 95 页；《暨阳东安乡包氏重修宗谱序》，《暨阳东安包氏宗谱》卷 12，第 1469 页；许瑶光：《谈浙》，中国史学会主编：《太平天国》（六），第 611 页。

⑥ 李慈铭：《越缦堂日记》第 5 册，《孟学斋日记》甲集尾，广陵书社 2004 年版，第 3108 页。

⑦ 亗厂：《寄轩杂识》，《中和月刊》1942 年第 3 卷第 6 期，第 128 页；《湖塘林馆骈体文〈吊包村赋〉》，包祖清辑：《义民包立身事略》，第 18 页 a、19 页 a；扪虱谈虎客：《近世中国秘史》，沈云龙主编：《近代中国史料丛刊三编》第 16 辑第 152 册，文海出版社 1986 年版，第 225 页。

世力农"①的记载。不仅务农，有记载称他"尝往来肩贩石灰"，②还从事行商行当，可见其起身微末，很可能是一名自耕农。包立身的家世也不显赫，一家 17 口均在乡务农，亲属中较有身份的是包之姑表兄弟冯仰山，身在佐杂班，也仅是个未入流的小吏。③ 所以基本上可以认定包立身及其家庭属于平民层。

图 4—4　包立身像（田野调查所得）

咸丰十一年（1861）九月，太平军据绍兴、诸暨，包立身树旗起事，号"东安义军"，与太平军大小数十战；同治元年（1862）五月太平天国侍王李世贤、戴王黄呈忠、梯王练业坤、首王范汝增、来王陆顺德五王

---

① 包友山：《包村义团记》，包永年编撰：《诸暨阮市包氏宗谱》，2003 年河清堂，第 384 页；《护理浙江巡抚蒋益澧奏》，包祖清辑：《义民包立身事略》，第 1 页 b。
② 宣统《诸暨县志》卷 15，"兵备志"，第 17 页 b。
③ 毛祥麟：《墨余录》，包祖清辑：《义民包立身事略》，第 16 页 b。

率十余万太平军再围包村，断其水源、粮道，七月初一日，太平军穴地道出，屠灭包村，包立身死。

至于包立身为什么组织武装力量起事，可以从存世的两篇檄文的内容分析，两篇檄文可看作包氏武装的反抗纲领，尽管出于宣传的需要包立身对某些问题有所夸大，但仍能从中总结包氏反抗太平天国的核心问题，现将两篇檄文中反映抗争内容的部分节录于下：

> 东安义军［统领包］为播告同仇齐心杀贼共襄义举事：照得天道足凭，逆贼有必亡之理；人心难昧，匹夫无不报之仇。蠢兹瘟毛，孽于粤土，煽惑邪教，纠结匪徒。前则祸延（被）三江，今则（乃）流毒二（两）浙。杀人父母，奸（淫）人妻女，掳（掠）人资财，烧人房屋，所到之处，如蝗螟靡有孑遗；所过之区，较虎豹更加残忍。不论工商农士，掳以当兵；无分老兵（叟）婴孩，遇之即杀。假安民为号，遍打先锋；藉设卡作奸，恣为劫掠。既索门牌之费，乃米捐亩捐灶捐之外，又加逐项之捐，虽空房犹纳征税；已逼进贡之资，而上户、中户、下户之内，复分九等之户，即乞丐亦纳钱谷。米业悉被封完，尚勒饥民供给；衣装皆为卸尽，仍将残命拷追。稍拂语言，便行杀害，即使款应（迎合），亦肆凶顽。商贩不得流通，处处塞为（适乃）死路；田地均行荒废，家家尽绝生机。至于糟蹋米粮，污秽书籍，僭称名号，惨害忠良。焚毁圣贤庙像，上犯神祇；颠倒朔望岁时，敢违天运；狠自同于枭獍，害更甚于豹（虎）狼。伊古闯、献，无比（此）凶顽；岂今人民，堪此荼毒。本统领［用是］特举义旗，以除暴寇，因苍黎之属望，救水火于蒸民。①
>
> 包立身讨粤匪檄文：今粤匪号称长毛者，自去冬寇浙西几千里，拥乌合逃亡之众，恣意焚掠，痡毒疮赤。所扰之境，骴骼膏刃，墟村荡烟，妇女被淫，老弱填壑，惨酷之状，直使天地变色，鬼神无权，虽穷其饕餮，蔑以方滋，加以毁弃庙社，蹂躏图书，污蔑谷米，

---

① 海宁冯氏：《花溪日记》，中国史学会主编：《太平天国》（六），第701—702页。按：沈梓《避寇日记》也抄录了这篇檄文，参见罗尔纲、王庆成主编《太平天国续编》（八），第254—255页。两个版本文字大略相同，后者较前者的多字用［］补入，改字用（）改动。

破裂器皿，凡顽残凶拘之尤，擢发难数，列以汉角、唐巢、明末献、闯，有过之无不及者。缘其伪托天数以蛊党，肆行剥削以售民，必使孑遗之荒墟，散窜之残黎尽归澌灭而后快，此真人人所椎心泣血，恨不能报复于旦夕者也。……自倡义以来，屡挫贼锋……倘有反颜事仇，剥削乡庶，直狗彘之不如，为神人所共愤，当不如是耶？嗟乎！①

第一篇檄文的形成时间大约在同治元年（1862）三月前，② 此时包村已与太平军进行了四次较大规模的战斗，双方各有死伤。③ 檄文的发布很明显是为深入煽动民众对太平军的仇恨情绪，鼓动更多的民众加入反抗太平天国的斗争，也不排除有维系民心的意图。所以檄文的言辞不实在所难免，像"不论""无论""悉被""皆为""处处""均行""尽绝"这类绝对化的控诉可能有所夸大。即以补充兵源一事为例，太平军在习惯性掳兵的同时，也在坚守原则上的募兵制。英国驻沪领事密迪乐（T. T. Meadows）观察到："太平军早已放弃他们在1853年实行的普遍征兵制，此举曾引发民众对太平军到来的恐慌，现今他们以自愿从军的方式来补充太平军的战斗力量。"④ 咸丰四年（1854）太平军在安徽安庆等地招募乡勇，"其乱民从者甚多"；⑤ 咸丰十一年（1861）李秀成在湖北"招兵"，一次即得三十万人；⑥ 林大椿《粤寇纪事诗》有《招兄弟》一首，注明"贼目下乡招兵，择其无室家者则纳之"。⑦ 贯穿太平天国始终的掳兵现象实是早期普遍征兵制的贻害，但太平天国在原则上奉行募兵

---

① 包祖清辑：《义民包立身事略》，第25页b—26页a。
② 《花溪日记》在同治元年三月处录有此篇檄文，《避寇日记》在同治元年三月初六日记"在王孟英座中见屠甸寺寄来包公檄文"［沈梓：《避寇日记》，罗尔纲、王庆成主编：《太平天国续编》（八），第112、167页］。
③ 参见刘晨《太平天国与地方势力的较量：咸同之交诸暨包村之战探微》，《军事历史研究》2014年第2期。
④ 《英国议会文书中有关太平天国的史料》，罗尔纲、王庆成主编：《太平天国续编》（十），广西师范大学出版社2004年版，第154页。
⑤ 《瑛兰坡藏名人尺牍墨迹》，中国社会科学院近代史研究所《近代史资料》编辑室编：《太平军北伐资料选编》，第174页。
⑥ 《忠王李秀成自述》，罗尔纲、王庆成主编：《太平天国续编》（二），第373页。
⑦ 林大椿：《粤寇纪事诗》，太平天国历史博物馆编：《简辑》（六），第446页。

制，各地有不同程度的执行却是事实，否则单纯依赖掳人很难形成一支庞大有力的战斗队伍，所以"不论工商农士，掳以当兵"的现象有所夸大。

这篇檄文宣布了太平军的十二大罪状：一、煽惑邪教；二、滥杀无辜；三、奸淫妇女；四、索贡劫掠；五、焚烧屋宇；六、肆意掳兵；七、横征暴敛；八、严刑酷法；九、灭绝文化；十、僭越名号；十一、残害忠良；十二、践踏风俗。

十二大罪状可分三方面内容：对太平军军纪败坏的控诉（罪恶之二、三、四、五、六）；对太平天国经济政策的控诉（罪恶之七）；对太平天国社会改革的控诉（罪恶之九、十二）。这说明引发包氏起事的主要原因在于太平军的军纪和太平天国的社会战略，这一点与太平天国统治区民变成因大致相同。至于煽惑邪教、僭越名号等罪名是站在正统立场对异端邪说的敌视，可能是包立身军中的知识分子对檄文修饰润色的结果，曾任诸暨县令许瑶光认为"其讨贼之檄乃文士所代为"；[1] 当时山阴秀才王彝寿对包村事多有所闻，他明确指出："立身、兆云，皆有讨贼檄文。立身者为傅莲舟所作。……莲舟近在都中，已寓书索之。"[2] 傅莲舟，山阴诸生，后捐同知。[3] 但整篇檄文没有像第二篇檄文那样过多地渲染"天命""正统"，反而更多地用较为朴实连贯、朗朗上口的语言指责太平军的劣政，宣誓起义之宗旨在于"因苍黎之属望，救水火于蒸民"，希望通过家族、宗法、地域结成一条保卫桑梓的统一战线。[4] 所以这篇檄文更多地保留了包立身起事的原始动机，能够反映包立身反抗思想的发端。

第二篇檄文被保存在山阴包祖清所辑《义民包立身事略》中，笔者

---

[1] 许瑶光：《谈浙》，中国史学会主编：《太平天国》（六），第613页。
[2] 王彝寿：《越难志》，罗尔纲、王庆成主编：《太平天国续编》（五），第160页。
[3] 李慈铭：《越缦堂日记》第7册，《桃花圣解盦日记》乙集，广陵书社2004年版，第4846页。
[4] 所以包立身起事不同于一般士绅"奉札办团"，它具有强烈的"自保性"，包氏武装是"民团"的一种特殊类型，这是包立身起事的一个特点。尽管清朝方面"屡欲招致"，如宁绍台道张景渠、内阁学士朱兰等曾以书币相款，县令陈其元、举人王小铁曾亲赴包村游说，包立身"均莫为应"（宣统《诸暨县志》卷15，"兵备志"，第20页a）；他的武装名"东安义军"，自称"统领"，也不同于"某团""团总"或"团长"。包村既不奉清朝之命，而且通篇檄文没有攻击太平天国的反满思想，当然也不接受太平天国招抚，可见其目的在于自卫或自立。

所藏为宣统三年（1911）铅印本的复制件，该檄文署名"杭州王小铁撰"。第一篇檄文因附于时人日记得以传世，第二篇檄文如何保全不得而知。孝廉王小铁（王坣）至包村访问事，《诸暨县志》、陈锦《勤余文牍》《诸暨民报五周纪念册·诸暨六十年掌故》均有记载，唯陈锦《勤余文牍》记王访问时间在咸丰十一年（1861）底，也就是说这篇檄文的形成时间在咸丰十一年底至同治元年（1862）初之间，[①]具体形成时间应较第一篇檄文略早。但根据《花溪日记》《避寇日记》《越难志》的记载，第一篇檄文曾由诸暨传播至杭州海宁、嘉兴秀水和绍兴其他地方，影响范围较广，包立身之所以对形成时间略早的檄文弃之不用或束之高阁，可能是檄文在文风笔调上未令包立身满意。与第一篇檄文相比，该篇檄文的语言经由文士深度润饰，大幅度压缩控诉太平军行径和渲染民众不满情绪的文字，加入众多典故，意在强调"正统""天命"，文学色彩更加浓重。《义民包立身事略》直署檄文作者为王小铁；陈锦《勤余文牍》则记檄文原文乃包立身及其下属文士所作，王小铁为之修改，"吾友王小铁孝廉坣，陈子庄大令其元，将以包为内应复绍郡，因诣包。至则合村茹素信法，无一真知战事者。度包识力仍不出村愚，或劝进取城池，勿待重围自陷，包亦不省。其中士大夫读书有识者无虑数百人，皆信包术，直谓东南沦陷，大局犹不可支，舍包无乐土，以故包所出示，语无大体，及王孝廉教之，始除去自立名号语，孝廉等于是去包来沪"，[②]这种说法更全面；而在陈锦的另一著作中，他对王小铁去包赴沪的原因作了补充："吾友王孝廉坣，陈大令其元，以包出示狂谬，求出得免。"[③]可知王小铁与包立身之间有矛盾，关键在于包"出示狂谬"，又以邪术异端起家，而举人王小铁是正统文化的代表，两者思想相异。

比对两篇檄文，第二篇檄文对太平军控诉的文字虽大幅减少，却囊

[①] 陈锦：《勤余文牍》卷6，"江东义民传"，《续修四库全书》集部别集类，第1548册，上海古籍出版社2002年影印本，第642页。按：《义民包立身事略》收录的檄文最后标明"皆咸丰庚申三月"，显误，太平军占领诸暨在咸丰十一年九月二十六日（宣统《诸暨县志》卷15，"兵备志"，第16页a）。

[②] 陈锦：《勤余文牍》卷6，"江东义民传"，《续修四库全书》集部别集类，第1548册，第642页。

[③] 陈锦：《蠡城被寇记》，南京大学历史系太平天国史研究室编：《江浙豫皖太平天国史料选编》，第256页。

括了包立身起事原因的主旨：一是太平军军纪败坏；二是太平军灭绝文化，践踏风俗。与第一篇檄文相比，它缺少了经济方面的控诉，由此也可看出基本由文士创作、修改的檄文缺少对农民、商人和其他平民层的现实关怀，他们忽略了包村的领导者恰恰出身于一名普通自耕农。文士们仅是从自身利益出发论事，很难实现对社会各阶层广泛有力的动员和影响。但王小铁版檄文对第一篇檄文的某些内容也有补充，檄文的末端强调："倘有反颜事仇，剥削乡庶，直狗彘之不如，为神人所共愤，当不如是耶？"这里应是针对地方乡官或投入太平军者而言，是对第一篇檄文中"惨害忠良"之句的补充，像诸暨士子方砥圭投为乡官，后破乡团立功，授职"锡天侯"；①山阴龙尾山旅帅唐伟堂，"作伪官益横，其友王某，助虐无所不至"，包立身"遣人夜往擒之，斩伟堂，囚王某"；②在绍兴也确有太平军、乡官逼迫士绅出山致死的案例，如绫天安周文嘉多次传命山阴军帅何万春劝令绅董何戢民出任绍兴总制，并命助军饷二万两，何拒不受职，自缢而死；③绍兴士子范城因"官幕名家"，被乡官"逮系两次"。④因此绍兴地区乡官政治的腐朽贪酷也是包立身起事的一个因由。与平民相比，士绅可能受乡官政治的威胁、打击更重，所以文人们在这篇檄文的末端对此有所强调。

两篇檄文同时强调的内容自然是包立身起事的主要原因。而第一篇着重强调、第二篇几乎全部遗漏的经济因素，也是包立身弃第二篇不用的一个重要原因。两者综合起来考虑，包村反抗太平天国的经济因素可能对普通农民出身的包立身来说是重中之重的。

在檄文对太平天国苛政猛于虎的申诉中，没有发现田赋地租方面的内容，这两方面却在传统经济体系中占据主导地位。檄文发布于同治元年（1862）三月以前，绍兴当局公布田赋缴纳的明确原则是在当年的九月，"示征厘谷，约以三分归佃者，以三分作兵粮，以四分归田主"，⑤这

---

① 诸暨民报社编：《诸暨民报五周纪念册·诸暨社会现象》，第55页；宣统《诸暨县志》卷15，"兵备志"，第21页a。
② 王彝寿：《越难志》，罗尔纲、王庆成主编：《太平天国续编》（五），第146页。
③ 相关文书见太平天国历史博物馆编《太平天国文书汇编》，第194—197页。
④ 范城：《质言（选录）》，罗尔纲、王庆成主编：《太平天国续编》（四），第420页。
⑤ 王彝寿：《越难志》，罗尔纲、王庆成主编：《太平天国续编》（五），第144页。

仅是简单的界定，而此时包村事件已经结束，所属各县又在是年初冬和次年（1863）初春相继沦陷，壬戌年（1862）的田赋征收根本没有完成或迫于时局严峻执行有限；① 辛酉年（1861）的钱粮征收工作则因太平军迟至当年严冬方能稳定秩序而错过了粮食的秋夏熟收之季。从绍兴各地的实际情况看，传统经济政策没能成为施政主流，所属各县基本维持贡役制的统治方式。但在诸暨，传统经济秩序恢复的工作却较早地被提上日程，恋天福董顺泰的谕令明确区分土地类型及相应的钱漕数额，② 田赋负担不重；另一平复业主对立情绪的关键举措在于诸暨当局在立政之初即肯保障土地所有者的收租权益，以告示的形式宣布"佃户尤当照额完租"，"倘有托词延宕，一经控追，抗租与抗粮同办"。③ 基于上述原因，包立身听闻到的关于地主对太平天国田赋政策不满的诉说应该很少。

在地租方面，包立身是自耕农出身，属于粮户，对田赋政策的关注自然多于地租。经实地考察，包村位于一面东北—西南走向的大缓坡上，有记载称："包村在深山中，关隘重叠，三面壁立不容足，前有山峡若门，中空旷成村落"，④ "枫溪带其前，白塔湖环于后，林深箐密"，⑤ 山多田少，多系自耕农耕种世代相传之水田，少地主，乏望族，这种地理环境和社会结构也决定了包村民众对地租政策的关注不够。在包村起事前后（咸丰十一年冬），绍兴当局在事实上执行限制租额的政策，会稽县出示"凡有田者，得自征半年租"，⑥ 客观上对佃农是有利的。绍兴的佃农又乘战乱之际通过抗租迫使业主进一步让步，"去冬（咸丰十一年冬）向佃户收租如乞丐状，善者给数斗，黠者不理或有全家避去者"，⑦ 地租

---

① 现存3张上虞县佐将黄给业户完纳下忙银执照均颁发自同治元年八月，见浙江省博物馆、浙江省社会科学研究所历史研究室编《浙江太平天国革命文物图录》，第109、110、111页。

② 《恋天福董顺泰为令完粮以济军饷劝谕》，罗尔纲、王庆成主编：《太平天国续编》（三），第119页。

③ 《忠天豫马丙兴谕刀鞘坞等处告示》，罗尔纲、王庆成主编：《太平天国续编》（三），第125—126页。

④ 任官燮：《包立身传》，包祖清辑：《义民包立身事略》，第4页a。

⑤ 佚名：《秦鬟楼谈录》，《清代野史》第7辑，巴蜀书社1988年版，第260页。

⑥ 张大野：《微虫世界》，中国科学院历史研究所第三所编：《近代史资料》总第6号，第89页。

⑦ 范城：《质言》，罗尔纲、王庆成主编：《太平天国续编》（四），第420页。

负担已不构成农民的主要负担。因此,避难至包村的佃农不会带去关于"凶租"的消息。

通过上述分析可知,田赋和地租不构成包村反抗的主要经济因素,而太平天国杂税之繁重对民众心理造成的恐慌已超过钱漕正赋,这在浙江民众的对立心态中具有代表性。

关于包立身起事还有两项重要的促发因素:一是包立身的"邪术",二是"野心"。这两项因素在策划和组织民众反抗、扩大反抗规模、维系反抗意志方面发挥了重要作用。

利用邪术组织民众并不新奇,但包立身起事的独特之处在于"以邪制邪",他将抗争的矛头转向了同样以"邪术""异端"起家的太平军。尽管如此,清朝官方敏感的神经仍然没有松弛,因为异端流派对政权的威胁已在自称"上帝之子"的洪秀全身上应验,孰知这位自称"白鲎仙人"弟子的包立身会不会调转矛头,推波助澜呢?所以清朝官方在立身举事之前予以一贯方式的回应——"方诋为妖,戒勿理"。① 包立身借异端产生轰动效应是清政府对包村态度有所保留的关键。当时所传关于包立身神话的几种版本,如撒豆成兵、造饭化水之异,满足了乱世中民众对于特殊精神力量的需求,所以无论是富族官僚还是平民百姓,均倚包如泰山,直谓"舍包无巢土","近而江澡、横阔,山阴之谢家桥、漓渚等村攻击之士,浙归之百里内绅富亦意为所动,利其地险可避乱,醵资以往,包益有助己,而四面被贼驱者日众"。② 包立身的异端邪术同样引起了太平军的恐慌,最初几场偶然的胜利强化了神奇色彩,"寇以为神,凡攻村必择骁武,中道半逸,至则伏首受刃,无敢敌,于是包村之名闻天下",③ "贼多束手就戮者,因相传立生有异术,得仙灵护佑"。④ 但"宗教鸦片"毕竟是"没有精神的制度的精神",它产生的群聚效应往往

---

① 陈锦:《勤余文牍》,包祖清辑:《义民包立身事略》,第15页b、14页b。
② 同上书,第14页b。
③ 何家琪:《天根文钞》卷2,《丛书集成续编》第161册,新文丰出版公司1989年版,第442页。
④ 陈其元:《庸闲斋笔记》卷7,第155页。

是短暂的。① 包氏宗教初始发挥的效应,在战争和物资的现实消耗中逐渐崩溃,"包不得已更托奇术安众心,众亦疑信交集",② 后知其说为讹传,百姓大失所望;太平军在同治元年(1862)五月初六日的一次伏击战中获胜,打破了包立身不可战胜的神话,"遂知立身无术,日逼村堡",③ "及壬戌之夏,一败涂地,初无神奇,人多不解其故"。④ 包立身个人领袖魅力的下降导致信仰体系的坍塌,最终表现为包村攻防能力的锐减,从这个层面上讲,单纯依靠"邪术"聚拢人心,实是作茧自缚。

对于包立身的神话,时人已有非议。包立身起初自言成仙得道,乡民均以其家素微不以为意,⑤ 但他却是普通农民中的"特别者"。包立身很可能系统地学习过一些民间盛行的巫术,大部分资料都认为他曾习奇门遁甲之术,⑥ 否则一味地没有效验,白鲎仙人委其救世的神话根本无法立足;同时包又极善伪装,"无事则端居一室",⑦ 刻意制造神秘感,散布流言,给世人造成种种错觉。两宰诸暨的许瑶光谓包村的神话是"人自惑之而人自附之",⑧ 可谓一语中的。

当时人对平民出身的包立身是否真正拥有如此非凡的领导能力非常审慎,许瑶光在《谈浙》中强调包立身的背后一定有"阴为之主持而驱策者":"抑以农家子目不识诗书,又无势位名望资财足以雄视一方,招致乡里,乃云聚雾结,至数万人,群奉为神师,其中固有阴为之主持而驱策者也,岂果立生所能自为哉?"⑨ 像许瑶光一样,当时的大部分人认为只有地方士绅才具有领导地方社会的能力和职责,通常也确是如此。甚至不少人宁肯选择相信包立身背后有一位"蓄异志"的赵姓富绅在利

---

① 马克思:《〈黑格尔法哲学批判〉导言》,《马克思恩格斯选集》第1卷,人民出版社1972年版,第2页。
② 陈锦:《勤余文牍》,包祖清辑:《义民包立身事略》,第16页a。
③ 宣统《诸暨县志》卷15,"兵备志",第20页a。
④ 陈其元:《庸闲斋笔记》卷7,第155页。
⑤ 《尚瀚公传》,《暨阳东安包氏宗谱》卷1,第68页。
⑥ 毛祥麟:《墨余录》,包祖清辑:《义民包立身事略》,第16页b。
⑦ 马新贻:《包立身传》,浙江采访忠义总局编:《浙江忠义录》卷6,第13页b。
⑧ 许瑶光:《谈浙》,中国史学会主编:《太平天国》(六),第613页。
⑨ 同上。

用他充当傀儡，也不愿意相信"乡愚"包立身具有政治野心的事实。① 在包立身的团队中也存在许多出谋划策的知识分子，像《越难志》记载了一位王某，"善为虚无惝恍之说，愿为立身罗致人。遂循各村游说，自言已成地仙，人信之，竞迎礼也"；②《浙江忠义录》中记载的朱之琳、余观莹、傅观涛、沈方颐，③ 这些人均是士绅身份；从文辞分析，包氏檄文显然经过文人墨客的雕琢润饰，不少资料记载包立身有一位亲信专门掌管文案。④ 但这些文人仅供驱使，大部分"文弱者亦挥戈从事"，⑤ 少数类似于幕僚者参赞军机则有之，统领大局、令行禁止的只有立身一人，包村的武装仍是以包姓亲族为各营总制的私人武装集团，连负责军资器械的文局也设在亲信包尚杰的家中；⑥ 檄文通篇主要是反映包立身这样普通人的朴素情节，并非完全站在士绅的立场上。所以包立身的领导地位是无可动摇的。

士绅阶层对他领导魄力的质疑主要有两方面原因：一是地方精英对平民领导者固有的偏见；二是忽略了包立身的政治野心。包村之变出于桑梓之难，倘若没有太平之乱，包立身或无起事时机。正是包村地处太平天国占据地区，包立身对清政府的"叛乱性"才被对太平天国的"叛乱性"掩盖。种种迹象表明包立身阴有自立之意，首先他不奉清朝正朔，当时外乡人有言立身"有异志，不以朝廷为念"，⑦ 对此李慈铭和他的好友姜仲白并不承认："包立身初不知书，其称壬戌十二年，以尚不知有同治之号，故从咸丰十一年数之，或言其意有异者，非也。"⑧ 这是欲盖弥彰，既不知有同治之号，何不用"咸丰十二年"呢？有史料记载："时客

---

① 俞樾：《春在堂随笔》，第91页。按：《咸同将相琐闻》《太平天国轶闻》对此有相同的记载。
② 王彝寿：《越难志》，罗尔纲、王庆成主编：《太平天国续编》（五），第160页。
③ 沈方颐事，见民国《杭州府志》卷131，"忠义二"，第53页b。
④ 毛祥麟：《墨余录》卷8，上海古籍出版社1985年版，第123页。按：《洪杨轶闻》《客中消遣录》《太平天国轶闻》均有此记载。
⑤ 赵尔巽等：《清史稿》第45册，卷493，列传280，"包立身"，第13653页；包祖清辑：《义民包立身事略》，第2页a。
⑥ 《尚杰公传》，《暨阳东安包氏宗谱》卷1，第66—67页。
⑦ 李慈铭：《越缦堂日记》第5册，《孟学斋日记》甲集尾，第3108页。
⑧ 李慈铭：《越缦堂日记》第12册，《荀学斋日记》甲集上，广陵书社2004年版，第8441页。

有讽立身者,尝以赵景贤之守吴兴相比例。立身谢客曰:彼为清朝耳!予守包村土地,为国为民,予无满洲守土责任也。……其文告皆书甲子,词意皆以独立为宗旨。"① 又有记载称:"包不愿称官","自号'先生'"。② 刻意区别于奉札办团的团练,其野心昭然若揭。由于包立身具备政治野心和领导能力的双重标准,一旦有机会,他就会向政治权威发起挑战。

综上所述,通过对包立身起事檄文的分析,发现檄文的内容基本反映了普通民众反抗太平天国的朴素情节,可以从中窥探事件爆发的原因。这场太平天国占领区规模最大、持续时间最长、斗争最为激烈的民众反抗运动的发生具有综合性的诱发因素,其中民众抗争的根源在于对太平军军纪败坏、苛敛重税和破坏风习等方面已经或可能发生的不良行为所产生的恐惧。当时太平天国虽已占领绍兴府城及诸暨县城,但实际并未完成对广大乡村地区的建政工作,大部分社会政略还未及在包村及附近村落展开。在引发民众对太平军恐慌的诸项因素中,太平军的军纪败坏和苛捐杂税是问题的主要方面,同时经济方面的因素也是导致整起事件发生的直接原因,移风易俗的社会改革和腐化暴虐的乡官政治仅是起到催化剂式的促发作用。可见与太平天国统治区民变频发的社会背景基本一致,包立身民团大致也是起因于太平天国社会战略的弊端,特别是经济方面的政略问题,这点与大多数团练创建之初具有的政治背景不同。但民变形成的根源在于民众对太平天国社会战略的切身感受,民变对太平天国社会战略的抗争主要是田赋、地租等经济政策及其实践方法,包立身团练的抗争内容侧重于苛捐杂税和太平军的违纪。作为平民层一员的包立身,其所拥有的非凡的领导能力、政治抱负以及由此创造的"异端邪说",在这次民众反抗的发生发展方面发挥了重要作用,同时展现了这场轰轰烈烈的民众斗争不同于一般团练事件,也相异于普通民变事件的特性。基于此,包立身事件是探讨太平天国与民众关系的一个特殊案例。

---

① 吴忠怀:《包立身传》,包祖清辑:《义民包立身事略》,第6页b。
② 陈锦:《勤余文牍》,包祖清辑:《义民包立身事略》,第14页b。

二　沈掌大事件

沈掌大，在各种史料中唯《花溪日记》作"沈长大"，嘉兴海盐县澉浦镇人，起事时已六十一岁。① 关于沈掌大的出身，记载明确，以"灌园为业"，② 家"赤贫"，③ 是一位菜农；光绪《海盐县志》在《殉难绅士兵民姓氏》表中录其姓名，特意标明"民人"身份，以示不同，确属平民层。④ 沈掌大领导的反抗队伍也以农民为主体，与包立身领导的东安义军一样，属平民武装。这是它们有别于其他团练的一个特征。

沈掌大于咸丰十一年（1861）五月十三日聚众万余，配合清军攻打海盐通元、屿城，失利败回。十八日，太平军当局大掠澉浦，并索首事诸人，沈遂于廿六日挺身就擒被杀。

沈掌大起事的因由，《花溪日记》记载颇详，大致可分为四类：一、勒贡。咸丰十一年（1861）三月太平军二克海盐，据城固守，"五月贼匪勒贡渐横，通元黄八十从贼设局，向承办七图贡银共万余千，已民不堪命。海盐全县核办三万两，至四月初七日，又勒加万五千，并欲征银，每两七折价二千零五十"。二、征税。同年五月初，"又欲分门牌，写人丁，每牌乙元四角，每人日征廿文，每灶日一百，行灶五十"，可知有门牌费、人丁税、灶捐三种名目。三、完粮收租。五月初九日，太平军当局用枪船恐吓，"追完田银，士农畏其虎势，无不输钱完纳，仍以咸丰十年串票发之，至十一日共完千余"，"间有业主趁势收租"。四、乡官贪酷。"茶院陈雨春……向办贡事，暗中指点，自谓可以瞒众，至征银事起，遂与奸书王竹川盘踞局中"，"归应山亦从贼，先设完银局于其宅，名陆泉馆"，"访得殷富者五人，札谕为师帅，办门牌……藉此图肥，于是道路以目，敢怒而不敢言"，"七老亦打造枪船帮办局事，并私打先

---

① 光绪《海盐县志》卷18，"人物传·孝义"，第86页b；民国《澉志补录》，"人物"，第32页b。
② 光绪《海盐县志》卷18，"人物传·孝义"，第85页b；民国《澉志补录》，"人物"，第32页a。
③ 浙江采访忠义总局编：《浙江忠义录》卷5，"沈掌大传"，第12页a。
④ 光绪《海盐县志》卷18，"人物传·孝义"，第91页b。按：既往研究提及沈掌大事的很少，仅王兴福《太平天国在浙江》、郦纯《太平天国制度初探》及少数几篇文章有所提及，定其出身为"反动地主""地主劣绅"。

锋"，"两局立班房于黑暗处，上下立栅，止容四人，常五六人入焉，大炼系之，吓解屿城，必得清缴而出，轻者推入马棚"，"局中常聚五六十人，耗费日数十千"。若是能循序渐进，徐图征缴各项，民众尚可勉强应付，但事局的恶化在于"五月初九日，竟将门牌、灶费及外庄田银尽行发动，初十日为始，毋延顷刻，间有业主趁势收租，亦借枪船恐吓，追取甚紧"，"士民无所控告"，民已不堪重负。①

由上，海盐民众反抗的原因可概括为太平天国经济政策的苛刻和乡官政治的贪酷。与包立身起事原因不同的是，包村反抗的根源在于民众对太平天国社会战略的恐慌，而沈掌大起事的根源在于太平天国社会战略对民众生活的切实影响。在上述两点内容中，民众更加痛恶太平天国经济政策的苛敛；乡官政治虽然贪酷，但他们的作为一方面是起促发作用，另一方面也是太平天国经济政策的执行和体现，所以其他史料简要记述沈掌大起事原因，或以"责民贡献，将按户搜刮"概括，②或以"各乡焚掠殆遍，又设伪官苛敛民财"总结，③均是指经济因素。太平天国经济政策的四个方面——勒贡、征税、完粮、收租，其中"勒贡"是海盐民众抗争的主要内容，光绪《海盐县志》亦指征贡是导致民众对立行为爆发的关键，"时有贼首号葵天豫来城安众，号召吏民，旋令县差高掌三邀人办事，诡言必不扰害地方。未几，责令四乡贡献，追呼无虚日。章贼复向南乡逼勒巨款，妇女悉脱簪珥以畀之，士民莫不饮恨"。④与太平天国统治区的民变事件相比，沈掌大的平民团练亦肇因于太平天国的经济战略，两者不同的是，多数民变抗争内容集中在田赋、地租和杂税，而沈掌大平民团练抗争的关键问题是太平军要求的"贡献"；同时两者的抗争诉求对太平天国乡官政治均有反应，乡官群体是两类事件的直接抗争对象，而沈掌大民团的起因则基本未见太平军军纪问题的影响。

完粮和收租不构成海盐民众反抗的关键，虽然咸丰十一年（1861）春、冬海盐当局均有试图恢复传统社会经济秩序的努力，但受主客观因

---

① 以上引文均见海宁冯氏《花溪日记》，中国史学会主编：《太平天国》（六），第679页。
② 光绪《海盐县志》卷18，"人物传·孝义"，第86页a；民国《澉志补录》，"人物"，第32页b。
③ 浙江采访忠义总局编：《浙江忠义录》卷5，"沈掌大传"，第12页a。
④ 光绪《海盐县志》卷末，"杂记"，第49页a—b。

素的掣肘，海盐地区的田赋征收工作直到同治元年（1862）十二月才得以全面展开，然执行情况不佳，传统社会经济秩序未能成为太平天国施政的主流。在沈掌大起事前的咸丰十一年四五月间，太平天国官方的田赋政策还未正式出台，征收工作也未全面展开，所以民众对田赋、地租问题的过度关注容易演变为对太平天国未定政策的恐慌。沈掌大老谋深算，绝非平庸之辈，他看准时局关键，以此激之，酿成巨变。事件爆发的另一只导火索也属于经济因素，黄湾乡官局的强买行为引发民众不满，"适黄湾数百人彼因上日局中强买，亦来寻衅"，① 这恰与沈掌大的集体行动汇入一起，促动了整个事件的发展。

沈掌大的队伍最终被定性为"民团"，② 虽名其为团，不过"持扁担、涂石灰为号"的普通百姓，③ 凭血气之勇愤而聚之。时人叹其愚昧："民无纪律……稍遇劲敌，各自逃生……百姓不听令，兵者凶器，岂有手执木棍田器而能克敌攻城耶？"④ 后人感其义勇，评价说："是役也，乡民既无军械，遽思制梃以当凶悍之寇，本非万全计。徒以忠义奋发，万众一心，虽肝脑涂地有所不顾，亦可以愧世之临难苟免与夫甘心从逆者矣。"⑤ 这些都弱化了它的"团练"特征。与包立身事件性质颇有不同，沈掌大事件之初的政治色彩较弱，乡民的目的不过是想问罪于乡官姚成初，获得海盐当局对民众经济负担的减免。事件爆发后，乡民接连捣毁焚烧乡官住宅，斗争形式维持原始的毁局殴官，在与屿城镇的乡勇、枪船接仗前仅有一起命案，且事出有因，乃为地保康毛毛坚持"负钱缴贡"而怒杀之。这些表征体现了类似于民变的自发性、突发性、本土性、武装色彩较弱和斗争手段原始等特征；反抗队伍无编制、名号、经费，亦无基本的训练、军纪，常见未临阵而溃散或中途逃避，甚至有捉人以壮声势的情形，"余尽胁从，虽属老弱，亦被赶逐北行，众皆股栗，行走如

---

① 海宁冯氏：《花溪日记》，中国史学会主编：《太平天国》（六），第680页。
② 民国《澉志补录》，"杂记"，第70页b。
③ 光绪《嘉兴府志》卷31，"兵事"，第56页b；光绪《海盐县志》卷末，"杂记"，第49页b。
④ 海宁冯氏：《花溪日记》，中国史学会主编：《太平天国》（六），第683页。
⑤ 光绪《海盐县志》卷末，"杂记"，第50页a。

蜉蝣，我乃身当其境，从不曾见此迁延畏葸之甚者"，① 抗争队伍掺杂着大量胁从者，真正有政治敌对意识的人是少数。在成功动员和聚集后，抗争队伍又与黄湾反强买的队伍汇流，加重了"民变"色彩。

沈掌大本人的初始动机也仅是"闻贼局狠暴，心怀不平，欲集众毁其局"，斗争对象指向"狠暴"的乡官局，根本无意组建一支与太平军对阵的武装；事败被俘后，沈坚称起事"皆怨国贼狠暴"，即指太平军和乡官苛政。② 所以诸种史料记其为"义民"，"故赤贫，敛所不及顾，独义愤"，③ "倡义"起事，④ 实非为一家私利。这些情况均在不同程度上减弱了事件的政治性。要特别指出，事件初始阶段的政治性减弱并不意味沈掌大个人没有政治野心。沈虽为平民出身，但他与包立身一样，在事件前已经因其出色的表现（可能也有年龄阅历方面的因素）赢得了乡邻的尊重，"少刚勇，好饮善斗"，⑤ "性颇侠，有智勇，明逆顺……适该图地保将澉局银事与商"，⑥ 连地保有事亦请教于他，知其有声望，再看他以"逆顺"二法激怒乡人，也知确有领导能力。整起事件由民变性质向带有政治对立性质的暴动转变，与沈本人的野心滋长不无关系。在拆毁澉浦镇乡官局并惩罚乡官姚成初后，有人提议："明日寅刻，起身去打通元局，再攻屿城。"沈立即表示赞同："众等如此，亦我一县之福。"⑦ 事件的性质转化，但仍然没有投向清朝政府。至五月十三日乡民攻屿城被海盐监军章阿五率枪船、乡勇击败，沈掌大才想起联络清军为前锋，力挽败局。清方派水师营千总尹殿祥、陆营把总陈长瑞带兵三百，船十余为前锋，联合沈掌大共击屿城。事件性质正式转变为民团。与包立身的另一个共同点是他们的政治野心均得到某些精英的支持。沈掌大的队伍在

---

① 海宁冯氏：《花溪日记》，中国史学会主编：《太平天国》（六），第682页。
② 同上书，第679、683页。
③ 浙江采访忠义总局编：《浙江忠义录》卷5，"沈掌大传"，第12页a。
④ 光绪《海盐县志》卷18，"人物传·孝义"，第86页a；民国《澉志补录》，"人物"，第32页a—b；光绪《嘉兴府志》卷57，"海盐孝义"，第43页a—b。
⑤ 光绪《海盐县志》卷18，"人物传·孝义"，第85页b；民国《澉志补录》，"人物"，第32页a。
⑥ 海宁冯氏：《花溪日记》，中国史学会主编：《太平天国》（六），第679页。
⑦ 同上书，第680页。

不到十天的时间里迅猛发展为数万人的规模,与庠生张镜、①保正郁五、②监生朱嘉玉③这些地方精英的支持和筹划密切相关。

通过上述分析,沈掌大起事主要在于民众不堪忍受太平天国的经济重负。这是民众的切身体验。在各项经济政策中,太平军的勒贡是矛盾的主要方面,同时反映出太平天国治下贡役制社会结构的弊端。田赋和地租问题不构成海盐民众反抗的关键,但民众对该问题的恐慌和沈掌大的刻意激化成为此次事件的直接诱因,事件的另一只导火索也是经济方面的因素——反对强制买卖。和太平天国统治区民变成因相近,沈掌大领导的民团主要也是对太平天国恢复传统社会经济秩序执行偏差的反应,与大多数民变针对秩序旧弊不同的是,沈掌大民团起因侧重于传统社会经济秩序与贡役制统治模式并存带来的负面影响。虽然事件最终被定性为"民团",沈掌大本人也被写入清官方《忠义录》的"团练绅民"中,关于他是平民阶层中特别者的出身则毋庸置疑,而且与一般团练不同,沈掌大事件初始具有类似民变的某些特征,由于他本身的主观意志及参与集体行动运作的地方精英的支持,事件的性质才发生了明显转向。

三 "盖天王"事件

虽然依史料记载称"盖天王"的队伍为"土匪",但他们已经像团练那样有了明显的政治权力诉求,不同于一般的土匪活动,"公然旗帜",④"于庙中起义",⑤斗争对象直指太平天国政府和太平军,"所行劫者或系土行、公估庄,及偕长毛合开山货行等,以及乡官司马、百长之家,皆系不义之财也。……兼有文书至乌镇伪文将帅何借粮,何亦畏而与之";⑥同治二年(1863)十一月初十日,首领陈某领众千余,公然与太平军对阵,双方战于花溪各镇,一路杀太平军三十余人,一路"先焚烧市梢局卡,都宅乡官局焚烧尽,局匪先已逃亡",又在朱字桥、花龙桥等处进攻

---

① 民国《澉志补录》,"人物",第32页b。
② 浙江采访忠义总局编:《浙江忠义录》卷5,"沈掌大传",第12页a。
③ 光绪《海盐县志》卷18,"人物传·孝义",第86页b—87页a。
④ 海宁冯氏:《花溪日记》,中国史学会主编:《太平天国》(六),第711页。
⑤ 沈梓:《避寇日记》,罗尔纲、王庆成主编:《太平天国续编》(八),第228页。
⑥ 同上书,第227—228页。

太平军营垒。①

　　这支土匪的特殊性在于：一是规模大，主要由失业盐贩和饥民组成，所以该事件在一定程度上可以反映民众与太平天国的关系。当然由于劫掠本性，队伍也掺杂着大量被掳来的无辜百姓，"凡硖川南来无村不为盗者，南塘桥、价家新桥、花园坟、朱家桥等处凡善良家皆被强逼入党"。② 因此也应正视土匪军队的破坏性，他们"抢掠于西南各乡，尤为扰害"，造成百姓恐慌迁避，商贾闭市。③ 二是其具有鲜明的政治对立意识，"盖天王"的土匪军队绝非一般打家劫舍的土匪，可以"起事"视之。

　　"盖天王"起事发生在同治二年（1863）八月，至九月，民间就有"盖天王"在绍兴被清军招安的传闻。④ 所谓"盖天王"之称，并非首领代号，而是这支队伍的精神象征，起事者于海宁黄湾三神庙聚议，推庙中三神像为王，"所谓盖天王者，庙中元武帝也"。关于起事原因，《避寇日记》的作者沈梓认为："自盐利归长毛以来，贩盐失业，因纠党劫掠。而海塘圮后，禾田斥卤不能种植，居民不复粒食，因相从行劫，附之者日众。"⑤ 这一总结颇合实情，也与队伍主要成员的出身相符。另据被太平军俘获的土匪供称："我等奉义而行，故所劫皆至公无私，本系饥民，不劫则死，死固分内事。"可知事件具有"官逼民反"的性质。饥民的形成是因海水倒灌内陆，土地荒废无法耕种所致；盐贩的失业，《避寇日记》归因于太平军当局实行食盐公营专卖制度，导致盐枭、盐贩无利可获，劫掠为生。盐专卖制自古有之，盐政是国家大计，历朝政府十分重视，清政府亦如是。清朝盐法主要采取官督商办的形式，私盐屡禁不绝，而太平天国实行完全垄断，或由乡官日常经理，或设专职负责，食盐销售权收归地方政府。

　　太平天国清肃盐政，实行政府完全垄断，是对前朝盐政体制的继承，

---

① 海宁冯氏：《花溪日记》，中国史学会主编：《太平天国》（六），第713页。
② 同上书，第711页。
③ 光绪《海盐县志》卷末，"杂记"，第50页b。
④ 参见沈梓《避寇日记》，罗尔纲、王庆成主编：《太平天国续编》（八），第218页。按：这可能是土匪军队内部的分化，被招安者是倾向于清朝的一方，另一方则坚持以"起义军"的形式在太平天国占领区活动，至同治二年十二月太平军对"盖天王"的队伍全面讨伐，被俘者的供词仍然没有任何投向清军的迹象。
⑤ 沈梓：《避寇日记》，罗尔纲、王庆成主编：《太平天国续编》（八），第227页。

也是国家权力对地方社会控制管理的深化。政府禁贩私盐，既可遏制国家财富流失，又可防止商人囤积居奇，从中牟取暴利，历代政府均以厉行，原就无可厚非。但食盐是民众生活必需品，政府涨价专卖，代盐商取利，非但一般商人无利可图，连普通百姓家的基本生活所需也深受影响，类似于常昭一带"吃盐费"的杂捐全无公道，只能激化社会矛盾。

"盖天王"事件因"盐""食"起衅，这两项是民众最基本的生活需求，可见海宁和海盐太平天国政府连基本的社会安抚都没有完成，这也是两地贡役制社会结构弊政的体现。虽然整起事件反对太平天国的政治性显著，部分首领的政治立场最后也完全倒向清方，但仍不能掩饰民众投身反抗的朴素初衷，即求生存。"盖天王"事件与包立身事件、沈掌大事件反抗根源的主要方面有所不同，但民众通过反抗的实际举动表达对太平天国社会战略的不满却是一致的。与前两起事件相比，由于这支土匪队伍的组成基本是在死亡线上挣扎的人，"官逼民反"的色彩更加浓厚。

比照包立身、沈掌大、"盖天王"领导的三起平民武装起事原因，它们与太平天国统治区的民变均反映了民众求生求安的朴素初衷，即抗争内容基本是与民生相关的经济问题。虽然各类事件的具体抗争内容因事件类型、发生地域、社会经济背景不尽一致，成因的侧重点也有所不同，但抗争的矛头共同指向了太平天国社会战略的弊端，常见的抗争内容诸如田赋、地租、杂税、军饷、贡献等方面的政策及政策实践的原则、方式和效果。这些抗争的各方面因素均对事件形成产生不同程度的影响。

与民变发生的社会生态大致相同，灾荒、瘟疫、经济危机等社会生态的具体表现同时也是平民武装形成的共同背景，尤其是太平军军纪和地方政略造成的恐怖氛围，对民变和平民武装的参加者均产生了心理方面的导向。

从抗争对象分析各类事件的成因，民变和平民武装共同的主要抗争对象是乡官，乡官政治的贪酷和无序——政策执行者的偏差，是民变和平民武装形成的共同因素；太平天国的乡官政治主要还是侧重于体现太平军当局在经济政策方面的实践。尽管太平军的行为也会影响到各类民众反抗行动的生成，但由于事件性质不同，民变的抗争指向则尽量避免公开与太平军发生冲突，即使是以太平军为直接抗争对象的反太平军掳掠民变、反太平军勒派民变,也都是缺少政治对立意识的集体行动;而平民武装的政治对立性质使它们天生视太平军为敌。

鉴于民变和平民武装的相似点,以及它们成因的共同性,才能通过太平天国统治区的民变,结合和比照几起平民武装事件,共同展现和诠释太平天国与民众对立关系发生、发展的内涵,最终把问题的焦点确定在太平天国的社会战略。

第四节 动员模式

民变经动员才能成形。查尔斯·蒂利(Charles Tilly)在集体行动(Collective Action)理论中构建了"动员模型",为探讨民变形成过程提供了借鉴。[①] 集体行动/集体暴动的形成是复杂因素连续作用的结果,本节对民变形成过程的探讨限定于组织、方式、场所、仪式这四个动员模型的核心层面,以此展现太平天国统治区民变形成的"动员模式",探讨太平天国统治区民变动员模式的特点。

一 动员组织

在传统乡村社会中,以宗族、血缘为纽带的宗族组织或以社会关系为纽带的社会团体成为民众寻求安全的依托,也成为民变等社会变乱形成的动员基础。在前述花溪冯家反对太平军"拔人"的数次事件中,抗争的胜利得益于"族议"的正确决断,宗族、家族组织的有效运作很明显是冯家躲过厄运的重要保障。咸丰十年(1860)九月发生在常熟王市的民变起因于乡官局"叫租收米","乡农积怨已久,暗暗聚众,歃血祀神,四下相邀",形成了类似于歃血为盟、异姓结拜的组织,使民变规模迅速扩大至千余人。[②] 咸丰十一年(1861)二月常熟东乡医士王春园也是以"盟约"的形式聚众万人,迫使常熟太平军当局就范,"以后一图竟霸

[①] Charles Tilly and Louise A. Tilly eds., *Class Conflict and Collective Action*, London: Sage Publications, 1981, p. 17.

[②] 汤氏:《鳅闻日记》,罗尔纲、王庆成主编:《太平天国续编》(六),第 325—326 页。

不完粮"。① 所谓"歃血""盟约",意在建立动员民变、规范个体行动的组织,这类组织的存在时间短暂,往往与民变同生共灭,但对民变的动员过程和民变的影响力产生作用。而在太平天国统治区发生的大多数民变则没有出现组织或团体的规范性意义,更多的属于无组织的临时性运作,参与民变的成员之间仅保有口头约定的共同意识,缺乏组织性和纪律性。事实证明,缺少联络纽带的集体行动的效果会大打折扣,《徽难全志》的作者坦言咸丰四年(1854)五月安徽黟县抗粮民变失败的原因是"百姓原无纪律"。②

在太平天国统治区的数十起民变动员过程中,几乎没有发现过去乡村社会常见的互助组织的影响力。这类互助组织往往以地缘关系相结合,曾在咸丰三年(1853)同区域的民变高潮中发挥重要作用,如是年松江金山沈掌得"起议团社,齐心吞租";③ 松江华亭、娄县"各乡佃户均纷纷结社,蓄意吞租";④ 太仓嘉定佃农"以抗租为名,赛神结会";⑤ 嘉兴嘉善浦六为首,"相与结社","扬言不还限米"。⑥ "团""社"在乡村民变的出现,特别是在以佃农为主要领导者和参加者的抗租民变中运作,充分说明这一时期农民反抗斗争的动员模式走向了更高层次的形式。如果有理由认为咸丰二年(1852)苏州吴江黎里镇陆孝忠、陆孝恩等"农民盟约",倡言"还租祗有五分,否则全欠",⑦ 也是受益于乡村互助组织的力量,那么上述发生在太平天国统治区常熟王市和常熟东乡梅塘的民变也有可能借助了同样的组织动员,因为两次民变均有农民"盟约"的信息。咸丰十一年(1861)十月发生在江阴顾山的民变,"各图结约,

---

① 汤氏:《鳅闻日记》,罗尔纲、王庆成主编:《太平天国续编》(六),第345页。
② 佚名:《徽难全志》,南京大学历史系太平天国史研究室编:《江浙豫皖太平天国史料选编》,第295页。
③ 光绪《当湖外志》卷8,第12页a。
④ 姚济:《苟全近录》,上海社会科学院历史研究所编:《上海小刀会起义史料汇编》,第1145页。
⑤ 诸成琮:《桑梓闻见录》,上海社会科学院历史研究所编:《上海小刀会起义史料汇编》,第1072页。
⑥ 鹤湖意生:《癸丑纪闻录》,《太平天国史料专辑》,第511页。
⑦ 柯悟迟:《漏网喁鱼集》,第15页。

倘有长毛来打，各要相斗"，①也有同样的理由认为这一动员模式借助了乡村社会的互助组织。海宁陈三丫头领导的平民武装虽最终发展为"匪军"，但起初不过是抗议太平军当局垄断盐利、严禁私盐，"自盐利归长毛以来，贩盐失业"，"盖天王系盐枭出身，其属皆盐枭"，②它的动员组织很明显是盐贩间的互助结社。

但奇怪的现象是此类"团""社"类型的乡村互助组织在咸丰三年（1853）以后各年发生的民变事例中逐渐淡弱，可能与19世纪中期以后团练组织的再度兴盛有关。清代团练的基本功能包括治匪、防盗、禁赌等治安功能，也包括救济赈灾、地方公益，甚至教育乡民之类的社会福利功能。所以随着太平天国定都南京，战争波及范围不断扩大，具有综合性地方防卫功能兼社会服务功能的团练组织很有可能取"团""社"等互助组织而代，并为民变提供组织基础和联络纽带。咸丰、同治年间的"团练抗官"或"团练致乱"现象成为这一时代清朝统治区民变的新类型。③如咸丰八年（1858）绍兴余姚黄春生、黄来昌领导的十八局佃农起义，初始阶段即"以团练出费为名，抗租不纳"，④民变组织很可能直接吸纳了团练的组织基础。

太平天国统治区的部分民变也是以团练组织为动员组织基础，表现为直接吸纳和改造团练组织。太平天国时期江南各地几乎无处不团，乡村社会普遍保留有现成的团练组织基础，太平军摧毁或安抚了大部分对新政权持敌抗态度的团练，地方社会势力除可以保有一支对太平军当局不构成足够威胁的武装外，原团练成员散归于农。尽管如此，在短时间内，农民曾经共同建立的团练组织关系及团练互助合作意识不可能完全消解。一旦时事所需，并有一定社会声望的人出面号召，直接吸纳和改造原有的团练组织为民变组织，民众会按照他们的习惯和经验起身响应。

---

① 佚名：《庚申（甲）避难日记》，罗尔纲、王庆成主编：《太平天国续编》（六），第227页。
② 沈梓：《避寇日记》，罗尔纲、王庆成主编：《太平天国续编》（八），第213、227页。
③ 参见傅衣凌《太平天国时代团练抗官问题引论——太平天国时代社会变革史研究》，《明清社会经济史论文集》，第554—566页。
④ 段光清：《镜湖自撰年谱》，第142页；光绪《余姚县志》卷12，"兵制"，第22页a—b。

这就是太平天国统治区会聚的部分民变容易被人误认为团练，也是太平天国统治区有的民变最终转型为民团起事的一个重要原因。

咸丰十一年（1861）十二月十四日，无锡安镇东市梢四图庄顾某领导的抗租民变为无锡太平军当局镇压。① 有学者以参加者"青布扎头为记"否认这起事件的民变性质，将其定性为"反动地主团练"，主要理由是锡金地区枪船头目金玉山所部也以青布扎头。② 清方团练多以白布扎头，意为与太平军五行相对，但也有以黄布、青布扎头者，如余姚谢敬的"黄头军"；扎青头的不一定就是金玉山的"青头军"，在宁波成立的中英混合军常安军、定胜军因以绿布扎头也称"绿头勇"或"绿勇"。③ 金玉山当时为扬名、开化二乡军帅，尚未与太平军反目，若顾某为金部下，何得先金而反？民变尚青可能是遵循当地的某种风俗习惯，抑或是顾为减少阻力采取的争取金的对策。顾某抗租事件之所以会被后人误解为"枪船余匪"或"地主团练"，很可能是因为民变动员模式的组织基础吸纳了乡村社会存留的团练组织或以团练为基础的社会关系。其实区分民变和团练武装最简单的办法是观察事件本身与清政府或清军有无直接或现实的组织联系，是否明确具有推翻太平天国政权统治的意识。无须顾忌民变在动员模式中的组织基础是否直接吸纳了昔日的团练组织，因为在当时的农村，每个成年男性几乎都有成为团丁、勇目的机会和可能。太平天国统治区民变动员模式的组织基础吸纳和改造团练组织及以团练为基础的社会关系，是太平天国统治区民变的一个特色。

民变动员模式的组织基础关系到民变动员的成效。一般来讲，影响力、规模越大的民变往往具有较为稳定的组织基础。太平天国统治区两起万人以上的民变就具备充分的组织动员。一起是咸丰十一年（1861）二月常熟医士王春园领导的抗粮民变，"四乡闻风来聚，二万余人"，激发一图百姓霸不完粮；④ 一起是同治元年（1862）三月乡绅林振扬领导的

---

① 佚名：《平贼纪略》，太平天国历史博物馆编：《简辑》（一），第281页。
② 董迅：《无锡太平军镇压安镇四图庄佃农抗租质疑》，《江苏师院学报》1979年第4期。
③ [美] R. J. 史密斯：《十九世纪中国的常胜军：外国雇佣兵与清帝国官员》，汝企和译，中国社会科学出版社2003年版，第107页。
④ 汤氏：《鳅闻日记》，罗尔纲、王庆成主编：《太平天国续编》（六），第345页。

反太平军附天侯李小亨部"索饭费"的民变，聚众万余，成功将征贡掳掠的太平军军事贵族驱逐出境。① 民变的生命力也与民变的组织规范性有直接关系。缺乏组织纪律性的民变其结局必然旋生旋灭，甚至与匪盗沦为一流，对当地百姓的生命财产造成危害。咸丰十年（1860）九月常熟王市的民变终被滑吏匪徒利用，发展为非正义的抢劫大案，"附近依草附木者，亦混入抢劫，且要结良民，胁以弗出，出则烧其屋"，"四路往返如蚁，且半途互相争夺，喧哗震地。所抢只昨夜留落粗布铜锡杂物而已。日晡，已纤细靡遗矣"。至十月十六日，一些别有用心的农民、匪盗又加入王元昌的团练沙勇，"托言归荡馆子，搜拿贼匪，借此抢夺"，"逞势打开邻近内室，局外良家，一并搜刮靡遗，将船载去。又欺压市民，擅取店货，强宿人家。与之理论，持刀吓人，谓此来保护百姓"。如此全无纪律，亦全无战力，太平军一至，"众皆争先逃溃，不可止遏。扯卸白布装束，抛弃手中器械，四散远窜，顷刻无影"，徒留无辜百姓蒙难，"赤白不分，逢着便杀"。② 这种行事完全背离了民变初衷，也丧失了民变本质，不但未达到叫停租米的目的，反而激起太平军报复行动。此外，部分民变有沿途裹胁、逼人参与的情形，一些不愿参加的无辜群众被迫陷于其中，如同治元年（1862）四月吴县横塘、横泾等处百姓"一路逼人从走"，"民愈聚愈多"；③ 在沈掌大事件中也有"沿路并捉人帮打"的事实。④

综上所述，太平天国统治区民变组织基础的主流仍然没有摆脱原始的动员组织形式，部分事件还是展现了对民变传统组织模式的延续和继承。但也出现了一些新的特点，比如传统社会民变中"团""社""会""党""帮""行"的组织色彩相对淡化，代之以民变组织对19世纪中叶江南乡村团练组织的直接吸收和利用。该特点使"天国"民变的动员力较同区域前历史阶段更为激烈有效。同时也应注意到民变动员组织的孤立性和自发性，使这些事件均各自保持相对独立，彼此缺少必要的串联，

---

① 叶蒸云：《辛壬寇记》，罗尔纲、王庆成主编：《太平天国续编》（五），第374页。
② 汤氏：《鳅闻日记》，罗尔纲、王庆成主编：《太平天国续编》（六），第327、333、334、335页。
③ 柯悟迟：《漏网喁鱼集》，第58页。
④ 海宁冯氏：《花溪日记》，中国史学会主编：《太平天国》（六），第680页。

他们的活动仅局限于一乡一图，没有一致行动的意识，决定了旋生旋灭的命运。

二 动员方式

传统社会动员民变最简单的方式是鸣锣集众，这样的例子屡见不鲜。在太平天国统治区，鸣锣聚众同样也是民变动员的常规手段。咸丰十年（1860）九月常熟塘坊桥有乡民打死经造，毁拆馆局，不领门牌，鸣金聚众。① 同年十二月常熟西北各乡乡民约定"倘有长毛穿人等情，鸣锣为号"。② 咸丰十一年（1861）正月十三日夜，常熟民众鸣锣聚众，各束柴草，烧毁乡官局及税房闸屋。③ 同年二月，常熟东乡富户王春园"聚众抗毛，鸣锣得千人"。④ 同年三月，海宁花溪冯家"族议如果局匪来拔，鸣锣集众以击之"。⑤ 四月，太仓乡民"锣声四起，聚议抗拒，又延烧县境旅帅房屋"。⑥ 六月，常熟陈塘坝"各农以师旅帅收银浮数，乃鸣锣集聚二三百人到西周市讲话"。⑦ 是年十二月，无锡顾某聚众抗租，"鸣锣集众，拒贼于苏家桥安家坟"。⑧ 同治元年（1862）四月吴县横泾、横塘和太仓等地百姓鸣锣集众，拆毁几处乡官宅局。⑨ 可见倚靠"鸣金"这一传统动员工具集聚民众仍是"天国"民变动员的主流方式，这一点与太平天国据守江南前 20 年间发生的民变大致相同。

在传统时代信息传播渠道狭窄，电报、报纸等具现代性的信息载体还未在广大地区引起波澜，官方在漫长的时间里单纯倚靠告示的信息传播功能与民间社会产生互动，而民间社会横向的信息传播途径几乎被压缩在类似于茶馆这样极小范围的公共空间内，而在农村地区，这样的公

---

① 汤氏：《鳅闻日记》，罗尔纲、王庆成主编：《太平天国续编》（六），第 325 页。
② 佚名：《庚申（甲）避难日记》，罗尔纲、王庆成主编：《太平天国续编》（六），第 211 页。
③ 柯悟迟：《漏网喁鱼集》，第 52 页。
④ 顾汝钰：《海虞贼乱志》，中国史学会主编：《太平天国》（五），第 372 页。
⑤ 海宁冯氏：《花溪日记》，中国史学会主编：《太平天国》（六），第 673 页。
⑥ 柯悟迟：《漏网喁鱼集》，第 53 页。
⑦ 顾汝钰：《海虞贼乱志》，中国史学会主编：《太平天国》（五），第 371 页。
⑧ 佚名：《平贼纪略》，太平天国历史博物馆编：《简辑》（一），第 281 页。
⑨ 柯悟迟：《漏网喁鱼集》，第 58 页。

共空间几乎为零。所以像锣鼓式的宣传动员工具，相较于城市，在信息更为闭塞的乡村地区发挥的效能更加突出，在数量庞大的乡村民变中显得经久不衰。不仅是在太平天国时期，一直延续至清末十年的民变风潮，仍然可以发现这一传统的动员工具尚且保留着足够生命力的空间。

"鸣锣"传达的信息不尽相同。一种情况是鸣锣仅是民变发生的前提，目的就是聚众。未聚集前的民众并不了解信息传播者所要传达的信息，所以信息传播者在鸣锣集众的效果初步达成后，仍需通过口传或文字方式表达集体行动的信息或主观愿望，以获取民众对抗争内容的认同。另一种情况，鸣锣即传达民变动员的信息，是开始抗争的标志。信息传播者事先已通过口传或文字途径将抗争信息传播出去，并已获得群众认同，鸣锣的象征已经由聚众获取信息资源转向实践信息所传达的要素，上述咸丰十年（1860）十二月常熟西北乡的民变和咸丰十一年（1861）十二月无锡安镇的民变就属此类情形。

对于后一种情况，应重视鸣锣对民变参加者心态或情绪产生的鼓动作用，受众对鸣锣的认知已经超越"动员方式"，还类似于冲锋号的行动指示。以张贴匿名揭帖或散发传单等方式动员群众未必更加有效，在传统社会识字率极低的乡村地区，揭帖和传单等靠文字传播的方式很难及时有效地获取民众认同。揭帖和传单可能使信息的载体获得更广泛的传播渠道，但它的信息表达必须经识字者口头再加工才能传播给民众，然后又只能通过获取信息资源的民众口承相传给更多的群体，这就极大地延缓了信息传播的速度，弱化了信息的准确性；而且"榜之通衢"的揭帖还要经受随时可能遭到破坏的风险，如毁帖、风雨，信息源的中断意味着动员的部分失效。[①] 所以传统时代的民变相对孤立而不具一致行动的现象，与"鸣锣集众"的主流动员方式有关。锣音的传达范围毕竟有限，它只能随传播者的移动而扩大信息范围或改变传播方向，但它的传播功

---

① 揭帖以市肆或要闹坊曲等人口密集区、人口流动区为最佳张贴位置，其形式也可能公开具名。传单有四处散发的例子，民变发动者主观上可能并不想完全保持其隐秘性。如道光二十七年（1847）嘉兴石门倪锡淋领导的民变，"起意借端约会抗粮……四处散贴传单，不许村民赴县完纳"，这完全是公开的传单动员。参见《浙江巡抚吴文镕奏为审拟石门县民倪锡淋等抗粮闹漕拒捕致毙兵役乡勇一案事》，道光三十年二月二十七日，军机处录副奏折03—3910—005，中国第一历史档案馆藏。

效和对受众的情绪触动相对于单纯的口头表达和揭帖、传单、歌谣等文字传播更有力度。

事实上很少会有集体行动通过单一的动员工具发动。沈掌大动员民众起事的案例比较成功——事件在初始阶段较多地符合"民变"的特征：

> 当此士民无所控告之际，幸有义民沈长大住海盐之周图，性颇侠，有智勇，明逆顺，闻贼局狠暴，心怀不平，欲集众毁其局，恐无从者，适该图地保将澉局银事与商，沈暗称曰："今可激怒众人矣。"因谓曰："汝何不遍问业主愿完否？倘拂局中意，必解屿城。"保遍问，皆愿。沈意阻，复曰："既如此，业主必收租，再问各佃愿完租否？倘无力清还，业主控告局中，亦解屿城。"保又遍问，亦皆曰愿还。沈又曰："事势如此，汝遍约明日，必每家一人齐至澉局，问明乡官姚成初（子亦诸生），每亩当还几何？"佃等皆踊跃。沈果智者也，先以逆挑之不动，继以顺赚之，皆踊跃矣。虽其人向游荡，然此举不愧为智勇义全备矣。遂于（五月）十一日麋集千余人至澉城，适黄湾数百人彼因上日局中强买，亦来寻衅，各攘臂打入，捆缚姚成初，局屋毁拆，成初跪求释之。……及明，沈先鸣锣，各处应之，沿路并捉人帮打，共聚万余人。①

截止到上文所引，沈掌大事件仍然带有诸多"民变"特征。接下来由于配合把总陈长瑞部清军的行动，使这起本无明显政治对立意识的集体行动发展为与太平天国政治对立的民团事件。所谓"遍问业主"和"遍问各佃"实际上是通过地保在乡村社会的权威，以口传的方式获取认同，达到"遍约明日必每家一人齐至澉局"的动员效果。在事件发生前或群众聚集前，乡民已经获得针对澉浦乡官局及乡官姚成初的动员信息，遂有咸丰十一年（1861）五月十一日打局缚官之变。五月十二日天明时的再次动员又改用"鸣锣"的方式聚众，受众面大，有利于信息迅速传播并在短时间内达到动员效果。这里的"鸣锣"同时具有聚集群众和开始行动的双层内涵。口传与鸣锣两种方式的结合促成事件迅速地由千余

---

① 海宁冯氏：《花溪日记》，中国史学会主编：《太平天国》（六），第 679—680 页。

人动员至万余人。除了两种基本动员工具,沈掌大还"相约各持扁担、涂石灰以为号",[1] 这两样工具在乡村普遍存在,可以较大范围争取群众参与行动。同时,"扁担"和"石灰"也成为这支队伍的基本象征,达到凡见"持扁担涂石灰"者即可同行的动员效果,类似于某些民变立旗为号,如湖州归安钱蓉庄"约其乡数十圩,以白旗为号";[2] 宁波鄞县周祥千抗粮,"各建里社、神庙旗"。[3] 直到沈掌大的武装被太平军镇压,起事队伍仍然只是"手执木器,饰白为号",这虽符合民团的一般外在特征,也是事件参与者淳朴无华的表现。

咸丰十年(1860)十二月发生在常熟西北乡的民变是一起利用传单、鸣锣两种动员手段的典型案例:"迩日各乡、各图俱发传帖,吃面结关帝社,要约同人,倘有长毛穿人等情,鸣锣为号,齐集击杀,同心协力,西乡处处皆然。"[4] "传帖"可以在各乡、各图普遍散发,可见是传单。两种动员手段同时生效,传帖将动员信息散播出去,鸣锣动员群众迅速集合,实现"西乡处处皆然"的声势。太平天国统治区发生的多起民变虽然没有明确记载动员的工具和方式,但大多记录下动员的实际效果。如咸丰四年(1854)五月安徽黟县的抗粮民变,"各乡绅董相邀叫各都、各图百姓均要出来,与贼讨粮吃。……四乡已约定"。[5] 咸丰十年九月常熟王市的抗租民变,"暗暗聚众","四下相邀"。[6] 关于这次民变动员,同时采用人人相告的口承方式和较为隐秘户户相传的传单方式的可能性较大。参与王市民变的群众起初即"约聚千余人",后来参加者约有数千,单一的传单动员效率低于口传动员,乡村居民又多不识字,但传单的传播范围和所承载信息的可靠性较口传信息更有优势,两者结合才能取长补短,在短时间内达到动员效果。咸丰十一年(1861)十月江阴顾山的民变是采用"各图结约"的方式,当是依靠文本动员。[7] 同年秋冬

---

[1] 光绪《海盐县志》卷末,"杂记",第49页b。
[2] 沈梓:《避寇日记》,罗尔纲、王庆成主编:《太平天国续编》(八),第258页。
[3] 光绪《鄞县志》卷16,"大事纪下",第30页b。
[4] 佚名:《庚申(甲)避难日记》,罗尔纲、王庆成主编:《太平天国续编》(六),第211页。
[5] 佚名:《徽难全志》,南京大学历史系太平天国史研究室编:《江浙豫皖太平天国史料选编》,第295页。
[6] 汤氏:《鳅闻日记》,罗尔纲、王庆成主编:《太平天国续编》(六),第325、326页。
[7] 佚名:《庚申(甲)避难日记》,罗尔纲、王庆成主编:《太平天国续编》(六),第227页。

间，常熟谢家桥乡民烧死军帅归二一家的民变，规模达数千人，事发突然且进展顺利，民变领导者一定在事前进行了充分周密的谋划和动员，具体动员方式不明。①

歌谣动员没有直接运用于"天国"民变动员的实例，但民间社会通过歌谣传达社会不满信息，积聚对立情绪已初显端倪。在包立身民团爆发前的绍兴民间，煽动性的歌谣诗作纷至沓来，社会舆论对新政权大为不利。《越难志》的作者王彝寿曾戏作"乡官""贵亲"二谣讽刺新贵，颇具代表性。② 皖北、豫西流传着"贼过如篦，兵过如洗"之谣，③ 同时期在浙江黄岩也传有"长毛如篦，土匪如剃"之说。④ 咸丰十一年（1861）七月杭州一带甚至流传着直接与太平军对立的童语："呵呵呵，秋水到，灭长毛。"⑤ 有些民间歌谣至今流传。歌谣在民变动员过程中的应用较少，主要是因为乡村地区居民文化水平普遍落后，对歌谣的认知能力有限，而具有一定文化背景的歌谣制造者又必须满足成为民变或其他反抗行动的实际参与者这样的条件。

除此之外，没有在记载"天国"民变的史料中发现更高级别形式的动员工具和方式。实际上，受乡村民变类型的局限，依靠文本工具传播信息和动员群众的方式也不居主流地位。

三 场所与仪式

民变的场所分为民变动员的场所和民变发生的场所。民变动员需要为商议具体运作程序提供一定空间，由于民众集会触动官方的敏感神经，民变动员的场所或者具有一定隐秘性，或者具有合法性。寺庙、文庙、书院往往成为民众集会选用较多的场所。传统时代的江南农村，虽然人文荟萃，富庶繁华，但民间祀鬼祭神之风久盛不衰，祠庙遍布，"南人信鬼神，固沿习俗"，"神佛塑像，吴人敬奉如生"，⑥ "江南媚神信鬼锢蔽

---

① 汤氏：《鰍闻日记》，罗尔纲、王庆成主编：《太平天国续编》（六），第355页。
② 王彝寿：《越难志》，罗尔纲、王庆成主编：《太平天国续编》（五），第156页。
③ 曾国藩：《曾国藩全集》第8册，"奏稿之八"，第449页。
④ 光绪《黄岩县志》卷38，"杂志·变异·土寇始末"，第27页b。
⑤ 沈梓：《避寇日记》，罗尔纲、王庆成主编：《太平天国续编》（八），第53页。
⑥ 潘钟瑞：《苏台麋鹿记》卷上，中国史学会主编：《太平天国》（五），第273页。

甚深",① 纳入国家祀典之内的寺庙为公共聚集提供了合法空间，使民众集聚赋有合法宗教活动的外衣，可以较大可能地排除官方、宗族和其他外界力量的干涉；② 数量繁多而又不在国家祀典之内的淫祠庙宇则可以尽量避开国家权力的视野，为民变动员提供相对隐秘而安全的活动场所。

寺庙成为众多民变动员场所的另一个原因是它背后蕴含着民间信仰意识形态的强大诱导力。明清以来江南庙会节庆盛行，民间迎神赛神的活动日渐多样化、频繁化，以赛神结会为活动内容的聚会频多，为民变动员提供了时间和空间上的机遇。而世俗化和人格化的民间诸神信仰在逐渐为大众接受、成为民众精神寄托的同时，也成为将民众对社会现实的思想不满转化为抗议实践的主导型意识形态因素。民众可以通过占卜、请神、降神、抬神、模仿告阴司和遭冥诛等象征性仪式，以神权、阴间监督和抗衡官权、阳间，满足民众发泄排压的心理，并进一步激化、激励群体情绪，强化抗议社会不公正现象的声势；最重要的是借助另类权威使升华的抗议行动赋予神秘性和合法性。

民众利用神权抗衡社会现实和世俗权力的典型案例是道光二十六年（1846）昭文县的佃农暴动。先是佃农金山桂等"因贴无名榜帖于承吉庵墙，约众于（五月）二十一日滋事，以打凶租为名。然众情不无怀惧，共卜于是庵神前，或签或筶，叠遇大吉。党众分卜于他庙，亦无不大吉，众计乃合。然众心总参疑信，又共誓以所约之日，必遇天晴为天助。及二十一日，红日东升，天无纤翳。众乃放胆鸣锣聚众，沿途胁迫附从"。后来民变受挫，金山桂等被捕杀，又有金德润出面动员，"姑信妖术，以问鬼神。其术曰札童子，将五六岁孩童蒙眼稳坐，施咒符，使神凭是童，借童口言休咎，则曰天遣阴兵三千保护毋恐。众又祷于该处神庙，叠遇大吉，而兵差捉拿亦未及其他。众凶共信，果邀天助"，此术与广西民间盛行之降童术无异。民变结束后，官方因为当地神明"协助"乱民不法，"以该处乡曲小庙神像，谅必为妖孽凭依，令将总管、周神、猛将、李王四像，缚解回城，暂置城隍庙路头堂，以示筊筶惑众之咎。后至二十

---

① 光绪《苏州府志》卷3，"风俗"，第37页a。
② Susan Naquin, *Peking: Temples and City Life, 1400–1900*, Berkeley: University of California Press, 2000, p. xxxi.

年八月，官以众犯获者已多，乃令备鼓乐将神像送回该处庙中"。① 寺庙、偶像、神权、仪式成为沟通民变发生、发展和结束各个阶段的关键要素，充分体现了民间信仰、宗教权力在民众与世俗权力斗争过程中的重要性。官方为防止民众再次利用寺庙和当地的神灵信仰动员民变，不惜公开与神权对抗。另一个例子是在吴江陆孝中领导的民变失败后，佃户们每天都会到庙里烧香焚烛，乞求上天惩罚官府，结果该庙为官方铲平。② 官方行为意在向民众表态国家权力高于一切，亦高于神权，这反而强化了民众对官方的敌对情绪。

而在太平天国统治区发生的民变中，民变实际运作的场所并不完全符合这一传统模式。多数民变实例没有明确集会动员的场所，民变的领导者通过动员工具传达信息并号召民众，直接超越这一阶段，实现民变的发生。利用寺庙、文庙等场所动员民变的案例减少，与太平天国毁灭偶像和反孔非儒的政策有关。偶像崇拜与太平天国奉上帝为独一真神的信仰冲突，所以太平军所到之地在政策上严禁民众信奉"邪神"。绍兴太平军当局的惩罚极厉，"擅拜妖神者斩"；③ 会稽一老妪因念阿弥陀佛，被太平军割去两耳，时人并闻有"挖目割舌劓鼻者"。④ 诸如此类事例颇多。在此政策下，僧人纷纷还俗、逃亡甚至死难，"贼禁人间僧道追荐，不许奉佛敬神"，⑤ "既成者还其俗，焚其书"，⑥ "僧尼被害者亦多，于是尽改俗装，归男女馆乃免"。⑦ 也有不少记载称太平军逢僧即杀，尚不确证，

---

① 郑兴祖：《一斑录》，罗尔纲、王庆成主编：《太平天国续编》（五），第411、414、415页。对此事件的官方叙述，参见《两江总督壁昌江苏巡抚李星沅奏为审拟昭文县金德顺等县民肇衅生事拒捕致死眼线案等事》，道光二十六年九月初六日，军机处录副奏折03—4072—049，中国第一历史档案馆藏；《两江总督壁昌江苏巡抚李星沅奏为审拟昭文县民陈增呈近革书薛正安等揽纳糟粮浮收勒折一案事》，道光二十六年九月初六日，军机处录副奏折03—3825—041，中国第一历史档案馆藏；《两江总督壁昌江苏巡抚李星沅奏为严惩土棍等聚众抗租打毁业户事》，道光二十六年九月二十九日，军机处录副奏折03—4072—050，中国第一历史档案馆藏。
② 《吴江黄熙龄日记》，咸丰五年二月初四日，苏州大学图书馆藏稿本，无页码。
③ 王彝寿：《越难志》，罗尔纲、王庆成主编：《太平天国续编》（五），第144页。
④ 鲁叔容：《虎口日记》，中国史学会主编：《太平天国》（六），第795页。
⑤ 沧浪钓徒：《劫余灰录》，太平天国历史博物馆编：《简辑》（二），第162页。
⑥ 洪仁玕：《资政新篇》，中国史学会主编：《太平天国》（二），第536页。
⑦ 江夏无锥子：《鄂城纪事诗》，中国社会科学院近代史研究所《近代史资料》编辑室编：《太平天国资料》，第37页。

但僧道人数锐减是事实,如常熟"有三峰五僧,逃难乞食","遇匪即逃";① 濮院沈梓之姐"六七之期,拟邀僧礼佛","弗能齐集而止"。②

图4—5 寺庙焚烧神像毁坏 ③

太平军还竭力拆毁寺庙,民间庙宇遭到毁灭性打击。在南京,"贼遇庙宇悉谓之妖,无不焚毁。姑就金陵言,城外则白云寺、灵谷寺、蒋侯庙、高座寺、天界寺、雨花台亭、长干塔、吕祖阁、天后宫、静海寺,城内则鹫峰寺、朝天宫、十庙等处,此犹其最著者,至无名寺观则指不胜屈,间遇神像无不斫弃,噫,天降大劫,岂神亦难逃耶!"④ 长干塔即著名的报恩寺琉璃塔。时人评说:"城南四百八十寺,所存尚数十处,而

---

① 龚又村:《自怡日记》,罗尔纲、王庆成主编:《太平天国续编》(六),第39页。
② 沈梓:《避寇日记》,罗尔纲、王庆成主编:《太平天国续编》(八),第37页。
③ 余治(寄云山人):《江南铁泪图新编》,第23页b—24页a。
④ 佚名:《粤逆纪略》,太平天国历史博物馆编:《简辑》(二),第31页。

图4—6　图书古玩尽委泥沙 ①

牛首、天阙为最绝，兵燹后无复孑遗。此一劫，千年所罕也。"② 在太平天国大部分占据地区均有太平军拆毁焚烧庵、观、寺、庙的实例。

儒家经典和孔子权威在太平天国战争期间亦遭遇千年未有之劫。太平军大举焚禁古书、捣毁文庙，"凡一切孔孟诸子百家妖书邪说者尽行焚除"，③ 时人有"焚孔孟书""污秽圣庙""拆毁圣庙"诗为证，④ 这种情况在太平天国中后期随着天京中央政府内部分歧的加剧和对知识分子政策的转变而有所缓和。文庙多为府县学的所在地，常会成为士子领导科场"士变"的聚集场所，乡村民变动员对文庙的利用则不多见。总体上讲，太平天国时期，三教几废，"僧道巫觋卦卜星相之流"或逃或死，⑤ 庙宇残破无存，这些都使传统社会民变倚赖发生的场所和仪式遭到严重

---

① 余治（寄云山人）：《江南铁泪图新编》，第14页b—15页a。
② 欧阳兆熊、金安清：《水窗春呓》，第47—48页。
③ 《诏书盖玺颁行论》，中国史学会主编：《太平天国》（二），第313页。
④ 《山曲寄人题壁》，太平天国历史博物馆编：《简辑》（六），第386、389页。
⑤ 张德坚：《贼情汇纂》，中国史学会主编：《太平天国》（三），第326、112页。

破坏，民变缺失了动员的空间和合法性。

但是部分民变实例依然成功继承了在动员场所方面的文化信仰惯性。咸丰四年（1854）五月安徽黟县的抗粮民众将集会的场所约定在北庄岭下，岭下有黟县福神祠。当太平军追上北庄岭，老幼妇女侥幸逃生，传说福神显灵，"有数老者与贼云，鸟枪数百根埋伏山坞中，候尔兵追去即出。贼听之即退往城中而去。后查数老人，并无人知者，此是黟县福神也"。[①] 将百姓化险为夷的功劳归诸福神似乎虚妄，但既然侥幸活下来的人在民变后仍然相信神灵的庇佑，那在民变动员时也一定对乞求福祉充满了希望。

咸丰十年（1860）九月常熟王市的抗租民众在动员时有"祀神"之举，举行仪式的场所以及民众所祀何神则不明确。[②]

咸丰十年（1860）十二月常熟西北乡的反"穿人"民变在史料中有较详细的动员工具、场所和仪式记载，各乡各图百姓"吃面结关帝社，要约同人"。[③] 这说明当时在常熟关帝庙尚存。关公信仰由来已久，明清时期已经发展为全国性信仰。作为忠义的化身，关帝与负责阴间司法审判的城隍神一样，被民间视作抗衡官方、监督世俗的象征和权威。"吃面"是"佛会"常见的仪式之一，《庚申（甲）避难日记》的作者就多次提到参加佛会吃面，如"余至陶家宅佛会家吃面"，"到元田里钱姓家为三官佛会，代伟儿烧香，缴社钱，吃面而回"。[④] 这说明村庙中的祭祀、缴费、吃面这套仪式在满足民众精神需求、提供向神灵诉求现实利益的时间和人神沟通的空间的同时，也为民众提供了交流乡谊和参与公共事务的机会，这就为民变的信念支持、经费来源和动员集聚准备了较完整的条件。

咸丰十一年（1861）二月常熟王春园领导的民变，"聚众抗毛，鸣锣

[①] 佚名：《黟难全志》，南京大学历史系太平天国史研究室编：《江浙豫皖太平天国史料选编》，第295—296页。

[②] 汤氏：《鳅闻日记》，罗尔纲、王庆成主编：《太平天国续编》（六），第325页。

[③] 佚名：《庚申（甲）避难日记》，罗尔纲、王庆成主编：《太平天国续编》（六），第211页。

[④] 同上书，第244、253页。

得千人，集三官堂"。① 三官堂在各地名号不一，有三官庙、三官殿、三元宫、三元庵之称，供奉道家天、地、水三官，称"三元大帝"，分别职司赐福、赦罪、解厄。三官信仰在清代以后比较普遍，在民众中产生了较大的社会影响力。

几起平民武装起事也是如此。同治二年（1862）轰动一时的陈三丫头起事，聚众万余，波及海宁、嘉兴、海盐、桐乡、石门等县，据被俘者供称民众动员的场所在海宁州马桥东乡黄湾的一座庙宇：

> 我等本良民，饥寒所迫，故为行劫之计，而俦类中莫适为主，盖黄湾地方一庙中有三神像，我等于庙中起义，遂推三神为王而戴之，所谓盖天王者，庙中元武帝也；又有通天王者，观音大士也；并天王者，关圣帝君也。②

这起事件在初始阶段有"劫富济贫"的性质，后因太平军镇压，与之交战，发展为"土匪军队"或"民团"。就暴动成形而言，动员的场所是一座三神殿，供奉元武帝、观音菩萨和关圣。很明显，"盖天王"暴动的发生，借鉴利用了庙会节庆的仪式和场所。至其成效，某一被俘者至死仍以"若根究主使，则天神也，不可得"为辞拒绝揭发同党，足见民间神祇信仰在动员、促进和维系抗争信念中的重要作用。

另一起平民领导的武装起事——诸暨包村包立身民团，也是以民间信仰为动员纽带。在整个事件中，几乎没有发现包立身企图与清朝官方建立合作关系的迹象，尽管清朝官方有过这方面的主动尝试。所以这起事件的动员几乎排除了清朝官方协助和干涉的因素，自始至终发挥重要作用的是包立身在民间信仰基础上改良的教派组织及其思想。包立身创建了一种民间宗教的雏形。与拜上帝教相比，包氏之教纯属土生土长的中国民间宗教，以师承关系为组织基础，"托词誓师，谓斗岩之神梦

---

① 顾汝钰：《海虞贼乱志》，中国史学会主编：《太平天国》（五），第372页。
② 沈梓：《避寇日记》，罗尔纲、王庆成主编：《太平天国续编》（八），第228、233页。

告"，① 发令必假神仙，以坐禅念咒、"日夕斋醮"、"卜晴雨休咎"、"舞蹈膜拜"、②"恒焚香默坐如枯禅"③ 等仪式动员和规范民众。按照社会人类学、宗教人类学从信仰、仪式、象征三者互联之系统认定宗教的惯例，包立身创立的教派有比较明确的教职、教义和教仪，基本符合民教宗教的特点。

尽管太平天国狂飙式的扫荡使江南社会民间信仰依存的场所和仪式遭到毁灭性破坏，民众对民间信仰的精神认同却没有被特别地削弱。在太平天国统治区，不只是部分民变，还有几起平民领导的武装，在相当程度上也与民间信仰的神祇崇拜有着密切关联，这充分说明民间信仰在民众文化认同方面的强大惯性。两类不同性质的事件在利用民间信仰和仪式动员群众时虽然都有为自己提供抗衡对方象征性资源的共同旨趣，但根本区别在于民变意在通过宗教和精神世界的模式，规范、约束或充其量是干预地方政治权威，而起事或暴乱则意在颠覆现有的政治秩序。以庙会仪式为核心的民间信仰在两类事件动员过程中起到的功用有质的不同。

太平天国统治区的部分民变还有一个特色是虽然其动员的场所可能与民间信仰无关，但其发生或终结的场所却在民间庙宇。咸丰十一年（1861）正月十三日常熟因各旅帅硬捉民夫解工修筑福山城引发"毁烧龙王庙及左右官厅税房闸屋"的民变。④ 同年四月常熟南乡爆发反对租粮兼收的民变，众佃拆毁军帅邹庆和设于神祠之乡官局。⑤ 同年五月常熟陆家市有十余太平军来催"军租"，夜宿箷多庙，各佃情竭，持农具进庙，太平军仅一人逃生。⑥ 同治元年（1862）四月初八日，常熟何市上真殿处乡民杀旅帅等数人，放火烧屋。⑦ 上真殿供奉真武大帝。同治元年十二月吴

---

① 镜澄氏：《包村纪事汇编》，南京大学历史系太平天国史研究室编：《江浙豫皖太平天国史料选编》，第262页。
② 陈锦：《勤余文牍》，《续修四库全书》集部别集类，第1548册，第641页。
③ 李滨：《中兴别记》，太平天国历史博物馆编：《太平天国资料汇编》第2册下，中华书局1979年版，第836页。
④ 柯悟迟：《漏网喁鱼集》，第52页。
⑤ 龚又村：《自怡日记》，罗尔纲、王庆成主编：《太平天国续编》（六），第65页。
⑥ 顾汝钰：《海虞贼乱志》，中国史学会主编：《太平天国》（五），第371页。
⑦ 陆筠：《劫余杂录》，中国社会科学院近代史研究所《近代史资料》编辑室编：《近代史资料》总第105号，第271页。

江同里镇楝花塘农民百余人至北观收租息局中哄闹,将十余名董事擒去,殴打侮辱。① 北观乃翊灵道院之俗称,因在北秘圩得名,门额作"神院";始建于元,其内陆续建有大士殿、真武殿、汉寿亭侯殿、城隍庙等,供奉多神。② 同治二年(1863)三月常熟周贵德领导的平民武装也具有这个特点,周本人于三月初七日在老吴市关帝庙前力竭被杀,起事失败。③

上述民变发生或终结的场所有一个共性,即曾经的民间祠庙经太平军、乡官或士绅改造为官方、半官方性质的公务机构。上述龙王庙、神祠、上真殿均是乡官局或政务机关的所在地,篁多庙、北观是收租局的所在地。而太平天国的基层政权有以民间祠庙庵观为行政公所的习惯。如在江苏高淳,"大士庵为乡官聚议公所,距伪官之局十里";④ 在常熟,太平军分派统下头目散往各镇,"将庙中神佛移置别处,大殿改作天父堂,排书案,群毛执刀列两行",俨然旧时衙门;⑤ 在常熟南乡莘庄,百长胡长泰设卡三官堂,经改造,有望远之凉台,有审案之天父堂,有收税巡查之税卡,一应俱全;师帅王文仙设局西王庙,内设案桌;⑥ 在常熟东乡横泾,"设局太平庵";⑦ 在无锡,"折(拆)寺观庐舍为伪官伪府";⑧ 在苏州,共设七局,城心一局设玄妙观(圆妙观),⑨ 吴县"蠡墅西庵以枪船头目在此设局聚赌,故贼未拆毁";⑩ 在浙江宁海,设乡官局于崇教寺;⑪ 在海宁花溪镇,师帅应玉轩设局司空庙;⑫ 在慈溪西乡,"以三七市药王庙为军帅馆","以渔溪崇仁观为师帅馆","车厩崇德观、

---

① 倦圃野老:《庚癸纪略》,罗尔纲、王庆成主编:《太平天国续编》(五),第322页。
② 民国《同里志》卷4,"建志中·寺观",第5页b—6页a。
③ 顾汝钰:《海虞贼乱志》,中国史学会主编:《太平天国》(五),第390、391、394页。按:周贵德的身份一说为"磨腐司",一说为"海头","生长海隅,托身末业",身处社会下层。
④ 方濬颐:《转徙余生记》,中国史学会主编:《太平天国》(四),第507页。
⑤ 顾汝钰:《海虞贼乱志》,中国史学会主编:《太平天国》(五),第372—373页。
⑥ 龚又村:《自怡日记》,罗尔纲、王庆成主编:《太平天国续编》(六),第49、65页。
⑦ 柯悟迟:《漏网喁鱼集》,第50页。
⑧ 佚名:《平贼纪略》,太平天国历史博物馆编:《简辑》(一),第332页。
⑨ 潘钟瑞:《庚申噩梦记》上,"庚申记上",第20页a。
⑩ 蓼村遁客:《虎窟纪略》,《太平天国史料专辑》,第42页。
⑪ 陈懋森:《台州咸同寇难纪略》,罗尔纲、王庆成主编:《太平天国续编》(五),第184页。
⑫ 海宁冯氏:《花溪日记》,中国史学会主编:《太平天国》(六),第672、687页。

陆家埠永镇观都为贼卡"。① 这些机构均为乡官局或政务机构。具有税务机关性质的收粮局一般也设在民间祠庙，如常熟西北乡黄家桥镇在咸丰十一年（1861）四月十四日傍晚有太平军五六人"为收米事作馆在城隍庙"，十月廿六日有太平军"设局城隍庙收租（粮）"，十一月初七日，"本镇收粮，设局城隍庙"；② 常熟南乡粮局则设在觉林寺。一些半官方性质的公务或公益机构也常设于民间祠庙，吴江同里北观设收租息局即是一例；常熟北郊破山之麓的兴福寺改设留养局，"各寺山田暂入难民局，以备薪蒸"；③ 在嘉兴，"惟立关庵为赐粥局，关帝庙为漕粮局，水月庵为贼众过往寓所，得不毁"。④

在民间祠庙设立临时性的公务机构或处理公共事务并非太平天国政权特有的政治行为。清政府在平息民变时，也会借用庙宇场所商议应对方略。如道光二十五年（1845）九月宁波奉化张名渊、汪佩绶等"聚众阻闹，挟制完粮减价"，⑤ 浙江巡抚梁宝常"谕之绅士会于城隍庙，均议投首"。⑥ 咸丰二年（1852）宁波鄞县南乡周祥千领导乡民抗粮，署巡道罗镛将谒提督善禄发兵弹压，途遇乡民，众人"毁其舆，拥入城隍庙"，新任知县段光清"设局城隍庙，邀诸绅士议减粮耗，罢红白封名目，一律征收"，民变乃息。⑦ 在两起案例中，城隍庙成为政府商议和组织平息民变的大本营。团练局也有设在城隍庙的例子，在籍侍郎庞钟璐"偕同邑官绅设局城隍庙，筹议防守"。⑧ 荒年缺粮时，官府也有可能设局城隍庙平粜，嘉庆七年（1802）江西广信府玉山县和光绪二十五年（1899）山东福山县就有这样的例子，城隍庙成为政府临时处理公共事务

---

① 柯超：《辛壬琐记》，中国社会科学院近代史研究所《近代史资料》编辑室编：《太平天国资料》，第186页。
② 佚名：《庚申（甲）避难日记》，罗尔纲、王庆成主编：《太平天国续编》（六），第219、227、228页。
③ 龚又村：《自怡日记》，罗尔纲、王庆成主编：《太平天国续编》（六），第59页。
④ 沈梓：《避寇日记》，罗尔纲、王庆成主编：《太平天国续编》（八），第197页。
⑤ 《清宣宗实录》卷421，"道光二十五年九月庚辰"，中华书局1986年影印本，第39册，第285页。
⑥ 光绪《奉化县志》卷11，"大事纪"，第16页b。
⑦ 光绪《鄞县志》卷16，"大事纪下"，第30页b、32页a。
⑧ 光绪《常昭合志稿》卷27，"人物志六·国朝耆旧下"，第48页a。按：《鰍闻日记》第293页亦有相似记载。

的场所。①

政府公开借助民间信仰和仪式的场所为自己服务，有多重意图，或是宣扬政府权威凌驾于神权之上，以压制民众的敌对情绪；或是向民众表现政治权力与神权的合作，传达"代天行事"的信息，进一步树立官方权威；或是单纯利用神明的力量获取更广泛而有效的动员和响应。无论是清政府还是太平天国政府，对民间祠庙的利用有一个共同意图，即利用它们的公共性。所以太平天国设局城隍庙收粮与"通衢大道设局收税名曰摆卡"②存在同样的功效，两者均是人口流动和会聚的重要场所，这有益于政治信息的传播并加大政治权威的宣传力度。对清政府来说，利用神明稳定社会秩序的意图则较明显；对太平天国基层政府来说，这几重意图均有不同程度的体现，但太平天国官方认为更重要的一点应是借行政权力的运作表示对多神崇拜和偶像的蔑视、凌辱以及打压。然而这种无视江南风俗和民众心理的政治举动，必然激发民众对太平天国的排斥心理，甚至敌对情绪。在这个层面上，太平天国统治区发生在民间祠庙的民变事件，除直接表现和发泄民众对太平天国基层政权和基层公职人员政治行为的不满之外，或许也有捍卫传统习俗、维护神明权威的心理色彩。

传统时代，民间信仰为民变提供酝酿和动员的场所、仪式，并为民众抗争官方提供合法性的象征和来源。太平天国统治区发生的民变尽管受太平天国移风易俗社会改革的影响，在动员模式上对民间信仰和仪式的利用大为削减，但仍有不同程度的体现，这反而可以反映传统习俗的强大惯性和民间社会对太平天国社会战略的抵制。但民变的场所和仪式对民间信仰的改造利用只能为民变动员产生暂时的群聚效应，其鼓舞人心的效能仅是暂时的。受主客观因素的制约，特别是在民变组织与强大的政治权力相持消耗中，信仰的能量在斗争现实面前日益削减，最终体现为民变队伍的规范性松懈，以及斗争锐气的丧失。这便表现为传统时代大多数民变抗争旋生旋灭，"天国"民变也不例外。

---

① 同治《玉山县志》卷10，"杂类·祥异"，第18页b；民国《福山县志稿》卷3之2，"官师传·李舒馨传"，第14页a。

② 黄佴：《义乌兵事纪略》，第21页a。

民间信仰仍在太平天国统治区部分民变动员过程中发挥作用，主要原因是：

第一，太平天国偶像崇拜禁令的松动和执行的地域差异。19 世纪 60 年代，部分地区太平天国政府焚毁庙宇的政策有所松动，废止偶像崇拜逐渐弛禁，各项禁令在不同地区的推行情况并不一致，在同一地区也呈现多样性。从形式上看，太平天国对异教的批判较 1860 年前已大为缓和。

第二，地方社会势力对传统信仰习俗和宗教场所的保护。部分地方社会势力虽被太平天国吸纳入政权系统，但并不表示他们放弃传统习俗而认同太平天国文化。常熟乡绅曹和卿以留办难民局为名，出面保护兴福破山寺，又建议"各寺山田暂入难民局"，"俾名刹保全"，香火不绝。① 盛泽土豪沈枝山，初为乡官，秀水濮院镇横屋街有立关庵，向供曹武惠王（北宋大将曹彬）牌位神像，太平军欲拆之，沈出面干涉，"封起为施粥公所，不许拆毁"。② 又如吴县甫里镇有太平军十余人"因陈年墙硝可为药，毁保圣寺头门，坏哼、哈二将之像"，将欲毁十六尊罗汉像，"众皆忧惧，乡官贿之，乃他适"。③ 地方社会势力有意识地保护本土文化，或直接或间接地拒绝认同拜上帝信仰，并利用与太平天国官方的合作关系使许多民间庙宇和名胜古迹侥幸逃过浩劫，为部分集体行动保存了动员的场所。④

第三，民间社会对太平天国移风易俗政略的普遍抵制。太平天国禁毁偶像与反孔非儒忽视了传统民俗的稳定性，在政治局势尚不明朗的情况下，以偏激的手段强制推行远远超出民众心理承受能力的社会改革，激起与传统民俗的强烈冲突。据相关史料，太平天国统治区的大部分民众仍然采取较隐蔽或以变相的方式执着于传统宗教活动，有的甚至公开进行。吴江柳兆薰在他的日记中就多次提到亲至庙庵中焚香、拈香、叩拜，时因庙中有驻军不便，只得在家中大厅陈设香烛"悬拜"；柳本人经常在家持诵宝训神咒，柳二儿子病重，"请紫云庵僧代诵金刚经一千卷，

---

① 龚又村：《自怡日记》，罗尔纲、王庆成主编：《太平天国续编》（六），第 59 页。
② 沈梓：《避寇日记》，罗尔纲、王庆成主编：《太平天国续编》（八），第 208 页。
③ 杨引传：《野烟录》，太平天国历史博物馆编：《简辑》（二），第 177 页。
④ 有个别庙宇因名称侥幸得存，如苏州"天后宫"，"惟此宫该贼尚知畏惧，故未曾损坏"。蒋寅生：《寅生日记》，《太平天国史料专辑》，第 441 页。

祈求病体能愈"；芦墟百姓尚有公开"敬神演剧"之举，有时"雅奏一日"不停，颇"有升平景象"。① 民间社会的普遍抵触决定了太平天国禁令的最终失效。

以佛教为主体的民间宗教文化和风习世代相传，其信仰与仪式在民众日常生活中已成定式，思想根深蒂固。太平天国移风易俗的社会改革本身就缺乏稳固安定的社会环境，其宗教思想虽经太平天国领导人一再标榜并非"从番"，但民间社会仍视其本质为"洋教"，为"异端"，不具正统性，缺少在民间社会生存和发展的基础。在太平天国治下的百姓因宗教相异而对太平天国政权产生浓烈的排斥心理当在情理之中，所以有江南士子诅咒太平军如此玩弄亵渎神灵，必遭上天"加怒"，"显示恶报"。② 那些利用庙会节庆的场所和仪式动员民变，抑或发动起事的百姓，不能不说是内含着对传统民间信仰的眷恋情结和对异端宗教的敌对情绪，有学者称其为感性经验型的"乡土意识"，比较贴切。③

小　结

按抗争内容分析，在统计所得各具体类型民变中，粮食暴动占太平天国统治区民变总数的一半以上；反对官员作风和太平军违纪行为的民变仅次于粮食暴动，两类民变合计占"天国"民变总数的多数，说明太平天国在领有江南的同时，承袭了清时期江南地区社会生态的两大遗弊——土地矛盾和地方行政腐败。风起云涌的民变表明太平天国没有成功找到解决问题的突破口，它只是在占据地区实现了政权易手。其他类型的民变，像抗役民变、反移风易俗民变、反"军租"民变均与太平天国社会战略有直接关系，它们之所以未在太平天国统治区频繁出现，与太平天国社会战略的调整、弱化甚至被同化有关。反掳掠民变是"天国"民变的特色，类似的暴动事件在史料中俯拾即是，可见太平军的军纪松弛确是引发太平天国统治区官民冲突的一个重要原因。

---

① 柳兆薰：《柳兆薰日记》，《太平天国史料专辑》，第 238、239、143、135 页。
② 潘钟瑞：《苏台麋鹿记》，中国史学会主编：《太平天国》（五），第 273 页。
③ 参见程歗《晚清乡土意识》，第 18 页。

按抗争对象分析，就其具体类型而言，"天国"民变以与政府抗争类型为主，反映了在太平天国统治区民生问题是引发民变的关键，这主要是国家权力结构失调所致。反对租粮兼收的粮食暴动就是民间社会对国家权力在调整过程中过度干涉基层社会关系和租佃事务的回应。"天国"民变的主要抗争对象之一是基层政府乡官，"天国"民变抗争框式的通例是"拆毁官局，殴杀乡官"，这是对"毁案牍，拆衙署"传统民变形式的承继和发展；[①]"天国"民变的另一个重要抗争对象是太平军，实际针对太平军的军纪，这是战争时代赋予"天国"民变抗争对象的特殊性。

乡官政治实践的成效主要有社会稳定和社会失控的两极化表现。太平天国乡村政治实践的失败也是乡官作为民变直接抗争对象的重要原因。乡官群体原有的地方精英、旧政府低级公务人员和无赖层的主要身份背景与他们加入太平天国基层政权的客观素质和主观心态密切相关。此类身份背景的乡官作为传统社会"包税人"的角色很可能因战时太平军军政当局缺少有效的教育、监督和奖惩制度而被沿袭和强化，传统社会经济秩序的痼弊也因之在新政权统治区复辟。就其心态而言，谋私投机和委曲求全是太平天国乡官群体的主流心态，乡官消极心态易成惰政、劣政，两种农村政治实践的结果均可能诱发民变。太平军军政当局的主观作为也应为民变频发和农村政治实践失败负责，对基层官员铨选工作的"宽取"和"滥用"原则是太平军当局应承担的直接责任；另外，一般情况下，太平天国对基层政权重立而不重建，竭取强求以获取乡村资源，促使乡官转嫁压力于百姓。总之，乡官群体的客观素质和主流心态、太平军当局的主观作为共同导致乡村政治实践的最终失败，引发了以乡官为直接抗争对象的数十起民变。

太平军军纪不良的表现引发了以太平军为直接抗争对象的民变。据现有史料，太平军军纪实态表现为两类截然不同的军事实践。应正视太平军"打先锋""屠灭"和"掳人"的不良军纪表现，这些行为在民变的发生、发展和终结过程中均有不同程度的展现。尽管太平军的军纪肃正仍是太平军当局处理和改善与民众关系亟待解决的问题，但也不能把清军、团练、土匪的害民之罪强加于太平军一身，特别是应该分辨土匪、

---

① 光绪《四会县志》编十，"前事・杂事二"，第22页a。

盗贼冒用太平军之名为害百姓的行为。太平军的军纪下滑有很明显的阶段转化，盲目扩招是造成军纪松弛的罪魁。

通过三起平民领导武装案例的成因发现，普通民众反抗太平天国的原因具有求生求安的朴素初衷，斗争的矛头主要指向太平天国社会战略的弊端，特别是经济方面的政略。在导致平民武装暴动的各项原因中，经济因素是民众产生恐惧和感触切身剥削的根源，事件的导火索往往也由经济因素引燃；乡官政治的贪酷和无序实际还是侧重于体现施政者在经济政策方面的实践。这些与民变成因大致相同，却与大多数民团组织创建之初具有的政治敌对背景不同。正是由于领导者和参与者的"平民性"、斗争动机的朴素原始，数起平民领导的武装暴动才能与太平天国统治区的民变事件共同深入展现太平天国与民众对立关系的复杂内涵，从而把民众抗争太平天国问题的焦点确定在太平天国的社会战略。

民变经领导者动员才能最终形成。民变动员模型的核心层面是动员的组织、方式、场所和仪式，这些为民变成形提供了最直接的外部因素，并可能对民变的程度、规模和烈度产生影响。随着商品经济的发展，社会流动性加大，原来相对封闭的生活空间被打破，在新形成的社会关系中，发挥整合作用的"团""社""会""党""帮""行""盟"等"拟制血缘组织"应运而生，明清以来传统社会民变动员的组织基础多有赖于此。[①] 太平天国统治区民变组织之主流仍然没有摆脱原始的动员组织形式，以宗族、血缘为纽带的宗族组织还在"天国"民变中承继并延续；但以社会关系为纽带的互助团体的组织形式相对弱化，代之以民变组织对19世纪中叶江南乡村团练组织的直接吸收利用。该特点决定了太平天国统治区民变的动员较同区域前历史阶段更为强劲。

太平天国统治区民变动员的主流方式是传统的"鸣锣集众"。并没有在相关史料中发现太平天国统治区的民变依靠更高级别形式的工具进行动员，甚至由于大多数事件属于乡村民变类型，依靠文本工具动员民变的方式也比较少见。

传统时代的江南农村，祭神祀鬼之风盛行。以佛道思想为核心的民

[①] 参见〔日〕岸本美绪《明清交替と江南社会：17世纪中国の秩序问题》，东京大学出版会1999年版，第2—10页。

间信仰为民变提供了动员的场所和仪式,并为民众表达社会不满、抗争官方世俗提供合法性象征。太平天国据守江南时期,移风易俗的激进改革沉重打击了民间宗教信仰,使民变较多地丧失利用民间信仰动员的空间和合法性。所以太平天国统治区的多数民变实例没有明确集会动员的场所,民变的发生直接超越这一阶段;但部分事件仍有一定体现,民众对民间信仰的精神认同没有被特别地削弱,这反而证明传统习俗的强大惯性和民间社会对太平天国社会战略激烈抵制的事实。太平天国"设局祠庙"意在表现拜上帝信仰对偶像崇拜的打压,但这一现象的背后可能蕴含着政治权力向乡村社会扩张和渗透的尝试。

民变抗争的主要内容、主要抗争对象的形成,也构成"天国"民变形成的主要原因;同时,比照三起平民武装起事,加深了对民众反抗太平天国原因共性的认识;而只有经过动员模式的直接影响,民变才能最终成形。上述各方面从整体上构建了"天国"民变现象完整的形塑过程。

第 五 章

调控应对

前四章从民变本身的时序数量、地域分布、人员构成，以及类型区划、动员模式各要素展现了民众在民变中的角色；政府在民变发生、发展过程中也拥有重要地位，它既是民变的主要抗争对象，也是民变的终结者。政府调控和应对民变的政策、实践，还是国家统治技术、政治权力和社会战略的体现。本章内容则从太平天国政府的角度阐述太平天国统治区民变问题的这一关键环节。

第一节　调控十策

总体来看，太平天国战争对江南社会经济的破坏毋庸置疑，但战争本身的破坏性不能简单地归咎于太平天国，交战双方各方面军事力量均应承担相应责任。而太平天国政府作为太平天国统治区的政治实体，在巩固基层政权、恢复经济秩序、保障民众生活、革新社会文化等方面均有不同程度的尝试和努力，旨在完成由"打天下"向"坐天下"执政理念的转型。这些调控社会秩序的举措并非专门针对统治区内部的民变问题，如执行得当，却可对民变等社会变乱切实起到防患于未然的作用。由于主客观条件的束缚，太平天国政府解决社会问题的成效不大；但部分政府在内忧外患的非常时期，仍能于社会建设领域有所建树，所以太平天国"重立不重建"的政权建设惯性也仅是相对而言的一般状态。

一　安民造册
（一）宣讲"道理"
"讲道理"是太平天国对士卒民众宣传教育的重要途径。在各占领地区，"讲道理"的实践经常而普遍。所讲内容主要有四：一是政治宣传。宣扬奉天承运，王朝正统，顺天伐暴，丑化清政府，号召民众投身反抗。二是宗教宣传。据清方探报，咸丰三年（1853）十月太平军攻克安庆集贤关后，"高札木屋，宣讲伪书"。① 三是号召民众纳贡交赋。咸丰十一年（1861）九月二十日硖石镇守将罗某至海宁花溪"设台讲礼，并催完银"；在常熟，咸丰十一年三月二十一日，"各处师旅帅、司马、百长共有六七十人，齐来听长毛讲道理。各师、旅帅皆有馈献，或洋钱，或土"，② 同治元年四月二十二日，太平军将领某带百人"到镇讲道，无非要银"。③ 前三项内容的有效实践可以在预防调控民变上产生积极影响。四则是为直接平抑民变。咸丰十一年二月常熟王春园因乡官派役逼索，盟约乡里，拆馆打官，守将钱桂仁亲至梅里书院安民讲道理，其事渐平；④ 咸丰十一年二月，常昭民变，昭文乡官请监军钱某"到各乡镇讲道理"，"于神庙宽阔之所，搭台高座，宣布贼语"；⑤ 咸丰十一年五月十二日，秀水新塍商人为反对施天燕刘某勒派而罢市，风波延及濮院；十七日至十九日，符天燕钟良相到各镇轮流讲道理安民，于是商人复业。⑥ 四项内容的共同主旨均是收拢民心，消弭变乱，稳定秩序。

虽然"讲道理"的内容可能侧重点不同，"所为之事既不同，所讲之言亦互易"，⑦ 但在实践中基本是综合性内容的演讲。参加太平军的英国人呤唎曾亲历"讲道理"的场面，他回忆说："全体兵士人民、妇女婴孩，每月聚会一次，于旷地搭起天篷，建立讲坛，听取王或官长的讲道理，其内容系关于纪律、军事、民事和社会行政问题等。"⑧ 咸丰四年（1854）十一月

---

① 《工部左侍郎吕贤基等奏报收复集贤关及张熙宇等可否以功抵罪折》（咸丰三年十月初七日），中国第一历史档案馆编：《镇压档》第 10 册，社会科学文献出版社 1993 年版，第 423—424 页。
② 佚名：《庚申（甲）避难日记》，罗尔纲、王庆成主编：《太平天国续编》（六），第 218 页。
③ 柯悟迟：《漏网喁鱼集》，第 69—70 页。
④ 顾汝钰：《海虞贼乱志》，中国史学会主编：《太平天国》（五），第 372 页。
⑤ 汤氏：《鳅闻日记》，罗尔纲、王庆成主编：《太平天国续编》（六），第 345—346 页。
⑥ 沈梓：《避寇日记》，罗尔纲、王庆成主编：《太平天国续编》（八），第 51—52 页。
⑦ 张德坚：《贼情汇纂》，中国史学会主编：《太平天国》（三），第 266 页。
⑧ ［英］呤唎：《太平天国革命亲历记》上册，第 256—257 页。按：关于太平军中每月讲道理一次，有史料佐证，《寇难纪略》记乌青镇事，"每月朔，讲道理，董辂束帛披蟒，与诸贼列坐"（皇甫元塏：《寇难纪略》，第 6—7 页）。

太平军派去调查上海小刀会的官员在一次公开演说中谈到太平天国"克期可以统一区宇"的政治形势,"崇奉一上帝,敬信耶稣"的宗教教义,"摈除偶像,毁荡庙宇""舍弃鸦片,戒色断酒""应守十诫"的政令宣传,以及"相劝为善"的道德期许。这也是一次综合性内容的"讲道理"。①

随着太平天国统治方式的转型,"讲道理"的主旨也有变动,由初始的以政治说教和宗教宣传为中心,逐渐向以经济劝导为主过渡。所讲要旨不过劝谕民众进贡、交赋、纳税,所说所述已彰显"一切服从、服务于军事"的核心思想。而太平天国统治区的民变主要肇因于赋税、地租等问题,此类内容的"讲道理"不仅调控民变的功能有所削弱,反而有可能因说教不当激化矛盾。随着太平军战局恶化,军纪松弛,行政败坏,"讲道理"的威信也逐渐下降,原本旨在安民却无法从根本上遏制勒贡和"打先锋"的泛滥,"讲道理"的承诺只是一纸空文,不再赢得民众信赖,其预防和调控民变、恢复和稳定社会秩序的功用愈加有限。

(二) 出榜安民

"讲道理"是口传形式,"布告安民"则是文字形式。太平军每据一地,都先"出示安民",②"揭榜通衢",③"为收拾人心计,大张晓谕,名曰安民",④ 甚至"通衢僻壤,俱有伪示",⑤ 极大地扩展了太平天国政治宣扬和法令传播的空间。《太平天国文书汇编》收录安民布告44篇,内容大致分三部分:一是宣扬正统、正义,申明太平军军纪;二是号召四

---

① 《遐迩贯珍所载有关太平天国史料·太平天国新闻杂辑》,金毓黻、田余庆等编:《太平天国史料》,中华书局1955年版,第512页。按:关于演说者的身份,英国传教士麦都思(Walter Henry Medhurst)称:"从他的语气和时常引征太平天国各种文书来看,他对书中的信条很熟悉,并受过教派的深度训练。若非长期追随太平军,一个中国人不可能讲出这样的话。"("To the Editor of the North-China Herald", *The North-China Herald*, Vol. IV., No. 177, Dec. 17, 1853, p. 78.) 呤唎认为,"那个在聚会演说的人,大概就是天王派到会党去的教师之一"([英]呤唎:《太平天国革命亲历记》上册,第132页)。

② 光绪《富阳县志》卷14,"武备·兵事",第4页b;民国《龙游县志》卷1,"通纪",第15页a;民国《寿昌县志》卷10,"拾遗志·兵事·咸丰兵灾记",第15页a。《寿昌县志》作"佈示安民"。

③ 光绪《镇海县志》卷37,"杂识",第24页a。

④ 高昌寒食生(何桂笙):《劫火纪焚》,光绪十九年(1893)刻本,第3页,中国人民大学图书馆藏。

⑤ 柯超:《辛壬琐记》,中国社会科学院近代史研究所《近代史资料》编辑室编:《太平天国资料》,第176页。

民投诚进贡、编立门牌、举官造册、完粮交税；三是允诺严惩不法官兵，标榜建政决心，宣称对拒不归顺者进行武力震慑。"出榜安民"和"讲道理"均是太平天国为整肃治安，预防和平抑民变、民团等社会变乱做出的努力。

安民的另一种形式是太平天国发给地方安民旗。在苏州，商人陈孚益通过乡官吴某得安民旗一面，"上写'奉令招商'四字"，凡遇搜查皆"指旗而过"。[①] 在桐乡青镇，乡民进贡后，太平军当局"给小旗一方，书太平天国安民乡字样"。[②] 现存两面安民旗实物，均颁发于石门县，一面墨书"太平天国奉令安民"，[③] 一面上有"太平天国前军前营司马李奉令安民"字样。[④] 据此可知，安民旗主要有两类，一是通行凭据，二是维护治安的权力象征；在石门县，低级乡官两司马亦可持安民旗，说明安民旗发放之普遍。但安民旗的作用非常有限，特别是遇到过境太平军和"打先锋"的部队便可能失效，像湖州练市军帅沈国桢为阻止过境太平军杀戮，"麾旗禁止"，却被太平军重伤而死。[⑤] 所以"安民旗"对预防和调控诸如反对太平军掳掠、反对太平军勒派类型的民变几无作用，它本身并不能从根本上遏制太平军的违纪行为。

（三）编户造册

进贡是民众对太平天国政治归顺的标志，太平天国随即进行的编查户口，分发门牌，选任乡官则是正式设治建政的标志。编户造册旨在掌握人口数量：首先这是政权统治确立的标志，太平天国不能只有政府、官员、军队、土地，而没有百姓；其次是便于选任乡官，征发徭役，建立地方武装和扩充太平军；第三是稳定社会秩序、维护社会治安，这是门牌制度的主要功用，"以备稽查户口而杜奸宄事"，[⑥] "给发门牌张挂，

[①] 陈孚益：《余生纪略》，第8页b。
[②] 光绪《桐乡县志》卷20，"杂类志·兵事"，第10页b。
[③] 浙江省博物馆、浙江省社会科学研究所历史研究室编：《浙江太平天国革命文物图录》，第8页。
[④] 太平天国历史博物馆编：《太平天国文物》，第139页。
[⑤] 佚名：《寇难琐记》，南京大学历史系太平天国史研究室编：《江浙豫皖太平天国史料选编》，第158页。
[⑥] 《太平天国宝天义黄呈忠发给尚虞县乡民朱锦涵门牌》，浙江省博物馆、浙江省社会科学研究所历史研究室编：《浙江太平天国革命文物图录》，第138页。

以免兵士滋扰"。① 维护地方治安是门牌制度创建和实践的初衷，但随着战局恶化，吏治败坏，物资开销加剧，门牌制度的经济意义凸显：一是通过人口登记，掌握家庭贫富，以便派捐征税；二是收敛门牌费，由于太平天国统治区均有门牌之立，此项杂税成为太平天国财政的重要收入；而门牌费也成为民众的一项经济负担，激发事端，太平天国统治区多起民变的发生与门牌费的征缴有关。咸丰十年（1860）九月下旬，常熟"有民人不服，殴打乡官，不领门牌"；② 同治元年（1862）二月，浙江奉化栖凤村发生的民变中也有抗缴门牌费的内容；③ 同年四月诸暨姚黄等庄村民"派费及门牌费概不缴纳"，护军陈某饬令从重究治。④

所谓"造册"就是根据门牌的登记和发放情况编造户籍册，常熟秀才龚又村曾在乡官局亲见"军、师、旅帅及卒长、司马麾下烟户门册"，"称子民某，开祖、父、母暨兄、弟、姊、妹、妻、女、子、妇几口，俱注年岁，向例所无；又簿填田产若干，以备收租征赋"。⑤ 另一类"造册"则是编造田册，与社会治安无关。

一般来说，编户造册的工程浩繁，太平天国战事频仍，原本无暇全面推行，而实际执行情况却相当普遍，展现了太平天国政治权力在恢复和稳定地方社会秩序方面的努力。从执行效果看，由于政治意义向经济职能的转变，门牌制度引起社会不满和抵触，激发民变等对立行为，降低编户造册调控社会秩序的功效；现存不少空白门牌实物，说明当时清户工作还不彻底，⑥ 如绍兴州山村即以村为单位缴纳门牌费，出售门牌后太平军当局不再干涉门牌制度的落实，⑦ 由此可能出现只填写编号的空白门牌留世。

---

① 《朗天安陈炳文劝嘉兴士民赶紧输粮纳贡钧谕》，罗尔纲、王庆成主编：《太平天国续编》（三），第72页。
② 汤氏：《鰍闻日记》，罗尔纲、王庆成主编：《太平天国续编》（六），第325页。
③ 光绪《奉化县志》卷11，"大事纪"，第19页a—b。
④ 《洽天义左十七护军陈为拿提抗缴门牌等费玩户饬令三十都旅帅徐孝治谕》，太平天国历史博物馆编：《太平天国文书汇编》，第204页。
⑤ 龚又村：《自怡日记》，罗尔纲、王庆成主编：《太平天国续编》（六），第50页。
⑥ 浙江省博物馆、浙江省社会科学研究所历史研究室编：《浙江太平天国革命文物图录》，第139、140页；太平天国历史博物馆编：《太平天国文物》，第86、87、96页。
⑦ 吴燮恺：《劫难备录》，绍兴图书馆藏抄本，无页码。

二　招集流亡

战争引发了大规模的人口迁移。维系相当数量的人丁户口，是新政权稳定统治基础的关键。迁移过程中产生的大量流民、饥民、灾民、难民也是社会治安的隐患，所以安辑难民成为政府预防和调控饥民暴动、灾民闹赈等类型民变的有效途径。

太平天国各地方政府普遍重视招集流亡的工作。咸丰七年（1857）在安徽即已施行，潜山监军黄振钧"奉伪将帅张潮爵令窜天堂，诈称招抚流离"。① 太平军据守江南后更为普遍。吴江自咸丰十年（1860）秋间设施粥局留养难民，持续一年有余，"每口给票，朝暮发粥四碗，日渐增多，日需白米四五石，加柴料工费。又有逃难过往之人住宿，给路凭资遣别处"。② 常熟当局也于同年十月专委乡绅钱华卿"总理常昭难民局"，"六门盖造敞宇，留养难民，施衣赈粥"，③ "延至年余，全活无数，功德莫大"。④

浙江嘉兴、湖州等地也常见官民合办的抚恤局、施粥局等救济组织。在太平天国统治区，像收尸局、抚恤局、施粥局之类的救济组织往往缺乏生命力。苏州收尸局的人员"每日晨出午归，未出酉归"，"敷衍至匝月而局方撤"；⑤ 各地抚恤局、施粥局存在时间大多不过二三月即趋于废弛。尽管救济组织的存在确有利于改善民生，缓和社会矛盾，个别地区也成效颇著，但大多难以长久维系。太平天国战争时期，难民群体规模大，流动时间长、范围广，抚恤赈济工作所需人力、物力、财力浩大，只有政府强有力的统一调配才能做到赈济工作的有序铺排；也只有在政府财政的强力支持下才能使社会事业持续运作。但战时的太平天国政府很难达到这两个层面的要求，太平天国政府低效的政权建构和"积贫"的财政状况对救济事业的束缚亦为太平天国社会治理方面的"困局"。

---

① 储枝芙：《皖樵纪实》，罗尔纲、王庆成主编：《太平天国续编》（五），第39页。
② 倦圃野老：《庚癸纪略》，罗尔纲、王庆成主编：《太平天国续编》（五），第319页。
③ 柯悟迟：《漏网喁鱼集》，第51页。
④ 汤氏：《鳅闻日记》，罗尔纲、王庆成主编：《太平天国续编》（六），第342页。
⑤ 潘钟瑞：《苏台麋鹿记》，中国史学会主编：《太平天国》（五），第284页。

三 管理诉讼

司法公正有助于推进社会公平。太平天国统治区的民间听讼断狱之权一般由乡官直接负责。在江阴，乡民"进状则告乡官，告军帅，信口而称天朝、称大人"；① 在湖州双林镇，"民有争讼，由乡官理之，酋不与闻"。② 也有地方守将经理诉讼的事例，如濮院镇守将顶天豫张镇邦"故武弁出身，善识民情，市井中有以小事入告者，随即坐堂听审，颇明允，不索讼费，以故日间公事，观者盈庭"。③ 太平天国政府对地方司法的管理，特别是驻防佐将经理诉讼的案例，反映了太平天国政治权力向地方社会的扩张，故时人感慨太平天国治下"民有诉事者，杖责牢禁不少贷"，④"东南半壁已难安，法令居然到弹丸"。⑤

由于司法实践打破了《天朝田亩制度》关于诉讼案件层层审理、由下级向上级直至中央送达和裁决的理想规定，诉讼程序过于简化，缺少必要的监督和规范的审判环节；也没有系统的法律文本依据，主要倚靠审理者的经验、旧法律常识和道德自律；而且司法权主要由基层乡官控制，乡官良莠难分，素质不一，心态各异，司法公正与否全凭其主观意志决断。故造成两类截然不同的司法实态：湖州双林镇，"以塘桥埭总管堂前为行刑地，两年所杀可百人，皆凶恶之著名者，颇不冤滥"；⑥ 而像海宁花溪师帅高来来"杖势凶恶，无论士庶俱大链系之，彼竟南面，夜夜比审，必遂其所欲而后已"，⑦ 慈溪乡官"擅理词讼，桁扬鞭朴，俨若长官"。⑧

四 治理土匪

除那些主动配合和参加太平军的"土匪"外，太平天国治下大都进

---

① 章型：《烟尘纪略》，南京大学历史系太平天国史研究室编：《太平天国史论考》，第383页。
② 民国《双林镇志》卷32，"纪略·杂记·兵燹记"，第13页b。
③ 沈梓：《避寇日记》，罗尔纲、王庆成主编：《太平天国续编》（八），第183页。
④ 光绪《宜兴荆溪县新志》卷5，"武事·咸丰同治年间粤寇记"，第11页b。
⑤ 知非：《吴江庚辛纪事》，中国科学院历史研究所第三所编：《近代史资料》总第4号，第40页。
⑥ 民国《双林镇志》卷32，"纪略·杂记·兵燹记"，第13页a。
⑦ 海宁冯氏：《花溪日记》，中国史学会主编：《太平天国》（六），第701页。
⑧ 光绪《慈溪县志》卷55，"前事·纪事"，第27页a。

行了"清匪"行动,不仅在必要时动用军队剿办,还在基层政府立局差、巡查,在民间设团练、乡勇,负责缉盗捕匪之事。

兹举几个治匪的典型案例。咸丰十一年(1861)六月,乌镇守将何信义令军帅吴老其、吴诚溥"兼理乌镇民情,先惩土匪之劫掠者",二十八日,何亲至北高村,擒获土匪数名,处置极为严厉,其中有农夫陆阿二"习无赖者甫一年余,至是以讹诈财物,为人所控,被长毛所获",何命吴诚溥"鞫之得实,遂戮之,悬其首于修真观台之侧,并取其心肝肠胃以去";又令琏市军帅沈国帧理民事,"严惩土匪之掠夺者","重刑惩治",七月初五日"拿获四家村之童何大戮之"。① 同年十二月,象山"南冲土匪某某辈,纠党数百",守将张得胜"调劲兵三百、骑二十,令部下余逆统之","不费一金,遽夷大难",土匪作鸟兽散,时人称之为奇。② 同治元年(1862)十二月,象山土匪赖大吉、蒋小麻等抢劫村民,为村民捕送官局,参天豫顾廷菁"欲以刑杀立威",将其"就地正法","数十村同声称快"。③ 同治二年(1863)十二月二十八日,海宁太平军会同花溪乡官局"领小卒千余,猝捕盗于马桥之长浜等处,纵火焚巢穴,获盗廿余人,皆斩之,盗劫始息"。④

太平军的治匪行动存在不足。一是在军事行动中有妄杀、枉杀百姓的现象。咸丰十一年(1861)十一月常熟太平军剿东北乡土匪,当大部队出动后,守将钱桂仁方"恐藉端纵掠,饬报无辜之家插旗免抄",然为时已晚,"惜令到时已冲虹桥、柴角诸村,唯落后者幸免"。⑤ 二是剿抚原则拿捏不准,未能区别对待参加者。像海宁"盖天王"的土匪队伍,参加者大部分为饥民、灾民,理应先行招抚;不分胁从,一概剿灭,则把土匪中的普通成员推向绝境,死心塌地地跟着匪首亡命或潜伏,甚或降清,继续为害地方。三是缺少善后政策,未见有太平军剿灭土匪后安抚

---

① 佚名:《寇难琐记》,南京大学历史系太平天国史研究室编:《江浙豫皖太平天国史料选编》,第154、174—175页。

② 王莳惠:《咸丰象山粤氛纪实》,罗尔纲、王庆成主编:《太平天国续编》(五),第209—210页。

③ 佚名:《辛壬脞录》,中国科学院近代史研究所《近代史资料》编辑室编:《近代史资料》总第34号,第199页。

④ 海宁冯氏:《花溪日记》,中国史学会主编:《太平天国》(六),第709页。

⑤ 龚又村:《自怡日记》,罗尔纲、王庆成主编:《太平天国续编》(六),第82页。

民众的记载。

无论是前期太平天国不愿意主动联合土匪、会党等外部力量共同反清，还是后期太平天国在统治区不分良莠、不分主次地主剿土匪，均反映了太平天国自我孤立的心态和政略，太平天国以太平军控制城市，以乡官和地方武装维系乡村秩序的政略没有得到良好的收益，反而要为稳定乡村统治不时下乡清剿土匪、驱逐团练和迫敛赋税，牵制了大量人力、物力、精力，也造成后方基地失序。

从预防和调控民变的角度讲，土匪是社会治安的严重隐患，零星匪徒的挑拨是民变动员的一类因素，他们加盟民变队伍，很可能使民变从集体抗争发展为势态恶劣的集体暴动，甚或使民变性质发生向敌对武装的转变。咸丰十年（1860）十月常熟王市因乡官议收租事引发民变，由于无赖何年年、沈大茂和西塘羊巷土匪徐百松等人的参与，一起普通民变发展为颠覆王市基层政权的政治事件；再如同治元年（1862）四月太仓、常熟交界的横泾、六河、横塘、支塘、何市、张市等处有乡民集聚捣毁拆烧乡官宅局，起因为征粮征税贪酷，却被土匪、团练利用，性质转变。[①]

五　兴办团练

以《天朝田亩制度》的理想方案，维持地方倚靠乡官统领乡兵。乡兵是国家军事系统中的地方武装，它与太平军在理论上的不同是乡兵从属于地方政权系统，不是由太平天国中央政府直接管控。乡兵也与团练乡勇不同，它有正式、固定的人员编制，领导权归于地方政府，民众参加乡兵属义务兵役。

实际情况太平天国的地方武装主要有三类：一是招抚团练照旧存在；二是乡官局中的局差、差役；三是自立自办团练。

后期太平天国在江南寻求与地方合作，实行招抚政策，李秀成本人及其部将均亲身实践。太平天国的招抚政策获得极大收益，江南团练多顺利易帜。

被太平天国招抚的团练不仅照旧维系地方，行政权力亦有加强，重

---

① 柯悟迟：《漏网喁鱼集》，第58—59页。

要表现是成立政府公务机构性质的"保卫局"。同治元年（1862）正月，湖州长兴潘顺天的枪船被太平军襄王刘官芳部招抚，"于南阳墩改设伪人和局，其头目受职有差"；次年（1863）十一月烈王江某占夹浦，"令乡官招集未出之枪划，仍于南阳墩设局，改人和为'保卫'，而抽捐纳粮则如故"；同治三年（1864）正月，保卫局"设粥厂于鸿桥，收养难民"。①长兴的"人和局""保卫局"均是由枪船团练局改组的类似乡官局的机构，不仅有武装保卫地方之责，还有征收赋税、社会救济之职。咸丰十年（1860）五月，吴江同里镇"设保卫局于财神堂，招勇百名"，②"用枪船数十号，聚赌开场，演戏，局设东栅，兼管民间盗贼、词讼等事"。③同年九月，无锡、金匮"各乡团局亦改为堂，以白旗易青旗，名曰保卫局。惟金匮荡口镇另设一局，与团局并立于三公祠，专办安民事务"。④嘉兴地区也设保卫局，秀水新塍的枪船在同治元年八月"假保卫局旗号而复出"。⑤在团练势力可以照旧存在的地区，成立"保卫局"可能是普遍现象，保卫局的组织基础虽是旧有的团练局，但大多已经太平军当局和地方势力的合作改造，团练职权亦有扩大，这也是太平天国"立团""办团"政策的部分体现。也有地方将团练在清朝时的组织机构和成员全盘延用，如象山贡生王芳棣自咸丰十一年（1861）十月"会同城中各绅富议，在姜毛庙设立保安局、练勇二百名保护地方"，归降太平军后，王仍任"城中团董，日夜在保安局"。⑥

第二类具有维护社会治安职责的地方武装是乡官局中的局差，类似于旧官府衙役。在常熟、昭文，乡官局中"有无籍之徒，投身局中，伪充差役"，"头差"是"局差徐兆康"，监军公馆、军帅局由其防守，凡遇勒令捐银，避匿不出者，"立使局差徐兆康提拿拷问"，有擅自剃发者由其"锁住"治罪；咸丰十年（1860）八月底，王市西田村发生反对太

---

① 胡长龄：《俭德斋随笔》，中国史学会主编：《太平天国》（六），第760、762页。
② 倦圃野老：《庚癸纪略》，罗尔纲、王庆成主编：《太平天国续编》（五），第311—312页。
③ 知非：《吴江庚辛纪事》，中国科学院历史研究所第三所编：《近代史资料》总第4号，第46页。
④ 佚名：《平贼纪略》，太平天国历史博物馆编：《简辑》（一），第273页。
⑤ 沈梓：《避寇日记》，罗尔纲、王庆成主编：《太平天国续编》（八），第156页。
⑥ 民国《象山县志》卷9，"史事考"，第65页b—66页a。

平军掳掠的群体事件，乡民将违纪士兵缚送军帅局，乡官"乃令局差送东圣堂汪胜明收去"，押解犯人也是由局差负责。①海宁花溪乡官局也有局差之设，"羽党大盛，又用无赖子为局差，如狼虎一般"。②绍兴有局差催捐，"各捐户一礼拜不缴，则催之以委员，再缓，则催之以局差，再缓，则令贼兵锁拿押缴"，时人确指"局差即向之府县役，需索无厌"。③"局差"之谓或为时人随意称述，未必有统一名目。同样是记常熟事，《自怡日记》载咸丰十一年（1861）二月有人控告乡官"私设租局"，"伪官饬役捆解"；又记同治元年（1862）三月征收上忙银及各项杂税，"师发役五十名，以备追索"，这里称"役"而非"差"，但与上述"局差"为同一群体应无问题。④吴江监军钟志成属下有"护将"之职，有与上海通书者，"为护将所见，拘人勒财，以作犯法"；有士子不肯应试者，"着护将执锁封捉人"。⑤"局差""差役""护将"应该都是同一类乡官佐员，负责地方治安、侦查、缉拿等事。这类人员数量不多，无定制，是维护治安的官方专职人员，具有明确的应对民变等突发事件的职责和义务。

第三类地方武装是太平天国在统治区内自立自办的团练。苏州有"团练长"之设，桐乡赌棍周三曾将无赖钱四毛推荐给慕王做"团练长"。⑥在常熟，咸丰十年（1860）十一月，"曹和卿因招入城，见胡伪官，邀同见慷天燕钱桂仁，议及设勇防土匪与设局收漕事"；⑦咸丰十一年（1861）四月，常熟太平军当局公开"出示沿海一带集民团练"；⑧五月，"钱伍卿由指挥升右十八参军，派留鹿园召募团练"；⑨七月，"钱伍

---

① 汤氏：《鳅闻日记》，罗尔纲、王庆成主编：《太平天国续编》（六），第318、321、324、325页。
② 海宁冯氏：《花溪日记》，中国史学会主编：《太平天国》（六），第699页。
③ 王彝寿：《越难志》，罗尔纲、王庆成主编：《太平天国续编》（五），第147页。
④ 龚又村：《自怡日记》，罗尔纲、王庆成主编：《太平天国续编》（六），第59、98页。
⑤ 知非：《吴江庚辛纪事》，中国科学院历史研究所第三所编：《近代史资料》总第4号，第39、44、45页。
⑥ 沈梓：《避寇日记》，罗尔纲、王庆成主编：《太平天国续编》（八），第221页。
⑦ 龚又村：《自怡日记》，罗尔纲、王庆成主编：《太平天国续编》（六），第51页。
⑧ 柯悟迟：《漏网喁鱼集》，第53页。
⑨ 龚又村：《自怡日记》，罗尔纲、王庆成主编：《太平天国续编》（六），第67页。

卿又使乡官召募民勇，分置福山塘，设局十处，直至恬庄"。① 在海宁花溪，咸丰十一年九月初九日，太平军"鸣锣催开市，并勒镇人每十家出二人守夜，十家中张挂大灯，号'民团'二字，查察奸细，凡夜行过市，必传递而进，市人畏势，无一梗命者"；不久，"贼馆出伪示，欲镇人团练保守"；同治元年（1862）十一月"椿树下等处共数十里地方皆团练守夜"。② 在秀水濮院，同治二年（1863）六月，顶天豫张镇邦"谕局中司事办团练，倘有零匪窜入藉以捍卫"，七月初一日"团勇巡街，夜行不以灯者为犯夜"。③ 在湖州乌镇，咸丰十年十一月，军帅董沧洲"集枪船环其门，名为团练"。④ 在吴江，咸丰十一年八月初五日，监军钟志成"设局斗坛，招乡勇三十名，昼夜巡防"。⑤ 在象山，咸丰十一年十二月，太平军剿南冲土匪，乡官郑卜棠随军出城，"军次墙头，益以乡勇数百，直趋至石鼓岭上"。⑥

理想方案中的乡兵制度与实践中的乡勇在性质和组织上均有不同，但两者在类型上又极为相似，如以"寓兵于农"为组织原则，以"杀敌捕盗"为现实功用，所以太平天国关于乡兵制度的执行偏差可能是被地方团练的社会实际同化所致。在燕王秦日纲的一份诲谕中有"凡尔四民，须要醒醒，不必多生恐惧，况各郡县业已团集乡兵，即有些少残妖拦入，何难一时扑灭"之辞。⑦ 洪秀全在戊午年（1858）颁答天豫薛之元镇守天浦诏中令其在江浦、浦口"团练乡兵，以资防堵"。⑧ 太平天国最高层已把"乡兵"与"团练"混淆，背离了理想方案，乡兵制度在具体执行上出现异化与决策层主观意识的变动有关。

---

① 汤氏：《鳅闻日记》，罗尔纲、王庆成主编：《太平天国续编》（六），第353页。
② 海宁冯氏：《花溪日记》，中国史学会主编：《太平天国》（六），第690、691、708页。
③ 沈梓：《避寇日记》，罗尔纲、王庆成主编：《太平天国续编》（八），第208页。
④ 皇甫元塏：《寇难纪略》，第4、24页。
⑤ 知非：《吴江庚辛纪事》，中国科学院历史研究所第三所编：《近代史资料》总第4号，第48页。
⑥ 王莳蕙：《咸丰象山粤氛纪实》，罗尔纲、王庆成主编：《太平天国续编》（五），第210页。
⑦ 《燕王秦日纲命四民急崇真道毋受妖迷诲谕》，太平天国历史博物馆编：《太平天国文书汇编》，第116页。
⑧ 《天王洪秀全命薛之元镇守天浦省诏》，太平天国历史博物馆编：《太平天国文书汇编》，第45页。

太平天国招抚团练、自立团练的政策取得了实际效益。一是缉盗匪。常熟曹和卿请立乡勇的目的即"防土匪",咸丰十年(1860)八月王市"立召乡勇百人,俱裹红布,耀武扬威,声言捉拿土匪";① 花溪立民团为"查察奸细",同治元年(1862)十一月"大破劫盗于沈塘镇,获三十余人";② 秀水濮院设团练,"倘有零匪窜入藉以捍卫";湖州乌镇设民团是为防"地方小船、地棍鏖诈及盗贼劫掠诸事"。③

二是抑制太平军违纪。咸丰十年(1860)八月二十一日,常熟王市有太平军"在乡抢畜,捉一男二女,欲牵去","有忿气者,领局中红头乡勇欲斗";咸丰十一年(1861)七月,常熟有太平军掳掠,农民多次禀诉,钱伍卿使乡官招民勇防护。④

三是协助太平军作战。昭文西周市军帅周富荣"招伪乡勇数百人","常率伪勇与八桨船打仗",⑤ 同治元年(1862)五月初四日有清军营船泊岸,周"遣听差将皂角刺密苫港口白滩,与群毛分列东西两岸",击退清军;⑥ 咸丰十年(1860)十月十五日,团练沙勇二千余人联合土匪夺取常熟王市,师帅陈文扬"邀集伪局人众,并附近顽民百余人,假装红头,各持器械",随同太平军将之驱逐;⑦ 长兴枪船头目潘顺天"所率之枪划,悉听夹浦驱使,凡有攻击,出力尤多,深为贼所倚重";⑧ 盛泽沈枝山于咸丰十年七月二十五日"逼胁土人六七百名",成功袭破围困嘉兴的清军张玉良部。⑨

四是应对统治区内的民变。咸丰十年(1860)九月下旬,常熟、昭文有殴打乡官、反对兼收租粮的民变风波,"王市局中严朗三等,闻信大怒,令乡勇欲捉首事之人,彼众负隅力拒,扬言欲率众打到王市。于是局中急添乡勇二百名,借盐快鸟枪抬炮"。⑩ 咸丰十一年(1861)三月二

---

① 汤氏:《鳅闻日记》,罗尔纲、王庆成主编:《太平天国续编》(六),第318页。
② 海宁冯氏:《花溪日记》,中国史学会主编:《太平天国》(六),第708页。
③ 沈梓:《避寇日记》,罗尔纲、王庆成主编:《太平天国续编》(八),第154页。
④ 汤氏:《鳅闻日记》,罗尔纲、王庆成主编:《太平天国续编》(六),第321、353页。
⑤ 曾含章:《避难记略》,罗尔纲、王庆成主编:《太平天国续编》(五),第351页。
⑥ 顾汝钰:《海虞贼乱志》,中国史学会主编:《太平天国》(五),第373—374页。
⑦ 汤氏:《鳅闻日记》,罗尔纲、王庆成主编:《太平天国续编》(六),第334页。
⑧ 胡长龄:《俭德斋随笔》,中国史学会主编:《太平天国》(六),第760页。
⑨ 鹤樵居士:《盛川稗乘》,太平天国历史博物馆编:《简辑》(二),第190页。
⑩ 汤氏:《鳅闻日记》,罗尔纲、王庆成主编:《太平天国续编》(六),第325页。

十五日，常熟再次发生农民反对租粮兼收的民变，"平局遭土匪之劫，屋庐多毁，器物掠空，局主报案"，二十六日"局发乡勇捉犯"，二十八日"俞、顾两局亦停"，最终"于贵泾获曹、顾、贾三人"。① 同年十月，常熟"乡官局欲兼收租粮，农民不服，汹汹欲结党打局"，师帅金云台局中"招乡勇三五十名，制造鸟枪、火炮、衣装、旗帜"，以为防范。② 可见团练是太平天国基层政府武力应对民变等突发事件的重要力量。

太平天国自办团练是其政治权力试图深入乡村社会的体现。以"招抚"和"自立"的团练稳定社会秩序、平抑社会变乱的政策本身无分好坏，如果监管和改造得当，自然可以给太平天国带来实惠。但在时局动荡、政府行政能力不足的客观条件下，团练自身"抗官"和"害民"的特性凸显，而以具有社会破坏性的团练组织镇压群情激愤的民变等群体事件，易致事态扩大。事实上，太平天国延续和自立的团练并没有在有效应对民变方面发挥显著作用；多数情况只得依靠太平军下乡镇压而使事件趋于终结。经招抚照旧存在的团练大多进行了暗中恢复和积蓄力量，徐图割据，联络清军，阴谋颠覆，直至公开反水的活动。太湖地区的枪船就是典型，曾任乡官的枪船头目如无锡金玉山、严墓卜小二扬言屠杀太平军士兵为"剥毛皮"；③ 曾做过练首的乡官，像何南山、王花大、姚福堂、周大统等均重操旧业，办团与太平军为敌。所以当时就有人认为"后来官兵之进，亦藉民团未散之力"，④ 太平天国自食恶果，"靖乱适所以致乱"⑤ 的教训惨痛。

六　整饬军纪

太平军军纪松懈和败坏是引发以太平军为直接抗争对象的民变之主要原因。大多数太平军将领希望通过主动严明军纪改善与民众的关系；

---

① 龚又村：《自怡日记》，罗尔纲、王庆成主编：《太平天国续编》（六），第64—65页。
② 汤氏：《鳅闻日记》，罗尔纲、王庆成主编：《太平天国续编》（六），第354页。
③ 佚名：《平贼纪略》，太平天国历史博物馆编：《简辑》（一），第268页；万流：《枪船始末》，南京大学历史系太平天国史研究室编：《江浙豫皖太平天国史料选编》，第127页。
④ 潘钟瑞：《苏台麋鹿记》，中国史学会主编：《太平天国》（五），第301页。
⑤ 《寄谕直隶总督讷尔经额派员迅缉保定伙党并饬地方官毋得以团练借词科派》（咸丰三年三月初三日），中国第一历史档案馆编：《镇压档》第5册，第453页。

在具体执行上,对破坏军纪,扰害百姓的不法士卒,某些太平军将领也能做到严惩不贷。

后期太平军数量暴增制约了军纪的约束力,太平军将领的监管自然不能面面俱到;而愈至时局艰难,太平军将领严明军纪的主观意识也会松懈。尽管"打太平先锋"和"私自打贡"的行为逐渐受到太平天国法令的限制,普遍征兵制也因"募兵""招兵"方式的运用被弱化,而此类违纪行为始终存在,因此仅靠良性施政者的主观作为约束军纪,很难消弭太平军与民众间的隔阂,短期内也难以奏效。主客观条件决定了太平天国整肃军纪以调控社会秩序的整体水平无论是在力度还是广度上均十分有限。

七 保障农业

在战争年代,政府很难将保障农业生产与增加国家收入的关系保持于承平时期那样耐心和细致铺排的有效水平。有些太平军将领难能可贵地认识到保障农业的重要性。在杭州,太平军当局"发粟十万赈抚,借给籽种招垦",① 各县监军亲自负责发放谷种耕种事宜,"嗣因开仓,由仁、钱两伪监军派人凭归逆票来仓领米,分散城乡贼馆,并领谷下乡散"。② 又据杭州将军瑞昌等奏,忠王李秀成在苏州"时于胥、盘两门之外观看田稻"。③ 侍王李世贤巡视东阳,"洞察民瘼",发现师帅许公衡、旅帅汪熙坎辖地"囊橐俱空,粒食艰难",立即着乡官"造册赴台叩领银两路凭,任往邻封采买种子"。④ 有的地方政府还鼓励乡民养蚕缫丝,嘉兴监军陈三"以王店、殳山为遭兵灾,特来相视……贷民蚕□饭米,每担取值六千五百,蚕毕收钱";⑤ 怡和洋行的外商也观察到"叛党正在尽一切努力鼓励蚕户"。⑥

---

① 李应珏:《浙中发匪纪略》,南京大学历史系太平天国史研究室编:《江浙豫皖太平天国史料选编》,第 228 页。
② 李圭:《思痛记》,中国史学会主编:《太平天国》(四),第 491 页。
③ 奕訢、朱学勤等:《钦定剿平粤匪方略》卷 248,第 14 页 a。
④ 《东阳南门师帅许公衡旅帅汪熙坎等请谕禁越境滋扰上韵天福跪禀》,罗尔纲、王庆成主编:《太平天国续编》(三),第 141 页。
⑤ 沈梓:《避寇日记》,罗尔纲、王庆成主编:《太平天国续编》(八),第 194 页。
⑥ 严中平辑译:《怡和书简选》,北京太平天国历史研究会编:《太平天国史译丛》第 1 辑,中华书局 1981 年版,第 169 页。

还有太平军保护耕牛的记载。绍兴州山村乡民以牛进贡,为太平军将领陈某拒绝,"牛是不收的,汝乡下人耕种要用,可以带回"。① 李秀成在苏州下令"牛用耕田,有宰食者,杀无赦",并"令人于各城门巡察,遇下乡打粮牵牛而归者,即抽刀断其鞭放去";② 容闳也在太平军中访察而得李秀成曾在苏州约法三章:一不许残杀平民,二不许妄杀牛羊,三不许纵烧民居。③ 嘉兴守将朗天义陈炳文"传令不许杀牛"。④ 早期石达开在江西抚州也有"禁止部下屠宰耕牛"的法令。⑤ 可见太平军保护耕牛的法令是持续、连贯的,并且在占领地区广泛推行。

通过保障和改善农业环境,鼓励和支持农民劳作,实现农业生产发展,维持甚至提高农产品产量,改善农民生活,可以弥补传统社会经济秩序弊端造成的农民经济压力,同时也有利于政府征收赋税工作的开展。不少地区的太平军当局已经意识到保障农业生产的重要性,他们也在试图构建良性的物资获取渠道。但时局动荡,战局变幻莫测,良性经济秩序运转的外部环境没有被完全肃清,一旦政局稍有变动,有益的农业生产政策只得搁置。所以,即便是少数地区在有良性施政愿望和能力的将领主持之下出现"秋收大稔"⑥"禾麦大熟"⑦"五谷丰而百货萃""三时之务不废"⑧ 的丰收景象,也难以持续发展。个别繁华地区一经挫折便无法扭转颓势,太平军当局也丧失再立再治的信心耐心,只能放任自流,重蹈恶性征收的覆辙,绍兴斗门、宜兴大浦均是如此。

八 兴修水利

修筑堤坝,疏浚河道,是国之重举,在传统意义上被认为是国家有

---

① 吴燮恺:《劫难备录》,绍兴图书馆藏抄本,无页码。
② 潘钟瑞:《胥台麇鹿记》,咸丰十年四月二十七日记事,太平天国历史博物馆藏抄本,无页码。
③ 容闳:《西学东渐记》,第49页。
④ 沈梓:《避寇日记》,罗尔纲、王庆成主编:《太平天国续编》(八),第62页。
⑤ "Dominion of the Taiping Dynasty in Nganhwui and Keangse", *The North-China Herald*, Vol. Ⅶ, No. 323, Oct. 4, 1856, p. 38.
⑥ 张尔嘉:《难中记》,中国史学会主编:《太平天国》(六),第641页。
⑦ 光绪《石门县志》卷11,"丛谈",第88页a。
⑧ 杨引传:《野烟录》,太平天国历史博物馆编:《简辑》(二),第177、178页。

关农业生产、防洪、交通等事业的举措。江南水网密布，水利工程尤为重要。然自清中叶以来，江南河塘、海塘失修，稍有雨患，江水漫溢成灾，庐舍漂没，海水则倒灌内河，田禾损毁，民众受害匪浅。

太平天国早期据守安徽，"督修河堤，以卫民田，故民不乏食"；① 后期据守江南，修筑江浙海塘成为太平天国统治区规模最大、涉及范围最广的公共工程。在无锡、金匮，同治元年（1862）八月，乾天义李恺运"奉伪令劝捐修葺海塘，使锡、金监军赶办"；② 在常熟南乡，同治元年三月，"定议筑海塘，造牌坊，修塘路及上忙条银每亩征钱七百廿"；③ 在长洲，海塘捐"每亩捐二百零六文"；④ 在吴县，同治元年五月，"忠酋令徐少蘧佩瑗督筑海堤"；⑤ 在吴江，同治元年正月，"督理修塘伪董事十人至江开工，自夹浦桥起，至瓮金桥止，计程五十里，各派地段"；⑥ 在嘉兴，太平军"累经派费修塘"；⑦ 在海盐，同治元年四月，谨天义熊万荃"因海塘圮数百丈议修，将往海盐巡视海塘"；⑧ 在海宁，同治元年夏秋海塘坍塌，李秀成催促修复，嘉兴当局随即令乡官筹措修塘所需木料；⑨ 在

---

① 周振钧：《分事杂记》，太平天国历史博物馆编：《简辑》（二），第20页。
② 佚名：《平贼纪略》，太平天国历史博物馆编：《简辑》（一），第287页。
③ 龚又村：《自怡日记》，罗尔纲、王庆成主编：《太平天国续编》（六），第98页。
④ 佚名：《蠡湖乐府》，中国科学院近代史研究所《近代史资料》编辑室：《近代史资料》总第34号，第172页。
⑤ 蓼村遁客：《虎窟纪略》，《太平天国史料专辑》，第42页。
⑥ 倦圃野老：《庚癸纪略》，罗尔纲、王庆成主编：《太平天国续编》（五），第320页。
⑦ 沈梓：《避寇日记》，罗尔纲、王庆成主编：《太平天国续编》（八），第217、187页。
⑧ 沈梓：《避寇日记》，罗尔纲、王庆成主编：《太平天国续编》（八），第120页。按：《避寇日记》原文作"忠王之婿熊姓，湖南人，年廿九岁"。咸丰十一年冬熊万荃被李秀成调离苏州，"令拒守平湖、乍浦之间"［潘钟瑞：《苏台麋鹿记》，中国史学会主编：《太平天国》（五），第300页］；又据《海盐县志》，同治元年春"伪帅熊逆、伪副帅方逆始率党踞守盐城"（光绪《海盐县志》卷末，"杂记"，第50页b）；同治二年十一月熊万荃举乍浦、海盐两城降清（《李鸿章全集》第1册，"奏议一"，安徽教育出版社2008年版，第408—410页）；据《王瀚上吴煦禀》，"伪左同检熊目，湖南长沙人"［太平天国历史博物馆编：《吴煦档案选编》（一），第413页］。综上，《避寇日记》所说的视察海盐海塘的"熊姓"当为"熊万荃"。但熊万荃并非李秀成女婿，李秀成女婿是蔡元隆（《李鸿章全集》第29册，"信函一"，第217页），此处为沈梓误记。蔡元隆，湖南岳州人（《左宗棠全集》第1册，"奏稿一"，第308页），同治元年二月守海宁，同治二年十二月二十七日举城而降［陈锡麟：《粤逆陷宁始末记》，中国史学会主编：《太平天国》（六），第651页］。蔡与熊同为湖南人，同为李秀成爱将，二人封地亦毗邻，所以被沈梓混淆。
⑨ 海宁冯氏：《花溪日记》，中国史学会主编：《太平天国》（六），第703页。

绍兴，同治元年五月大雨，"西江之塘坏，湖水暴涨，田禾皆淹，伪官令有田者输钱以修之"。① 由常州到绍兴，太平天国占领区环长江三角洲的沿海地带均有修复海塘的公共工程兴办，忠王李秀成委派苏福省天军主将汪宏建提理苏浙两省海塘经费筹措事宜，协同苏浙军政各方，取得阶段性成果。浙江海塘在听王陈炳文的主持下于同治元年冬天"将次完竣"；苏福省应修海工也在忠谨朝将熊万荃的主持下"作速修筑"。②

兴修水利关乎国计民生，这在传统时代几乎成为政府、民众唯一有效应对自然灾害的途径。尽管太平天国的宏大工程客观上确实有利于保障农业生产，有利于改善民众生活环境，却未能获得民间社会的良好反馈。一方面，海塘工程的费用额外派加民间，民众负担增重。公共工程兴建的费用理应在政府税收工作完结后由财政统一拨款，但太平天国于正赋之外另立专项杂税，有的地方甚至"居停薪水，该地伪旅帅供给"，③ 或"役夫自食"，"掳农当差"，④ 这当然被民众视作横征暴敛。在海塘工程运作中，官方的参与和给民间社会的压力较以往明显增大，而政府财政支持的力度却大幅削减，像吴江修塘开工事宜也是政府催迫绅董执行的。

另一方面，公共工程的实际执行者是乡官，鉴于乡官素质，取得的成效也会因乡官主观能动性的不同发挥而有所不同。江浙海塘兴建伴生了很多腐败和害民情形。如无锡、金匮的修塘工程有"劣生吴某为海塘伪经董，并募司事往各乡市肆勒捐。吴某酷慕贼装，黄绢帕首，出入乘马，敛资逾倍，与乡官分肥"；⑤ 绍兴修西江塘的费用"不过五千缗"，而乡官"所敛逾十倍"；⑥ 海宁花溪镇乡官局负责供应修塘木材，"局匪及无赖子逞势图肥，不论士庶家家墓木斫伐几尽，有裔孙先斫货卖，反被勒索不休"；⑦ 常熟太平军当局修建元和塘，伐树、掘墓、烧棺、毁田等害民之举颇多，因慑于太平军修塘滋事行为，有的地区消极怠工，极

---

① 古越隐名氏：《越州纪略》，中国史学会主编：《太平天国》（六），第770页。
② 《苏福省天军主将勋天义汪宏建命抚天预徐少蓬即将所收海塘经费造册呈缴并将银两解交钧谕》，罗尔纲、王庆成主编：《太平天国续编》（三），第158页。
③ 倦圃野老：《庚癸纪略》，罗尔纲、王庆成主编：《太平天国续编》（五），第320页。
④ 龚又村：《自怡日记》，罗尔纲、王庆成主编：《太平天国续编》（六），第98页。
⑤ 佚名：《平贼纪略》，太平天国历史博物馆编：《简辑》（一），第287页。
⑥ 古越隐名氏：《越州纪略》，中国史学会主编：《太平天国》（六），第770页。
⑦ 海宁冯氏：《花溪日记》，中国史学会主编：《太平天国》（六），第703页。

尽敷衍，像常熟征捐拓地工作完成后，各处乡官均想"借公便私"，"欲免抄扰"，"南北两路无人允筑，遽先动工"；① 再如兴修嘉兴海塘一事，当地文人沈梓事初即断言乡官"率皆饱私囊，未必办公事"，"贼去则海塘无修筑之理"。② 原本利国利民之举，却因主事官员和执行者的不良行政而与太平军当局良好的主观愿望背道而驰，太平天国通过兴办公共事业稳定社会秩序、预防和调控民变的功效大为减弱。

九　减赋限租

天王洪秀全的《减赋诏》颁行后，随即在江南辖地有所反响。在常熟，"堂然伪天王黄榜，抚恤民困"；③ 在吴江，"奉天王诏至镇，军帅以下，一切受职人员迎接。黄旗数十对，前呼后拥，各店俱设香案，行人跪接，至公馆前悬挂诏辞，惟应天顺人安民完漕而已"；④ 在桐乡米局，"中堂供天王诰命及诏书"。⑤ 从实践看，太平天国的减赋政策在苏南各县，特别是在苏州，有不同程度的执行。

太平军当局还有意识地规范和限制地租，干预租佃事务，在佃农抗租风潮的影响下，太平天国占领区的地租额有所减少，像青浦"未有粒米送仓""租籽不过十分之三"，⑥ 锡金"大抵半租"，⑦ 诸暨"输租不过三分"，⑧ 会稽"自征半年租"，⑨ 等等。但租额的减轻主要还是佃农自发抗租的结果，像咸丰十一年（1861）十一月，常熟各地"民情大变"，"慷天安到东乡安民，各处收租减轻，或一斗，或二斗，各有不同"。⑩ 这

---

① 龚又村：《自怡日记》，罗尔纲、王庆成主编：《太平天国续编》（六），第91—92页。
② 沈梓：《避寇日记》，罗尔纲、王庆成主编：《太平天国续编》（八），第217页。
③ 柯悟迟：《漏网喁鱼集》，第50页。
④ 知非：《吴江庚辛纪事》，中国科学院历史研究所第三所编：《近代史资料》总第4号，第42页。
⑤ 沈梓：《避寇日记》，罗尔纲、王庆成主编：《太平天国续编》（八），第103页。
⑥ 姚济：《小沧桑记》，中国史学会主编：《太平天国》（六），第458、464页。
⑦ 佚名：《平贼纪略》，太平天国历史博物馆编：《简辑》（一），第279页。
⑧ 高昌寒食生（何桂笙）：《劫火纪焚》，光绪十九年（1893）刻本，第3页，中国人民大学图书馆藏。
⑨ 张大野：《微虫世界》，中国科学院历史研究所第三所编：《近代史资料》总第6号，第89页。
⑩ 佚名：《庚申（甲）避难日记》，罗尔纲、王庆成主编：《太平天国续编》（六），第227页。

说明太平天国减租限租的政策主要是对既成事实顺水推舟的追认，有防止滋生抗租暴动的情节在内。然尚未发现佃农不用交租的实例。

"减赋限租"体现了政府维护社会稳定，缓解社会各阶层矛盾的执政理念，但问题的关键在于前述太平天国在传统社会经济秩序恢复过程中出现了执行局限和偏差，将社会经济矛盾的焦点部分地从田赋转向了政府要求的地租和杂税。

十 招贤之制

从曾国藩的《讨粤匪檄》在士子文人中产生巨大震撼和号召看，文化反感是士子文人走向太平天国对立面的一个因素。太平天国科举取士的制度化尝试虽有较大进展，仍未能获得知识分子的广泛响应，与湘军阵营人才济济相比，太平军中的知识分子鲜有声名著闻者。通过科举取士的制度化以维护社会稳定，减少社会变乱的尝试是失败的。

太平天国有招贤之制，李秀成在杭州"改抚署为招贤馆，大小文武官员皆准投入，或授以伪职，相待甚优"，[①] 又于"湖墅设招贤馆"。[②] 桐乡守将钟良相张榜招贤，"凡民间有才力可任使者，来辕禀明"，"一材一艺皆搜罗录用"，而招贤效果不佳，"善书记笔札者""民间豪杰""绿林好汉""江湖游士"尚有来投者，"通晓天文""熟悉风土民情""熟悉古今史事政事"的真正贤才则少之又少。[③]

除上述有助于预防和调控民变的十类主要举措外，太平天国还采取了一些零星措施。如常熟太平军当局曾出令禁止贩米出洋，以平抑米价，保障本地区的粮食供应。咸丰十一年（1861）三月钱伍卿出示："奉令饬查米船，不准私自出洋。食米过卡报税，本境原准流通，牙户平买、平卖，出洋踏获充公。军民藉端索诈，立即按提严究。诚恐未及周知，合令出示晓谕。"同治元年（1862）二月初八日，常熟当局再次出示"禁止

[①] 奕䜣、朱学勤等：《钦定剿平粤匪方略》卷298，第16页a。
[②] 张尔嘉：《难中记》，中国史学会主编：《太平天国》（六），第641页。
[③] 沈梓：《避寇日记》，罗尔纲、王庆成主编：《太平天国续编》（八），第57页。

客商贩米"。① 粮价高低和粮食供应直接关系民众生活，也影响粮赋折价，所以阻米外运有助于防患粮食暴动。诸如此类调控社会秩序的举措，需要具有一定地方行政经验者主持，所以仅是局部地区的特殊情况，零星而不普遍。

"调控十策"概括而言均是政治性的，是太平天国调控社会秩序，应对社会危机的重要举措，其具体内容又可分为政治、军事、经济和文化四个方面：安民造册、招集流亡、管理诉讼属政治领域；治理土匪、兴办团练、整饬军纪属军事领域；保障农业、兴修水利、减赋限租属经济领域；开科取士及招揽人才属文化领域。其中安民举措里的宣讲"道理"和出榜安民又可细归为思想舆论宣传；编户造册、招集流亡及兴修水利的部分意义可细归为社会生活领域。可见"调控十策"的内容涉及政治、经济、军事、文化、思想舆论和社会生活等国家建设的方方面面，如果能在太平天国统治区全面系统有效地推行，民变等社会变乱现象可能大为减少，太平天国的后方基地建设也许是另一番局面。但这十类措施没有形成系统的政策纲领，仅是在统治区的某些时期地方政府调控社会秩序时采取的较常见的办法，它们从来也没有全面系统地在某一个地区推行过。

即使在承平时期，政府能够做到十类举措同期有效进行也较困难。战时的太平天国政府在缺少统一的政策支持、局势动荡不定、政局涣散的情形下仍能在社会建设的各个领域有所触及，并且在某些领域（如减赋、治匪、办团、兴修水利等）保持相对协调的步调，已属难得。只是在具体调控内容上未能根据自身所处的社会实际做到有的放矢，各个领域均有触及，却分散了社会建设的精力，没有抓住社会秩序紊乱的关键问题。

影响太平天国统治区社会秩序的主要危机是民变、民团和匪盗。团练和匪盗问题的形成主要与先天政治敌对意识、战乱、天灾等相对不可变因素有关，而民变成因多具可变性，像关涉民众切身经济利益的田赋、地租、杂税是激发民众抗争的主要方面。所以政府应重点对此采取预防

---

① 佚名：《庚申（甲）避难日记》，罗尔纲、王庆成主编：《太平天国续编》（六），第 217、231 页。

和调控措施,如减赋限租、规范税收、治理腐败、严明军纪,而这些恰是太平天国未能做好的几个方面。

以治理腐败为例。据表4—1关于民变类型的统计,由官员贪腐引发的民变为6起,然官员浮收实际也是腐败的一种表现,所以实际反对官员腐败的民变不止于此。仅以6起事件论,事发后政府惩处不法官吏,及时妥善解决问题的有2起;镇压民变,对腐败现象不予过问的有1起;官方态度不明的有3起。像咸丰十年(1860)十一月常熟恬庄军帅钱春在市桥索取民钱,"有长毛上禀城中,吊去革职,游六门,解苏州";[①] 同治元年(1862)八月新塍塘南百长朱不登"渔利其间,又私收乡人所完漕银",被百姓告发至军帅处,"械系累月"。[②] 这两起民变均经政府有效应对。虽然政府对反腐民变的得当处置也可视作治理腐败,却仅是一类消极被动的应对。仅凭"社会监督,政府配合"的模式很难在治腐问题上有大的作为;况且上述两起事件的当事人钱春和朱不登并没有因民变而中止仕途:钱春在次年(1861)五月爆发的综合性民变中再次因贪腐行为引起民愤,曹和卿前往安民,"革去军帅钱春,换钱正夫为军帅",这说明上年民变结束后,钱春曾经复职;[③] 朱不登在民变结束后数日即为师帅陆吟树保释。[④] 政府治理腐败的决心和力度显然不足。

与调控和预防民变有关的政策有其各自失利的具体原因,从太平天国自身主观因素和社会现实客观因素两个层面仍可归纳调控效果不佳的共同原因。

就太平天国自身来讲,首先是政治层面原因。低效的政权建构、各自为政的政局决定了太平天国政权不可能制定统一的调控国策,也不可能在占领区进行统一有效的政策部署和社会资源调配。贡役制统治模式的反复也使部分地方政府缺少良性行政的耐心,限制了太平天国政权与地方社会合作的程度。太平天国社会战略的直接执行者是乡官,但乡官

[①] 佚名:《庚申(甲)避难日记》,罗尔纲、王庆成主编:《太平天国续编》(六),第209页。
[②] 沈梓:《避寇日记》,罗尔纲、王庆成主编:《太平天国续编》(八),第147—148页。
[③] 佚名:《庚申(甲)避难日记》,罗尔纲、王庆成主编:《太平天国续编》(六),第221页。
[④] 沈梓:《避寇日记》,罗尔纲、王庆成主编:《太平天国续编》(八),第148页。

素质参差不齐,心态各异,行政效率低下,像太平军当局严禁浮收的政令便因地方行政腐败而成一纸空文。应对民变等社会变乱原有赖于地方武装,但临时组织起来的队伍战斗力不强,平抑社会变乱尚须由太平军负责;战争的深入进行牵制了大量太平军,这样在平抑社会变乱的行动中,太平军处于不敷调派和疲于应对的困境。①

其次是经济层面因素。战争的物资消耗导致太平天国"积贫",使赈济灾民、兴修水利等公共工程缺少财政支持。为弥补经费不足,政府又将经济压力转嫁民间,影响民生,引发社会危机。

最后是思想舆论层面。太平天国缺乏对舆论宣传和思想动员主动权的掌控,原本新辟以"讲道理"的口传形式引导舆论走向,这在文化水平整体较低的乡村地区可以发挥更大作用。但太平天国的舆论宣传缺少政治和思想文化认同,宗教思想的宣传力度不够,没有指出"拜上帝"的中国化和本土性,也没有充分说明太平天国"顺天"的正统性和"伐暴"的正义性,只是以含混的宗教语言生硬地灌输给民众。在后期,宗教宣传和政治宣传则基本一切服从、服务于军事,造成民众反感。

就客观现实而言,战事频繁,经济危机,天灾人祸,社会秩序破大于立,加剧了太平天国应对社会危机和调控社会秩序的难度。

第二节 "天国"应变

民变的形成具有很多可变因素,政府可以通过适当的调控政策防患于未然。一旦调控失利,民变发生,政府的应变能力、处理政策则成为影响民变走向的关键,民变也成为考验政府行政优劣的一项指标。太平

---

① 如咸丰十一年九十月间常熟民变,"长毛来往不绝","各处坐卡长毛,回城请剿",显系兵力不足 [汤氏:《鳅闻日记》,罗尔纲、王庆成主编:《太平天国续编》(六),第 355 页]。咸丰十一年三月海宁黄湾盐民"聚徒数百人,寻凶张北平桥地方,被伤两人,捉去一人",太平军无力干涉,"当时闻声尽疑贼至,俱奔逃",实无一兵至 [海宁冯氏:《花溪日记》,中国史学会主编:《太平天国》(六),第 674—675 页]。咸丰十一年四月吴江莘塔抗税民变,太平军"要来打先锋,至花泾港,大雷雨而返",之后再无动静 (柳兆薰:《柳兆薰日记》,《太平天国史料专辑》,第 182 页)。同治二年十二月桐乡石门镇抗粮,"何谕乡官以石门、濮院百姓顽梗,欲下乡打先锋,既而不果",亦为兵力不敷或疲于应付所致 [沈梓:《避寇日记》,罗尔纲、王庆成主编:《太平天国续编》(八),第 227 页]。

天国政府对民变的处理政策有根本性原则,[①] 通过文书、布告、法令的书面形式向社会展现;但因囿于地方各自为政,太平天国不同区域、不同时期、不同主政者采取的应对实践又有差异,应变效果也有不同。本节从太平天国政府(包括太平军军政当局和乡官基层政府)的应变原则和应变实践两个层面介绍太平天国应对民变的具体情况。

一 应变原则

太平天国地方政府一般通过张贴布告的形式表明政府应对民变及相关类型个体行为的态度和原则,布告内容具有律例法令的性质和效力。

在常熟,咸丰十年(1860)十一月初六日,太平天国政府贴出告示,"要收钱粮。谕各业户、各粮户,不论庙田、公田、学田等俱要造册,收租、完粮。倘有移家在外,远去他方,即行回家收租、完粮,如不回来,其田著乡官收租、完粮充公,佃户亦不准隐匿分毫"。[②] 这份告示专门针对租赋事务颁发:一是针对业户拒不完粮,罚以田亩充公;二是针对佃户抵制官方兼收租粮,政府只表明"不准隐匿分毫"的态度,未明确具体处置办法。这份文告指列的情形主要应是个人的抗粮、抗租行为,却表明了政府应对相关类型民变的态度,也为应变政策提供了原始依据和参考。

咸丰十一年(1861)二月,常熟太平天国政府的一份告示声称对抗粮、抗租行为采取更加严厉的刑罚,"欲到处讲道,并禁剃头、霸租、抗粮、盗树,犯者处斩"。[③] 据此,组织这类民变的人原则上要被处以死刑。在同年九月编田造册的过程中,普遍存在业户隐匿田产和抗领田凭的现象,实际是民间的一种变相抗粮。为此太平天国政府再出告示,"勒令百

[①] 《天朝田亩制度》规定基层政权组建地方武装乡兵,维护社会治安,"每军每家设一人为伍卒,有警则首领统之为兵,杀敌捕贼;无事则首领督之为农,耕田奉尚"[《天朝田亩制度》,中国史学会主编:《太平天国》(一),第321页]。民变则"有警",按规定应由乡兵"杀敌捕贼",所以原则上基层政府应对民变的方法即动用乡兵镇压,而在现实中很难按照单一的原则一成不变地处理事端。

[②] 佚名:《庚申(甲)避难日记》,罗尔纲、王庆成主编:《太平天国续编》(六),第208页。

[③] 龚又村:《自怡日记》,罗尔纲、王庆成主编:《太平天国续编》(六),第60页。

长司马,细查田数,尽数补出,如再隐匿,察出二罪俱罚"。① 这份告示较该年初颁布的法令在语气上有所缓和,对此类行为仅威慑说"二罪俱罚",未提"斩首"。

从咸丰十年(1860)冬至咸丰十一年(1861)秋,是常熟太平天国政府在该地区探索进行恢复传统社会经济秩序实践的开局。政策变化与当时错综复杂的社会实际变动密切相关,政策本身存在不稳定、不明确的特点。但常熟地方政府对影响财政收入的抗粮抗租行为高度关注,以上所列告示有两份是针对租粮事务的专门性文件;另一份虽是综合性内容,但禁令的主要方面还是与"霸租"和"抗粮"有关;政府对此类现象明令禁止的原则和态度是明确的。

咸丰十一年(1861)九月,一份列有详细禁止事项和明确惩罚措施的综合性布告在常熟颁发:"一农佃抗租,田亩充公;一业户领凭收租,欠缴钱粮解营押追;一兄弟藉公索诈,本人斩首;一居民容留妖类,面首刺字;一谋害乡官,毁坏局卡,罚打先锋;一勾引兄弟在外闯事,枷锁游街;一洋烟、旱烟吸者悔过,贩者罚银;一偷盗公私财物,权其轻重,罚做劳役;一布造谣言,照旧薙头,拿捉究治;一不领门牌,不遵法令,驱遣出境。"② 这是后期太平天国在稳定社会秩序方面内容比较全面的地方成文法。

在十款法令中,与民变相关的有三条:抗租"田亩充公"、抗粮"解营押追"和毁局殴官"罚打先锋"。前所列农佃抗租和业户抗粮可能也针对个体行为,但"谋害乡官,毁坏局卡"自然属于集体暴动。该文件颁布的时间恰好是常熟太平天国政府清理田册的关键期,而且此时常熟已经历了咸丰十一年(1861)四月的民变高峰,并即将再次面临同年九十月间的民变高峰。所以该文件的颁发主要针对的社会问题可能是与田赋地租事务有关的民变。

发布告示的洪姓太平军将领署衔"天朝九门御林开朝勋臣慎天义统

---

① 柯悟迟:《漏网喁鱼集》,第55页。
② 《常熟贺天侯洪布告十款》,罗尔纲、罗文起辑录:《太平天国散佚文献勾沉录》,第68页。

下贺天侯兼武军政司"。"慎天义"即常熟昭文守将钱桂仁,① 其部下所发文告应经钱桂仁首肯;这份布告除在常熟北乡张贴,在南乡亦有发现,经秀才龚又村证实:十月初五日,"见武军政洪□□示十款,如佃农匿田抗租,兄弟藉公索诈等项,本人处斩,田亩充公"。② 这说明十项法令的推行具有相当的普遍性和权威。因此,常熟太平天国政府应对民变的原则主要应以此文件为准。

具体而言,对抗租的佃农罚以"田亩充公",很明显是针对那些在业主缺失、官方代业收租的情形下,"着佃交粮"后不肯再纳田租的佃户。常熟太平天国政府并未像之前那样将"霸租"列为死罪,反映了政府在干涉租佃事务的程度上仍心存犹疑,政府在名义上仍是"代业"行事,公开以严刑镇压似有不妥,常熟政府对此可能已有一定认识。业户抗粮,影响田赋征收,与抗租、反租粮兼收的行为性质不同,政府可以直接对抗法者处以刑罚——"解营押追",即逮捕、拘禁。抗粮与反兼收等,如升级为"谋害乡官,毁坏局卡"的暴动,则要"罚打先锋"。实际上,"毁局殴官"基本成为民变通式。当时有文人记载太平军"如遇乡民杀伪乡官,必出令打先锋,奸淫杀掠,无所不至,俟抢掠一空,然后插旗收令,再遣伪乡官下乡讲道理安民"。③ 或可总结常熟太平天国政府应对民变暴动一般遵循"民变发生→打先锋→讲道理"的模式。

在长洲,同治元年(1862)九月,太平天国政府曾专为租佃事务出示,力图以行政手段调解和干预租佃关系,告示称:"除委员率同各军乡官设局照料弹压外,合行出示晓谕。为此,谕仰在城在乡各业户、承种

---

① 钱桂仁初为慷天燕,与详天福侯裕田同守常熟,但侯"系文职,不理军务,唯钱伪帅操兵农之权"[龚又村:《自怡日记》,罗尔纲、王庆成主编:《太平天国续编》(六),第 51 页],可知常熟实权为钱所据。经《庚申(甲)避难日记》和《自怡日记》证实,贺天侯洪布告发布时间为咸丰十一年九十月间,所以钱桂仁升"慎天义"当在此前。据《自怡日记》咸丰十一年八月二十日记事,钱"加义衔"[龚又村:《自怡日记》,罗尔纲、王庆成主编:《太平天国续编》(六),第 74 页];又据《鳅闻日记》,咸丰十一年六月钱为"慷天安","八月初,城中钱逆又升伪衔"[汤氏:《鳅闻日记》,罗尔纲、王庆成主编:《太平天国续编》(六),第 353 页],当指义爵。所以钱桂仁升"慎天义"的时间应在咸丰十一年八月。罗尔纲先生《太平天国史》记"壬戌十二年春,(钱)从慷天安改封慎天安,旋升慎天义"(罗尔纲:《太平天国史》第 4 册,第 2682 页),似可商榷。

② 龚又村:《自怡日记》,罗尔纲、王庆成主编:《太平天国续编》(六),第 79 页。

③ 陆筠:《海角续编》,第 124 页。

各佃户知悉，尔等各具天良，平心行事，均各照额还收，不得各怀私臆，无论乡官田产，事同一律。如有顽佃抗还吞租，许即送局比追。倘有豪强业户，势压苦收，不顾穷佃力殚，亦许该佃户据实指名，禀报来辕，以凭提究，当以玩视民瘼治罪。"① 这是在业户照旧收租的情况下，明确了政府对"顽佃抗还吞租"的态度，即"许即送局比追"，"送局"的执行者是业户，"比追"则由政府出面参与。告示还称政府特意"委员率同各军乡官设局照料弹压"，"弹压"的既然包括抗租事件，当然也包括抗粮抗税类型的民变，这表明长洲太平天国政府的"镇压"原则。

在桐乡，咸丰十一年（1861）七月，符天燕钟良相颁布安民告示，附列"规条十三则"，其中有"住租房、种租田者，虽其产主他徙，总有归来之日，该租户仍将该还钱米缴还原主，不得抗欠"之内容，禁止抗租。该告示亦在濮院镇关帝庙、观前等处张贴，已影响到秀水一带。②

在秀水，同治元年（1862）三月，濮院镇右营师帅沈某出示，"禁恃强索诈、恃强卖买、欺骗、霸占、抗欠及假冒枪船等约十条左右，贴在大街之中"。③"霸占"包括抗租，"抗欠"包括抗粮、抗税，这些均在政府严禁之列。

在石门，太平天国政府对抗租抗捐行为的态度在发富户沈庆余的安抚劝谕中有所体现。同治元年（1862）九月，石门守将邓光明颁给沈某护凭一张，"嗣后……或有强佃抗霸收租，纳捐不交，以致不能安业……仰该沈庆余放胆持凭即赴监军衙门控告。如监军不理，则必来城于四门击本掌率所设大鼓，自当详请追究，一洗沉冤"。④ 同年十二月，□天福李某、吏政书舒某颁发沈会谕，称"顽民欺懦，遂麇诈于多方。……荃赖弟等禀知，则弟等庶不至再为乡员所蒙蔽，刁顽所欺凌。……如果有

---

① 《珽天安办理长洲军民事务黄酌定还租以抒佃力告示》，罗尔纲、王庆成主编：《太平天国续编》（三），第156页。
② 沈梓：《避寇日记》，罗尔纲、王庆成主编：《太平天国续编》（八），第56页。
③ 沈梓：《避寇日记》，罗尔纲、王庆成主编：《太平天国续编》（八），第112、167页。按：正文作"左营师帅出告示"，卷3"补遗"改作"三月初六日寒食节，右营师帅沈出告示，禁索诈、恃强卖买及欺骗、假冒枪船等"。此处依"补遗"。
④ 《殿前又副掌率邓光明发给石门沈庆余劝谕》，罗尔纲、王庆成主编：《太平天国续编》（三），第153页。

胆投告,除此恶习,本爵等定当从重奖赏,决不食言"。① "顽民欺懦""刁顽所欺凌"可能均指佃户抗租,应对此类行为,政府鼓励业户放胆投告,许诺严查追究。此外,两份文书所列鼓励沈庆余投告的条目不只有佃户抗捐、抗租,还包括"不法乡员恃强借掇,任意苛派,及土棍刁民、军中弟兄或以有妖朝功名,强勒索需,或以助妖粮饷,诈取银洋;或以在前清时曾受凌辱,欲复前仇;或有官兵往来,打馆滋扰"等内容,会谕也强调了"乡员知情,得从中而舞弊"的现象。其中,乡官贪腐、太平军勒派掳掠也是引发民变的重要原因,从中可以看出石门太平天国政府准许民间社会合法抗争的态度,有别于应对集体暴动的原则。

在海盐,两件政府颁给业户的辛酉年(1861)完粮易知由单印有"该粮户如敢挝交觍米,短缺放刁诬控,罪至反坐。各宜遵照严令,依限完纳,毋得迟误,自干罪戾"的字样。②"罪至反坐""自干罪戾"表明政府认为抗粮行为应置重刑。

嘉善富户赵某在咸丰十年(1860)九月十一日给其表弟晓秋的信中说:"俟长毛三日后发告示,再议取租章程。以长毛之威,不怕租米不还也。"言外之意是预测太平天国有保护"业户取租办赋"的态度,③"长毛之威"指太平军以武力震慑佃农按限如数交租。根据嘉兴各县实际,嘉兴地区太平天国政府对抗粮、抗租行为的严禁态度是一致的。

在诸暨,咸丰十一年(1861)十月太平天国政府出示:"分地产所出之息,为天朝维正之供,勿遗勿漏,致干匿税之诛;毋玩毋延,共免追比之苦。限十一月初十日扫数菁完,逾限倍征,同遵天父之庥命,相为天国之良民。如有隐匿,封产入公,如若迟延,枷号责比。"④这里所说民间"玩延""匿税"的是国家"正供",指漕粮。对抗粮,处以田产充公,相关人员枷号杖责的惩处。同年十一月政府再次出示:"业户固贵按

---

① 《䥥天福李吏政书舒给沈庆余会谕》,罗尔纲、王庆成主编:《太平天国续编》(三),第164—165页。
② 太平天国历史博物馆编:《太平天国文物》,第3、4页。
③ 赵氏:《赵氏洪杨日记》,罗尔纲、王庆成主编:《太平天国续编》(八),第285、273页。
④ 《恋天福董顺泰为令完粮以济军饷劝谕》,罗尔纲、王庆成主编:《太平天国续编》(三),第119—120页。

亩输粮，佃户尤当照额完租。兹值该业户粮宜急征之候，正属该佃户租难拖宕之时，倘有托词延宕，一经追控，抗租与抗粮同办。"① 抗租和抗粮同在政府惩办之列，虽未明确具体措施，但措辞相当严厉；诸暨地方政府接连针对租粮事务出示，并明令禁止抗租抗粮，似可说明在此前或同期发生了较有规模的抗租抗粮事件。

上述苏州、嘉兴、绍兴各太平天国政府颁行的文告，主要针对抗粮、抗租行为；对抗捐税，政府也是一贯持禁止和严惩的态度，像同治元年（1862）五月苏州太平天国政府颁布告示，责成所属各县佐将"先办田凭，次征上忙，再追海塘经费。次第举行，以抒民力；并勒限完纳，不准蒂欠"。②

但是，对以合法手段反对太平军掳掠和勒派、反对官员贪污舞弊等的抗争行为，太平天国政府所持态度较为平和。在许多太平军安民文告中均有准许民众依法抗争的内容，如"业已严禁该兵士等一概不准下乡滋扰，倘有不遵，准尔子民捆送来辕，按法治罪"，"不准官兵滋扰以及奸淫焚杀。倘竟有不遵约束之官兵，准尔四民扭送该县，以凭究办"，"如有官员兵士以及不法棍徒吓诈生端，许该民人扭赴来营，以凭讯究，决不宽贷"，③"倘有不法官兵，下乡奸淫掳掠，无端焚烧者，准尔民捆送卡员，按依天法"，④再如上述嘉兴石门和苏州长洲的例子。太平天国政府对民间社会以合法抗议的形式监督和纠正天国行政弊端的行为持许可态度；也就是说，相对于集体暴动，太平天国更易接受以类似较温和的方式解决政府与地方社会的分歧，这种心态反映了太平天国地方行政有向良性统治方式转型的可能。而抗粮、抗捐税、反租粮兼收等类型民变及相关个体行为，影响政府财政收入，这却是关系太平天国支援对清战争生死攸关的问题；而且实践表明上述行为几乎很少能维系在合法抗争

---

① 《忠天豫马丙兴谕刀鞘坞等处告示》，罗尔纲、王庆成主编：《太平天国续编》（三），第125—126页。
② 《苏福省文将帅总理民务汪宏建命抚天预徐少蓬裁撤海塘经费钧谕》，罗尔纲、王庆成主编：《太平天国续编》（三），第149页。
③ 罗尔纲、王庆成主编：《太平天国续编》（三），第94、118、144页。
④ 《忠诚一百六十二天将林彩新饬青岩四民急散团练痛改前非劝谕》，太平天国历史博物馆编：《太平天国文书汇编》，第159页。

的范畴内，一般在动员之初即具暴力性，太平天国对集体暴动则较多持以"打先锋"等形式的镇压态度。

总体来讲，太平天国的应变原则有对民变事件分类型、分性质区别对待的特点，对抗粮抗税一类和以合法手段反掳掠反贪腐一类区别对待，对集体抗议和集体暴动所持原则也不相同。最典型的是咸丰六年（1856）翼王石达开部将赖裕新在江西发布的安民晓谕，文后附十条法令，五条申明军纪，准民"据实扭禀"，违纪官兵"论罪处斩"，即准许民众合法抗争；另五条劝谕百姓，最后一条称"凡某处乡民如有受妖蛊惑，顽梗不化，不遵谕、不识天，或纠乡愚，或作暗害侵抗我军者，及纵妖谋害我使者，定将该某城乡镇市尽行剿洗，鸡犬不留"，虽然主要针对团练，但民变也有"纠乡愚""顽梗不化""暗害侵抗"的类似行为，实际表明了政府应对各类社会变乱的态度。① 另外要指出，太平天国准许合法形式的集体抗议不代表政府支持和认同此类行为，施政者对民间社会自发组织的有规模的集会具有先天的警觉。

二　应变实践

政府应对民变主要有"剿"和"抚"两种方式："剿"即动用国家军队镇压，"抚"即抚谕协调或妥协退让。政府在平抑民变的具体执行上可能采取剿抚兼用的方略，并不一定单纯地镇压或抚谕，一般有先抚后剿和先剿后抚两种情形。据本书附表整理而成"清政府与太平天国应变实践之比较"表。

表 5—1　　　　　　　清政府与太平天国应变实践之比较

应变实践	剿	剿抚兼济		抚	不明	总数
		先抚后剿	先剿后抚			
清政府	34	3	21	17	29	104
百分比	32.7%	2.9%	20.2%	16.3%	27.9%	100%
		23.1%				

---

① 《元勋殿左二十七检点赖裕新安民晓谕》，罗尔纲、王庆成主编：《太平天国续编》（三），第 50—52 页。

续表

应变实践	剿	剿抚兼济		抚	不明	总数
		先抚后剿	先剿后抚			
太平天国	37	1	0	18	14	70
百分比	52.9%	1.4%	0	25.7%	20%	100%
		1.4%				

注：清政府数据依附录二，太平天国数据依附录一。

根据太平天国和清政府应对民变的实际，两者均存在"剿抚兼济"的应变实践，但"先抚后剿"的具体情形有所不同。通常情况，政府在抚谕无效，民众顽抗不散时只能采取镇压措施；或是镇压无效，激发更大规模的群体事件，政府只好被迫采用抚谕或妥协的方式息事宁人。清政府的应变实践符合这一通式，如道光二十五年（1845）九月，宁波奉化张名渊、汪佩绶、赵舜年等"聚众阻闹，挟制完粮减价"，[1] 入城"焚库书与城绅屋庐"；[2] 在宁波巡道陈之骥、参将百胜镇压不利的情况下，清政府改剿为抚，巡抚梁宝常"密使人招谕之绅士会于城隍庙，均议投首"，进行分化和诱降。[3] 又如咸丰八年（1858）宁波鄞县史致芬聚众要求平抑米价、钱贴，知府张玉藻抚谕不成，继而按察使段光清"至宁波谕市肆减贴水，千钱以五百为率，遣镇海绅士卢派招致芬，为其党所持，不果降"；抚谕失败，清政府遂改抚为剿，派兵镇压，最终俘杀史致芬、王文龙等。[4]

太平天国政府以"先抚后剿"之法应对民变则是指先抚谕劝散民众，事成后再以武力报复。咸丰十一年（1861）二月，常熟王春园聚众抗粮，守将钱桂仁派钱伍卿"下乡劝戒讲和"，"王姓面受抚慰，罚赂千金"，"随后钱逆自领三千贼毛船骑赴东，一路办安民，讲道理"；[5] 抵达梅塘

---

[1]《清宣宗实录》卷421，"道光二十五年九月庚辰"，中华书局1986年影印本，第39册，第285页。
[2] 光绪《剡源乡志》卷24，"大事记"，第6页b。
[3] 光绪《奉化县志》卷11，"大事纪"，第16页a—b。
[4] 光绪《鄞县志》卷16，"大事纪下"，第33页a—b。
[5] 汤氏：《鳅闻日记》，罗尔纲、王庆成主编：《太平天国续编》（六），第345页。

后，却"分派统下头目，散往各镇"，"拘农民具限期"完赋，进行报复。① 在"天国"民变中尚未发现"抚不利再剿"和"剿不胜再抚"的案例。概括而言，清政府的"先抚后剿"方略是"抚不利再剿"，"剿"是实践的主要方面，应变实践的重心可置于"剿"之列；"先剿后抚"是"剿不胜再抚"，应变实践的重心可置于"抚"之列。太平天国 1 起民变采用了"抚胜后再剿"的方略，应变实践的重心在于"剿"。

结合表 5—1 与相关史实，得出几点看法：

（一）太平天国的应变实践以剿为主

以镇压方式平息民变的比例为 52.9%，如将"先抚后剿"的 1 起案例算在内，镇压比例达 54.3%；而以抚谕、妥协的方式平息民变的比例仅为 25.7%。对清政府来说，剿的比例包括先抚后剿的比例合计为 35.6%，而抚的比例包括先剿后抚的比例合计为 36.5%，以抚谕协调方式平息民变的比例略高。

关于太平天国应对民变多采"剿"策的原因，首先，江南地区传统文化氛围浓厚，江南民众对以"拜上帝"为立国基石的太平天国有强烈的排他性，在立国未稳、根基不固的情况下，乱世用重典，迫使太平天国选择高压政策对待民众的对立行为。其次，太平天国统治者缺少地方行政经验，又受战争时局影响，没有足够的精力和耐心妥善处理突发事件，而镇压举措相对简单、直接。第三，"天国"民变主要是集体暴动，集体抗议的比例相对较小；事件规模大、烈度强，"毁局殴官"暴力性浓厚，社会影响亦大，很难激发执政者良性施政的愿望，也较难取得其他社会阶层的同情和支持。

清政府的应变实践虽然以抚为主，但"剿"的比例也很高；21 起"先剿后抚"的民变事件说明政府应变的第一反应还是直接镇压，只是镇压不利才被迫转入抚谕流程。"剿"和"先剿后抚"的事件比例合计为 52.9%，即清政府在应对民变实践中直接采用镇压措施的比例。所以，无论是清政府还是太平天国，两者均在应变实践中倾向于采用镇压措施；两个时期政府采取"先抚后剿"方略应变的比例很低也说明了这点。

此外，太平天国"剿"办民变的手段残酷。同治元年（1862）二月，

---

① 顾汝钰：《海虞贼乱志》，中国史学会主编：《太平天国》（五），第 372—373 页。

浙江慈溪富户刘祝三集众反抗，太平军提兵进剿，"周回二十里几无孑遗。刘屋被焚，血流倾亩，河水尽赤"。① 同年四月，常熟东乡抗捐抗税，太平军大队下乡，"被其数日杀人放火，大小俱杀，大害一方，共十余市镇"。②

太平天国以剿为主平抑民变的实践应予反思。民变的抗争诉求一般是经济型的，其性质与团练有着本质区别。但太平天国应对民变以"剿"为主，过分干涉基层事务，习惯于将社会问题、经济问题政治化，在应变实践中产生了"打先锋""屠灭""掳人"等违纪行为，造成恶劣的社会影响，导致民间社会逐渐形成太平军穷兵黩武的恐怖印象，刺激民众对立心态，不利于新政权认同。而相较于对民变以剿为主疲于应付，莫如将应变重心向抚谕方向稍作倾斜，同时修省自身弊政，缓和社会矛盾，改良乡政，③ 恢复和发展战时生产，以稳定的社会经济秩序维系民心所向，从而保障战争所需的庞大经费和政权运作的各项开支。

（二）太平天国的应变实践不注重善后

无论剿或抚，在民变平息后，政府均应做出追根溯源、防微杜渐的姿态，对事件进行反思和善后。但在数十起民变的应变实践中，较少看到太平天国政府自我检省，修正弊端。在部分案例中，太平军的行动甚至有仇杀性质，咸丰十年（1860）十二月，安徽贵池乡官吴彩屏因作威苛费被乡民杀死，后其子告发，"引贼报仇，颇多烧杀"；④ 咸丰十一年（1861）春，浙江嘉善民变，监军顾午花因贪酷被百姓杀死，"贼以顾为忠，复焚劫民间为顾复仇"。⑤ 烧杀过后，太平天国政府几乎不可能再提

---

① 柯超：《辛壬琐记》，中国社会科学院近代史研究所《近代史资料》编辑室编：《太平天国资料》，第185页。
② 佚名：《庚申（甲）避难日记》，罗尔纲、王庆成主编：《太平天国续编》（六），第235页。
③ 前期，太平军在江西所行乡政较为优良，其大致内容，经外国人采访整理为两篇新闻稿，发表于《北华捷报》，参见 The North-China Herald, Vol. VII., No. 316, Aug. 16, 1856, p. 10; The North-China Herald, Vol. VII., No. 323, Oct. 4, 1856, p. 38. 然江西基地维系时间过短，良性施政未充分展现。而后期乡政的主要特点却是"对民法和境内的民生漠不关心"，见 Prescott Clarke and J. S. Gregory eds., Western Reports on the Taiping: A Selection of the Documents, London: Groom Helm Ltd., 1982, p. 313.
④ 李召棠：《乱后记所记》，中国科学院近代史研究所《近代史资料》编辑室编：《近代史资料》总第34号，第186页。
⑤ 沈梓：《避寇日记》，罗尔纲、王庆成主编：《太平天国续编》（八），第45页。

出建设性举措，往往造成地方暂时的社会失控。

也有太平天国政府关注民变善后事宜的案例。例如在常熟昭文地区，有时即使镇压民变的行动结束，守将钱桂仁仍会采取有限度的善后。咸丰十年（1860）十月王市变乱，钱桂仁发兵下乡，事平后，"众贼毛奉钱逆之令，不准妄杀"。又如咸丰十一年（1861）四月，常熟鹿苑民变，钱桂仁"先发福山长毛黄逆到彼，于四下杀掠焚烧"，又亲率二千人后至，"见田野尸横数百，地方被掳成墟。乃责黄暴虐，自相争斗，扭禀苏城见伪忠王，即叱众送还民间之物，又使钱伍卿到彼安抚土民"。① 同年十一月昭文柴角等处因"藉口加粮"又起民变，"城帅侯、钱发兵痛剿"，事平后"幸蹂躏各乡奉令赦粮"。② "讲道理"可作一类善后措施。如前述，常昭太平天国政府的某些应变实践确实遵循了民变发生后打先锋应对，事平后再讲道理安民的一般原则。

同样是在常昭地区，由于各处驻扎将领保留有相对独立的行动自由，应对民变的实践方法也不尽一致。像咸丰十一年（1861）十一月常昭民变，丞相薛姓带三百人打先锋，"自花庄到海洋塘，俱遭焚掠"，"师帅土棍徐茂林竟率市中无赖，随贼下乡劫掠"，此事并未经钱桂仁首肯，也未见善后措施。③ 另外，地方事务多由乡官直接处理，基层政府得以解决的问题一般不再上禀于太平军军政当局，同年六月陈塘坝乡农聚众反对官员浮收，乡官周某、陈某带听差数十，坐卡太平军将领鲍某亦带兵出打，"各农散走"。事后太平军进行报复，"文生唐清如与侄省亲路遇被获，关锁黑牢，罚银百两始得释放"，"伪职声势加倍利害"。④ 因民变规模不大，乡官联同坐卡将领直接将其镇压，事情未必会惊动钱桂仁。多数情况，民变的结局以太平军镇压，百姓溃散告终，少见太平天国政府处理涉事官员，严谕革除流弊，恢复和发展生产的善后举动。

清政府对涉事官员撤职查办的政策在地方上是付诸实践的，像桐乡知县姚恩书、奉化知县舒迹、吴江知县贺际运、姚铣等俱因激发民变获

---

① 汤氏：《鳅闻日记》，罗尔纲、王庆成主编：《太平天国续编》（六），第328、350页。
② 龚又村：《自怡日记》，罗尔纲、王庆成主编：《太平天国续编》（六），第81—82页。
③ 汤氏：《鳅闻日记》，罗尔纲、王庆成主编：《太平天国续编》（六），第356页。
④ 顾汝钰：《海虞贼乱志》，中国史学会主编：《太平天国》（五），第371页。

罪。一般受到惩办的是知府、知县等中下层官吏，鲜见高层官员因民变受到处分，但规范的问责追责机制在当时已算可贵。清朝律例规定对酿成民变的涉事官员严厉制裁，如"州县官员贪婪苛虐，平日漫无抚恤，或于民事审办不公，或凌辱斯文，生童身受其害，以致激变衿民，罢市、罢考，纠众殴官者，革职提问（私罪）。……不知情者仍照失察属员贪劣例议处"。① 因民变发生有碍地方官考成，所以某些官员害怕事态扩大受到处分，对民变姑息容忍，以抚谕为主。地方官员的此类心态一方面可能有助于事件平稳解决，另一方面也可能助长变乱风气，失去平抑民变的有利时机。若不以应变成效论，仅就善后政策得失评价，惩办涉事官员对改善吏治、监督地方行政和预防民变再生有积极作用。太平天国同样有处置涉事官员的例子。咸丰十一年（1861）二月为平息吴县民变，苏州太平军当局杀乡官局差郁秀以平民愤；② 同年五月常熟民变，钱桂仁、曹和卿、钱伍卿等下乡安民，撤换涉事军帅、旅帅；③ 九月常熟先生桥镇有鲍姓将领率太平军抢掠，乡官声诉至城，钱桂仁杀鲍姓手下小头目宣姓塞责。④ 但这些主要是政府为尽快平息事端而采取的安抚手段，并非旨在"善后"。

（三）太平天国的应变实践过分干涉租佃事务

12 起反对租粮兼收的民变反映了佃农对政府过度干涉租佃事务的不满，其中政府对 7 起事件采取了镇压举措。咸丰十一年（1861）十二月，无锡安镇顾某聚众抗租，十四日，太平军"使伪乡官引导至乡弹压"，焚掠村落，经乡官斡旋，佃农同意"一律还租"。这是太平天国政府以武力干涉租佃事务的典例。⑤ 咸丰十年（1860）十一月太仓的一起事例表明了当地政府干涉租佃事务的根本目的。一场反对租粮兼收的民变风波过后，镇洋县监军丁某请求处分涉事官员，上禀弹劾太仓监军余某因征收"租

---

① 文孚纂修：《钦定六部处分则例》卷15，"营私"，沈云龙主编：《近代中国史料丛刊》第34辑第332册，第358页。
② 蓼村遁客：《虎窟纪略》，《太平天国史料专辑》，第30页。
③ 佚名：《庚申（甲）避难日记》，罗尔纲、王庆成主编：《太平天国续编》（六），第221页。
④ 顾汝钰：《海虞贼乱志》，中国史学会主编：《太平天国》（五），第371页。
⑤ 佚名：《平贼纪略》，太平天国历史博物馆编：《简辑》（一），第281页。

价太贵"激发民变,但太平军当局的处理却是将上书的丁姓监军撤职、监禁、罚银,余某竟安然无恙。① 从严惩丁某的结局看,丁某在弹劾同僚的案件中,所持立场有可能是反对政府"兼收租粮",而"兼收租粮"以及定租价过高,正是太平天国驻太仓佐将的主张。由定"租价太贵"可知太平军当局干涉租佃事务除标榜的"俾业佃彼此无憾,以昭平允"②的良善初衷外,似有挪用或窃占代业所收地租的经济意图。太平天国内部除丁监军可能对代业收租政策有异议,当时还有有识乡官不赞同由官方代收地租。旅帅李庭钰儒生出身,他曾在辛酉年(1861)冬劝谏上司师帅朱又村"勿收租,让业户自收",时人称之为"庸中佼佼者",赞其"读书明理,尚未丧厥良心,故人称其平允"。可惜他位卑言轻,谏言未能得到上级重视。③

清政府似乎在有意识地与业佃关系保持距离。在处理抗租民变的实践中,清政府并不盲目采用"剿"的措施。像咸丰三年(1853)八月常昭民变,佃农四处打毁差船、租船,"获解一人,知县任鲲池不堪不办",在官方暧昧态度的纵容下,"十一日,(佃农)复举千余,欲拆其屋,所解之人索还始免"。④ 咸丰三年二月松江南汇抗玩习气日盛,"官与业主亦无如何矣",业主无可奈何属实,官方态度如此则难免有纵容之嫌。⑤ 对于很多抗租事件,清政府虽参与其中,但经常扮演居中协调的角色。过去认为清政府对抗租暴动一概镇压,实际情形可能不完全如此。一般在抗租事件未发展为危害社会治安的大案之前,政府倾向于在业佃之间扮演居间调停的角色,对处理租佃事务非常谨慎。从某种程度上说,太平天国战争前江南地区抗租风潮的形成是佃农主动抗争、业主妥协退让和清政府消极应对三类因素共同作用的结果。

太平天国在政权认同未彻底形成之先,以脆弱的政治权力过度干涉租佃关系等社会性事务,则是地方行政经验不足的表现,也是在战争背

---

① 佚名:《避兵日记》,第29、30、31页,太平天国历史博物馆藏抄本。
② 《斑天安办理长洲军民事务黄为委照酌定租额设局照料收租事给前中叁军帅张等札》,罗尔纲、王庆成主编:《太平天国续编》(三),第157页。
③ 龚又村:《自怡日记》,罗尔纲、王庆成主编:《太平天国续编》(六),第117页。
④ 柯悟迟:《漏网喁鱼集》,第19—20页。
⑤ 鹤湖意意生:《癸丑纪闻录》,《太平天国史料专辑》,第487页。

景下太平天国政治权力急欲深入和控制乡村社会的反映。

（四）太平天国的应变实践区分事件类型和性质

太平天国政府普遍对合法的集体抗议持准许态度，对集体暴动多行镇压；对以合法手段反对官员贪腐和反对太平军掳掠的民变一般能做到以抚谕为主，但对抗粮、抗税等传统类型的民变，因其可能直接或间接影响政府财政，应变手段相对严厉。

太平天国政府准许合法抗争，不代表支持和鼓励此类行为。咸丰十年（1860）八月某日，常熟王市田村农夫数人捉住抢劫宣淫的太平军士兵，请乡官捆缚入城问罪。乡官"禀贼首以众兄弟屡到乡间搅扰，百姓难以生活，将不能捐输进贡"，而负责接待的太平军将领却以"新到长毛，不服约束，且言那一朝不杀人，不放火，使百姓自行躲避"之语敷衍回复。①

清政府原则上不准许任何形式的集体行动，并制定了相当严厉的惩治民变条例。② 太平天国也有惩治民变参加者及相关行为个体的刑罚，只是未能形成统一标准的成文法。在常熟，"治民抗粮违令诸罪"有"黑牢""水牢""火牢"监禁之刑，对抗捐者"锁局追比"。③ 在秀水，对抗粮者亦判监禁，"伪乡官殳阿桂以空屋列木为栅作牢房，凡乡人欠粮者械系之"。在桐乡，抗粮抗捐处以杖责，"不缴则执而杖之"。④ 在诸暨，抗匪者除处以"枷号责比"，还要"封产入公"。⑤

（五）太平天国的应变实践存在内部分歧

政府对民变的处理得失与施政者的个人素质、行政能力和主观能动性的发挥有关。不同施政者应对民变的倾向不同。像陈炳文、钱桂仁、邓光明、周文嘉、钟良相等太平天国的新兴军事贵族，主张地方合作，恢复传统社会经济秩序，他们对民变等社会危机的处置相对理性。时人对钱桂仁行政的反响较好："用下安抚字，渐觉其不宜焚杀，每逢民变，

---

① 汤氏：《鳅闻日记》，罗尔纲、王庆成主编：《太平天国续编》（六），第321页。
② 《光绪钦定大清会典事例》卷771，"刑部·兵律军政·激变良民"，《续修四库全书》史部政书类，第809册，第474—475页。
③ 汤氏：《鳅闻日记》，罗尔纲、王庆成主编：《太平天国续编》（六），第349、352页。
④ 沈梓：《避寇日记》，罗尔纲、王庆成主编：《太平天国续编》（八），第160、227页。
⑤ 《恋天福董顺泰为令完粮以济军饷劝谕》，罗尔纲、王庆成主编：《太平天国续编》（三），第120页。

必先善治，大异于众贼目所为。"① 这是钱桂仁应对民变的一般情况。确如时人所讲，钱桂仁对动用军队镇压民变非常谨慎，咸丰十年（1860）九月东乡各处民变，乡官"磨拳擦掌，连夜入城见伪主将钱，请兵下乡剿灭乱民"，孰料钱不肯轻动刀兵，"反怪乡官办理不善。但著本处乡耆具结求保，愿完粮守分等语。又给下安民伪示，劝谕乡民。其事遂以解散"。② 钱桂仁还常派员以"讲道理"的形式安抚民众，有时也亲身实践，并对群情激奋的民众做出政策上的让步，如咸丰十一年（1861）十一月，常熟民变，"慷天安到东乡安民，各处收租减轻，或一斗，或二斗，各有不同"。③ 但是钱的行政作风也时有不一，像咸丰十一年四月莘庄乡民毁局，"钱伪帅领伪官甘姓、侯姓至莘庄拿办土匪，欲冲数村，师、旅诸帅恐玉石俱焚，哀求始罢。访获周姓二人，熬审毁局一案，随带回城，讯明无辜，准赎，费数百金始释"。④ 同年十月，周巷桥民变，"城毛大怒，令统下尽往吵掠，四面波及数里，横塘一带民宅都空"。⑤ 次年（1862）二月，小市桥镇民变，"城帅（钱）又下兵擒土匪，二图半大打先锋，玉石不分，被累者众"。⑥ 钱桂仁应对民变的不一致可能与抗争力量大小、民变影响、战争时局、太平军机动兵力多寡等实际情况有关。

在太平天国内部，两广"老兄弟"成为地方军事贵族后，习惯于沿用贡役制统治模式，动辄"打先锋"，像谭绍光、陈坤书、黄文金、黄子隆、陆顺得这些人对待社会变乱常以镇压为主。但即便在"老兄弟"身上也能发现太平天国统治方式向良性转型的迹象，如堵王黄文金嗜杀，人称"老虎"，然面对芝塘镇的乡勇，竟能讲出"来者非真妖，农民耳，若杀尽耕作无人"的话；慕王谭绍光接受乡官徐蓉舟的劝谏，吸取之前"几致民变"的教训，"使民依旧耕田"，"所掳百姓尽行释回"。⑦

应对抗租、反租粮兼收等类型民变，太平天国内部有不同意见。士

---

① 汤氏：《鳅闻日记》，罗尔纲、王庆成主编：《太平天国续编》（六），第350页。
② 同上书，第325页。
③ 佚名：《庚申（甲）避难日记》，罗尔纲、王庆成主编：《太平天国续编》（六），第227页。
④ 龚又村：《自怡日记》，罗尔纲、王庆成主编：《太平天国续编》（六），第66—67页。
⑤ 顾汝钰：《海虞贼乱志》，中国史学会主编：《太平天国》（五），第371—372页。
⑥ 龚又村：《自怡日记》，罗尔纲、王庆成主编：《太平天国续编》（六），第94页。
⑦ 顾汝钰：《海虞贼乱志》，中国史学会主编：《太平天国》（五），第358、381—382页。

绅大多是土地拥有者，无论何类型的抗租暴动均会损害业户利益，所以像曹和卿、钱伍卿之类加入太平天国政权的地方精英则力主严禁。曹和卿是咸丰十一年（1861）二月设立半官方性质的租局代业收租的始作俑者；三月"平局遭土匪之劫"，曹和卿派乡勇拿获为首三人审讯，最终"各佃凑钱赔赃，并起事各图办上下忙银各三百，外加二百六十文以赔夏赋"；① 四月，"吴塔、下塘、查家浜之伪局，被居民黑夜打散，伪董事及帮局者皆潜逃"，曹对此怀恨在心。②

虽然士绅出身的乡官力主严禁民变，但他们对太平军"打先锋"的应变行动并不认同，这不仅造成一方百姓生灵涂炭，乡官自家的生命财产也难保全。所以常见太平军下乡镇压民变时，"本处乡耆具结求保"③"老人保得日前杀乡人之辈当以首级奉献"④"各军师旅兜率耆民，情愿赔偿庙宇求免"⑤"旋为乡官调停"⑥ 的现象。常熟乡绅钱伍卿"一时名声甚大，伪主将钱畀以重权，颇见合机信任，众长毛亦畏服"，但他也是太平军"打先锋"的受害者，同治元年（1862）四月常昭东乡民变，太平军骆国忠部下乡掳掠，过东徐市，将钱伍卿家"所藏蓄掳掠一空"，"伍卿哭诉于钱贼，罚骆跪过一夜，由是怀怨"。⑦ 所以"每逢乡民生事，贼欲动怒，皆赖其（钱伍卿）调停解散，屡免焚杀之祸"。⑧ 严办为首者和祸及一方的应变实践存在根本区别，应变效果也大相径庭。一般来说，本土基层官员对太平军当局"打先锋"的应变方式持抵制态度。

某些太平军官员对武力镇压民变存有异议。咸丰十一年（1861）二月，常熟太平天国政府出示，"禁剃头、霸租、抗粮、盗树，犯者处斩"，时人称"然其所统官员……任佃农滋事……万事借天欺人，与示正大

---

① 龚又村：《自怡日记》，罗尔纲、王庆成主编：《太平天国续编》（六），第64—65、116页。
② 曾含章：《避难记略》，罗尔纲、王庆成主编：《太平天国续编》（五），第352页。
③ 汤氏：《鳅闻日记》，罗尔纲、王庆成主编：《太平天国续编》（六），第325页。
④ 佚名：《避兵日记》，第29页，太平天国历史博物馆藏抄本。
⑤ 柯悟迟：《漏网喁鱼集》，第52页。
⑥ 佚名：《平贼纪略》，太平天国历史博物馆编：《简辑》（一），第281页。
⑦ 陆筠：《劫余杂录》，中国社会科学院近代史研究所《近代史资料》编辑室编：《近代史资料》总第105号，第271页。
⑧ 汤氏：《鳅闻日记》，罗尔纲、王庆成主编：《太平天国续编》（六），第346页。

反"。"任佃农滋事""与示正大反"说明这部分执行官员对佃农抗粮、抗租有所放任。同年三月常熟南乡发生反租粮兼收民变,竟有"埋轮之使,犹倡免租之议"。① 这是目前所见唯一一则确切记载太平天国官员主张免除地租的史料。"埋轮之使"指上级派出巡查的官员,他提议"着佃交粮"的佃农应免交地租,但其官爵和社会地位似不高,这一主张未在常昭地区产生影响。还有官员倾向于从宽处理参与民变者,像咸丰十一年三月常熟佃农洗劫乡官局,"屋庐多毁,器物掠空",政府拿获为首三人监禁,准备严惩,四月初有"徐局勇首顾大山来调停劫局案","所获三犯释回";② 同治元年(1862)十二月,吴江同里镇楝花塘农民捣毁收租息局,扣押董事十余人,"周庄费姓遣人说合,得放回家",以协商方式解除了危机。③ 然此类现象未成气候,没有对太平天国应对民变的主流实践产生影响,大多数基层官员一旦握有权柄,"困于子女玉帛……酒食盘游,无复斗志",④ "衣锦食肉,横行乡曲,昔日之饥寒苦况,均不知矣"。⑤

平抑民变的效果一般有三种:

第一种情形是政府以或剿或抚或剿抚兼用的方式直接消除变乱,在统计的民变案例中,太平天国政府直接平抑民变的情形较多,所采取的应变实践以剿为主。

第二种情形是抚的策略失利,纵使民变继续发展,迫使政府行剿。因为太平天国一味纵容,激发更大规模民变或导致集体抗议向集体暴动转型的案例尚未发现,但咸丰十年(1860)十月常熟王市基层政权被乡民和土匪联合颠覆的事例反映了常熟太平军当局在应对社会变乱问题上的软性一面。当时以无赖何年年、沈大茂为首的乡民队伍和土匪徐百松麻子为首的土匪队伍均认定常熟城内的太平军必不肯贸然下乡,而会像既往一样进行招抚。可见这起事端的发生发展有常熟太平军当局过度纵容致使地方滋事的因素,时人载:"土匪见市店闭歇,人烟稀少,更起不

---

① 龚又村:《自怡日记》,罗尔纲、王庆成主编:《太平天国续编》(六),第60、65页。
② 同上书,第64—65页。
③ 倦圃野老:《庚癸纪略》,罗尔纲、王庆成主编:《太平天国续编》(五),第322页。
④ 谢绥之:《燐血丛钞》,《太平天国史料专辑》,第416页。
⑤ 佚名:《平贼纪略》,太平天国历史博物馆编:《简辑》(一),第267页。

良,正欲搜刮各家。私臆城内长毛未必下乡,以前次何村相准。"何村事件是指九月下旬何村乡民"因议收租,田夫猝起焚拆选事王姓之屋,又打乡官叶姓",常熟当局不肯擅用刀兵,抚谕乡民,终平其事。但颠覆王市基层政权的事件其危害远甚于一般经济型诉求的民变,常昭守将钱桂仁"以本地土匪聚结白头焚掠杀人,拆毁馆局,戕害乡官,于是怒发贼兵五百余名,分马步二百,由北门抄杀羊巷,焚屋捉人",最终以武力平定祸乱。①

第三种情形是政府以剿镇压民变不利,引起民愤,激发更大规模民变或导致事件性质转型。的确存在因太平天国对民变力行镇压而激发更大事端的案例,如同治二年(1863)十二月,浙江桐乡石门镇乡民抗粮,守将何信义逮捕为首七人,斩首示众,结果引发乡民抵触,"竟不完粮";何信义遂"以石门、濮院百姓顽梗,欲下乡打先锋"。②但在统计的案例中,没有一起集体抗议因政府主剿酿成暴动,这主要是因为太平天国准许民众集体抗议的态度。有的集体抗争经太平天国政府妥善处理而结束,没有引起较大的社会波动;但大多数情况下民众并不相信新政府这一态度的可靠性和安全性,他们选择集体抗争的事例较少,却积聚了更多可能引发集体暴动的危险情绪。英国传教士艾约瑟咸丰十一年(1861)二月访问南京的途中经过镇江的宝堰镇,同附近村民进行交谈,当问及"如果你们蒙受了冤屈,能到附近的地方官那里伸冤吗",乡民们回答:"可以,我们被告知可以这么做,但是我们不敢。"艾约瑟的观察认为,太平军首领希望通过"禁止毁坏房屋、抢掠、纵火和诱拐妇女""建立起社会秩序,约束士兵们的越轨行为",但"这很难奏效"。③除太平天国未能从根本上遏制普遍"越轨行为"的自身因素外,也因为政府恢复社会秩序的良善初衷得不到民众的积极回应和支持,于是限制了太平天国诸如准许民众集体抗议之类理性有效的应变原则之效果。

---

① 汤氏:《鳅闻日记》,罗尔纲、王庆成主编:《太平天国续编》(六),第327页。
② 沈梓:《避寇日记》,罗尔纲、王庆成主编:《太平天国续编》(八),第227页。
③ 《艾约瑟牧师访问南京的叙述》,罗尔纲、王庆成主编:《太平天国续编》(九),第274、276页。

小　结

太平天国对民变事件的调控和应对，影响民变的形成及其事态走向。

太平天国为维护社会治安，稳定社会秩序主要采取了安民造册、招集流亡、管理诉讼、治理土匪、兴办团练、整饬军纪、保障农业、兴修水利、减赋限租、科举招贤十项举措，虽然并非专为预防和调控民变而行，但诸项措施在客观上有利于防患民变的发生。"调控十策"概括而言均是政治性的，具体内容涉及政治、经济、军事、文化、思想舆论和社会生活等政权建设的各个方面，但它们没有形成系统的建设纲领，仅是某些时期太平天国地方政府调控社会秩序较常见的一些办法，所以削弱了"调控十策"预防民变的合力。

"调控十策"涉猎领域虽然广泛，减赋限租、严明军纪等措施也对预防民变有直接作用，但政府遗漏了造成社会秩序紊乱的部分关键问题，如政治腐败、苛捐杂税等，而治理腐败和规范税收恰是太平天国政府关注不够的领域。已经开展的调控内容则因主客观条件限制未能实现预期绩效，像减赋限租政策的执行出现了偏差，引起业佃两个阶层的共同反对；整饬军纪的努力也因战事所需盲目扩军化作泡影；开科取士等招贤之举因"反孔非儒"的国策未能彻底改弦易辙和"宽进宽取"的录用标准而不为士人认同；以招抚为主和自立乡勇的团练政策缺少必要的政治监管。总体来说，调控的症结主要在经济方面，因为切身的经济利益冲突是引起士绅和普通百姓共同敌对行为的根源。

太平天国调控社会秩序的各项措施失利的共同原因可归纳为太平天国自身主观因素和社会现实客观因素两个层面。主观上，太平天国低效的政权建构、各自为政的政局、贡役制为主的社会结构、乡官基层政权的腐朽是政治原因；太平天国因财政"积贫"无法全力支持社会建设是经济原因；舆论宣传以为军事服务为中心，忽视了政治和思想认同的重要性。客观上，战事频仍，天灾人祸，亦加剧了调控难度。

太平天国应对民变缺少统一的原则，但各地方政府通过张贴布告等书面形式表明的态度具有共同性，即严禁和镇压集体暴动。

太平天国政府应对民变的实践具有以剿为主和不注重善后的特点。

应对抗租民变的实践又反映了政府过分干涉租佃事务及业佃关系的特点。太平天国的应变实践还注意区分事件的类型和性质：对抗粮、抗租、抗税等影响政府财政收入的传统类型民变及相关个体行为，太平天国严禁的态度和镇压行为很明确；而准许民间社会以合法抗议的形式监督政府行政，但这不代表政府支持和认同此类行为。太平天国的应变原则和实践存在内部分歧：良性施政者的应变相对理性，而征贡贵族对社会变乱惯于行剿；乡绅出身的基层官员力主镇压民变，同时反对太平军"打先锋"的应变方式；某些官员对政府收租之举持有异议，在处理相关类型民变时也有意放任。

太平天国应变实践的效果多为使民变被武力镇压。尚在战争状态下的太平天国，以剿为主镇压民变在当时无益于加强新政权的认同和权威，若能将应变重心向抚谕方向稍作倾斜，同时修省自身，改良乡政，一定可以更为妥善地解决民变问题。

结　　语

通过对太平天国统治区民变各要素以及相关具体问题的分析，可对如下问题作出总结和进一步的阐述。

一　太平天国与民众对立关系的表现

太平天国定都天京，北伐中原、西征两湖、东克苏常，以政权的制度化运作、军事拓展的优势、文化融合的张力、"轻徭薄赋"的经济期许、"天下一家"的平等理念，猛烈冲击传统社会结构，江南地区的政治环境和社会生态发生了剧变，社会分化成为必然。概括而言，太平天国据守江南后，以行为类型划分，太平天国统治区社会各阶层的流向主要有三种：

（一）加入太平天国政权

民众加入太平天国政权可分为加入太平军、太平军当局和乡官基层政权。加入太平军的方式有主动投军和被掳入营。加入太平军当局的方式主要有科举考试、招贤、政府征派、举荐和自荐等。加入乡官基层政权的方式主要有保举、① 公举、② 直接委任、主动投效和他人推荐等。经

---

① 《天朝田亩制度》规定的理想化的铨选方式是由低级官员向高级官员直至军师、天王逐级"保举""遵守条命及力农者"为乡官，"每岁一举，以补诸官之缺"，具体操作程序多达14道，还配备有比较严厉的滥保滥奏惩罚条例。[《天朝田亩制度》，中国史学会主编：《太平天国》（一），第325—326页。] 但这在太平天国战事频仍的现实中很难完整地付诸实施，因此保举程序的简化和变通成为必然，保举法的变通形式一是上级乡官保举下级乡官，二是在民间公举，"民"一般局限于当地有名望、有财力者。

② "公举"是传统中国乡村社会常见的推举管事人的办法，如清制规定"牌头、甲长、保正，皆令士民公举诚实、识字、有身家者充之，限年更代"（李文治编：《中国近代农业史资料》第1辑，第3页）。太平天国以公举法铨选乡官，既是对理论规定的灵活变通，也反映了太平天国地方行政对前朝传统的继承和延续。

地方公举、保举和政府直接委派出任乡官的一般是当地有声望者、熟习地方事务者及投诚进贡者。通过主动投效和他人推荐的方式可出任乡官，也可为乡官局中佐理人员。还有招抚而来的会党、乡勇，有主动合作者，有被动加入者，心态各异，不列入一般情况。

民众加入太平天国政权的心态有积极和消极两类。真诚拥护太平天国，希望以太平天国实现自己政治抱负的人属于"积极心态"，这类人在清朝统治下或是怀才不遇，或是生活窘迫，或是身受不公，或是趋时随众，对清朝统治存在离心倾向，他们加入太平天国政权后有的还为太平天国献出生命，像江西龙泉举人张谦、吴江同里生员钟志成、出任育才官的胡万智。持"消极心态"的一般加入太平天国是迫于形势的无奈之举。被掳入伍的人为保全性命，常伺机而逃；主动投军者不乏有为当兵吃粮而响应太平军招兵的。被迫科考出仕及征派入职的知识分子心态消极，主动加入的也有部分人心存投机和破坏心理。在乡官局中充当杂差、佐理、书手的大多是为衣食生存；出任乡官的人有因留恋家产为保全身家，有的被推举而出为保全乡里，有的因财富、声望、能力被委派为官，希图免遭杀身之祸，有投机谋私者或为一官半职，或为中饱私囊，有的属于破坏型，潜入太平天国内部蓄谋策反内应，以图后效。但加入太平天国政权后的心态可能因社会实际变化而有转变，有的人可能因不得重用或建议不被采纳而无所事事、意志消沉，如安徽望江生员龙凤璘的例子；也有士子初始为保全身家出任乡官，但逐渐"不知不觉遂甘为贼用而不辞"，[①]"有投附者，有胁从者，有始胁从终附者"。[②] 所以加入太平天国政权者的心态类型是相对的。结合本书论述，被动加入太平天国政权和太平军者的心态自然有消极性，但主动加入者的心态因各怀私意则未必均是积极的，又因新政权思想舆论和宣传教育体系不健全，心态类型转化的现象较少。这就决定了太平天国与地方社会互动的限度和太平天国政权开放性的局限，并潜伏着政治权力系统紊乱的危机。

（二）接受太平天国政权

史料所载地方百姓夹道欢迎太平军，表示主动归顺太平天国统治，

[①] 张德坚：《贼情汇纂》，中国史学会主编：《太平天国》（三），第302页。
[②] 吴仰贤：《小匏庵诗存》卷5，光绪四年（1878）刻本，第16页a，北京大学图书馆古籍部藏。

如破南京后"前村箪食，后巷壶浆，俱给执照，并小红旗竖门口，门贴顺字，夜可毋庸闭户"，破常熟后"皆有奚为后我之说，土匪皆有箪食壶浆之心"，① 太平军破城后百姓家家贴"顺"字表示归顺的事例很多。太平军东征苏常所到之处，几乎均有耆老、乡绅、士子等有声望者代表地方纳贡，太平军则将进贡视作政治归顺的第一步。连咸丰皇帝也惊呼"各州县土匪尽授伪职，乡民率皆从逆"。② 但这类接受太平天国政权的主动行为虽然有不堪清朝压迫真心欢迎的情形，一般来说也是保全身家、保全乡里等消极心态促成的。还有一类情形属于被动接受太平天国统治，他们对政权更迭漠不关心，安于现状，明哲保身，很快在新政权统治下恢复日常平淡的生活，日出而作，日落而息，体现了小农社会社会经济形态的封闭性和相对稳定性。

南京文人汪士铎借办团之难描绘了在社会分化浪潮中各阶层消极避世的心态："富者不出财，欲均派中户；贫者惜性命，欲藉贼而劫富家；中户皆庸人，安于无事，恐结怨于贼。"③ 所谓"强者甘从贼以戕官，弱者甘安居以观变"正是时人对主动和被动接受太平天国两类行为的准确定位。④ 无论接受太平天国统治的心态如何，作为对新政权遵从的标志，进贡、编门牌、蓄发效服、遵从法令（特别是社会风习方面）、照旧交粮纳税是"天国"百姓必须履行的义务。

（三）民众与太平天国对立

1. 反对太平天国政权

反对太平天国政权，从民众行为上分为消极反对和积极反对。消极反对主要有：自杀和逃亡，就地躲避和不受征召，逃避粮税等。太平天国时期民众迁徙避乱和自杀殉难的风潮是战时社会恐怖的两个重要反映，它们与物价飞涨、灾荒瘟疫、社会不公、地方行政腐败等因素共同构成了20世纪60年代太平天国统治区民变、民团、土匪、盗贼、会党、教门等社会不安定现象频发的社会生态背景。自杀的案例在《浙江忠义录》

---

① 柯悟迟：《漏网喁鱼集》，第17、44页。
② 《寄谕和春等著恩赐前赴全椒堵剿并催征钱粮以资军饷》（咸丰四年八月二十二日），中国第一历史档案馆编：《镇压档》第15册，第466页。
③ 汪士铎：《汪悔翁乙丙日记》卷3，第11页a。
④ 《粤匪杂录》，太平天国历史博物馆编：《简辑》（五），第36页。

《江西忠义录》《两江采访忠义传录》《江南昭忠录》等官方表彰纪念名册中大量收录。举家迁徙几乎是太平军到来前民众求生的共同行为。以迁移避难的形式与太平天国消极对立的民众行为有可逆性，如太平天国在统治区安民建政后，在"招敕流移"和"安辑难民"等调控社会秩序的政策感召下，部分外迁或在区域内部避世隐居的民众又返回故里，继续往常生活。但每逢时局动荡或太平军"打先锋"，又会引发新一轮的迁徙风波。这说明部分群体，特别是普通百姓的迁移行为，主要体现了民众与太平天国的利益对立。此类情形只能概括为民众与太平天国的消极对立。还有一部分人，特别是与旧政权利益纠葛密切的群体，他们的迁移行为表明的对立性质既是利益对立，又是明显的政治立场和政治意识对立。

积极反对太平天国的行为分个体行为和群体行为。个体行为如"骂贼"，汉阳生员马姓选择在太平军"讲道理"时的盛大场合痛斥太平军"五伦俱绝""真无用之狂贼"的宣言是一篇民间版的《讨粤匪檄》，切中太平宗教之要害。[1] 又如"绍兴百姓有以匿名帖诟发逆者，贼怒杀坊巷人数百以示威"，[2] 匿名传帖的"骂贼"形式极可能使真凶漏网而使无辜的人遭殃。直面的语言冲突一般会立即引来杀身之祸，武义"义伶牟菲春登场詈贼，被戕"。[3] 士子文人的"骂贼"行为被较多地记录下来，"吾儒生也，读孔孟书，有天地，有人伦，焉肯从汝行"，[4] "大清秀才岂为贼作幕乎"，[5] 反映了"骂贼"文人真实的心理活动，这种对立行为背后是意识形态的对立。"骂贼"行为虽然具有积极性，但一般发生在被动与太平军相遇之时，积极行为仍是被动发生的形态。

"杀贼"行为则是一类积极主动的对立行为。江西新余县"民人刘腾芳欲怀匕首刺之（石达开），因党羽太多，未果"；[6] 女性在这类现象中

---

[1] 张德坚：《贼情汇纂》，中国史学会主编：《太平天国》（三），第312页。
[2] 许瑶光：《谈浙》，中国史学会主编：《太平天国》（六），第585页。
[3] 何经润：《武川寇难诗草·伪筵演剧》，第6页b，谢兴尧编：《太平天国丛书十三种》，民国二十七年（1938）铅印本，河南大学图书馆藏。
[4] 沈梓：《避寇日记》，罗尔纲、王庆成主编：《太平天国续编》（八），第260页。
[5] 光绪《黄岩县志》卷38，"杂志·变异"，第24页a。
[6] 同治《新喻县志》卷6，"武事"，第6页b。

亦有重要角色，"辛酉春，据城贼目陶姓者至镇招妓侑酒，有金娘者色伎双绝，见贼即裂眥怒，徒手欲搏之，众捽之下，欲加重刑"，① 乍浦某"满婆"被太平军将领虏获，"处之楼上，将以为妻，满婆于黑夜为刺虎之举，伤及长毛头子，于是馆子中满婆皆就死"。② 除杀、骂行为之外，个体积极对立行为还有著书立说或口传太平军"劣行"，像余治的《江南铁泪图》虽为慈善性质，但也有为达效果丑化太平军形象的一面；佚名所作《金陵被难记》即以作者"被害情形"现身说法，是典型的清方舆论宣传品。

群体对立行为有组织民团、落草为寇等。民众加入清军、官团后的行为不再为民众行为，属官方行为，不列入内。因领导者的阶层利益和立场，以及与清朝官方或清军保有一定组织联系，团练与太平天国具有先天对立的政治性质。官团和民团各自的利益虽不同，如官团协助清军作战，民团以保卫桑梓为首要目标，但它们反对太平天国的意图则是一致的。平民出任团练领袖的案例很少，浙江诸暨包立身团练和浙江海盐沈掌大团练的规模均在万人以上，其领导者和参加者的主体均是平民，斗争目标直观地反映了平民的主张及诉求，而且像沈掌大民团的政治性在起事初始并不显著，甚或拥有民变的某些特征，向团练的质变也具有特殊的内外因素。由于平民领导的民团"民"的性质浓厚，易把它们与太平军的战争误解为"农民打农民"的伪命题。③ 从根本上讲，两者之间的战争并非仅是阶层内部群体利益的对抗，主要是团练和太平军之间的政治敌对，应充分考虑领导集团的政治立场、政治意识。土匪的动员部分地反映了参加者求生求存的朴素初衷，浙江海宁"盖天王"的土匪军队基本由失业盐贩和饥民构成，但太平天国治理土匪的政策和实践体现了"天国"政府自我孤立的政略。

2. "天国"民变：政权系统内部的分化

上述三类主流流向并非彼此泾渭分明，各流向类型之间可以相互转

---

① 光绪《嘉善县志》卷35，"外纪"，第30页a。
② 沈梓：《避寇日记》，罗尔纲、王庆成主编：《太平天国续编》（八），第65页。
③ 简又文在《太平天国全史》的绪言补注中提出："岂其以太平军兵员多为农民出身，遂称之为农民革命乎？然攻灭太平军之反革命的湘军兵员又何尝不是湘乡一带之农民？分明是农民打农民也。"（简又文：《太平天国全史》上册，绪言补注，第3页。）

化。加入太平天国政权者可分化而出加入反对太平天国的阵营；反对太平天国者的行为和心态也可以向接受太平天国抑或加入太平天国方向转型；接受太平天国政权者可进一步加入太平天国政权系统，或转向投身反对太平天国的浪潮。各流向类型内部也在随时局变动和社会实际变化发生分化流动。在太平天国统治区，风起云涌的"民变"呈现了一道别样的历史景象。民变现象反映的是"接受太平天国政权"流向内部的民众分化动态，此类分化产生对立行为的内涵具有特殊性和说服力。首先，民变的领导人和参加者主要是先前在社会分化浪潮中归顺或遵从太平天国统治的群体。其次，民变体现的主要是利益的对抗，事件本身不甚具有明显的政治敌对意识或权力诉求，缺少"民团"式的与太平天国对立的先天性，一般可以原始朴素地反映民众的基本利益和太平天国所行社会战略的利弊得失。

可以从太平天国统治区民变的时空分布、人员构成、类型区划、动员模式、太平天国政府的调控应变等诸项因素全景式展现太平天国与民众对立关系的这类典型历史表现之成因及影响：

（1）时序数量：以统计所得太平天国统治区70起民变为主要研究对象，民变数量分布的时间主要集中在19世纪60年代，以1861年为高峰，1861年农历辛酉年的四月和十月是两个高峰值点。太平天国统治方式转向的误差和江南地区社会经济危机的主客观因素共同促发了19世纪60年代太平天国统治区民变频现。太平天国统治方式转向的误差主要在经济领域，表现为在乡村政治和田赋制度方面承袭清朝旧制旧弊，以及在恢复传统社会经济秩序时自我孤立的政略。鉴于政局动荡和战乱纷争的客观环境，以及主观方面太平军当局缺少地方行政经验和进行社会变革的决心，太平天国政府只好倚仗地方社会旧势力照旧恢复传统社会经济秩序，在地方基层行政管理制度等方面沿袭清朝旧制，当然也有试图改良的一面，如乡官体制的运作、严明禁止浮收舞弊和调控社会秩序诸项举措的初步实践，但制度的基础模板仍是前朝旧体制。地方社会旧势力"包税人"的角色因被纳入基层政权系统而有所加强，浮收舞弊、贪污腐化、社会不公等制度旧弊的展现愈加突出。从这个层面说，太平天国只是在占领区实现了政权的易手，并未能实现新旧社会的转型交替。

后期太平天国最重要的经济政策是对传统赋税征收方式的易动——

"着佃交粮",但它与"代业收租"和"招业收租"政策同时间杂并存施行,造成传统租佃关系混乱,将社会经济矛盾的焦点从田赋转向了政府要求的地租和杂税。业主认为政府削弱了他们的收租权利,而租籽是他们的衣食之源,政府有意识地进行政治权力的限制,很容易让业主产生逆反心理。拥有小份额土地的自耕农则为田赋附征杂费和高额繁复的杂税项目所困扰,经济负担不能得到缓解。佃户的心态很明显,完粮则不交租,这几乎成为一种思维定式,限制地租的政府行为很自然被他们当作多余之举,因为通过自己的努力——抗租,他们实际可以迫使业主采取更多的让步。在某种意义上,太平天国对地租的限制和规范也是对既成社会现实的妥协和认可,并非完全意义上的创举。明清时期江南赋重租重,民变大案原就频发,已对传统租佃关系和社会经济秩序构成一定冲击。[①] 佃农在长期频繁的抗租活动中已获得部分利益,太平天国统治区民变风潮也可看作是对前阶段民变现象的继承和延续。对新政府来说,承认既成事实,不失为取得社会稳定的明智之举;太平天国战争后的同治四年(1865),清政府在江南地区普遍减赋减租,对太平天国时期该地区租赋额降低的社会现实进行了确认和规范,既成事实无疑是促发大规模降低租赋额实践的一个重要原因。所以太平天国政府的初衷并没有获得农村社会各阶层的认可和理解,反而引发接连不断的粮食暴动。

这一政略的立政基础是为减少社会阻力以最大限度地满足太平军的物资需求,是以自我为中心的社会战略的体现。太平天国在领有江南之后,几乎所有地方行政工作的中心就是为战争消耗和政权运作服务,政府花费大量精力调整敏感的业佃关系和租佃事务,虽确有缓解社会各阶层矛盾的执政理念,但稳定社会秩序、维护地方治安的根本目的还是在于保障政权财政收入,同时太平天国政府推行"代业收租"的政策也有

[①] 在太平天国战争前,农民迫使政府或业主让步的事例很多,典型者如咸丰二年吴江黎里镇乡农陆孝忠、陆孝恩、庞耀采、顾胡子等聚众盟约,"还租祗有五分,否则全欠,业主俯就"(柯悟迟:《漏网喁鱼集》,第15页),"咸丰三年冬,聚众与田主争输租之数,每亩只许纳五斗三升,初仅搀和粞谷,继则以砻糠充数"(光绪《黎里续志》卷12,"杂录",第17页a),若非后来事件的烈度由比较温和的抗租行为演变为集体暴动,导致军队干涉,佃农实际上已经通过民变取得重大胜利;又如咸丰五年湖州长兴大旱,知县陈绳武与蠹胥刘某、沈某、吴某相勾结,额征之数与册报不符,九月中,王圣玺等纠众入城抗议,迫使清政府改换知县,并将沈某、吴某等解郡惩治,事方寝(光绪《长兴县志》卷9,"灾祥",第16页b)。

侵用地租的经济意图；而且税收有增无减，忽视生产发展，忽略社会公正，违背了生产决定分配的经济原则，犯了自我孤立的战略错误，民心渐失。

因在赋税制度和地方行政方面承袭清朝旧制旧弊引发的民变，可视作清政府统治时期民变现象在太平天国统治区的延续；由自我孤立的经济政略、传统社会经济秩序的执行偏差导致的民变，则可视作对前朝民变现象的发展。后者的存在使"天国"民变的总体情况在数量、规模和烈度上超越了前朝。

农历辛酉年（1861）作为太平天国在苏南正式建政的第一年，传统社会经济秩序得到初步恢复，传统社会秩序的恢复过程存在承袭清朝旧制旧弊和执行自我孤立政略的偏差，这恰恰导致了"天国"治下大多数乡村民变的发生。太平天国政府没有成功解决这些问题。1861年两个高峰月因分别是上忙和下忙钱漕征收的关键时期而激发了更多数量的民变。

（2）地域分布："天国"民变的分布呈现苏南民变多而浙江民变少、常熟昭文地区民变最多、市镇和乡村民变居多的地域特点。苏南多而浙江少，一是与太平军建政时间有关，浙江部分辖区根本没有践行传统社会经济秩序的时机，另一方面则因浙江地区施政者普遍倾向于贡役制统治模式，较多滋生民众反掳掠行为和具有政治对立性质的民团。究其原因，与太平天国地方政略在苏南和浙江贯彻的力度和程度参差不齐有关，说到底，是"天国"政权对浙江基层社会的干预介入较少较浅。在常熟昭文地区，兼收田租、重赋、苛税、人地矛盾等因素共同成为频频促发民变的一剂猛药。市镇和乡村民变多主要缘于太平天国时期市镇乡村经济的畸形发展造成了市镇乡村社会结构的复杂化。一般由旧有地方势力控制的地区，时局稳定，社会经济受到较少冲击；同时由于各类势力介入，社会矛盾也日益尖锐。

一般来说，民变与太平天国统治深入基层的程度和干预介入基层的多少成正比例关系：即越是天国统治深入基层的地区，民变的数量越多，规模越大，烈度越强。广泛而频繁地引发激变四野的民众反抗，正是国家权力不当控制地方社会的直接反映。这里并不是否定太平天国政治权力向基层社会渗透和扩张的合理性，关键还是干预和深入的方式方法是否得当的问题。

（3）人员构成：知识分子群体是"天国"民变的领导主体，而太平天国据守江南前20年间清朝同区域民变的领导主体是无赖阶层，可能与该阶层群体数量的变化有关。总体比较，太平天国统治区民变的领导形式、领导背景仍然具有传统的延续性，各身份类别领导事件的比例也基本符合传统时代民变事件领导者比例的变化趋势。就各自角色而言，失意士子、文人参与地方行政对太平天国危害较大，他们使太平天国的前景潜伏严重隐患。根据统计所得数据，就界定的研究区域和时段，农民层成为民变事件的参与主体，构成民变成员的基础身份。他们为民变提供最基础的人力和体力支持，习惯性地接受其他社会阶层的领导，但会偶见"平民精英"和"平民无赖"主动在民众运动中担负领导角色。通常是迫于环境和生存压力，以及接受外界利益诱导两种情形的结合促使农民广泛地参与抗争。

（4）类型区划：从抗争内容解读民变成因。民变抗争的内容集中于与民生有关的经济问题，这主要是政治权力结构失调所致。反对租粮兼收的粮食暴动就是民间社会对政治权力在调整过程中过度干涉业佃关系和租佃事务的回应。在各具体类型的民变中，粮食暴动占太平天国统治区民变总数的半数以上；反对官员作风和太平军越轨行为的民变仅次于粮食暴动，两类民变占民变总数的一半以上。这表明太平天国在领有江南的同时，承袭了清统治时期江南地区社会生态的两大遗弊——土地矛盾和地方行政腐败。太平天国并没有找到解决问题的突破口。其他如抗役民变、反移风易俗和抗"军租"民变均与太平天国社会战略有直接关系，它们之所以未在太平天国统治区频现，在于太平天国社会战略的调整、弱化甚至被同化。反掳掠民变是"天国"民变的特色，这是19世纪60年代太平天国盲目扩军的恶果。

从抗争对象的形成解读民变原因。"天国"民变主要抗争对象是违纪太平军和乡官群体，这是战争时代赋予"天国"民变抗争对象的特殊性，但抗争通式"拆毁官局，殴杀乡官"则是对"毁案牍，拆衙署"传统民变形式的延续。[①] 太平军日趋涣散的罪魁祸首是盲目扩招，应正视太平军的越轨行为，也应重视外界因素对太平军军纪败坏的渲染夸大；乡官群

---

① 参见郭毅生《太平天国经济史》，第52、202页。

体的客观素质和主流心态、太平军当局的主观作为均是导致太平天国乡村政治实践最终失败的原因，也是引发以乡官为民变直接抗争对象的重要原因。

包立身、沈掌大、"盖天王"三起平民武装个案表明，普通百姓反抗太平天国具有求生求安的朴素初衷，斗争矛头仍然主要指向太平天国的社会战略，特别是经济方面的政略，这与民变的诉求基本一致。两类不同性质的民众反抗在成因上的共同性说明了太平天国与民众对立关系的症结所在。

（5）动员模式：太平天国统治区民变组织的主流形态仍然没有摆脱原始的动员模式，以宗族、血缘为纽带的宗族组织还在"天国"民变中继承和延续；但以社会关系为纽带的互助团体的组织形式相对淡化，代之以民变组织对19世纪中叶江南乡村团练组织的直接吸收利用。该特点决定了太平天国统治区民变的动员较同区域前历史阶段更为强劲。民变动员的方式是传统的"鸣锣集众"，因多数民变属乡村民变，依靠文本工具动员民变的方式较少。太平天国统治区的多数民变没有明确集会动员的场所，民变发生直接超越这一阶段，可能是太平天国移风易俗的激进改革沉重打击了传统民间宗教信仰，这使民变丧失了利用民间信仰动员的多数空间及合法性。

（6）调控应对：政府的调控和应对影响民变事态走向。作为旨在稳定社会秩序的"调控十策"并非太平天国既定国策，从未全面系统推行，虽然内容涉及社会建设的诸多领域，但太平天国政府仍遗漏了治理腐败和规范税收两项关键举措。调控失利的症结主要在经济方面，因为切身的经济利益冲突是引起士绅和普通百姓共同敌对太平天国的根源。经济调控的弊端，特别是标志太平天国统治方式转向误差和传统社会经济秩序恢复局限的赋税地租政策，直接促生了在太平天国短短三四年统治期内的数十起民变。在应变原则上，太平天国各地方政府的态度比较一致地表现为力主严禁和镇压；在应变实践上，以剿为主，不注重善后，过分干涉租佃关系；至于应变效果，以剿为主的方略无助于战时太平天国政权认同的强化和政府权威的形成，反而导致民心渐失。

整体来看，太平天国统治区民变的数量、规模、烈度在相对短的时间内均超越了清朝统治下的同区域民变,并且持续进行了三四年的时间,在一定程度上可以称为江南民变的一个高峰。太平天国失败后,该区域的民众运动趋于沉寂,直至辛亥革命前十年全国民变风潮的到来。

"天国"民变生成的背景、因素、动员、类型等内容,与太平天国据守江南前20年间清朝统治下的同区域民变相比,"天国"民变的各项要素既有前朝传统的延续性,又有战时太平天国自己的特殊性。19世纪60年代太平天国统治区民变迭起可以看作政治权力和乡村社会对立关系的延续,清政府统治下日益尖锐和复杂化的社会矛盾在新政权建立后由于主客观环境、传统和新兴因素的影响,呈现了愈演愈烈之势。

"天国"民变的形成、发展,政府调控和应对的局限,引起社会结构再次进入分解和重构的历史进程,加剧了太平天国政权系统内部各阶层的离心倾向。统治区内的民变与民团等对立行动共同构成太平天国与民众对立关系的历史表现。

二 太平天国与民众对立关系的成因

太平天国统治区民众对立行为的产生有一些共同因素,概括而言,主要有先天性、后天性和其他心理因素三个层面因素。

(一) 先天的排斥和抵制

江南地区浓厚的儒家传统文化和根深蒂固的正统观念、忠贞观念、宗族意识,使民众对起身穷乡僻壤,以异端宗教武装起来的叛乱者,具有先天的优越感和排斥、抵制乃至敌视心态。太平军兵临之时,民间自杀殉难的风潮正是正统、忠贞观念的直观反映。太平天国据守江南后,民众"进贡"的政治性意义凸显,以及设治建政、编发门牌、开科取士、推行以禁毁偶像和反孔非儒为主的移风易俗改革,除政策本身蕴含独特的宗教意义,实际还是欲向世人宣扬奉天承运、王朝正统。但由于江南社会先天排斥和抵制的强大惯性,拜上帝信仰在社会实践中逐渐淡化或被同化,在与正统文化的争锋中渐败。反对太平天国政权的对立行为,无论是自杀、"骂贼"、"杀贼"等个体行为,还是加入民团的群体行为,均与民众先天的思想排斥和抵制有不同程度的关联。这种先天性的思想心态就是民众与太平天国对立的意识形态根源。

(二) 后天"观念对立"的形成

1. 清方的政治宣传攻势

太平天国缺乏对舆论宣传和思想动员主动权的掌控。太平军一般以"出榜安民"的形式进行政治宣传，告示首先要宣扬王朝正统，顺天伐暴，丑化清政府，号召民众投身反清大业。但此类宣传缺少政治和思想文化认同，宗教思想的宣教力严重不足，没有指出拜上帝的本土性实质。尽管洪秀全一再标榜拜上帝并非"从番"，但却只是依靠宗教解释宗教，缺少现实关怀，反而激发了民间社会视之为"洋教"和"异端"的逆反心理。文告的内容大多没有充分说明太平天国"顺天"的正统性和"伐暴"的正义性，只是以含混的宗教语言生硬地向民众灌输"各安恒业""及早进贡""照旧纳粮"的义务，并附以恐吓。在后期，宗教宣传和政治宣传的宗旨基本以为军事服务为中心，大肆倡言刍粮所出，不能不随时随地取诸民间的歪论，造成百姓的普遍反感。太平天国在思想宣传方面所做的重要突破是发明了口传教育的新形式——"讲道理"，其实践经常而普遍。在文化水平整体较低的乡村地区原本可以发挥更大的舆论导向作用，但这一形式的功效也受到宣讲内容的局限，和出榜安民一样，"讲道理"的宗教教育和思想教育功能逐渐被为军事服务的现实功能所取代。

太平天国在思想舆论领域落败的另一个关键因素是最终失去了大众舆论的领袖——知识分子群体的支持与合作。咸丰四年（1854）夏到访天京的英国驻上海领事馆官员麦华陀（W. H. Medhurst）写道："士大夫阶层构成了整个中国社会体系的中坚，是大众舆论的领袖，民众一向乐意和信任地团结在其周围，对于他们，叛军不是用心地争取其归顺，而是宣布他们的荣誉头衔无效和非法，抨击他们所珍爱的古代典籍，焚毁他们的公共藏书地，使它们变成了自己的敌人。"[1]

早期太平军转战湘桂途中发布的《奉天诛妖救世安民檄》《奉天讨胡檄》《救天生天养中国人民谕》三篇檄文，可称作太平军书面形式思想动员的最高水平。但檄文宣扬的民族大义很快就被曾国藩《讨粤匪檄》展

---

[1] A Report by W. H. Medhurst and Lewin Bowring, in Prescott Clarke and J. S. Gregory eds., *Western Reports on the Taiping: A Selection of the Documents*, London: Groom Helm Ltd., 1982, p. 160.

现的"卫道辟邪"的文化张力所淹没,时人反馈《讨粤匪檄》引发的社会影响和思想共鸣:"我师讨贼檄,卫道辟邪,实为盛世昌言,功不在孟、韩下,每为同志者诵之,静者流涕,动者击柱,其感人之深如此,想忠谋至计,必能早为之所也。"①

清廷还以所谓"从贼中逃出"者亲历之"被害情形"制作成一些政治宣传品在民间广为散发,像《金陵被难记》痛诉太平军"恶行",号召"富者捐财,贫者效力,同心团练,豫助官兵"。② 另外,还在"解散胁从"方面大做文章。咸丰十年(1860)十一月二十七日清廷发布上谕:"所有江苏、浙江、安徽所属被贼占据各州县,应征本年新赋及历年实欠在民钱粮,著一律豁免","被贼裹胁良民""准其自拔归来""予以自新""胁从罔治"。③ 同治元年(1862)七月十九日再发上谕:"着各督抚刊刻誊黄安抚陷贼难民",除"甘心从逆"者,"其余一切为贼所陷者,概予免罪"。④ 清廷屡有"胁从罔治""豁免钱粮""旌表恤典""增广学额""因功授赏"之谕,形成了配套的分化政策。咸丰十一年(1861)曾国藩在安徽祁门军营中编写"解散歌",宣扬"八不杀",承诺"我今到处贴告示,凡是胁从皆免死","人人不杀都胆壮,各各逃生寻去向","每人给张免死牌,保你千妥又万当"。⑤ 两相对照,清方的宣传策略重视心理攻防,比太平天国高明得多。

2. 亲历者的传述和时人所记

有亲历者逃回乡里后在酒楼、茶肆等公共空间传播"长毛做不得,不如行乞"的论调,⑥痛陈在太平军中生活艰辛。乘间逃出的人们以"被掳""思痛""生还""余生""复生""隐忧"等名义留下了大量文字,不仅对当时人的思想产生震动,如今也均已成为这段记忆的"见证"。

时人笔下对"厉鬼""阴兵"之类恐怖异象的记载也加剧了社会恐

---

① 《复曾涤生师》(同治元年十月二十二日),皮明麻等编:《出自敌对营垒的太平天国资料:曾国藩幕僚鄂城王家璧文稿辑录》,第225页。
② 佚名:《金陵被难记》,中国史学会主编:《太平天国》(四),第750页。
③ 佚名:《庚申(甲)避难日记》,罗尔纲、王庆成主编:《太平天国续编》(六),第216页。
④ 曾国藩:《曾国藩全集》第5册,"奏稿之五",第35—36页。
⑤ 王定安:《湘军记》,岳麓书社1983年版,第358—359页。
⑥ 沈梓:《避寇日记》,罗尔纲、王庆成主编:《太平天国续编》(八),第73页。

慌。无锡余治绘有一幅"愁云泣雨神鬼夜号"图，记雨夜中死无葬身之地的无头厉鬼和狰狞幽魂四出游荡哭嚎，并且确信"今则往古之事，一一见于目前，觉古人真不欺我"。① 赵烈文也记咸丰三年（1853）正月常州"各乡俱有阴兵之异，初至声如疾风暴雨，磷火杂沓中，复见戈甲旗帜之象，其来自溧阳、宜兴，由西而东，每夜皆然"，还宣称"咏如、才叔皆目击之"。② 百姓对死后变为厉鬼游魂的畏惧无疑增加了他们对太平军的恐惧。直到战争结束后近十年，苏州百姓仍对咸同兵燹心有余悸，有人还看到太平军"阴兵""夜闹通宵，鬼火磷磷"，"火光中有兵马人影……开枪炮并击铜锣，竟莫能息"。③

总之，当时人对太平天国事的书面和口传信息，形成了战时社会妖魔化太平军形象的舆论主流。而有些倡言太平军正面形象的文字作品被迫以贬义词冠名传播，如刀口余生（赵雨村）的《被掳纪略》，初名《太平军纪略》，据作者本人称"因避清朝的迫害，改为'被掳'字样，记事立场亦加以变更。惟于当时太平军的制度、法令及英勇杀敌各史实，则照实记述"。④ 所以迫于政治形势，亲历者传述和时人所记太平军形象难免有不实之处，对民众对立思想的形成产生引导作用。

3. 匪盗的乔装栽赃

土匪、盗贼乔扮太平军设卡收税、抢劫滋事、杀人放火的事例很多。有的匪盗在衣着发式上刻意模仿太平军，冒充太平军行恶，易被民众误认。再有一类是把清军、团练的"害民"恶端加在太平军身上，如太平军到达苏州前，官绅吴大澂在日记中记："闻城外兵勇放火烧毁房屋，彻夜火光烛天，见者胆寒"，"自初四夜放火连烧两日，内外隔绝，不通音问"，"所烧房屋皆系昔日繁华之地，山塘南濠一带尽成焦土，当日逃出被害及情迫自尽者，不知几何"。⑤ 放火焚烧民居，显系清军、团练为防阊门外民房商铺被太平军据为攻城掩体而采取的肃清行动，《庚申噩梦

---

① 余治：《江南铁泪图新编》，第 32 页 b—33 页 a。
② 赵烈文：《落花春雨巢日记》，太平天国历史博物馆编：《简辑》（三），第 27 页。
③ 《苏城阴兵谣言》，《申报》，同治十二年二月初六日（1873 年 3 月 4 日）第 2 版。
④ 刀口余生：《被掳纪略》，中国社会科学院近代史研究所《近代史资料》编辑室：《太平天国资料》，第 195 页。
⑤ 吴大澂：《吴清卿太史日记》，中国史学会主编：《太平天国》（五），第 327—329 页。

记》《庚申避乱实录》《贞丰里庚申见闻录》《李秀成自述》对此均有记载。时人谣传此举为太平军所为,误导不明真相者,不仅毫无根据,而且不合常理。稍具常识者可知城外建筑物为攻城的绝佳隐蔽点,太平军怎会先行做暴露自己的蠢事呢?

4. 天灾的人为归宿——"红羊劫"

古人谓丙午、丁未是国难发生之年。天干"丙""丁"阴阳五行属火,色赤;地支"午""未"生肖为马和羊,故有"赤马""红羊"劫之说。太平天国并非起事于丙午(1846)或丁未(1847),但其发端之拜上帝教成形于此间,[①] 组织逐渐完善("天父""天兄"相继下凡传言)和起事准备日趋成熟的戊申年(1848)也与之临近。在文人著述和官方报道中,"首逆"洪秀全和杨秀清并列而称"洪杨",因姓氏音近,时人常将太平天国"洪杨劫"附会为"红羊劫"。再加上当时流行的谶语也习惯性地将太平天国比附灾难,身受战争创痛的民众很自然倾向于认为天灾频现是上天对人祸的降罪,从而形成疏远和恐惧太平军的心态。

5. 谣言与社会恐慌

一般来讲,妖魔化太平军的谣言主要有三种源流:一是出于敌对,恶意中伤诽谤;二是源于民众敏感神经或紧张心态的误传;三是匪盗、游民、无赖和散兵溃勇等欲趁乱滋事而生。三类谣言均会造成社会恐慌。有的谣言传达的错误信号可能会引发群体暴动,像"民间有官兵将到之谣""于是各乡谣言官兵即日临境""误传江内官兵将至"[②] "土人误信盗为官兵"[③] "讹传上海官兵已进浏阳河白茆二口"[④] 等错误信息均误导已对太平天国产生离心倾向或心存政治敌对意识的人们采取暴力行动。民间社会则根据这些讹传形成了关于太平军蓝眼睛红头发的妖魔形象,给

[①] 关于拜上帝会创立的时间,学界存有争议。传统观点认为:洪秀全在道光二十三年(1843)创立"拜上帝会",王庆成先生指出拜上帝会是冯云山"在1846年建立的,或者说,它建立于1846年至1847年夏以前的一段时间内"。(王庆成:《"拜上帝会"释论》,《太平天国的历史和思想》,中华书局1985年版,第47—51页。)实际上,拜上帝会应是随"拜上帝"行为的系统化、成熟化自然形成的产物,并不一定要有一个正式宣布成立的时间。

[②] 汤氏:《鳅闻日记》,罗尔纲、王庆成主编:《太平天国续编》(六),第325、345、350页。

[③] 龚又村:《自怡日记》,罗尔纲、王庆成主编:《太平天国续编》(六),第67页。

[④] 曾含章:《避难记略》,罗尔纲、王庆成主编:《太平天国续编》(五),第338页。

大众行为选择带来了负面导向。

6. 太平天国社会战略的展现

太平天国在其占领区（特别是后期在苏南、浙江）在经济、政治、文化和社会生活等方面推行的一系列政令，向世人展现了太平天国进行国家建设的社会战略，然而社会战略实践的失误和弊病却使民心益失，增加了民众对太平天国的恐惧。太平天国社会战略的失败直接促发了民众的重要对立行为——民变，部分平民领导武装的兴起也与太平天国社会战略，特别是经济政略，有直接关系。

在太平军到来之前，民众已经形成的思想观念对立和恐慌心态很难为太平军左右，可变性小；而民变的对立行为，形成于太平军到来之后，直接成因于太平天国的社会战略，太平天国社会战略的偏差和弊端是太平天国的主观作为，具可调控性。民变的成员大多是昔时阵营内部接受太平天国统治的民众，反而因民变形成及政府应变失误加剧离心倾向，促动社会分化。

可以说太平天国丧失了原本接受太平天国政权的这部分民众的人心，在某种程度上就意味着丧失了全部民心。可见民变这类对立行为对太平天国的影响深远，真实反映了民众对立（主要是后天对立）产生的根源和实质。其他五类促成民众意识形态对立的因素，根本上也是对太平天国社会战略或间接或扭曲的反映。

（三）其他心理因素

民众对立行为的心态除恐慌外，还有求生求安和从众心态。求生求安，是民众在乱世中最基本的诉求。迁徙逃难、被迫落草为寇、加入民团，均有民众求生心理的作用。动员和参加民变，以维护或取得经济利益，反映了民众对生活改善的期许；反掳掠民变反映的是民众的求安心态，反对官员腐败、反对太平军勒派体现了民众寻求社会公正和社会安定的心态。在战乱纷起的年代，百姓求生求安的欲望，推动了暂时群聚效应的生成。咸丰十一年（1861）夏秋间，数万民众扶老携幼避入浙江诸暨包村，倚仗村氓包立身的"邪术"救世，最基本的愿望就是能生存下去。

民众对太平军，很多对立行为内包含的立场对立并不明显，民众参与其中仅是从众心态驱使，可能存在盲目跟风。在海盐菜农沈掌大领导的规模达万人的民团队伍里，相当数量的参与者是因恐惧而被裹胁。当然，从众心态形成的根源还是自身的求生求安心理及对太平军的恐惧。三种心态互为关联，互相影响，其中求生求安是根本，恐慌是诱导，从众是促发。

综上，太平天国与民众对立关系的成因，既有先天立场和观念的排拒，也有在政治宣传、时人传述、匪盗栽赃、谶语谣言和太平天国社会战略弊端等多项因素作用下形成的后天观念和利益对立，同时也存在求生求安和从众的心态。

三　太平天国与民众对立关系的影响

个体对立行为的影响一般不如群体行为重大；在群体对立行为中，民团的影响主要在军事方面，民变的影响则包括政治、经济、军事、社会等多方面，而且可基本概括其他对立行为的影响。

"天国"民变的影响主要表现为对社会的影响和对太平天国的影响两个方面。

（一）社会影响

1. 民变作为一类社会变乱现象，具有社会破坏性。民变的发生、发展，在一定程度上破坏了社会秩序，加剧了社会动荡，不利于社会稳定和生产发展，也可能危及其他民众正常的生活和生命财产安全。当民变演变为盲目的集体暴动时，对于其他仍在秩序内安分守己的无辜者代表着灾难，一方面民变队伍可能波及无辜，另一方面引起军队镇压也难免"不分良莠"，"大打先锋"。民变的参加者一类表现为为维护和争取利益而积极抗争，另一类则可能是被迫胁入，民变对他们而言意味着失去自由和带来伤痛。民变失败的结局也可能滋生更多社会不安定因素，如经济诉求未能满足，照旧生存的条件难以维系，从民变参与者中可能分化出流民、游民、饥民、灾民、难民，这些人可能加入土匪、盗贼、会党、团练，获得组织基础，持有武器，对社会秩序更具威胁。此外，民变的目标基本是朴素原始的经济型诉求，很少能通过民变提出发展生产和推进社会变革的建设性意见。

2. 客观上有利于商品经济的发展。抗租民变对地主的打击，迫使地主因生活困窘降价鬻田。太平天国时期土地价格下降是普遍现象，"业户二年无租，饿死不少，幸而降价鬻田佃户，十得二三"，①"将田亩售与农佃，价愈贱而售愈难"。②当然土地价格下降是多方面因素综合作用的结果，其中还有太平军对地主富户的经济剥夺、在册税田与高额赋税捆绑、土地大量抛荒等，而农民抗租使地主失去部分生活来源也很重要。江南地主、富户、商贾自不敢再将大量资金投入土地买卖，主要将目光转向从事商品转卖的贸易扩展活动，"苏属乡镇未遭烽火者十之七八，且迁徙者多，人烟转盛，城市富民往来贸易，货财充斥，增设市廛，贼但抽租增税而已，初不知其为乱世也"，③从而使流动资金不再完全捆绑在土地上，转向商业领域的投资。太平天国统治区市镇商品经济的繁荣也与此有关，战后很多乡官放弃土地经营，从事绸缎、丝行生意，盛泽地区的乡官最典型，如附录乡官表中所列之程岷江、程稼甫、周毛三、张酉山、庄东甫、徐绩卿等。

3. 削弱绅权。传统乡村士绅的权力被捆绑在土地上。士绅一般也是较多土地的所有者。抗租暴动加速了土地从士绅手中流失，同时也因影响到士绅阶层的生活状况而在一定程度上削弱了他们管理并控制地方基层社会的力量。佃农通过抗租影响政府行政，迫使政府进行生产关系的调整，认定租额降低的既成事实，这也是削弱绅权的表现。另一方面，太平天国建立各级基层政权，将相对自由的绅权以政治权力束缚，成为基层政治权力的代言人；而"天国"民变的抗争对象主要是基层乡官，于是造成一部分士绅或死或逃，实际也削弱了绅权。

士绅出面领导民变反抗太平天国不能作为绅权扩张的表现，他们本来就在传统地方社会事务中掌握主动权，习惯性地担负领导角色，领导民变近乎践行传统；而且，正是因为权力被压缩或形成利益冲突，士绅才出面抗争，抗争的目的是维护既得利益或要求合理权益，首要目标不为扩张权力；再者，削弱绅权是"天国"民变的特殊性，士绅领导的民变在将抗争矛头指向基层政府的同时，实际也是部分地针对同阶层群体，

---

① 龚又村：《自怡日记》，罗尔纲、王庆成主编：《太平天国续编》（六），第114页。
② 章型：《烟尘纪略》，南京大学历史系太平天国史研究室编：《太平天国史论考》，第383页。
③ 沈梓：《避寇日记》，罗尔纲、王庆成主编：《太平天国续编》（八），第151页。

士绅对民变的领导实是整个士绅阶层群体力量的自我消耗。

(二) 对太平天国的影响

拥有复杂历史面貌的民变对太平天国的影响不纯然消极，相对于起事、团练、土匪，民变展现的对国家秩序的挑战性质是不一样的，合理的应变有助于政治权力的巩固和政府权威的认同；起事、团练则以颠覆新政权为目的，不是修正政治权力。

然而，从"天国"民变的历史实际分析，民变给太平天国造成的负面影响大于其修正政治权力的积极意义：

1. 削弱了太平天国的统治力量。首先，削弱了基层政权。太平天国在乡村的统治主要倚靠乡官政权，民变对乡官的打击，削弱了基层政权，增加了太平天国的后顾之忧。如咸丰十年（1860）冬太仓地区的太平天国基层政府为民变风波付出了惨重代价，"乡官被杀者共有四五人，六湖一人，浮桥二人，闸上一人，时思庵一人"，横泾乡官二人逃去，参赞胡某"惧祸潜逃"，参赞王秀才"至浮桥镇乡民杀之，裂其尸，投其首于海"。[①]

其次，减少了财政收入。民变影响到国家税收工作的正常进展，太平天国政府征收田赋和地丁银的日期往往因民变推迟，支援各地战事的物资运输也常因民变发生未能如数收齐粮食而停滞；粮食暴动直接影响赋税数额和征收效率，抗粮和反对租粮兼收的民变有时会迫使政府采取减赋减租的让步。太平天国应对民变多行剿策，"打先锋"的镇压方式不仅无助于保障财政收入，反而造成民众流亡、土地抛荒、经济凋敝、无赋可征，出现粮食危机，直接影响战局，引发一系列连锁反应。

再次，牵制了军事力量。太平天国招抚的地方团练并没有在有效应对民变方面发挥显著作用，大多数情况不得不依靠太平军下乡镇压或威慑而使整起事件趋于终结。因为太平天国在乡间几不驻兵，武力应对民变的太平军部队也需从城中不时抽调下乡，这样太平军常出现不敷调派和疲于应付的现象。所以在政府以镇压举措有效平抑民变的背后，反映出政府财力耗费、行政精力牵扯和太平军兵力分散的实质。

---

① 民国《太仓州志》卷28，"杂记下"，第18页b；佚名：《避兵日记》，第29页，太平天国历史博物馆藏抄本。

2. 民心渐失。以"自我"为中心，一切均服务、服从于军事，旨在获取经济利益的地方政略，结果造成孤立"自我"的困局。农民们原本对太平天国寄予很高的期望，"愚民、贫民亦望贼来既可不纳佃租，不完官粮，并可从中渔利，则有望风依附者"，① 兼收租粮之令一出，"以贼之征伪粮如此之苛，佃田者已不堪命，而又欲假收租之说以自肥，真剥肤及髓矣"，佃农遂有"欲求仍似昔日还租之例而不可得"的失望情绪，甚或起身反抗，"攘臂而前"。②

其次是政府应变不当。太平天国立足江南未稳，根基不深，政治权力不固，正当广施恩惠、收拢民心之时，屡以武力镇压民变，过于轻率，极易给民众留下穷兵黩武的印象，增强社会恐怖氛围。咸丰十一年（1861）六月常熟乡民抗粮，太平军当局出动千余兵力追杀抗粮之民，逃避江干者淹死无数，随即劫掠市村五处，时人称"乡人从此心死"。③ 在湖州，同样因太平军动辄"打先锋"，波及无辜，"自是人始知贼不足恃，乃相率迁徙或东向或南向或为浮家泛宅"，不愿再做"天国"之民。④ 还有人因集体抗议太平军掳掠未能得到政府积极回应而表示失望，"贼中反复无信，法度荒谬可知"。⑤ 太平天国政府应对民变的殆政倾向和武力行政倾向，影响了新政府的权威。在镇压民变之后，政府不但缺少有效的善后举措，而且重蹈勒派苛费的旧辙，周而复始，弄得狭蹙的占领区民穷粮尽。从清朝统治区的民变配合和支援太平天国，到太平天国激发并镇压自己统治区的民变，深刻反映了太平天国从"得民心"到"失民心"的历史流变。表面上看，太平天国以武力镇压民变换来了一方秩序的暂时安定，实是自我削弱统治基石，得不偿失。镇压举措的"高效"是相对的。后期太平天国"人心冷淡"的现实，不仅是在军中、朝内，⑥ 在民间亦是如此。

---

① 《安徽巡抚福济奏陈通筹皖省全局请旨迅速饬拨皖省军饷折》（咸丰四年二月初四日），中国第一历史档案馆编：《镇压档》第12册，第425页。
② 曾含章：《避难记略》，罗尔纲、王庆成主编：《太平天国续编》（五），第341、352页。
③ 汤氏：《鳅闻日记》，罗尔纲、王庆成主编：《太平天国续编》（六），第352页。
④ 光绪《乌程县志》卷36，"杂识四·湖滨寇灭纪略"，第23页a。
⑤ 汤氏：《鳅闻日记》，罗尔纲、王庆成主编：《太平天国续编》（六），第321页。
⑥ 洪仁玕：《资政新篇》，中国史学会主编：《太平天国》（二），第540页。

3. 在某种程度上，统治区风起云涌的民变宣告了太平天国社会战略的失败。民变的兴起主要是民间社会对太平天国社会战略的回应，包括针对田赋制度承袭清朝旧制旧弊以及在恢复传统社会经济秩序时的局限、针对乡村政治的腐朽和社会不公正、针对太平军的违纪行为等。

民变风潮是太平天国社会战略失利的直观反映，民变打乱了太平天国全面推行社会战略的步伐，造成秩序紊乱，迫使太平天国政府回到恢复和稳定社会秩序的初始工作中。同时，社会战略的失利意味着太平天国在社会控制层面受挫，在太平天国统治区，民变与团练、盗匪、腐败、内讧等不安定因素愈演愈烈，官、绅、民的关系陷入结构性失衡，各群体、各阶层之间的矛盾尖锐化，社会失控加剧，太平天国的内溃之势已萌生于军事溃败之先。社会战略的失败，预示着"天国"陨落的命运。

于是可以解释为什么19世纪60年代的太平天国会在迅速发展的态势中瞬间倾塌。这里有太平军自身意志蜕变的因素，进入苏杭繁华之地，贪图享乐、安富尊荣的意识泛滥，一位太平军"老兄弟"称："我自起兵身历数省，富人之窖藏他处实多，惟宫室、器用、子女、玉帛之类，则苏州为各省冠，谚称'上有天堂，下有苏杭'，我道杭尚不如苏，今与汝等得享天福，当慎守之。"这是太平军沉迷享乐的典型心态。时人总结"天国"覆灭之因："故世谓发逆之亡，亡于苏州；盖恋恋于此，即怀安之一念足以败之矣。噫！夫差以来，前车几复矣。"[①] 其二，军事战略原因，即洪仁玕的"长蛇理论"——"夫长江者古号为长蛇，湖北为头，安省为中，而江南为尾，今湖北未得，倘安徽有失，则蛇既中折，其尾虽生不久"，"徒以苏、杭繁华之地，一经挫折，必不能久远"。[②] 后来的事实不幸被洪仁玕言中。然太平天国坐拥苏浙两省膏腴之地，国祚不常的根本原因还在于自身社会战略的失败。太平天国较之前其他民众"反乱"的高明之处在于放弃流寇主义，重视经营后方基地，目的即解决军队的粮食问题。可是由于太平天国囿于战守，盲目扩军，唯知索取，滥收滥征，违背社会经济发展的客观规律，既丧失民心，激发民变，又无粮可征，影响军队战力，最终兵困民贫，陷入失败的深渊。

[①] 潘钟瑞：《苏台麋鹿记》，中国史学会主编：《太平天国》（五），第302页。
[②] 《干王洪仁玕自述》，罗尔纲、王庆成主编：《太平天国续编》（二），第412页。

四 太平天国的社会战略

美国学者孔飞力对太平天国的社会战略有一段经典描述:

> 太平军的控制很少能越过行政城市的城墙。在许多这样的地区,太平军已经成功地把清代的地方行政长官赶出有城墙的城市,但却不能摧毁农村名流的地方团练集团,它们在官方的庇护下继续在乡村进行斗争……它们说明太平军实际上困守在城市中,而正统名流则控制着农村。①

这一论断几乎成为学界关于太平天国基层社会治理问题的共识。然而我们并没有充分看到太平军的控制困守于行政城市城墙之内的现象,也没有看到正统乡村名流继续稳固地控制着农村,反而发现太平天国以一种极为积极的姿态涉足地方事务。

第一,通过普及乡官制度将乡村社会管理纳入政权系统运行轨道。太平天国在《天朝田亩制度》规定的乡政基础之上,改良旧有的保甲、里甲体系,吸纳中小士绅进入政治权力系统,授予乡官官职,建立县以下市镇乡村基层政府,使太平天国政治权力的触角伸入乡村社会,试图以此颠覆传统行政体制,削弱和破坏士绅、宗族、乡约对乡村地区经济、政治、思想方面的控制,实现政治权力对地方社会资源的占有。史料中常见的太平天国设局祠庙的现象就反映了太平天国政治权力向乡村社会的渗透。

第二,不遗余力地干预敏感的业佃关系和倾向动用军队镇压因租佃事务而起的民变。减租限租、设局收租、政府直接代业收租、给业户发租凭收租等政略体现了过度干预租佃关系,这也是太平天国地方行政经验不足的表现;而清政府虽然也保守地维系传统社会秩序的原则,但同时在尽量避免陷入复杂的基层关系。

第三,力图取代传统社会组织在社会救济和公共工程等领域的角色。

---

① [美]孔飞力:《中华帝国晚期的叛乱及其敌人:1796—1864年的军事化与社会结构》,第200—201页。

根据太平天国践行"安辑流亡"的调控举措等相关论述，太平天国统治区的社会救济事业呈现进一步延续清中叶以来"官僚化"趋势的征象，太平天国官方不仅是简单地积极介入社会事务，而是力图在占据地区取代原有民间慈善组织的社会救济功用，这也是太平天国政治权力向地方社会渗透的重要表现。因此，太平天国统治区的救济组织大多具有官办性，所谓"抚恤局""施粥局"亦带有政府临时事务机构的色彩，由官方掌控。政府在社会救济领域的角色完全变为政治督管，原有的政府督导扶持与民间承办的互惠关系无法重建。

第四，应对民变的实践存在理性成分。太平天国应对民变有较明显地分类型分性质区别对待的原则：对抗粮、抗税、反对政府兼收租粮等影响政府财政收入的民变及相关个体行为，太平天国严禁和镇压的态度非常明确；但同时准许民间社会以合法抗议的形式监督政府行政和太平军军纪，这反映了部分地区太平天国政治权力在干预介入基层社会事务上有进一步的展现。

第五，地方行政工作细化。"调控十策"之一是"安民造册"，一般来说，因工程浩繁，太平天国无暇顾及，而实际执行情况却相当普遍；又如太平军驻防佐将直接干预和经理地方司法等。

再如太平军剿枪船一事也充分体现了太平天国政治权力与地方社会势力的较量。剿灭枪船的联合行动获得了良好预期，"卒至以苏、松、嘉、湖遍地之赌局，遍地之枪船而受制于长毛一日之号令，杀者杀，掳者掳，逃者逃，散者散，匿迹销声之不暇"，"赌匪逃匿净尽，各镇各乡无枪船踪迹"。时人沈梓对太平军果断迅猛的行动极为感佩，他说："伪忠王以一土寇之号令一朝灭之而肃清，我朝大僚之与逆贼才智不相及且如此"，"余生三十余年，日不见赌，独有此时，窃叹长毛号令，清时地方官所不逮也"。[①]

可见在太平天国治下的广大乡村地区，乡村政治实践的主角仍然是"天国"政府官员和太平军。虽然太平天国社会战略的推行最终流于失败，但应该正视太平天国政治权力突破城市，活跃于乡村社会的

[①] 沈梓：《避寇日记》，罗尔纲、王庆成主编：《太平天国续编》（八），第138—139、142—143页。

事实。太平天国的努力展现了太平天国时期国家与社会关系的特殊实态。

孔飞力在分析太平天国时期国家与社会的关系时,将绅权的扩张和"地方自治"视作传统国家崩溃的重要表现,① 但在太平天国战争时期,特别是在太平军主要活动和控制的江南地区,绅权却有异于帝国崩溃时期的总体态势,呈现被"压缩"的另面镜像。

绅权被压缩的原因有以下几个方面:第一,乡官制度的束缚。对于纳入太平天国行政体系的中小士绅、知识分子,太平天国政权拥有人事任免和政治监督权,试图将其从旧有的宗族、乡约体系中剥离出来,削弱其对乡村社会的影响;并制造政治壁垒,大多使其承担"书手"和征税工具的配角而不予实权,在具体行政过程中还特别注意"毋使军师帅当权",士绅甚至"因长毛入局混杂"无议事之处。② 另外,对下层社会民众相对开放基层政权,一些下层人士可取得在清朝社会中无法逾越的身份等级、出任总制、监军等高级乡官,甚至可以进入地方行政体系的中高级位置。多数低级乡官由下层社会人士出任也是不争的事实,如绍兴乡官局有200多处,③ 常熟、昭文大小乡官达2000余人,④ 如此众多的下级乡官职位不可能仅靠士绅和知识分子填充。大量非精英人士加入基层政权并获取地方管理权,以及太平天国对赋税、地租和租佃关系的进一步干涉、约束,实际也有可能削弱士绅对乡村社会的控制。第二,太平军对地主富户进行经济打压,削弱了绅权控制地方的经济基础。第三,民变对地主的打击,以及对乡官政权的打击。第四,太平天国统治区士绅数量总体呈下降趋势,他们或死或逃,或消极避世,无暇关注地方社会事务。第五,战后清政府和地方社会对"伪官"的清算运动,也使士绅阶层遭到不同程度的削弱。例如,战后"富户及土匪地棍之曾充乡官

---

① [美]孔飞力:《中华帝国晚期的叛乱及其敌人:1796—1864年的军事化与社会结构》,第221—229页。

② 沈梓:《避寇日记》,罗尔纲、王庆成主编:《太平天国续编》(八),第109页。按:此处仅指普遍情形,也有一些知识分子弄权的个例,如《避寇日记》第192页记"陡门卡长毛鲁姓时出师于外,其先生姚姓握重权,自去冬及今春收买濮院所织湖绉千余匹,不知解往何处,初十边忽逸去,追之不及,或曰此人必往上洋也"。

③ 鲁叔容:《虎口日记》,中国史学会主编:《太平天国》(六),第802页。

④ 汤氏:《鳅闻日记》,罗尔纲、王庆成主编:《太平天国续编》(六),第338页。

者，则诱至而收其罚捐"，① 仅桐乡青镇一处便"罚捐各伪职伪董米二千五六百石"；② 安徽六安州韩钟灵因"甘受伪职，充公田三百五十石"；③ 乌程监军费大熊任乡官期间"积三万余金"，城破后交巨资捐得免。④ 当然，这些限制绅权的表现可能主要是客观作用而非主观意图。

太平天国失败后，清政府在意识形态领域的一系列举动有意识地继承江南绅权被压制的趋势，意在约束并重新压缩已被释放的绅权，⑤ 激发了国家权力与地方社会的新一轮角逐。庚子国变中，外部因素对清政府政治权力的极度削弱，扭转了政府与地方社会角逐的优势地位，清末十年民变、教案等群体性事件的大量涌现预示着绅权的爆发，清政府的最终覆亡也与清末新政时期政府权力在乡村社会的落败有一定关联。至于上述历史现象之间的必然联系，尚须进一步论证。

五　民众与革命：太平天国的评价问题

太平天国统治区的民变以及部分平民领导的反太平军武装，为客观理性认识民众与革命的关系提供了许多发人深省的案例。所以有必要通过这些历史现象，反思关于太平天国历史评价的两类观点截然不同的论战。⑥

如果暂时认为历史上的民众起事、民变可能具有某些社会变革意义，那么"民众"与"革命"关系的一般状态并非是绝对化的认同、支持或响应，它们之间实是一个对立统一的整体。

---

① 左宗棠：《左宗棠全集》第 10 册，"书信一"，第 494 页。
② 光绪《桐乡县志》卷 7，"食货志下·蠲恤"，第 14 页 a。
③ 光绪《六安州志》卷 12，"食货志七·积储"，第 13 页 b。
④ 光绪《乌程县志》卷 36，"杂识四·湖滨寇灾纪略"，第 24 页 a。
⑤ 参见 Tobie Meyer-Fong, *What Remains: Coming to Terms with Civil War in 19th Century China*, pp. 135 – 174.《江南铁泪图》对战后清政府在地方秩序中管理角色的加强亦有反映："牛种有备惠及耕夫""机杼代谋欢腾织妇""恐惧修省劫海同超""乡约重兴宏宣教化""乐章再正共庆太平"等图均见清朝官员的身影。见余治（寄云山人）《江南铁泪图新编》，第 37 页 b—43 页 a。
⑥ 关于各时段太平天国历史评价的争论，参见姜涛《太平天国史研究的若干问题》，中国社会科学院近代史研究所政治史研究室编：《晚清政治史研究的检讨：问题与前瞻》，社会科学文献出版社 2014 年版，第 192—197 页。

历史上乡村民变、农民起事等民众运动的参与主体是农民，农民参加革命的原因，一般是迫于生存环境压力和受外界利益诱导两个因素的结合。所以所谓农民天生的"革命性"大多是在后天激发出来的。农民参加革命还要考虑农民阶层的主观愿望，两者之间的利益未必完全协同一致，应辩证地看待被裹挟进革命浪潮的农民的命运。

农民对革命的态度表现为积极和消极的双重面向。一方面迫于既得利益的被侵占、生存条件的恶化，以及受到外界不安定因素的动员，农民表现为支持、响应或直接参与革命的积极性，他们为革命提供了最基础的人力资源和体力支持，希望通过革命改善生活水平，这反映了农民参加革命的部分朴素初衷。另一方面，由于农民阶层天生过度忍耐和安于现状的性格，动员他们参与挑战现存秩序的革命并不轻松，除非获得一份满意份额的土地维持生计和继续活下去的意志彻底被其他优势阶层或统治者断送。因此在革命的发生发展过程中，当说服、煽动和利益诱导未能达到预期动员效果时，革命者对农民一般有诉诸武力裹胁恐吓的行为表现。对被迫参加革命的农民而言，革命不是自愿的。同时，由于革命的表现形式一般是具有社会破坏性的暴动，革命对社会经济秩序的冲击也给没有卷入革命洪流的农民带来了伤痛，甚或激发针对革命的对立行为，这是农民对革命态度的消极面向。

基于上述分析，农民与民变、农民与太平天国的关系均表现为对立统一的复杂面向。太平天国在江南社会战略实践的结局——激发"天国"民变等民众反抗行为，反映了民众与太平天国政权系统互动之局限。造成此类困局的原因，还应分析革命本身是否代表先进、正义和民众的利益。尽管为了确保农民大众支持运动的数量和广泛性，明智的革命领导者在革命发展之初会主动提出农民的愿望，并将农民利益视作革命利益的一部分，如许诺革命成功后赋税土地利益的保障——这点对农民群体产生极大的吸引力和号召力，但是大多数情况下农民的切身利益仅是革命利益的附属，他们的诉求因农民在革命中不占主流领导地位而很少被作为革命的核心利益。

太平天国也一样，他们的领导者并未真正深入持续地关注农民，因此没有得到全体农民的支持，造成农民阶层的分化。长期以来关于太平天国政权性质讨论的重点在于太平天国到底代表了谁。一方面太平天国政权代表了以太平军军事贵族为主体的太平天国统治者的利益，这个核心利益从未被削弱；另一方面，太平天国运动的爆发绝非由一个阶层主导并倡行，而是民众广泛参与的结果；其核心领导力量也具有联合领导的特征，如小知识分子群体、手工业者、流氓无产者和农民的联合领导。加入太平军的农民仅是太平天国利益代表的一个阶层，在运动发展过程中，太平天国的领导者出于广泛社会动员、寻求地方合作的需要，部分地反映了农民阶层的利益诉求，如定都之初《天朝田亩制度》的颁行和19世纪60年代的再次刊刻。

但《天朝田亩制度》是一个综合性的社会战略纲领，不仅是局限于农民问题、农村问题和土地问题理想蓝图的规划，还包括政权建设、社会生活、宗教思想各方面，由于事无巨细，才导致"它愈是制定得详尽周密，就愈是要陷入纯粹的幻想"；[1] 农民获得土地的强烈要求，也没有以对太平天国的支持换来满足。《天朝田亩制度》虽然颁行，但发行量极少，曾国藩的机密幕僚张德坚负责全面采集"贼情"，也没有看到制度的文本，他甚至怀疑太平天国是否真正刊行过这一文件："凡贼中伪书首一章必载诸书名目，末一条即系伪《天朝田亩制度》，应编入'贼粮'门内。惟各处俘获贼书皆成捆束，独无此书，即贼中逃出者亦未见过，其贼中尚未梓行耶？"[2] 而太平天国中央政权在定鼎天京后，对农民切身利益的关心确实表现得不再像早期那么强烈，却以法律的形式标明农民低等的社会地位。在《天朝田亩制度》中，共有6处关于官员有过"黜为农"或"贬为农"的规定。[3]

农民阶层利益不作为太平天国核心利益的另一表现是在太平天国社会战略中，由"待百姓条例""照旧交粮纳税""着佃交粮""代业收租""招业收租"等政策构成的经济战略的推行，后几项土地田赋政策表面上有利于地主阶层的利益，实质仍是以自我利益为中心，满足政权运作和军事斗争的物质需要。

太平天国对农民利益诉求的反映由前期至后期越加淡薄，这也是太

---

[1] 《马克思恩格斯选集》第3卷，人民出版社1972年版，第409页。
[2] 张德坚：《贼情汇纂》，中国史学会主编：《太平天国》（三），第260页。
[3] 《天朝田亩制度》，中国史学会主编：《太平天国》（一），第323—326页。

平天国从"得民心"到"失民心"的一个重要原因。根据上述太平天国代表利益的讨论,太平天国自始至终不存在核心利益代表的转变和过渡问题,也就无须进行"以新封建代旧封建"的政权性质界定,[①] 太平天国政权建设的模板本身就是以建立一个传统的改朝换代的旧式政权为主旨。

无论是自愿还是被迫参加革命,农民在革命中的主要角色均是传统的和持续的,他们在革命中的地位很少单独作为主流领导者发挥决定性作用,所以无法决定运动性质的走向。如果仅以参加者的数量决定事件的性质,革命的"农民"性可以肯定;但以农民在社会变革中的从属地位和提供的能量,很难夸大他们的决定作用,所以农民的参加未必能使"革命"走向"农民运动"。

"民变"作为"民众"集体行为,它与太平天国的关系实质也可反映民众与太平天国的关系。民变与太平天国的关系总体上可分两个阶段:在太平军据守江南前,该区域的民变在客观上配合和支持了太平军进军江南的军事行动,同时太平天国的迅猛发展也是对该区域民变风潮的鼓动和声援。但两者的行动均是相对独立地为彼此发展创造条件和时机。太平天国据守江南后,江南地区实现了政治主体的更替,"天国"统治区内部的民变随之转换抗争对象,表现为与太平天国政权抗争的行为,民变对太平天国的影响主要是消极的;太平天国对民变的应对主要表现为力行镇压,与太平天国"对立"是"天国"民变这一历史表现的主要方面。综合两个阶段的实际情况,太平军到来前江南地区的民变高潮有大的社会战乱背景的客观影响,但两者之间发生关系的实质不是彼此主观意志的作为;太平军据守江南后,太平天国对统治区内民变严禁的原则和以镇压为主的应变实践,说明所谓太平天国政府同情并支持一切群众斗争的常态实际具有复杂性、特殊性。

民变本身不具有明显的政治敌对性质,可以反映大多数参与者的朴素初衷。但民变的形象也不纯然正面,一方面它对社会秩序有破坏性,另一方面不排除别有用心者对民变的鼓噪,有的民变起因还包含试图逃避国家法定义务和过分要求不合理权益的不良动机。

农民加入清军、团练后与太平天国的对立行动发生了性质转变,两

---

① 简又文:《太平天国典制通考》上册,绪言,第49页。

者间的战争性质并非仅是农民阶层内部群体利益的对抗,根本反映了领导集团之间不同政治立场、政治意识的对立。"天国"民变虽然以农民为参与主体,抗争诉求不甚具有政治权力意识,但也不能作为"农民打农民"的历史表现:两者间的对立不是局限在农民阶层内部的对抗,涉事范围不在某一个阶层内部,根本上是领导集团的利益对立,而民变的领导集团也不单纯反映某一个阶层的利益诉求。像士绅阶层作为"天国"民变的主要领导者,他们的主要抗争对象乡官群体也有一部分出身于同一阶层,这就表现为士绅阶层内部利益分歧,同样的道理,不能把这种对立视作"士绅打士绅"。

所以,民众与革命关系对立统一的实质表明在评价革命功过是非问题上,应全面辩证地看待它在特殊社会格局中的复杂面向,避免陷入非此即彼的历史窠臼。对太平天国历史地位的评价也是如此。

对太平天国历史地位的评价需建立在总结太平天国历史贡献和深刻教训的基础之上,根据本书提供的太平天国统治区民变这一切入点,太平天国的经验教训可主要从民变成因(社会建设)和太平天国政府应变两个层面总结。

(一)可取之处

1. 稳定社会秩序的努力。历史上的民众起事,即使能顺利建立政权,在这一过程中大多重破不重立,以对现行社会秩序的冲击作为颠覆旧政权机器的推力。太平天国在江南局部取代清政府的统治,各地方政府采取了许多旨在应对社会危机和稳定社会秩序的举措。虽然这些政略没有形成系统的建设纲领,不具普遍意义,也因主客观条件的限制最终成效不佳或流于失败,但反映了太平天国由"打天下"向"坐天下"执政理念转型的迹象,这在战事频仍的非常时期对一个行政经验非常匮乏的稚嫩政权来说难能可贵。历史上诸多"反乱"事件,如太平天国部分地方政府这样,致力稳定社会秩序并拥有良善主观行政作为的极为少见。特别是安辑流亡、兴修水利、治理土匪等措施需由相对集中范围的各太平军当局联合开展,并且取得良好预期;减赋限租的经济政策在某种程度上蕴含了太平天国缓和社会各阶层矛盾的理念,并以此为开端引发了同治年间清政府在江南地区大规模减赋限租的实践。这打破了太平天国"完全破坏性"的谣言,有利于区分咸同兵燹的责任。首先须正视战争给民众带来的巨大伤痛,以及对社会经济造成的严重破坏,但应对太平天国战争和太平天国加以区分,因为战争的责任不能完全归咎于太平天国一方,责任认定是多方面的,其中既有天灾,又有人祸,如清军、团练、土匪、外国雇佣军的抢掠屠杀,曾国藩也承认"不幸而带兵,日以杀人为事""克城以多杀为妥""自以杀贼为志",① 虽然太平军的军纪在后期趋于败坏,但总体来讲比清军、团练要好得多。

2. 推行社会战略的尝试。太平天国提供了进行社会变革的宏伟蓝图,但它的社会战略未必一概超越现实,有的政略带有严重的落后性或不合实际。这里仅是肯定太平天国社会战略中某些大政方略的合理成分。作为纲领性文件的《天朝田亩制度》,虽具有绝对平均主义的空想性,但除土地制度基本未施行外,乡官制度、乡兵制度、司法制度、宗教文化和社会生活领域的规定均经改良而变相实践,并且以理想为模板构建了太平天国政权在基层社会维系的基础。《天朝田亩制度》和后期刊行的《资政新篇》,它们的理论意义和启示意义大于对当世的影响。《天朝田亩制度》关于土地分配问题的规划,反映了太平天国起事动机的正义性,说明太平天国曾代表了广大民众的诉求,并为之创制了比较完整的社会建设纲领,描绘了较前制更为完美良善的社会前景,正因为如此,太平军的足迹才能遍及十余省,攻破 600 余座城池,前后持续 14 年。《资政新篇》的重要性在于它是当时中国人向西方寻求真理的代表成果,后来所谓"同治中兴"和"洋务运动"的近代化格局也是奠基于反思太平天国战争的思想运动之上。② 这些具有启蒙性的文件是在太平天国推行社会战略的尝试中形成的。太平天国反压迫的抗争事业和伟大理想也激励了后来救国者们的斗志,成为他们继续"革命"的宝贵精神财富和提高斗争水平的借鉴,为中国革命的发展传播了种子。③

太平天国推行社会战略也有革除社会旧弊的尝试,尽管成效不著,但其改良和改善地方行政的作为值得肯定,如在政策层面严禁浮收、勒

---

① 曾国藩:《曾国藩全集》第 20 册,"家书之一",第 491、651、661 页。
② 参见[美]芮玛丽《同治中兴:中国保守主义的最后抵抗(1862—1874)》,房德邻译,中国社会科学出版社 2002 年版,第 13—24 页。
③ 一个典型的例子是中国共产党的军队在转战各地时,曾被欢迎他们的农民称作"天兵"。转引自[日]菊池秀明《末代王朝与近代中国》,第 50 页。

折、卖荒,虽然"浮收"日渐泛滥,其他像"勒折""卖荒"等流弊似在太平天国统治区少见。太平天国政府将地方行政的重点置于农村、农民和粮食,并以乡村社会为基地推行具有太平天国自身政治宗教特色的社会战略,将地方行政的重点放在农村、农民问题上无疑是正确的。

3. 地方社会事务中的"变通"原则。与"天国"民变频发关联密切的"着佃交粮"政策是太平天国在地方社会事务中对"传统"和"理论"的"变通"之举。至于"着佃交粮"政策本身是没有问题的,是符合社会实际的,应当肯定太平天国地方行政的这类变通精神,而实际激发诸多民变的关键在于政府在"着佃交粮"的同时,过分干涉业佃关系和基层社会事务。太平天国在基层社会实行的乡官制度、乡兵制度均是对《天朝田亩制度》理论规定的变通,如据理想蓝图进行现实实践,这些制度将在基层社会事务中寸步难行。变通后的乡官制度体现了太平天国基层政权的相对开放性,执行得当则有助于扩大统治基础,保障政权运作和战争进行的物资供应;变通后的乡兵制度主要表现为太平天国在地方上自立自办团练,执行得当亦有利于防奸肃敌、维护治安、稳定秩序和调控社会变乱。但这些问题均不考虑制度的执行偏差,仅就制度本身而言。太平天国应对民变区分事件类型和性质也体现了这种变通性,这是太平天国应对社会变乱的一类经验。

关于太平天国政权建设和应对民变可取之处的归纳总结均是太平天国较之前其他民众运动的优势所在,是历史上经民众运动建立政权并对国家机器在内的上层建筑进行较系统建设的重要创举,从而促使太平天国的抗争事业达到前所未有的规模和水平,这些也是太平天国正面形象的表现。在肯定太平天国起事动机正义性的基础上,对太平天国正面形象的概括还应有更加宏大的内容:(1)空前地打击了腐朽的清政府统治。同治六年(1867)六月,曾国藩与幕僚赵烈文曾谈及太平天国战争对清王朝前途命运的影响,赵烈文预言:"以烈度之,异日之祸,必先根本颠仆,而后方州无主,人自为政,殆不出五十年。"[①] 赵的预测一语成谶,45年后,清王朝在辛亥革命的枪声中宣告终结。(2)太平天国是近代以来民众抗击外来侵略的一次总爆发。洪秀全对外来侵略者的一番慷慨陈

---

① 赵烈文:《能静居日记》,罗尔纲、王庆成主编:《太平天国续编》(七),第327页。

词颇具正义,据李秀成回忆,"鬼子到过天京,与天王及(叙)过,要与天王平分地土,其愿助之。天王云不肯:'我争中国,欲相(想)全图,事成平分(定),天下失笑,不成之后,引鬼入邦'"。①(3)从社会变革的角度分析,战争的客观影响具有某种进步意义。太平天国战争对晚清政局、江南社会经济和土地关系的客观影响,极大地改变了近世中国社会的政治和经济形态,为中国社会注入了更多的近代性元素。② 以上所述太平天国社会建设的可取之处和其他正面形象的历史贡献,奠定了太平天国作为中国旧式民众运动最高峰的历史地位。因此,太平天国将始终是中国历史上浓墨重彩的一笔,太平天国的历史形象也不能被全盘否定。

(二) 深刻教训

太平天国既给民众带来了"福音"希望,但其统治政策中的负面因素也给民众留下了创深剧痛,从而引发太平天国治理下的民变,这些都是不争的事实。从"天国"民变成因和太平天国对民变调控应对的主观方面总结这场规模烈度史无前例的起事政权土崩瓦解的历史教训,有助于对太平天国历史地位和历史形象作出更全面的认知。

1. 未能超越旧式民众运动的局限

总体来讲,太平天国的运动形式仍然局限在旧式民众运动的水平,所建立政权的领导阶层联合体,不是先进生产方式的代表者,没有建立独立、稳定的经济基础,没有颠覆旧制度和旧秩序;社会战略虽以"开创新朝"相号召,某些文本和理想具有社会变革的色彩,但14年战争实践的实质还是改朝换代式的王朝战争,这也是太平天国不可能革新复兴中国并最终流于失败的根源。

(1) 缺少社会变革的决心和进取精神。从创建社会建设的理想蓝图看,太平天国是有勇气进行社会变革的,但缺少完成社会变革的决心和进取精神。如移风易俗的社会改革往往被传统习俗同化;禁止浮收舞弊等改良地方行政的政令也没有对传统社会秩序的旧弊起到根本遏制作用;土地制度、田赋税收制度、基层社会组织在本质上沿袭了清朝旧制,仅是对清朝旧章加以变通,所以"照旧"成为太平天国社会建设的一个特

---

① 《忠王李秀成自述》,罗尔纲、王庆成主编:《太平天国续编》(二),第397—398页。
② 参见茅家琦主编《太平天国通史》下册,第315—357页。

点，理想和实践的差距是民心转向的一类因素。

太平天国的理论和构想在实践中往往屈服于社会现实，或在社会现实面前稍遇挫折便丧失进取精神。如《天朝田亩制度》旨在建立一个以小农经济为主体的平均主义的理想社会，平均分配土地和建设平等温饱世界是其对农民阶层的重要许诺，但在实践中太平天国追求的首要政治目标是完成改朝换代的王朝战争并构建贵族特权等级制度，因此承认现存生产关系的"照旧交粮纳税"政策出台并长期实行是客观所需，具有必然性，所谓"土地革命"的计划则转变为未来可有可无、可行可不行的空头支票。农民阶层不能从太平天国获取现实经济利益，未能被充分动员和组织起来支持太平天国，甚至倒戈相向，站在太平天国的对立面。再如，一旦太平天国在地方上恢复传统社会经济秩序的努力失败，以"打先锋"和"勒贡"为标志的贡役制统治模式会轻易复辟，所以在太平天国统治区常见传统社会经济秩序和贡役制统治模式并行并存的局面，这也给后世留下太平天国基层社会治理的行政风格是"重立不重建"的不良形象。

（2）忽视发展战时生产的重要性。在预防和调控社会变乱的方略中，某些太平天国地方政府有过兴修水利、保障农业之类的举措，但太平天国所做主要是鼓励和保护农业生产，以便如期足额收缴赋税。总体上看，太平军当局基本没有发展战时生产、建立新政权独立稳固经济基础的战略意识。在史料中也几乎看不到太平天国有规模较普遍地督责生产、发展经济的记载。

太平天国虽然拥有后方基地，但战略重心置于"取民"，前期主要是通过强制手段"打先锋""勒贡献""写大捐"，后期主要是照旧征收漕粮赋税，却囿于战守，盲目扩军，唯知索取，滥收滥征，不修政理，违背社会经济发展的客观规律，导致狭蹙的占领区民穷粮尽，最终战局逆转。不能认识到依靠战时根据地经济建设和生产发展支持战争消耗的重要性，是旧式民众运动共同的局限，太平天国亦不例外。一因客观上连年战争，生产遭受严重破坏，发展生产具有难度；二因太平天国领导者目光短浅，所行社会战略具有盲目性。作为运动的主要参加者农民阶层，他们的小农经济依附于现实的地主经济存在，不可能建立独立的经济基础，于是憧憬于《天朝田亩制度》中平均主义的小农幻想；太平军领导者则错误地认定"吾以天下富室为库,以天下积谷之家为仓,随处可以取给",① 于是圣库制诞生,贡役制成为太平天国始终难以割舍的施政模式。

几十年后,同样是放弃流寇主义的中国共产党及人民武装,在国内革命战争和抗日战争时期重视根据地建设,以农村经济为重心,推行切合实际的社会战略,其成就则与太平军悲惨的结局迥然不同。

(3) 拜上帝教在社会建设中的消极影响。利用宗教动员组织群众,是历史上旧式民众起事的特点。太平天国以宗教起家,又以宗教立国。在运动前期,拜上帝教的精神凝聚力、宣传动员和组织功能得到强化,对太平天国的生存发展主要产生积极作用。但拜上帝教除对太平天国政治权力结构产生消极影响外,② 太平天国的社会战略也充斥着浓厚的宗教色彩,特别是在统治区推行移风易俗的社会改革,以简单而激进的宗教运动强制民众改变传统信仰和风习,企图摧毁旧有思想文化根基,却只是以新的宗教迷信取代旧的宗教迷信,缺乏坚实深厚的群众基础,超越民众心理承受力。太平天国最终失去知识分子群体的支持也与其崇奉上帝,反孔非儒、毁灭偶像的偏激文化政策有关。太平天国忽视发展生产,在城市废除私有财产、取消私营商业和手工业,某种程度上也掺杂着拜上帝教的宗教因素。太平军及其领导者将生产所获财富作为"天赐",言其理所应当享尽"天福",拜上帝教强化了这类幻想,所以有人讲:"凡物皆天父赐来,不须钱买",③ 他们根本没有想过从事生产,一应所需转嫁民间,逐渐失去反抗者的本色而转变为新的寄生权贵。

2. 没有建立统一有力的政治权力机制

这是后期太平天国政权建设的一大缺陷,也是太平天国领导群体执政能力、执政素养不高和行政经验不足的表现。太平天国社会战略的推行,倚仗于地方执行者,由于政局涣散,各自为政,同一政略因不同地区、不同时期、不同主政将领而表现为不同的实践效果。李秀成在被俘后总结太平天国失败原因的"十误",其中与政治权力机制相关的有两

---

① 张德坚:《贼情汇纂》,中国史学会主编:《太平天国》(三),第269页。
② 参见刘晨《萧朝贵研究》,第177—192页。
③ 张汝南:《金陵省难纪略》,中国史学会主编:《太平天国》(四),第716页。

条:"误封王太多,此之大误","误立政无章"。① 缺少长期稳固的领导核心和持续健全的政策,削弱了太平天国推行社会战略的成效,像乡村建设实践的失败、军纪败坏屡禁不止、官员贪腐享乐之风泛滥、移风易俗改革受挫、预防调控和应对民变的方略成效不著,这些均与太平天国缺乏统一有效的监督、教育、奖惩、舆论宣传和政策执行机制有关。

3. "民心向背,国之兴亡"

(1) 自我孤立的政略。主要是以"自我"为中心的地方行政。太平天国统治方式转向误差主要表现在自我孤立的经济政略,在恢复传统社会经济秩序过程中,推行"着佃交粮""招业收租"和"代业收租"间杂并行的田赋政策,地方社会不公和行政腐败继续蔓延,杂税体系紊乱,导致地主、自耕农和佃农等乡村社会各阶层的普遍反对。在乡村政治实践中,太平天国对乡官群体和农民阶层的利益诉求缺少持续关注,也是自我孤立政略的体现,特别是将维系战争进行和政权开销的经济压力强加给乡官群体,乡官再转嫁民间,削弱了统治基础,破坏了统治区基层社会的常规运作。以"自我"为中心,一切均服务、服从于军事,旨在获取经济利益的地方政略,结果造成孤立"自我"的困局。

太平天国的知识分子政策(如反孔非儒、宽进宽取、任人唯亲)、移风易俗的社会改革政策(如禁棺葬、易服式、变时令)、违背现实经济规律和传统生活方式的城市政策(废除私有财产、取消私营工商业、拆散家庭)、非理性的宗教说教(如毁灭偶像)等,均是以自我为中心的地方政略,人为制造了民众与太平天国之间的心理鸿沟。太平天国领导人在理政思路上缺少对战略全局客观清醒的认识,对待会党、土匪的态度也相对冷漠,自视正统,自我孤立,既不注重内修政理,积蓄自身力量,又忽视联合、招抚其他可以联合的外部反清力量,实际陷入了自我消耗的绝境。

(2) 习惯于将经济问题政治化。很多民众抗争的诉求是经济型的,抗争内容主要是与田赋税收地租有关的经济问题,不具政治敌对意识,其性质与团练有着本质区别。所以战争状态中的太平天国政府,因政权认同和政治权威尚未完全形成,应对民变的政策和实践应该稍向"抚"

---

① 《忠王李秀成自述》,罗尔纲、王庆成主编:《太平天国续编》(二),第397页。

的方向倾斜，同时修省自身，缓和社会矛盾，以保障社会稳定和民心所向。但太平天国政府的应变实践是以"剿"为主，不注重善后，过分干涉基层事务和社会关系，习惯性地将社会问题、经济问题政治化，在应变实践中产生了"打先锋""屠灭""掳人"等越轨违纪行为，结果得不偿失，耗费财力、分散兵力、牵扯精力，造成严重的社会影响。

经济问题政治化的重要表现是太平天国不能区分敌我矛盾和内部矛盾，不能区别对待民变等社会变乱的参加者，一概视作政治反乱，大加剿洗。但太平天国对待团练的政策和实践反而常表现为弱化政治问题，大力实行招抚政策，使统治区团练照旧存在并照旧维系地方，在地方社会潜伏了严重隐患。对不同类型不同性质的社会变乱，应变的原则和实践应有不同，但太平天国模糊了彼此界限，付出了失去乡村、失去基层、失去民心的惨痛代价。

综上所述，根据民变成因（社会建设）和"天国"应变实践概括归纳太平天国的历史贡献和深刻教训，太平天国既有在处理社会问题、推进社会建设方面的可赞可取之处，也留给后世诸如自我孤立、政局紊乱的惨痛教训。"天国民变"展现了太平天国复杂多重的历史面貌：一方面，应正视太平天国因统治政策的负面因素激发普遍而广泛的民变，以及给民众带来伤痛的事实；另一方面，也应肯定太平天国为预防和调控民变，稳定社会秩序做出的努力，以及应变的原则和实践也有某些理性或进步的成分。对太平天国的历史评价须由宏观和微观两个层面结合，在长时段的历史格局中，太平天国起事动机的正义性和运动进行中反压迫反侵略的积极意义应是太平天国历史形象的主要方面；置于相对时空范围内的民变这一具体问题中考量，太平天国的历史形象则表现为对立统一的实质。所以，在评价太平天国功过是非问题上，不应再像过去那样执着一端，问题的本真须客观理性地立足史料和史实，绝不能泛泛而谈。

主要参考文献

一 基本史料

(一) 稿本抄本等(以作者姓氏笔画为序)

方海云:《家园记》,安庆图书馆藏抄本。
方玉润:《心烈日记》,国家图书馆藏稿本。
归庆枏:《让斋诗稿》,太平天国历史博物馆藏抄本。
伍庆飚:《漏网记》,本人藏抄本。
亦爱庐主人:《庚申日记》,南京图书馆藏稿本。
何溱:《书庚辛之变》,本人藏抄本。
陆筠:《海角悲声》,南京图书馆藏抄本。
苏吉治:《流离记》,安徽省图书馆藏抄本。
吴燮恺:《劫难备录》,绍兴图书馆藏抄本。
佚名:《避兵日记》,太平天国历史博物馆藏抄本。
佚名:《贼匪略钞本》,常熟图书馆藏抄本。
佚名:《粤匪节略》,南京图书馆藏抄本。
佚名:《哀江南小词》,南京图书馆藏抄本。
佚名:《褚存杂记》,南京市博物总馆藏稿本。
张绍良:《蒙难琐言》,苏州大学图书馆藏稿本。
范其骏:《庚申禊湖被难日记》,上海图书馆藏稿本。
金长福:《癸亥日记》,中国科学院国家科学图书馆藏稿本。
金念劬:《避兵十日记》,北京大学图书馆古籍部藏稿本。
罗任:《平发逆志》,南京图书馆藏抄本。
苕山外史:《润州见闻录》,国家图书馆藏抄本。

皇甫元塏：《寇难纪略》，桐乡市图书馆藏排印本。
胜保等：《忆昭楼洪杨奏稿》，南京图书馆藏抄本。
龚又村：《粤匪陷虞实录》，江苏师范大学历史系资料室藏抄本。
晦农：《再生日记》，太平天国历史博物馆藏抄本。
黄熙龄：《吴江黄熙龄日记》，苏州大学图书馆藏稿本。
程秉钊：《记事珠：咸丰庚申年坿辛酉日记》，本人藏抄本。
缪朝荃：《避兵吟草》，国家图书馆藏抄本。
潘钟瑞：《胥台麋鹿记》，太平天国历史博物馆藏抄本。
《勘定粤乱战功图（平定粤匪战图）》，北京大学图书馆古籍部藏照片。
《军机处录副奏折》《军机处上谕档》《军机处随手登记档》《宫中朱批奏折》《灾赈档》《剿捕档》《雨雪粮价单》等，中国第一历史档案馆藏。

（二）地方史志（按出版时间为序）

陈荃缵、丁元正等修，倪师梦、沈彤等纂，朱霖等增纂：《吴江县志》，乾隆十二年（1747）刊本，民国年间石印本。
李亨特总裁，平恕等修：《绍兴府志》，乾隆五十七年（1792）刊本。
戴槃等纂修：《桐溪记略》，同治七年（1868）刊本。
严思忠等修，蔡以瑺等纂：《嵊县志》，同治九年（1870）刊本。
杜林等修，彭斗山等纂：《安义县志》，同治十年（1871）刊本。
应宝时等修，俞樾等纂：《上海县志》，同治十年（1871）刊本。
符兆鹏等修，赵继元等纂：《太湖县志》，同治十一年（1872）刊本。
周杰等修，严用光、叶学贞等纂：《景宁县志》，同治十二年（1873）刊本。
黄寿祺等修，吴华辰等纂：《玉山县志》，同治十二年（1873）刊本。
达春布等修，黄凤楼等纂：《九江府志》，同治十三年（1874）刊本。
朱忻等修，刘痒等纂：《徐州府志》，同治十三年（1874）刊本。
英杰、方濬颐等修，晏端书等纂：《续纂扬州府志》，同治十三年（1874）刊本。
宗源瀚等修，周学濬等纂：《湖州府志》，同治十三年（1874）刊本。
莫祥芝等修，汪士铎等纂：《上江两县志》，同治十三年（1874）刊本。
彭润章等纂修：《丽水县志》，同治十三年（1874）刊本。
马承昭等纂修：《当湖外志》，光绪元年（1875）刊本。

许应鑅、朱澄澜等修，谢煌等纂：《抚州府志》，光绪二年（1876）刊本。

王彬等修，徐用仪等纂：《海盐县志》，光绪三年（1877）刊本。

陈钟英等修，王咏霓等纂：《黄岩县志》，光绪三年（1877）刊本。

潘绍诒等修，周荣椿等纂：《处州府志》，光绪三年（1877）刊本。

戴枚等修，张恕等纂：《鄞县志》，光绪三年（1877）刊本。

卢思诚等修，季念诒等纂：《江阴县志》，光绪四年（1878）刊本。

龚宝琦等修，黄厚本等纂：《金山县志》，光绪四年（1878）刊本。

韩佩金等修，张文虎等纂：《奉贤县志》，光绪四年（1878）刊本。

于万川等修，俞樾等纂：《镇海县志》，光绪五年（1879）刊本。

杨开第等修，姚光发等纂：《重修华亭县志》，光绪五年（1879）刊本。

金福曾等修，张文虎等纂：《南汇县志》，光绪五年（1879）刊本。

王其淦、吴康寿等修，汤成烈等纂：《武进阳湖县志》，光绪五年（1879）刊本。

叶滋森等修，褚翔等纂：《靖江县志》，光绪五年（1879）刊本。

许瑶光等修，吴仰贤等纂：《嘉兴府志》，光绪五年（1879）刊本。

汪祖绶等修，熊其英等纂：《青浦县志》，光绪五年（1879）刊本。

余丽元等修，谭逢仕等纂：《石门县志》，光绪五年（1879）刊本。

金福曾等修，熊其英等纂：《吴江县续志》，光绪五年（1879）刊本。

汪坤厚等修，张云望等纂：《娄县续志》，光绪五年（1879）刊本。

陈方应等修，俞樾等纂：《川沙厅志》，光绪五年（1879）刊本。

刘浚等修，潘宅仁等纂：《孝丰县志》，光绪五年（1879）刊本。

杜冠英、胥寿荣等修，吕鸿焘等纂：《玉环厅志》，光绪六年（1880）刊本。

金吴澜等修，汪堃、朱成熙等纂：《昆新两县续修合志》，光绪六年（1880）刊本。

蒋启勋等修，汪士铎等纂：《续纂江宁府志》，光绪六年（1880）刊本。

程其珏等修，杨震福等纂：《嘉定县志》，光绪七年（1881）刊本。

斐大中等修，秦缃业等纂：《无锡金匮县志》，光绪七年（1881）刊本。

潘玉璇等修，周学濬等纂：《乌程县志》，光绪七年（1881）刊本。

李昱等修，陆心源等纂：《归安县志》，光绪八年（1882）刊本。

施惠等修，吴景墙等纂：《宜兴荆溪县新志》，光绪八年（1882）刊本。

陶煦等纂修:《周庄镇志》,光绪八年（1882）刊本。
梁蒲贵等修,朱延射等纂:《宝山县志》,光绪八年（1882）刊本。
李铭皖等修,冯桂芬等纂:《苏州府志》,光绪九年（1883）刊本。
吴世荣等修,邹柏森等纂:《严州府志》,光绪九年（1883）刊本。
谢廷庚等修,贺廷寿等纂:《六合县志》,光绪九年（1883）刊本。
博润等修,姚光发等纂:《松江府续志》,光绪十年（1884）刊本。
史致驯等修,陈重威、黄以周等纂:《定海厅志》,光绪十一年（1885）刊本。
李瀚章、卞宝第等修,曾国荃、李元度等纂:《湖南通志》,光绪十一年（1885）刊本。
钟铜山等修,柯逢时等纂:《武昌县志》,光绪十一年（1885）刊本。
张浩等修,徐锡麟等纂:《丹阳县志》,光绪十一年（1885）刊本。
钱开震等修,陈文焯等纂:《奉化县志》,光绪十一年（1885）刊本。
黄云等修,汪宗沂等纂:《续修庐州府志》,光绪十一年（1885）刊本。
彭润章等修,叶廉锷等纂:《平湖县志》,光绪十二年（1886）刊本。
严辰等纂修:《桐乡县志》,光绪十三年（1887）刊本。
秦簧等修,唐壬森等纂:《兰溪县志》,光绪十四年（1888）刊本。
桐泽等修,庄毓鋐、陆鼎翰等纂:《武阳志余》,光绪十四年（1888）刊本。
傅观光等修,丁维诚等纂:《溧水县志》,光绪十五年（1889）刊本。
侯宗海、夏锡宝等纂修:《江浦埤乘》,光绪十七年（1891）刊本。
赵定邦等修,丁宝书等纂:《长兴县志》,光绪十八年（1892）刊本。
王寿颐等修,王棻等纂:《仙居县志》,光绪二十年（1894）刊本。
江峰青等修,顾福仁等纂:《重修嘉善县志》,光绪二十年（1894）刊本。
李蔚、王峻等修,吴康霖等纂:《六安州志》,光绪二十一年（1895）刊本。
陈汝霖等修,王棻等纂:《太平续志》,光绪二十二年（1896）刊本。
陈志喆等修,吴大猷等纂:《四会县志》,光绪二十二年（1896）刊本。
龚嘉儁等修,李榕、吴庆坻等纂:《杭州府志》,光绪二十四年（1898）刊本。
朱畯等修,冯煦等纂:《溧阳县续志》,光绪二十五年（1899）刊本。

杨泰亨等修，冯可镛等纂：《慈溪县志》，光绪二十五年（1899）刊本。

周炳麟等修，邵友濂、孙德祖等纂：《余姚县志》，光绪二十五年（1899）刊本。

储家藻等修，徐致靖等纂：《上虞县志校续》，光绪二十五年（1899）刊本。

蔡丙圻等纂修：《黎里续志》，光绪二十五年（1899）刊本。

李登云等修，陈珅等纂：《乐清县志》，光绪二十七年（1901）刊本。

吴文江等纂修：《忠义乡志》，光绪二十七年（1901）刊本。

赵霈涛等纂修：《剡源乡志》，光绪二十八年（1902）刊本。

郑言绍等纂修：《太湖备考续编》，光绪二十九年（1903）刊本。

张绍棠等修，萧穆等纂：《续纂句容县志》，光绪三十年（1904）刊本。

郑钟祥等修，庞鸿文等纂：《常昭合志稿》，光绪三十年（1904）刊本。

善广等修，张景青等纂：《浦江县志》，光绪三十一年（1905）刊本。

褚成博等纂修：《余杭县志稿》，光绪三十二年（1906）刊本。

王文炳等纂修：《富阳县志》，光绪三十二年（1906）刊本。

吕林钟等修，赵凤诏等纂：《续修舒城县志》，光绪三十三年（1907）刊本。

赵惟崳等修，石中玉等纂：《嘉兴县志》，光绪三十四年（1908）刊本。

陈遹声等修，蒋鸿藻等纂：《诸暨县志》，宣统二年（1910）刊本。

张赞巽、张翊六等修，周学铭等纂：《建德县志》，宣统二年（1910）刊本。

彭循尧等修，董通昌等纂：《临安县志》，宣统二年（1910）刊本。

程兼善等纂修：《光绪于潜县志》，民国二年（1913）刊本。

善广等修，张景生等纂，金国锡等增纂：《光绪浦江县志稿》，民国五年（1916）刊本。

阎登云等修，周之桢等纂：《同里志》，民国六年（1917）刊本。

蔡蓉升等纂修：《双林镇志》，民国六年（1917）刊本。

王祖畲等纂修：《太仓州志》，民国八年（1919）刊本。

金成等修，陈畲等纂：《新昌县志》，民国八年（1919）刊本。

杨积芳等纂修：《余姚六仓志》，民国九年（1920）刊本。

陈善谟等修，徐宝善等纂：《光宣宜荆续志》，民国十年（1921）刊本。

余霖等纂修：《梅里备志》，民国十一年（1922）刊本。

李圭等修，许传霈等纂；刘蔚仁等续修，朱锡恩等增纂：《海宁州志稿》，民国十一年（1922）刊本。

陈璚等修，王棻等纂；屈映光续修，陆懋勋续纂；齐耀珊重修，吴庆坻重纂：《杭州府志》，民国十一年（1922）刊本。

徐士瀛等修，张子荣、史锡永等纂：《新登县志》，民国十一年（1922）刊本。

郑凤锵等纂修：《新塍镇志》，民国十二年（1923）刊本。

朱士楷等纂修：《新塍镇志》，民国十二年（1923）刊本。

章圭瑑等纂修：《黄渡续志》，民国十二年（1923）刊本。

陈训正等修，马瀛等纂：《定海县志》，民国十三年（1924）刊本。

陈培珽等修，潘秉哲等纂：《昌化县志》，民国十三年（1924）刊本。

仲廷机等纂修：《盛湖志》，民国十四年（1925）刊本。

窦镇等纂修：《锡金续识小录》，民国十四年（1925）刊本。

罗士筠等修，陈汉章等纂：《象山县志》，民国十六年（1927）刊本。

周庆云等纂修：《南浔志》，民国十七年（1928）刊本。

罗柏丽等修，姚桓等纂：《遂安县志》，民国十九年（1930）刊本。

丁燮等修，戴鸿熙等纂：《汤溪县志》，民国二十年（1931）刊本。

王陵基等修，于宗潼等纂：《福山县志稿》，民国二十年（1931）刊本。

吴嚣皋等修，程森等纂：《德清县新志》，民国二十一年（1932）刊本。

曹允源等纂修：《吴县志》，民国二十二年（1933）刊本。

邓钟玉等纂修：《光绪金华县志》，民国二十三年（1934）刊本。

张传保、汪焕章等纂修：《鄞县通志》，民国二十四年（1935）刊本。

杨晨等纂修：《路桥志略》，民国二十四年（1935）刊本。

程煦元等纂修：《澈志补录》，民国二十四年（1935）刊本。

彭延庆等修，杨钟羲等纂：《萧山县志稿》，民国二十四年（1935）刊本。

喻长霖等纂修：《台州府志》，民国二十五年（1936）刊本。

卢学溥等修，朱辛彝等纂：《乌青镇志》，民国二十五年（1936）刊本。

刘超然等修，郑丰稔等纂：《崇安县新志》，民国三十年（1941）刊本。

陈惟壬等纂修：《石埭备志汇编》，民国三十年（1941）刊本。

（三）笔记文稿（按出版时间为序）

吴文镕：《吴文节公遗集》，咸丰七年（1857）刻本，北京大学图书馆古籍部藏。

饶恕良、徐永涛：《洪杨祁门纪变录》，同治二年（1863）刻本，国家图书馆藏。

吴大廷：《小酉腴山馆文钞》，同治三年（1864）刻本，北京大学图书馆古籍部藏。

王茂荫：《王侍郎奏议》，同治五年（1866）刻本，北京大学图书馆古籍部藏。

李星沅：《李文恭公遗集》，同治五年（1866）刻本，北京大学图书馆古籍部藏。

吴嘉宾：《求自得之室文钞》，同治五年（1866）刻本，北京大学图书馆古籍部藏。

田文镜：《钦颁州县事宜》，同治七年（1868）江苏书局刻本，北京大学图书馆古籍部藏。

《江苏省例（同治二年至七年）》，同治八年（1869）江苏书局刻本，北京大学图书馆古籍部藏。

刘宝楠：《胜朝殉扬录》，同治十年（1871）淮南书局刻本，北京大学图书馆古籍部藏。

方玉润：《星烈日记汇要》，同治十二年（1873）刻本，北京大学图书馆古籍部藏。

高廷瑶：《宦游纪略》，同治十二年（1873）刻本，北京大学图书馆古籍部藏。

高观澜：《江阴忠义恩旌录》，同治十三年（1874）刻本，北京大学图书馆古籍部藏。

王韬：《瓮牖馀谈》，光绪元年（1875）上海申报馆铅印本，北京大学图书馆古籍部藏。

冯桂芬：《显志堂稿》，光绪二年（1876）冯氏校邠庐刻本，北京大学图书馆古籍部藏。

王定安：《求阙斋弟子记》，光绪二年（1876）北京龙文斋刻本，北京大学图书馆古籍部藏。

丁日昌：《抚吴公牍》，光绪三年（1877）刻本，北京大学图书馆古籍部藏。

高德泰：《忠烈备考》，光绪三年（1877）刻本，北京大学图书馆古籍部藏。

吴仰贤：《小匏庵诗存》，光绪四年（1878）刻本，北京大学图书馆古籍部藏。

马赓良：《鸥堂诗》，光绪五年（1879）刻本，北京师范大学图书馆藏。

李恒：《宝韦斋类稿》，光绪六年（1880）武林赵宝墨斋刻本，北京大学图书馆古籍部藏。

张光烈：《辛酉记》，光绪六年（1880）钱塘刻本，北京大学图书馆古籍部藏。

贾树诚：《贾比部遗集》，光绪元年（1880）季烁安越堂刻本，北京大学图书馆古籍部藏。

陈继聪：《忠义纪闻录》，光绪八年（1882）刻本，北京大学图书馆古籍部藏。

潘钟瑞：《庚申噩梦记》，《香禅精舍集》卷5—6，光绪十年（1884）长洲潘氏香禅精舍刻本，北京大学图书馆古籍部藏。

吴云：《两罍轩尺牍》，光绪十二年（1886）刻本，北京大学图书馆古籍部藏。

邹钟：《志远堂文集》，光绪十二年（1886）济南德华堂刻本，北京大学图书馆古籍部藏。

薛绍元：《武阳团练纪实》，光绪十二年（1886）刻本，南京图书馆藏。

秦缃业：《虹桥老屋遗稿》，光绪十五年（1889）刻本，北京大学图书馆古籍部藏。

高昌寒食生（何桂笙）：《劫火纪焚》，光绪十九年（1893）刻本，中国人民大学图书馆藏。

王寿颐等：《光绪仙居集》，光绪二十年（1894）活字本，北京大学图书馆古籍部藏。

朱彭年：《春渚草堂故纸偶存》，光绪二十二年（1896）刻本，北京大学图书馆古籍部藏。

陆懋修：《窳翁文钞》，光绪二十三年（1897）刻本，北京大学图书馆古籍部藏。

陈澹然:《江表忠略》,光绪二十六年(1900)长沙刻本,北京大学图书馆古籍部藏。

潘遵祁:《西圃集》,光绪年间刻本,北京大学图书馆古籍部藏。

彭鸿年:《中兴名将传略:附湘军平定粤匪战图》,光绪年间石印本,北京大学图书馆古籍部藏。

孙云锦:《孙先生遗书》,宣统二年(1910)铅印本,北京大学图书馆古籍部藏。

王棻:《柔桥文钞》,民国三年(1914)上海国光书局铅印本,北京大学图书馆古籍部藏。

佚名:《庚申忠义录·附庚申贞烈录》,民国四年(1915)铅印本,北京大学图书馆古籍部藏。

孙振烈:《次皙次斋主人年谱》,民国八年(1919)铅印本,北京大学图书馆古籍部藏。

蒋恩:《兵灾纪略》,民国十四年(1925)"三公难记"铅印本,山西大学图书馆藏。

王德森:《岁寒文稿》,民国十七年(1928)王氏市隐庐刻本,北京大学图书馆古籍部藏。

许炳勋:《断铁集》,民国十七年(1928)铅印本,北京大学图书馆古籍部藏。

董沛:《四明清诗略续稿》,民国十九年(1930)上海中华书局聚珍版,浙江图书馆藏。

黄侗:《义乌兵事纪略》,民国二十二年(1933)铅印本,北京大学图书馆古籍部藏。

陈得善:《石坛山房文集》,民国二十三年(1934)铅印本,北京大学图书馆古籍部藏。

汪士铎:《汪悔翁乙丙日记》,民国二十五年(1936)铅印本,北京大学图书馆古籍部藏。

沈守之:《借巢笔记》,《吴中文献小丛书》第18种,江苏省立苏州图书馆,民国二十九年(1940)。

陆筠:《海角续编》,中华书局1959年版。

柯悟迟：《漏网喁鱼集》，中华书局1959年版。

段光清：《镜湖自撰年谱》，中华书局1960年版。

骆秉章：《骆文忠公奏议》，沈云龙主编：《近代中国史料丛刊》第7辑第61册，文海出版社1966年版。

靳辅：《靳文襄公（辅）奏疏》，沈云龙主编：《近代中国史料丛刊》第15辑第143册，文海出版社1967年版。

殷兆镛：《殷谱经侍郎自叙年谱》，沈云龙主编：《近代中国史料丛刊》第26辑第260册，文海出版社1968年版。

季芝昌：《丹桂堂自订年谱》，沈云龙主编：《近代中国史料丛刊续编》第2辑第11册，文海出版社1974年版。

姚莹：《中复堂遗稿·续编》，沈云龙主编：《近代中国史料丛刊续编》第6辑第58册，文海出版社1974年版。

沈蕙风：《眉庐丛话》，沈云龙主编：《近代中国史料丛刊续编》第64辑第635册，文海出版社1979年版，第1—133页。

陈孚益：《余生纪略》，苏州图书馆藏稿本（《瓜蒂庵藏明清掌故丛刊》，上海古籍出版社1983年版，第367—394页）。

王定安：《湘军记》，岳麓书社1983年版。

王闿运、郭振墉、朱德裳：《湘军志·湘军志平议·续湘军志》，岳麓书社1983年版。

陆以湉：《冷庐杂识》，中华书局1984年版。

欧阳兆熊、金安清：《水窗春呓》，中华书局1984年版。

毛祥麟：《墨余录》，上海古籍出版社1985年版。

章型：《烟尘纪略》，南京大学历史系太平天国史研究室编：《太平天国史论考》，江苏古籍出版社1985年版，第378—386页。

扪虱谈虎客：《近世中国秘史》第2编，沈云龙主编：《近代中国史料丛刊三编》第16辑第152册，文海出版社1986年版。

何家琪：《天根文钞》，《丛书集成续编》第161册，新文丰出版公司1989年版，第419—582页。

陈其元：《庸闲斋笔记》，杨璐点校，中华书局1989年版。

朱孔璋：《中兴将帅别传》，岳麓书社1989年版。

武林更生氏述：《蒙难纪略》，张舜徽主编：《中国历史文献研究》（三），华中师范大学出版社1990年版，第277—280页。

佚名：《太平天国轶闻》，江苏广陵古籍刻印社1993年版。

凌善清：《太平天国野史》，江苏广陵古籍刻印社1993年版。

罗惇曧等：《太平天国战纪（外十一种）》，北京古籍出版社1999年版。

怡良：《两江总督怡良奏稿》，《四库未收书辑刊》第2辑第25册，北京出版社2000年版，第533—786页。

俞樾：《春在堂随笔》，江苏古籍出版社2000年版。

洪亮吉：《洪亮吉集》（全5册），中华书局2001年版。

张履祥：《杨园先生全集》（全3册），中华书局2002年版。

齐学裘：《见闻续笔》，《续修四库全书》子部杂家类，第1181册，上海古籍出版社2002年影印本，第379—603页。

陈锦：《勤余文牍》，《续修四库全书》集部别集类，第1548册，上海古籍出版社2002年影印本，第517—700页。

李渔：《十二楼》，中华书局2004年版。

李慈铭：《越缦堂日记》（全18册），广陵书社2004年版。

方宗诚：《柏堂集续编》，《清代诗文集汇编》编辑委员会：《清代诗文集汇编》第672册，上海古籍出版社2010年版，第209—408页。

余治：《尊小学斋集》，《清代诗文集汇编》编辑委员会编：《清代诗文集汇编》第633册，上海古籍出版社2010年版，第53—140页。

张瑛：《知退斋稿》，《清代诗文集汇编》编辑委员会：《清代诗文集汇编》第694册，上海古籍出版社2010年版，第499—615页。

容闳：《西学东渐记》，生活·读书·新知三联书店2011年版。

王韬：《弢园文新编》，中西书局2012年版。

符葆森：《咸丰三年避寇日记》，南京大学图书馆藏抄本（桑兵主编：《清代稿钞本四编》第151册，广东人民出版社2012年版，第3—131页）。

管庭芬：《渟溪日记》，中华书局2013年版。

（四）资料汇编（按出版时间为序）

浙江采访忠义总局编，张景祁等纂：《浙江忠义录》（全10卷），同治六年（1867）刊本，北京大学图书馆古籍部藏。

丁日昌编：《江南昭忠录》（全96卷），同治十一年（1872）刊本，南京图书馆藏。

余治（寄云山人）：《江南铁泪图新编》，同治十一年（1872）刊本，北京大学图书馆古籍部藏。

奕䜣、朱学勤等：《钦定剿平粤匪方略》（全420卷），同治十一年（1872）刊本，国家图书馆藏。

沈葆桢等修，何应祺等纂：《江西忠义录》（全12卷），同治十二年（1873）刊本，北京师范大学图书馆藏。

两江采访忠义总局辑，刘坤一等纂：《两江忠义录》（全56卷），光绪十三年（1887）刊本，南京大学图书馆藏。

丁丙辑：《庚辛泣杭录》（全16卷），光绪二十一年（1895）刊本，北京大学图书馆古籍部藏。

包祖清编：《义民包立身事略》，宣统三年（1911）刊本，国家图书馆缩微中心。

谢兴尧编：《太平天国丛书十三种》，民国二十七年（1938）刊本，河南大学图书馆藏。

中国史学会主编：《中国近代史资料丛刊·太平天国》（全8册），神州国光社1952年版。

太平天国起义百年纪念展览会编：《太平天国革命文物图录》，上海出版公司1952年版。

郭若愚编：《太平天国革命文物图录续编》，上海出版公司1953年版。

王崇武、黎世清辑译：《太平天国史料译丛》第1辑，神州国光社1954年版。

中国科学院历史研究所第三所编：《近代史资料》总第4号，科学出版社1955年版。

中国科学院历史研究所第三所编：《近代史资料》总第6号，科学出版社1955年版。

金毓黻、田余庆等编：《太平天国史料》，中华书局1955年版。

郭若愚编：《太平天国革命文物图录补编》，上海群联出版社1955年版。

李文治编：《中国近代农业史资料》第1辑，生活·读书·新知三联书店1957年版。

静吾、仲丁编：《吴煦档案中的太平天国史料选辑》，生活·读书·新知三联书店1958年版。

江世荣编注：《曾国藩未刊信稿》，中华书局1959年版。

太平天国历史博物馆编：《太平天国印书》（全20册），江苏人民出版社1961年版。

太平天国历史博物馆编：《太平天国史料丛编简辑》（全6册），中华书局1961—1963年版。

彭泽益编：《中国近代手工业史资料》第1卷，中华书局1962年版。

中国科学院近代史研究所《近代史资料》编辑室编：《近代史资料》总第30号，中华书局1963年版。

中国科学院近代史研究所《近代史资料》编辑室编：《近代史资料》总第34号，中华书局1964年版。

上海图书馆编：《〈上海新报〉中的太平天国史料》，内部参考资料，1964年。

太平天国历史博物馆编：《太平天国文书汇编》，中华书局1979年版。

太平天国历史博物馆编：《太平天国资料汇编》（第2册上、下，李滨《中兴别记》），中华书局1979年版。

苏州市博物馆、南京大学历史系、江苏师范学院历史系合编：《太平天国史料专辑》（《中华文史论丛》增刊），上海古籍出版社1979年版。

太平天国历史博物馆编：《太平天国印书》（全2册），江苏人民出版社1979年版。

中华书局编：《筹办夷务始末（咸丰朝）》（全8册），中华书局1979年版。

上海社会科学院历史研究所编：《上海小刀会起义史料汇编》，上海人民出版社1980年版。

太平天国历史博物馆编：《太平天国资料汇编》（第1册，杜文澜《平定粤寇纪略》），中华书局1980年版。

苏州博物馆等编：《何桂清等书札》，江苏人民出版社1981年版。

北京太平天国历史研究会编：《太平天国史译丛》（第1—3辑），中华书局1981、1983、1985年版。

中国社会科学院近代史研究所《近代史资料》编辑室编：《太平天国文献史料集》，中国社会科学出版社1982年版。

中国社会科学院近代史研究所《近代史资料》编辑室编：《近代史资料》

总第 49 号，中国社会科学出版社 1982 年版。

赵靖、易梦虹主编：《中国近代经济思想资料选辑》（全 3 册），中华书局 1982 年版。

上海社会科学院历史研究所编译：《太平军在上海——〈北华捷报〉选译》，上海人民出版社 1983 年版。

中国社会科学院近代史研究所《近代史资料》编辑室编：《近代史资料》总第 50 号，中国社会科学出版社 1983 年版。

太平天国历史博物馆编：《吴煦档案选编》（全 7 辑），江苏人民出版社 1983 年版。

南京大学历史系太平天国史研究室编：《江浙豫皖太平天国史料选编》，江苏人民出版社 1983 年版。

杨奕青、唐增烈等编：《湖南地方志中的太平天国史料》，岳麓书社 1983 年版。

浙江省博物馆、浙江省社会科学研究所历史研究室编：《浙江太平天国革命文物图录》，浙江人民出版社 1984 年版。

杜文凯编：《清代西人见闻录》，中国人民大学出版社 1985 年版。

王庆成编注：《天父天兄圣旨》，辽宁人民出版社 1986 年版。

皮明庥等编：《出自敌对营垒的太平天国资料：曾国藩幕僚鄂城王家璧文稿辑录》，湖北人民出版社 1986 年版。

《清宣宗实录》（全 7 册），中华书局 1986 年影印本。

《清文宗实录》（全 5 册），中华书局 1986—1987 年影印本。

《清穆宗实录》（全 7 册），中华书局 1987 年影印本。

《清代野史》（全 8 辑），巴蜀书社 1987—1988 年版。

杜德风选编：《太平军在江西史料》，江西人民出版社 1988 年版。

劳柏林整理：《三河之役——致李续宾兄弟函札》，岳麓书社 1988 年版。

中国社会科学院近代史研究所《近代史资料》编辑室编：《近代史资料》总第 75 号，中国社会科学出版社 1989 年版。

中国第一历史档案馆编：《清政府镇压太平天国档案史料》（全 26 册），社会科学文献出版社 1990—2001 年版（该资料前 2 册由光明日报出版社出版）。

李文海等：《近代中国灾荒纪年》，湖南教育出版社 1990 年版。

太平天国历史博物馆编：《太平天国文书》，江苏人民出版社1991年版。
太平天国历史博物馆编：《太平天国文物》，江苏人民出版社1992年版。
罗尔纲、罗文起辑录：《太平天国散佚文献勾沉录》，贵州人民出版社1993年版。
太平天国历史博物馆编：《太平天国艺术》（全2册），江苏人民出版社1994年版。
周腾虎、徐僖：《太平天国稀见史料三种》（全2卷），中华全国图书馆文献缩微复制中心，1995年。
彭泽益选编：《清代工商行业碑文集粹》，中州古籍出版社1997年版。
中国第一历史档案馆编：《咸丰同治两朝上谕档》（全24册），广西师范大学出版社1998年影印本。
马允伦：《太平天国时期温州史料汇编》，上海社会科学院出版社2002年版。
中国社会科学院近代史研究所《近代史资料》编辑室编：《近代史资料》总第105号，中国社会科学出版社2003年版。
赵尔巽等：《清史稿》（全48册），中华书局2003年版。
金实秋、易家胜主编：《太平天国王府》，南京出版社2003年版。
罗尔纲、王庆成主编：《中国近代史资料丛刊续编·太平天国》（全10册），广西师范大学出版社2004年版。
王庆成主编：《影印太平天国文献十二种》，中华书局2004年版。
《稀见清咸丰军事外交谕令秘件》（全2册），全国图书馆文献缩微复制中心，2005年。
中国第一历史档案馆、杭州市档案局编：《杭州太平天国档案史料选编》，中国档案出版社2007年版。
王先谦、朱寿朋：《东华录·东华续录》（全17册），上海古籍出版社2008年版。
中华书局编辑部、李书源整理：《筹办夷务始末（同治朝）》（全10册），中华书局2008年版。
胡林翼：《胡林翼集》（全5册），岳麓书社2008年版。
彭玉麟：《彭玉麟集》（全2册），岳麓书社2008年版。
中国社会科学院经济研究所编：《清代道光至宣统间粮价表》（第10册江

苏、第11册安徽、第13册浙江），广西师范大学出版社2009年版。
《左宗棠全集》（全15册），岳麓书社2009年版。
《曾国藩全集》（全31册），岳麓书社2011年版。
中国社会科学院近代史研究所《近代史资料》编辑室编：《〈近代史资料〉专刊·太平天国资料》，知识产权出版社2013年版。
中国社会科学院近代史研究所《近代史资料》编辑室主编：《太平军北伐资料选编》，知识产权出版社2013年版。
澳大利亚国家图书馆编：《澳大利亚藏太平天国原刻官书丛刊》（全3册），国家图书馆出版社2014年版。
太平天国历史博物馆编：《太平天国壁画全集》（全2册），辽宁美术出版社2014年版。
赵德馨编：《太平天国财政经济资料汇编》（全2册），上海古籍出版社2017年版。
太平天国历史博物馆编：《太平天国史料汇编》（全40册），凤凰出版社2018年版。

（五）报刊族谱

《上海新报》，上海图书馆藏｜［美］林乐知（Young John Allen）、［英］傅兰雅（John Fryer）主编：《上海新报》，沈云龙主编：《近代中国史料丛刊三编》第59辑第581—590册，文海出版社1990年版｝。
《北华捷报》（North-China Herald），上海图书馆藏［电子资源，"字林洋行中英文报纸全文数据库（1850—1951）"］。
《申报》，北京大学图书馆"民国旧报刊和台湾文献阅览室"藏。
《暨阳东安包氏宗谱》，宣统二年（1910）。
《诸暨阮市包氏宗谱》，2003年河清堂。

二　中外著述

（一）中文论著（以作者姓氏笔画为序）

马敏：《官商之间：社会剧变中的近代绅商》，华中师范大学出版社2003年版。
王树槐：《中国现代化的区域研究：江苏省，1860—1916》，"中央研究院"近代史研究所，1984年。

王庆成：《太平天国的文献和历史——海外新文献刊布和文献史事研究》，社会科学文献出版社1993年版。

王庆成：《稀见清世史料并考释》，武汉出版社1997年版。

王庆成：《太平天国的历史和思想》，中国人民大学出版社2010年版。

王兴福：《浙江太平天国史论考》，浙江人民出版社2002年版。

王兴福：《太平天国在浙江》，社会科学文献出版社2007年版。

王明前：《太平天国的权力结构和农村政治》，中国社会科学出版社2012年版。

方之光：《历史反思集：太平天国与近代史探索》，生活·读书·新知三联书店2014年版。

龙盛运：《湘军史稿》，四川人民出版社1990年版。

卢瑞钟：《太平天国的神权思想》，三民书局1985年版。

史式、吴良祚：《太平天国词语、避讳研究》，广西人民出版社1993年版。

台湾三军大学编著：《中国历代战争史》第18册《太平天国》，中信出版社2013年版。

朱东安：《曾国藩幕府研究》，四川人民出版社1994年版。

朱从兵：《太平天国文书制度再研究》，合肥工业大学出版社2010年版。

华强：《太平天国地理志》，广西人民出版社1991年版。

刘石吉：《明清时代江南市镇研究》，中国社会科学出版社1987年版。

刘佐泉：《太平天国与客家》，河南大学出版社2005年版。

刘晨：《萧朝贵研究》，九州出版社2014年版。

祁龙威：《太平天国经籍志》，广西人民出版社1993年版。

巫仁恕：《激变良民：传统中国城市群众集体行动之分析》，北京大学出版社2011年版。

李国祁：《中国现代化的区域研究：闽浙台地区，1860—1916》，"中央研究院"近代史研究所，1982年。

李文海、刘仰东：《太平天国社会风情》，中国人民大学出版社1989年版。

李惠民：《太平天国北方战场》，中国社会科学出版社2015年版。

杨湘容：《晚清民变研究》，湘潭大学出版社2010年版。

吴善中等：《太平天国史学述论》，社会科学文献出版社2013年版。

余新忠：《清代江南的瘟疫与社会：一项医疗社会史的研究》，北京师范大学出版社 2014 年版。

张一文：《太平天国军事史》，广西人民出版社 1994 年版。

张铁宝、袁蓉、毛晓玲：《太平天国文化》，南京出版社 2005 年版。

张德顺：《士与太平天国》，南京出版社 2003 年版。

陈旭麓：《近代中国社会的新陈代谢》，上海社会科学院出版社 2006 年版。

陈锋：《清代盐政与盐税》，武汉大学出版社 2013 年版。

邵晓芙：《辛亥革命前十年间浙江民变问题研究》，中国社会科学出版社 2011 年版。

茅家琦主编：《太平天国通史》（全 3 册），南京大学出版社 1991 年版。

茅家琦：《太平天国与列强》，广西人民出版社 1992 年版。

茅家琦：《郭著〈太平天国史事日志〉校补》，台湾商务印书馆 2001 年版。

罗尔纲：《太平天国史丛考》，正中书局，民国三十二年（1943）。

罗尔纲：《太平天国史事考》，生活·读书·新知三联书店 1955 年版。

罗尔纲：《太平天国史记载订谬集》，生活·读书·新知三联书店 1955 年版。

罗尔纲：《天历考及天历与夏历公历对照表》，生活·读书·新知三联书店 1955 年版。

罗尔纲：《太平天国史料考释集》，生活·读书·新知三联书店 1956 年版。

罗尔纲：《太平天国文物图释》，生活·读书·新知三联书店 1956 年版。

罗尔纲：《太平天国史迹调查集》，生活·读书·新知三联书店 1958 年版。

罗尔纲：《太平天国史丛考甲集》，生活·读书·新知三联书店 1981 年版。

罗尔纲：《湘军兵志》，中华书局 1984 年版。

罗尔纲：《太平天国史》（全 4 册），中华书局 1991 年版。

罗尔纲：《太平天国史丛考乙集》，生活·读书·新知三联书店 1995 年版。

罗尔纲：《太平天国史丛考丙集》，生活·读书·新知三联书店 1995 年版。

罗尔纲：《增补本〈李秀成自述原稿注〉》，中国社会科学出版社 1995 年版。

罗尔纲：《绿营兵志》，商务印书馆 2011 年版。

罗玉东：《中国厘金史》，商务印书馆 2010 年版。

周新国、吴善中：《太平天国刑法、历法研究》，广西人民出版社 1993

年版。

周伟驰：《太平天国与启示录》，中国社会科学出版社2013年版。

胡恒：《皇权不下县？——清代县辖政区与基层社会治理》，北京师范大学出版社2015年版。

郦纯：《太平天国制度初探》（全2册），中华书局1989年版。

郦纯：《太平天国军事史概述》（上编全2册，下编全3册），中华书局1982年版。

钟文典：《太平天国开国史》，广西人民出版社1992年版。

姜秉正：《研究太平天国史著述综目》，书目文献出版社1983年版。

姜涛：《中国近代人口史》，浙江人民出版社1993年版。

姜涛、卞修跃：《中国近代通史》第2卷《近代中国的开端（1840—1864）》，江苏人民出版社2007年版。

费孝通：《乡土中国》，北京大学出版社2012年版。

贾熟村：《太平天国时期的地主阶级》，广西人民出版社1991年版。

夏春涛：《天国的陨落——太平天国宗教再研究》，中国人民大学出版社2006年版。

夏春涛：《太平天国与晚清社会》，北京师范大学出版社2018年版。

徐川一：《太平天国安徽省史稿》，安徽人民出版社1991年版。

徐茂明：《江南士绅与江南社会（1368—1911）》，商务印书馆2004年版。

郭卫东：《中土基督》，云南人民出版社2001年版。

郭卫东：《倾覆与再建：明中叶至辛亥革命的政治文明》，北京大学出版社2009年版。

郭存孝：《太平天国博物志》，广西人民出版社1997年版。

郭廷以：《太平天国史事日志》（全2册），上海书店出版社1986年版。

郭毅生主编：《太平天国历史地图集》，中国地图出版社1989年版。

郭毅生：《太平天国经济史》，广西人民出版社1991年版。

郭毅生、史式主编：《太平天国大辞典》，中国社会科学出版社1995年版。

盛巽昌：《太平天国职官志》，广西人民出版社1999年版。

崔之清主编：《太平天国战争全史》（全4卷），南京大学出版社2002年版。

崔之清、胡臣友：《洪秀全评传》（全2册），南京大学出版社2011年版。

崔之清:《从传统到现代:近代中国史节点考察》,生活·读书·新知三联书店2014年版。

曹树基:《中国人口史》第5卷,"清时期",复旦大学出版社2001年版。

曹树基:《中国移民史》第6卷,"清 民国时期",福建人民出版社1997年版。

章士晋:《太平军在宁绍台——太平天国时期的宁波、绍兴和台州》,宁波出版社2001年版。

梁义群:《太平天国政权建设》,广西人民出版社1995年版。

梁方仲:《中国历代户口、田地、田赋统计》,中华书局2008年版。

梁方仲:《明清赋税与社会经济》,中华书局2008年版。

萧一山:《清代通史》(全5册),华东师范大学出版社2006年版。

彭凯祥:《清代以来的粮价——历史学的解释与再解释》,上海人民出版社2006年版。

彭泽益:《十九世纪后半期的中国财政与经济》,中国人民大学出版社2010年版。

葛庆华:《近代苏浙皖交界地区人口迁移研究(1853—1911)》,上海社会科学院出版社2002年版。

董蔡时:《太平天国在苏州》,江苏人民出版社1981年版。

程歗:《晚清乡土意识》,中国人民大学出版社1990年版。

傅衣凌:《明清社会经济史论文集》,商务印书馆2010年版。

谢兴尧:《太平天国史事论丛》,商务印书馆,民国二十四年(1935)。

简又文:《太平军广西首义史》,商务印书馆,民国三十五年(1946)。

简又文:《太平天国典制通考》(全3册),简氏猛进书屋1958年版。

简又文:《太平天国全史》(全3册),简氏猛进书屋1962年版。

廖胜:《妇女与太平天国社会——太平天国妇女问题研究新论》,光明日报出版社2007年版。

(二) 中文论文(以作者姓氏笔画为序)

《历史研究》编辑部编:《中国近代史分期问题讨论集》,生活·读书·新知三联书店1957年版。

中华书局近代史编辑室编:《太平天国史学术讨论会论文选集》(第1—3册),中华书局1981年版。

北京太平天国历史研究会编：《太平天国史论文选（1949—1978）》（全2册），生活·读书·新知三联书店1981年版。

北京太平天国历史研究会编：《太平天国学刊》（第1—5辑），中华书局1983—1987年版。

马自毅：《前所未有的民变高峰——辛亥前十年民变状况分析》，《上海交通大学学报》（哲学社会科学版）2003年第5期。

王晓秋：《太平天国革命对日本的影响》，《历史研究》1981年第2期。

王天奖：《太平天国乡官的阶级成份》，《历史研究》1958年第3期。

王天奖：《析太平天国的"着佃交粮"制》，北京太平天国历史研究会编：《太平天国学刊》（一），中华书局1983年版，第140—159页。

王天奖：《关于太平天国的乡官和基层政权》，北京太平天国历史研究会编：《太平天国学刊》（二），中华书局1985年版，第124—145页。

王晓南、廖胜：《太平天国的"掳妇"问题——兼论太平天国占领区清方妇女死难原因》，《绵阳师范学院学报》2013年第7期。

王晓南、廖胜：《太平天国占领区清方妇女死难情形研究——以同治〈苏州府志〉所旌烈女为研究范本》，《绵阳师范学院学报》2014年第6期。

方之光、崔之清：《试论太平天国天京的粮食问题》，北京太平天国历史研究会编：《太平天国学刊》（三），中华书局1987年版，第70—90页。

方英：《太平天国时期安徽士绅的分化与地方社会》，《安徽史学》2012年第5期。

龙盛运：《关于太平天国史研究工作中的偏向问题——对祁龙威同志〈从〈报恩牌坊碑序〉问题略论当前研究太平天国史工作中的偏向〉一文的意见》，《光明日报》1958年3月3日第3版。

龙盛运：《太平天国后期土地制度的实施问题》，《历史研究》1958年第2期。

朱庆葆：《农民与太平天国的兴亡》，《光明日报》2005年4月26日第7版。

刘增合：《太平天国运动初期清廷的军费筹济》，《历史研究》2014年第2期。

刘增合：《咸丰朝中后期联省合筹军饷研究》，《近代史研究》2014年第4期。

刘晨：《太平天国与地方势力的较量：咸同之交诸暨包村之战探微》，《军事历史研究》2014年第2期。

刘晨：《从密议、密函到明诏：天京事变爆发的复杂酝酿——兼辨太平天国的盛衰分水岭问题》，《史林》2017年第3期。

池子华、崔岷：《北伐太平军"裹胁"问题述论》，《历史档案》2001年第3期。

祁龙威：《太平天国后期的土地问题》，《山西师范学院学报》1957年第2期。

祁龙威：《从〈报恩牌坊碑序〉问题略论当前研究太平天国史工作中的偏向》，《光明日报》1957年5月23日第3版。

杜涛：《清末十年民变研究述评》，《福建论坛》（人文社会科学版）2004年第7期。

杨久谊：《清代盐专卖制之特点——一个制度面的剖析》，台湾《"中央研究院"近代史研究所集刊》2005年总第47期。

杨国安：《"从贼"与"反贼"：变乱格局下地方绅民的反应及其关系网络——以咸丰年间太平军挺进两湖之际为中心的考察》，《江汉论坛》2012年第9期。

余新忠：《咸同之际江南瘟疫探略——兼论战争与瘟疫之关系》，《近代史研究》2002年第5期。

郑亦芳：《清代团练的组织与功能——湖南、两江、两广地区之比较研究》，中华文化复兴运动推行委员会编：《中国近现代史论集》第28编第33集，台湾商务印书馆1986年版，第641—691页。

宓汝成：《乡官体制的理想和实际》，北京太平天国历史研究会编：《太平天国学刊》（三），中华书局1987年版，第50—69页。

宓汝成：《嘉道年间（1796—1850年）的中国——太平天国革命历史背景浅析》，北京太平天国历史研究会编：《太平天国学刊》（五），中华书局1987年版，第275—360页。

姜涛：《太平天国史研究的若干问题》，中国社会科学院近代史研究所政治史研究室编：《晚清政治史研究的检讨：问题与前瞻》，社会科学文献出版社2014年版，第191—221页。

郭卫东：《转折之地：曾国藩在祁门》，《安徽史学》2014年第3期。

唐晓涛：《神明的正统性与社、庙组织的地域性——拜上帝会毁庙事件的社会史考察》，《近代史研究》2011年第3期。

夏春涛：《二十世纪的太平天国史研究》，《历史研究》2000年第2期。

夏春涛：《太平天国宗教"邪教"说辩证》，《山西大学学报》（哲学社会科学版）2002年第2期。

夏春涛：《"拜上帝会"说辨正》，《近代史研究》2005年第5期。

夏春涛：《太平天国时期南京城的变迁》，《扬州大学学报》（人文社会科学版）2011年第6期。

夏春涛：《太平天国筹饷问题及其对战局的影响》，《安徽大学学报》（哲学社会科学版）2012年第2期。

夏春涛：《咸丰朝官场乱象与社会危机——以太平天国初期战事为主线的考察》，《安徽大学学报》（哲学社会科学版）2016年第1期。

曹国祉：《太平天国杂税考》，《历史研究》1958年第3期。

康沛竹：《灾荒与太平天国革命的失败》，《北方论丛》1995年第6期。

董蔡时：《关于〈太平天国杂税考〉一文的商榷》，《江苏师院学报》（社会科学版）1979年第1—2期。

傅衣凌：《太平天国时期江南地区农民的抗租》，《厦门大学学报》（哲学社会科学版）1986年第4期。

廖胜：《民众心理需求与太平天国的兴亡》，《史学月刊》2005年第10期。

樊翠花、王鸿斌：《国外关于清末民初乡村民变问题研究述评》，《民国档案》2009年第4期。

（三）译作（按出版时间为序）

［法］加勒利、伊凡原著，［英］约·鄂克森佛译补：《太平天国初期纪事》，徐健竹译，上海古籍出版社1982年版。

［美］邓元忠：《美国人与太平天国》，华欣文化事业中心1983年版。

［美］珀金斯：《中国农业的发展（1368—1968）》，宋海文等译，上海译文出版社1984年版。

［美］费正清、［美］刘广京编：《剑桥中国晚清史（1800—1911）》上卷，中国社会科学出版社1985年版。

［英］呤唎：《太平天国革命亲历记》（全2册），王维周译，上海古籍出版社1985年版。

［日］针谷美和子：《太平天国占领区的枪船集团——以太湖一带为中心》，白子明译、周沜池校，中国社会科学院近代史研究所《国外中国近代史研究》编辑部编：《国外中国近代史研究》第10辑，中国社会科学出版社1988年版，第57—92页。

［美］张仲礼：《中国绅士——关于其在19世纪中国社会中作用的研究》，李荣昌译，上海社会科学院出版社1991年版。

刘俊文主编：《日本学者研究中国史论著选译》第2卷《专论》，高明士、邱添生、夏日新等译，中华书局1993年版。

［日］并木赖寿著，谢俊美译：《苗沛霖团练事件》，《学术界》1994年第1期。

［日］并木赖寿著，姚传德、池子华译：《苗沛霖团练事件》，《安徽师大学报》（哲学社会科学版）1994年第2期。

［美］戴维·伊斯顿：《政治生活的系统分析》，王浦劬等译，华夏出版社1999年版。

［美］何炳棣：《明初以降人口及其相关问题研究（1368—1953）》，葛剑雄译，生活·读书·新知三联书店2000年版。

［美］黄宗智：《长江三角洲小农家庭与乡村发展》，程洪等译，中华书局2000年版。

［美］K.E. 福尔索姆：《朋友·客人·同事：晚清的幕府制度》，刘悦斌、刘兰芝译，中国社会科学出版社2002年版。

［美］孔飞力：《中华帝国晚期的叛乱及其敌人：1796—1864年的军事化与社会结构》，谢亮生、杨品泉、谢思炜译，中国社会科学出版社2002年版。

［美］莫里斯、［美］卡洛尔·麦克拉吉·缪勒主编：《社会运动理论的前沿领域》，刘能译，北京大学出版社2002年版。

［美］芮玛丽：《同治中兴：中国保守主义的最后抵抗（1862—1874）》，房德邻译，中国社会科学出版社2002年版。

［美］魏斐德：《大门口的陌生人：1839—1861年间华南的社会动乱》，王小荷译，中国社会科学出版社2002年版。

［美］R.J. 史密斯：《十九世纪中国的常胜军：外国雇佣兵与清帝国官员》，汝企和译，中国社会科学出版社2003年版。

［美］白凯：《长江下游地区的地租、赋税与农民的反抗斗争（1840—1945）》，林枫译，上海书店出版社 2005 年版。

［美］塔罗：《运动中的力量：社会运动与斗争政治》，吴庆宏译，译林出版社 2005 年版。

［美］查尔斯·蒂利：《集体暴力的政治》，谢岳译，上海人民出版社 2006 年版。

［美］道格·麦克亚当、［美］西德尼·塔罗、［美］查尔斯·蒂利：《斗争的动力》，李义中、屈平译，译林出版社 2006 年版。

［美］裴宜理：《华北的叛乱者与革命者（1845—1945）》，池子华、刘平译，商务印书馆 2007 年版。

［日］滨岛敦俊：《明清江南农村社会与民间信仰》，朱海滨译，厦门大学出版社 2008 年版。

［美］杜赞奇：《文化、权力与国家：1900—1942 年的华北农村》，王福明译，江苏人民出版社 2008 年版。

［美］王国斌：《转变的中国：历史变迁与欧洲经验的局限》，李伯重、连玲玲译，江苏人民出版社 2008 年版。

［英］贝思飞：《民国时期的土匪》，徐有威等译，上海人民出版社 2010 年版。

［美］魏斐德：《中华帝制的衰落》，邓军译，黄山书社 2010 年版。

［美］艾志端：《铁泪图：19 世纪中国对于饥馑的文化反应》，曹曦译，江苏人民出版社 2011 年版。

［美］瞿同祖：《清代地方政府》，范忠信、何鹏、晏锋译，法律出版社 2011 年版。

［美］史景迁：《太平天国》，朱庆葆、计秋枫等译，广西师范大学出版社 2011 年版。

［美］托马斯·H. 赖利：《上帝与皇帝之争——太平天国的宗教与政治》，李勇、肖军霞、田芳译，谢文郁校，上海人民出版社 2011 年版。

［日］日比野辉宽、［日］高杉晋作等：《1862 年上海日记》，陶振孝、阎瑜、陈捷译，中华书局 2012 年版。

［英］托马斯·布莱基斯顿：《江行五月》，马剑、孙琳译，中国地图出版社 2013 年版。

［日］菊池秀明：《末代王朝与近代中国》，马晓娟译，广西师范大学出版社2014年版。

［美］裴士锋：《天国之秋》，黄中宪译、谭伯牛校，社会科学文献出版社2014年版。

［美］蒲乐安：《骆驼王的故事：清末民变研究》，刘平、唐雁超等译，商务印书馆2014年版。

［美］解维廉：《曾国藩与太平天国：美国人眼中的曾国藩及太平天国运动》，王甜译，哈尔滨出版社2014年版。

［美］萧公权：《中国乡村：论19世纪的帝国控制》，张皓、张升译，联经出版事业股份有限公司2014年版。

（四）外文著述（按出版时间为序）

Fishbourne, E. G. *Impression of China, and the Present Revolution: Its Progress and Prospects*, London, 1855.

［英］费熙邦：《中国印象与当前革命的进展和前景》。

Taylor, Charles. *Five Years in China, With Some Account of the Great Rebellion*, New York: Derby and Jackson, 1860.

［美］戴作士：《在华五年记》。

Brine, Lindesay. *The Taeping Rebellion in China: A Narrative of Its Rise and Progress, Based upon Original Documents and Information Obtained in China*, London: John Murray, 1862.

［英］白伦：《中国的太平叛乱：基于在中国搜集到的原始资料对叛乱兴起和发展的叙述》。

Edkins, Jane R. *Chinese Scenes and People: With Notices of Christian Missions and Missionary Life in a Series of Letters from Various Parts of China*, London: James Nisbet and Co., 1863.

［英］珍妮·埃德金斯：《中国的风土人情：根据来自中国各地的一系列信函中描述的基督教传教和教徒生活的观察》。

Hake, A. Egmont. *Events in the Taeping Rebellion, Being Reprints of Mss. Copied by General Gordon, C. B. in His Own Handwriting*, London: W. H. Allen and Co., 1891.

［英］哈克：《太平叛乱大事记》。

Dollard, J. and L. W. Doob and M. Miller and O. H. Mowrer and R. R. Sears. *Frustration and Aggression*, New Haven: Yale University Press, 1939.

[美] 多拉德等:《挫折与攻击》。

Miller, N. E. "The Frustration-aggression Hypothesis", *Psychological Review*, Vol. 48, No. 4, 1941.

[美] 米勒:《挫折——攻击假说》。

Boardman, Eugene Powers. *Christian Influence upon the Ideology of the Taiping Rebellion, 1851–1864*, Madison: University of Wisconsin Press, 1952.

[美] 濮友真:《1851—1864年间基督教对太平天国意识形态的影响》。

Meadows, Thomas Taylor. *The Chinese and Their Rebellions, Viewed in Connection with Their National Philosophy, Ethics, Legislation, and Administration*, London, 1856; Reprinted, Stanford University Press, 1953.

[英] 密迪乐:《中国人和他们的叛乱——以其国家哲学、伦理、法律和行政管理为视角》。

Michael, Franz and Chung-li Chang eds. *The Taiping Rebellion: History and Documents*, 3 Vols, Seattle: University of Washington Press, 1966–1971.

[美] 梅谷、[美] 张仲礼合编:《太平天国叛乱:历史与文献》。

Shih, Vincent Y. C. *The Taiping Ideology: Its Sources, Interpretation, and Influences*, Seattle: University of Washington Press, 1967.

[美] 施友忠:《太平天国的意识形态:它的起源、内涵及影响》。

Davies, James C. "The J-Curve of Rising and Declining Satisfactions as a Cause of Some Great Revolutions and a Contained Rebellion", in Hugh Davis Graham and Ted Robert Gurr eds. *Violence in America: Historical and Comparative Perspectives*, Washington: U. S. Government Printing Office, 1969, pp. 547–574.

[美] 詹姆士·戴维斯:《J曲线升降的切合度与大规模革命和潜在叛乱发生的关系》。

Davies, James C. *When Men Revolt and Why*, New York: Free Press, 1971.

[美] 詹姆士·戴维斯:《人们何时造反?为何造反?》。

Teng, Ssu-yu. *The Taiping Rebellion and the Western Powers: A Comprehensive Survey*, Oxford, England: Clarendon Press, 1971.

［美］邓嗣宇:《太平天国与西方列强》。

O'Meara, J. J. eds. *British Parliamentary Papers · China*, 42 Vols, Dublin: Irish University Press, 1971–1972.

［英］奥迈拉等人合编:《英国议会文书·中国》。

Chesneaux, Jean. *Peasant Revolts in China, 1840–1949*, New York: W. W. Norton & Company, Inc., 1973.

［法］谢诺:《1840—1949年间中国的农民起义》,［英］柯文南（C. A. Curwen）英译。

Mason, M. G. *Western Concepts of China and Chinese, 1840–1876*, Westport, Connecticut, 1973.

［美］梅森:《西方关于中国和中国人的观念,1840—1876》。

Wang Yeh-chien. *Land Taxation in Imperial China, 1750–1911*, Cambridge, Mass.: Harvard University Press, 1973.

［美］王业键:《清代田赋刍论,1750—1911》。

Landsberger, Henry A. *Rural Protest: Peasant Movements and Social Change*, London: the Macmillan Press Ltd., 1974.

［英］亨利·兰斯伯格:《乡村抗议:农民运动与社会变迁》。

Yang, C. K. "Some Preliminary Statistical Patterns of Mass Actions in Nineteenth-Century China", in Frederic Wakeman, Jr. and Carolyn Grant eds. *Conflict and Control in Late Imperial China*, Berkeley, CA: University of California Press, 1975, pp. 174–210.

［美］杨庆堃:《对19世纪中国民众运动类型的初步统计》。

Feuerwerker, Albert. *Rebellion in Nineteenth Century China*, Ann Arbor: University of Michigan Press, 1975.

［美］费维恺:《19世纪中国的叛乱》。

Tilly, Charles and Louise A. Tilly and Richard H. Tilly eds. *The Rebellious Century, 1830–1930*, Cambridge, Mass.: Harvard University Press, 1975.

［美］查尔斯·蒂利、［美］路易斯·蒂利、［美］理查德·蒂利合编:《革命年代（1830—1930）》。

Wakeman, Frederic Jr. "Rebellion and Revolution: The Study of Popular Movements in Chinese History", *Journal of Asian Studies*, Vol. 36, No. 2, 1977, pp. 201–237.

［美］魏斐德:《叛乱与革命:中国历史上的民众运动研究》。

Tilly, Charles. *From Mobilization to Revolution*, New York: Random House, 1978.

［美］查尔斯·蒂利:《从动员到革命》。

Almond, Gabriel A. and G. Bingham Powell, Jr. eds. *Comparative Politics: System, Process, and Policy*, Boston: Little, Brown and Company, 1978.

［美］加布里埃尔·A. 阿尔蒙德、［美］小G. 宾厄姆·鲍威尔:《比较政治学——体系、过程和政策》。

［日］小岛晋治:《太平天国革命の歴史と思想》,研文出版1978年版。

Easton, David. *A Systems Analysis of Political Life*, Chicago: University of Chicago Press, 1979.

［美］戴维·伊斯顿:《政治生活的系统分析》。

Perry, Elizabeth J. and Tom Chang. "The Mystery of Yellow Cliff: A Controversial 'Rebellion' in the Late Qing", *Modern China*, Vol. 6, No. 2, 1980, pp. 123–160.

［美］裴宜理、［美］汤姆·张:《黄崖之谜:晚清时期一场有争议的"叛乱"》。

Tilly, Louise A. and Charles Tilly eds. *Class Conflict and Collective Action*, London: Sage Publications, 1981.

［美］路易斯·蒂利、［美］查尔斯·蒂利合编:《阶层冲突与集体行动》。

Cole, James H. *The People Versus the Taipings: Bao Lisheng's "Righteous Army of Dongan"*, Berkeley: Institute of East Asian Studies, University of California, 1981.

［美］柯慎思:《民众对抗太平军:包立身的东安义军》。

Wagner, Rudolf G. *Reenacting in Heavenly Vision: The Role of Religion in the Taiping Rebellion*, Berkeley: University of California Press, 1982.

［美］瓦格纳:《再现天国之梦:宗教在太平叛乱中的作用》。

Clarke, Prescott and J. S. Gregory eds. *Western Reports on the Taiping: A Selection of the Documents*, London: Groom Helm Ltd., 1982.

［美］克拉克、［澳大利亚］格利戈里合编：《西方关于太平天国的报道：档案文献选编》。

Withers, John Lovelle. *The Heavenly Capital: Nanjing under the Taiping, 1853 – 1864*, New Haven: Yale University Press, 1983.

［美］威瑟斯：《天国之都：1853—1864年太平军治下的南京》。

Chan, Joseph Hing-kwok. *Mass Disturbances and Protest Movements in Late Imperial China, 1796 – 1911: A Time-series Study of Collective Actions*, Ph. D. dissertation, University of Pittsburgh, 1983.

［美］陈兴国：《1796—1911年中华帝国晚期的民众动乱和抗议运动》。

Scott, James C. *Weapons of the Weak: Everyday Forms of Peasant Resistance*, New Haven, Conn.: Yale University Press, 1985。

［美］詹姆士·斯科特：《弱者的利刃：农民反抗的日常形式》。

［日］小岛晋治：《太平天国運動と現代中国》，研文出版1993年版。

Heath, Ian and illustrated by Michael Perry. *The Taiping Rebellion 1851 – 1866*, London: Osprey Publishing Ltd., 1994.

［英］伊恩·希思著，迈克尔·佩里图说：《太平天国叛乱，1851—1866》，鱼鹰出版社1994年版。

［日］菊池秀明：《広西移民社会と太平天国》，风响社1998年版。

［日］小岛晋治：《洪秀全と太平天国》，岩波书店2001年版。

［日］夏井春喜：《中国近代江南の地主制研究：租栈関係簿冊の分析》，汲古书院2001年版。

［日］菊池秀明：《清代中国南部の社会変容と太平天国》，汲古书院2008年版。

［日］小林一美：《中華世界の国家と民衆》，汲古书院2008年版。

Meyer-Fong, Tobie S. *What Remains: Coming to Terms with Civil War in 19th Century China*, Stanford, CA: Stanford University Press, 2013.

［美］梅尔清：《浩劫之后：太平天国战争与19世纪中国》。

［日］菊池秀明：《金田から南京へ：太平天国初期史研究》，汲古书院2013年版。

Zhang Daye, Translated by Xiaofei Tian. *The World of a Tiny Insect: A Memoir of the Taiping Rebellion and Its Aftermath*, Seattle and London: University of Washington Press, 2014.

张大野原著，田晓菲英译:《微虫世界：一部关于太平天国的回忆录》。

［日］仓田明子:《中国近代開港場とキリスト教：洪仁玕がみた「洋」社会》，东京大学出版会 2014 版。

附 录

附录一 太平天国统治区主要民变表（70起）

时间	地点	类型	主要领导人身份阶层	主要参与者身份	抗争对象	事件大略	结局	资料来源
咸丰四年五月（1854）	安徽黟县	抗粮	士阶层边缘层	农民无赖层	太平军	白检点征粮征贡甚重，皖南乏粮，百姓无食，四乡约定向太平军讨粮	白检点发兵至北庄，烧杀数百人；月底太平军退住休宁	《徽难全志》页295
咸丰十年九月（1860）	常昭东乡	抗税	不明	农民	乡官	有民人不服，殴打乡官，抗交门牌费	乡官入城禀告，差监军赴梅里巡查门牌，劝民纳税完粮	《鳅闻日记》页325
咸丰十年九月（1860）	常昭塘坊桥	抗税	不明	农民	乡官	乡民打死经造，毁拆馆局，不领门牌，鸣金聚众	乡官请钱桂仁发兵，钱仪着本处乡着具结求保，又	《鳅闻日记》页325
咸丰十年九月（1860）	常昭何村	反对租粮兼收	不明	农民	乡官	因议收租，田夫粹起焚选事王姓之屋，又打乡叶姓	下告示劝谕乡民，其事遂散	《鳅闻日记》页325

附　录 / 401

续表

时间	地点	类型	主要领导人身份	主要参与者身份	抗争对象	事件大略	结局	资料来源
咸丰十年十月（1860）	常昭王市	反对租粮兼收	无赖层	农民、市民、土匪	乡官	催头何年年、沈大茂以收租激变乡农，拆毁馆局，农乡官、董事，土匪乘机作乱	钱桂仁发兵下乡，乡农、土匪溃散，钱下令不准安杀	《鳅闻日记》页325—328
咸丰十年十一月（1860）	常昭梧庄	反对官员贪腐	不明	市民	乡官	军帅钱春在市桥索取民钱，被百姓捆缚	当局将钱春调回革职，游行示众，解赴苏州审问	《庚申（甲）避难日记》页209
咸丰十年十一月（1860）	太仓	反对租粮兼收	不明	农民	乡官	太仓王秀才自任太平军中为参赞，后为浮桥追杀农民击杀；十一月，浮桥一带合同十七图乡民追杀乡官，杀死四名师帅；六湖时思庵一带杀乡官，有乡丁厮火者，有投于井上，黄泾亦有伤亡	沙溪、浮桥等处太平军出动，各村议和，有老人保得主乡官以首级奉献，事方平；太平军设局监佃收粮，乡人乐为输纳，镇洋县监军丁某因太仓设局余某"租价太贵"，激发民变，上书参禀，丁某反被监禁，罚交银二千两	《劫余灰录》页160；民国《太仓州志》卷28，"杂记下"，页18b；《避兵日记》页29，30，31
咸丰十年十二月（1860）	常昭西北乡	反太平军掳掠	边缘层	农民、市民	太平军	各乡各图张贴、吃面结关斋社，倘有掳人等项，鸣锣为号，齐集反抗，西乡处处皆然	不明	《庚申（甲）避难日记》页211

续表

时间	地点	类型	主要领导人身份	主要参与者身份	抗争对象	事件大略	结局	资料来源
咸丰十年十二月（1860）	安徽贵池	反对官员贪腐	不明	农民	乡官	龙舒河等处百姓根旅帅吴彩屏作威苛费，执而投诸深洞中	吴彩屏之子告发，引太平军报仇，顾多烧杀	《乱后记所记》页186
咸丰十年冬（1860）	吴县甫里	抗租	农民	农民	乡官业户	地主家尽被毁坏，旅帅陈某被捆缚于昆山城隍庙石狮子上，遭殴打	不明	《野烟录》页175, 176
咸丰十一年（1861）	昆山	抗粮	农民	农民	乡官	珠溪镇张德勤、徐秀玉，因青浦邹天福张某征粮贪酷，师帅程某催逼甚急，聚众将程某及其党羽殴毙	太平军擒获张德勤、徐秀玉，将二人并焚多死	光绪《昆新两县续修合志》卷51，"纪兵"，页30a—b；卷28，"忠节下"，页11a—b
咸丰十一年春（1861）	浙江嘉善	反对官员浮收	不明	农民	乡官	太平军令本地举人顾午花为监军，其浮收漕米，专横贪酷，百姓大怨，将顾裂尸为四五块	嘉善太平军当以顾午花等为忠臣，焚烧劫掠民间为其复仇	《避寇日记》页45；《柳兆薰日记》页154—155
咸丰十一年春（1861）	浙江嘉善	反对官员浮收	不明	农民	乡官	太平军令陶庄举人袁某征收当地漕粮，浮收贪酷旧规，为乡人所杀		

续表

时间	地点	类型	主要领导人身份	主要参与者身份	抗争对象	事件大略	结局	资料来源
咸丰十一年正月(1861)	常昭	抗役	不明	工匠农民市民	乡官太平军	当局着各旅帅征民夫筑福山城，白茆守卡硬捉民夫解工；民情愤极，十三日夜鸣锣聚众，烧官厅税房闸屋，顾旅帅宅毁焚，守卡兵逃	城中太平军欲大加剿洗，各军、师，旅帅率民求免，情愿赔偿庙宇，仍勒限解款	《漏网喁鱼集》页52
咸丰十一年正月(1861)	常昭张市	抗租	不明	农民	业户乡官	西路乡民，聚众烧拆张市郑氏等乡官业户新老宅，郑氏财物咸归一炬	不明	《漏网喁鱼集》页52
咸丰十一年二月(1861)	苏州吴县	反太平军掳掠	不明	农民	太平军乡官	初七，洪姓头目引乡至扬子荡内打"太平先锋"，掳掠三十余村，乡人围之，伤其足	村民聚众欲打乡官，进城控诉，苏州当局杀乡官差郁秀以平众怒	《虎窟纪略》页30
咸丰十一年二月(1861)	常昭梅塘	抗粮	边缘层	农民	乡官	东乡旅帅欲增钱粮，追比抗欠。医士王春园，因乡官派役逼索，并掳其子，盟约里，拆馆打官	钱桂仁派钱伍卿住王春园家抚慰，罚略千金；钱桂仁又率兵三千下乡安民讲道理，拘农民具限期完赋	《鳅闻日记》页345；《海虞贼乱志》页372

续表

时间	地点	类型	主要领导人身份	主要参与者身份	抗争对象	事件大略	结局	资料来源
咸丰十一年二月（1861）	常昭	反对官员浮收	士阶层	农民	乡官	乡民恨浮收勒捐，捉打乡官，拆毁馆局，纷纷起事	乡官恐犯众怨，不敢催逼，入城禀诉情形；监军下乡宣讲道理，压服人心，自后民渐肯完粮，四乡亦稍静息	《鳅闻日记》页345—346
咸丰十一年三月（1861）	常昭	反对租粮兼收	农民	农民	乡官	平局遭劫，屋庐多毁，器物掠空	乡勇拿获曹、顾、贾三人。曹和卿等拟各佃佣凑钱赔账，起事各图办上下忙银各300，外加260文以赔夏赋	《自怡日记》页64—65
咸丰十一年三月（1861）	海宁黄湾	械斗	盐贩	市民盐贩	盐贩太平军	贩盐起酬，聚数百，伤人，直逼太平当局	闻太平军至，众皆散去	《花溪日记》页674—675
咸丰十一年四月（1861）	常昭	反对租粮兼收	不明	农民	乡官	众佃欲索还租米，哄闹，拆毁邹氏所设之局，局董俞儒卿被杀	乡官局发勇擒拿，并遣大平军驻局，土人乃不敢逞凶	《自怡日记》页65
咸丰十一年四月（1861）	常昭莘庄	反对租粮兼收	边缘层	农民	乡官	乡民毁局	钱桂仁欲打先锋，师、旅帅求免，获周姓二人察审毁局案，费数百金始释	《自怡日记》页66—67

续表

时间	地点	类型	主要领导人身份	主要参与者身份	抗争对象	事件大略	结局	资料来源
咸丰十一年四月（1861）	常昭翁庄樊庄	抗粮	无赖层	边缘层农民	收粮局乡官	翁庄粮局被乡民打散，殴死须旅帅；樊庄乡民殴杀乡官旅帅	不明	《自怡日记》页67
咸丰十一年四月（1861）	常昭鹿苑	综合性反抢掠	无赖层	市民农民无赖层	太平军	因有百姓剃头被掳，守馆太平军被乡民诱至江边杀死数十名	福山太平军黄姓四下杀掠焚烧，钱桂仁、黄黄暴虐，使钱伍卿到彼安抚士民	《鳅闻日记》页350
咸丰十一年四月（1861）	常昭吴塔	反对租粮兼收	边缘层	农民	收租局	贫民备击岳之变，致分局民房屋半为邱墟	钱桂仁定粮三等，租粮并收，其他三乡但有粮局，业户几不聊生	《自怡日记》页82，116
咸丰十一年四月（1861）	常昭	反对租粮兼收	边缘层	农民	收租局	吴塔、下塘、查家浜之局，被居民黑夜打散，董事及帮众者潜逃	不明	《避难记略》页352
咸丰十一年四月（1861）	常昭东乡白茆	抗税	不明	农民	乡官	因每亩办折红粉（火药）钱七十文，民众哗异攒写锣声四起，聚众抗议，又延烧县境旅帅房屋	太平军自城中发队抄掠，烧宅杀人无数，并杀首事者	《海虞贼乱志》页371
咸丰十一年四月（1861）	太仓	综合性抗粮抗税	不明	农民市民边缘层	乡官	十三日，环集乡民，拆毁旅帅房屋数处；十五日，聚众四起，聚众抗议，又延烧县境旅帅房屋	太平军提兵进剿，捉杀数人，百姓多自尽者	《漏网喁鱼集》页53

续表

时间	地点	类型	主要领导人身份	主要参与者身份	抗争对象	事件大略	结局	资料来源
咸丰十一年四月（1861）	吴江莘塔	抗税	不明	农民	乡官	莘塔陈思村有胥吏胥陆岳亭勒派红粉（火药）钱，众人持械杀之	太平军要打先锋，至花泾港，遇大雷雨而返，后事不明	《柳兆薰日记》页182
咸丰十一年四月（1861）	湖州乌镇	综合性抗税	不明	农民 市民	太平军 乡官	乡民过东栅烧乡官董沧洲徐之林屋，以其穷竭民力，又毁乡官局，延烧无辜民庐数百间	魏报嘉兴乞援师，嘉兴太平军数千人打先锋，捞去男女数百人，溺死者众，乡民散去	《筱难颠记》页153, 156
咸丰十一年五月（1861）	常昭	综合性反太平军抢掠反对官员贪腐	不明	市民 农民	太平军 乡官	栏杆桥所杀太平军，因其奸淫妇女；所拆毁旅帅之屋，因其侵吞银粮钱款并养太平军劫掠	居民逃匿他处；太平军发兵下乡，杀掠一空；钱桂仁、曹和卿、钱伍卿到昭同安民，撤换乡官，连令士兵	《庚申（甲）避难日记》页221；《庚申江阴东南常熟西北乡日记》页433
咸丰十一年五月（1861）	常昭陆家市	反对租粮兼收	农民	农民	太平军	太平军自苏州到陆家市收军租，夜宿董多庙，各佃持械进庙杀人	太平军发大队抄掠，乡官皇甫某亲手杀领头死者三人，乡民各自逃避	《海虞贼乱志》页371

续表

时间	地点	类型	主要领导人身份	主要参与者身份	抗争对象	事件大略	结局	资料来源
咸丰十一年五月（1861）	秀水新塍	反太平军勒派	商人	商人	太平军	新塍罢市，因施天燕刘某索金子350两，新塍商民无力供给	符天燕钟相良相来濮院，新塍讲道理暂平；钟查拿严茔捞风波暂平，掠士兵十余人，杀二人以安民心	《避寇日记》页51—52
咸丰十一年六月（1861）	常昭	抗税	不明	农民无赖层	乡官	将军陶柳村因功捐被六图乡民所杀，局勇拔八人	不明	《自怡日记》页69
咸丰十一年六月（1861）	常昭	反对官员贪腐	不明	农民市民	乡官	旅帅王和尚载宝在船，被南乡人砍死投户华荡	不明	《自怡日记》页69
咸丰十一年六月（1861）	常昭	抗税	不明	农民市民	乡官	高军旅房屋被拆，口旅帅房屋被焚，皆缘派捐起衅	不明	《自怡日记》页69
咸丰十一年六月（1861）	常昭	抗粮	不明	农民	乡官	乡民抗粮滋事	太平军西下青草沙，追杀抗粮之民，百姓逃避淹死无数，劫掠市村五处	《鳅闻日记》页352
咸丰十一年六月（1861）	常昭陈塘坝	反对官员浮收	士阶层	农民	乡官	乡农以师旅帅收银浮数，鸣锣聚众二三百人到周市声讨	乡官周某，陈某领听差数十，坐卡太平军鲍某亦带兵出打，各农散走	《海虞贼乱志》页371

续表

时间	地点	类型	主要领导人身份	主要参与者身份	抗争对象	事件大略	结局	资料来源
咸丰十一年夏秋(1861)	常昭福山	反太平军掳掠	不明	农民	太平军	田夫聚众，打退三十余太平军，捉住三名送城究治	钱桂仁遣钱伍卿捉拿违令太平军，令乡官协同百姓拥解，乡人稍安	《鳅闻日记》页353
咸丰十一年九月(1861)	常昭先生桥镇	反太平军掳掠	不明	市民	太平军	鲍姓守卡太平军众抢卡，居民助守卡太平军反击，鲍姓率众抄掠	后营军，师帅等到城声诉，钱桂仁以鲍姓牛下官姓小头目斩首塞责	《海虞贼乱志》页371
咸丰十一年九十月间(1861)	常昭	反对租粮兼收	不明	农民	乡官	乡官局欲兼收租粮，农民不服，汹汹欲结党打局	太平军当局出示"只收粮饷"	《鳅闻日记》页354
咸丰十一年十月(1861)	常昭梅塘	综合性抗粮抗税	不明	农民	乡官	乡民焚拆徐师帅局，徐逃入城去	旬日之间，四方农人，打死乡官，拆馆烧屋，昼夜烟火不绝。各处守卡太平军回城请剿	《鳅闻日记》页355
咸丰十一年十月(1861)	常昭汤家桥	综合性抗粮抗税	不明	农民	乡官	乡民焚烧潘竹斋师帅局，又烧某百长家		
咸丰十一年十月(1861)	常昭王市	综合性抗粮抗税	不明	农民	乡官	乡民赴王市欲杀师帅金云台，闻报福山太平军在市守御，乃回	焚掠	

续表

时间	地点	类型	主要领导人身份	主要参与者身份	抗争对象	事件大略	结局	资料来源
咸丰十一年十月（1861）	常昭南乡	反对官员浮收	不明	农民	乡官	乡人聚众，捉住旅馆帅马，烧毁旅馆住屋，肢解帅马全等，破膛	坐卡监局太平军逃回王市；后事不明	《鳅闻日记》页355
咸丰十一年十月（1861）	江阴顾山	反太平军勒派	不明	农民市民无赖层	太平军乡官	顾山百姓近日杀旅官、马，太平军等数人，司结约，倘有太平军来打，各要相争	不明	《庚申（甲）避难日记》页227
咸丰十一年十月（1861）	无锡金匮	抗租	农民	农民	总仓厅	设总仓厅于四城门外，代业收租，因照足额，以致各佃聚众拆毁而废	后归各业户自行到乡收租，大多半租而已	《平贼纪略》页278—279
咸丰十一年十月／十一月（1861）	常昭福山下塘谢家桥	反对官员浮收	不明	农民	乡官	军帅归二重征厚敛，勒索无度，数千农民，围其住宅，纵火将其烧死，局被焚	钱桂仁，侯裕田等率军下乡痛剿，后又下令所掠各乡"赦粮"	《鳅闻日记》页355；《自怡日记》页81—82
咸丰十一年十月／十一月（1861）	常昭周巷桥	反对官员浮收	不明	农民边缘层	乡官	军帅、师帅被百姓杀死，烧其房屋；乡民将收漕者绑缚剖腹，抽肠挂树	钱桂仁发兵抄掠周巷桥，四面波及数里，横塘一带民宅部空	《庚申（甲）避难日记》页227；《海虞贼乱志》页371—372

续表

时间	地点	类型	主要领导人身份	主要参与者身份	抗争对象	事件大略	结局	资料来源
咸丰十一年十一月（1861）	常昭	综合性抗粮抗租	不明	农民	乡官	恬庄百姓欲杀旅帅李木狗，烧抢其室；各处人情大变，因粮米太重，南路近日停收	钱桂仁到东乡安民，各处收租减轻，太平军当局无可奈何	《庚申（甲）避难日记》页227
咸丰十一年十一月（1861）	常昭	综合性抗粮抗税	无赖层	农民市民边缘层	乡官	姜参军到花庄沿江一路劝诚安民，被困儿死，师帅所率王市乡勇救出	首事顾阿大等三人被处死，丞相薛姓带三百人打先锋，自花庄到海洋塘，俱遭焚掠	《鳅闻日记》页355—356
咸丰十一年十一月（1861）	常昭东乡	反对官员浮收	无赖层	农民	乡官	借口加粮，酿成巨祸，乡民杀师帅、旅帅、百长	太平军下乡打先锋，后又"敕粮"安抚	《自怡日记》页81—82
咸丰十一年十一月（1861）	常昭南乡	反对官员浮收	士阶层	士阶层农民边缘层	乡官	从天京参加"天试"归来的36名常熟士子联名投票控诉师帅未又浮收	钱桂仁定租粮之额，未局纷器，几致瓦解	《自怡日记》页117、82
咸丰十一年十二月（1861）	无锡金匮	抗租	农民	农民	业户太平军	安镇四图庄顾某聚众抗租，以青布扎头为记，各业户控诉于太平军当局	太平军至乡弹压，被太平军所伤，顾某鸣锣集众，乡众贯，太平军焚村落；旋为乡官调停，乡民一律还租	《平贼纪略》页281

续表

时间	地点	类型	主要领导人身份	主要参与者身份	抗争对象	事件大略	结局	资料来源
同治元年二月（1862）	常昭小市桥镇	反对官员浮收	无赖层	农民无赖层边缘层	乡官	小市桥镇人杀江师帅，因其追粮太苛，积愤而成	钱桂仁下令打先锋，王石不分，被累者众	《自怡日记》页94；《庚申（甲）避难日记》页232
同治元年二月（1862）	常昭蔡家桥	反对官员浮收	不明	农民	乡官	蔡家桥旅帅司刻太过，将旅帅父子俘房并劫掠其家	不明	《庚申（甲）避难日记》页231
同治元年二月（1862）	嘉兴桐乡	反对租粮兼收	不明	农民	收租局	桐乡守将钟良相因业户无力供应，粮米迫征不齐，着令粮米归经收，乡人皆不肯纳租	四月初，局中粮食仍征收不齐，计缺额1200两，钟下令各镇均赔，后不明	《避寇日记》页109
同治元年二月（1862）	浙江秀水	反太平军掳掠	土阶层边缘层	农民市民	太平军	太平军至乡掳掠，乡民死三人，被掳数十人，乡民向新隆军帅告发，局中差师帅前往驱逐未果	乡民联名上禀军帅三十余次，新隆军帅禀嘉兴天安张世发，至十八、九日，进纪太平军退尽	《避寇日记》页107
同治元年二月（1862）	浙江慈溪	反太平军勒派	边缘层	农民市民	太平军乡官	姚北烛溪湖等处，乡人根太平军索需无厌，推刘祝三为首，共谋反抗	乡官借太平军之威大打先锋，周围二十里儿无不遗，乡民被杀者众多	《辛壬琐记》页184—185

续表

时间	地点	类型	主要领导人身份	主要参与者身份	抗争对象	事件大略	结局	资料来源
同治元年二月（1862）	浙江奉化	综合性抗税	不明	农民	太平军	太平军头目张老五等正在栖凤村编门牌，见有某剃发者不悦，与民起衅，乡民沈国章聚众击之	文经政司萧湘澐领众数千至村围杀，杀塘头周居民20余，回掠菰湖，吴家埠等村	光《奉化县志》卷11，"大事纪"，页19；光绪《忠义乡志》卷16，"大事纪"，页16
同治元年三月（1862）	台州太平县温州玉环县	反太平军勒派	士阶层	市民农民	太平军乡官	附天侯李小苹部"索饭费"，居民不服，杀其数十人；李小苹兵至，焚民居，火焰"竟日涨天"；太平军乡官林振扬率乡民万余阻之，不胜	李小苹又至玉环杀掠，后赴玉清兵驻扎；百姓因玉环已纳贡投降，"不意贼兵"复肆扰玉环，人怨监军，监军向当司守将控诉	《辛壬寇记》页374；光绪《玉环厅志》卷14，"余记"，页15b
同治元年四月（1862）	嘉定太仓	反对官员浮收	士阶层	农民	乡官太平军	因收捐钱每苗七百太紧，乡民杀旅帅等数人，烧乡馆、杀土官、我卡主	太平军大打先锋，自梅李塘桥至李墅、何墅、徐墅俱成焦土	《自怡日记》页100
同治元年四月（1862）	常昭东乡	抗税	不明	农民	乡官	因收捐钱每苗七百太紧，乡民杀旅帅等数人，放火烧屋；四月初八日，何市上真殿处乡民焚烧乡官房屋	太平军掳掠十余市镇，固忠打打先锋，过东徐市，将钱伍卿藏蓄劫掠，钱诉于城，罚路跪一夜，由是结怨	《庚申（甲）避难日记》页235；《劫余杂录》卷下，页271

续表

时间	地点	类型	主要领导人身份	主要参与者身份	抗争对象	事件大略	结局	资料来源
同治元年四月（1862）	浙江诸暨	抗税	不明	不明	乡官	有姚黄等庄百姓派费及门牌费概不缴纳，乡官屡催仍置若罔闻	洽天又左十七护军陈开列抗缴"玩户"名单，谕令旅帅率领乡差将之提拿到案，从重究治	《太平天国文书汇编》页204
同治元年八月（1862）	浙江秀水	反对官员贪腐	边缘层	农民	乡官	百长朱不登常随太平军打先锋，私收乡人所完漕银，凌辱乡民	乡民抗诉至新塍军帅处，朱被"械系累月"。八月十七日为师帅廖吟树首保出	《避寇日记》页147—148
同治元年九月（1862）	浙江秀水	反太平军掳掠	不明	农民市民	太平军	太平军兵过江兴、北塘、金桥大掳，百姓愤，捉住六人，均解嘉兴	满天文廖发寿以土兵私扰民间，将六人枭首示众	《避寇日记》页150
同治元年十二月（1862）	苏州吴县	反对官员贪腐	不明	农民无赖层	乡官	师帅许一亭傲慢磨民，民皆恶之。十五日夜，十余乡民杀之	"民甚快"；太平军当局态度不明	《虎窟纪略》页46—47
同治元年十二月（1862）	吴江同里	反对租粮兼收	不明	农民	收租息局	朔灵道院（北观）设收租息局，每亩收租米三斗，栋花塘农民百余突入局将十余名董理摘去，殴打侮辱	次年正月初一，周庄枪船头目费金经遣置人说合，得放十余董事回家	《庚癸纪略》页322

续表

时间	地点	类型	主要领导人身份	主要参与者身份	抗争对象	事件大略	结局	资料来源
同治二年十月（1863）	湖州乌程	反对官员贪腐	不明	农民	乡官	师帅金三在六都苛求无度，乡民聚众，将其拘捕，沉于湖中淹死	不明	光绪《乌程县志》卷36，"杂识四"，页23a
同治二年十二月（1863）	桐乡石门镇	抗粮	边缘层	农民	乡官	有乡民不完粮，太平军将领何信义杀七人示威，然何信义谕令乡官以石门、濮院百姓顽梗，饬下乡打先锋，未果	不明	《避寇日记》页227

注：常熟、昭文合城而治，不再辨分两县地界，统称"常昭"；资料版本同正文引征。

附录 / 415

附录二　19世纪40—50年代苏南、浙江地区主要民变表（104起）

时间	地点	类型	主要领导人身份	主要参与者身份	抗争对象	事件大略	官方态度	资料来源
道光二十年（1840）	秀水新塍	抗租	不明	农民	业户、官府	沈雪樵家"去冬以收租，其前面楼房为租户聚众拆毁"，后乡民又群起至县抗诉	不明	民国《新塍镇志》卷25，"丛谭下"，页2b
道光二十一年（1841）	秀水新塍	抗租	无赖层	农民	业户、官府	"镇西乡民虞阿南倡议抗租，胁众千余人"，并"号召邻圩牢水干田，钉栅于浜，拦截催租进路，遭戕儿误"	翌年十一月三十日虞阿南"就擒伏法"，其他人"从严惩治"	民国《新塍镇志》卷25，页5a；卷4，页6b；《清宣宗实录》卷397，"道光二十三年九月戊戌"
道光二十一年（1841）	绍兴余姚	抗租	无赖层	农民	业户、官府	"辛丑秋九月，坎墩有胡八、胡九、孙震倡信世不复输租，纠恶少劫巨室。……继而胜山王三，西乡陈方义等应之"，"壬寅春，胡八等纠众掠乌山胡氏，至浒山袭陈姓屋；王三劫宋氏，陈方义掳张氏一人取赎"	二十三年，"英夷平，沿海始得征租"，"集父老论以祸福，幡然悔悟，愿输租"，"巨室悬赏购盗首数人，事平"	光绪《余姚县志》卷12，"兵制"，页21a—b

续表

时间	地点	类型	主要领导人身份	主要参与者身份	抗争对象	事件大略	官方态度	资料来源
道光二十一年（1841）	杭州余杭	闹赈	无赖层	农民市民	官府	"余杭县匪徒，以呈请赈济为名，拥入仓内闹"	"委员带兵拘犯"，"着乡民献出首犯"，"宽严并用，妥加弹压"，"贫民随时抚恤"	《清宣宗实录》卷364，"道光二十一年十二月丙戌"
	湖州归安	闹赈	不明	农民市民	官府	"归安县乡民，亦藉灾滋事，并敢持众拒伤兵役"		
	绍兴山阴	抗租	无赖层	农民	业户官府	"绍兴之山阴等县，亦有刁佃抗租抢夺之事"		
道光二十二年（1842）	苏州常昭	抗"军租"	边缘层无赖层	农民	业户官府	佃农王长明、王长元兄弟要求减少军租，"群起四应。烧旗丁收租一船，打毁二船。次日又烧九船"，乡佃公推"土棍"闵元元为首，"伸保"闵元元收凶租者"，打各大户收凶租，遍打老吴市，徐六泾等七八个市镇惯收凶租地主二十余家	昭文知县调集兵勇镇压，闵元元投河自尽，徐二蛮等被俘杀	《一斑录》页421—423；《李文恭公遗集·奏议》卷12，页59a

续表

时间	地点	类型	主要领导人身份	主要参与者身份	抗争对象	事件大略	官方态度	资料来源
道光二十二年（1842）	松江华亭娄县	抗租	无赖层	农民	业户官府	马洪周等利用庙会宣传抗租，迫傅徐、倪二姓减让，逼令徐姓地主与文生冯某家具"出租若干字据"，并"各处粘贴"	马洪周等被捕杀	《江苏巡抚孙善宝奏》（录副，档号03—3900—018）
道光二十二年（1842）	松江南汇奉贤	要求报歉减赋	不明	边缘层农民	官府	南汇、奉贤二县乡民聚众闹入县衙，以报歉为名，特众喧嚷，要求减少担米，捣毁什物	乡民王建荣等被捕杀	《江苏巡抚孙善宝奏》（录副，档号03—3953—024）
道光二十二年（1842）	湖州归安	闹赈抗粮	不明	边缘层农民	官府	"归安县稽祖堂等纠众，抗官拒捕，并将兵役戕害，地保殴毙，阻止各村完粮"	"谕乡民缚献首要，立功赎罪"，"饬令将稽祖堂及汤益潘、王凤求拿获，拿获阿二等犯数十名"	《清宣宗实录》卷379，"道光二十二年八月戊戌"；卷381，"道光二十二年九月己巳"
道光二十二年（1842）	嘉兴桐乡	闹赈要求	边缘层	边缘层农民	官府	"桐乡县有乡民数千人，拥入县署，抛砖掷石，致伤该县头面，抢夫库贮"银钱"	"将首要各犯，按名飞获，严行惩办"，桐乡知县姚恩书革职，吴庭春借同滋闹已故，割首示众	《清宣宗实录》卷377，"道光二十三年七月丁巳"；《清宣宗实录》卷391，"道光二十三年四月庚寅"
道光二十二年（1842）	湖州安吉	平粜	边缘层	边缘层农民	官府	"安吉县童禹甸等人县署吵闹，挤翻公案，拥进宅门，致伤该县偏左"		

附　录 / 417

续表

时间	地点	类型	主要领导人身份	主要参与者身份	抗争对象	事件大略	官方态度	资料来源
道光二十二年（1842）	处州缙云	要求减赋	士阶层	边缘层农民	官府	"胡喜芹等乘该县考试文童之际，拥众入场，挟制官长，勒索减价完粮告示，复要求释监犯不遂，两次阻考，持械拒捕"	胡拟斩，在监病死；"严查该县向来收粮有无浮勒"	《清宣宗实录》卷370，"道光二十二年四月戊子"
道光二十三年（1843）	湖州归安	抗粮	边缘层	边缘层农民	官府	"于该县未经开仓之先，陆续潜回向各粮户诱胁，各粮户因可短纳，均各听信"……"归安县粮户恃众抗粮滋事，现仿暂行停征。"此次为首纠谋各犯，讯系稽祖堂创议短纳，以致各粮户纷纷效尤"，"案内余党聚众减浮粮，节经费减浮费，遵议开征，该粮户恃众抠交酦米"	"查拿首犯，解散余党，勿致聚众激成事端""连次酌减，并将漕务中余费裁汰"	《浙抚刘韵珂奏》（录副），档号 03—3139—061；《清宣宗实录》卷388，"道光二十三年正月壬戌"，卷391，"道光二十三年四月壬寅"；卷394，"道光二十三年七月甲寅"

续表

时间	地点	类型	主要领导人身份	主要参与者身份	抗争对象	事件大略	官方态度	资料来源
道光二十五年(1845)	绍兴余姚	抗租	士阶层无赖层	农民	业户官府	"县东北乡抗租不还，业户催租，佃户反持器械向殴""实富户掳掠，差捕通同一气"，"胡阿八等起意短租，将业户租船截住，抢夺棉花钱物"	"按名严拿，及窝藏匪徒之案一并拿办""胡阿八，阿九发极边足四千里充军"	《清宣宗实录》卷417，"道光二十五年五月乙酉"
道光二十五年(1845)	杭州	罢工要价	工匠	工匠	边缘层官府	绸纱缎料房等"有恃强逞恶之伙，自称行首"，"纷散工伙，不准机东留伙"，"申通散伙停工，勒加工价，并工伙纠众勒掯机东"，"遇有东伙口角，聚众扛帮"	十二月，杭州府出示禁止机户设立行首，并立"机神庙禁约碑"，"奉宪永禁"	《清代工商行业碑文集粹》页191—192

附录 / 419

续表

时间	地点	类型	主要领导人身份	主要参与者身份	抗争对象	事件大略	官方态度	资料来源
道光二十五年（1845）	宁波奉化	反对浮收要求减赋	士阶层边缘层	边缘层农民	官府	知县王济与库书戴家珍浮收，"县书向粮户私发索票钱"，乡民诉于省、府皆无果。九月，"县中方科试，乡民负米赴城者以数万计。时张名渊、汪佩经俱人场应试，闻变启门出"，"聚众阻闹，扶制完粮绅矍庐"人城，"焚库书与城绅矍庐"	巡道陈之骥、参将百胜至奉化镇压不利，巡抚梁宝常诱降，张名渊、赵犀年等被捕	光绪《奉化县志》卷11，"大事纪"，页15b—17a；光绪《刘源乡志》卷24，"大事记"，页6a—7b；《清宣宗实录》卷421，"道光二十五年九月庚辰壬午"；卷422，"道光二十五年十月丙申"；卷425，"道光二十六年正月丙寅"
道光二十六年（1846）	苏州常昭	反对浮收要求报荒减赋	无赖层	边缘层农民	官府	昭文知县浮收勒折，谱书薛正安知县漕时恣意讹索，梅李金得顺等带领乡农拆毁县署，拷毁薛家，打死差役二人，知县毓成同意漕减流下	江苏巡抚李星沅派知府桂丹盟带兵镇压，金得顺、金山桂等被杀，张荣荣下落不明	《一斑录》页410—415；《壁昌李星沅表》（录副档号：03—4072—049；《李文恭公遗集》卷12，页47a—60a）；《清宣宗实录》卷434，"道光二十六年九月辛卯"；《官游纪略》卷5，页21a
	苏州常昭	抗租	农民	农民	业户官府	佃农张荣荣、金山桂要求业户减价收租未遂，集众打毁三十六家房屋，规模发展至数千人	落不明	

续表

时间	地点	类型	主要领导人身份	主要参与者身份	抗争对象	事件大略	官方态度	资料来源
道光二十六年（1846）	太仓镇洋	要求报荒	不明	边缘层农民	官府	"七月初，乡农报荒不准，即将县署罩呼扫，被拆毁。又到告病归里前任江西巡抚钱宝琛家，漕书家尽捐伤甚大。因渠筑坝刘河，农田不利故"	"抚宪李星沅复责令严拆衙要犯"	《漏网喁鱼集》页8
道光二十七年（1847）	嘉兴石门	抗粮	边缘层	边缘层农民	官府	"十一月间，有倪锡淋因秋收歉薄，起意借端约会抗粮……四处散贴传单，不许村民赴县完纳，抗拒官兵，抗粮行动一直持续至道光二十九年	倪锡淋、陆三等被捕杀	《浙江巡抚吴文镕奏》（录副，档号03—3910—005；《吴文节公遗集》卷26，页3—15）
道光二十八年（1848）	嘉兴秀水	罢工要价	工匠	工匠	边缘层官府	"各铺（香铺）作司，逐年勒加工钱，今复薛大昌为首，又复图停，敛钱演戏，霸勒停工"，"各店作工甚多，任在停工勤加。要求增加工钱的行动一直持续到道光二十九年	嘉兴府出示严禁，立"香铺作司各官安分守业碑"，"为首之人枷责，并谕令各作开工"。	《清代工商行业碑文集粹》页200—201

续表

时间	地点	类型	主要领导人身份	主要参与者身份	抗争对象	事件大略	官方态度	资料来源
道光二十八年（1848）	宁波镇海	抗税	农民（渔民）	农民（渔民）	官府	"镇海县南门有关，稽查海船出入人，宁波渔船出海捕鱼，……索渔船出口费，致渔户聚众毁关"	"请提军发兵弹压，提军不从。道台吓病，请假赴省养病"，后不明	《镜湖自撰年谱》页33
道光二十九年（1849）	太仓嘉定	抢米暴动	不明	农民市民流民无赖层	官府豪强层等	"道光二十九年，陈溶抽查田房税契，凡父兄子弟不完粮册名号不同，即以匿税论，吏胥因缘为奸。四月间，大雨十日，乡民以报水为名，喧闹公堂，粪泄抄税之恨。溶避匿三校堂成，益聚众人城，妄大户，掠米铺，辄令给以钱米，绝不查办首事。咸丰元年，捏征已免钱粮，民怨嗷嗷。二年，冯瀚接任，被盗者尤多"	官员多置之不问或态度不明朗	《桑梓闻见录》（又名《癸丑嘉定纪事》）页1054

续表

时间	地点	类型	主要领导人身份	主要参与者身份	抗争对象	事件大略	官方态度	资料来源
道光二十九年（1849）	苏州吴江	索费抗租	不明	农民	业户官府	"始时田未没，佃农争筑防，费钱田主，什百哄满堂，众敛稍不遂，公然为寇攘"	不明	民国《盛湖志》卷3，"灾变·仲湘己酉纪灾"，页16a
	嘉兴秀水		不明	农民	业户官府	"秀水新塍里，田主称小康，群佃劫之去……家人号县官，县中央……官徒惊惶"		
道光二十九年（1849）	浙江各地	抢米暴动	不明	农民流民层	豪强边缘层官府等	"五月初旬复连制大雨……五月中旬又叠遭大雨"，"富阳、武康、山阴等县竟有匪徒煽众，藉次索扰"；萧山"乡人结群毁富户门乞米，日聚日众，欲满方去"；秀水"维时米价腾贵，饥民乘风抢掠"；海宁"饥民昭明粘坐饭"	"严饬各县查拿为首椎犯"；萧山"募乡勇守御"；山阴知县、钉"各狗首要，至贡烈日中，缚跪大堂下，桩半日即毙，约重惩百人"	《浙抚吴文镕奏被水灾情形折》（道光二十九年五月二十日）（《吴文节公遗集》卷22，页2—3）；《吴文镕查办水灾情形片》（道光二十九年七月十五日）（《吴文节公遗集》卷23，页2—4）

续表

时间	地点	类型	主要领导人身份	主要参与者身份	抗争对象	事件大略	官方态度	资料来源
咸丰二年（1852）	苏州吴江黎里	抗租	无赖层	农民	业户官府	咸丰二年，汤字圩乡陆孝中，陆孝伯，顾胡子等聚众盟约，"还租秖有五分，否则全欠"；"咸丰三年冬，聚众与田主争输租之数，每亩只许纳五斗三升。而斯时之粮赋，官吏浮收暴敛，故业户不支，多以田单投送绅富，冀脱累也。造四年冬，孝忠等纠集七十二圩之众，渐谋煽乱"	咸丰四年秋，陆孝中奏聚众抗租，"任大王庙聚众抗租"，震泽县三兆镶参奏吴江，"巡抚吉尔杭阿檄候朴知州司沐润率勇剿捕"，陆氏兄弟率乡农与战，失利被捕，在苏州被杀	《怡良等奏陆孝中等聚众抗租审明定拟折》（《两江总督怡良奏稿》，《四库未收书辑刊》第 2 辑第 25 册，页 740—745）；《漏网喁鱼集》页 15；《吴江黄熙龄日记》（咸丰五年二月初一至初四日）；《殷谱经侍郎自叙年谱》页 22a—b, 23 a；《清文宗实录》卷 143，"咸丰四年八月壬戌"光绪《黎里续志》卷 12，"杂录"，页 17a—b 作"陆孝忠陆孝恩兄弟"
咸丰二年（1852）	苏州元和	反对浮收	不明	边缘层农民	官府	"元和县为浮收拆署"	不明	《漏网喁鱼集》页 15；《显志堂稿》卷 10，页 1a
咸丰二年（1852）	松江华亭	闹漕	不明	农民无赖层	官府	"华亭钱漕，家丁下乡，适令县民积薪窝船四周，差举火，顷刻而烬"	不明	《显志堂稿》卷 5，页 33a

续表

时间	地点	类型	主要领导人身份	主要参与者身份	抗争对象	事件大略	官方态度	资料来源
咸丰二年(1852)	松江青浦	要求报荒抗粮	边缘层	农民 无赖层 流民层 边缘层	官府	咸丰二年，青浦知县余龙光追征道光三十年前豁免钱粮。本图保正周立春邀集乡民三百人入县署报荒不准，乡民哄堂殴官，"曳龙光下堂"，啮其左耳，血淋漓"，又"将知县左耳倒拖里许，竟饮粉身，得救幸免"。周盘踞青龙江一湖荡，并毁漕书徐小结二十余图，纠众抗粮，众至数千。先后败新任知县李初郁所募勇数十人、苏州知府钟殿选所率千余人。三年六月，小刀会李少卿贩烟土经黄渡被抢，周令其党返还，"李深德之，导立春赴沪，与刘丽川相结纳"	八月初三日周率众占嘉定县城，十五日陷青浦；八月二十日，嘉定为民团所复，周立春"逃至西隐寺，伏芦苇中，居民执以献。遂解至苏州伏法"	《怡良、吉尔杭阿奏》(朱批，档号：04—01—01—0856—016)；《清文宗实录》卷85，"咸丰三年二月丁亥"；卷143，"咸丰三年四月八月甲子"；《上海小刀会起义史料汇编》页1055—1058，1086—1089，1092—1093 注：民变转为起义

续表

时间	地点	类型	主要领导人身份	主要参与者身份	抗争对象	事件大略	官方态度	资料来源
咸丰二年（1852）	常州无锡	反对浮收	不明	边缘层农民	官府	"元和县为浮收拆署，无锡亦然"	不明	《瀽闷喁鱼集》页15
咸丰二年（1852）	宁波奉化	抗粮	不明	边缘层农民无赖层	官府	"奉化县连山乡属地方匪徒，藉黏免民欠为词，妄思将已完银米递抵新赋，纠众毁坏该县简署门壁，并抢去衣物银钱。知县舒造办理不善，且恐另有纵容书差弊混浮索情事"；"奉化县以征收钱粮，乡民滋闹，县官逃至府城"	巡抚常大淳饬臬司孙毓淮、署运司庆廉、湖州协副将张熹，带弁兵前往严拿；知县舒遵撤职查办	《清文宗实录》卷58，"咸丰二年四月癸未"；《镜湖自撰年谱》页50—51

附　录 / 427

续表

时间	地点	类型	主要领导人身份	主要参与者身份	抗争对象	事件大略	官方态度	资料来源
咸丰二年（1852）	宁波鄞县南乡	要求减赋	士阶层	边缘层农民	官府	鄞县完粮有红、白封之别，小户"白封"所缴耗银较倍重。南乡周祥千联络里老"图减完粮银价"，集议官府减完粮耗，被知县冯朝遽捕，"乡民大集，捕南乡抗粮社、神庙旗，蜂拥而至。朔募土兵置枪炮于宅门以为防守，乡民见兵械益怒，人署中取服饰、器皿尽分之，朔逾墙遁"，"征收钱粮房屋已皆捣毁"。署巡道罗镛前任弹压，乡民"毁其舆，拥人城隍庙，署知附毕承昭答应释放周祥千，并出示减粮耗	按察使孙毓淮、盐运使庆连带兵镇压，捕南乡县抗粮村民4人，新任知县段光清"设局减粮耗，邀诸绅士议减粮耗，罢红白封名目，一律征收"，"定每两二千六百"。周祥千"自首"，任绍兴被杀	《镜湖自撰年谱》页51—52、58—61、72；《清文宗实录》卷58，"咸丰二年四月癸未"；光绪《鄞县志》卷16，"大事纪下"，页30b—32a；民国《鄞县通志》页1322；《丹桂堂自订年谱》页43b

428 / 太平天国社会史

续表

时间	地点	类型	主要领导人身份	主要参与者身份	抗争对象	事件大略	官方态度	资料来源
咸丰二年（1852）	宁波鄞县东乡	盐界争斗	士阶层无赖层	盐民无赖之	盐商官府	"鄞东近海例食场盐，盐贾江氏侵其界，开设墨肆，闽盐侵销以售，纵巡丁逻察，有私卖者罪之"；"道光二十五年二月，石山衙前俞能贵首焚五乡奥盐肆，诸村民应"；咸丰元年十一月，"横泾人张潮清，屡控大府，数年不得直，知县冯洄擒之，乡民数万坚旗人县，烧江氏宗祠及其居宅，拥潮清归"，"拆毁盐商公所及该商住宅"，盐运使庆连带兵镇压，张潮清、俞能贵等孙铳推，杀湖州副将张蕙等200余人	张潮清用镇海孝廉某，监生李芝英为谋主，再进绍兴，"先取宁波，一面着人投奔广西"，"以通粤匪"；段光清骑赴石山衙，释前获村民薛元成等归，"复率诸乡民培元等遍诘东乡，勘定界址"，"配引销盐，毋许侵越。后遭分化，张潮清、俞能贵敛捕杀	光绪《鄞县志》卷16，"大事纪下"，页30a—b，31a—b，32a；《镜湖自撰年谱》页55—57，62，63；《清文宗实录》卷58，"咸丰二年四月癸未"，《清文宗实录》卷65，"咸丰二年七月丙辰"；《何士祁致吴照等函》（1852年5月29日）；《涌冈嘤鱼集》页14

续表

时间	地点	类型	主要领导人身份	主要参与者身份	抗争对象	事件大略	官方态度	资料来源
咸丰二年（1852）	宁波定海	教案	不明	市民	教民传教士官府	"乡民攻天主堂，执上教者，掠其家。咸丰初，教徒横行，官吏莫敢问，乡民共愤，相率缚执其人，或取其家姓畜皿器以困辱之"	"西人庇护其党，力为索偿，乡民亦承坚持不肯下。同知王承楷等排解甬东事前后定。自是教堂惟存甬东二所，余悉改为义学"	光绪《定海厅志》卷28，"大事志"，页49b—50a
咸丰三年（1853）	苏州常昭	抗租	不明	农民	业户官府	八月初九日，"张家市郑光租催租倚势，佃农鸣锣聚众数百人，打毁什物，内室倾塌"	"获解一人，知县任鲲池不堪其办。十一日复聚千人，所解之人索还始免"	《漏网喁鱼集》页19—20；《癸甲日记》页382
咸丰三年（1853）	苏州常昭	抗租	不明	农民	业户官府	"（十一月）十四日，东周市瞿又被佃衣拆毁"；"昭邑之东周市为征租事，佃户聚众千人，拆毁业户房屋，瞿少卿家被毁"	不明	《漏网喁鱼集》页20；《癸甲日记》页382
咸丰三年（1853）	松江金山	抗租	不明	农民	业户官府	十二月，"金山之乡因抗租拆去本图四铺堂阮姓之房屋，毁坏什物，在珠溪之县公馆亦被毁坏"；十二月，"金山乡民因业阮姓催租起衅，聚众拆房，并打毁县署大门等"	"闻金山县因前获滋事之乡民，当场正法，余众汹汹有复仇之举，署中上下颇事戒严"	《癸丑纪闻录》页512；《苟全近录》页1148—1149

430 / 太平天国社会史

续表

时间	地点	类型	主要领导人身份	主要参与者身份	抗争对象	事件大略	官方态度	资料来源
咸丰三年（1853）	松江金山	抗税	不明	农民	豪强官府等	十一月十六日"金山干，吕巷地方，有富室马姓，因欲以租抵捐，开请差提，致遭拒捕，几酿大案"	不明	《苟全近录》页1145
咸丰三年（1853）	松江金山	抗租	无赖层	农民	业户官府	"八月，金山沈掌得起议因社，齐心吞租，有不从者辄毁击之。后以减租为名，继聚而起，乘势劫掠。……后入阿末四富室，专劫富室"。"五保十九图乡民纠众团社以胁业减租为名，乘势劫掠十余家，势益张，翼日率众闯至县署，令惊噩"	金山知县陆少山率勇役镇压，"使海勇闭门，然枪以待之，众反卧，获数人，余悉溃，乃大肆搜捕，摘斩首事数人，事遂定"	光绪《当湖外志》卷8，页12a—b；光绪《金山县志》卷17，"志余·遗事"，页31a—b

续表

时间	地点	类型	主要领导人身份	主要参与者身份	抗争对象	事件大略	官方态度	资料来源
咸丰三年（1853）	松江华亭娄县	抗租	无赖层	农民	业户 官府	"各乡佃户均纷纷结社（是日各自开仓），蓄意吞租，以至良佃为所挟制，无有一人敢送仓者"	不明	《荀全近录》页1145
咸丰三年（1853）	松江华亭	抗租	无赖层	农民	业户 官府	十一月廿二日，"华泾有解庵乡民，鸣锣倡议霸租"	"经地保送县究办，派勇于明日用高脚牌枷系游街示众"	《荀全近录》页1146
咸丰三年（1853）	松江华亭	闹漕	不明	农民 无赖层	无赖层 吏胥	十二月初二"华亭沙九图陆姓，因图中捆送霸租人到松，全家被烧，居人仅以身免；并查委员吴志诚因送完白银到乡，坐船被焚而归"	不明	《荀全近录》页1147
咸丰三年（1853）	松江娄县	闹漕	无赖层	农民 无赖层	绅阶层 官府	"娄县有前漕总因芷塘，经办善堂玩佃一人，作寓枫镇，于昨获松佃一人，及至今晨，竟有近镇一二图乡民聚众进寓，将松劫去"	不明	《荀全近录》页1147

续表

时间	地点	类型	主要领导人身份	主要参与者身份	抗争对象	事件大略	官方态度	资料来源
咸丰三年（1853）	松江南汇	综合性抗粮抗租	无赖层	边缘层农民	官府	"南汇县有粮户二千余众，至县滋闹，县官从后门逃至府，府乃另委员从缓办理"；"南汇县之公馆，被民拆去正厅，几欲毁官，官越后墙而走。闹至县署中，将官太太拖至街上，官小姐赤身逃走"	"（二月十五）至西塘拿欠租佃户十余人，颇染吴江、震泽抗玩习气，但未聚众闹事耳，官与业主亦无如何"	《癸丑纪闻录》页486—487、496
咸丰三年（1853）	松江奉贤	抗粮	不明	边缘层农民	官府	三月"奉贤之乡民自烧毁仓厅后，将牛扎刀上系长柄，人若被劈，即分两半，捉得库书三人捆住，倒植油麥中，以火烧之"；"奉贤县官前因粮户打毁简署，不敢贴门条。奉贤命剿未粮户，皆向知府贴命清府不许而止"	不明	《癸丑纪闻录》页496、499

续表

时间	地点	类型	主要领导人身份	主要参与者身份	抗争对象	事件大略	官方态度	资料来源
咸丰三年（1853）	松江上海	抗粮	无赖层	农民边缘层	官府	"上海县征收漕尾，乡民拥入署肆蛮"；"粮差李祥激变乡民，持械人署，上海知县袁祖德坐堂皇，晓谕数言，众感动，但索祥"	"祥通浙，更名佰嵩，当勇焉，'飞绁未获'"	《漏网喁鱼集》页18；《随冈琐记》页1019；《北华捷报》1853年6月18日
		会党滋事	会首	会党	兵勇	"祥党潘小镜子（潘启亮），隶徐紫珊名下勇首，与道署勇斗"	"袁祖德立拿答三千，鞭背二千，立笼示众；潘小刀会，起义杀袁，失败后投太平军，战死"	
咸丰三年（1853）	太仓	抗租	无赖层	农民土匪	业户土阶层官府	（十一月）"二十日，太仓差船抵横泾追租，亦被农众人殴差烧船。廿二日，鸣锣聚集举人顾承藻家，毁烧净尽"；"十一月十八日，太仓之三家市为开租事，佃户拆毁差船滋事。……二十二日，茅家村土匪聚有五六百人，拆毁顾润南家房屋，钱财抢分一空。二十三日，土匪打毁冯万程家"	（十一月）"廿六日，州牧蔡映斗带弁勇数百下乡，连夜拿获首犯二名供实，就地枭首悬示。差地昼夜四出搜捉。出示减价收租，以抵赋税"	《漏网喁鱼集》页20—21；《癸甲日记》页382

续表

时间	地点	类型	主要领导人身份	主要参与者身份	抗争对象	事件大略	官方态度	资料来源
咸丰三年（1853）	太仓嘉定	抗租	无赖层	农民	业户 官府	"十一月初旬，姚姓郁消家下乡取租归，匪徒纠众劫之。吴林密住捕之，飞禀中丞饬县惩办。甲黄正月，伐杨神结会，聚众千余人，以抗租为名，白昼劫人。甲寅正月，伐杨店角杨姓祖茔树数百株，掠外冈张姓家，烧井亭北朱姓屋，又于萧家庙地方大肆劫掠。……有张秀方周逆余党，至是人其紫，佯死脱逃，谋袭嘉城，以攻沪营之肯"	二月初三日，知县刘郁青带兵住西乡柏家村吴林等，千总李玉林，举人吴林等杀其首刘元父子，张秀等而传首李裕，朱传逸不获，乃悬榜购之。阅两月，获李裕于浙江嘉善墓境，西乡自是帖然	《桑梓闻见录》页1072—1073；《癸甲日记》页382
咸丰三年（1853）	常州无锡	抗租	不明	农民	业户 官府	是冬，"夯长绛周氏、大业户也。是冬开仓收租，倪孟寿等抗租枪掠"	"无锡令王树霖缉获（倪等）到案，分首从而置之法"	《勾吴癸甲录》页80；民国《锡金续识小录》卷1，页9a—b

续表

时间	地点	类型	主要领导人身份	主要参与者身份	抗争对象	事件大略	官方态度	资料来源
咸丰三年（1853）	常州无锡	抗租	不明	农民	业户官府	十二月，无锡"阳山一带鸣锣聚众数千人，扬言要抢大户，并指算要抢新渎桥钱大勋家。钱大勋惧，遂议请常郡团练董赵振祚来锡商办"	初七日，赵振祚人之不法者，过新渎桥，擒吴增寿，杀之	《勾吴癸甲录》页80
咸丰三年（1853）	常州金匮	抗租	边缘层无赖层	农民	业户官府	"是岁大稔，而各乡佃户不肯纳租，三坝桥则地总费阿庆（费继祖之兄）主其谋"；"三坝桥土匪平阿方、费继祖、唐阿大、林阿大等啸聚雷尊殿，始以抗租聚众"	"金匮令高凤清往捕，郡绅费善赵振祚带州勇六百来锡"，捕杀费继祖、平阿方等	《平贼纪略》页222—223；《勾吴癸甲录》页80
咸丰三年（1853）	常州金匮	抗租	不明	农民	业户官府	"后桥曹塞塘、邹阿多亦是抗租抢掠案"	"死于就者五六人"	《平贼纪略》页223

续表

时间	地点	类型	主要领导人身份	主要参与者身份	抗争对象	事件大略	官方态度	资料来源
咸丰三年(1853)	常州武进阳湖	抗租	不明	农民	业户官府	"龙城书院,旧有武进各乡田六十四亩有奇……咸丰三年,乡民抗租,书院停课,廪生吴会甲、庄毓铨等奉府照会往乡察看。其佃名大率乾嘉时人,现佃皆其后裔,互相推诿"	"会甲等劝各佃以现种的名造册报府,给予印照。于是院佃遂无抗租之弊"	光绪《武阳志余》卷3,"书院",页30b
咸丰三年(1853)	常州阳湖	抗租	不明	农民	业户官府	"佃户三十余家率居大干村。今年皆以贼锋在迩,官司无暇为人理,辄欲强减旧数,任在相哄"	"议已久定,亩租仅二斗二升"	《落花春雨巢日记》页38
咸丰三年(1853)	常州武进阳湖	抗粮	边缘层	边缘层农民	业户官府	"咸丰三年,粤贼王耀书等,邻邑豪猾数千,横行乡里,不纳岁课。通江乡民刘明松倡议,众欣欣效之"	"费伯雄(乡绅医士)诣郡,以全家保乡民,归以利害说,倡议者咢散欲众"	光绪《武阳志余》卷10,"艺术",页3b—4a

附　录 / 437

续表

时间	地点	类型	主要领导人身份	主要参与者身份	抗争对象	事件大略	官方态度	资料来源
咸丰三年（1853）	杭州新城	抗粮	僧人边缘层	边缘层农民	官府	八月"僧慧心等因欠完钱粮，抗不交纳。署知县宣汝珍亲住查拿，将该署县并亲丁等殴毙"；"杭州新城县因下乡三十里地方查灾催缴，被乡民围住，即时殒命，后乡民人城到署掳掠一空"	湖州知府王有龄，署绍兴协副将王邦庆带兵围捕，僧慧心"投首"	《清文宗实录》卷104，"咸丰三年八月乙未"；《忆昭楼时事汇编》页379、391—392
咸丰三年（1853）	杭州临安	反对浮收	无赖层	边缘层农民	官府	"近日浙江滋事，均因钱漕浮收折色，有加无已，民苦不堪。奸匪甚至拆毁商门，聚众报官"	上谕裁革各项漏规，肖州县滥折浮收，绅衿土棍包揽讼索，著即从严参办，以苏民困	《清文宗实录》卷110，"咸丰三年十月甲午"；王茂荫《请禁收漕规费片》（咸丰三年十月二十三日，《王侍郎奏议》卷5，《页87）
	杭州于潜		无赖层	边缘层农民	官府			
	湖州长兴		无赖层	边缘层农民	官府			
咸丰三年（1853）	嘉兴秀水	抗租	无赖层	农民	业户官府	"咸丰三年秋，土匪归法倌纠众抗租"	"黄中丞宗汉檄粮道带兵平之"	民国《新塍镇志》卷4，"治乱"，页6b

438 / 太平天国社会史

续表

时间	地点	类型	主要领导人身份	主要参与者身份	抗争对象	事件大略	官方态度	资料来源
咸丰三年（1853）	嘉兴平湖	抗租	无赖层	农民	业户官府	"是冬，我邑马沈坊棍佃未纠众持械追业落河，将船劫去，船户被伤"	不明	光绪《当湖外志》卷8，页12b—13a
			无赖层	农民	业户官府	"不数日，又有屈圩坊佃未团租敲业，逞凶殴差，焚毁差船"		
咸丰三年（1853）	嘉兴嘉善	抗租	农民	农民	业户官府	"有浦六者，素与守愚之父，共住东路买花，后借杨信泰为子钱，算涉讼，累审未结。前年浦八中田千余亩，以自种田二百干，逐年还租。浦言不还米抵押，欲以租作米消，而杨仪遂为首，相与结社，摇讨，扬言不还米限米，鸣锣看守"	官绅带兵至乡劝谕，乡民答应"租米别业户皆肯载上门还"，惟杨信泰须令裁讨"，"呈递冤单，历陈还租之苦，兵勇俱退"	《癸丑纪闻录》页510—511

附录 / 439

续表

时间	地点	类型	主要领导人身份	主要参与者身份	抗争对象	事件大略	官方态度	资料来源
咸丰三年（1853）	嘉兴嘉善	反对乡绅	不明	边缘层农民市民	土阶层官府	举人顾应榴"帮官通勒完银"，"趁四月初四赛会之日，群起拆屋……同人公启云云，系刻字印刷，闻枫泾、西塘皆有"	不明	《癸丑纪闻录》页501
咸丰三年（1853）	嘉兴桐乡	抗粮	不明	边缘层农民	官府	"七月廿四日，闻桐乡县民因粮滋闹"，"桐乡之民纠众拆毁漕总房屋"	"幸知县好言劝导，未成激变大案"	《癸丑纪闻录》页506；《忆昭楼时事汇编》，"八月初二日接到杭州城来信"，页379
咸丰三年（1853）	宁波鄞县	抢米暴动闹赈	商人（船户）无赖层	流民层农民	豪强层土阶层官府等	"上年旱荒，四乡贫民，集众喧嚷"，持续至咸丰三年；东乡某船户带头闹赈被段光清重责；横溪巨富王某收租甚多，"本年饥民聚众，藉余谷为名，毁仓抢夺"，营兵混入饥民，数百人上堂哄闹	二月，段光清与绅协议，劝捐买米，赈济贫民；三月，段光清下乡谕安百姓，劝巨富王某零卖，并严办抢夺首犯	《镜湖自撰年谱》页73，75—78

440 / 太平天国社会史

续表

时间	地点	类型	主要领导人身份	主要参与者身份	抗争对象	事件大略	官方态度	资料来源
咸丰三年（1853）	处州景宁	饥民暴动	不明	流民层	官府	"七月饥民啸聚为变"	"知县宋纯修督勇八百偕守，把总华金声至县北外卸会捕，奸其首谋"	同治《景宁县志》卷6，"武备·戎事"，页11b
咸丰四年（1854）	苏州震泽	抗粮	无赖层 僧人	边缘层 农民 无赖层	官府	"震泽县苏宪章等，拥众滋事，拒捕戕差，焚毁震泽县知县坐船及巡检衙署"；"江苏吴江县地方有恶僧福缘即定慧，又称张三和尚，句串胥役衿人等，把持漕粮，前此震泽县知县沈则可下乡征粮，系该僧主谋，烧毁坐船"	"该署县姚铳带兵往拿，获苏宪章等八人枭示；福缘和尚"闻拿逸逸尚未捕获"	《清文宗实录》卷143，"咸丰四年八月壬戌"；《清文宗实录》卷163，"咸丰五年三月乙酉"
咸丰四年（1854）	苏州吴江	兵民冲突	边缘层	无赖层 水手	官兵	"漕船水手，吴江知县贺际运编充内壮。过吴江，与水手哄斗，杀浙兵二名。该县馈送浙营弁兵洋银二千余圆，掩称兵丁与百姓争殴，误伤身死完案"	"贺际运、姚铳均着撤任，从重参办。并严拿土匪水手"	《清文宗实录》卷143，"咸丰四年八月壬戌"

续表

时间	地点	类型	主要领导人身份	主要参与者身份	抗争对象	事件大略	官方态度	资料来源
咸丰四年（1854）	松江华亭	反对官府搜刮	不明	市民	官府	二月，"华亭县因堪钱，在乡（亭林镇）被民滋扰，跟跑而回，家丁有受殴几死者"	不明	《苟全近录》页1152
咸丰四年（1854）	松江华亭	抗粮	不明	边缘层农民	官府	三月，"华邑尊姚往泗泾一带征粮，被民聚众焚船，不及回镇，将奉谪带办五虎将住房，尽毁"	不明	《苟全近录》页1152
咸丰四年（1854）	松江娄县	抗粮	不明	边缘层农民	官府	三月，"娄邑尊温住泗泾乡征粮，亦被乡民抛掷砖石，冒险而回"	不明	《苟全近录》页1147
咸丰四年（1854）	松江奉贤	抗粮	不明	边缘层农民	官府	"适奉贤民抗粮，势将为变"	"松江知府薛焕驰至，余皆帖服"	《清史列传》第14册卷53，页4191
咸丰五年（1855）	湖州长兴	反对浮收	无赖层	边缘层农民	官府	"知县陈绳武，仆刘某与蠹胥沈某，吴某勾结，侵蚀巨万。九月中，王圣等纠众入城"	新任知县黄某将蠹胥沈某，吴某解郡惩治，事寝	光绪《长兴县志》卷9，"灾祥"，页16b

续表

时间	地点	类型	主要领导人身份	主要参与者身份	抗争对象	事件大略	官方态度	资料来源
咸丰六年（1856）	嘉兴桐乡	饥民攫食	流民层妇女	流民层	豪强层边缘层士绅等	"六月旱，乡镇聚众攫食，谓之坐饭，妇女幼孩千百成群，以为毁户莫可如何，长官亦难禁止"	官府择为首之妇女惩办，"以警大众，此风遂息"	同治《桐溪记略》"保卫乡里记"，页8a-b
咸丰六年（1856）	嘉兴平湖	闹灾	无赖层	农民市民流民层	官府	"至丙辰夏，托言祈雨，群蛮虿虿，阖人县署，恣意妄为。自此法纪荡然，冬间还租者益复寥寥"	不明	光绪《当湖外志》卷8，页13a
咸丰六年（1856）	嘉兴秀水	闹赈	不明	农民流民层	官府	"是年两浙全旱，嘉湖尤甚，地方乡民藉署层见迭出。嘉属殷户拆署层见迭出。嘉兴、石门虽未滋生事端，而乡人之之纷纷聚众哄闹公堂"	不明	同治《桐溪记略》"乡祷雨记"，页1b
	嘉兴海盐		不明	农民流民层	官府			
	嘉兴嘉善		不明	农民流民层	官府			
	嘉兴石门		不明	农民流民层	官府			

续表

时间	地点	类型	主要领导人身份	主要参与者身份	抗争对象	事件大略	官方态度	资料来源
咸丰六年（1856）	湖州长兴	地域对抗闹灾	无赖层	农民市民流民层	乡民官府	湖州大旱，蝗灾，"臧阿田奉五斗米教，八月二十三日纠众毁金莲桥；二十七日，东乡奸民亦毁起龙湾文昌阁。四乡蠢应蠢动"	不明	光绪《长兴县志》卷9，"灾祥"，页16a—b
咸丰六年（1856）	湖州武康	要求报灾	不明	农民流民层	官府	"（十月）武康因新任知县到任即开征，纠约千余人，向县官要办灾六分，勒索凭据用印"	"县官随即上府，禀抚合用兵二千驻扎德清"	《癸丑纪闻录》页525
咸丰七年（1857）	杭州余杭	抗粮	无赖层	边缘层农民	官府	"北乡胡万城与陈玉峰等纠众劫掠村民，抗粮搀税"；"咸丰七年夏五月四日，余杭民胡万成聚众作乱，人县城毁民庐"	"杭嘉湖道叶堃率钱塘知县李檀督剿，乡民擒万成以献，斩之"	《清文宗实录》卷228，"咸丰七年闰五月乙巳"；民国《杭州府志》卷44，页18b—19a

续表

时间	地点	类型	主要领导人身份	主要参与者身份	抗争对象	事件大略	官方态度	资料来源
咸丰七年(1857)	杭州临安	要求减赋	边缘层	边缘层农民	官府	"赵四喜图减钱粮，聚众人城，焚毁县署"	"绅耆查明人犯捆送惩办"	民国《杭州府志》卷44，"兵事三"，页19a
咸丰七年(1857)	湖州乌程归安	抗粮	不明	边缘层农民	官府	"(十二月)湖州粮户闹事，与官兵打仗，杀死都司一、千总一、百总、兵十人，尸筝太湖"	不明	《癸丑纪闻录》页527
咸丰八年(1858)	金华浦江	会党滋事	会党头目	农民市民无赖层	官府	咸丰二年大旱，三年虫灾，"恶少纠于人为会"，为知县屈永清镇压；八年二月，官府办团练，"南会率众人城，借官至武庙为名率众人城，将犯上，城董与亲兵护官回署，众随入县门"	"永清令发空炮慑之，冒烟而出，枪毙数人，其后诸会首皆死于法"	光绪《浦江县志》卷7，"宦迹·屈永清"，页18b—19a

续表

时间	地点	类型	主要领导人身份	主要参与者身份	抗争对象	事件大略	官方态度	资料来源
咸丰八年（1858）	金华兰溪	兵民冲突	士阶层	市民	官兵	三月"大营又调明将军带兵二千救援衢州过严州，沿途掳掠，鸣锣集众，执至兰溪民强，鸣锣集众，执兵勇十余人，送至县署，强请县令正法，将执兵勇再三敷衍，将执兵勇留署，市人始散"	明将军至县，"要将市人问罪赔脏"，绅士齐赴严州，请段光清至兰溪安抚，段将兵勇释放，劝市人开铺事渐平	《镜湖自撰年谱》页110—111
咸丰八年（1858）	衢州江山	兵民冲突	不明	市民	官兵	适游击杨国正以船送客眷往衢州，百姓"掠取船上衣服银钱，逐妇人下船。国正闻之，带勇追至，省中闻，遂谓江山百姓反"	巡抚差营官任查，饬杀杨平慎，段光清"国正不杀，江山之民亦不反"	《镜湖自撰年谱》页108—109
咸丰八年（1858）	绍兴	抢米暴动	不明	流民农民无赖层	豪强边缘层官府等	（五月初八日）"石米至七十千文，市中声言将七十文一升。上午有人数百部中来，击毁各米肆，恐吓云饭次及富家，官吏不敢谁何，时势可知矣"	不明	《越缦堂日记》"戊集上"，页775

续表

时间	地点	类型	主要领导人身份	主要参与者身份	抗争对象	事件大略	官方态度	资料来源
咸丰八年(1858)	绍兴余姚	抗租	士阶层无赖层	农民流民层无赖层	业户官府	"咸丰八年戊午六月旱禾歉收,乡民抗租滋事";"(余姚)遂以团练出费为名,倡以租费之说。有童生王春生,抗租不纳,扬言今年只纳东五租;"会兹姚佃事兴,邑(宁波慈溪)之龙山、十九都等佃,遂与黄李鲍并,亦拥众诣县,踵而效之。各立伪局。……黄李鲍以黄春生为首,两胁以宣士文、姜家渡以倪庆三,均在本处伪设十八局与主树敌";"九月中揭竿鸟铳,众至数万,十二月二十三日,局匪复县人城,旋侵县署。闻知县贾树勋跃投荷花池,乃退";"九年正月初十,邵元煦点红头数百出新西门破局,适局匪东西两路进南城,众以数万。恰谢敬黄头勇临城击退"	九年正月"饬令谢敬办民团,募黄头勇。十九日,破梁衙诸局,执头目徐六耀,宣士文等毙之";"黄春生、宣士文略大兰小敷山中";"十一年五月,局头目黄春生引诸暨问文庆踩县南梁衙镇,余姚知县陶云升联络谢敬等,"追执春生,斩之";春生族弟黄来昌率余部加入太平军	《镜湖自撰年谱》页142—143;《辛壬琐记》页188;光绪《余姚县志》卷12,"兵制",页22a—b、23a—b;光绪《上虞县志校续》卷38,"兵制",页25b—26a,《清文宗实录》卷271,"咸丰八年十二月癸卯";《清文宗实录》卷280,"咸丰九年四月戊申" 注:民变转为起义

附录 / 447

续表

时间	地点	类型	主要领导人身份	主要参与者身份	抗争对象	事件大略	官方态度	资料来源
咸丰八年（1858）	宁波鄞县	要求平抑钱贴米价	无赖层农民（渔民）	农民	官府	"因码头日空，庄上存钱日少，以票取钱，必出贴水，其始每千不过贴水五十文，后竟至四百文。东乡史致芬曾充军厂西，逃归东溪湖，谓米价之贵，总由钱贴之贵，率众米栈钱庄讲理之名，遂以平米价、钱贴为宁波府果至教场，被人将官轿打碎，放火烧毁教场演武厅"；"史致芬自称卯犯户，众推以为首。五月癸卯，郡城，知府张王藻出演武场抚谕之，遂被殴。六月，致芬长以罪流陕西，至是归，焚演武厅"	"按察使段光清至宁波谕市肆减贴水，千钱以五百为率，遣镇海绅士户派招致芬，不果降。……七月甲申，李厚建自率团勇攻致芬，致芬破大嵩。十一月，段光清率兵俘杀史致芬、王文龙	段光清《镜湖自撰年谱》页122—137；光绪《鄞县志》卷16，"大事纪下"，页32b—34a；民国《鄞县通志》文献志丁编·清代苟征召变案汇纪"史致芬之狱"，页1322—1323 注：民变转为起义

续表

时间	地点	类型	主要领导人身份	主要参与者身份	抗争对象	事件大略	官方态度	资料来源
咸丰八年（1858）	嘉兴湖州	抗粮	无赖层	农民无赖层	官府	"（十二月）嘉、湖枪船千百成群，聚众抗粮，焚毁仓署，地方官莫敢撄其锋。有程鹏土者，嘉兴新篁里人，尤为枪船魁首"	"有王伃知其（程）赴江苏天平山烧香，密派干弁摘获，置诸法"	《清史列传》第11册卷43，"大臣传续编八·徐有王"，页3399
咸丰九年（1859）	苏州震泽	抗粮	不明	边缘层农民	官府	"咸丰九年，震泽乡民抗粮，聚众万余，衔接十数里，临以兵益哗，势日炽炎"	巡抚徐有王檄沈往谕，沈请速撤兵，单骑人，"导以利害，众感悟解散"	《清史列传》第20册卷77，"循吏传四·沈锡华"，页6339—6340
约咸丰九年（1859）	湖州归安	反对浮收	边缘层	农民无赖层	官府	"钱苓庄，尝愤归安漕之弊，约其乡数十圩，以白旗为号，上书'急公奉上'，各以船载粮米，约期会齐至湖，不得私见县官，县人城见县庭完纳，语不屈，官恐激变，遂与约每年七折收漕"	"己未秋，徐抚军有禁赔之令。而苓庄之急，身自诣县庭，官以其霸漕也，毙之"	《避寇日记》页258

448　/　太平天国社会史

续表

时间	地点	类型	主要领导人身份	主要参与者身份	抗争对象	事件大略	官方态度	资料来源
咸丰十年（1860）	松江	综合性抗税抗租	不明	边缘层农民	业户官府	十一月，"华娄两邑及本府钦办亩捐，浦南已哗然"；十二月，"浦北未有粒米送仓"；十一年三月，"浦北各乡上年租籽不过十分之三，且有粒米无收者"	"自田捐之说起，好事绅董设局征收，奸胥蠹保，互相侵蚀，美名'助饷'"	《小沧桑记》页458、464。注：时松江抗租，特别是在浦北地区，明显受太平天国战争的影响
咸丰十年（1860）	杭州海宁	抗租	不明	农民	业户官府	（十二月十五日）"海宁张卸任，调长安知判末为之，开仓征漕。该年秋收本歉，租户延挨，十不还一"	不明	《花溪日记》页671
咸丰十年（1860）	杭州富阳	兵民冲突	士阶层边缘层	团民	官兵	二月"张芾檄米兴朝由徽来援杭州，次富阳不进，纵兵掳掠，民团奸之数百，省中尚引领望之也"	不明	《谈浙》页572

附　录 / 449

450 / 太平天国社会史

续表

时间	地点	类型	主要领导人身份	主要参与者身份	抗争对象	事件大略	官方态度	资料来源
咸丰十年（1860）	金华东阳	反对乡绅	无赖层	农民边缘层	土绅阶层官府	"县征钱粮，百姓不服，已经聚众人城中。先由乡间百姓聚供人城中绅衿和衙门，谓城中绅衿只知附和衙门，因藉纳粮以抗官长，并声言要人城烧毁绅衿房屋。果诱绅衿之宅围众数百人城，刻下数日，无一家来纳钱粮"	按察使段光清赴东阳劝抚乡绅纳粮，"言明乡间杌来纳粮，不办聚众人城之罪"，事遂平	《镜湖自撰年谱》页181，182—183
咸丰十年（1860）	金华兰溪	兵民冲突	士阶层	团民	官兵	"官兵与百姓互相仇杀。……兰溪团练乡勇，在河下杀死官兵十余人"	段光清"查问起事之人，拿送抚军正法"	《镜湖自撰年谱》页181—182
咸丰十年（1860）	宁波鄞县	抗税罢市	市民商人	商人市民	无赖层（坊保）官府	（冬天）"一日街上喧哄，市民焚香，候考棚（团练公馆）外者不下千人。市民跪禀为巡夜索费，坊保带同乡勇向市中铺户强取巡费，街民不服，相率闭市，坊保本鄞县署中差也"	段光清传坊保，令其按成规办团，又令商民开张	《镜湖自撰年谱》页180—181

附　录　/　451

续表

时间	地点	类型	主要领导人身份	主要参与者身份	抗争对象	事件大略	官方态度	资料来源
咸丰十年（1860）	台州太平	抗租	无赖层	农民无赖层	业户官府	"庚申七月，仓浦林光法载掠金姓等兵租船，金氏诉至仓浦。王曾等兵押各至仓浦。光法拒敌，乡兵皆与光法通，闻炮声即奔散，以致官兵亦败"	"王晋郡诉于太守，光法惧而逃，数月复出；后林与徐大度、高子风等结与徐大度，投太平军'十八党'"	光绪《太平续志》卷17，"杂志·寇变"，页9a；《辛壬寇记》页366、373、378"作"林光发"

注：该表所据资料版本同正文引征。

附录三 19世纪60年代太平天国主要乡官表(231人)

地点	姓名	职务	出身、家境或社会关系	加入太平天国政权的方式	结局	资料来源
常昭	汪胜明	监军	"放卖筵席""安庆席客""织席粗民""卖席出身"	主动	"贼中细作"	升任，调任别处，由王口大、方某补之，后事不明	《鳅闻日记》页314、317、324《自怡日记》页73
常昭	王口大	监军	书办	主动	"窃粮册交匪"	不明	《自怡日记》页80
常昭	刘永茂	军帅	屠户	不明		不明	《自怡日记》页43
常昭	邹庆和	军帅	巨富	被动	"初亦不肯入城"	不明	《自怡日记》页49、59、116
常昭	朱又村	师帅	同知衔朱西村之子	被动	"始畏贼，不入城"	因浮收被控，朱局危殆，贿略数千免责，后事不明	《自怡日记》页116
常昭	姜骏声振之	军帅	庠生 捐候补县丞	主动	进贡	不明	《鳅闻日记》页317、333
常昭	严逸耕	军帅	"市中富户""稍通文墨"	被动	得银充任	不明	《鳅闻日记》页338、340、351
常昭	归三	军帅	"富户""腴田千顷"	主动	"冀保家产"	被乡民烧死于星内	《鳅闻日记》页318、355
常昭	邵甜棠	军帅	市侩	主动	进贡	不明	《鳅闻日记》页317、321、325
常昭	夏晓堂	军帅	读书人	主动	"入贼毛化境"	不明	《鳅闻日记》页341、345、351

续表

地点	姓名	职务	出身、家境或社会关系	加入太平天国政权的方式		结局	资料来源
常昭	周富荣	军帅	茶室伙计	主动	"真心从贼""穿着与贼无异"	同治二年二月被清军俘，欲罚捐自赎，乡民控诉，被斩	《漏网喁鱼集》页76 《海角续编》页137 《劫余灰录》页145 均作"周富荣"《避难记略》页351 作"周甫荅"
常昭	王万	军帅	"积年土棍，向充地方"	主动	"居然军帅"	先为归家庄军帅，后为太仓胡家市军帅，后事不明	《漏网喁鱼集》页50 《避兵日记》页28
常昭	钱春	军帅	"米业"	主动	"到怙庄上任""在市桥索执民钱"	因索民财被百姓捆缚，被太平军革职，后事不明	《鲰匪略钞本》《庚申（甲）避难日记》页208，209，221
常昭	徐茂林	师帅	"积恶土棍"	主动	进贡	不明	《鰂闻日记》页316，356
常昭	叶念劬	师帅	"借居开药材"	主动	进贡	为乡民所杀	《鰂闻日记》页326
常昭	金云台	师帅	"卖酒营生"	主动	进贡	不明	《鰂闻日记》页341
常昭	陈文扬	师帅	"火居道士"	主动	"唤集村夫进贡"	被清军枭首示众	《鰂闻日记》页314
常昭	陶柳村	师帅	地保	主动	"奉派""复以功加将军衔"	因劝捐事为乡民所杀	《自怡日记》页41，69
常昭	朱耀明	师帅	木工	不明		不明	《自怡日记》页44，116
常昭	滕元顾	师帅	家小康	不明		为邹庆和所害被囚破家	《自怡日记》页50，116

续表

地点	姓名	职务	出身、家境或社会关系	加入太平天国政权的方式	结局	资料来源
常昭	陆炳南	师帅	拳教师	主动	"贪婪土奸钱伍卿""退授其职于杨又斋"	《自怡日记》页116
常昭	毛蓉江	师帅	"里中巨擘""监生毛荃村之子"	主动	与徐少逢爪牙刘卿"拜为兄弟""害民之事，无一不为"	城陷后缒城而出，投奔永昌徐氏，后不明	《自怡日记》页50、116《蘧湖乐府》页168作"溶江"《从征赘驹集》页112
常昭	蒋草斋	师帅	富户	被动	"勉强受职""苟派师帅，家已罄尽"	为刘杠、毛蓉江所逼，服毒（食生洋烟）而死	《自怡日记》页116、117《蘧湖乐府》页175
常昭	施润卿	师帅	"业织机"	主动	"与朱又有亲谊""效其异服，与闻词讼，苟觊利途"	不明	《自怡日记》页70、117《蘧湖乐府》页168
常昭	王文仙	师帅	阴阳先生	不明	设局西王庙，因避讳王字改姓汪，审究"控窃稻"案	不明	《自怡日记》页49
常昭	吴士良	师帅	水手	主动	白金二百两贿同富荣	城陷后畏罪自尽	《劫余灰录》页145
常昭	柯福堂	师帅	商人	不明		城破后逃往江北经商	《漏网喁鱼集》页81、89—91
常昭	方心蓥	旅帅	挑货郎担	不明		乡民烧其屋，方逃走，其兄被杀，后不明	《庚申（申）避难日记》页219、248
常昭	马全	旅帅	"素充地方"	主动	"城陷之时，报怨市恩"	被乡民杀死，肢解破膛	《鳅闻日记》页355

续表

地点	姓名	职务	出身、家境或社会关系	加入太平天国政权的方式		结局	资料来源
				主动	被动		
常昭	徐裕田	旅帅	"父子监生,中人之产"	"徐裕田妻以女欲倚权势"		不明	《鰍闻日记》页354
常昭	萧 某	旅帅	民团团首之弟		"聚白头,兹通其弟陵罪"	不明	《鰍闻日记》页337
常昭	鱼涵泉	旅帅	市侩有"店业家财"	进贡		久困黑牢,潜逃江北	《鰍闻日记》页314、317、328、351
常昭	曹荣昌	旅帅	道士	"坐小车领叛民跟贼到市"		不明	《鰍闻日记》页334
常昭	李庭钰	旅帅	乡董、寒儒		"受派伪职""无肥家之计"	不明	《自怡日记》页116、117
常昭	朱正域自成	旅帅	"家道小康"		"强派旅帅""以不费己钱为幸"	不明	《自怡日记》页50、117
常昭	曹绍昌	百(卒)长	道士	"坐小车领叛民跟贼到市"		不明	《鰍闻日记》页334
常昭	马雨香	两司马	开店商人马松泰之弟	不明		城破后,被方监军囚禁、勒索钱财,后释放	《海虞贼乱志》页370、380
常昭	陈耕云	文书政司专管粮务	仪征县廪生	不明		不明	《自怡日记》页54、62、73

续表

地点	姓名	职务	出身、家境或社会关系	加入太平天国政权的方式		结局	资料来源
常昭	胡伯和	文军政司文案兼刑名	孝廉 候补知县	被动	"被掳掌吏科" "掳管文案" "徇曹和卿之请"	病死，木主书清朝官衔，其子袭其太平官职	《自怡日记》页48、62、73、111
常昭	汪可斋	文军政司参军	"逃难至吴塔" "书伙"	主动	"曹和卿荐至蒋（卓斋）局"	不明	《自怡日记》页115、116 《蠡湖乐府》页168
常昭	曹敬和卿	博士（举人）未受职	廪贡生 吴塔盘查局"司董"	主动	"委身事贼，把持贼事" "长毛绅士" "因招人城" "创收租之说"	其子娶次以信相招，"始渡江而去"，"逃法网"，后事不明	《避难记略》页350、352 《自怡日记》页30、49、51、68、69 《锡金团练始末记》页120 《庚申（甲）避难日记》页221
常昭	钱福钟 华卿 伍卿	参军 总理常昭难民局 兼民务盐政 团防	"开设赌场，私铸制钱" "充发远方，逃回本县" "教习拳棒，开场聚赌" "土恶"监生 绅董团首（勇长）	被动	"初不受贼职，被逼至令"，"钱佳仁数致伪文招之，始人城"，"约以不受名衔，不蓄其发，不受束缚"，"移其家眷进城，遂逼受伪职"	城破后逃至江北海门，被清方拿获监禁，"业经归顺"，双目失明，"奉凭未禁"，拐同至上海，赴上海，拐同至死	《鳅闻日记》页342、346、350、354 《自怡日记》页19、67、144 《避难记略》页350 《海角续编》页126—127、128 《翁同龢日记》页129、140 《粤匪杂录·钱华卿监生》（《近代史资料》总第30号）页187

续表

地点	姓名	职务	出身、家境或社会关系	加入太平天国政权的方式	结局	资料来源
江震	钟志成 石泉	监军	"颇涉六壬风诸书"（江湖术士，阴阳先生） "生员"	主动 "有举贡生监，逢时佐逆，献计殃民"，"九月中长毛考取伪举人，在镇作威福"	城破被俘，"在唯亭大营正法号令"	《庚癸纪略》页 315、327 《詹事府詹事殷兆镛奏在籍闻见情形折》 《柳兆薰日记》页 148 光绪《吴江县续志》卷38，页 11a 《淳溪日记》页 77
江震	顾人祥	军帅	"向充圩甲"（里甲）	不明	交罚捐 4500 两得免	《庚癸纪略》页 327
江震	费秀元 玉成 阿玉 玉存 玉圻	军帅 镇天燕	"捐监生、都司职衔" 枪船首领	被动 太平军致书"各不打仗，依旧团练"，费约以"设局承办，一切不问" "自行团练，妥为约束，以与大兵云集，随同进剿"	同治元年病死，其子费金绶继领枪船，后降准军	《关于费秀元父子的资料》页 85 《贞丰里庚申见闻录》卷上，页 6a、13b 《庚癸纪略》页 317、319、321 光绪《周庄镇志》卷4，页 45b—46a 《平贼纪略》页 280 《自怡日记》页 83、95 《虎窟纪略》页 38

续表

地点	姓名	职务	出身、家境或社会关系	加入太平天国政权的方式		结局	资料来源
江震（盛泽）	王五官	军帅	"盛泽首富"王永义之侄	主动	赴嘉兴守将邓光明处进贡迎降	"不能办事"，被太平军撤职；后投潘曾玮得保	《盛川稗乘》页183，190，196—197
江震（盛泽）	王恩寿	军帅	"捐纳郎中""刑部山西司郎中"	主动	赴嘉兴守将邓光明处进贡迎降	逃往上海，投靠潘曾玮，得派善后局董事	《盛川稗乘》页190，194—195 《李鸿章奏筹收复地方并酌诸蠲免漕粮片》（同治二年四月十六日）
江震（盛泽）	王子青	副军帅 恩赏检点	捐纳郎中王恩寿、贡生王家鼎之侄	主动	赴嘉兴守将邓光明处进贡迎降	投靠潘曾玮，得以保举做事	《盛川稗乘》页194
江震（盛泽）	沈枝山	军帅 锡天福 忠诚天将	贡生王家鼎之妾弟	主动	赴嘉兴守将邓光明处进贡迎降	办捐赎罪，投靠潘曾玮为门生	《盛川稗乘》页190—192作"沈枝珊" 《劫余灰录》页163作"沈紫珊" 《避寇日记》作"沈子山"或"沈子珊"，见页106，115，157，228
江震（盛泽）	陈晋甫	军帅	"其父开万会典，家道中落""旧家子弟"	主动	"谋为乡官" "向王永义黄缘派充是职"	不明	《盛川稗乘》页198

附　录 / 459

续表

地点	姓名	职务	出身、家境或社会关系	加入太平天国政权的方式	结局	资料来源
江震（盛泽）	马七官	师帅	捐纳郎中王恩寿妻弟	主动	派收田捐，获利无算	不明 |《盛川稗乘》页199
江震（盛泽）	金七官	师帅	"糟字圩圩甲"	主动	"王永义委临生沈基为官，沈素老成，不受，改派金七"	未几病死 |《盛川稗乘》页199
江震（盛泽）	程岷江	中营总理	陈翌甫姐夫	主动	手段极狠，号"火狭程八"	做乡官获利，后开瑞盛绸缎行 |《盛川稗乘》页198
江震（盛泽）	程稼甫	中营副总理	不明（似亦商人，富户）	不明		后开鸿春绸缎行于东市 |《盛川稗乘》页198
江震（盛泽）	周佰斋	中营总理	土棍、市侩（似懂一些江湖骗术，绰号"炮架子"）	主动	"拒敌官军，迎接长毛"	不明 |《盛川稗乘》页198
江震（盛泽）	周毛三	左营副总理	绅董帮役	主动	"本金七帮役"	后在浙西开丝行 |《盛川稗乘》页199
江震（盛泽）	陈申甫	左营副总理	库生	不明		后在黎里镇生活 |《盛川稗乘》页199
江震（盛泽）	唐茇庭	副总理	"世业装裱，颇饶余财，开恒足丝行"	不明		为汪心耕宠任，引入潘曾玮门下 |《盛川稗乘》页200

460 / 太平天国社会史

续表

地点	姓名	职务	出身、家境或社会关系	加入太平天国政权的方式	凭借太平天国政权的方式	结局	资料来源
江震（盛泽）	王兰士	副总理	王永义家远族王子青之弟	主动	"倚势横行无忌"	不明	《盛川稗乘》页185、200
江震（盛泽）	汪老保	前营协理	"积赀甚丰"	主动	"善为贼画策，破人家私"	不明	《盛川稗乘》页199
江震（盛泽）	张西山	乡官协理	"开绸缎行"，与吴江知县姚锐有姻亲，"充幕友"	不明		倚靠沈枝山，投人潘曾玮门下，仿营本业	《盛川稗乘》页199
江震（盛泽）	仲绂瑭嘴	枫阁户书帮办	巨富 开绸缎庄、药材、山货栈、木行，资本巨万	主动	"王永义进贡迎贼时，瑭嘴随往贼营"	同治三年士民公呈仲从逆害民12款大罪，被毙于狱	《盛川稗乘》页200、201、202、204
江震（盛泽）	龚阿七	卡官	市侩土棍	不明		上海开鹤年长榕木店	《盛川稗乘》页191
江震（盛泽）	张继然	稽查司	沈枝山妻弟	主动	沈枝山先锋，亲信	投靠潘曾玮，派充苏州柴捐董事	《盛川稗乘》页185、196
江震（盛泽）	岳蓉村	书记记室	私塾教师（秀才）	主动	"适岳蓉村贫甚，无以养妻子，托翁镜蓉荐记室就绪"	入抚恤局做事	《避寇日记》页5、56、100、106、145、153、179、200、207、227、246

续表

地点	姓名	职务	出身、家境或社会关系	加入太平天国政权的方式		结局	资料来源
江震（盛泽）	沈日彤	"办笔墨"	庠生	被动	"在菱湖团练局中，于去年五月终被掳在满天安处"	不明	《避寇日记》页100
江震（盛泽）	叶吟舟	幕僚文书	"县署就幕，素熟公事"	不明	"始终未授职"，王水又一切文书悉出其手	不明	《盛川稗乘》页202
江震（盛泽）	汪心耕 吴清祥 吴榳 吴质甫	听殿刑部尚书 耕天福 总理嘉兴粮饷	药铺员工	主动	"投人伪听王陈炳文馆子内"，"有练为伪听王七公子所得，刘郇膏、汪以王亲受伪职"	逃上海，随赂汪锡圭、刘郇膏等，投拜潘曾玮为门生，得以免罪，复姓改名做事	《盛川稗乘》页183—187《养拙轩笔记》页267 作 "汪心根"《避寇日记》亦作 "汪心根" 当为音讹，见页88、142、143、146—147、177
江震（盛泽）	吴少溪	溪天燕 总理嘉湖丝捐	其兄吴九峰在苏州行医其父与苏州巨富汪姓为至戚	主动	婆首娇丽，汪心耕认为弟，引荐陈炳文，蓄为男妾，众人戏称为 "四王娘"	投潘曾玮、汪锡圭，贿赂得免，保举顶戴	《盛川稗乘》页188—189
江震（盛泽）	陶云亭	文经政司	小商人	主动	"阴主其事"创立机捐局，开天章绸纱庄	投潘曾玮，为苏州布店总商、董事，县丞	《盛川稗乘》页196

续表

地点	姓名	职务	出身、家境或社会关系	加入太平天国政权的方式	结局	资料来源
江震（盛泽）	庄东甫	左军政司	小商人	主动	"汪心耕随员，派充捐局总办"	按察使刘郁菁庇护得免；贩绸缎	《盛川稗乘》页197
江震（盛泽）	徐绩卿	右军政司	小商人	主动	"汪心耕随员，派充捐局总办"	按察使刘郁菁庇护得免；贩绸缎	《盛川稗乘》页197
江震（盛泽）	孙四喜 金彪 少湘	听殿三十五承宣	武庠生 枪船首领 赌局巨魁	主动	管带枪船，追随王永义	先投淮军总兵陈东友，守同里，号"魁字副营"，又隶程学启；得潘曾玮庇护，保都司衔；入河南张曜嵩武军，剿捻；后随左宗棠征新疆；驻山东，湖南，官至记名提督、总兵	《盛川稗乘》页200 《避寇日记》页45、106、109、139、192、207、218、220、257、259 《贞丰里庚甲见闻录》卷上页13a，卷下页14a—b 《庚癸纪略》页327、329 《养拙轩笔记》页268—269 光绪《吴江县续志》卷38，页10b 民国《吴县志》卷68下，页15b—17a 《枪船始末》页127—128

续表

地点	姓名	职务	出身、家境或社会关系	加入太平天国政权的方式	结局	资料来源
江震（盛泽）	卜小二	青浦水师将军	"下乡人" 枪船龙记帮首领	被动	嘉兴以沙哥枪船守御地方，卜小二等为其后应；战后"贩盐行劫"，祸及无辜，同治六年冬被官府逮捕，斩杀于吴市	《避寇日记》页53、116、119、135、200、259等《劫余灰录》页146《小沧桑记》页468《马新贻奏江浙交界处所枪匪奸除殆尽片》（同治七年二月初十日）《署江苏巡抚郭柏荫奏拿获枪船匪徒首要各犯解散余党折》《枪船始末》页127—128光绪《青浦县志》卷10，页24b—25a
嘉兴	章义群	佐理嘉海民务 嘉兴郡七县总制	县衙差役	主动	"嘉兴凤嘴桥（冯家桥）奸民章遇琴投诚"后伺知海盐城虚实，进计于嘉兴贼酋，以破城自任"；降清办民团，与太平军为敌	《避寇日记》页44、93、187、192、240等光绪《海盐县志》卷末，页48b作"章遇琴阿五"《花溪日记》页674、694作"章阿五"《朗天义户司员佐理嘉海民务章发颁一善易知由单》

续表

地点	姓名	职务	出身、家境或社会关系	加入太平天国政权的方式	结局	资料来源
嘉兴	沈五弟	军帅	捕头之子	不明	因控诉各司事不得，师帅顾小娄举荐沈代其职被撤；又复职，升军帅，后不明	《避寇日记》页101、116、144、148、165、177
嘉兴	陈三	监军	章义群爪牙	不明	保卫局解散，后事不明	《避寇日记》页139、157、175、187、194、207
嘉兴	沈友巢幼巢	师帅第六参军	纨绔	被动	"为卢长毛所迫，非得已也"	被满天安下令捉拿，逃至桐乡，为仲良苏家相庇护，后不明	《盛川稗乘》页56、57—58、67、69、70、74、94、98、105、116、125、139、166、169、175
秀水	李广廷	监军	不明（从社会关系和"开科"，至少是小知识分子）	主动	"百计搜刮，以济贼饷"	被捕，抵赖"从逆各事"，发还原籍苏家埭枭首	《盛川稗乘》页193、201、204《避寇日记》页174
秀水	宋德顺	师帅	"曾充帮役"	不明		不明	《盛川稗乘》页200
秀水	李文波	右营协理	"曾从长兄"	主动	"倚广廷势得充是职"	不明	《盛川稗乘》页185、200
秀水	王聘夫	右营副总理兼百长	"曾考童生"	主动	李广廷左右之人，"以是致富"	不明	《盛川稗乘》页200
秀水	沈健夫宝钢	右营副总理兼百长	邑庠生	主动	李广廷左右之人，"以是致富"	不明	《盛川稗乘》页200

续表

地点	姓名	职务	出身、家境或社会关系	加入太平天国政权的方式	加入太平天国政权的方式	结局	资料来源
秀水	张某	师帅	桐乡役隶之子	不明	"濮院不堪其求，董姓累遭拷掠，挨桐乡人张姓为师帅"	不明	《避寇日记》页227
秀水	夏月帆	监军	乡绅	不明	先为新塍军帅，后升任秀水县监军	以五百金馈晴江（时派浙江军务），谋捐饷免罪	《避寇日记》页145、187、192、200、205
秀水	董春圃老寿	师帅	乡绅	主动	"去冬保举为师帅，尚未开印，因书红笺帖请各店禁饮开印酒"	濮院因不堪太平军索派，师帅董累遭拷掠，乃辞职，后不明	《避寇日记》页163、180、184、227、228
桐乡	王花大	军帅	乡绅（有名望，曾向太平军纳贡"乙全镇"；"花大其泽号也"）	主动	纳贡于第六参军，得见忠王，封为屠镇军帅；李秀成令旗禁止掳掠，曾暂代沈幼巢主濮院事，后主桐事	与军帅姚福堂等办民团，攻打太平军，后不明	《避寇日记》页58、103、123、185、187、238 光绪《桐乡县志》卷20，"兵事"，页13b—14a
桐乡	殷某	军帅	县役	不明		不明	《当湖外志》卷8

续表

地点	姓名	职务	出身、家境或社会关系	加入太平天国政权的方式	结局	资料来源
嘉善	顾应榴午花	监军	"己亥（1839）举人""帮官通勤完银"	被动	"因胁迫不过，曾进城""受通许取租办赋"；"不过，始出"	咸丰十一年春，因浮收漕米，百姓大怨，裂尸四五块	《避寇日记》页45《赵氏洪杨日记》页272—273，286《癸丑纪闻录》页478、484、501等
海盐	高张三	军帅	邑绅	主动	"献田册，指点富户，出伪示安民"；逼死翰林郁燕山	不明	《花溪日记》页674、703
海盐	姚成初	师帅	诸生"殷富者"	被动	"哂城嗾访得殷者五人，札谕为师帅"	黄湾数百乡民抗税打局，捆缚姚成初，姚跪求。沈掌大趁机挑动民变。后不详	《花溪日记》页679—680
石门	沈某	恩赏军帅	"殷富者"	不明	职务全称为"恩赏军帅任石门县前营军帅兼理民务"	不明	《太平天国文书汇编》页260、261光绪《石门县志》卷11，页89a
嘉兴（青镇）	周华	军帅	桐乡盐捕枪船头目	不明	负责同治元年青镇征赋	同治三年九月为嘉兴清军所杀	《寇难纪略》页7、13
嘉兴（青镇）	吴坤	军帅	桐乡差役枪船头目	不明	负责同治元年青镇征赋	同治三年九月为嘉兴清军所杀	《寇难纪略》页7、13

续表

地点	姓名	职务	出身、家境或社会关系	加入太平天国政权的方式	结局	资料来源
嘉兴（新塍）	吴定洲	军帅	业修水碓"花灯盒匪"团首	不明	聚赌，系之狱，八年援浙；十年为军帅	《凤山笔记》页128—129，131—132《濮难全志》页294《避寇日记》页49
嘉兴（新塍）湖州（乌镇）	吴诚溥	军帅恩赏将军	不明（新塍人，从其社会关系及布告辞及禁掳掠行为看，似为当地有声望者）	主动	"本军帅不惜自身，独抵禾城，累次进贡，方安民心"促成乌镇归顺	《寇难琐记》页144作"吴存曹"，页153—154，161作"吴老其"《避寇日记》页50作"吴老琪"光绪《桐乡县志》卷20，页10b作"吴荣"《军帅吴春波告示》(《太平天国续编》三，页73)，《避寇日记》页34、38、46、47、48、49"吴春波"，据驻防时间，疑同人
湖州（乌镇）	董沧洲守义颂如一帆	军帅恩赏将军检点	"绅董"富商（"生息数万计"）"素行无赖，狡猾健讼"	主动	首先"创议纳款"，"先在通贼，贴黄纸于门"；"乐为奔走"，以其供奉，内外事赖以调停；但初不受军帅之职，后任之；其孙封侯爵	辛酉四月，其宅为民团、枪船所焚，"以其供奉长毛"，"仅罚钱"，优游终老，越三四年以病死。其孙侯某，拥资巨万	《寇难琐记》页143—146，150—154，156—157，161，162《寇难纪略》页2、6、8、13、14光绪《桐乡县志》卷20，页10a《避寇日记》页154作"董易帆"，呼"董老班"

续表

地点	姓名	职务	出身、家境或社会关系	加入太平天国政权的方式		结局	资料来源
				主动	与新隆军帅吴诚通谋，促成乌镇进贡归顺		
湖州（乌镇）	张光锡	师帅	副贡生	主动	与新隆军帅吴诚通谋，促成乌镇进贡归顺	不明	《寇难琐记》页145、152、161
湖州（乌镇）	王大	军帅	乌程地保	不明	负责同治元年乌镇征赋	同治三年九月为湖州清军所杀	《寇难纪略》页7、13
湖州（练市）	沈国桢（帧）	军帅	不明（应是有声望者）	不明		因阻止苏州太平军掳掠被伤，逾月，伤重而亡	《寇难琐记》页158、174
乌程	费大熊	监军	六品衔 武生 团首	不明		任乡官期间"积三万余金"；城破后，陆续交罚捐得免	民国《双林镇志》卷32，页12b 光绪《乌程县志》卷36，页24a
乌程	谭二	军帅	南浔"博徒"	主动	"引其属贼艾踞吴溇""逢艾贼之恶，虐六七都绅士"	监生张晴晴防不肯行贿，被杀；张族弟张邦干报仇杀谭	光绪《乌程县志》卷36，页20b—21a
乌程	张邦干	军帅	武生 枪船头目	被动	"密令其徒杀谭二，艾贼（太平军将领）即令邦干为军帅"	太平军疑张暗通清军，密札绿营弯头杀之，张得信藏置东乡，湖州破，逃避汉口，还乡后被官府监禁	光绪《乌程县志》卷36，页23a、24a

附　录 / 469

续表

地点	姓名	职务	出身、家境或社会关系	加入太平天国政权的方式	结局	资料来源
乌程	沈某	师帅	从九品衔	不明	城破避苏州，"求役于某署，乡人时往诛求"，屡迁其宅	光绪《乌程县志》卷36，页21a、24a
乌程	金三	旅帅	"博徒"（"低贱者"）	主动	"率村人送猪羊鸡鸭等物，次日引引小贼目葛至钱漾"	后升师帅，后民俟太平军离去，乡民俟太平军离去，拘而沉于湖	光绪《乌程县志》卷36，页20a、21a、23a
乌程	吴晋三	师帅	八品衔	不明	逼死胡溇监生金觉心，沈师帅欲罢其职不得，仍为旅帅，后升师帅，城破前病亡	光绪《乌程县志》卷36，页21a、22a、24a—b
乌程	某	军帅	"某家富"	主动	"谢溇某初引两贼来""恐受制于人，遂受伪命"	"后受胡荼毒，潜挚眷走上海"，其任继之为师帅	光绪《乌程县志》卷36，页21a
乌程	林某	军帅	六品衔	不明	侵用公款，系之狱，匿东乡，其兄代职；城破前病亡	光绪《乌程县志》卷36，页21a、24a
归安（双林）	刘老振	军帅	江宁人，"向业南货"（商人）	不明	不明	民国《双林镇志》卷32，页14a

续表

地点	姓名	职务	出身、家境或社会关系	加入太平天国政权的方式		结局	资料来源
长兴	潘顺天	乡官职务浊天福	南阳墩团局团首、枪船统带	被动	为钱有来劝降，改南阳墩团局为人和局，纳投清军；潘密遣心腹联络清军，事泄而止	与实浦主将何三谋约纳降、事泄，何被杀，潘投清军，所部枪船被遣散、被处死	《俭德斋随笔》页759—762 光绪《长兴县志》卷31上，页23a—27a
长兴	钱有来	乡官职务常天侯	"西乡奸民"枪船头目	主动	为太平军向导，献计破长兴西乡民团；与潘顺天等枪船头目36人结盟于谢溇，归顺太平军	不明	《俭德斋随笔》页759—762，页760"潘顺天之谋主钱有来非同一人""持殿水师主将忠擎天义右人武军政司复真忠报国常天侯钱令旗"（实物，上海博物馆藏）光绪《长兴县志》卷31上，页22b—23a
锡金	黄顺元	金匮监军忠殿监检点	贩猪	不明	"贼至，被掳，为贼催贡，充伪师帅"；一说为济天安"募得"为乡官；一说"因众民求安，倩华二纳贡"	同治三年率五百人投团练，与太平军战于荡口；后至善后局任事，退出，家道中落，死后乏嗣	《平贼纪略》页267、282、293、295、324 《锡金团练始末记》页118、122、123、125 《纪无锡县城夫守克复本末》页254

续表

地点	姓名	职务	出身、家境或社会关系	加入太平天国政权的方式	结局	资料来源
锡金	华二	无锡监军	贩米	不明	"避居，为贼掳，催贡，充师帅"；一说为"济天安""募得"	同治二年"退让厉双福为监军；城破后仍为米业	《平贼纪略》页267、269、282、324—325 《如梦录》页390—391，作"花大人"，系天国避讳"华"字故 《纪无锡县城失守兑复本末》页254
锡金	厉双福 月高棍	无锡监军 芥天豫	"素充图董" "尝应童子试，实讼棍"	不明	"被掳，为贼师，始为伪师帅"；一说"黄和锦入城，(厉)迎拜马首，为伪军帅"	清军围城，逃靖江，倾资赎罪；同治四年为邑绅诱张，控诉下狱，营谋得释，走上海开烟馆陷为业	《平贼纪略》页268、282、284、295、325 《锡金团练始末记》页118 《纪无锡县城失守兑复本末》页251、254、255、267
锡金	樊玉田 毛大	乡导官丞相 诚天福主将	"驾舟为业"（船工）	主动	咸丰三年至镇江金山被掳，"甘心从贼"；庚申春随太平军回乡；城破时营弁蒋公正劝其投诚，不从，遁走	城将破时遁常州，城破后图发还乡，旋为图董执发送常州，荣首于嘉定，其屋被邻居焚尽	《平贼纪略》页263、324 《纪无锡县城失守兑复本末》页251、253、265

续表

地点	姓名	职务	出身、家境或社会关系	加入太平天国政权的方式	结局	资料来源
锡金	华翼纶 赞卿 荻秋	军帅	道光二十四年举人；咸丰元年总兵长瑞檄僚（赴桂林镇压太平军）；咸丰五年江西永新知县（以县城失守革职回籍）；咸丰十年在汤口镇办团	被动	"各团阴相约降，遂无斗志"；太平军约以"各不相犯，均归本地人办理"；汤口"相与洽约，仍阴自备"，独不蓄发，不服管束	咸丰十一年全家逃往上海；又赴安庆曾国藩处乞师求援；同治二年总办五县团练，与太平军战，克无锡等地；团练局撤，办文报局、善后局，后在家安居，善书画诗赋，子蘅芳、世芳	《紫荆山兵行记》《平南城守记》（页3—5）《寄邹中丞》（姚莹《中复堂遗稿续编》卷2）《江西巡抚陆元烺奏》（咸丰五年九月二十四日，《档案史料》17，页592）《锡金团练始末记》《纪无锡县城失守克复本末》页116—127、251、253、254、258《平贼纪略》页273《没鼻笔语》（《1862年上海日记》页125—128）

续表

地点	姓名	职务	出身、家境或社会关系	加入太平天国政权的方式	结局	资料来源
锡金	金玉山 阿狗	军帅	惯匪出身 狱中逃犯 枪船头目	主动	"城陷时与陆姓讼系狱" "贼至释之为官"	暗集团练，黄和锦申斥不改，撤其职，集枪船"剥毛皮"；同治二年五月太平军联剿，金败溃，"投清军充水师响导"；旋因掳掠被清军解散，后不明	《平贼纪略》页265、268、273、286、293 《纪无锡县城失守克复本末》页253 《锡金团练始末记》页118 《如梦录》页391、394 《自怡日记》页96、138 《双鲤编》（《近代史资料》总第34号）页23、31 《〈上海新报〉中的太平天国史料》页15
锡金	杨念溪	军帅	"旧宅房屋百余间"	不明		不明	《锡金团练始末记》页118
锡金	黄德元	军帅	黄顺元之兄	主动	黄顺元所请	不明	《锡金团练始末记》页118
锡金	张承寿	军帅	役吏	主动	"为虎作伥而已"	不明	《锡金团练始末记》页118
锡金	钱南香	军帅	不明	被动	"因贼踪充斥，逃避远方"	逃避远方，后事不明	《锡金团练始末记》页118
锡金	孙元楷 用修 竹筠	军帅	朴博士弟子员 训导、教谕 石塘湾团练局首	被动	"贼指名索府君欲迫为军帅"，"府君严辞饬之"	出避江北；太平贼后返乡；迕浙江任知县，加同知衔，同治七年卒于京	《饮督次斋主人年谱》页13a 《虹桥老屋遗稿》卷3页4—5, "孙元楷传" 《平贼纪略》页235 《勾吴癸甲录》页77、80、81—82

474 / 太平天国社会史

续表

地点	姓名	职务	出身、家境或社会关系	加入太平天国政权的方式	结局	资料来源
锡金	浦紫卿	旅帅	役吏	主动 "为虎作伥而已"	不明	《锡金团练始末记》页118
锡金	过某	旅帅	富户	不明	不明	《锡金团练始末记》页118
锡金	胡某	旅帅	富户	不明	不明	《锡金团练始末记》页118
绍兴	何最民维城	总制	举人 漕总（总理绍兴捐费）首富	被动 拒不受职	咸丰十一年十一月何畏惧不出，逃避自杀；太平军托枷其家	《太平天国文书汇编》页195—197 《越难志》页145，161 《谈浙》页585，《蠢城被寇记》页259作"户部郎中（主事）何惟俊"
绍兴	马某	旅帅	"世家子"	不明 "大惧，力辞不获"	周文嘉令其监工园林，马献二百金始免，后事不明	《越难志》页152—153
山阴	马某	监军	"某氏家奴"	不明 "其颇倒给不可问"	不明	《蠢城被寇记》页259
山阴	潘兰芬光澜	监军	库书（府库中负责造册登记等事的小吏）	被动 "偏门外立山邑监军，觅车房潘兰充之" "本地居民，公同保举"	不明	《越难志》页143 《复虫自语》页782作"潘兰" 《虎口日记》页800作"潘光澜"

续表

地点	姓名	职务	出身、家境或社会关系	加入太平天国政权的方式	结局	资料来源
山阴	张仁甫 孔厚	恩赏监军	邑绅	被动	"佯降,以收埋城尸为名,绍兴知府廖宗元尸出葬";"事毕欲辞职,不许","不肯改冠服""令董捐务"	不明	《越难志》页148
山阴	鲍古香 廿二	军帅	"胥僧"	被动	"佯为啵解粮,阴以米人包村","火药枪炮潜为包村主"	来王陆德顺将其车裂	《越难志》页150《越缦堂日记》(第12册《荀学斋日记》甲集上,光绪五年七月二十八日)页8442
山阴	赵某	军帅	游民	主动	绍兴西门外华舍村"司进贡者",与纸天燕余光前甚合	不明	《复虫自语》页782
山阴	唐伟堂	旅帅	"素无赖"	主动	"作伪官益横,其友王某,助虐无所不至"	包村包立身乘夜遣人任龙尾山擒杀之	《越难志》页146
会稽	朱东山 克正	监军	库书	主动	"素不逞,蔡之,百计营求,得为会稽监军"	同治二年五月调为来王陆顺德左编修,后事不明	《越难志》页143、150《虎口日记》页800作"朱克正"《鳌城被寇记》页259作"朱二"

续表

地点	姓名	职务	出身	家境或社会关系	加入太平天国政权的方式	加入太平天国政权的方式	结局	资料来源
会稽	孟越亭	监军	缙绅		主动	"以军帅孟代朱为监军"	不明	《越难志》页150
会稽	董某	师帅	举人		主动	"蔡乡官威福,屡欲以百金赂佐将,得为师帅,又赏以黄巾"	其门人马继文"建义旗作书招之",董不顾,"竭力为贼筹粮饷",后事不明	《越难志》页144
上虞	章某	军帅	"祖、父皆显宦,豪于赀"		被动	"贼稳其富,令作军帅,常意外勒索之"	黄头勇人东关镇掳掠,焚其宅,章某下落不明	《越难志》页153
诸暨	方祗圭	乡官不明(似监军)锡天天侯	太学生	"家设典业,豪于贤"	主动	"暨人从贼者"献策破乡团	同治二年正月献城降清,邑绅葛某力保,许以牛百头赎免;同治三年卒	《诸暨民报五周纪念册·诸暨社会现象》(杭州崇文印书馆,1925)页55 宣统《诸暨县志》卷15,页17b、21a—b
诸暨	徐君连	师帅	"素有名望及办事公直者""殷实能干人员"		不明		不明	《军帅许为增札》(《太平天国续编》三,页150—151)
慈溪(义县)	曹振华	监军	"富户""土豪猾党"		不明	"总司出纳""总司粮务"	城破"远遁",后事不明	《辛壬琐记》光绪《慈溪县志》卷55,页27a、29b

附　　录 / 477

续表

地点	姓名	职务	出身、家境或社会关系	加入太平天国政权的方式		结局	资料来源
				主动			
慈溪（义县）	沈鲁琴鲁芹	官名不详	"北乡匪人"（十八局头目）	与陆心兰约期打慈溪"率土人数百人小西门""佹陆心兰介绍为贼先行"		城破"远遁"，后事不明	《辛王班记》页 174、185、193、194 光绪《慈溪县志》卷 55，页 26b、29b，页 27a 记"文经政司沈珍"似与沈鲁琴非一人
慈溪（义县）	周申庸	武经政司	十八局头目	与程大富等率众千余攻打慈溪		兵败被杀	《辛王班记》页 174、177、178、194 光绪《慈溪县志》卷 55，页 27a、28b、29b
慈溪（义县）	洪省华	官名不详	不明（与沈鲁琴、范维邦关系密切，似亦十八局人）	与陆心兰约期打慈溪"率土人数百人小西门"		"洪省华偕范维邦先期投诚"，后任慈北练总	光绪《慈溪县志》卷 55，页 26b、29b 光绪《鄞县志》卷 16，页 40b

478 / 太平天国社会史

续表

地点	姓名	职务	出身、家境或社会关系	加入太平天国政权的方式	结局	资料来源
宁波	陆心兰	总制	"汉奸"（"买办"或"通事"，潜至余姚，并纠合北乡匪人沈鲁琴、范维邦同时窃发"，改克慈溪县城	主动	城破，陆心兰请求英国领事馆予以庇护，"城复犹厕绅列招要（招摇）"；宁绍合道张景渠佯作"以蜀事"，请其至道台衙门赴宴，"俟其进署即杀之"，"陆心兰等枭示于鄞城"	《奕经奏拿获汉奸折》（《鸦片战争档案史料》五，页132—133）《奕经奏释放汉奸折》（《鸦片战争档案史料》六，页316）《谈浙》页601—603《辛王殉记》页174，176，177，185，193 光绪《慈溪县志》卷55，页26a—b，27b，29b 光绪《鄞县志》卷16，页26a，36a 光绪《奉贤县志》卷20，页51b 《吴煦档案选编》五，页381—382 慕雅德《郭修理牧师的日记》（《太平天国造反的亲身回忆》）页8 《郭修理牧师的日记》（续编）九，页400）
奉化	戴明学	监军	小店主	不明	同治元年四月城破，被署知县屈永清逮捕处死	光绪《奉化县志》卷11，页18b，19a—b，20a

续表

地点	姓名	职务	出身、家境或社会关系	加入太平天国政权的方式	结局	资料来源
奉化	萧湘霆	文经政司	船工出身	主动	曾为囚犯，太平军至奉化得释	光绪《奉化县志》卷11，页19a—b，20a 光绪《忠义乡志》卷16，页16a—b 宁波城破，"荠离相亨遁去"，后事不明
象山	欧景辰	监军	附贡生，教谕，保升福建试用同知，著有《楞岩草堂诗存》四卷	被动	咸丰十年与姚燮、王时兰等成立"红木樨诗社"；太平军至，诗"即点欧为监军"，为工部主事，道员，帝颁制诰追赠景辰"通奉大夫"	《咸丰象山粤氛纪实》页218 董沛《四明清诗略续稿》卷2 民国《象山县志》卷26，页11b—12a 民国《象山县志》卷9，页66a—b 宁波《时事公报》（民国十一年七月十七日） 助官府捉获象山守将顾廷菁；同治九年病死，年39；子欧仁衡社活动终止，欧"勉其难"
象山	郑卜棠	旅帅	"端人"（凡充乡官者，多端人正士）	不明	组织乡兵，协助太平军惩办土匪	《咸丰象山粤氛纪实》页209—210 不明
象山	胡安芬	"伪职"	"捐输累百万而既倚连阡，捲握山积"	被动	"粤寇至，以伪职诱公，公峻拒之"	陈得善《石坛山房文集》卷3，页8a—b 以太学生入粟，得同知衔，光绪六年病死
镇海	李渭	不明（似监军等高级乡官）	附贡生	被动	"畈派充乡官"	民国《镇县志》卷15，页18b 光绪《鄞县志》卷16，页38a—b 光绪《定海厅志》卷28，页54b 同治元年四月于璎珞河起团练，集合兵数万，响应清军数万，配合清军破城。后事不详

480 / 太平天国社会史

续表

地点	姓名	职务	出身、家境或社会关系	加入太平天国政权的方式	结局	资料来源
台州	郑正选	总制	"职员"（胥吏）	主动	太平军败于团练，郑掩护落难将士六七人，使其剃发不被害；侍王大队至黄岩，郑发之恩，出迎议和，路桥各乡得以保全	光绪《黄岩县志》卷38，页25a、26a《辛王寇记》页369、377民国《路桥志略》卷5，页5a—b光绪《台州府志》卷31，页13b作"陈正选"误
临海	黄瑰新泉	师帅	似读书人（颇能文，为太平军撰檄文，又与团练头目马梯云为旧交）	不明	后李向荣"以金赎回"；乱平后，李向荣报复，黄"亦受累"，"罚造县狱"	《台州咸同寇难纪略》页196—197
临海	马某	"乡官"（似旅帅）	有产者	不明	临海南乡香村乡官；入宿仙锁拿团练头目李向荣	《台州咸同寇难纪略》页196
临海	胡镜	"伪官"	诸生"读书明理，列身学校"	被动	咸丰十一年在石坡庄为太平军所掳，诱之为乡官，拒不受职	大骂不从，与其弟胡铭同被太平炮轰破腹而死《浙江忠义录》卷8，"外府殉难绅民·胡镜传"，页33a

续表

地点	姓名	职务	出身、家境或社会关系	加入太平天国政权的方式	结局	资料来源
临海	徐镜清 徐敬清	将军 捐天侯	团首	乡团败降；先隶黄岩守将何松泉，因为海门人，"以海门六里贡赋隶于黄岩"，后因为李尚扬琴、李鸿钊将，亲手把檐下海门，投临海守将李鸿钊，逐黄岩守军，设卡章安，收六里之赋归临海	被动 不明	光绪《台州府志》卷31，页16a—b 《台州咸同寇难纪略》页200 作"徐敬清"
临海	周大统	军帅	团首	乡团败降；先隶黄岩守将何松泉，后投临海守将李鸿钊	被动；复建乡团对抗太平军，破黄岩，与陶宝登、黄敬三、黄茂和等大屠敬三，肆抢掠，后不详	《台州咸同寇难纪略》页200、205《辛王蘉记》页377 光绪《台州府志》卷31，页16a
黄岩	牟以南 同首 洪东	官名不详 (应为高级乡官)	监生 团首	"咸丰元年奉办团"，"黄岩再陷"，南颇甚而事已不可为矣，遂入山不出，未几睥授以伪剖之为官，以南阳受之，欲因以办贼，不果"	被动；黄岩被团练收复后，牟归茅备办善后事宜，因与团练屠敬三结仇，同治元年五月初八日，终被其杀，茅备一村恶残毁	《浙江忠义录》卷5，"外府团练绅民•牟以南传"，页17a—18a 王棻《柔桥文钞》卷14，"传志•牟以南传"，页24b—25b

续表

地点	姓名	职务	出身、家境或社会关系	加入太平天国政权的方式	结局	资料来源
黄岩	陈殿扬	监军	武生	主动	太平军败于团练，陈掩护落难将士六七人不被害；又出迎侍王部至石浜桥	同治四年武举人；光绪二十一年陈以台属历次款甚重，联名呼请抚恤缓征，赴都察院递呈；后事不明	光绪《黄岩县志》卷38，页25a 光绪《黄岩县志》卷16，页11a 民国《路桥志略》卷5，页5a—b 《都察院左都御史裕德等奏》（光绪二十一年十月初四日，军机处录副奏折，档号：03—7105—091）
黄岩	王鸣官	将军（实际负责乡官事务）	佣工 莲蓬党小卒	主动	"黄岩贡赋以黄（王）鸣官为总经理"（理乡官事），"以杀示威，贡皆纳入"	不明	《台州咸同寇难纪略》页191 民国《台州府志》卷136，页7b
黄岩	蔡子珊 王宝森	丞相（实际负责乡官事务）	己酉拔贡 原任太仓知州	主动	促成太平县议和；元年二月，因"剥民肥己"被诉，干王将李尚扬、宝登乡团所焚，后事不明	兵惩土匪，带干王将李尚扬、宝登乡团所焚，处鞭答，罚五百元	《辛壬寇记》页369、370、377 民国《路桥志略》卷5，页5a—b
黄岩 太平	邱善潮	殿前丞相（实际负责乡官事务）	莲蓬党勇目	主动	"至是投贼，愿取太平，王孔以自效"	由太平撤住乐清途中，被团勇杀乐清水涨，部下八百余人皆死	《辛壬寇记》页367、368、369 《台州咸同寇难纪略》页186 光绪《黄岩县志》卷38，页24a、25a 民国《路桥志略》卷5，页4b、5a 光绪《台州府志》卷31，页11a—b

续表

地点	姓名	职务	出身、家境或社会关系	加入太平天国政权的方式	加入太平天国政权的方式	结局	资料来源
太平	林少筠	监军	乡绅	被动	"人莫敢为，咸推林""少筠力辞""不得已，从之"	惧避出乡，越数日，城中耆老将其迎归，后事不明	《辛壬蹈记》页369、373、374、377
太平	李锦连汝荣	军帅	副贡	主动	至黄岩议和；为冒天义沮昌焰撰写楹联	不明	《辛壬蹈记》页369、376
太平	张桂馨	军帅	廪生	主动	至黄岩议和	不明	《辛壬蹈记》页369
太平	林崇有	恩赏将军（实际负责乡官事务）	武童	主动	随至黄岩共议乡官，林不得与，愤甚，侍王、给恩赏将军为太平军引荐文士	太平军撤后，惧避出乡；后事不明	《辛壬蹈记》页369、374、376、377
太平	林振扬汝鉴	将军检点忠天侯（实际负责乡官事务）	武生	主动	随至黄岩议和，以钤一匹馈赠侍王、李次贤欢悦，命其为将军，给木印；元年二月促成温州府玉环厅投降	太平军撤后，惧避出乡；后事不明（与广东长乐降清之花旗军天将林振扬非旧部，天将林振扬非同一人）	《辛壬蹈记》页369、373、374、375、377《署两广总督瑞麟等奏陈收复长乐县城现饬移军规复镇平缘由折》（同治四年八月十四日，《档案史料》26，页508—510）

续表

地点	姓名	职务	出身、家境或社会关系	加入太平天国政权的方式	结局	资料来源
					破太平军仙居田市关卡，杀四百；随即以太平军服饰旗帜赚取仙居，又因剿奇田"土匪"有功授知府衔；后以刑部员外郎职入浙江忠义局襄办采访事宜，后归乡，卒于家	《辛壬寇记》页377 《浙中发匪纪略》页223 《谈浙》页598 《督办军务左宗棠奏报台州宁波温郡绅就肃清筹办理情形折》（同治元年六月二十六日，《档案史料》24，页446—447） 民国《台州府志》卷136，页1a—2a 民国《台州府志》卷113，页8a—b 光绪《台州府志》卷31，页15a—b，22a—b 光绪《台州府志》卷81，页13a—14a
仙居	吴炳让（玉叔）	将军（实际负责乡官事务）	己未副贡	被动	"其父为贼所杀，欲报仇，佯从贼"，为太平军催粮甚勤，获得信任；阴备粮米作团兵之用	光绪《仙居县志》卷24，页16a—b 光绪《仙居县志》卷14，页6a—7a 光绪《仙居集》卷12，页17a—19a 《台州咸同寇难纪略》页200，203—204 王棻《柔桥文钞》卷14，页17a—18a

续表

地点	姓名	职务	出身、家境或社会关系	加入太平天国政权的方式	结局	资料来源
仙居	张老二	将军（实际负责乡官事务）	"皤滩富民"	被动	为太平军访得其与朱邦兴"勇猛可用"，荐于延天义，张老二任，未不从，反集朱溪乡兵与战；为吴踪劝为内应	与吴踪等召集民团，设计先破太平军田头、皤滩营卡，又破仙居县城	民国《台州府志》卷136，页1a—2a《台州咸同寇难纪略》页203
仙居	王翰芝云屏	监军	贡生	不明	不明	不明	《辛壬泣记》页377《台州府志》《仙居县志》等记与吴踪同谋之绅士"王翰"不知与王云屏是否一人，存疑
仙居	王占魁	不明（实际负责乡官事务）	"策士"（谋士）	被动	自江西"被掳至仙"，王"家数十口，尽为贼戮"，"心殊怏怏，但无以发"	颇见信，太平军称"黄"（王）大人；联络乡团起事，破仙居县城；后不明	《台州咸同寇难纪略》页200、203—204民国《台州府志》卷136，页1a
海宁	俞湖和长五田	官名不详（佐伪监军）	"奸书"（书吏）"家资殷实，冠一邑"	主动	"城陷即献征册，漕赋倍加，需索尤意外"，"令佐伪监军按户收银米，倍其数"	清军复海州城，"始挟册来归，遂充库吏，绅民上书请将献城献册之张邦威、俞湖等像跪列，以昭炯戒。俞被诛	《粤逆陷宁始末记》页651、652、653民国《海宁州志稿》卷40，页27a

续表

地点	姓名	职务	出身、家境或社会关系	加入太平天国政权的方式	结局	资料来源
海宁	应玉轩	师帅	读书人（与名门附生祝殿轮"勾串襄办"局务）	主动	先后四次出任花溪乡官"办贼贡始自王店，我花溪贼闻石诸镇，将所掳本州新桥人应玉轩嘱其承办，纵之归"。设局花溪司空庙，"卷银千余，远逃无踪"；同治元年七月十九日复为花溪师帅；二年三月因派捐私利千金，被海宁当局逮捕，罚数百金脱归，其职为朱云泉代；十月即为朱荣代，不日即为朱荣代乡官，不日未来荣代，后事不明	《花溪日记》页672、683、684、687、688、692、706、709、712
海宁	祝荣香	军帅	诸生	主动	先为应玉轩帮办，应逃亡后升军帅，后降帮办为贡事	《花溪日记》页672、677、687、699
海宁	高来来	师帅	不明（似家境富裕）	不明	同治元年七月被新仓军帅解海宁关押，出洋千余元赎归，随复欲再为帅，后其局被枪船揭毁，被枪船揭毁，高不知下落	《花溪日记》页699、701、706

续表

地点	姓名	职务	出身，家境或社会关系	加入太平天国政权的方式	加入太平天国政权的方式	结局	资料来源
海宁	朱云泉 芸泉	师帅	"本镇（花溪）匪人"	主动	"开门迎降" "出力办贡"	同治二年三月，代应玉轩为师帅；十月，欲求升阶，强以二女子献蔡元隆，被斩首	《花溪日记》页 675、709、712
海宁	何南山	监军	团练头目 乡绅	被动	太平军陷硖石镇，何与王辅清（武生，后为守备）领团众阻击太平军，失利	同治二年六月十五日，因海宁蔡元隆罚其修海塘，"亡走宁依王辅清"，倒戈	《花溪日记》页 667、705、709、710 《避寇日记》页 206
海盐	黄八十	军帅	团练头目 家境一般（"黄屋上顾同居共六家"）	主动	"当时勤富户贡贼，稍有财产者尽逃避，时黄八十自投为乡官，设局通元"	为天柳庄取代，黄为帮办，后事不明	《花溪日记》页 663、672、676、677、679、680、687
海盐	陈雨春	师帅	"与奸书王竹山盘踞局中"（似亦旧吏）其侄七老开烟店	主动	"茶院陈雨春亦帮办贡事，闻贼至，借贼七老（雨春之侄）俱长毛装束"	与黄大等"承办七贡银"，浮收勒折，被沈掌大等炙其居，后事不明	《花溪日记》页 676、677、679、680
海盐	沈王孙	师帅	"殷户"	主动	"欲免祸，为帮办，势益黄"	不明	《花溪日记》页 672

续表

地点	姓名	职务	出身、家境或社会关系	加入太平天国政权的方式	结局	资料来源
海盐	王冒冒	旅帅	"彼止同伴屋"（家境不富裕）	主动	"向从陈雨春在局帮办，亦声势赫矣"	家在戴方桥，闻民变逃避，被沈掌大焚其居，后事不明	《花溪日记》页 680
杭州（钱塘）	袁忠清	监军	早年为袁甲三部弁目署清钱塘县令	被动	"甘心从贼，身任伪监军之职，虐民媚贼，并搜难民中妇女献于洪逆"	"事平之日，伏法衢州"	《清穆宗实录》卷 63，"同治二年四月辛巳" 《难中记》页 636 《庚辛泣杭录》卷 15，页 21a 《庚辛泣杭录》卷 16，页 4a—b
杭州（仁和）	李作梅	监军	前署清仁和县令	被动	城破被太平军招贤馆，开科取士，李任仁和县提举（试官）	"事平之日，伏法衢州"	《难中记》页 641 作 "李作枚" 《庚辛泣杭录》卷 16，页 4a—b
杭州	朱春	监军	不明（与仁和举人未汝霖等关系颇密，似亦士人）	不明	为杭州艮山门外监军	同治三年二月听王陈炳文遣其赴海营献降，被康王汪海洋知，派人围搜署衙，朱春与未汝霖等均被杀	《难中记》页 641 光绪《杭州府志》卷 131，页 55a—b 《庚辛泣杭录》卷 5，页 50a—53b

续表

地点	姓名	职务	出身、家境或社会关系	加入太平天国政权的方式		结局	资料来源
余杭	张明岗	旅帅	库生张尔嘉叔父	不明	"（乔司镇）安民之地，差徭供应赖以周旋"	不明	《难中记》页638、641
余杭	沈小湖祖琛	军帅	库生（无人学者）	主动	"到局帮司笔札，一为糊口计，一免野长毛之捞"	协助太平军开科取士，后事不明	《难中记》页641 《避寇日记》页26
余杭	章鉴晓湖	官名不详	附贡生	被动	"时粤匪胁绅士为乡官，鉴避匿不得免"	太平军某官病，章治愈之，请辞官还乡，后以行医为生	光绪《余杭县志稿》"人物列传·章鉴传"，无页码
富阳	汪廷抡葡溪	官名不详	读书未成（"诸生试，辄阁不弟"）	被动	太平军"官"，"翁径输为积匪所官"，后携家逃亡太平。壬戌年五月因收麦回村，"胁翁充乡官"	"拒之逃归，生计遂绝"，病死	朱彭年《春渚草堂故纸偶存》，文卷3，页15b—17b
新阳	孙启楸吟秋	监军	廪生"长毛解元"	主动	家境较好（"中人产量，人为出岁，会常赢"）	病死，至光绪间，其弟为"乡人所闲，不敢自"直子有司"	《春渚草堂故纸偶存》，"汪翁葡溪事略"，页15b—17b
新阳					"设立解元公馆，引进其弟正斋名启裝者，为畦招致本地人为伪官"		《岁冀文稿》卷3，页20a，页21a—b
昆山	郑焕章	师帅	"勇头"	主动	写王文竹，就礼物，赴苏进贡	不明	《庚申年陈墓镇纪略》页355、356、357

续表

地点	姓名	职务	出身、家境或社会关系	加入太平天国政权的方式		结局	资料来源
昆山	姜汉儒	不明（似旅帅）	"素称公正廉儒"	被动	"明知事难挽回，但求免开其姓名号"	不明	《庚申年陈墓镇纪略》页357
昆山	唐焕文	不明（似旅帅）	"素称公正廉儒"	被动	"被逼报充""明知事难挽回，但求免开其姓名号"	不明	《庚申年陈墓镇纪略》页357
昆山	王文竹	不明（似师帅）	"牙侩""市侩奸徒，目不识丁"	主动	与郑焕章、费灿庵等赴苏进贡负责征收陈墓镇粮米赋税	"欲以杀贼为名，希图却罪"，赴沪斡旋"，后事不明	《庚申年陈墓镇纪略》页354—358
昆山	陈俊台	不明（似师帅）	"镇中首富""乙酉科经魁陈竺生（道光五年举人）之子，现已游庠食粟（廪生）"	主动	"邀同赴苏进贡"；"先已薙发科头，改装易服"；"设宿资福庵""无论大小事件，均归朱、陈两人主持"	城破前，"欲以杀贼为名，希图却罪"，与陈俊台合赴沪斡旋"，后事不明	《庚申年陈墓镇纪略》页354、356、357、358
昆山	朱南驹	不明（似师帅）	"新举孝廉方正朱制之子，亦早名列成均（监生）"	主动	"邀同王文竹、陈俊台、朱葵睢等赴苏进贡"；"设宿资福庵，"大小事件，亦无一不归朱、陈主持"	不明	《庚申年陈墓镇纪略》页356、357

附　录 / 491

续表

地点	姓名	职务	出身、家境或社会关系	加入太平天国政权的方式		结局	资料来源
				主动			
太仓	杨印公	不明	浏塘保长	"时常请贼酒水，馈贼银两，今已为贼官矣"		不明	《劫余灰录》页159—160作"韩吉"；《避难记略》页341作"韩吉廷"
镇洋	韩吉 吉吉 吉廷 岌	监军	"土人" "业豆腐"	"贼至为向导" 曾为沙溪镇军帅，后升监军 "恐吓需索，民尤不胜其扰" 曾因罪被太平军收内禁，令以银二千赎回	主动	"事定忽入城，图贿免，绅士言于邑令，絷之狱，夜逸，复被获"，"又为仇人所讦，遂正法"；"后遁至大营，助饷五百金，带勇防堵"，"复获于无锡，就地按以军法"	光绪《太仓直隶州志》卷22，"兵防中·纪兵"，无页码，作"沙溪镇军帅韩吉廷" 光绪《太仓直隶州志》卷39，"杂记下"，无页码，作"韩某" 民国《太仓州志》卷28，页19a作"沙溪人韩吉廷" 民国《太仓州志》卷14，页19b作"韩吉廷" 《避兵日记》页28、30、31作"沙溪则韩岌"
嘉定	杨应恭	监军	嘉定县刘塘镇地保	不明		接印之日，为太平军"现造云梯数十架，为攻城之用"	不明	《富安致吴购函》（"吴煦档案"，1860年8月）

续表

地点	姓名	职务	出身、家境或社会关系	加入太平天国政权的方式		结局	资料来源
青浦	顾心香	监军	文生	被动	"被胁权摄青浦令"	咸丰十一年六月初二，被清方访拿，罚捐钱一千串，并限令交出太平军官夏某、王某；七月二十八日，青浦县令廖秩拜将其斩首示众	《小沧桑记》页468、472
苏州	姚元章	总制	清候补知县	被动	"被掳，授职苏州府总制"	遣往上海，后事不明	《虎窟纪略》页34—35
苏州	钟 某	经政司	团董，盐贾钟小亭之子，本扬州人，世袭云骑尉，入籍于苏，邑庠生	被动	"城陷时察城搜得之，授伪官经政司"	不明	《虎窟纪略》页43
苏州	钱大春	不明（似军帅）	元妙观前开寿衣庄之老商人	主动	苏州六门分段设六局，立乡官，钱自荐"另立城心一局，共成七局"	曾回绝熊万荃"各局认领赈米"的提议，后熊改令不发米而驱遣百姓出城，后事不明	潘钟瑞《庚申噩梦记上》，页20a、23b、30b《苏台麋鹿记》页275
苏州	叶阿元	百长	"棚夫"	不明	苏州葑门百长	不明	《磷血丛钞》页389

续表

地点	姓名	职务	出身、家境或社会关系	加入太平天国政权的方式	结局	资料来源
苏州	吴心香	不明（似军帅）	有名望于乡	不明	家住西十郎巷，"莳门领局者"	协助太平军办收户局，遴司缮者等事务，后事不明	潘钟瑞《庚申噩梦记上"，页 20a、20b、21a、22b、24a、25b、28a、28b、29a、30a、32b
苏州	汪三	百长	"元妙观肉店伙"	不明		不明	《磷血丛钞》页 389
元和	章宝庆	监军	清千总	被动	原名张应显，"为贼掳去"，改名章宝庆	"逃归大营"，为清军侦探委员，曾联络徐少蘧潜陷苏州	《虎窟纪略》页 34《吴云上吴煦禀》（"吴煦档案"，1861年7月30日）《吴云李庆豫禀上吴煦禀案"，1862年1月13日、1月16日）《苏城外侦探委员张应显禀报（初三日戊刻到）》（"吴煦档案·会防公所探报"）
元和	沈某	师帅	"以针灸医术糊口"	被动	"里人惧贼之复来也，举沈姓者为伪师帅""颇驯谨"	半年后即托病辞职，推举余姓代替自己	《野烟录》页 175

续表

地点	姓名	职务	出身、家境或社会关系	加入太平天国政权的方式	结局	资料来源
元和	郑某	师帅	医生	主动	太平军驻唯亭镇，离甫里镇只20里，郑某"恐夷来蹂躏也，佯说'贼将至陈墓一带巡视，甫里镇东昆山境旅帅陈已避，郑姓人代为供应'，太平军遂派其为师帅"，"陈墓人怨之'，"因怨于元和贼目"，郑受责罚；后不明	《野烟录》页175，177—178
吴县	许玉庭	军帅	有名望者（"自是许之名大震"，"为人素刚直，里人皆听其言"，但非有功名之士人，"假令学道谦让，是亦一能吏也"）	被动	"贼初到掳之去，使早猪羊，以年老辞之，人见忠王李秀成，许回乡劝民纳贡，"我所为者假官，非真官也"，"犹本心未昧者"	太平天国赐其"天父堂"匾额，有掳掠者，喝退之；"民无怨言"；年老病死，赵雪堂代其军帅职	《虎窟纪略》页22、25、33、41
吴县	许一亭	师帅	不明	不明	为乡官"散慢虐民，民皆恶之"	十余男子蓦然闯入，搜获之，剖腹挖心，"民皆快甚"	《虎窟纪略》页46

续表

地点	姓名	职务	出身、家境或社会关系	加入太平天国政权的方式	结局	资料来源
吴县	赵雪堂	军帅	不明（从征捐额大户，有别看，非大户）	不明	同治元年四月，代许王庭为军帅，为太平军征捐	同治二年正月辞去军帅职，由陈尔炽代之，后不明	《虎窟纪略》页41、42、47
吴县	周兆奎	官名不详	"素不工文，为村学究"	主动	考取太平天国博士，"首扎黄绸，日游街市"	劝民纳贡，"每房出番银六饼，周受之而不与贼目言"，后被发现，禁锢，后不明	《虎窟纪略》页26、29
吴县	蔡兰亭	师帅	不明	不明	所同旅帅徐凤笙因治下发生太平军官杀财事，被邱姓军官杀之，蔡几被硬砍及，派各店铺凑捐送至无锡	同治二年二月，辞师帅职，由沈春山代之，后事不明	《虎窟纪略》页25、34、39、47
吴县	席耀明	军帅	"山人"（有名望的乡绅）	被动	东山团练败，举席耀明等前在苏州见熊万荃，"投诚纳贡"，遂令席"各授伪职"	不明	《虎窟纪略》页25 光绪《太湖备考续编》卷1，页21b
吴县	李君山	监军佐将	候补道李文炳之任	主动	随其叔李文炳开城迎降，改名善文	升佐将后因事被太平军禁锢，后不明	《虎窟纪略》页15

496 / 太平天国社会史

续表

地点	姓名	职务	出身、家境或社会关系	加入太平天国政权的方式	加入太平天国政权后的情况	结局	资料来源
吴县	刘春涛	监军	"土人"（似为名子乡者）	不明	先为吴县香山、光福一路军帅，后代李君山为监军	不明	《虎窟纪略》页25、47
长洲	张紫卿	军帅	乡绅，军帅朱又村之婿	被动	其妻被掳，"恃徐少遽之力索回"，受中五军帅之职	不明	《自怡日记》页116
长洲	吴省秋	监军	不明（似乡绅）	不明	照会前中三军帅张某会同汪宏绣办理收租事宜	不明	《长洲天县监军吴致前中三军帅张照会》（《太平天国文书汇编》页253）
长洲	程子明	师帅	"本属纵绔"	不明	徐啊瑗派授	不明	《蠹湖异响序》页161
长洲	杨 某	监军	不明（似旧吏）	不明	"居然出示，宿大石头巷中，书差扣招原人"	不明	《自怡日记》页37
长洲	王鸿秀	师帅	"曾在赌博局中装潮烟，衣食不周，妻子求乞"	主动	"买进贡礼物投诚" "到处头裹黄绢，身穿红袍，仗势欺人，得利无穷"	不明	《蠹湖乐府》页168 《吴云上吴煦禀》（"吴煦档案"，1861年10月16日）所载徐佩瑗办团练勇目，五品军功，任苏、沪，充当谍探之"王鸿"，不知与"王鸿秀"是否为一人
长洲	荆小园	旅帅	"本无赖，言大而不实"	主动	仗刘杠为旅帅，指挥如意	因收粮事被太平军"斥退"	《蠹湖乐府》页175 《自怡日记》页116作"刑小园"

附 录 / 497

续表

地点	姓名	职务	出身、家境或社会关系	加入太平天国政权的方式		结局	资料来源
长洲	张汉槎	军帅	家富，野长泾团首	被动	庚申"九月中，长洲张汉槎先纳款受伪爵而徐氏遂孤"	"告退"军帅职务，同时得保清朝"翎顶"。后事不明	《蠡湖异响序》页161；《锡金团练始末记》页119—120；《自怡日记》页41；《周沐润禀》（"吴煦档案"，1860年7月9日）
长洲	陆衡石	师帅	"少年无赖"徐佩瑗表亲	主动	"为师帅致富""仗徐势得利无穷"	不明	《蠡湖异响序》页162；《蠡湖乐府》页167、168；《从征陕豫集》页128、136
长洲	刘 杠淡园澹园	海塘小董粮局主持	"曾在陆墓赌局装水烟，衣食不周""闽中水贩""县令招入署以为幕友""窃县今金银，幼妾，中路逃归，家遂小康"	主动	为徐心腹，与常熟守将钱"结义拜盟"；"贼制服跪迎"，刘三分"与徐；"坐船捕抚天颜旗号"	不明	《蠡湖乐府》页168—169、170—171、172、173—175；《自怡日记》页117、118，作"澹园"
长洲	朱勾岩	海塘小董	"业外科，生意蓼参，衣食不周"	主动	"至徐局为海塘小董后，仗徐势得捐户数万"，"每捉到捐户，勒索'小纸包'"	不明	《蠡湖异响序》页162
长洲	马 胜	军帅	不明（与王鸿秀关系密切，似社会下层）	主动	"买进贡礼物投诚；""苏失即为军帅，是军帅第一人"	不明	《蠡湖乐府》页172
长洲						不明	《蠡湖乐府》页168

续表

地点	姓名	职务	出身、家境或社会关系	加入太平天国政权的方式		结局	资料来源
长洲	陈坤	军帅 七军总巡	"初为催奴"	主动	"城失见贼，贼封为军帅" 为徐佩瑗信任	不明	《蠡湖乐府》页168
长洲	徐松泉	捐务副总督	"在南濠开鱼行"	主动	徐佩瑗派授，兼为徐局探报	不明	《蠡湖乐府》页168 《从征蜍驹集》页145 《双鲤编》页41、94、104、105
长洲	支少逸	两师总巡	"业痘医" 刘杠表亲	主动	托刘为"两师总巡"	不明	《蠡湖乐府》页168
长洲	马安澜 春湖 春和	官名不详	父黄土桥团首马善富	被动	其父为太平军击毙，"马春和系从逆贼魁，屡挫贼锋。后见贼势日蹙，阳附阴违，被苏城贼目熊佳姓者，通徐与马并授伪爵"，为徐局帮办	与费玉成在沙溪集团练，辛酉赴上海联络清军，投李鸿章为向导，随程学启攻苏州；战后，上书李鸿章准免鱼苗税；官至"四品衔布政司理问，候选通判"，同治五年病死，六年曾国藩又派马家捐米三千石	冯桂芬《显志堂稿》卷5，页3b 冯桂芬《显志堂稿》卷6，页27a—29a 张瑛《知退斋稿》卷5，页12a—13b，页10a—11a 《自怡日记》页77 《蠡湖异响序》页159 《海角续编》页116、117 《双鲤编》页24、31、45—46、75 《从征蜍驹集》页112 《海虞贼乱志》页375、376、378 民国《吴基志》卷68上，页36a—b 《苏台麋鹿记》页301 《马健庵墓碑（墓志）》

续表

地点	姓名	职务	出身、家境或社会关系	加入太平天国政权的方式	结局	资料来源
长洲	徐佩瑗 少蘧	忠殿前检点兼理民务 七军总局局首 海塘总董 海塘主将 抚天侠 赵天燕	永昌团首 "士豪"（有田二万余亩） 监生加捐盐运司运同	被动	太平军至，"与城相持不下数十战"，江苏巡抚薛焕助其勇丁炮船；庚申十月，太平军至永昌，与徐约和，后馈银六同检点官爵，授徐万于忠王，升抚天豫、抚天侠，再升赴天燕，长洲乡官皆其派授，又辖吴县、清方也升其为二品道衔，佩端清军，与其弟佩璋、薛焕联络，布政使吴煦，知府吴云密谋	两度设计内应，均被太平军挫败，同治元年十一月被慕王谭绍光拘捕；忠王李秀成又率众攻破永昌，下令对徐氏枪船"一概拿解"，缴获粮食万余担；徐氏兄弟逃往上海；徐被拘押后，李鸿章将徐团编立巡营水师，随程学启进攻苏州；同治二年十月，慕王将徐少蘧击毙，年四十。	《〈双鲤编〉附录》（《何桂清等书札》页307—308) 沈守之《借巢笔记》页22—23 《双鲤编》页45—47, 83, 86, 90, 91 《蠹湖乐府》页169, 172, 173 《蠹湖异响序》页160, 163, 165 《自怡日记》页95 《吴清卿太史日记》页342 《两罍轩尺牍》卷12, 页8b, 29b, 30b, 32b 《庚癸纪略》页322 《海陵贼乱志》页380 张瑛《知退斋稿》卷5, 页14a—15b 《太平天国文书汇编》页146, 208, 212, 213, 214 《免追徐佩瑗前常领银片》（同治三年十一月初五日） 潘钟瑞《庚申噩梦记》"庚申记下", 页18b 《劫余灰录》页147, 162作"徐渭书" 《避寇日记》多处作"徐渭书" 《两罍轩尺牍》卷12, 页40a—b作"城北公"（徐之秘号）

注：太平天国划苏州郡吴江县属之盛泽镇隶嘉兴郡秀水县，本表仍以原地域划分[见鹤樵居士《盛川稗乘》第184页]；有些人物虽未担任乡官名目的职务，但其典型且重要，实际具有乡官的职责与性质，仍列入表中。

后　　记

　　2018年的整个暑假，一天十几个小时，我都是在办公室的电脑跟前忙碌着博士学位论文的出版修订工作。披星戴月往返于学校和寓所，不免身心疲惫。但从历史学系所在的人文学苑5号楼出来，正对着的，在郁郁葱葱的文学系门旁，是一块刻有"斯文在兹"的石碑。每每看到这四个字，静谧的夏夜也仿佛都会全部沉浸在这"斯文"的气氛里，深吸一口气，便也能觉察到清凉和甜蜜，顷刻心旷而神怡。

　　仔细想来，自己由山东大学、中山大学、军事科学院，再到政法大学、北京大学，终于由学士、硕士、而博士、而博士后，自己向往并为之拼搏的无非就是成就一番"斯文"。所以，一切付出都是值得的。尽管可能因自己痴迷于民众运动史、秘密社会史的缘故而难脱"匪气"，抑或由于自己才力资质均中中，离成就一位真正的斯文学者还有很大的差距，但在人生道路上，仍然有许多老师前辈和同仁亲友愿意给予我无私的帮助，令我难以忘怀。

　　我的博士导师郭卫东教授就为我倾注了大量心血。我始终记得那个数九严寒冰冷的雪夜，两个小时站在拥挤不堪通往西二旗的运通114路公交车上，只为向老师哭诉自己生活上的遭遇。那夜，老师和师母一直在家等着我，师母的一碗热汤面顿时使我泪流不止。的确，这些年来，老师对于我，不仅是严师，更像慈父，他常会叮嘱我，生活上有什么困难需要帮助，也要随时告知。

　　学业上的提携亦是如此。7年来，我们之间多达394封往返信笺和数不清的通话、面谈，成为这本书稿成形的保障。每次"面谕"论文事宜之后，驻足端详老师的背影，我都会无尽地遐想30年后自己的样子，正是这位已双鬓染霜的60多岁的老人，为我摆正了未来人生做人和治学的坐标；同门们说我像老师，总是一身布衣、布鞋、布袋子，这不是神态语言的刻意模仿，而是对老师这位"一代宗师，布衣学者"学识德行刻骨铭心的崇敬。古人云：夫学须静也，才须学也，非学无以广才，非志无以成学。我就是这样默默地求学于老师、立志将来做如老师般的"学者""长者"，再为实现这个理想继续拼搏的。

有关本书主题——太平天国——的研究，是我在山东大学历史文化学院撰写本科毕业论文《乱世枭雄李昭寿新论》的时候起步的，若从那时算起，我已在故纸堆里追寻太平天国真相14年了。诸多师友给予过我的关怀和帮助，很难在这里一一表达感激。有的前辈学者还肯屈尊赐教，我们甚至一直保持较为密切的联系。

茅家琦先生是享誉海内外的太平天国研究之泰山北斗，是学术道路上的常青树，令人至为钦佩；而且对后辈学人极为爱护，先生以92岁高龄赐写长篇序言并为本书题名，足见提携之意。

"太史"大家夏春涛先生是我进入太平天国史领域的蒙师，2006年，《天国的陨落》一书的出版使我有机会第一次系统地学习太平天国史。如今，夏先生担任思想教育领域的行政工作，事务繁忙，却曾全程参加我博士论文开题、预答辩、综合评审、正式答辩的流程。我还屡就一些研究问题向先生请教，先生不厌其烦，每次均花费很长的时间阅读文章，并寄回详细的建设性意见。大家风范，跃然纸上。

刘平老师是我的硕士导师，他不仅是我在学术研究上的引路人，而且在道德风范上为我表率。至今，他的研究风格对我有着深刻影响。

对于师友以及亲朋们的隆情厚谊，我无以为报，唯有加倍勤勉，有所成就，方不负厚望。

然而现在坚守太平天国史研究看似有些不合时宜。过去讲，研究太平天国的要比太平军还多；而时过境迁，现已门可罗雀。我曾多次遇到当有的人听到我的研究方向时，或大为惊讶，或不以为意，甚或投之冷笑，还有人戏称太平天国研究是"绝学"——不知是嘲讽不识时务，还是鼓励褒赞的真情流露；我知道，在一段较长的时间里，开学术会议时，我曾有幸被冠名太平天国"遗少"的代言人。

在从"太学"到"绝学"的转型时代，我真的算是耐得住寂寞了。学术有兴替，我对太平天国史的热爱却是永恒的，很庆幸自己能执着地在这个领域耕耘，何况还有很多太平天国史料没有读完——恐怕今生都读不完。尽管这场战争进程的方方面面，论者们已有几乎是题无剩义的研究，实际上仍有"疑难杂症"需要解决，许多新思路新方法亟待践行。十几年的课余时间，尽花费于此了！

现在我已是一名艰难而光荣的"青椒"，教学之余，研究领域或有变动，但太平天国的课业仍会作为毕生的信仰坚守下去。

目前呈现给读者的这部书稿之雏形，是我在北京大学攻读博士的学位论文。关于"太平天国统治区民变"的主题，笔者瞩目于这一相关问题的研究，是从2010年去浙江诸暨包村田野调查包立身事件开始的，当然，"民变"和"平民团练"在性质上不是一回事，但都是试图对"反抗反抗者"这一内含深意的历史现象有所阐释，有异曲同工之妙。这项研究过去学界虽间有提及，但无专著专文予以探讨，文献资料亦是零散，基本算是一个陌生而荒芜的题目，历时几年攻坚，我切实尝到了拓荒之难的滋味；虽然答辩获得"优秀"，并成功入选"北京大学优秀博士学位论文"，那时我却乏力到再不愿拿它来看一眼。所以，答辩之后，我有意将所有的论文打印稿置于箧中，转而他顾。

孰料一个偶然的机会，这一选题被中国社会科学出版社批准立项出版，并获得北京大学历史学系学科建设经费资助，列入"北大史学丛书"。责任编辑赵丽女士是一位专业功底深厚的学者，她提出的不少意见颇有裨益，对我的文稿提出建议、指正错误。为此，我又"回首往事"，一字一句重新翻检这部书稿，部分章节梗概也曾以论文的形式先期发表于《近代史研究》《史林》《安徽史学》等刊物，但都无一例外作了大幅修改增删，也使书稿的修订工作尽量汲取了学界的精彩意见，使60万字的冗繁篇幅精简至40多万字。一本好书，必须受得起时间的磨洗。故本书的任何错谬，均由作者完全负责并改正；来日任何超越本书的深化研究之作都值得翘盼与尊重，因为我目前仅是完成了对这一重要历史现象的白描式勾勒。

未来，断断续续做了8年的《太平天国时期浙江包村事件研究》浮出水面；另一项社会史研究《咸同兵燹与徽州社会》也将付梓；还有一个"梦"，希望能效仿罗尔纲大师，以毕生之力成就一部刘著《太平天国史》。"勺饮不器盛沧海，拳石频移磊泰山"。这些劳作的完成须要"勺饮不器""拳石频移"的打拼和韧劲儿。现在,刚刚搁置《太平天国宫廷史》这一课题的撰写任务,笔杆尚温,我又紧接着投入《太平天国史译丛》的编译工作中。管它是风口浪尖,还是"冷冷清清,凄凄惨惨戚戚",随心而去,如人饮水,冷暖自知吧!

回首漫漫求学之路,既有荣耀,也饱含酸楚。用我常谈及的三字格言概括,那就是"不容易"。其实最不容易的是我的父母亲,他们都是普通人,培养了我,现在还在完全无私地为我分担生活的负担,使我心无旁骛,无后顾之忧。还记得少时我对太平天国兴趣的萌生,其实是从父亲拉着我一起看央视版电视剧《太平天国》开始的;更清晰地记得,我对中国历史和古典文学的爱好,也受益于6岁那年父亲下班回家带给我的精装版"四大名著";父亲是画家,我在他对艺术毕生追求的信念中学到了人对理想该有的执着和坚守。所以,父亲是我人生的第一位老师。母亲50岁生日那天,我更新微信朋友圈言"抚育两代,泽被四世。老太太生日快乐,儿子今年又回不了家",我不记得父母有多少个生日我不在家,但却知道他们为我承受了世上最多的辛劳苦楚。其实,走到哪里,最怀念的还是"家"的味道,只有在父母面前,才能享受作为孩子才能拥有的温暖。可已过而立之年的我对他们有太多亏欠。所以这部书稿的每一行文字,最应献给我的父亲——刘新春,我的母亲——崔双红,但这的确不足以报深恩于万一。

韶光易逝。在我这漫长枯燥、冥思苦想的岁月里,感谢所有总是默默地支持和陪伴着我的人,人间最普通又最珍贵的情分,便升华在了一个个方块字的变化罗列之中。

刘 晨
戊戌八月初二日雨夜
于北京昌平第二军队干休所